Klaus Berger
Leih mir deine Flügel, Engel

Klaus Berger

Leih mir deine Flügel, Engel

Die Apokalypse des Johannes
im Leben der Kirche

FREIBURG · BASEL · WIEN

DEN TRAPPISTISCHEN MÄRTYRERN
VON TIBHIRINE, ALGERIEN (1996)

© Verlag Herder GmbH, Freiburg im Breisgau 2018
Alle Rechte vorbehalten
www.herder.de
Umschlaggestaltung: Finken und Bumiller, Stuttgart
Satz: SatzWeise GmbH, Trier
Herstellung: Těšínská Tiskárna a. s. Český Těšín
Printed in Czech Republic
ISBN Print 978-3-451-30613-6
ISBN E-Book (PDF) 978-3-451-81613-0

Vorwort

Ich wollte so etwas wie eine »Theologie der Apokalypse des Johannes« schreiben. Aber: Der Ort eines biblischen Theologen ist nicht in den Gässchen der Stadt, sondern wie in einem Kämmerchen in der Turmfront des Domes, dort, wo früher die Glöckner wohnten. Nur in seltenen Ausnahmefällen darf er selbst einmal predigen. (Ich durfte viermal in einem Dom predigen, zweimal im Berliner Dom, einmal auf der Kanzel des hl. Norbert in Magdeburg und einmal zu einer Fastenpredigt im Freiburger Münster.) Doch normalerweise muss, wer mehr wissen will, in das Turmstübchen hinaufsteigen, oft auf ausgetretenen Steinstufen. Dabei könnte man bemerken, dass den fast entrückten Exegeten ungemein interessiert, wie die Menschen angesichts der Apokalypse des Johannes geistlich lebten oder leben könnten und welche Überschneidungen es mit aktuellen Fragen gibt. Die heutigen Antworten pflegen eher zu verwehen, die älteren Antworten, sehr oft sehr viel älter als tausend Jahre, haben sich besser erhalten. Vor allem und viel geliebt über alles ist die Apokalypse des Johannes selbst ein Buch funkelnder Schätze wie die darin beschriebenen Edelsteine.

Das vorliegende Werk ist in acht große Abschnitte gegliedert: Es geht um die Art der Wahrnehmung (»Erkenntnistheorie« war Hauptthema in meinem Philosophiestudium), um das Gottesbild, das Christusbild, um den heillosen Konflikt mit den politischen Reichen der Erde, das Verständnis von Gottesdienst und Kirche, um einige markante Positionen aus 2000 Jahren Auslegung und schließlich um die Weise, in der das definitive Ende in der Apokalypse beschrieben ist.

Heidelberg, März 2018 *Klaus Berger*

Inhalt

Vorwort 5

Einführung 11

1   Die Apokalypse als Wahrnehmung 13
1.1   Offenbarung und Sinnlichkeit 14
1.1.1 Essen und Trinken 15
1.1.2 Schmecken 18
1.1.3 Riechen 21
1.1.4 Hören und Sehen 22
1.2   Alltagswahrnehmung 32
1.3   Mit dem Verstand 39
1.3.1 Das Alte Testament lesen 39
1.3.2 Ein romanischer Dom und der Tempel von Jerusalem .. 48
1.4   Zur hermeneutischen Leistung der Apokalypse-Kunst .. 57
1.4.1 Apokalypse aus dem Kartäuserkloster Val-Dieu 57
1.4.2 Beobachtungen zu einem illuminierten Codex um 1400
      (Nordfrankreich oder Südholland) 60
1.4.3 Beobachtungen zur Apokalypse von Lyon 65
1.5   Mit Blick auf die Endzeit 67
1.5.1 Die Zukunft des Bösen / *Custos, quid de nocte?* 67
1.5.2 Der Horror 70
1.5.3 Erfahrung der Zerrissenheit 78
1.5.4 Der Antichrist 80
1.6   Mystische Erfahrung 82
1.7   *Fazit:* Wahrnehmung 87

2   Leben vor dem Thron des Königs der Könige 88
2.1   Gottes Thron inmitten der Throntiere 88
2.2   Christliche Propheten, vom Thron her beauftragt 92
2.2.1 Prophetie in Apk 11 93
2.2.2 Die Machtworte des Elia 100
2.2.3 Zweite Sendung 102

2.3	**Leben unter dem Leitbild des Himmlischen Jerusalem**	**104**
2.3.1	Lob der Stadt	104
2.3.2	Hymnen auf Rom und die Apokalypse	104
2.4	**Theologie der Edelsteine**	**121**
2.5	**Maß des Menschen – Maß des Engels**	**128**
2.6	**Liturgie vor dem Thron Gottes**	**131**
2.6.1	Die Apokalypse im koptischen Antiphonar	132
2.6.2	Die Auslegung der Apokalypse im ältesten Zisterzienserbrevier	138
2.6.3	Spiritualität des Betens	158
2.6.4	Gebete bei der Kirchweihe	159
3	**Leben angesichts des wiederkommenden Herrn**	**161**
3.1	**Die praktische Bedeutung der Christologie der Apk**	**161**
3.2	**Ein Menschenantlitz nach und über allem**	**163**
3.3	**Am Anfang steht die Hoheit**	**164**
3.4	**Der Menschensohn inmitten der sieben Leuchter**	**175**
3.5	**Aus dem Munde ein zweischneidiges Schwert**	**179**
3.6	**Die Mitte als das Ganze (Apk 12)**	**182**
3.6.1	Erlösung und Gericht	185
3.6.2	Die Identität des Kindes von Apk 12,4b–5	187
3.6.3	Die Überwindung des Anklägers	188
3.7	**Zweimal Tod und zweimal Auferstehung**	**190**
3.8	**Die Schwellen werden niedriger**	**197**
3.9	**Die großen christologischen Themen**	**200**
3.9.1	Löwe Judas, Wurzelspross Davids	200
3.9.2	Jesus als das Amen	202
3.9.3	Der Morgenstern	204
3.9.4	Neues vom Lamm	206
3.9.5	Töpfergeschirr und Eisenrute	223
3.10	*Fazit:* **Christologie in der Apk**	**224**
4	**Leben im heillosen Konflikt mit den irdischen Reichen**	**226**
4.1	**Bulle und Bär. Der apokalyptische Ursprung eines kapitalistischen Pärchens**	**226**
4.2	**Das Drittel der Sterne**	**231**
4.3	**Schreiender Gegensatz? Apk 13 und Röm 13**	**234**

5	Kirche	238
5.1	Die Zeit der Kirche währt tausend Jahre	238
5.2	*Der öffnet und niemand schließt* (Himmelsschlüssel)	245
5.2.1	Schlüsselgewalt als Zumutung	245
5.2.2	Phänomenologie des Bindens und Lösens	246
5.3	Wir gemeinsam sind Messias	251
5.4	Rückschlüsse auf die Kirchenverfassung	253
5.5	Die Kirche als Leib in der christlichen Apokalyptik	255
5.5.1	Zum Ursprung der Leib-Metaphorik	255
5.5.2	Leib Christi als Gestalt der Erlösung	255
5.6	Die Apokalypse als Buch über die Kirche nach Ambrosius Autpertus	261
5.7	Frauen in der Apokalypse	281
5.7.1	Die Rolle von Frauen in der kirchlichen Apokalyptik des 1. Jh.	281
5.7.2	Der Frau werden zwei Flügel gegeben	283
5.7.3	Jungfrauenschaft	289
5.7.4	Jezebel	291
5.7.5	Hochzeit	295
5.7.6	Das Hohelied in der Auslegung der Apokalypse	297
5.8	Heiliger Geist und Kirche in der Apokalypse	303
5.8.1	Anfragen	304
5.8.2	Der Heilige Geist im visionären Anfangsteil	304
5.8.3	Die Gemeindebriefe als Worte des Heiligen Geistes	306
5.8.4	Zuordnung von Prophet und Kirche	307
5.9	Stein vom Himmel	311
5.9.1	Zum Kirchenbild in Apokalypse-Kommentaren	312
5.9.2	Theologische Konsequenzen: Zionstheologie	315
6	Hammer und nicht Amboss. Stellung und Wirkung der Apk in der Kirchengeschichte	316
6.1	Kathedrale des Lichts	317
6.2	Kirche als erweitertes Israel	318
6.3	Ein Buch über Märtyrer	320
6.4	Im Netzwerk christlicher Apokalyptik	322
6.5	Zur Datierung der Apk	324
6.5.1	Targum Threni und Megiddo/Harmageddon	325
6.5.2	Eine Nerolegende zu Apk 11	326

6.6 Die Apk wird selbst Teil der Kirchengeschichte: Markante Positionen 329
6.6.1 Radikale Reichtumskritik 329
6.6.2 Arabische Kommentare zur Apk 332
6.6.3 Sieben Stadien der Kirchengeschichte (Anselm von Havelberg) 336
6.6.4 Katholisch-mittelalterliche Ursprünge der Auffassung, der Papst sei der Antichrist 339
6.6.5 Apokalypse in der Epoche des Konfessionalismus 340
6.6.6 Peterson revisited 343
6.7 Die Apokalypse im 21. Jahrhundert: Leih mir deine Flügel, Engel 349

7 Das definitive Ende 350
7.1 Alle tot. Totalvernichtung als Gericht 350
7.2 Angedrohte Ersatzvornahme 352
7.3 Nichts mehr zu machen: Theologie der Endgültigkeit (zu Apk 22,11) 353
7.4 Der Logos im Weltgericht 355
7.5 Ewigkeit 358

8 Vision einer Leitkultur 361

Schluss 371

Literatur und Quellen 373

Bibelstellenregister 375

Einführung

Der Titel dieses Buches orientiert sich an Apk 12,14. Der Frau werden auf der Flucht in die Wüste Flügel gegeben. Es sind die Flügel des großen Adlers, also des engelgleichen Repräsentanten Gottes in der Welt. Mit ihrer Hilfe kann die Mutter des Kindes dem Drachen und seiner Verfolgung entkommen. Gegen Ende des langen Weges der bisherigen Wirkungsgeschichte dieses Bildes wurde in einem Gedicht der Kaiserin Sissi aus dem Adler eine Schwalbe, bei neueren Dichtern vollends ein Engel (s. dazu unten S. 287f.). Jedenfalls erreicht die Frau aus Apk 12,1 so mit Gottes Hilfe die Freiheit. In der Kunst des Mittelalters wird das Montieren der Flügel etwas umständlich; erst in den beiden letzten Jahrhunderten wird mit der Bitte »Leih mir deine Flügel, Engel« die schönste und eleganteste Auflösung des exegetischen Knotens von Apk 12,14 erreicht. Denn die geschilderte Operation wird – als Bitte formuliert – Ausdruck der Sehnsucht nach Freiheit. Nicht zufällig endet ja auch das Vaterunser (»Befreie uns von dem Bösen«) mit einer eng verwandten Bitte, wird doch in Apk 20,2–4 die Zeit der Kirche als eben solche Befreiung vorgestellt, denn der Teufel ist für diese Zeit weggeschlossen.

»Leih mir deine Flügel, Engel« ist – als Bitte einer Frau, der Kirche, formuliert – so etwas wie ein typischer Kernsatz dieses Buches.

Das hier vorgelegte Buch enthält Andeutungen darüber, was die Apk in der Kirche bedeutet hat und was sie in Zukunft bedeuten könnte. Denn die Apk steht seit fast zwei Jahrtausenden als inspirierendes und lebendiges Wort Gottes mitten im Leben der Kirche. Und der Exeget schämt sich nicht wenig, wenn er daran erinnern muss, dass die Apk seit Jahrhunderten durch ihre Ausleger auf die Entlarvung des Papstes oder Martin Luthers oder Mohammeds als Antichrist hin verengt wurde.

An vielen teils sehr praktischen Beispielen möchte dieses Buch dagegen zeigen, dass von der Apk unglaubliche Kraft und Vielfalt ausgeht. Sie selbst ist wie das bunte Kleid der Königstochter. Denn was ihre »Theologie« angeht, so hat einer ihrer frühesten Liebhaber namens Origenes (3. Jh.) Recht behalten: Der Kirchenlehrer bemerkt in seiner Schrift »Gegen Kelsos« (VI, 23): Wer sich über den Himmel unterrichten will, soll in der Apokalypse das lesen, »was dort über die Stadt Gottes, das Himmlische Jerusalem, seine Fundamente und Tore gesagt wird« (PG 11, 1325).

1 Die Apokalypse als Wahrnehmung

Zwei Arten von Wahrnehmung (Sehen und Lesen)
Auf zweifache und jeweils ganz besondere Weise ist eine Apokalypse des Johannes ein Buch der Wahrnehmung. Was in diesem Buch steht, hat zunächst der Seher und Prophet Johannes wahrgenommen. Und dann, als die Adressaten das fertige Buch in der Hand hielten, haben Sie seinen Inhalt auf ihre Weise wahrgenommen, die Bilder durch neue Bilder fortgeschrieben. Und sofern sie diese Wahrnehmung zu Protokoll gegeben haben (z. B. als Kunstwerk, als Kommentar oder als liturgische Inszenierung), konnten wiederum deren Rezipienten auf ihre Weise wahrnehmen.

Was den Seher und Propheten Johannes betrifft, so ist seine Wahrnehmung auch für einen Offenbarungsvorgang extrem komplex. So hat man jahrhundertelang diskutiert, was Johannes gesehen oder gehört hat. Denn das wusste man: Was in diesem Buch steht, hat er sich weder einfach ausgedacht noch ist es wie das Protokoll eines Verkehrsunfalls. Es ist auch keine Bildbeschreibung, wie wir sie in der Schule lernten. Johannes versteht sich vielmehr als Verkündiger, und was er verkündigt, das hat seinen Ursprung am Thron Gottes. Unsere Untersuchung wird zeigen, dass Johannes nicht nur gesehen und gehört hat, sondern mit allen Sinnen in den Vorgang der Offenbarung einbezogen war, also auch mit Riechen und Schmecken, Weinen und in die Knie Sinken. Er hat, wenn man das so sagen darf, sich als Vollblutmensch der an ihn ergehenden Offenbarung ausgesetzt. Umstritten ist übrigens, ob er dabei auch die aufgerollte Schriftrolle des Alten Testaments vor sich liegen hatte. Kann man doch im Unterschied zu dem gleichzeitigen jüdischen Philosophen Philo von Alexandrien nicht davon ausgehen, dass es sich um Exegetenmystik handelte, bei der sozusagen die Buchstaben anfingen zu tanzen.

Die Arten und Weisen, in denen die Adressaten dieses Buch wahrnahmen und auslegten, haben nicht ihresgleichen in der Geschichte der christlichen Bibellektüre. Kein Buch der Bibel ist so oft und so mannigfaltig ausgelegt worden; bei jeden einzelnen der alten Kommentare zum Beispiel des 17. und 18. Jh. stößt man auf Hunderte neuer, bis dato unbekannter oder verschollener Kommentare. In jeder alten Bibliothek gibt es zahlreiche *Expositiones* oder *Commentarii in Apocalypsim*.

Die einen verbinden die Apk in der Auslegung mit dem Hohenlied, andere lesen sie als Beschreibung der (selbstverständlich satanischen) Gegenkonfession, wieder andere als unchristliches, angeblich nur durch und durch jüdisches Buch, als Fahrplan der Weltgeschichte oder Aufriss einer Dogmatik.

1 Die Apokalypse als Wahrnehmung

Weil aber Wahrnehmung keineswegs nur ein passiver Vorgang ist, sondern stets Aktivität einschließt, sind die Fälle besonders interessant, in denen die Wahrnehmung der Apk bei den Lesern auch andere, neue Wahrnehmungen hervorbringt, zum Beispiel neue Weisen, das Alte Testament zu lesen. Um jede Einseitigkeit von vornherein zu vermeiden, beginne ich mit der Sinnlichkeit des Propheten Johannes selbst.

1.1 Offenbarung und Sinnlichkeit

Es mag merkwürdig erscheinen, ein Buch über die Theologie der Apk mit dem Thema »Sinnlichkeit« zu beginnen. Denn die Sinneswahrnehmungen des Menschen sind nicht das Thema in diesem Buch. Erst beim zweiten Hingucken wird man dessen gewahr, dass hier die Sinne zumindest ganz anders »funktionieren« als nach unserem Selbstverständnis. Ähnliches gilt übrigens auch für die zur Zeit der Apk lebendige Stoa (vgl, dazu: C. Newmark: Passion, Affekt, Gefühl zwischen Aristoteles und Kant, Hamburg 2008).

In jeder Art von Offenbarung nimmt Gott Kontakt auf mit den Menschen. Dieser Kontakt kann als »rein geistige« Infusion gedacht sein, wie wohl nach manchen Modellen der Inspiration. Doch selbst in diesen Fällen, wie z. B. bei dem Apostel Paulus oder schon lange zuvor bei dem Propheten Jesaja, steht oftmals eine Vision am Anfang des Empfangs von Offenbarung. Und jede Vision ist auch eine Neuordnung von Bekanntem, wie zum Beispiel bei Marc Chagall erkennbar ist.

Denn das biblische Menschenbild lässt klar erkennen, dass immer wieder und grundsätzlich auch eine Gottesbegegnung den Menschen im Ganzen betrifft. Ebenso klar ist, dass Einteilungen wie »Leib und Seele« oder »Fleisch, Seele, Geist« nur sehr behelfsmäßige Abkürzungen sehr viel komplexerer Vorgänge in einem Organismus sind, der (jedenfalls zu Lebzeiten) nur als Ganzheit zur Diskussion stehen kann.

Die Offenbarung des Johannes leistet zu diesem Thema unersetzlich wichtige Beiträge. Denn man kann es zu den Privilegien einer Religion zählen, in der Gott Menschen als seine Partner aus(er)wählt, dass die Kommunikation nicht extravagant werden muss, sondern sich der Sinnlichkeit des Menschen anpasst. Dass Gott diese üblichen Wege beschreitet, kann man als eine gewisse Vorstufe zur Inkarnation (Menschwerdung) Gottes ansehen. Denn in Bezug auf die innere Geschichte des Christentums kann man sehen, dass dort, wo (z. B. aus Gründen der Askese oder einer eher philologisch ambitionierten Vergeistigung) die Sinnlichkeit bei der Vermittlung von Offenbarung gering geschätzt wird, auch der Sinn für die Inkarnation rapide schwindet, so in einigen Strömen des liberalen Protestantismus.

In der Offenbarung des Johannes ist in diesem Sinn nicht nur vom Hören, sondern auch vom Sehen (Visionen) die Rede. Das ist bekannt und hier nicht zu wiederholen. Allerdings gilt für die Apk zumindest eine Gleichrangigkeit von Sehen und Hören, wenn nicht gar eine Bevorzugung des Hörens (s.u.). Beim Hören wird die Musikalität merkwürdig stark betont – ein Phänomen, das bis heute allerstärkste Auswirkungen auf die Gestalt des Gottesdienstes hat. Ein eigenes Kapitel ist die eminente Bedeutung des Geruchs (vom Weihrauch bis zum Schwefelgestank). Während der Tastsinn schon in dem theologisch zumindest verwandten 1 Joh 1,1–3 (und in Joh 20,24–29) eine große Rolle spielte, ist in der Apk das Schmecken besonders ausgeprägt.

1.1.1 Essen und Trinken

Bilder für das Heil und das Unheil
Die Sensibilität des Propheten Johannes für Körper und Organismus zeigt sich vor allem darin, dass die intensivsten Erfahrungen von Heil und Unheil als Essen und Trinken gedacht sind. Denn Strafe und Unheil ist Trinken aus dem Becher des Zornes (Apk 14,8). Und Seligkeit bedeutet Essen von den Früchten des Baumes des Lebens (Apk 2,17 verborgenes Manna; 22,2) oder Trinken aus der Quelle des Lebens (21,6). Und selbstverständlich impliziert das wichtige Stichwort »Hochzeitsmahl des Lammes«, dass dabei gegessen und getrunken wird. Die Illustrationen des späten Mittelalters zu Apk 21 zeigen dann einen mehr oder weniger reich gedeckten Tisch.

Für die Zeit der Kirche liegt die eucharistische Deutung nahe: Vgl. dazu B. Viegas, Komm. (1606), 138–140: Eiusdem ligni vitae de Sacramento Eucharistiae interpretatio.

Essen des Wortes Gottes
In der Apk geht es nicht nur um das Essen des Wortes Gottes (in einem Bild, das von geradezu jesuanischer Anstößigkeit ist), sondern auch um das Schmecken im Bereich von Gaumen (bzw. Zunge) und Magen (bzw. Aufstoßen). Die Anstößigkeit liegt darin, dass in Apk 10 ausgerechnet der animalisch-vegetative Bereich des Menschen das Organ des Empfangens und Reproduzierens von Offenbarung ist.

Die kirchengeschichtliche Bedeutung liegt darin, dass auch beim eucharistischen Mahl eben dieser Bereich betroffen ist. Essen und Trinken ist Wahrnehmen wie Sehen und Hören.

Laut Apk 10 muss der Prophet Johannes das, was später als Wort Gottes aus seinem Mund und Inneren hervorkommt, zunächst als Gabe Gottes durch den Mund einführen, d.h. essen (vgl. BAK 742 ff. [zu Apk 10]). Ambrosius Autpertus beginnt wohl auch wegen dieser Inspirationstheorie Apk 10 seinen Komm. in seinem einleitenden Brief an Papst Stephan III. u.a. mit Jes 59,21: Verba mea quae posui in ore tuo, non recedent de ore tuo, de ore seminis tui, a modo et usque in sempiternum [Meine Worte habe ich in deinen Mund gelegt. Sie sollen nicht daraus weichen, auch nicht aus dem Mund deines Samens, ab jetzt und in Ewigkeit].

Eine direkte Entsprechung hat dieses Essen im Trinken des Offenbarungskelches nach 4 Esra

14,38–41:
Und es geschah am folgenden Tag, und siehe, eine Stimme rief mich und sagte: Esra, öffne deinen Mund und trinke, was ich dir zu trinken gebe. Und ich öffnete meinen Mund, und siehe, ein voller Becher wurde mir gereicht. Er war voll wie mit Wasser, aber seine Farbe war ähnlich wie Feuer. Und ich nahm und trank, und als ich davon getrunken hatte, da sprudelte mein Herz Verstehen hervor, und meine Brust wurde groß von Weisheit und mein Geist bewahrte Erinnerung. Und mein Mund öffnete sich und er schloss sich nicht wieder.

14,47 (von den 70 Büchern Esras): Denn in diesen ist die Quelle der Einsicht und die Quelle der Weisheit und der Strom der Wissenschaft.

Hier herrscht dieselbe Auffassung von Inspiration, die auch in Apk 10 zugrunde liegt. Der Vorteil dieser Metaphorik ist: Anders als bei einer rein geistig gedachten und technisch-somatisch unvorstellbaren Zuflüsterung wird das Innere des Propheten als komplexe Einheit und als Ursprung seiner Rede wahrgenommen. Zugleich ist unübersehbar deutlich, dass der Seher/Prophet nur Empfangenes von sich gibt. Dieses könnte einer radikalen Rechtfertigungstheorie (jedes Wort, das der Prediger von sich gibt, ist empfangen) entgegenkommen. Es konnte sich dort aber nicht durchsetzen, weil (1) ein Kontakt zwischen Eucharistie und Predigt unbekannt war und (2) ausweislich der Anbringung des Heiligen Geistes unter dem Kanzeldeckel die Predigt pneumatologisch und in aller Regel nicht christologisch verstanden wurde und (3) weil hier der augustinische Dualismus (Geist contra Sinnlichkeit) als Erbe bis heute grassiert.

In vielen protestantischen Gruppierungen wurde – jedenfalls in der Vergangenheit – das eucharistische Mahl auf sehr seltene Gelegenheiten (z. B. Karfreitag sowie Totensonntag) beschränkt. Hand in Hand damit ging eine Hypertrophie des Predigtgottesdienstes. Das fand seinen Ausdruck nicht nur in liturgischen Ordnungen, sondern auch in der über lange Zeit geübten architektonischen Sitte, die Kanzel direkt über dem Altar anzubringen (sog. Kanzelaltäre). Ein Blick auf die biblischen Grundlagen könnte für die protestantische Sitte zeigen, dass die Überbetonung des Wortes einseitig ist, wenn die Sinnlichkeit bis zum Vergessen eingeschränkt wird, und für die katholische Seite, dass die Betonung der Realpräsenz dazu führen konnte, den Schöpfungsvorgang durch das Wort *(creatura verbi)* bei der eucharistischen Wandlung zu vergessen.

In seinem Apk-Komm. erinnert der lutherische Erweckungsprediger Ludwig Harms (1808–65) schließlich daran, dass auch Paulus die Metaphorik von Essen und Trinken kennt: »Das Wort Gottes ist die geistliche Milch, und das Fleisch und Blut Christi im heiligen Abendmahl sind die starke Speise, welche der Christ genießt zur Förderung seines geistlichen Lebens.« (Vgl. L. Harms, in: Die Offenbarung St. Johannis. Eine Erklärung des letzten Buches der Bibel, Hermannsburg 1935, 64.)

Das Fleisch einer Person essen
In Apk 17,16 heißt es von den früheren Kunden der Hure Babylon: *Und sie werden sie nackt ausziehen und einsam dastehen lassen, sie werden ihr Fleisch essen und ihre Reste verbrennen.* Ambrosius Autpertus fragt (663): Numquid enim aliud sunt carnes meretricis quam ipsa, ut carnes eius manducent et ipsam igni concrement? [Ist etwa das Fleisch der Hure etwas anderes als sie selbst, so dass sich das Fleisch darauf bezieht, dass sie selbst gegessen, der Brand darauf, dass sie selbst verbrannt wird?] Das besteht nach Ambrosius darin, dass diese »heidnischen Herrscher« ihre Reiche dem Tier übergeben. Die Folge: Unum est generale corpus, caput videlicet et membra [daraus wird dann ein allgemeiner Leib, nämlich Haupt und Glieder]. Weiter sagt er dazu (664): Carnalium desideriorum ardentissime diligunt [nichts lieben sie so sehr wie die fleischliche Sehnsucht]. Zum Essen sagt er (665): O miserabilem pastum, o durum cruciatum. Quid enim est reges et bestiam sub specie meretricis carnes suas manducare [Welch schreckliche Speise, sie ist wie eine harte Folter! Denn das bedeutet es, wenn die Könige das Tier in der Gestalt der Hure sich kannibalisch einverleiben. Wie wenn ein Engel sagte:] ut malitiae suae dentibus carnes meas comedant manducant enim carnes suas aeterno supplicio traditi [Das Fleisch der Hure ist sie selbst, es ist ein Leib mit Haupt und Gliedern, die Sehnsüchte des Fleisches lieben sie glühend, sie essen mein Fleisch mit den Zähnen ihrer Bosheit, ausgeliefert dem ewigen Gericht].

Obwohl Ambrosius Autpertus hier die Eucharistie nicht ausdrücklich nennt, sind doch in Zeichen dualistischer Apokalyptik die Anti-Parallelen unübersehbar: Das Fleisch ist die Person, das Essen geschieht aus (pervertierter) Liebe, es entsteht ein Leib mit Haupt und Gliedern. Und das Fleisch zu essen betrifft die Sehnsüchte und Leidenschaften, das heißt: den emotionalen Bereich. – Dass in Apk 17 bereits eine Anti-Typologie zur Eucharistie vorliegt, halte ich zwar für ausgeschlossen. Dennoch ist, was unbeachtet blieb, ein gemeinsamer Hintergrund schon für Apk 17,16 und Eucharistie gegeben, der durch die Auslegung bei Ambrosius Autpertus wieder an Licht kommt. Methodisch betrachtet bedeutet das: Die Wirkungsgeschichte kann im Einzelfall zu den Voraussetzungen des Textes selbst zurückführen. Und das heißt in diesem Fall: Es geht eben nicht um Kannibalismus, sondern beim Essen einer Person um die Verkettung der Emotionen und die Eingliederung in eine Körperschaft.

1.1.2 Schmecken

> Lit.: B. Viegas, Komm., Exkurs 468–470: Cur Iohannes librum quem de manu angeli acceperat, in ore dulcem et in ventre sensit amarum.

Als einer der wenigen neutestamentlichen Autoren nennt der Prophet Johannes das Schmecken, und zwar nicht das des Totseins. Auch darin zeigt sich sein Gespür für die Sinne des Menschen. In Apk 8,11 nennt er den bitteren Geschmack des Absinth – eine der Beugestrafen für die Menschen. In 10,9f. geht es um die grotesken Folgen des Aufessens der Buchrolle. Im Magen wirkt das Bitterkeit, im Munde dagegen Süßigkeit.

Die Apk 10,9f. am nächsten gelegene Schriftstelle ist Ez 3,3. Auch dort schon geht es um das Essen einer Buchrolle. Aber Ezechiel berichtet lediglich: *Ich aß sie und sie ward in meinem Mund süß wie Honig.* Von dem Umschlagen der Süße in Bitterkeit ist keine Rede, auch nicht in den Versionen (Targumim, LXX, Vg).

Am Anfang dieser Schilderung steht sicher Ps 119,11: Die Tora ist süßer als Honig und Wabenhonig. Auch in der jüdisch-hellenistischen Missionsschrift »Josef und Asenat« wird die himmlische Botschaft »wie Honig« gegessen (Kap. 16), und in der späteren koptischen »Historia Pachomii et Theodori« vollzieht sich die Bekehrung gleichfalls so, dass Menschen eine Honigwabe vom Himmel her überreicht bekommen (vgl. dazu: K. Berger: Jüdisch-hellenistische Missionsliteratur und apokryphe Apostelakten, in: Tradition und Offenbarung, 2006, 155–172). Diese Deutung der Bekehrung als Honigmahlzeit hängt wohl auch zusammen mit der antiken Sitte, Säuglinge mit (Milch und) Honig zu füttern. Denn die Neubekehrten sind wie Neugeschaffene.

Was jedoch hier überall fehlt, ist die nach Apk 10 gegenteilige Sinneserfahrung, nämlich das Schmecken von Bitterem. Um die hier geschilderte dualistische Wahrnehmung von Süße und Bitterkeit angemessen zu erklären, ist aus dem bisher Beobachteten schon der typische Zeitpunkt wichtig, nämlich der Anfang. Demnach schildert Apk 10,9f. den Anfang des Christwerdens als »Honigschlecken«, spätere Erfahrungen dagegen dann als Bitterkeit. Der Weg der Nahrung ist ja auch vom Mund in den Magen. Es geht daher um die Geschichte eines Christwerdens, um das Stück einer typisch christlichen Biographie. Es geht also um ein Werden, nicht um Einteilung verschiedener Menschensorten. Damit entfallen bereits eine Reihe üblicher Deutungen aus der Auslegungsgeschichte und es käme darauf an, nicht einfach Gegensätze darzustellen, sondern zu erklären, wie aus der Erfahrung von Süße solche von Bitterkeit wird.

Bei der Bitterkeit geht es nicht um die Abtötung des Fleisches durch das Wort oder um das Kreuz, das die Frömmigkeit zu begleiten pflegt (Hoe von Hoenegg). Mit dem Kontrast von Süßigkeit und Bitterkeit ist auch nicht der Gegensatz vom kontemplativen und einem Leben nach fleischlichen Begierden gemeint (Ambrosius Autpertus). Jede moralische Deutung ist hier unangebracht. Es geht auch nicht um die Bewältigung des Berufsleidens des Propheten Johannes, der zwar die Berufung als ehrenvoll ansah, die spätere Widerspenstigkeit seiner Adressaten jedoch als bitter empfand. (Hier spiegelt sich in der Hypothese allzu sehr die Berufserfahrung des deutschen Standardseelsorgers.) Vielmehr lohnt der Blick auf den »Hirten des Hermas«, die bekannte um 115 nC. entstandene christliche Schrift. Hermas schreibt:

> Denn wenn jemand auch nur ein paar Tropfen Wermut in einen Honigtopf schüttet, dann wird der ganze Honig verdorben. Soviel Honig kann von so wenig Wermut schlecht werden. Er verliert den süßen Honiggeschmack und wird für seinen Besitzer nutzlos, denn er ist bitter und zu nichts zu gebrauchen. Wenn aber kein Wermut in den Honig geschüttet wird, dann ist der Honig süß und für seinen Besitzer brauchbar. Man kann leicht sehen, dass Geduld viel süßer als Honig ist. (Hermas, mand. V, 1, 5–6)
>
> An anderer Stelle über das Wirken von Geboten des Teufels: »Kehrt um, die ihr nach den Geboten des Teufels lebt, die schwer und bitter, ohne Maß und ohne Grenze sind.« (Hermas, mand. XII, 4, 6)

In beiden Fällen ist daher die Bitterkeit kein natürliches Alterungs- oder Entwicklungsstadium oder Verfall eines guten Anfangs. Sondern die Verwandlung von Süße in Bitterkeit ist Folge eines Eingriffs von außen, ja sogar eine Art unnatürlicher Fremdherrschaft. So ist es auch in Apk 8,11 und noch mehr in Apk 10,9 f.: Dass Honig bitter wird, ist nicht Folge des Kräfteverfalls, sondern die auf die Bekehrung folgende Phase der Bedrängnis. Christentum erscheint anfänglich als etwas Schönes, als reine Verheißung, als Vergebung und Hoffnung für den Frieden. Es genügen ein paar Tropfen Wermut, um aus der Süßigkeit Bitterkeit werden zu lassen. Diese Wermutstropfen kommen von außen, durch die Bedrohung in Verfolgung. Darauf kann es auch zurückgehen, wenn eine Gemeinde ihre »erste Liebe« vergessen hat (Apk 2,4).

Durch nichts ist die Situation der Gemeinden der Apk besser gekennzeichnet als durch die Umwandlung des Status der Christen von Süßigkeit in ängstigende, bittere Bedrohung. Christsein ist kein Zuckerschlecken mehr. Angesagt ist hier die Tugend der Geduld. Dazu hilft die Erinnerung an die erste Liebe.

Die Deutung des Süßen und des Bitteren bei Alexander von Bremen (Minorita)

In seinem Komm. zur Apk schreibt Alexander von Bremen (1249) (161):

> Verba enim illius libri dulcia erant in ore Johannis, id est Ecclesiae, cuius typum tenuit. Sicut scribitur: Quam dulcia faucibus meis eloquia tua, super mel ori meo. Et cum devorassem eum, id est cum avide memoriae commendassem, quod dicit iterum ex persona ecclesiae, amaricatus est venter meus, id est secretum mentis meae. Quod enim venter secretum mentis significet, Jeremias ostendit, qui cum dixisset: Ventrem meum doleo, continuo subiecit: Sensus cordis mei conturbati sunt in me. Et Dominus per ventrem memoriam designans ait: Qui credit in me, flumina de ventre eius fluent aquae vivae. Hoc autem dicebat de spiritu, quem accepturi erant credentes in eum. Ecclesia, ex quo plenarie intellexit intentionem et librum Iustiniani imperatoris, amaricatus est venter eius. Nam dulce erat in ore, id est initio sermonis in faucibus Ecclesiae, quod Iusti-

nianus scripsit et dixit Dominum nostrum Iesum Christum conceptum de virgine natum et passum et sedere ad dexteram patris, quod totum dulce erat Sed amarum erat in ventre Ecclesiae, quod secundum haeresim Euthicetis dicebat illud totum esse voluntatis divinae sine vero corpore et carne. Nam divinitas mori non poterat neque aliquid pati, et nihil horum in se recepit sine carnis veritate. Qui imperator tamen postea dicitur rediisse ad catholicam fidem

[Denn die Worte dieser Buchrolle waren süß im Munde des Johannes, das heißt der Kirche, dessen Abbild er ist. So steht geschrieben: Wie süß sind deine Worte für meinen Gaumen, süßer als Honig für meinen Mund. Und als ich die Buchrolle verschlungen hatte, das heißt: sie gierig meinem Gedächtnis anvertraut hatte, was er wiederum figürlich von der Kirche sagt, da wurde mein Magen bitter, das heißt: die Kammer meines Geistes. Denn dass der Magen die Kammer des Geistes bezeichnet, das zeigt Jeremias, der, als er gesagt hatte: Ich habe Schmerzen in meinem Magen, gleich hinzufügte: Die Sinne meines Herzens sind verwirrt in mir. Und der Herr, der im Bild des Magens über das Gedächtnis spricht, sagt: Aus dem Magen dessen, der an mich glaubt, werden Fluten lebendigen Wassers strömen. Das aber hat er über den Geist gesagt, den die empfangen würden, die an ihn glauben. Der Magen der Kirche wurde bitter, als sie begriff, was Kaiser Justinian mit seinem Buch meinte: Er sagte, dass unser Herr Jesus Christus empfangen wurde von der Jungfrau, geboren wurde und gelitten hat und sitze zur Rechten des Vaters. Das alles ist süß. Aber bitter war im Magen der Kirche, dass nach der Häresie des Euthikes, dieses alles nach Gottes Willen ohne Leib und Fleisch geschehen sei. Denn ein Gott könne nicht sterben oder irgendetwas erleiden. Und nichts davon konnte er annehmen, da er ohne wahres Fleisch existiert. Dieser Kaiser (Justinian) ist dann dennoch später zum katholischen Glauben zurückgekehrt.]

Kommentar: Süß und bitter legt Alexander von Bremen kirchen- bzw. häresiegeschichtlich aus. Das wird im Mittelalter für die Apk im Ganzen oft so praktiziert, z. B. auch bei Joachim von Fiore. Der hier genannte Euthikes lebte zur Zeit des Konzils von Ephesus 431 und war Monophysit. Sein Name ist, wie auch seine Häresie, in Vergessenheit geraten. Alexander will sagen: Die Orthodoxie ist süß, die Häresie ist bitter.

Die Deutung im arabischen Kommentar zur Apk
bei dem koptischen Bischof Bulus al-Bushi (um 1200)

The book which the Evangelist ate and which was sweet as honey in his mouth, but bitter in his stomach, is the Good News and the witness to the word of God. It is sweet in the mouth of the holy ones. This is similar to the saying of the holy prophet David »Your words are as sweet to my palate as honey in my mouth«. The bitterness of the book when it is in the stomach is the tribulation which is brought upon him by the sinners because of his witnessing to the word of God; not only him, but his holy brothers and apostles, too, and everyone who struggles for the truth against people who are disobedient. But the bitterness that is in the stomach will throw up every concoction, every corruption and gall and shall purify the stomach and prepare it to receive the sweet, spiritual nourishment. Because of this he said »sweet on the palate, bitter in the stomach.« Therefore, with this suffering which he received he was purified and became stronger.

Kommentar: Die beiden Zustände werden hier auf zwei verschiedene Ursachen zurückgeführt. Die Süße haftet dem Wort an, das von Gott kommt. Die Bitterkeit sind die Drangsale, die der Verkündiger von außen her zu erdulden hat. Sie lässt aufstoßen »alle Aufruhr, Korruption und Galle« und bewirkt dadurch Reinigung. Man kann zeigen, dass Bulus hier die genauen und detaillierten Beobachtungen der arabischen Medizin seiner Zeit zur Kommentierung der Apk einbringen kann (vgl. besonders: Kitab al-Agdiya nach M. Ullmann: Aufsätze zur arabischen Rezeption der griechischen Medizin und Naturwissenschaft, ed. R. Arnzen, Berlin 2016, zum Stichwort »Aufstoßen«).

Fazit: Apk 10,9 f. liefert eine für die Anfangsphase jeder christlichen Bekehrung und Berufung typische Erfahrung. Es ist die wahrhaft naheliegende und einschneidende Erfahrung, dass (auch physisch zu begreifendes) Glücklichsein am Anfang abgelöst wird durch die ebenso physisch nachprüfbare Erfahrung von Übelkeit und Bauchschmerzen. Ich meine, dass diese Schilderung dem Propheten Johannes gerade durch den Verzicht auf die Ausmalung von Details wunderbar gelungen ist. So hat er eine vorausgreifende Überschrift für die Kap. 10–17 seines Buches gewonnen, deren Aussage zu seiner Zeit jede Christin und jeder Christ nachvollziehen konnte. Traditionsgeschichtlich interessant ist zweifellos, dass die alte Metapher von der (lebensfördernden) Honigsüße des Wortes Gottes in Zeiten von Bekehrung, Verfolgung und Bewährung abgewandelt und erweitert wird.

1.1.3 Riechen

Der Apk und ihrer Wirkungsgeschichte ist es wohl zu verdanken, dass es den Weihrauch als Element des christlichen Kults überhaupt gibt. Nennt ihn doch Apk 8 als Element des (himmlischen) Kultes, und zwar im traditionellen Sinn der Gebete, die zu Gott aufsteigen.

Nach B. Viegas, Komm., 341 gilt für Apk 8: thuribulum aureum est Christi humanitas [das goldene Rauchfass bedeutet das Menschsein Jesu Christi].

Kommentar: Denn das Menschsein Jesu Christi ist die Form und Gestalt für das, was in ihr und mit ihr als Werk der Erlösung sich vollzieht. Das liturgische Gerät des Rauchfasses steht damit hier für das, was von Gott sichtbar und greifbar ist. So wie Weihrauch, Feuer und Duft durch das Rauchfass geborgen werden, ist die menschliche Natur Jesu Werkzeug der Erlösung.

Äthiopischer Hymnus
    Dies ist die Zeit des Segens.

    Dies ist die Zeit des auserwählten Weihrauchs.
    Dies ist die Zeit, unserem menschenfreundlichen Retter, Christus, zu danken.
    Maria ist wie Weihrauch.
    Ihr Sohn ist wie Weihrauch.

Der, der in ihrem Leib seine Wohnung nahm, ist wohlriechender als jeder Weihrauch.
Er wurde von ihr geboren, kam als Mensch und rettete uns.
Jesus Christus ist wie ein wohlriechendes Nardenöl.
Kommt, lasst uns ihn anbeten und seine Gebote halten.
So werden wir Erlösung von unseren Sünden erhalten.
(Kefelew Zelleke: Die Freude Äthiopiens. Gebete und Meditationen, Aachen 1993, 66)

Kommentar: An der geschilderten Sinnlichkeit des äthiopischen Christentums lässt sich erkennen, wie sehr westliche Religiosität den Zugang zur gottesdienstlichen Freude verloren hat, indem sie Heiligen Geist mit abstrakter Geistigkeit verwechselte. Von den sieben Sakramenten sind vier mit Salbung verbunden (Taufe, Firmung, Krankenölung, Priesterweihe). In den Kathedralkirchen werden am Gründonnerstag die »heiligen Öle« geweiht. Die koptische Kirche hat die Myronweihe am Freitag vor der Karwoche.

Die Apk kennt den Geruch/Gestank des Rauches an relativ vielen prominenten Stellen, so als Zeichen der liturgischen Anbetung außer in 8,4 auch in 15,8 *(Und der Tempel füllte sich mit dem Rauch der Herrlichkeit und Macht Gottes)* und als Zeichen der Strafe in 9,2 f.17 f.; 14,11; 18,9.18. Und natürlich stinkt auch der brennende Schwefelsee (z. B. 21,8; vgl. 9,17 f.; 14,10; 19,20; 20,10). – Zu 15,8: Herrlichkeit ist Feuer und schafft Rauch; den Text wird keiner vertehen, dem nicht schon einmal der Weihrauch den Atem verschlagen hat.

Dass die Apk sowohl den Wohlgeruch als auch den Gestank kennt, zeigt, dass der apokalyptische Dualismus hier auch auf das Riechen übertragen ist.

1.1.4 Hören und Sehen

Die ApkJoh gilt ausnahmslos als Buch der Visionen, und es gibt seit alters auch Entwürfe, das Buch nach den berichteten Visionen zu gliedern. Soweit ich sehe, blieb jedoch gänzlich unbeachtet, dass die Apk auch ein Buch ist, in dem es höchst merkwürdige Dinge zu hören gibt. Das Ergebnis dieser Untersuchung ist daher ein Beitrag zum Welt- und Menschenbild der Apk, das sich in diesem Punkt von dem gegenwärtigen unterscheidet. Und gerade dort, wo eindeutig von profaner Wirklichkeit berichtet wird, wie in Apk 18,22 f., gilt, dass die Wahrnehmung der Geräusche für den Propheten Johannes einzigartig wichtig ist: Vom zerstörten Rom gilt: *Das Geräusch* [Lied, die Stimme] *der Harfenspieler und Sänger, der Flötenspieler und Trompetenbläser wird verstummen in dir, kein Mühlwerk* [Stimme des Mühlwerks] *wird mehr zu hören sein, kein Brautpaar wird mehr juchzen* [Stimme des Bräutigams und der Braut] *in dir.* Schon die sieben Gemeindebriefe enden gleichmäßig alle mit der Formel: *Wer ein Ohr hat zu hören, der soll hören, was der Heilige Geist den Gemeinden sagt!* Und die zitierte Formel gibt es auch – ohne den Heiligen Geist – in Apk 13,9. Das Corpus der Briefe ist daher eine zusammenhängende Audition.

Ergänzt und bestätigt wird diese Beobachtung durch die Tatsache, dass fast die Hälfte aller neutestamentlichen Belege für »Stimme« (griech. φωνή) in der Apk zu finden ist (besonders wenn man die 27 Stellen der Apg abzieht: 53:111). Dabei handelt es sich mit Vorzug um »Stimmen«, die von keinem namentlich genannten Subjekt kommen oder kommen können, zum Beispiel »vom (himmlischen) Altar her«. Eine psychopathologische Erklärung (»hört Stimmen«) scheidet aus. Auch bei den Visionen gibt es oft keinen, der etwas zeigt oder sehen lässt.

Die Stimme ohne Subjekt ist im europäischen Mittelalter dann das Thema vieler Glockeninschriften, in denen die Glocken in fiktiver Personhaftigkeit von ihrer Stimme reden (*mea vox* bzw. *voco*).

Von der überragenden Bedeutung des Hörbaren bzw. Gesungenen in der Apk zeugen vor allem die zahlreichen Hymnen und Teilhymnen. Die Notizen über die Musikinstrumente (Apk 5,8) werden in den Miniaturen des frühen Mittelalters zu unersetzlichen Quellen über Aussehen und Funktion von den Gesang begleitenden Instrumenten. Insofern steht die Apk am Anfang eines speziellen Kapitels der Musikgeschichte.

Fazit: Geräusch, Ton, Stimme füllen als *ein* Weg des Offenbarungsgeschehens die Welt, die sonst leer wäre. Parallel zu den Augen sind diese Elemente auf die Ohren bezogen. Der *horror vacui*, die Angst davor, in der Welt ungefüllte Leerräume entstehen zu lassen, in die dann die Falschen eindringen, gehört zu den Voraussetzungen dieses Kapitels. Der Himmel macht sich bemerkbar, da er in die alltägliche Welt durch eine Fülle von Visionen und Hörbarem eindringt. Denn der Himmel fließt, wie es die Mystiker sagen werden, über. »Gott ist wie überkochender Grießbrei« (Meister Eckhart). Im Neuen Testament fällt oft der Ausdruck »Fülle« (griech. πλήρωμα) zur Beschreibung Gottes oder der himmlischen Wirklichkeit. Und der Gegenbegriff heißt »leer«, »das Leere« (griech. κενόν), und der Hirt des Hermas (115 nC., Rom) spricht vom »leeren Pneuma« und meint damit das verzerrte Gegenbild zur Fülle von Gottes Geist und Gaben. Auch hier ist der Gegensatz zu unseren (landläufigen) Vorstellungen offenkundig: Denken wir doch nicht nur den astronomischen, sondern auch den theologischen Himmel als leer bzw. nur von Gott als Single bewohnt. Auffällig sind aber bereits die Belege in Kap. 1: In 1,12 sagt Johannes, er habe sich umgedreht, *die Stimme zu sehen, die mit mir redete*. Auch für die Verhältnisse der Apk ist diese Formulierung extrem ungewöhnlich. Denn Johannes könnte im besten Fall nur den sehen, dessen Stimme er gehört hatte. Er sieht ja dann auch nicht einfach den, der ihn angeredet hatte, sondern erlebt eine Vision, an deren Anfang er wie tot zu Boden fällt (1,17).

Das Geräusch »wie von vielen Wassern«
Wenn der Prophet Johannes ein Geräusch »wie von vielen Wassern« hört, ist entweder an den Himmelsozean zu denken, denn der Regen etwa kommt aus einem großen Ozean, der die Erde umgibt. Oder das Rauschen hat einen ganz

anderen Ursprung; es ist nämlich das Flügelschlagen der Cherubim, das insbesondere dazu notwendig ist, die Sonne zu wecken bzw. den Hahn und die anderen Vögel, die morgens singen. Das wäre dann eine solare Deutung. An die Cherubim denken jüdische Apokalypsen wie HenApk(slav) und BarApk(gr/slav).

Zunächst zum Himmelsozean: Ältester biblischer Beleg ist Ps 148,4: *Lobet ihn Himmel der Himmel und alle Wasser, die über den Himmeln sind.* Auch nach Ps 29,10 *(Der Herr thront über der Flut)* handelt es sich wohl um den Ursprungsort von Regen und Hagel. Zur neutestamentlichen Zeit ist dieses der »acherusische See«, eine Verschmelzung mit dem griechischen Unterweltfluss (!) Acheron. Von spezifischem Getöse ist zwar die Rede, aber keineswegs durchgehend.

Nach Apk 1,15 ist die Stimme dessen, der erscheint, *wie die Stimme von vielen Wassern,* also laut wie die Brandung des Meeres, am Ufer wahrgenommen. – Andreas von Caesarea († 637), Komm., 182: »Die Stimme der Schar, der großen Wasser und die Donner stehen dafür, wie durchdringend dieser Lobgesang ist; denn er kommt von allen unzählbaren Wesen; und manche haben sie sich als die Wasser über den Himmeln gedacht. Und zusammen mit ihnen verherrlicht den Schöpfer jede Schar und die Vielzahl der Gerechten.«

> Ambrosius Autpertus, 77: »Aquas quas vidisti populi sunt et gentes et linguae. Quod Danihel quoque propheta apertius indicat, dicens: Et vox eius ut vox multitudinis. Idcirco ergo vox eius in sono discrepavit, quia, ut dictum est, quod prius pauci praedicatores, hoc postea totus mundus clamavit. Potest autem per vocem similem tubae, pradicatio Veteris et Novi Testamenti, per vocem vero similem aquarum multarum, caritas intelligi. Quae vox dilectionis ideo tamquam vox aquarum multarum dicitur, quia ab ea cunctae spiritualium doctrinarum voces prodeunt, sicut de hac gemina dilectione scriptum est: In his duobus praeceptis, id est, in dilectione Dei et dilectione proximi total ex pendet et prophetae.«

> [Die vielen Wasser, die du gesehen hast, das sind Völker und Stämme und Sprachen. Der Prophet Daniel hat darüber offener geredet: Und eine Stimme ist wie die einer Menge. Deswegen also gab es eine Diskrepanz in seiner Stimme. Denn was zuerst nur wenige Verkündiger sagten, hat später die ganze Welt gerufen. Es kann aber als eine Stimme, die der Trompete gleicht, die Verkündigung des Alten und des Neuen Testaments verstanden werden. Unter einer Stimme aber, die vielen Wassern gleicht, kann die Liebe verstanden werden. Die Stimme der Liebe wird deswegen mit vielen Wassern verglichen, weil von ihr alle Artikulationen geistlicher Lehren ausgehen. So steht es über diese zwiegestaltige Liebe geschrieben: An diesen beiden Geboten, an der Lebe zu Gott und an der Liebe zum Nächsten, hängen das ganze Gesetz und die Propheten.]

Die andere Deutungsmöglichkeit betrifft den Lärm des Flügelschlagens bei Cherubim etc. Hier handelt es sich um solare Ursprünge, die besonders dort stets wieder durchschlagen, wo sich kirchliche Liturgie am Sonnenlauf orientiert.

Wiederholt stoßen wir in der Apk (s. schon zu 1,18 f.; 10,1; 12,1) sowie in ihrer Wirkungsgeschichte, besonders im Tagzeitengebet der Klöster, auf kaum verhüllte Elemente solaren Ursprungs. Das gilt auch für den Gesang zu Sonnenaufgang, der auch als »Stimme«, »Flügelschlagen« (sc. der Cherubim etc.) oder Donner verstanden werden kann. Bis heute erinnern Prim und Laudes, die liturgischen Gebete nach Mitternacht, an diese Feier des Morgens. C. Böttrich erwähnt zu HenApk(slav) 15,1 f. das Flügelrauschen der Cherubim beim Aufgang der Sonne, das nun alle Vögel wecke (868).

Einzig in HenApk(slav) und in den aus ähnlichem Milieu stammenden Texten der Baruch-Apokalypse und des Testamentum Adam werden himmlische Gesänge ähnlich oft hervorgehoben wie in der Apk. In HenApk(slav) 15,1 f. wird sogar der Hymnus im Wortlaut zitiert: »Und die Elemente, die Phönix und Chalkedrios genannt werden, stimmen ein Lied an, und deshalb beginnen alle Vögel mit ihren Flügeln zu schlagen und freuen sich über den Lichtgeber und singen mit ihrer Stimme: Es kommt der Lichtgeber und gibt seiner Schöpfung Licht.« Nach BarApk(gr) 6,4 ruft eine »Stimme« bei der Öffnung der 365 Tore des Himmels und der Trennung von Licht und Finsternis eine Bitte aus: »O Sonne, Lichtgeber, gib der Welt Glanz.« Der solare Ursprung ist auch unverkennbar in Apk 19,17: *Und ich sah einen Engel, der in der Sonne stand und mit lauter Stimme allen Vögeln zurief.*

Donner: BarApk(gr) 16,14–16: Der Phönix erweckt mit dem Schlag seiner Flügel »donnernden Lärm«. Ähnlich TestAdam(syr) 1,14: Die Seraphim begleiten den Gesang der Qeduscha mit ihrem Flügelschlag.

Fazit: Alle Indizien sprechen dafür, dass es sich bei den Gesängen und Stimmen letztlich um bearbeitete Anregungen aus der Welt der ägyptischen Sonnenhymnen handelt (C. Bayer: Echnaton – Sonnenhymnen, Stuttgart 2007). Besondere Bedeutung hat dieser Komplex für die Psalmen des Alten Testaments, z. B. für Ps 104. In Ps 104,27 f.80 wirkt dieses bis heute durch das Tischgebet »Aller Augen warten auf dich« im Leben der Kirche fort. (Vgl. ferner auch: J. Assmann: Re und Ammun, Fribourg – Göttingen 1983.)

Die laute Stimme als Zeichen von Offenbarung
Oft wird in Apk gesagt, eine Stimme sei »laut«. Die laute Stimme ist schon an sich ein Theophanie-Merkmal. Nach Mk 15,37; Mt 27,46.50; Lk 23,46 ruft Jesus mit lauter Stimme am Kreuz. Bei Mk und Mt gilt dies zusammen mit dem Zerreißen des Tempelvorhangs als Zeichen der Gottessohnschaft Jesu, bei Lk allein. Daher rufen Engel regelmäßig »mit lauter Stimme«:

Apk 5,2: *Und ich sah einen starken Engel, der mit lauter Stimme verkündete: Wer ist würdig …*
5,11 f.: *Und ich sah und ich hörte die Stimme vieler Engel, wie sie mit lauter Stimme riefen …*
7,2: *Und ich sah einen anderen Engel er rief mit lauter Stimme …*
10,1–4: *Er (der starke Engel) rief mit lauter Stimme wie ein Löwe brüllt* [4,7 *(Der Engel mit dem ewigen Evangelium) rief mit lauter Stimme: Fürchtet …*]
14,9: *Und ein anderer, dritter Engel folgte ihnen und rief mit lauter Stimme …*

1 Die Apokalypse als Wahrnehmung

14,15: Und ein anderer Engel kam aus dem Tempel und rief mit lauter Stimme: Schicke ...
14,18: Und ein anderer Engel rief mit lauter Stimme dem zu, der die Sichel führte ...
18,2: (Anderer Engel vom Himmel) Und er rief mit lauter Stimme und sagte: Sie ist gefallen ...

Die namen- und subjektlosen Stimmen
Im Blick stehen hier jedoch andere markante Texte, und zwar die »subjektlosen«.

Apk 1,10: Ich wurde vom Geist erfüllt und hörte hinter mir eine Stimme, laut wie eine Trompete, die sagte: »Was du siehst, schreib auf.«
4,5: Und vom Thron her kamen Blitze, Stimmen, Donnerschläge ...
6,10: Und sie (sc. die Seelen unter dem Altar) riefen mit lauter Stimme: »Wie lange noch ...«
7,10: Die vor dem Thron Stehenden riefen mit lauter Stimme: Das Heil
8,13: Und ich sah einen Adler, der mit lauter Stimme rief: Wehe ...
9,13: Und ich hörte eine Stimme von den vier Hörnern des goldenen Räucheraltares, der vor Gott steht ...
10,1–4: Er (der starke Engel) rief mit lauter Stimme wie ein Löwe brüllt. Und als er schrie, antworteten die sieben Donnerschläge und ich hörte eine Stimme vom Himmel her, die sagte: Versiegele, was die sieben Donnerschläge gesagt haben.
11,12: Und sie (die Stadtbewohner) hörten eine laute Stimme vom Himmel her, die ihnen sagte: Steigt hier hinauf ...
11,15: Und der siebte Engel trompetete. Und es ertönten laute Stimmen vom Himmel her, die sagten: Verwirklicht ist ...
11,19: Und es ereigneten sich Blitze und Stimmen und Donnerschläge, Erdbeben und starker Hagel ...
12,10: Und ich hörte eine laute Stimme am Himmel sagen: Verwirklicht ist jetzt ...
14,2: Vom Himmel her hörte ich eine Stimme wie brüllende Wasserfluten, wie lauten Donner und wie Harfenklang. Und sie sangen ein neues Lied ...
16,1: Und ich hörte eine laute Stimme aus dem Tempel, die den sieben Engeln sagte ...
16,6: Und ich hörte etwas wie eine Stimme aus der Mitte der vier Lebenden Wesen, die sagte ...
16,17: Und es kam eine laute Stimme aus dem Tempel vom Thron her, die sagte: Es ist geschehen ...
16,18: Und es ereigneten sich Blitze, Stimmen, Donnerschläge und ein großes Erdbeben ...
18,4: Und ich hörte eine andere Stimme vom Himmel her, die sagte ...
19,1: Danach hörte ich etwas wie eine laute Stimme einer großen Menge vom Himmel her: Halleluja
19,5: Und eine Stimme ging vom Thron aus mit den Worten ...
19,6: Und ich hörte etwas wie eine Stimme zahlreichen Volks und wie die Stimme vieler Wassert und wie die Stimme kräftiger Donnerschläge ...
21,3: Und ich hörte eine laute Stimme, die vom Thron her sagte: Siehe, das Zelt ...
Nach BarApk(gr) 6,4 ruft eine »Stimme« bei der Öffnung der 365 Tore des Himmels und der Trennung von Licht und Finsternis eine Bitte aus: O Sonne, Lichtgeber, gib der Welt Glanz! (offenkundiger solarer Ursprung).

Fast alle Belege für die namenlose laute Stimme in der Apk stehen in den Kap. 10–21, also im zweiten Teil der Visionen der Apk. Denn ab Kap. 10 nehmen die Belege für »Stimme« rasant zu. Nach 8,13 haben aber auch Tiere wie der Adler eine laute Stimme; der Adler ist direkter Repräsentant Gottes, den Engeln sehr ähnlich.

Die Verbindung von »Donnerschlägen« mit »Stimmen« ist häufig (Apk 4,5; 6,1; 8,5; 10,3; 11,19; 14,2; 16,18; 19,6), denn da sie vom Himmel kommen, gelten sie als Offenbarungszeichen Gottes. Sie erinnert, wie auch Joh 12,28b–29 zeigt, daran, dass im Judentum die »Bath Qol« (Tochter einer Stimme) als Donner aufgefasst werden kann. In Qumran fand man Brontologien, d.h. Kataloge für die Übersetzung von Donnerschlägen. Gott spricht auch im Donner – obwohl an allen genannten Stellen ein Unterschied zwischen Donner und Stimme gemacht wird. Merkwürdig ist die Verbindung von Stimme und Thron bzw. Tempel (Apk 19,5; 21,3; 4,5; 6,6; 16,17f.). Das heißt: »Stimmen« kommen oft aus heiligem Bereich (Himmel, Thron, Altar). Wenn Stimmen aus der Mitte der vier Lebenden Wesen kommen, dann liegt ihr Ursprung ganz nahe bei Gott. Anfrage: Warum sagt Johannes nicht, dass sie von Gott kommt? Antwort: So wie die vier Lebenden Wesen den unsichtbaren Gott »ersetzen«, so vermelden auch die Stimmen vom Thron, vom Altar oder von der Altarplatte, was Gott sagt oder sagen will. Sie sind die redenden Anwälte des schweigenden Gottes. Er redet nur nach Apk 1,8 und sehr ähnlich in 21,5f.

Grundsätzlich gilt: Es gibt zwar nur den einen und einzigen Gott. Aber es gibt viele Wege, auf denen eine Pluralität des Offenbarens sichergestellt ist. In deutlicher Differenz zu der bei uns vorherrschenden Auffassung gibt es dafür eben nicht nur das (artikulierte!) prophetische Wort, sondern eine Fülle von Zeichen, und zwar bis hinein in die Gattung der *Quindecim signa* des Mittelalters, die das Weltende ankündigen.

Fazit: Der Prophet und Seher Johannes erscheint wie ein blinder Prophet, der Irdisches nicht mehr sieht, der aber umso deutlicher hören kann und für den das Gehör äußerst wichtig ist – das Hören ist neben dem Essen (Apk 10,9) nahezu der einzige Kontakt mit der irdischen Wirklichkeit. Ähnlich das *ausculta mi fili* nach der Benediktregel. Der Ersatz für irdisches Sehen sind Visionen des himmlischen Bereichs. Im Unterschied zur gegenwärtigen Kultur ist das Schwergewicht der Wahrnehmung überhaupt auf das Hören verlagert. Denn auch das visionär Geschaute wird entweder durch Gehörtes ergänzt oder mit Worten kommentiert (wie z.B. in 17,7). Dass der Prophet Johannes so ganz überwiegend von »lauten Stimmen« spricht, wo ein Mensch unserer Tage und Kultur gar nichts hören würde, spricht für eine (zumindest topische) absolute Sensibilität für Geräusche (so wie wenn jemand die Gespräche der Bäume oder der Tiere verstünde). Diese Sensibilität wird zum Fenster für die Wahrnehmung Gottes und das Hören von Offenbarung dort und von dort, wo sonst nur Stille zu herrschen scheint (vgl. Apk 8,1b).

Der Prophet Johannes ist also nicht krank, weil er »Stimmen hört«, sondern er lebt von der Wirklichkeit her, in der Gottes Sohn den Titel »Wort Gottes« trägt (19,13b).

Die auch in den Hymnen der Apk dokumentierte Musikalität erinnert an die bisweilen auch von Poeten wahrgenommene Funktion von Lied/Musik wie in dem Gedicht »Es schläft ein Lied in allen Dingen, triffst du nur das Zauberwort«. Für die Apk geht es nicht um die Dinge der Welt, sondern um die Welt des Glaubens und der Traditionen der Schrift.

Die mittelalterlichen Kommentare folgen dem Propheten Johannes darin. Dionysius Carthusianus († 1471) zu Apk 2,8 f.: 105., Alexander Minorita 394 f. (zu Apk 19,1):

> Nemo simpliciter credat tonitrua Alleluia dixisse et exultasse et gavisa fuisse, cum nubes ac tonitrua non habent speciem intellectualem sed insensibilia sint neque credat ea de nuptiis agni aliquid per verba nuntiare. [Keiner soll so einfältig sein und glauben, die Donnerschläge hätten »Alleluja« gesagt, Freudenlieder gesungen oder sich wahrnehmbar gefreut. Denn Wolken und Donnerschläge haben keinen Intellekt, vielmehr sind sie ohne Wahrnehmung und niemand soll glauben, dass sie über die Hochzeit des Lammes irgendetwas in Worten verkündigt hätten.]

Auf 463 deutet Alexander die Stimme vom Thron als »magna congratulatio angelorum«. An beiden Stellen »rationalisiert« Alexander, wenn auch mit Maßen, da er die Existenz der Engel bestehen lässt. An der Terminologie (z. B. dem Gebrauch des Wortes »Stimme«) kann man ablesen, wie die Grenzen zwischen Geräusch, Musik, Sprache und Donner geebnet werden. Denn Gott spricht überhaupt in dem, was man hören kann. Man vergleiche dazu die Listen, auf denen »Donnerschläge« neben »Stimmen« stehen.

Eine seltene moralische Deutung der Donnerschläge liefert B. Viegas, Komm. (1606), 732. Er bezieht Apk 14,2 auf die Jungfrauen 14,4 und fragt: Cur virgines vocem quasi tonitrui magni habere dicantur [Warum von den Jungfrauen gesagt wird, sie hätten Stimmen wie lauter Donner]. Seine Antwort: Vom Donner sei die Rede propter difficultatem laborum castigati namque carnis quem ad tuendam caritatem opus est [wegen der großen und schwierigen Mühsale der Askese].

Wer spricht in den namenlosen Stimmen?
Der Heilige Geist spricht, wie schon gezeigt, in den Gemeindebriefen, aber auch in Apk 14,13 und in 22,17 (hier gemeinsam mit der »Braut«). Auch die Engel, die sprechen, haben weder Namen noch Attribute. Der einzige Engel mit Namen, den die Apk kennt, ist Michael nach 12,7. Wenn Engel reden, dann wird stets berichtet, ihre Stimme sei laut. Auch nach HenApk(slav) gibt es die subjektlose Stimme; nach 15,2 singen die Vögel »mit ihrer Stimme: Es kommt der Lichtgeber und gibt seiner Schöpfung Licht! Und es erscheint die Morgenwache.« Nach 18,9 »trompeteten vier Trompeten gemeinsam mit lauter Stimme«. – Ginzberg, Legends of the Jews I 44 f. und V 60 f. »Wenn Gott um Mitter-

nacht zu den Frommen im Paradies geht, brechen alle Parasiesesbäume in Lobgesang aus.« (C. Böttrich, 868)

Die therapeutische Wirkung der Gesänge und die kolossische Häresie
Eine therapeutische Wirkung für die ganze Welt haben laut HenApk(slav) 19,3 die Gesänge der Engel und Erzengel: »Und wenn sie das Wohltun in der Welt sehen, wirken sie Gebote und Belehrung und süßtönenden Gesang und jeden herrlichen Lobpreis. Diese sind die Erzengel, die über den Engeln sind, und sie versöhnen alles Leben, das himmlische und das irdische« (Übers. C. Böttrich). Dann werden Engel genannt, die über die Zeiten und Jahre gesetzt sind und über die Nahrung für alles Lebendige. Alles dieses sind nach den ägyptischen Sonnenhymnen klassische Funktionen der Sonne (Kalender, Nahrung), nur hier eben auf die Pluralität von Engeln verteilt und dadurch eine Art Bremse gegen die Vergottung der Sonne. Bemerkenswert ist für den Neutestamentler hier der Begriff der »Versöhnung« (Textbelege bei C. Böttrich, 882 unter 3f. und g). Da die kosmische Versöhnung laut diesen Texten durch Engel bewirkt wird, könnte hier der Ursprung der Häresie der Kolosser liegen, gegen die ja Paulus explizit die christologische Versöhnungslehre ins Spiel bringt.

Auch hier gibt es eine reiche Wirkungsgeschichte in der Alten Kirche: Die einstimmigen Gesänge der Engel und der Mönche bekämpfen und besiegen den Lärm der Gegenseite. Das heißt: Sie vertreiben mit ihrem Gesang die Dämonen. Das ist nicht nur ein Himmelsgeschäft, sondern hat auch musiktherapeutische Wirkungen bei den Menschen. Daher heißen die exorzistischen Formeln bis heute *incantationes* und auch die Psalmen heißen oft lautt LXX »Lieder des Sieges«.

Kurzum: Die exorzistische Seite der Praxis Jesu in dieser Perspektive wird vor allem vom klösterlichen Gesang fortgesetzt. Die Apk bietet mit ihrem Engelgesang eine Art Brücke zwischen Jesus und der Kirche.

Die wunderbaren, sanften, süßen, einstimmigen Gesänge der Engel
Wie schon öfter angedeutet, bietet das slavisch erhaltene (ursprünglich griechische) Henochbuch die intensivsten Entsprechungen (und steht darin fast allein) zu den für die Apk wichtigen himmlischen Lieder und Hymnen. Das gilt auch für alle weiteren »himmlischen Töne«, die in der Apk zumeist unerklärt vorkommen (Donnerschläge, Musikinstrumente, nicht zuletzt für die zentrale Funktion des *Sanctus*). Das reiche musikalische Erbe der christlichen Kirchen und des Abend- und besonders des christlichen Morgenlandes insgesamt ist ohne diesen dominant geistlichen Charakter gar nicht vorstellbar. Auf diese bekannte Tatsache ist bei der Erörterung der Wirkungsgeschichte der Apk noch einmal aufmerksam zu machen.

> HenApk(slav) 18,9 (Henochs Himmelsreise): Da trompeteten vier Trompeten gemeinsam mit lauter Stimme, und die Grigoroi begannen, einstimmig zu singen und ihre

Stimme stieg auf vor das Angesicht des Herrn. – Gesang der Engel auch in 8,8 (dienen dem Herrn mit unaufhörlicher Stimme und mit schönem Gesang alle Tage). – 17,1: Mit Handpauken und Musikinstrumenten, mit unaufhörlicher Stimme und schönem Gesang, den zu beschreiben unmöglich ist, so wunderbar und erstaunlich ist der Gesang dieser Engel. – An Instrumenten des himmlischen Kultes wird im HenApk(slav) sonst nur noch die Trompete (18,9) genannt, und Trompeten als Signalinstrumente fügen sich der betonten Einstimmigkeit des himmlischen Gesanges (8,9b; 19,6d) durchaus ein (C. Böttrich, 875). – 19,3 nennt den »süßtönenden Gesang und jeden herrlichen Lobpreis«, 19,6 (einstimmig singen, und ihr Gesang ist nicht beschreibbar). – HenApk(slav) 20,4–21,1: Und sie (sc. die himmlischen Heerscharen) traten hinzu und gingen wieder auf ihre Plätze in Fröhlichkeit, wobei sie mit leisen und sanften Stimmen Lieder sangen. – 21,1: (Die Herrlichen stehen vor Gott und singen Tag und Nacht das Dreimalheilig). Das *Sanctus* der Messe aus Jes 6,9 ist ausweislich des Kanons aller Messen bis heute als biblischer Ursprung des Engelgesangs erkennbar. HenApk(slav) 22,2 berichtet über den vieläugigen und vielstimmigen Chor um den Thron Gottes und ihre »nicht schweigenden Gesänge«, 22,3 nennt den »süßtönenden Gesang und alles, was zu lernen sich gebührt.« HenApk(slav) 42,4 nennt »flammende Engel, die nicht schweigende Lieder des Sieges singen«. »Lieder des Sieges« ist eine Entlehnung aus dem Psalterium der LXX, die bei vielen Psalmen den Zusatz »zum Sieg« (griech. εἰς νῖκος) in der Überschrift haben, ebenso 31,2 (»damit er die Engel sähe, die das Siegeslied singen«).

Beobachtungen: Ein Vergleich mit dem Tempelkult auf Erden wird weder hier noch in der Apk gezogen. Auch jeglicher Vergleich mit dem blutigen Opferkult in Jerusalem unterbleibt wie in Apk. Das einzige maßgebliche kultische Szenario ist der Gottesdienst im Himmel, so auch die Apk. Ist also die jüdisch-hellenistische Diasporasynagoge Hintergrund und Entstehungsort? Unsere Überlegungen zum Kirchenbild nach Apk 21 werden ergeben, dass die Diasporasynagoge der angemessene Ort für diese konsequente Verlagerung allen Gottesdienstes in den Himmel ist. Dass der irdische Tempel in der Apk nicht erwähnt wird, setzt daher eine Zerstörung des Tempels im Jahr 70 überhaupt nicht voraus. Vielmehr: Wenn diese Himmelsschilderungen der gemeinsame Entstehungsboden für HenApk(slav) und Apk ist, dann werden die Chancen des Christentums in einem solchen Milieu klar erkennbar: Mit dem auferstandenen und zuvor blutig Ermordeten ist ein Mensch bei Gottes Thron angelangt. Aber die Versöhnung durch Engelchöre ist sehr viel weniger greifbar und tröstlich als das Opfer eines leibhaftigen Gerechten, der stellvertretende Tod des Lammes. Ähnlich ist auch die Pointe im Hebr, wo allerdings ständig mit dem Jerusalemer Kult verglichen wird, weshalb man annehmen kann, auch der Hebr sei vor der Zerstörung Jerusalems 70 nC. entstanden.

Neues Verständnis von Offenbarung
Dass die Hymnen der Apk ein Alleinstellungsmerkmal gegenüber allen vergleichbaren Geschichtsapokalypsen inklusive 4–6 Esra sind, weist zusammen mit dem in diesem Kapitel über Sehen und Hören Beobachteten und dem Vorgang des

Essens in Kap. 10 auf ein im Ganzen neues und gegenüber dem Alten Testament revolutionär verändertes Verständnis von Offenbarung überhaupt. Mögen auch die einzelnen Bestandteile auf das Alte Testament zurückgehen – alle einzelnen Wege sind in der Apk in einem einzigen Buch zusammengefasst. Es ist daraus ein Konvolut der Zeichen geworden. Im Kampf um die Welt lässt Gott keine Art von Zeichen aus. Das reicht vom Schweigen bis zum förmlichen Aufessen der Offenbarung, vom Vogelflug des mystischen Adlers bis zum Blutzeugnis der Märtyrer, von der Thronvision bis zum großen Mahl der Vögel, in dem diese, schlimmer als bei Hitchcock, alles Gottwidrige fressen. Die Klage der Händler über die unversehens zerstörte einst blühende Stadt mischt sich mit dem sehnsüchtigen Ruf der Braut, der Bräutigam möge kommen. Offenbarung ist hier eine einzigartige Multimedia Show. Wenn Gott alle überhaupt vorstellbaren Zeichen gebraucht, auch geheimnisvolle Zahlen und Namen und selbst die brutalste Vernichtung in Strömen von Blut, dann bedeutet das für den Menschen, der sich auf diesen Gott einlassen möchte, die implizite Aufforderung, keines der Zeichen zu »verschlafen«, sondern wachsam (Apk 3,2 f.; 16,15) und sensibel zu sein, um kein Zeichen zu übersehen. Das frühe Mittelalter wird dann die Kataloge mit den fünfzehn Zeichen *(quindecim signa)* entwickeln. Wohlgemerkt: Das Problem ist nicht die Naherwartung oder der Termin des Endes, sondern ein am Blick auf das, was »auf uns zukommt« orientiertes Christentum.

Die gehäuften und versammelten Zeichen in der Apk sind keine bloße Addition. Vielmehr bietet diese apokalyptische *Summa* etwas qualitativ Neues. Denn es geht um die ganze Welt und dann um die neue Schöpfung.

Zum Stichwort »Zeichen«: Der Himmel bzw. das Geschehen am Himmel und vom Himmel her (wie bei dem gefallenen Drachen) ist die Ursache für das, was auf Erden geschieht oder geschehen wird, nicht aber für das, was einst geschehen ist. Das gilt positiv (die herrliche Frau am Himmel) oder negativ (Drache). Der visionäre Blick auf das, was am Himmel geschieht, gibt den Blick frei für Deutung und Durchblicke dessen, was auf der Erde geschieht (z. B. Verfolgung der Christen; Tyrannei der Mächtigen). Der apokalyptische Prophet Johannes sieht, hört und deutet mit der massiven Inanspruchnahme sprachlicher Tradition (apokalyptische Schultradition seit Ezechiel und Daniel).

Mit ihrem Verständnis von Offenbarung steht die ApkJoh in Konkurrenz zur Tradition der Prodigien und der Astrologie. In der Geschichte der vergangenen 2000 Jahre bestand und besteht diese Rivalität nicht nur theoretisch, sondern vor allem praktisch und nicht nur beim »niederen Volk«, sondern quer durch die Gesellschaft, denn auch jede Aufklärung hat die ihr korrespondierende Magie (Carsten Colpe). Horoskope waren oft in den jüngsten Jahrzehnten das meistverkaufte Druckerzeugnis. Die Astrologie leugnet tendenziell die Verantwortlichkeit und Entscheidungsfreiheit der Menschen – vor allem aus diesem Grund wird sie von den Kirchenvätern mit Leidenschaft bekämpft. Und wer immer die Willensfreiheit der Menschen leugnet, begibt sich auf die altbekannten Wege der

Astrologie. Die antiken Prodigien sind ähnlich phantasielos: In ihrer Theorie ist der Ausgangspunkt der Zorn eines Gottes, der nach Verehrung lechzt (vgl. K. Berger: Prodigien, ANRW II 23,2), die ihm dann zur Abwendung des Misslichen zuteilwerden soll. Sowohl für Astrologie als auch für Prodigien – ebenso zumeist bei dem Orakel von Delphi – ist der Bereich der Ethik nicht relevant. Weil das in der Apk grundlegend anders ist, kann sie auch mit einer positiven Vision (Hochzeitsmahl) enden.

1.2 Alltagswahrnehmung

Was alltäglich geschieht als Schlüssel zur Apk
Gegenüber einer leider oft üblichen einseitigen Auslegung der Apk auf Antichrist, Weltende und »den Himmel« haben bereits mittelalterliche Kommentatoren der Apk es gewagt, die Texte dieses Buches auf die Alltäglichkeit zu beziehen (besonders bei Ambrosius Autpertus, †784). Hierbei besteht eine gewisse Ähnlichkeit mit Johannes Tauler OP († 1361), der gegenüber einseitiger Betonung des kontemplativen Lebens den Wert alltäglicher Arbeit herausstellt.

Für die Wahrnehmung der Wirklichkeit in der Welt bedeutet diese Theologie des *cotidie* (alltäglich) gerade in der Apokalypse eine große Bereicherung, wie sich zeigen wird.

Nicht zuletzt dank ihrer Rolle in der linken Reformation steht die ApkJoh in dem zweifelhaften Ruf, mit einer bizarren und überaus zweifelhaften Zukunft zu spielen. M. Luther nannte sie »der Rottengeister Gauckelsack«. Doch nach wie vor schieben alle Ausleger, die meinen, hier ginge es um Zukunft, diese Zukunft »vor sich her« und verlegen sie, ob in nervöser Naherwartung oder in abgestumpfter Gleichgültigkeit, de facto auf den Sankt Nimmerleinstag. Das war am Ende auch das Schicksal jedes *chiliasmus crassus* (sehr buchstäbliche und »krasse« Erwartung des Tausendjährigen Reichs).

Der Präkarolinger Ambrosius Autpertus vertritt in seinem riesigen Komm. zur Apk bereits mit Entschiedenheit eine Gegenposition, die man (endlich) einmal zur Kenntnis nehmen sollte. Denn in nahezu jedem Kapitel seiner Auslegung fällt das Wörtchen *cotidie* (täglich). *Cotidie* ist für diesen Autor eine Art Schlüssel zur Auslegung des Ganzen.

Aus der Sicht des Exegeten zu Beginn des 21. Jh. ist es der Blick auf das, was zwischen Himmel und Erde in der Kirche täglich geschieht. Es geht dabei nicht um irgendwelche Ereignisse der Weltgeschichte, die früher die Apk als aktuell erscheinen lassen sollten, wie Hunneneinfall, das Auftreten Mohammeds oder der Verfall des Papsttums. Da ging es stets um die Frage: Wer ist der Antichrist, wie kann man ihn mit Hilfe der Apk entlarven? Doch kommt der Antichrist in der Apk gar nicht vor. Die von mir sogenannte »höllische Trinität« ist ein differenziertes Gebilde, eine Mischung aus Tyrannei, Propaganda und Gegenreligion.

Im Komm. des Ambrosius Autpertus ist der Antichrist jedenfalls noch keine zentrale Figur. Seine Auslegung der Apk mit dem Schlüssel des *cotidie* dagegen schließt Aussagen über Zukunft nicht aus, ist aber nicht durch den Blick auf Feind oder Feinde verengt, sondern setzt auf gewiss ungeläufige Weise die »positiven« christologischen und sakramentalen Elemente der Apk ins Zentrum. Zwei Hebel ermöglichen diese Sichtweise: Ambrosius Autpertus stützt sich auf die Vision des Auferstandenen nach Kap. 1 und auf die in Kap. 12 geschilderte Geburt des Kindes der Himmelsfrau.

Eindrücklich sieht Ambrosius Autpertus die gesamte Zeit zwischen Auferstehung Jesu bis zur Neuen Schöpfung inklusive als einen einzigen Tag: Die Zeit der Kirche ist nichts anderes als *continuata resurrectionis dies*, der verlängerte fortgesetzte Tag der Auferstehung (203). Diese Ansicht wird durch die altkirchliche und mittelalterliche liturgische Praxis gestützt, die heilige österliche Zeit (zwischen Ostern und Pfingsten) als Abbildung der Zeit zwischen Auferstehung und Wiederkunft Christi anzusehen, insofern als Fortsetzung des Tages der Auferstehung. Diese fünfzig Tage waren auch aus liturgischer Sicht der Ort der Lektüre der Apk. Der Abschluss mit dem Pfingstsonntag brachte die fundamentale Rolle des Heiligen Geistes in der christlichen Zukunftserwartung zur Geltung (vgl. dazu K. Berger: Der Heilige Geist. Neues Testament, Würzburg 2017): Als der Schöpfergeist wirkt er die Neue Schöpfung. Deren Beginn ist die Auferstehung Jesu. Und das Verhältnis zwischen Auferstehung Jesu und Vollendung der Welt kommt in der Relation Ostern-Pfingsten zum Ausdruck.

Die zweite Stütze ist die »kirchliche« Auslegung von Apk 12. Sie ist betont keine direkt oder exklusiv messianische. Denn das Kind, das die Frau gebiert, ist der Nachwuchs der Mutter Kirche, und die Himmelsfrau ist im ersten christlichen Jahrtausend die Kirche. Eine Auslegung auf Maria ist, wie gezeigt (vgl. BAK 888–896), nicht unsinnig. Die Auslegung des Kindes, das geboren wird, auf die neugetauften Christen ist zum einen naheliegend, weil in der Zeit der liturgischen Verwendung der Apk (Ostern bis Pfingsten) es seit der Osternacht die Neugetauften gab *(Quasimodo geniti infantes* war der Beginn des Introitus am Weißen Sonntag, wonach bei konservativen Protestanten der Sonntag nach Ostern bis heute benannt wird), und zum anderen, weil bei Ambrosius Autpertus der Leib Christi die zentrale Größe des Kirchenverständnisses ist (s. dazu unten). Wenn also gerade die Neugetauften Kinder der Mutter Kirche mit allen anderen Getauften der eine Leib Christi sind, dann kann man das nach Apk 12 geborene Kind mit der Kirche identifizieren. Und da es sich um den Leib *Christi* handelt, ist sogar eine messianische Deutung nicht ausgeschlossen (vgl. dazu auch unten **xx**). Doch nach dem Text von Apk 12 halte ich eine ursprüngliche Deutung des Kindes auf den Messias für nicht mehr möglich (s. u.). Ambrosius Autpertus liegt demnach mit einer auf die Kirche bzw. das Gottesvolk bezogenen Deutung von Apk 12 exegetisch absolut richtig.

Das hier Gemeinte lässt sich damit in drei Stichworten zusammenfassen: Tag der Auferstehung, Kinder der Himmelsfrau, Leib Christi. Dabei sind besonders die beiden ersten Stichworte ganz im Sinn der Apk zu begreifen. Der »Leib Christi« als Konzept kirchlicher Identität und Einheit stammt aus den späten Paulinen (Eph; Kol).

Wenn also jetzt der Tag der Auferstehung ist, dann ist jedes einmalige Ereignis des Neuen Testaments »jeden Tag«, da es ja ein einziger Tag ist. Und weil tausend Jahre vor Gott wie ein Tag sind (Ps 90,4), findet so auch die ekklesiologische Deutung des Tausendjährigen Reiches aus Apk 20 ihre Rechtfertigung im speziellen biblisch-eschatologischen Denken. Dass wir die Tage und Jahre weiter zählen, ist im Sinn des Ambrosius Autpertus nur eine alte »weltliche« Gewohnheit. Sie erklärt die Rede vom *cotidie*. Die sozusagen »ontologische« Grundlage ist, dass es sich in Wirklichkeit um einen einzigen Tag handelt. Die Einordnung als »heutig« oder »täglich« bedeutet daher dasselbe.

Nun hat immer wieder die Versuchung bestanden, dieses oder ähnliches Denken als griechisch-philosophisch zu deuten, und zwar im (spät-)platonischen Sinn. Demgemäß wurde Ewigkeit als Aufhebung der Zeit gedeutet. Plato hatte gesagt, Materie und Zeit seien gleichursprünglich. Wo daher exklusiv »Geist« herrsche, gebe es keine Zeit, sei die Zeit aufgehoben. Zuletzt hat diese These unter Berufung auf den Proto-Neoplatoniker Philo von Alexandrien Aloys Winter in seiner römischen Dissertation »Hapax und Ephapax im Hebräerbrief« (Rom 1959) vertreten. Doch weder der Prophet Johannes noch Ambrosius Autpertus sind Platoniker. Dank der biblischen Konzepte von Ps 90,4 und vom Corpus Christi besteht für sie keine Notwendigkeit, sich auf einen materie- und leibfeindlichen Spätplatonismus einzulassen. Platons »Geist« (griech. νοῦς) ist etwas anderes als der Heilige Geist Gottes. Durch das Konzept des *cotidie* bei Ambrosius Autpertus ist die Zeit nicht einfach aufgehoben (vgl. dazu u. 7.5 »Ewigkeit«). Der Gedanke Martin Luthers, der Tag unseres Todes sei zugleich der Tag der Auferstehung, weil in der Ewigkeit die Zeit aufgehoben sei, ist ein – wenn auch im Vergleich zu anderen Thesen Luthers verzeihlicher – Irrtum, zumal da er nur wenigen auffällt. Denn tägliche Wiederholung bedeutet nicht Aufhebung der Zeit. Tägliche Wiederholung des Einmaligen ist eine Kategorie der Mystik. Sie ist Identität in der Verschiedenheit (Nicolaus Cusanus), kein »Wunder«, sondern eine Besonderheit des mystischen Denkens bzw. der mystischen Fakten.

Daher ist z. B. die tägliche Wiederholung (des Geschicks Jesu zwischen Gründonnerstag und Osternacht) in Messe oder Abendmahl kein Verstoß gegen die Einmaligkeit, sondern bedeutet Präsenz des Einmaligen in der Abfolge und im Wechsel der Zeiten.

Angesichts der Größe Gottes sind die Unterschiede zwischen den Zeiten klein. Wie wenn ein Eisberg an der Oberfläche mehrere Spitzen hätte, die auseinander zu liegen scheinen. Sie sind aber in den nicht auf Anhieb sichtbaren

Für die Auslegung der Apk bedeutet dieser »Schlüssel« des *cotidie:* In der Liturgie ist der »Tag« und damit jeder Tag Abbild der tausend Jahre und des Ganzen, das in der Zeit verlief. Daher beginnen die Morgen-Horen des Stundengebets mit dem Thema Schöpfung (Prim, Nokturn, Laudes), daher enden die Abend-Horen (Vesper, Komplet) mit dem Thema der Zweiten Ankunft Christi. Im Zisterzienserbrevier sind überdies die Mittagshoren (besonders die Non) der *memoria passionis* gewidmet. Bei der Terz wird deshalb der Geist-Ausgießung gedacht, weil Apg 2,15 (»dritte Stunde«) eine entsprechende Zeitangabe bietet. Nach Ambrosius Autpertus ist jeder Tag eine Abbildung des Ganzen, der gesamten Zeit zwischen Auferstehung und Wiederkunft Christi, liturgisch: zwischen Osternacht und Wiederkunft/Verwandlung der Welt in die Neue Schöpfung durch den Heiligen Geist.

Wenn jeder Tag Abbild des Ganzen bzw. des Weges ab Ostern ist, dann könnte das Prinzip des »Täglichen« ein neues Profil gewinnen. In deutschen Diözesen betrifft das nicht nur das Stundengebet, sondern auch die tägliche Messfeier. Beides wird man als geistliche Überforderung ansehen, wo man das Verhältnis von Ur-Zeit, mystischer Wiederholung und Abbildung des Ganzen im Konzept einer Einheit von Schöpfung und Erlösung nicht (mehr) versteht. Ausgerechnet in einer Zeit, in der man im Sinn einer Ökologie die Verbundenheit von Mensch und »Haus der Schöpfung« neu entdeckt, kappen für Liturgie Verantwortliche die tausend Fäden und Seile, durch die Liturgie und Schöpfung miteinander verbunden waren. Noch Alexander Minorita († 1271) nennt in seinem Apk-Komm. (14–17) die theologische Bedeutung der Tageszeiten (Abend, Mittag, Nacht).

Die Apk will schon laut ihrer eigenen Überschrift »Enthüllung« geben. Das bedeutet aus meiner Sicht: Enthüllung über Verborgenes, das da ist, über die wahren Machtverhältnisse und ihre Zukunftschancen. Insofern versteht sich die Apokalypse des Johannes durchaus ähnlich wie moderne Medien sich selbst begreifen.

Texte

> Ambrosius Autpertus: Membra cotidie ex novo nupta electorum animas cotidie ad seipsum elevat [Als seine Glieder erhebt er täglich die Seelen der Auserwählten zu sich]. – Zu 12,1: (von der himmlischen Frau: novos cotidie populos parit, ex quibus generale mediatoris corpus formatur [Täglich gebiert sie neue Völker, aus denen der allgemeine Leib des Mittlers gebildet wird]. – Christus enim calidos cibos in corpus suum per os traicit [Warme Speisen führt Christus täglich durch den Mund in seinen Leib ein]. – Cotidie veraciter patitur [täglich leidet er wirklich]. – (Christus in den Gliedern) cotidie moritur in illis [Christus leidet täglich in ihnen]. – Omnes agni in uno atque unus in omnibus cotidie immolatur cum omnibus [Alle Lämmer werden täglich in dem einen und der eine wird in allen geopfert. – 262: In singulis suis membris idem cotidie immo-

latus [In und mit seinen einzelnen Gliedern wird Christus täglich geopfert]. Agnus cotidie immolatus [Das Lamm wird täglich geopfert]. – 205: in nobis qui corpus illius sumus cotidie nasci, cotidie mori, cotidie resuscitari atque per fidem et spem iam cum illo in caelestibus consedere tota fide pronuntiet [In uns, die wir sein Leib sind, wird er täglich geboren, stirbt er täglich, wird er täglich auferweckt und durch Glauben und Hoffnung sitzen wir schon mit ihm im Himmel, das verkündet er (sc. Johannes) mit der ganzen Kraft seines Glaubens]. – 122: cotidie in Christo ecclesia vincit [In der Kirche und durch sie besiegt Christus täglich die Widersacher]. – 163: adventus Domini cotidianus debet intellegi quo nunc improvisus animas rapit, tecum enim cotidie ambulant, qui passionis tuae vestigia sequentes observant [Ankunft des Herrn muss als täglicher Vorgang betrachtet werden, in dem er täglich Seelen zum Himmel entrückt, denn mit dir wandeln täglich, die gehorsam in den Spuren deines Leidens dir nachfolgen]. – 179: caelesti gratia cotidie numerus eius crescit [Durch die himmlische Gnade wächst täglich seine Zahl]. – 203: (Zeit der Kirche) continuata resurrectionis dies [ist ein einziger Tag der Auferstehung in Fortsetzung]. – 267: sacerdotes quia seipsos cotidie in contritione corporis atque spiritus sacrificium domino immolant [Priester vollziehen täglich ein Selbstopfer für Gott, indem sie mit Körper und Geist Buße üben].

Haimo PL 117, 1084: quia significat dominum iesum christum vel certe membra illius, quae quotidie parit sancta ecclesia [das bedeutet, dass die heilige Kirche täglich Jesus Christus beziehungsweise seine Glieder zur Welt bringt].

Konsequenzen für die Auslegung der Apk
Täglich präsent sind nicht nur die Ereignisse des Geschicks Jesu. In diesem Sinn spricht z. B. der deutsche Mystiker Johannes Tauler, und später wird es bei Angelus Silesius heißen: »Und wär' er nicht in dir geboren«. Auch hier ist nicht einfach die Zeit aufgehoben, denn die Gottesgeburt in der Seele muss und kann und darf ja wirklich geschehen.

Die Fortsetzung des Opfers Christi beschreibt in ihrer Notwendigkeit schon Kol 1,24. Es geht nicht mehr individuell um »meine« Leiden, sondern um die Leiden Jesu Christi, die sich an seinem Leib, der Kirche vollziehen. Schon hier ist also der ekklesiologisch verstandene Leib Christi die Wirklichkeit, die Raum für ein präsentisches, andauerndes Geschehen bietet. Dass dieses ontologisch überhaupt möglich ist, kann man auch als eine Wirkweise der sakramentalen Memoria verstehen. Diese Memoria bedeutet nicht theoretisches Denken an etwas, sondern Teilhabe an einem komplexen Geschehen, in dem weil es Gottes Handeln und daher umfassend groß ist, unterschiedliche Zeiten und Menschen »unterkommen« können.

Aber nach Ambrosius Autpertus ereignet sich auch Zukünftiges wie eben die Zweite Ankunft Jesu Christi »täglich«, etwa in jeder Entrückung, in der der Entrückte nicht auf das Kommen des Herrn wartet, sondern ihm entgegengeht. So geschieht es auch, wenn die Kirche immer wieder mit der Gebetseinleitung *Veni* (»Komm!«) um den Heiligen Geist bittet. Laut Apk 22,17 bitten Braut und Lamm um das Kommen Jesu. Byzantinische Anaphora-Gebete sprechen auch von der eucharistischen Herabkunft Jesu (vgl. BAK)

Wie aber ist es zu verstehen, dass das gegenwärtige Kommen Jesu (wie in dem Tischgebet »Komm, Herr Jesus, sei du unser Gast«) das künftige nicht ausschließt? Wie ist das Verhältnis von gegenwärtigem und zukünftigem Kommen Gottes? Zu den obigen Bemerkungen über das Pfingstfest als Darstellung oder Anfang des erwarteten endgültigen Wirkens des Heiligen Geistes an der Kirche passt, dass gerade die an den Heiligen Geist (z. B. auch zu Pfingsten) gerichteten Gebete zumeist mit *Veni* beginnen. Wie aber ist das Verhältnis zwischen diesem und dem künftigen Kommen Gottes?

Paulus spricht von der Anzahlung des Geistes, und es könne daher sein, dass eine genaue Unterscheidung und Abgrenzung der einzelnen Phasen oder Schritte nicht zielführend ist. Nun hat freilich das gerade die Erforschung der Apokalypse immer gewünscht. Der Mangel einer klaren Abgrenzung der Phasen führte in der exegetischen Forschung zur Annahme eines nur dort bekannten Phänomens, nämlich der Parusieverzögerung. Ist das ganze Phänomen Folge einer Blindheit?

Es ist kein Zufall, dass es den Ausdruck Parusieverzögerung bis vor 200 Jahren nicht gab, und auch ich gehörte zu den bis dahin Unwissenden, als ich mich im vierten Semester nach der Bedeutung erkundigte. Alles das hatte seine besonderen Ursachen. Dazu zählt auch der nordamerikanische Fundamentalismus, der an die Apokalypse durch plattes Wörtlichnehmen tatsächlich nur einen platten positivistischen Rationalismus heranträgt. Mittelalter und insbesondere die Liturgie waren da schon weiter gewesen. Und es war eben nicht so, dass die »fortschreitende« Parusieverzögerung der Kirche eine verlogene Hilfskonstruktion nach der anderen entlockte, mit deren Hilfe das peinliche Ausbleiben der Parusie angeblich entschuldigt werden sollte. Parusieverzögerung ist ein Mythos.

Zu der mit »Parusieverzögerung« bezeichneten Verlegenheit konnte es nur kommen, als man sich über das in Mk 13,35–37 von Jesus formulierte Verbot der Terminberechnung hinwegsetzte; im Neuen Testament geschah das nirgendwo, vielmehr zuerst in der von der Kirche nie anerkannten Epistula Apostolorum, die das Weltende auf 180 nC. festsetzte. Diese Verletzung des Gebotes Jesu geschah in der Reformation immer wieder (z.B. Andreas Osiander, 1526). Daher ist es – grob gesagt – kein Wunder, dass Enttäuschung immer dort mit Sicherheit eintrat, wo man sich in falscher Sicherheit wiegte. Die Apokalypsekommentare des Mittelalters und die Liturgie wählen dagegen andere Wege.

Zeitverständnis und Auslegung
Die Auslegung der Apk ist in der Tat direkt abhängig vom Zeitverständnis. Welche Rolle also spielt Religion in der Wahrnehmung von Zeit? Ist sie nostalgisches Zurückblicken oder als Wahrsagerei abhängig von der Neugier? Die Auslegung speziell des Ambrosius Autpertus lehrt: Wer den heutigen, alltäglichen Tag nicht ehrt, der ist des Ganzen (oder: des Reiches der Himmel) nicht wert. Denn weder im Gestern noch im utopischen Niemals ist der Ort, an dem das ewige Evangelium (Apk 14,6f.) zum Zuge kommen soll. Für die Apk gilt daher das unaus-

weichliche Jetzt. Insofern könnte es sein, dass man über etliche Jahrhunderte hin diesen Text verfehlen musste, indem man die eigene ideologische Geschichtsauffassung darunterlegte – und dann auch prompt darin wiederfand.

Das Bild der in Windeseile und im Handumdrehen zerstörten reichen, prächtigen und großen Stadt ist daher zum Mahnmal und zum Maßstab für alles geworden, was an einem einzigen Tag und in wenigen Stunden geschehen kann (Apk 18,19: *In einer einzigen Stunde wurde sie verwüstet*). Auch die Vernichtung des alten Hildesheim 1945 geschah in weniger als einer Stunde.

Wollte der Prophet Johannes und will die spätere Kirche mit dem überaus eindrücklichen Text Apk 18 »nur Angst machen«? In keiner der bekannten Perikopenreihen wird auch nur ein einziger Satz aus Apk 18 zitiert. Der Text ist niemals und immer aktuell. So ist er auf sehr eigene Weise zeitlos und könnte doch in die *cotidie*-Theologie des Ambrosius Autpertus eindrücklich stützen.

Die Apk im Ganzen türmt die Bilder aufeinander, so wie in den Miniaturen der Beatus-Apokalypsen Babylon stets ein großer Wohnturm mit vielen Stockwerken und herrlichen Fenstern ist. Die Illustratoren um die erste Jahrtausendwende scheuen sichtlich davor zurück, anhand von so viel bunter Schönheit Zerstörung wirklich darzustellen und belassen es auch später oft bei ein paar Flämmchen an den Mauern, die wie hellrote kleine Engelsflügel wirken.

Die Konzentration auf das *cotidie* verhindert nachhaltig jede Auslegung der Apk im Sinne von politischer oder kirchenpolitischer Wahrsagerei oder Faktenhuberei. Vielmehr heißt die Botschaft: Es gibt Gott und keine der Kreaturen ist Gott. Diesem Gott gehört die Zeit bis in die letzte Sekunde hinein. Und obwohl es immer wieder um dieses eine Lied geht, ist doch kein Buch der Bibel – mit Ausnahme der Psalmen – so reich an Liedern wie die Apk.

Die hier verkündete Wahrheit wird nicht im Telegrammstil mitgeteilt und auch nicht in menschenfeindlicher Abstraktheit. Die verwendeten Bilder sind nicht durchgehend freundlich, sondern wie das Leben teils erfreulich und teils schrecklich. Das wahrhaft Menschenfeindliche wäre hier die Brutalität der Abstraktion. Wenn und insofern als existenziale Interpretation dazu neigte, konnte sie nie in den Herzen der Menschen ankommen.

Wir lernen aus der Apk-Deutung des Ambrosius Autpertus: Wer der Apk Militär-, Kirchen- oder Wirtschaftsgeschichte der Apk unterlegt, geht genauso in die Irre wie mit einer abstrakten oder subjektivistischen Existenzphilosophie. Alle diese Schlüssel haben auch in der Dramaturgie versagt. Was zählt, ist letztlich allein das Wagnis, die Bilder selbst wirken zu lassen. Und zwar in Rahmen einer konkreten Kirche und ihrer Liturgie, in der Pfarrer und Gemeinde nach Osten blicken, in Richtung des Kommens Gottes, das in der Messe sich genauso vollzieht wie im Kommen des Heiligen Geistes zu Pfingsten und wie beim zweiten Kommen Christi.

In dieselbe Richtung weist ein Gebet zur Kirchweihe, Missale Bobbiense, 112, Nr. 375: Benedicte deus sancte Israel qui caelestem hierusalem *cottidie* multiplice aedificas congregatione sanctorum respice super domum hanc cuius natalis est hodie quae in honore martirum tuorum illic condita est, et presta, ut omnes invocantes te in eam inveniant salutem infirmi medicinam, vulnerati remedium, merentes gaudium, redditori captivi poenitentes indulgenciam, rei veniam, vincti solutionem orantis praesidium [Gelobter, heiliger Gott Israels, täglich baust du das himmlische Jerusalem vielfältig auf, indem du die Heiligen sammelst. Blicke auf dieses Haus, dessen Geburtstag heute ist und welches zur Ehre deiner heiligen Märtyrer hier gestiftet ist, und gewähre, dass alle, die dich in ihm anrufen, das Heil finden, als Heilmittel des Kranken, als Verband des Verwundeten, indem sie Freude erlangen, als Gefangene Buße tun und Vergebung finden, Vergebung für den Schuldigen, Befreiung des Gefesselten und Schutz für den Beter.]

Fazit: Das »täglich« oder »jetzt!« zu betonen, bedeutet nicht Aufhebung der Zeit in einem phlosophischen Ewigkeitsbegriff, sondern sieht jeden Tag als unverzichtbares Abbild des Ganzen von Schöpfung bis Vollendung. So wird ein Schielen nach dem Wann des Weltendes verhindert.

1.3 Mit dem Verstand

1.3.1 Das Alte Testament lesen

Auf eine heute kaum noch vorstellbare Weise ist die christliche Theologie bis ins 16. Jh. geprägt von der Frage, wie das Verhältnis von Altem und Neuem Testament vorzustellen sei. Zu den Merkmalen der Neuzeit gehört die Abschaffung dieser Frage, und damit einher ging die Profanierung des Alten Testaments, die so weit ging, dass man z. B. in Heidelberg die wissenschaftliche Erforschung des Alten Testaments noch bis ins 19. Jh. den Orientalisten überließ. Auch in der Gegenwart spielt diese Frage nur noch eine Nebenrolle, da man weithin die Erforschung des Alten Testaments vor allem den jüdischen Gesprächspartnern überließ, zum Beispiel im Rahmen der Lehre von den »zwei Ausgängen« des Alten Testaments.

Immer wieder sehen die mittelalterlichen Kommentare die Apk als den Schlüssel zum Verständnis des Alten Testaments überhaupt an.

Die Osternacht-Erfahrung Joachims von Fiore
Der Zisterzienserabt Joachim von Fiore († 1202) berichtet verschiedentlich von einem Schlüssel-Erlebnis, das ihm während einer Feier der Liturgie der Osternacht zuteil wurde. Bis heute wird in der Osternacht das *Exsultet* gesungen. Dieser sehr alte Hymnus nennt die Feuersäule beim Auszug Israels aus Ägypten als Typos der Osterkerze. Er vergleicht den Exodus aus Ägypten als Erlösung und Befreiung mit der Auferstehung Jesu. Sie habe dieses Vorbild »erfüllt«. Für Joachim von Fiore ist diese typologische Entsprechung der »Vollzug« von Apk 5:

Denn das Lamm darf das Buch mit den Sieben Siegeln öffnen und lesbar machen; es ist zwar wie geschlachtet, doch dank seiner Auferstehung hat es den Tod besiegt. So ist das Lamm der wahre Löwe, eben der Sieger. Für Joachim ist das nun geöffnete Buch das Alte Testament. Daran besteht kein Zweifel.

> Joachim, Expositio f. 39r-v: Cumque me occupatum in multis hoc ipsum oblivio procul duceret, factum est verso anni circulo, diem ad esse paschalem, mihique circa horam matutinam excitato a somno aliquid in libro isto meditanti occurrere, pro quo confisus de dono dei audacior factus sum ad scribendum, quinimmo in silendo et non scribendo timidior, ne quando tacenti mihi diceretur a iudice. serve male et piger, sciebas quia meto ubi non seminavi et congrego ubi non sparsi. Oportuit ergo te committere pecuniam meam nummulariis et veniens ego recepissem utique quod meum est cum usura (39v). Et enim cum nonnulla iam capere et maiora adhuc sacramenta nescirem quasi quaedam pugna gerebatur in mente mea, his quidem quae patebant suadentibus ausum, ceteris autem difficultatem minantibus. Cum ergo in suprascripta nocte simile aliquid contigisset, circa medium (ut opinor) noctis silentium et horam qua leo noster de tribu iuda resurrexisse existimatur a mortuis. Subito mihi meditanti aliquid quadam mentis oculis intelligentiae claritate percepta de plenitudine (scientiae) libri huius et tota veteris ac novi Testamenti concordia revelatio facta est, et nec sic recordatus sum suprascripti capituli. Cur videlicet ioannes dixerit fui in spiritu in dominica die et utrum pertineret ad rem, quia haec ipsa revelatio libri huius in die dominica facta esse narratur. Non inquam istud occurrit animo, nec quia christus de monumento egrediens spiritum de littera significaverit processurum, nec quia septem dies paschalis hebdomadae cum octavo sequenti cum partibus libri huius in mysteriis concordarent, nec quia die eodem aperuerit discipulis sensum ut intelligerent scripturas. Cum ergo post aliquantulum temporis oportunitate percepta parum id quod notaveram relegissem perveni ad locum istum in quo et dicitur: Fui in spiritu in dominica die, et tunc primo intellexi quid sibi vellet in mysteriis id quod ait ioannis. »Fui in spiritu in dominica die« conferens mecum, vel ea ipsa quae acciderant, vel ea quae de ipso die scripta noscuntur, et quia inde inceperit spiritus excitatus a littera et multa huic similia, quae in hoc loco perstringere longum est. Haec est ergo dies quam fecit dominus, exsultemus et laetemur in ea. Haec dies in qua christus resurrexit a mortuis, sublato magno illo lapide ab ostio monumenti.

> [Da ich viel beschäftigt war und die Sache längst vergessen hatte, ereignete sich etwas nach der Jahreswende (25.3.) und als das Osterfest anstand. Da wurde ich um die Morgenstunde vom Schlaf aufgeschreckt und meditierte in jedem Buch. Da begegnete mir etwas, das ich mutigerweise aufschreiben wollte. Ich vertraute dabei auf Gottes Gabe, vor allem aber bin ich recht ängstlich, wenn es darum geht, etwas zu verschweigen oder nicht aufzuschreiben. Denn ich möchte nicht, dass der Richter zu mir sagt: Du böser und fauler Sklave, du wusstest, dass ich ernte, wo ich nicht gesät habe und einsammle, was ich nicht verstreut habe. Du hättest mein Geld zur Bank bringen müssen, damit ich dann bei meinem Kommen das, was mir gehört, mit Zinsen zurückerhielte. Manches konnte ich nämlich schon begreifen und aber die größeren Geheimnisse verstand ich nicht. Ich war hin- und hergerissen, in mir tobte ein Kampf. Die einen Dinge lagen offen da und rieten zu mutiger Tat, die anderen drohten Schwierigkeiten an. In der besagten Nacht aber geschah etwas Ähnliches. Um Mitternacht wurde es, so glaube ich, ganz still, und es war die Stunde, in der nach unserem Glauben unser Löwe vom Stamm Juda auferstanden ist. Denn plötzlich nahm ich mitten im Nachdenken mit dem Auge meines

Geistes eine helle Klarheit wahr, die das vollständige Verstehen dieses Buches betraf. Es wurde mir eine Offenbarung zuteil über die ganze Harmonie zwischen Altem und Neuem Testament. Aber noch erinnerte ich mich an das oben genannte Kapitel. Denn warum hat Johannes gesagt: »Ich war erfüllt von Gottes Geist am Herrentag«? Bezog sich dieses auf mein Problem? Es wird doch gesagt, dass dieses Buch am Herrentag geoffenbart wurde! Ich sagte doch nicht, das sei mir nur so eingefallen (begegnete dieses nur meinem Geist), auch nicht, weil Christus, aus dem Grab herauskommend angedeutet hätte, dass der Geist aus dem Buchstaben hervorgehen wird, auch nicht weil die sieben Tage der Osterwoche zusammen mit dem folgenden achten Tag mit Teilen dieses Buches harmoniert, auch nicht, weil Jesus an demselben Tag den Jüngern den Sinn dafür geöffnet hatte, die Schrift zu verstehen. Als ich also nach einiger Zeit die Gelegenheit ergriff, das, was ich aufgeschrieben hatte, nochmals zu lesen, da bin ich an diese Stelle gelangt, an der gesagt wird: Ich war vom Geist erfüllt am Herrentag, und dann habe ich zum ersten Mal verstanden, was der geheimnisvolle Sinn dessen ist, den Johannes meint, wenn er sagt: »Ich war vom Geist erfüllt am Herrentag« indem ich bei mir verglich, was geschah oder was, wie man weiß, an jenem Tag als geschehen aufgezeichnet ist, und dass von da an der Geist sich regte, hervorgerufen vom Buchstaben und vieles, was dem ähnlich ist, denn an diesem Ort zu verweilen würde zu lange dauern. Dies ist also der Tag, den der Herr gemacht hat. Lasst uns jubeln du an ihm uns freuen. Dies ist der Tag, an dem Christus von den Toten erstanden ist, da jener große Stein von der Öffnung des Grabes weggewälzt wurde.]

Joachim findet das darin bestätigt, dass nach Lk 24 es eben der Auferstandene ist, der auf dem Weg nach Emmaus den begleitenden Jüngern die Schrift erklärt und erschließt, so laut Lk 24,25–27.32b. Für ihn ist Apk 5 der ideale Kommentar zu Lk 24. Denn das Lamm hat nach seiner Schlachtung Kraft, Ehre und Herrlichkeit empfangen, es konnte mit seinem Blut für Gott ein neues Volk aus allen Völkern käuflich erwerben. Diese Existenz der Kirche aus (Juden und) Heiden ist für Joachim aufs engste verknüpft mit einer neuen, ebenso christologischen wie universalen Deutung des Alten Testaments. Das Geschick Jesu (Tod und Auferstehung) wird daher in der Sicht Joachims mit der Kirche aus allen Völkern und einer neuen Lektüre des Alten Testaments verknüpft. Es sind also diese drei Faktoren, die sich gegenseitig bestätigen.

Man kann das einen großartigen theologischen Ansatz nennen. Denn es wird nicht einfach ein Dogma verkündet (Christus ist auferstanden), vielmehr werden drei Faktoren miteinander verbunden, die auf den ersten Blick nichts oder nicht viel miteinander zu tun haben (Tod und Auferstehung Jesu, die Schrift, die Existenz der Völkerkirche). Hinzu kommt noch und vor allem, dass sich diese Theologie der Anregung durch die im *Exsultet* praktizierte Typologie verdankt. Der Heilige Geist, der den Propheten Johannes nach Apk 1,10 ergriffen hat, wird von Joachim (I 43) gedeutet als die Alternative zum *spiritus servitutis* (Röm 8,15), nämlich als Geist der Freiheit. Denn Johannes sah im Geist *quae gesta fuerant ante se in testamento veteri*.

1 Die Apokalypse als Wahrnehmung

Keine singuläre Deutung
Was wir bei Joachim lesen, ist nun keineswegs auf ihn beschränkt, sondern hat sehr nahe Entsprechungen in der übrigen apokalyptischen Literatur des Mittelalters. Auch Alexander von Bremen (Minorita) († 1271) berichtet in seinem Kommentar über eine gottesdienstliche Erleuchtung am Sonntag (wie Apk 1,10) über das Lamm und Altes und Neues Testament (S. 6).

Schon auf 5 hebt er hervor, das Ziel von Apk 5 sei es gewesen, ut ostenderetur unus Deus novi veterisque Testamenti esse [dass gezeigt würde, es gebe nur den einen Gott beider Testamente, des Alten und des Neuen].

> Quodam vero die dominico, cum nos, prout potuimus, praeparassemus ad communicandum, quaedam nobis obscure. cum autem circa haec noster fluctuaret intellectus, factum est die tertia, cum corporis domini nostri jesu christi communicaremus, sine quo agno in caelo neque in terra neque sub terra quisquam librum aperire valebit, ut ipse nos in tantum instrueret, quod eodem die partem maximam libri intelligeremus impletam secundum ordinem historiarum, aliaque postea nos docuit. quid vero utilitatis conferat liber iste? inter cetera, quae longum enarrare esset, dicit se angelus conservum esse eorum ac beatos, qui ipsum conservant. Qui fidem adhibere volunt, quod agnus sua gratia indigno laico revelare dignatus sit, gratias agant ei et agno sicut nos accepimus de agno qui est rex regum et dominus dominantium intendimus allevare sive alleviare tenebras et obscuritatem signaculorum ceteraque huius voluminis verba, quae sub mysterio latent, quemadmodum ipse agnus sub mysterio continetur, qui habet clavem potentiae ac scientiae David patris sui secundum carnem.

> [An einem Sonntag aber hatten wir nach besten Kräften uns vorbereitet, um einiges mitzuteilen, was rätselhaft für uns war. Als wir aber intensiv darüber nachdachten, geschah etwas am dritten Tag, als wir den Leib unseres Herrn Jesus Christus kommunizierten. Er ist ja das Lamm, ohne das niemand im Himmel, auf der Erde oder unter der Erde das Buch öffnen kann. Er selbst hat uns soweit belehrt, dass wir an demselben Tag verstanden, dass der größte Teil des Buches in der Abfolge geschichtlicher Ereignisse erfüllt sei. Er lehre uns, anderes werde sich später erfüllen. Was ist aber der Nutzen dieses Buches? Unter anderem, das hier zu berichten zuviel Platz einnehmen würde, hat der Engel gesagt, dass er (nur) Mitsklave der anderen sei und dass selig seien, die mit ihm gemeinsam Sklaven sind. Die das Vertrauen aufbringen zu glauben, dass das Lamm in seiner Gnade sich dazu herabließ, einem unwürdigen Laien Offenbarung zukommen zu lassen, der soll Dank sagen ihm (sc. Gott) und dem Lamm. Denn so haben wir die Lehre über das Lamm empfangen, dass es König der Könige ist und Herr der Herren, und so wollen wir aufheben beziehungsweise auflösen die dunklen Geheimnisse der Siegel und die übrigen Worte dieses Buches (sc. der Apokalypse), die unter dem Schleier des Geheimnisses liegen, so wie auch das Lamm selbst geheimnisvoll verborgen ist. Es hat ja den Schlüssel der Macht von David, seinem menschlichen Ahnherrn.]

Die Osternacht nach Fulgentius von Ruspe (460–533)
Der nordafrikanische Bischof schildert in Sermo 78 den Taufritus der Osternacht mit der traditionellen Übergabe des Glaubensbekenntnisses an die Täuflinge. Was wir dabei von ihm hören, entspricht dem, was das Exsultet schildert und ist

zugleich eine mustergültige Entschlüsselung des geheimnisvollen Alten Testaments. Man kann daher sagen, dass die grundlegene Erfahrung Joachims von Fiore in der Osternacht zweifellos in der Art und Weise fundiert ist, in der die *Traditio symboli* (Übergabe des Textes des Glaubensbekenntnisses an die Neugetauften) vollzogen wurde und wie man sie verstanden hat. Denn laut PL 65, 950D sieht Fulgentius den Auszug aus Ägypten als die Geburt des Neuen Israel. Abgeschlossen wurde die Tauffeier übrigens mit dem Beten des Vaterunsers, ist es doch speziell das Gebet für die Jünger. So lesen wir in dem Sermo des Bischofs (*Ad competentes post traditum Symbolum*) dazu folgendes:

> Ecce qualiter de praesenti mundo tamquam ex Aegypto Israel spiritalis educitur, et domus Iacob quae est familia caelestis Regis de populo barbaro liberatur. Decem praeterea plagis percussa est Aegyptus, ut Pharaonis dominio absolutus Hebraicus populus liber esset effectus angelus custodiret agni sanguine vetere homine spoliatur et ad Deum vivum tota fidei credulitate convertitur vetustus hostis mergitur, novus Israel revelatur, et exinde cum tympanis et choris splendidis classibus renatorum procedens resultat Ecclesia.

> [So wird das geistliche Volk aus der gegenwärtigen Welt wie Israel aus Ägypten herausgeführt, und das Haus Jakob ist jetzt die Familie des himmlischen Königs und wird vom Barbarenvolk befreit. Zehn Plagen musste Ägypten außerdem erleiden, damit das hebräische Volk von der Herrschaft befreit von der Herrschaft des Pharao ein freies Volk werden konnte. Der Engel beschützte es durch das Blut des Lammes, den alten Menschen wird es los, das neue Israel wird offenbart. Daraufhin rückt die Kirche vor und von Pauken (Trommeln) und strahlenden Chören ist sie mit Jubel erfüllt.]

Fazit: Die Befreiung Israels aus Ägypten als zentraler heilsgeschichtlicher Vorgang ist zum Typos für die Taufe geworden. Bei Fulgentius fehlt in diesem Text noch die Osterkerze, die die Feuersäule nach dem *Exsultet* abbildet. Unübersehbar sind bei Fulgentius die Anspielungen an Ps 113, der dann in der Vesper des Ostersonntags und jedes Sonntags seinen Ort bekommt. Dafür fehlt das Blut des Lammes in den meisten Fassungen des *Exsultet*. Festzuhalten ist jedenfalls, dass aus der Liturgie der Osternacht klar hervorgeht, wie der Glaube der Christen an die Typologie Exodus/Osternacht/Taufe gebunden ist. Joachim von Fiore hat daher den Hinweis von Apk 1,10 in diesem Sinn richtig verstanden. – Beatus von Liébana schreibt in der Einleitung zu seinem Apk-Komm. (Kap. I, 4): »Du sollst glauben, dass dieses Buch der Schlüssel zu allen Büchern ist.«

Die Rolle des Sonntags
Laut Apk 1,10 wird dem Propheten Johannes seine Christusvision (als Auferstehungsvision) an einem Sonntag zuteil. Zwei Dinge sind in der Wirkungsgeschichte dieser Stelle wichtig: (1) Diese Vision ereignet sich nicht an einem Sabbat, sondern an einem Sonntag. Der Sabbat steht dann für Altes Testament und Judentum, der Sonntag für Neues Testament. Man kann daher am Datum den Inhalt der Vision festmachen. (2) Der Sonntag ist der Auferstehungstag und

daher ist der Sieg des Lammes auf diesen Tag zu deuten. So ergibt sich eine organische Verbindung zu Apk 5. Auch Alexander von Bremen hat seine Erleuchtung im Sonntagsgottesdienst.

Im Rahmen der ausführlichen Rezeption der Apk im Antiphonar (kopt., ed. Cramer) beginnt Abschnitt 110 (131): »Man nahm mich im Geist in der Nacht des Sonntags, mich, Johannes, zur heiligen Stadt. Man gab mir ein Rohr, das einem Stock glich, ich maß die Stadt Gottes aus, die viereckig war.« Dieser Text ist eine Kombination aus Apk 1,10 + 17,3 + 11,1 f. – Nach Dionysius Carthusianus (Komm., 109v) hat Johannes alle Visionen der Apk an einem einzigen Tag geschaut, nämlich an dem in 1,10 genannten Sonntag. Schließlich erörtert die apokryphe »Epistula Christi« (ed. M. Bittner, Der vom Himmel gefallene Brief Christi, DKAW Wien 51 [1906] 1–240) vor allem Regeln des Sonntags; Stücke aus der Apk (4,3; 8,5; 11,19; 16,18) schildern Blitz, Donner und Erdbeben als dramatischen Hintergrund und Drohkulisse der Ermahnungen zu diesem Thema. Die Epistula Christi gehört zu den entfernteren Verwandten der ApkJoh.

Fazit: Schon Jahrhunderte vor Joachim von Fiore wird Apk 5 als Schlüssel für das Verhältnis von Altem und Neuem Testament gesehen.

Die praktischen Konsequenzen
Der Ansatz, das Alte Testament im Neuen wiederzufinden und damit auszulegen, wird als Theorie in der Apk überall dort »entdeckt«, wo von einer Zweiheit oder Doppelheit die Rede ist. So werden auf Altes und Neues Testament gedeutet die beiden Olivenbäume und entsprechend Zeugen aus Apk 11 (oft auf Henoch und Elia gedeutet, bei Ambrosius Autpertus auf die beiden Zebedaiden) oder die in Apk 12 vorausgesetzten zwei Flügel des Adlers, die der Frau zu ihrem kontemplativen Leben in der Wüste gegeben werden. Später deutet Ambrosius Autpertus die beiden Flügel der Frau auf die beiden Liebesgebote des Alten und Neuen Testaments. Ebenso das *zwei*schneidige Schwert nach Apk 2,12 und selbst die beiden Brüste des Engels in 1,13, obwohl die Zweizahl gar nicht erwähnt wird, und schließlich, dass das in 5,1 überreichte Buch innen (NT) und außen (AT) beschrieben ist.

Aber auch dort, wo etwas geöffnet wird, das zuvor verschlossen war, wird der Vorgang gedeutet als die Öffnung des zuvor verschlossenen Schriftsinns, so die Bundeslade nach 11,19. Der aus Paulus entnommene Gegensatz von Buchstabe und Geist wird überall dort eingeführt, wo es möglich ist. Wo vom Sonntag die Rede ist wie in 1,10 wird der Gegensatz zum Sabbat eingeführt. Denn er ist nach 1,10 mit dem Heiligen Geist verbunden, den es im Alten Testament in den Herzen der Menschen nicht gab. (Et Vetus quidem iuxta litteram foris patebat, sed iuxta mysticum intellectum intus Novum occultabat [Das Alte Testament liegt nach dem Buchstaben offen dar, verbirgt aber nach mystischem Verständnis in sich das Neue]). Das Rad von Ez 1,15 f. deutet Ambrosius Autpertus: Quid enim est rota in rota nisi Novum Testamentum in Veteri revelatum? [Das Rad im Rad bedeutet das im Alten Testament verborgene Neue] (224). Sodann bezieht er die vier Lebenden Wesen in die Deutung der beiden Flügel der Frau von Apk 12,14 mit ein (223). Sie seien duorum Testamentorum eloquia [Aussprüche beider Testamente]. Auch zu den 24 Ältesten (AT) und den 12 Aposteln (NT) und den 12 Stämmen (AT) besteht eine mystische Beziehung, die beide Testamente betrifft (ibid., 200.212.218).

Den Grundsatz für die beiden Testamente formuliert Ambrosius Autpertus (231): Nam Vetus Testamentum nuntius est et velamen Novi. Novum vero adimpletio et revelatio est Veteris. [Denn das Alte Testament ist Vorbote und Verhüllung des Neuen, das Neue aber ist Erfüllung und Enthüllung des Alten.] Es fehlt erstaunlicherweise (aber ähnlich wie im Neuen Testament im Ganzen) sowohl in der Apk selbst als auch bei den mittelalterlichen Kommentatoren, die von der Entschlüsselung des Buches doch reden, jede flächendeckende systematische Anwendung auf nur eine einzige Schrift des Alten Testaments. Das gilt auch für das Canticum, das Hohelied Salomons, das allerdings hier der am häufigsten (bei Ambrosius Autpertus etwa pro 18 Druckseiten einmal) zitierte Text des Alten Testamentes ist. So ist zu fragen, was denn die hier vorgestellte Theorie in der Praxis der Bibelauslegung wirklich taugt.

Der Schlüssel zum Alten Testament?
Ein überzeugender christlicher Umgang mit dem Alten Testament ist trotz 2000 Jahren Kirchengeschichte ein offenes Problem. Die Zerstörung des Wortsinns durch die allegorischen Auslegungsweisen ist ebenso fadenscheinig wie die merkwürdige Rede vom »Ersten Testament« oder vom »doppelten Ausgang der Schriftauslegung«, denn nach dieser Formel ist wohl der jüdische Part klar, nicht aber der christliche. Angesichts der Betonung des Literalsinns durch den konvertierten Juden und Franziskaner Nikolaus von Lyra konnte man von der reformatorischen Exegese sagen: Si Lyra non lyrasset, Lutherus non saltasset [Hätte Nikolaus von Lyra nicht auf der Lyra [Leier], gespielt, so hätte Luther nicht danach getanzt]. Doch lange hielt diese Tanzfreude nicht vor. Das zeigen auch die gutgemeinten »christologischen Schwänzchen« in den Bänden des Biblischen Kommentars.

Ist nicht die Meinung Joachims von Fiore wenigstens eine ernstzunehmende Anregung? Das schöne Buch von Jan Assmann »Exodus« (München 2015) lässt die Frage aufkommen, ob nicht Joachim von Fiores Deutung des Exodus anhand des *Exsultet* einiges Recht hat. Dafür spricht gerade der Verzicht auf eine systematische, Vers für Vers umkrempelnde Praxis Joachims. Sind wir nicht durch die Exegese »Vers für Vers« geblendet und verdorben? Um Missverständnisse auszuschließen: Das Buch mit den Sieben Siegeln versteht der Prophet Johannes jedenfalls nicht als »das Alte Testament«. Es ist vielmehr das himmlische Faktenbuch, das durch fiktive Schriftlichkeit gesicherte Regierungsprogramm Gottes mit zumindest allen Taten Gottes überhaupt.

1 Die Apokalypse als Wahrnehmung

Im Frühjudentum gibt es diese Vorstellungen vom Himmelsbuch z. B. in der Henoch-Literatur und in TestXIIPatr. In diesem Buch sind, wie ein Text sagt, die *actus Ierusalem* aufgeschrieben. Nach dem Jubiläenbuch kann Mose diese Himmelsbücher lesen, und seine Abschrift ist das Jubiläenbuch selbst. Das Programm des himmlischen Buches ist ein an den jüdischen Traditionen orientierter Weg, die Astrologie auf gelehrte Weise zu umgehen. Es gibt auch eine lang andauernde Überlagerung mit dem Gerichtsbuch (vgl. noch im Hymnus *Dies irae*: Liber scriptus proferetur / in quo totum continetur / unde mundus iudicetur).

Entsprechend beziehen sich auch die sieben Siegel der Apk, die bis Kap. 11 geöffnet werden, nur an sehr wenigen Stellen auf die »Schrift« (wie z. B. 6,16). Es geht vielmehr um die Theorie Joachims zur Schriftauslegung überhaupt und zum Exsultet, auch wenn diese Theorie anhand von Apk 5 entwickelt wird.

Denn es könnte ja sein, dass nicht z. B. irgendein sehr subjektbezogener Ansatz aus der Existenzphilosophie, sondern eben das Thema Exodus, christologisch ausgelegt im *Exsultet*, eine weit tragende Möglichkeit der christlichen Deutung des Alten Testaments ist. Das Muster »Erlösung als Befreiung« hatte ich daher schon meinem Kommentar (BAK 51–55) zugrunde gelegt. Wie wäre es, wenn man dieses als eine Art *cantus firmus* bei der Lektüre des Alten Testaments annähme? Eine Ausblendung der historischen Fakten ist dabei ebenso ausgeschlossen wie eine innerpsychische Verkürzung oder eine Engführung im Sinne irgendwelcher modernen Ideologien. Denn Exodus wird sowohl als historischer Vorgang in Raum und Zeit als auch als Bild für jede andere Befreiung durch Gott bedacht.

Exodus als Bild jeglicher Erlösung hält sich auch im hellenistischen Judentum (Philo von Alexandrien) und in der Alten und mittelalterlichen Kirche (»In exitu Israel de Aegypto« als Sterbepsalm und als Psalm der benediktinischen Sonntagsvesper). Apk 11,8 nimmt Ägypten als Bild für die Welt, in der der Herr der Propheten gekreuzigt wurde (vgl. dazu im Übrigen BAK 807). Wenn ein Exodus-Psalm das Sterben begleitet und kommentiert, sind damit auf jeden Fall schon einmal die äußersten Situationen der sterblichen Menschen anvisiert. Vor allem aber wird nicht von außen her irgendein fremder Gedanke dem Judentum übergestülpt.

Nach dem Apk-Komm. des Anselm von Laon († 1117) zu Apk 3,9 (Sp. 1510) werden durch die Predigt des am Ende wiederkommenden Elia am Ende die Juden das Gesetz *spiritualiter* (geistlich) verstehen und gerettet werden. Nach 10,2 bedeutet das offene Buch in der Hand des Engels, dass er omnes scripturas operatione sua completurus [alle Schrift durch sein Wirken erfüllen werde] sei. Die Bundeslade (*arca foederis*) von 11,19 sei demnach Jesus Christus, denn in ihm seien Altes und Neues Testament. Und nach Sp. 1583 gilt: Christus erit omnia in omnibus [Christus wird alles in allem sein].

Kein Buch des Neuen Testaments steht dem Alten so nahe wie die Apk, auch wenn diese Nähe nicht durch Zitate begründet wird, sondern eher durch das, was man früher »Anspielungen« nannte. Ähnlich ist das Bild aber auch in der frühjüdischen Literatur im Ganzen. Die »Schrift« steht noch nicht (etwa als Kanon) der je gegenwärtigen Produktion von Texten gegenüber, und daher wird auch aus diesem Kanon nicht zitiert. Das Zitieren bürgert sich erst ein in der alexandrinischen Exegese Philos von Alexandrien und in einigen »Kommentaren« aus Qumran (1QGenApokr; 4QpHab). Auch die Evangelien und Paulus sowie Hebr »zitieren« sehr gern. – Texte wie der »Liber Antiquitatum Biblicarum« (LAB) verfahren mit der Schrift lieber auf die alte Weise. Sie zitieren nicht, sie schreiben Überlieferungen jeder Art fort. Und insofern repräsentiert die Apk den älteren Stil, anders gesagt: Ihr Verfasser schöpft aus der lebendigen apokalyptischen Schultradition, besonders aus Ez und Dan. Er setzt sie wie selbstverständlich fort.

Kann das etwas für die christliche Auslegung des Alten Testamentes bedeuten? Zunächst: Gut gemeinte Versuche, Gebet, Lied und Predigt, aber auch systematische Theologie um jeden Preis an die exegetische Art wissenschaftlichen Zitierens zu binden, können sich nicht auf die Schrift berufen. Die Freiheit, genau auf die jeweilige Situation zu hören hat hier Vorrang. Denn auch das ökumenische Gespräch über *Sola scriptura* ist erheblich ins Stocken geraten. Doch allzu leicht können sich in das fromme Tradieren Vorurteile oder Ideologien einschleichen. Wo sie giftig sind oder zu werden drohen, hat die Exegese die Pflicht, zu entlarven und mit Nachdruck an die Bedeutung zur Zeit der Ursprünge zu erinnern. Zum anderen gibt es allen Anlass daran zu erinnern, dass die Texte mutmaßlich wegen der Erlösung durch Gott, wie auch immer diese im Einzelnen gedacht ist, entstanden und dem Corpus der Bibel eingefügt sind.

Ein anderes Modell als das des Abschreibens von Einzelstellen (»Zitaten«) ist die in Hebr und Apk geübte Weise der typologischen Exegese, der vor allem dann die christliche Kunst verpflichtet sein wird. Daher ist speziell in einem Buch über die Apk dieser Ansatz zu würdigen.

Der Kult des Alten Testaments war nur Abbild
Laut den Homilien des Ps.-Melito zur Apk (1512) war der Gottesdienst des Alten Testamentes nur *figura*, d. h. sinnliches und vorläufiges Abbild des wahren und himmlischen Kultes, vgl. 465:

> Civitas superna, quae declaratur per sincerum dei cultum. Pro cuius intellectu sciendum est quod cultus dei tempore veteris testamenti fuit figuralis respectu cultus qui observatur tempore novi. [Die Himmelsstadt wird durch den reinen Kult Gottes verständlich, sc. der darin geübt wird, denn die kultische Verehrung Gottes zur Zeit des Alten Testaments, das muss man wissen, war im Unterschied zur neutestamentlichen nur figürlich, d. h. abbildhaft und sinnlich.]

Fazit: Bei Ps.-Melito ist die Apk der Anlass, die Kult-Auffassung des Hebr auch in der Auslegung der Apk fruchtbar zu machen.

1 Die Apokalypse als Wahrnehmung

1.3.2 Ein romanischer Dom und der Tempel von Jerusalem

Lit.: P. K. Klein: The Apocalypse in Medieval Art, 159–199, in: Ed. R. K. Emmerson, B. McGinn: The Apocalypse in the Middle Ages, New York 1992.

Der rote Altar

Lit.: J. Braun: Der christliche Altar in seiner geschichtlichen Entwicklung, I, 1924.

Es geht im Folgenden um eine singuläre, aber bedeutsame »Anwendung« von Apk 8,1–3 in der romanischen Kirchenbaukunst. Zur Diskussion wird die These gestellt, dass ein rätselhaftes Stück der Kunst der Romanik zu verstehen ist als Produkt der Lektüre von Apk 8. Ein Altar in einem romanischen Dom lässt sich auffassen als Nachbildung des Weihrauchaltars aus dem Tempel in Jerusalem, und zwar laut biblischer Vorlage. Die alttestamentliche Vorlage steht hinter Apk 8, und die Lektüre von Apk 8 hat zur »Rekonstruktion« dieses alttestamentlichen Altars geführt. Dadurch aber wird dieser romanische Dom im Ganzen zum Gegenbild des alttestamentlichen Tempels. Dieses Verhältnis von Urbild und Abbild nennt man Typologie.

Gemeint ist der sogenannte Krodo-Altar aus dem Mittelschiff des Kaiserdoms (gegr. 1004) in Goslar. Ich erörtere hier die christliche Wirkungsgeschichte des Weihrauchaltars aus dem jüdischen Tempel aus Apk 8,1–3. Den Titel der »rote Altar« verstehe ich als liturgische Orientierung an der Sonne durch »rotes« Gold oder »rotes« Kupfer.

Der Rauchopferaltar des alttestamentlichen Tempels wird in der Tora in Ex 30,1–10 und Ex 40,5 genannt. Das Neue Testament nimmt auf diesen Altar Bezug in Hebr 9,4 (irdischer Tempel) und in Apk 8,1–3 (himmlisches Heiligtum). Den Konsens über die Voraussetzungen der Wirkungsgeschichte des Rauchopferaltars formuliert Andreas von Caesarea († 637) (74 f.): Der goldene Altar ist Christus, das Räucherwerk bezeichnet die Gebete der Heiligen.

Im Goslarer Kaiserdom (s. Widmung BAK I, V) und – wie ich sehe – nur dort ist dieser Rauchopferaltar nachgebildet. Er teilt dieses Schicksal mit dem zu gleicher Zeit und oft auch in der gleichen Gegend nachgebildeten Siebenarmigen Leuchter (s. Apk 1,20; 2.1), der mit dem Weihrauchaltar in den jüdischen Quellen oft zusammensteht. Dadurch werden diese romanischen Kirchen zu Abbildern des Tempels in Jerusalem. Ergänzend treten oft noch hinzu die großen Radleuchter (davon auch einer im Goslarer Kaiserdom), in denen die alttestamentliche Zahl 12 bzw. 24 gleichfalls eine große Rolle spielt.

Gold ist rot

Nach meiner philologisch-archäologischen These geht die bis heute rätselhafte Bezeichnung des genannten Krodo-Altares sprachlich auf das indogermanische rhodo- (rot), archäologisch auf das (rot-) goldene bzw. kupferne Äußere des

Weihrauchaltars im Tempel von Jerusalem zurück. Die Konsequenzen für das Verständnis des betreffenden Gotteshauses sind erheblich.

Sowohl im Alten als auch im Neuen Testament wird der Weihrauchaltar als »golden« bezeichnet (Ex 40,5), was wohl weniger als Wertangabe und vielmehr als Hinweis auf seinen himmlischen bzw. solaren Charakter zu verstehen ist. Denn die Sonne ist feurig und golden, und Gegenstände, die aus Gold oder mit Gold überzogen (vergoldet) sind, haben eo ipso eine Beziehung zum Himmelsgott. Goldene Gegenstände auf Erden sind daher leicht als Spuren des Wirkens des Himmelsgottes zu verstehen.

Weil Gold daher zu allen Zeiten das kostbarste Metall ist, wird seit ältesten Zeiten Kupfer, Bronze und Messing als Goldersatz betrachtet. Diese Metalle sind zumindest goldfarben. Und in den geologischen Lagerstätten hat Kupfer oft einen Goldanteil (und umgekehrt).

Im Unterschied zur heutigen Farbwahrnehmung ist »golden« keine Farbe, sondern die Gegenstände aus Gold oder Goldersatz werden als »rot« oder »feurig« wahrgenommen. In der Kunst des Mittelalters spiegelt der Goldgrund, bevor der Himmel dann hellblau wird, die Auffassung, dass jenseits der irdischen Welt das *Empyreum* (feuriger Himmel) liegt. Diese Auffassung der Kunst ist mithin nicht oder nur teilweise empirisch und hauptsächlich dogmatisch begründet. Auch uns will noch heute der Himmel als »golden« besonders im Morgen- und im Abendrot erscheinen. Diese Farbwahrnehmung zeigt sich zum Beispiel in den Hymnen des monastischen Stundengebets. Die himmlischen Gegenstände werden kaum je als golden *(aureus)* bezeichnet, oft aber als *igneus*.

Die Verbindung von Rauchopferaltar und Leuchter
Zum Beispiel in ExVg 40,5 kann man lesen: (Das Heilige) candelabrum habet (Alphonsus Abulensis: stabit) cum lucernis suis et altare areum, in quo odoletur incensum coram arca testimonii [Das Heilige, d.h. der Vorraum vor dem Allerheiligsten, hat einen goldenen Leuchter mit seinen Fackeln und einen goldenen Altar, auf dem vor der Bundeslade der Weihrauch verbrannt wird].

Sowohl dem Ursprung nach als auch in der mittelalterlichen Wirkungsgeschichte ergeben sich gewisse Analogien zwischen dem Siebenarmigen Leuchter des Tempels und dem Weihrauchaltar:
- beide stehen im »Heiligen«, nicht im Allerheiligsten des Tempels (Ausnahme ist Augustinus, der den Leuchter im Allerheiligsten stehen lässt);
- auf beiden wird nicht eine animalische, sondern pflanzliche Substanz verbrannt. Der so verströmte Duft ist daher vergleichsweise angenehm. Beide Elemente haben daher den Untergang des jüdischen Tempels und das Aufhören der Holocaust-Opfer überlebt. Sie werden auch in der Typologie nicht für das Opfer Jesu Christi beansprucht;
- beide unterscheiden sich durch ihre Licht- bzw. Feuer-Symbolik von allen anderen Gerätschaften des Tempels, Während das Allerheiligste das »Blut-

Heiligtum« ist, könnte man das Heilige als ein Licht- und Feuer-Heiligtum bezeichnen.

Vom Siebenarmigen Leuchter gibt es nur wenige Nachbildungen im christlichen Gebrauch. Abgesehen von Mailand (Trivulzio) gibt es fast nur Belege diesseits der Alpen, besonders aber in Nordeuropa (Klosterneuburg; Essen [um 1000]; Dom in Braunschweig [1173]; St. Nikolai in Mölln; St. Nikolai in Tallinn; Viborg; Kolberg/Kolobrzeg [1327]). Von diesen Belegen ist besonders der etwa gleichzeitige in Essen (Mathilde) und der in der Nähe Goslars in Braunschweig gelegene (Entfernung 49 km) interessant. Denn wenn schon der Krodoaltar und der Braunschweiger Leuchter nicht zusammengehörten (was wohl niemand erweisen kann), so ergänzen sie sich doch, denn Leuchter und Weihrauchaltar sind die beiden Stücke aus dem Jerusalemer Tempel, die liturgisch überlebten.

Die Siebenstern-Leuchter in Bad Bevensen entsprechen zwar der Apk (1,13), aber nicht dem Siebenarmigen Leuchter:
- Beide Stücke erheben sich über einer quadratischen bzw. zum Quadrat tendierenden Sockelgrundlage.
- Im Vergleich mit dem Essener Siebenarmigen Leuchter kann man feststellen: Beide Stücke zeigen an ihrer Basis kleine menschliche Figuren. Beim Krodoaltar hat man diese als Atlanten zu deuten versucht, die ihren Dienst in einem Vorgänger-Kunstwerk versehen haben sollten (bärtige, kniende Männer, die gemeinsam etwas stemmen). Auch in Essen werden die vier Bronzefiguren auf die vier Himmelsrichtungen gedeutet (Aquilo heißt die eine).

Falls sie als Ergänzung gedacht sind, träte das Braunschweiger Stück in eine gewisse Konkurrenz zum Altar im Goslarer Dom. Auf jeden Fall aber ist die Einzigartigkeit des Krodo-Altars hervorzuheben. Sie entspricht in keiner Weise seinem traurigen musealen Dasein in der Zeit nach der Plünderung seiner Juwelen.

Der Krodo-Altar ist dabei nicht als bloßes Monument gedacht. Die steinerne obere Verschlussplatte zeigt bis heute an den vier Ecken die Weihekreuze, die auf liturgische Nutzung hinweisen. Zur Feier der Eucharistie ist der Altar den Proportionen nach ungeeignet. In Anbetracht der Vorgeschichte im Jerusalemer Tempel ist die zumindest gelegentliche Verwendung als Altar für das Weihrauchopfer möglich, wenn nicht sogar wahrscheinlich. Zumindest bei der katholischen Kirchweihe gehört das Weihrauchopfer bis heute zum obligatorischen Ritus. Bei der Kirchweihe wird auf der Altarplatte direkt das Weihrauchopfer entzündet, und zwar an fünf Stellen. Jedenfalls bei dieser Gelegenheit im Jahr 1040 dürfte der Krodo-Altar als Weihrauchaltar genutzt worden sein.

Der Aufbau des Krodo-Altars folgt auch im Übrigen dem Kirchweihritus: Im katholischen Kirchweihritus folgen aufeinander die Einsetzung der Reliquien und das Rauchopfer auf dem Altar. Im Krodoaltar sind beide Elemente zusammen vom Hochaltar abgetrennt und als Bildfolge erhalten. Das könnte so sein, wenn denn, wie einige Forscher vermuten, das Innere des Krodo-Altars als Reliquienbehälter gedient hat.

Für den Siebenarmigen Leuchter dagegen ist zumindest für Essen bezeugt, dass er vor tausend Jahren zu Pfingsten im Mittelpunkt der Liturgie stand.

Theologische Voraussetzungen
Zu den Voraussetzungen der hier vertretenen Thesen gehört u. a. auch die Abbildung des himmlischen Heiligtums in der christlichen Liturgie. Sie wird noch heute bestätigt durch die auf alten Quellen beruhende Weihepräfation von Kirchen (Haus) »in ihm schauen wir schon geheimnisvoll den Schatten des wahren Tempels. In ihm leuchtet uns auf das Bild des Himmlischen Jerusalem die Kirche aber hast du zu deiner heiligen Stadt gemacht.« Der Altar nach Apk 8,1–3 steht eben wie im irdischen so auch in diesem himmlischen Heiligtum.

Der irdische Altar ist das Abbild des himmlischen Altars, seines himmlischen Urbilds, und was hier geschieht, ist auch dort gültig. Und wer an diesem Altar Anteil hat, der hat auch Teil am himmlischen. Vgl. dazu: CorpOrat 3861: haec holocausta caelestibus altaribus imposita [dieses Opfer, auf den himmlishen Altar gelegt]; 3977 de throno gloriae [vom himmlischen Thron der Herrlichkeit] auf diesen Altar; 4969: altar, cum beatis apostolis in caelestibus gloriamur [mit den heiligen Aposteln rühmen wir uns im Himmel]; 5861: superni altaris facti participes [haben Anteil gewonnen am himmlischen Altar]; 6309: ad instar superni altaris hoc panem angelorum [dem himmlischen Altar gegenüber Brot der Engel]; 2535.3203: oratio ascendat [das Gebet möge aufsteigen, sc. wie Weihrauch].

Der Name Krodoaltar
Der Krodoaltar ist der einzige metallene Kirchenaltar der Romanik. Er stammt aus dem Goslarer Dom (jetzt im dortigen Museum) und bildet, so meine These, den Weihrauchaltar des jüdischen Tempels nach (Ex 40,5). Dieser ist golden. Der Krodoaltar ist aus Kupfer. Er hat vier kupfergoldene Flächen.

> Der Name ist rätselhaft. Das Internet (H. Woick; nicht überprüft) verweist auf das gotische »chrod« für rot. Kupfer aber wird als rot wahrgenommen. Die weitere etymologische Erkundung erbringt immer wieder Hinweise auf »rot«, bzw. »Rose«. Der Name der Insel »Rhodos« (Roseninsel) kann auch mit dem phönizischen »rodia« (Granatapfel) in Verbindung gebracht werden; Granatäpfel pflegen rot zu sein. Die Tatsache, dass der Koloss von Rhodos aus Kupfer war, weist auf rhodische Kupferbergwerke. Der Koloss von Rhodos war demnach wohl ein Vorzeige-Markenartikel, und der Name Rhodos wird nicht aus irgendwelchen freundlichen Gründen »Roseninsel« bedeuten, sondern von dort kommt eben das rote, rosenfarbene Metall. Die etymologische Frage führt daher zu einem Kapitel Kultur- und Handelsgeschichte, und das vorläufige Ergebnis stellt sich so dar: Aspiriertes R plus -od als Name für Rotes (Granatäpfel, Kupfer), phönizisch: rodia, Name der Insel Rhodos, Name des Krodo-Altares aus Bronze (entstanden im Raum Hildesheim; nächstes Kupferbergwerk: Rammelsberg bei Goslar; das Kupfer des Altars stammt von dort); sekundäre (?) Mythologisierung des »Rot« zum Gott »Krodo« mit bleibenden Attributen, die seine Herkunft verraten (Sonne in der Hand; Früchte und ein Fisch, der an Phönikier und Rhodos erinnert). Die Vorliebe der Renaissance

und der provinziellen Frühaufklärung für »pagane« Erklärungen ist bekannt (für Krodo vgl. J. M. Heineccius, J. G. Leuckfeldus: Scriptores rerum germanicarum, Frankfurt 1707, darin: Antiquitatum Goslariensium [918–1523]).

Nach neuesten Darstellungen ist »Rod« in slavischen Religionen der höchste Gott des Universums, »general power of birth and reproduction«, »père des dieux, créateur de tout ce qui existe« (latinisiert: Hrodo, Chrodo, Crodo), und entsprechend heißt »Rod-Rozanicy« »God and the Godnesses« (Wikipedia, 14.1.2018; M. Mathieu-Colas: Dieux slaves et baltes. Dictionnaire des noms des divinités) – Das Zeichen für »Rod«, den höchsten Gott, ist ein Rad aus roten Fackeln, wohl zweifellos eine stilisierte Abbildung der Sonne.

Fazit: Krodo ist ein slavischer Gott. Aufgrund seiner Funktion entspricht er dem biblischen Schöpfergott. Es handelt sich daher um einen ähnlichen Vorgang, wie wir ihn von der LXX her kennen: Der biblische Gott erhielt einen Namen von Zeus, dem höchsten Gott der Griechen. So heißt der biblische Gott »der Allerhöchste« (griech. ὕψιστος). Es machte nichts aus, sondern war im Gegenteil hilfreich, eine fundamentale Qualität des höchsten griechischen Gottes als Brücke zum gegenseitigen Verständnis des Gottesbildes zu verwenden. Das bedeutet: Gegenüber der älteren Auffassung war »Krodo« nicht irgendein heidnischer Götze und der Krodo-Altar nicht ehemals ein Götzenaltar. Vielmehr spricht der Name für eine in Ost-Niedersachsen großenteils noch slavisch sprechende Umgebung, wie sie um das Jahr 1000 noch gegeben war: Dieses ist der höchste Gott. Dass der Altar aus Kupfer ist, galt als zusätzliche Brücke. Und im Übrigen sind die o. g. Ermittlungen zu Rhodos, Kupfer und »rot« mit diesem Ergebnis gut vereinbar. Denn sie zeigen, dass Krodo etwas mit Sonne, Leben-Spenden und Kreativität zu tun hat.

Offenbar hatten die niedersächsischen Künstler, die im Raum Braunschweig/Goslar/Hildesheim aus Goslarer Kupfer den Krodo-Altar gegossen haben, in der Sprache der Künstler und Metallgießer ein besonderes Wort für diesen exklusiven Gegenstand parat.

Der Schlüssel für die Erklärung des Namens ist mutmaßlich weniger der überwiegend slavische Charakter der Urbevölkerung, sondern die Tatsache, dass Kupfer (als Bild für Gold) als rote Farbe das Rot des eben so benannten höchsten (und im christlichen Gott wiedererkannten) Gottes gelten konnte.

In der 2. Jahrtausendhälfte (des 2. christlichen Jahrtausends) bildete sich der Mythos, es solle sich um einen germanischen Götzen namens Krodo gehandelt haben. Auch dieser hat freilich typisch solare Attribute. Der Name weist demnach in einen kultur- und handelsgeschichtlichen Zusammenhang der Kupferverarbeitung, der von Phönizien bis England reicht. »Rot« ist darin fast ein handelspolitisches Lehnwort. Ähnliche »indo-europäische« Zusammenhänge werden aus der Dissertation von Alfons Berger: Niederdeutsche technische Ausdrücke aus der Handwerkersprache des Kreises Lingen, Borna-Leipzig 1907, erkennbar. Auch hier geht es um relativ isolierte kostbare kulturhistorisch-technische Erinnerungen an sehr alte Handelsbeziehungen.

These: Der Name Krodo-Altar bedeutet eigentlich: Der rote Altar, und zwar wegen seiner kupfernen Farbe. Ursprünglich geht es um die Farbe, nicht um einen geheimnisvollen Götzen. Verständlich ist an der Götzen-These nur, dass sie in meiner Schulzeit lebhaft kultiviert wurde. Doch welchen Grund sollte es geben, einen zentralen Altar eines romanischen Kaiserdomes nach einem germanischen Götzen zu benennen? So einfach, wie es das Wunschdenken der frühen Neuzeit sich vorstellte, ging der angebliche Sieg des resilienten Heidentums über das Christentum denn wohl doch nicht vonstatten. Vielmehr war es wohl so: Der Krodo-Altar stellt singulär den Rauchopferaltar des jüdischen Tempels dar. Der Singularität der Sache entspricht die des Namens; dieser führt in den vorromanischen Kulturbereich des östlichen Mittelmeeres (Rhodos, Phönizien), und damit schließt sich der Ring zwischen Jerusalemer Tempel und Phönizien.

Durchgehende Typologie
Die einschlägigen Texte aus Ex 30; 40 lesen sich wie Regie-Anweisungen für alles das, was sich uns als Zusammenhang zwischen alttestamentlicher Tempel-Liturgie und christlichen Domen in den Punkten Weihrauchaltar und Siebenarmiger Leuchter ergeben hat:

a) Ex 40,4–5: (Schaubrote) Leuchter – Weihrauchaltar; christliche Typologie: Siebenarmiger Leuchter (Braunschweig und anderswo) und Weihrauchaltar (Krodoaltar im Goslarer Dom) gehören sachlich zusammen.

b) Ex 30,2: Weihrauchaltar hat eine Form, die dem Kubus angenähert ist; so auch der Krodoaltar.

c) Ex 30,3: Überzug des Weihrauchaltars aus Gold; Krodoaltar aus Bronze (stellvertretend für Gold).

d) Ex 30,4f.: Weihrauchaltar ist als Tragaltar gedacht (altare portatile); Krodoaltar wird von vier Männern getragen (wie heute noch bei Prozessionen die Heiligenfiguren im Süden Europas). Das gilt auch dann, wenn die vier tragenden Figuren (Atlanten) ursprünglich an anderem Ort gestanden haben sollten. Irgendeine Idee muss ja maßgeblich gewesen sein für den Zusammenbau.

e) Ex 30,6: Platzierung des Weihrauchaltars »vor« etwas anderem bzw. im Eingangsfeld; Krodoaltar steht vor dem Lettner.

f) Ex 30,7f.: Weihrauchopfer morgens und abends; iIm kirchlichen Stundengebet ist Weihrauch zu Laudes (morgens) und Vesper (abends) erlaubt. Darauf weisen auch die solaren Elemente in den Hymnen des Stundengebets: Beispiele aus den Hymnen des Heiligenkreuzer zisterziensischen Breviers (834: candore pinguis igneo flammeam solis rotam [mit Feuerfarbe malst du]; 848: sol ecce surgit igneus [die feurige Sonne erhebt sich]; S. 899 Aurora iam spargit polem [die Morgenröte tönt den Erdkreis]; S. 935 sol recedit igneo). Morgens und abends sind die beiden »kritischen Phasen« für das Wirken und Wahrnehmen der Sonne: auf den solaren Zusammenhang weist auch das Kupfermetall, aus dem der Krodoaltar gefertigt ist. Denn (Kupfer-)Rot ist die Farbe der Sonne. Die alttestamentliche Vorschrift in Ex 30,7–8 könnte auch der Anlass dafür gewesen sein, im Goslarer Dom zu Laudes und Vesper Weihrauch auf dem Krodo-Altar anzuzünden – jedenfalls an besonderen (Fest-) Tagen. Dass der Krodo-Altar nur zum Hingucken gedacht war, ist unwahrscheinlich; ebenso ist er zum Messelesen ungeeignet. Sollte die obige Vermutung zutreffen, so ergäbe sich eine sehr sinnvolle Fortsetzung des alttestamentlichen Tempelkults jenseits der blutigen Opfer.

Apk 8,1–5 nimmt für die liturgische Typologie in jedem Fall eine Schlüsselstellung ein. Denn der Text mit seiner Wirkungsgeschichte zeigt bis heute jedem

Christen, dass es diese Wirklichkeit »gibt«. Die Innenarchitekten der Romanik waren wohl der Meinung, sie verlange eine liturgische Antwort. Mit dem Hinweis auf das Gebot der Nächstenliebe allein ist diese Antwort nicht zu geben.

Beides zusammen, der Weihrauchaltar und der Siebenarmige Leuchter sind Indiz für die Aktualität einer wichtigen Frage im 11. und 12. Jh., nämlich: Gibt es eine liturgisch-architektonische Antwort auf die theologische Frage nach dem Verhältnis Altes Testament/Neues Testament? Sowohl Joachim von Fiore als auch später noch Alexander Minorita berichten von einer mystischen Antwort auf diese Frage, die ihnen während der liturgischen Feier der Osternacht zugekommen sei. Wichtig für die folgenden Jahrhunderte ist dabei, dass diese Antwort auf der architektonischen wie auch auf der liturgischen Ebene gegeben wird (Osterkerze, *Exsultet*, Taufe als Nachbildung des Zugs durch das Rote Meer). Die Auskunft, schon in Apk 1 handele es sich um eine innerliturgische Vision (1,10: sonntags), kann wohl weiterhelfen. Eine Vision im Tempel hat auch Paulus nach Apg 22.

Der Beitrag der Kunstgeschichte
Peter Bloch hat in seinem gelehrten Aufsatz »Siebenarmige Leuchter in christlichen Kirchen« (Wallraf-Richartz-Jahrbuch 23 [1961] 55–190) nicht nur ein Inventar und eine genaue Beschreibung der europäischen Siebenarmigen Leuchter geliefert, vielmehr ermöglicht es sein Urteil, unseren Befund zum Krodo-Altar historisch und theologisch einzuordnen, obwohl er diesen nicht gekannt hat und nicht erwähnt. Er liefert sogar eine Abbildung aus einem Florentiner Codex, die eine Art Planskizze für den Krodo-Altar und seine Bedeutung sein könnte. Das wäre dann die einzige wirkliche Parallele.

Karolingische Reichsidee und Altes Testament
Bloch hat hauptsächlich die Wirkungsgeschichte der biblischen Menora (Siebenarmiger Leuchter) verfolgt und hat dabei beobachtet, dass sie häufig mit der Bundeslade gemeinsam vorhanden ist. Denn »die Kirche« wird in einzelnen Fällen »seit karolingischer Zeit nach dem Vorbild des mosaischen Zeltes oder des Salomonischen Tempels ausgestattet« (100). Das weise sie dann jeweils »als neuen Tempel« aus.

> »In diesen großen Zusammenhang ist nun auch die Übernahme des Ensembles von Bundeslade und Leuchter zu stellen, die für Aniane und Fulda überliefert ist. Gerade das gemeinsame Auftreten der beiden Geräte beweist ihre Gleichsetzung mit den beiden markantesten Tempelgeräten. Der christliche Siebenarmige Leuchter tritt in die abendländische Kunst ein als Ausstattungsstück der karolingischen Kirche, die in einem politisch-religiösen Akt sich als den Neuen Tempel versteht: er ist Inventar des Neuen Tempels.«

Bloch fragt dann weiter, ob sich das Nachleben des Salomonischen Tempels und das Verständnis der christlichen Kirche als der Neue Tempel auch in Ostrom aufweisen lasse. Denn die Übernahme von Kult-Insignien ist immer eine politische Frage danach, was denn der jeweilige Regent von sich gehalten bzw. für sich beansprucht hat. Eine entferntere Analogie ist die Selbsteinschätzung der äthiopischen Kaiser bzw. Könige, die untrennbar mit der weitgehenden Rezeption alttestamentlicher Tradition verbunden ist (Löwe als Herrschersymbol, Bundeslade, Sabbat und Weihrauch, Tempeltanz und Davidssohnschaft des Kaisers bzw. Abstammung von Salomo). Alles das weist auf den jeweiligen Herrscher. Er ist es, der dieser Requisiten inklusive Stammbaum bedarf.

Und man kann sich erinnern, dass im Goslarer Dom nur wenige Meter vom Weihrauchaltar entfernt ein steinerner Kaiserthron nebst würdiger steinerner Umrahmung stand, auf deren Wangen Tiere u. a. aus der Apokalypse abgebildet waren.

Die Apk kennt beides, den Leuchter und den Weihrauchaltar
Die Verbindung von Leuchter und Rauchaltar ist nicht nur in der Apk gegeben (Apk 1,18 und 8,1–4), sie ist auch traditionell:

> Ex 40,5 (Vg): Candelabrum habet cum lucernis suis et altare aureum, in quo adoletur incensum coram arca testimonii [Er hat einen Leuchter mit seinen Lampen und den goldenen Altar, auf dem Weihrauch verbrannt wird, vor der Bundeslade]. – Ambrosius Autpertus (I, 365): modo per candelabrum aureum, modo per altare aureum, modo per altare de terra factum candelabrum aureum [sowohl durch den goldenen Leuchter als auch durch den goldenen Altar, andererseits der aus Erde gemachte Altar goldenen Leuchter]: über ihm sanctorum ecclesia S. 366 nacheinander: candelabrum altare aureum (orationum nostrarum studia per ipsum deo patri [Leuchter, goldener Altar, der Eifer unserer Gebete, durch ihn zu Gott dem Vater].

Leuchter-Typologie und Zahlensymbolik
Im Übrigen zeigt Bloch immer wieder folgende Entsprechungen bzw. Kombinationen auf: Die sieben Leuchter entsprechen den sieben Gaben des Heiligen Geistes (er nennt dafür Clemens von Alexandrien, Aniane, Cluny, Kosmas Indikopleustes und den Codex Laurentianus), und die sieben Lampen sind oft als Entfaltung der Wurzel Jesse dargestellt. Eben diese Elemente finden sich in Kombination vorher nur in der Apk. Die sieben Leuchter sind parallel zu den sieben Geistern (später als die sieben Gaben des einen Geistes Gottes) gedeutet. Wenn auf einem Siebenarmigen Leuchter die Zwölf Apostel abgebildet sind, die nach oben blicken und die Flämmchen als die sieben Gaben des heiligen Geistes erwarten, so ist das eine sehr originelle Darstellung von Pfingsten und eine Kombination von Apk 12 und 7.

Die Wurzel Jesse gibt es im Neuen Testament nur in Apk 22, und so steht es auch mit den anderen Elementen, die immer wieder im Zusammenhang mit dem

Siebenarmigen Leuchter genannt werden. Da ist der Löwe als Bild für den Auferstandenen, ein Topos, der öfter mit der Physiologus-Legende unterfüttert wird, der Löwe erwecke seine Welpen, die tot geboren wurden, erst nach drei Tagen (!) durch sein Gebrüll zum Leben (Hinweis auf das Goslarer Evangeliar, wo zu Beginn des MkEv ein solcher Löwe dargestellt wird). Wenn das Weihrauchfass des Gozbert aus dem Trierer Domschatz als das Hmmlische Jerusalem dargestellt wird, dann passt das einmal in das Bild, die Kirche als Neuen Tempel zu denken, und zum anderen findet sich das Himmlische Jerusalem außer in Gal 4 nur in Apk 3,12 und 21. Und wenn der Siebenarmige Leuchter schließlich oft auf vier Füßen dargestellt wird und diese vier Füße mit den vier Winden identifiziert werden, kann ein Bezug auf Apk 7,1–3 vorliegen.

Der Tempel nach Codex Amiatinus
Der wertvollste Hinweis aus der Arbeit von Bloch für mich ist die Abbildung (78f.) aus dem Codex Amiatinus f. 3v–4r (Florenz, Bibl. Laur. Amiat. 1), eine Kopie des Codex Grandior des Cassiodorus. Schon auf den ersten Blick ist zu erkennen: Ein Blatt dieser Art muss die Vorlage und »Mutter« für die jeweils ganzseitigen Darstellungen des Himmlischen Jerusalem in der gesamten Tradition der Beatus-Apokalypsen sein. Der »Tempel« ist viereckig und säumt mit seinen zahlreichen Säulen einen großen Platz, auf dem sich hier der Tempel erhebt – in den Beatus-Apokalypsen steht genau an dieser Stelle das Lamm. Die Darstellung im Codex Amiatinus zeigt rundum an den vier Außenmauern der Stadt die Namen der zwölf Stämme Israels, in der Beatus-Tradition stehen genau hier die Namen der zwölf Apostel. Dadurch wird klar erkennbar: In der Beatus-Tradition steht das Lamm an der Stelle, an der in der Florentiner Handschrift der Tempel steht. Bloch bemerkt zu diesem Codex: »So lässt sich eine Folge jüdischer Illustrationen der Synagogenheiligtümer entwickeln, von der, etwa zu Beginn des 6. Jh., ein christlicher Nebentrieb abzweigt, dessen frühester bekannter Vertreter der Codex Grandior, dessen frühester erhaltener Vertreter der Codex Amiatinus ist.« (79) Entstanden ist dieser Codex unter Abt Ceolfrid (690–716) in Wearmouth-Yarrow (Northumbrien).

Dieser Tempel ist nun unterteilt in Heiliges und Allerheiligstes. Im Heiligen stehen: der Siebenarmige Leuchter, der Tisch für die Schaubrote und der goldene Rauchopferaltar. Dieser hat nun sehr genau den Umriss des Krodo-Altares: ein Kasten, der etwas länger als breit ist, ein goldener Kasten, der auf vier Füßen steht, die an ihrem unteren Ende knaufartig verdickt sind (Überschrift: *Altare thymiamatum*). Er bildet den Abschluss der Gegenstände im Heiligen.

Fazit: Der Blick auf die Kunstgeschichte bestätigt, dass in der frühen Romanik christliche Kirchen durch Platzierung nachgebildeten Tempel-Inventars christliche Dome als neue Tempel Salomos betrachtet wurden. Welche Bedeutung das Alte Testament hier hat, das wird auch daran erkennbar, dass die Wurzel Jesse, die immer wieder mit diesen Inventarstücken genannt wird, aus demselben

Kap. Jes 11 stammt, in dem auch die sieben Gaben des Heiligen Geistes genannt werden, die dann mit dem Siebenarmigen Leuchter identifiziert werden. Auch ist der Hinweis von Bloch aufzugreifen, dass die Apk von sieben Leuchtern spricht, aber nicht von dem einen Siebenarmigen Leuchter. Der Seher Johannes benötigt diesen leichten Umbau, spricht er doch in Apk 2,5 davon, dass der Leuchter der Gemeinde von Ephesus im Zweifelsfall weggerückt würde; das kann man bei einem Siebenarmigen Leuchter nicht machen.

Doch die Herkunft des gesamten Bildmaterials im Umfeld spricht dafür, dass die Apk der gemeinsame Hintergrund und Filter für die zusammenhängende Rezeption von Elementen des Alten Testaments in der Kunst des 8.–12. Jh. geworden ist. Eben dazu gehört auch die Nachbildung des alttestamentlichen Rauchopferaltars im Goslarer Dom als Krodo-Altar.

Die Decke der Michaelskirche in Hildsheim (1022) ist mit der Darstellung des Stammbaums Jesu als Wurzel Jesse (im Neuen Tstament nur noch in Röm 15,12) eine einzige zusammenhängende Wiedergabe der Christologie von Apk 22,16.

1.4 Zur hermeneutischen Leistung der Apokalypse-Kunst

Die folgenden Fälle betreffen besonders markante und bislang fast gänzlich unbekannte (weil nicht zugängliche) Kunstwerke als (komplexe) Antworten auf die Lektüre der Apk, nicht zuletzt aus der Spätzeit dess Mittelalters. Denn hier zeigt sich häufig das Phänomen der ikonographischen Neuerungen als Abkehr von alten Mustern.

In BAK habe ich immer wieder Zeugnisse der bildenden Kunst als jeweils zeitgenössische Kommentare herangezogen. Aus dem späten Mittelalter waren damals nur wenige Zeugnisse greifbar. Da diese Epoche aber eine wichtige Brücke auch für das Verständnis der Apk in Reformation und früher Neuzeit war, müssen die Zeugnisse hier nach Kräften ergänzt werden. Das betrifft zunächst zwei Apokalypsen aus der Zeit um 1320 und um 1400.

1.4.1 Apokalypse aus dem Kartäuserkloster Val-Dieu

Das im heutigen Ostbelgien gelegene Kartäuserkloster Val-Dieu bietet um 1320–1330 eine illuminierte Apokalypse lateinisch/französisch zusammen mit dem Komm. des Berengaudus. Die erst 2017 als Faksimile edierte Apokalypse (ed. M. Moleiro) lagert in der British Library in London unter Add. Ms. 17333. Val-Dieu liegt 4 km westlich von Aubel (Diözese Lüttich), war 1185 gegründet worden und wurde 2001 endgültig aufgehoben.

1 Die Apokalypse als Wahrnehmung

Wandel in der Darstellung

Gegenüber den illuminierten Apokalypsen der Beatus-Tradition markiert die Apokalypse von Val-Dieu einen unübersehbaren Wandel. Während die Beatus-Apokalypsen und ihre karolingischen Seitenstücke durch die Betonung des Thrones Gottes, der Engel und des Himmlischen Jerusalem, nicht zuletzt durch den Goldgrund in vielen Miniaturen (z. B. Bamberger Apokalypse) vor allem der Ermunterung zur Kontemplation dienten, zielen die Miniaturen ab 1320 auf die Erregung von Angst und Schrecken. Durch die Art der Farbgebung, der Schilderung des Himmels und vor allem der Fratzen des Bösen findet der Betrachter Angst und Zerrissenheit seiner Epoche in den Illustrationen der Apokalypsen ab ca. 1320 wieder. Das heißt: In diesen Jahrzehnten entsteht unter maßgeblichem Einfluss der Malerei jenes Bild von der Apokalypse, das bis heute nahezu vollständig dominiert. Das heißt: Die Künstler nutzen (ähnlich wie Boulevard-Blätter unserer Tage) die medialen Vorzüge des suggestiv eingejagten Schreckens.

Das lässt sich Schritt für Schritt anhand einer Auswahl einiger Miniaturen von Val-Dieu zeigen. Unter dem Stichwort »Realismus« ist jeweils verzeichnet, worin sich der grausame »realismo elegante« hier zeigt.

> f. 7v (Apk 6,9–11): Ein weißgedeckter Altar mit goldenem Messkelch, mitten auf dem Tuch steht im Mittelpunkt. Unter dem Altar stehen betend nackte kleine Menschen (so stellte man sich die körperlosen Seelen vor), rechts davon zwei Engel, die eine Menschenfrau neu einkleiden. In der Mitte oben eine Viertelmandorla mit einer roten Lade (Apk 11,19). Realismus: Hier wie in allen anderen Miniaturen dieses Codex ist der Himmel abgegrenzt durch ein Band bleicher Wolkenfetzen, wie wir es von Sturm-Unwettern her kennen. Diese Fetzen sind niemals »schön«, sondern eher schrecklich, weil zerrissen und gefetzt. Realismus: Die bleichen kleinen nackten Menschenkörper unter dem Altar. Jeglicher Altarschmuck fehlt.
>
> f. 8 (Apk 6,15–17): In den Höhlen eines großen Berges verstecken sich teils nackte, teils noch bekleidete Menschen. Zwischen den Ausläufern des Berges und dem – wie hier immer – links stehenden Johannes: Mauerteile und ein Säulenfragment. Realismus: Dieses Bild vermittelt nichts Tröstliches, nur Angst.
>
> f. 9r (Apk 8,5): Die Öffnung des 7. Siegels: Beherrschend ist ein V-förmiges Gebilde aus weißen Wölkchen, das sich vom rötlich (links) oder bläulich (rechts) gekachelten Hintergrund grell abhebt. Derartige Wolkenformationen (mit der Spitze nach unten gerichtet) sind immer wie bei Wirbelstürmen Vorzeichen des Schreckens. Über den Wolkenrand blicken sieben Gesichter, die Sturm blasen. Unter dem V links ein Engel, der aus einem Weihrauchfass Feuer auf die Erde schüttet. Auf der Erde: Zerfetzte Bäume und zerstörte Häuser, darunter auch ein rotgedecktes gotisches Kirchlein. Realismus: Aus dem V-förmigen Wolkenband fallen Wassermassen heraus, außerdem fällt Hagel vom Himmel und brennende spitze Bomben, die wie schwarze Eistüten aussehen.
>
> f. 21v (Apk 13,1–7): Der Drachen überträgt seine Gewalt dem Tier. Vor dem dunkelviolett gekachelten Hintergrund links ein rotes geflügeltes Tier (Drache) mit scharfen Krallen und sieben Häuptern. Hier wie bei dem rechts gegenüber stehenden Tier sind die Häupter wie Totenköpfe an einer Stange übereinander gesetzt. Der Drache überträgt dem Tier den Stab der Herrschaft (im röm. Reich und in Preußen Marschallstab). Im Unterschied zum gefiederten Drachen trägt das Tier ein Leopardenfell. Unten im Bild:

ein Schiff, aus dessen Aufbau ein Mensch herausblickt. Realismus: Die eklige Vielköpfigkeit der beiden Tiere und die unangefochtene Selbstverständlichkeit, mit der die Herrschaftsübergabe stattfinden scheint.

f. 28r (Apk 14,18–20): In einer Weinlaube (für den Weinberg in Apk 14) steht ein Engel mit dunkler Sichel. Er reicht einen Zweig des Weinstocks einem Ungeheuer (männlich, braunes Fell, behaart, untersetzt, 2 Hörner und Schwanz), das in der Mitte auf einem, wenn auch dezimierten, Thron sitzt (Säulen gekappt). Realismus: Der wilde Teufel bildet die Mitte des Bildes.

f. 28v (Apk 15,1–4): Oben in der Mitte: Halb-Clipeus mit Engeln und Heiligen. Unten: Nimbierte Frau sitzt auf einem Felsen, zu ihren Füßen eine weiße Taube (Hl. Geist), rechts davon ein Harfen-Orchester. – Analogie zu Apk 12 (großes Zeichen am Himmel, Frau).

f. 30r (Apk 16,3): Links auf dem Felsen der zweite Engel. Oberste Zone: Ein Rest von Wolken, dann eine dunkle Kachelwand, darunter ist das Meer blutrot gefärbt. Im Blutmeer schwimmen Leichen. Rechts blickt Johannes durch ein geöffnetes schmales romanisches Fenster. Realismus: Nirgends sonst wird das Meer durchgehend blutrot dargestellt.

f. 33r (Apk 16,14–16): Die Versammlung der Geister zur großen Schlacht. Links: Drache und Leopard, in der Mitte: der Bär, rechts: weiße Pferde, die Armee des Logos. Realismus: die bläulich schillernden Kronen des Leopards, der halbnackte Bär, die mächtigen Krallenfüße

f. 37v (Apk 18,21): Der Engel versenkt den Mühlstein. Dunkelvioletter Hintergrund, Muster aus Kacheln und Kreisen. Ein rotgewandeter Engel steht am Ufer und versenkt einen Mühlstein von (mittlerweile?) unsauberer Oberfläche in die Fluten. Weil der Engel den Stein nur ganz oben anfasst, sieht ihn der Leser bereits förmlich entgleiten.

f. 38r (Apk 19,1–7): Triumphgesänge im Himmel: Den überwiegenden Teil der Darstellung nimmt eine Wolke ein (Zeichen des Himmels). In ihrer Mitte thront Christus in schmaler Mandorla, umgeben von den vier Lebenden Wesen, rechts und links trompetende Engel, darunter in weißen Gewändern mit goldenen Kronen 2 × 12 Älteste, kniend und die Hände faltend. Links davon Johannes mit Buch. Darunter und daneben eine flach liegende Frau. In der gesamten Tradition der Apokalypse-Illustrationen ist dieses eine m. W. singuläre Darstellung der entmachteten und besiegten Hure von Apk 17–19, vgl. besonders 19,2. Sie ist wohlgestaltet und fein angezogen, in der Hand hat sie einen Scheffel, mit dem sie früher Geld gescheffelt hat: Das runde Gefäß ist jetzt innen schwarz, d. h. leer. In der ganzen Längserstreckung der Frau fällt Feuerregen vom Himmel. Realismus: Das Schicksal der Hure jenseits von Reichtum und Erfolg.

f. 42v (Apk 20,7–9): Zweiter eschatologischer Kampf: Linke Blatthälfte: ein Meer von roten Flammen vor dunklem Hintergrund. Rechte Bildhälfte: Das Himmlische Jerusalem mit hoher Mauerkrone. Darin viele Gesichter von Menschen. Die unteren vier Fünftel des Bildes sind angefüllt einerseits von einem Riesenmaul der Unterwelt, wie es ab 1250 häufig wird, andererseits von einem roten Drachen mit Hundeköpfen auch hier dringen immer wieder Flammen aus dem großen Flammenmeer in die oberen Bildteile ein. Das gilt auch von den Streitern mit großen Schwertern und den drei Männern mit Sicheln und Hacken. Unten am Boden liegt ein Mann in Ritterrüstung mit Panzer und Schild. In den Knauf des Schildes hat er sein Schwert gesteckt. Realismus: das rote Flammenmeer, Flammen in allen Teilen des Bildes, das große Höllenmaul.

f. 45v (Apk 21,1–8): Himmlisches Jerusalem: Links, wie üblich, der Seher Johannes auf dem Felsen sitzend. Zwei Drittel des Bildes nimmt das Himmlische Jerusalem ein;

die blauen Mauern sind von goldenen Zinnen bekrönt. In sich birgt die Stadt eine kleinere Zitadelle mit Mauern aus grünem Stein und einen gotischen Kirchturm. Über der Stadt in den Wolken des Himmels ein Engel in einer Mandorla, der sich hinauslehnt und den Seher Johannes auf die Himmelsstadt hinweist. Rechts davon wieder Sonne und Mond (schwarz). Den Hintergrund bilden dunkelviolette Kacheln.

Fazit: Das hier »Realismus« genannte Phänomen nimmt der Offenbarung des Johannes jede Spur himmlischen Glanzes. Es macht die Apk in dieser Lektüre zum erschütternden Ekel-Buch. So vermittelt der Codex nur am Rande himmlische Schönheit (in der Form gemütlicher Bürgerlichkeit) um den Preis von Schrecken und Grausamkeit. Denn man will und soll sich fürchten.

1.4.2 Beobachtungen zu einem illuminierten Codex um 1400 (Nordfrankreich oder Südholland)

Erst im Jahr 2017 wurde das Faksimile einer Apokalypse-Illustration aus Nordfrankreich bzw. den südlichen Niederlanden publiziert, und zwar der in der British Library, London unter Add. Ms 38121 gelagerte Codex Alfred Henry Huth (1850–1910). Der Hs wurde der Titel gegeben »Picture-book of the Life of St. John and Apocalypse«. Dieser reich bebilderte Codex ist eine der späteren Apokalypse-Miniaturen. Er zeigt gegenüber der im Schnitt rund 500 Jahre älteren Tradition der Beatus-Apokalypsen und deren karolingischen Seitenstücken recht bemerkenswerte Veränderungen. Diese zeigen deutliche Spuren spätmittelalterlicher Reformbewegungen.

Biographisches
Die Biographie (Heiligenlegende) des hl. Johannes wird mit der Apk zusammen kommentiert. Dadurch gewinnt der Prophet (und nach damaligem Erkenntnisstand auch Evangelist) Johannes deutlichere Züge als Märtyrer. Das betrifft die ersten bildlichen Darstellungen. Aber es hat die Folge, dass alle späteren Stellen in der Apk, die Johannes nennen, als Zeugnisse seiner Verkündigungstätigkeit gesehen werden.

> f. 2v (obere Hälfte): Kaiser Domitian verbannt Johannes nach Patmos, und dieser wird von zwei Bewaffneten abgeführt; (untere Hälfte): Johannes auf dem Segelschiff nach Patmos, von vier Männern bewacht, von denen einer das Schiffsruder hält. Das Segel hat drei Wappen; Wappendarstellungen sind ohnehin Merkmale der Codices des 14. Jh.
> f. 3v (obere Hälfte): Dass Johannes inzwischen in Patmos abgeliefert wurde, geht daraus hervor, dass sich in dem Boot nur noch zwei Seeleute ohne Johannes in der Mitte finden; (untere Hälfte): Ein Engel in Halbfigur entrollt vom Himmel her ein Spruchband. quod vides, scribe et mitte septem ecclesiis. [Schreib auf, was du siehst, und schicke es den sieben Gemeinden]. Der rot und blau gewandete Johannes mit Nimbus sitzt auf einem Felsen. An seinem Gewand wird ein nackter Fuß sichtbar.

Verhältnis von Bild und Text
Im Verhältnis etwa zur Bamberger Apokalypse aber auch zur Beatus-Tradition ist die Gegenüberstellung von Text und Bild aufgelöst. Während in den älteren Beatus-Zeugnissen die einzelnen größeren Bilder ganzseitig sind, werden in dem hier erörterten Typus die Seiten oft zweigeteilt.

Gleichzeitig nimmt der Umfang des in die Miniatur hinein geschriebenen Textes enorm zu. Und der Text orientiert sich je später desto weniger an der lateinischen Vg-Vorlage. Das heißt: die in die Bilder eingefügten Textabschnitte werden länger und länger. Sie dienen nicht mehr der knappen Identifizierung und der Frage nach Stichworten, welcher Text zitiert wird. Vielmehr sind daraus selbständige Kommentare geworden. Diese verarbeiten nun auch andere neutestamentliche Stellen und anderes legendarisches und apokalyptisches Material. So haben sich die kleinen Textfetzen verselbständigt. So entstanden im Ganzen Analogien zu den Wort-für-Wort-Kommentaren. Nicht zuletzt kann man das daran erkennen, dass diese Texte in den Bildern sehr häufig bereits allegorische bzw. symbolische Auslegungen des Dargestellten bieten. Sie sind also auch insofern Kurzkommentare geworden, oft erkennbar an den Formeln *per intelliguntur* [unter diesem x versteht man y] oder *per designantur* [werden bezeichnet] oder *hii sunt, qui* [dieses sind diejenigen, welche als …]. Wo die Apk wörtliche Rede bietet, z.B. in Hymnen oder in Aufträgen etwa an Engel, werden diese auf Spruchbändern in den Illustrationen abgeschrieben.

Häufige, regelmäßig wiederkehrende Elemente sind Clipeus und Mandorla, gotische Gebäudeteile wie Fialen (schlanke, spitz auslaufende flankierte Türmchen, in der Regel aus Stein). In Clipeus und Mandorla findet sich häufig ein Thron Jesu Christi. An den vier Eckpunkten außerhalb von Clipeus oder Mandorla finden sich häufig die vier Lebenden Wesen (in Halbfigur), gedeutet auf die vier Evangelisten. Als Hintergrund setzt sich immer mehr durch eine sorgfältig gemalte gekachelte Wand, in der jede einzelne Kachel präzise gezeichnet ist. (In der Spätzeit der Beatus-Apokalypsen war die Kachelung auch schon für den Marktplatz des Himmlischen Jerusalem üblich).

Eine Spezialität des oben schon erwähnten Codex aus Nordfrankreich/Südholland von 1400 ist die Aufspaltung des sonst üblichen Doppelblattes bzw. Monumentalgemäldes zu Apk 12 (vgl. dazu unten).

Malerei als Exegese zu Apk 4

> f. 5v: Die besondere Pointe der Darstellung von Apk 4,2–5 ist hier die prachtvolle und differenzierte Schilderung der 24 Ältesten. Denn in ihnen erblickt man – ähnlich wie in der koptischen Kirche – eine Art Urbild des kirchlichen Klerus. Die goldenen Kronen leuchten dem Betrachter entgegen, die Musikinstrumente der Ältesten sind vielfältig (Harfe, Zupf- und Streichinstrumente, Gitarre; kleine, tragbare Orgelpositive), der Älteste an der Spitze der Reihe steuert jeweils mit der Hand Chor und Orchester.

Obere Hälfte des Blattes: rechts Clipeus/Mandorla, unten die vier Lebenden Wesen, in der Mitte thronender Christus, blau gewandet. Links (breiter) und rechts (schmaler) je zwei Reihen von Ältesten mit goldenen Kronen. In der unteren Reihe ein Ältester mit langstieligem Saiteninstrument und rechts ein Ältester mit Orgelpositiv auf dem Schoß. Die Mandorla wird getragen von einem Engel (ohne Flügel). – Oberhalb des Clipeus ein Spruchband: Quia sine lumine harum virtutum sancta ecclesia in huius saeculi tenebris constituta per vitae praesentis semitas ad caelestem patriam pervadere nullatenus potest. [Denn ohne das Licht dieser Kräfte kann die Heilige Kirche, aufgestellt in den Finsternissen dieser Welt, keinesfalls auf dem Weg über die Pfade des gegenwärtigen Lebens zum himmlischen Vaterland gelangen]. – Darunter: Per septem lampadas ante thronum ardentes septem dona sancti spiritus intelliguntur. Id est spiritus domini spiritus sapientiae et intellectus spiritus consilii et fortitudinis, spiritus scientiae et pietatis et spiritus timoris domini [Unter den sieben Fackeln, die vor dem Thron brennen, sind die sieben Gaben des Heiligen Geistes zu verstehen. Das ist der Geist des Herrn: Der Geist der Weisheit und des Verstehens, der Geist des guten Rates und der Tapferkeit; der Geist des Wissens und der Frömmigkeit, und der Geist der Furcht des Herrn]. Rechts neben dem Clipeus am Rand: Liber signatus sigillis septem [Ein Buch, versiegelt mit sieben Siegeln].

Inschriften bei den vier Lebenden Wesen: Mensch (dominus deus, a et o), Adler (ops = omnia per saecula), Löwe: qui est et qui erat, Stier: et qui venturus est. [Gott ist der Herr, A und O/ durch alle Ewigkeiten/ der ist und der war/ und der kommen wird]. – Links unten: Kleiner gotischer Kapellenbau, darin Johannes und ein Engel, der durch die geöffnete Tür auf den Sternenhimmel zeigt.

Pointe: Der Blick in den Himmel sagt etwas über die himmlischen Gaben, die die Kirche zu Dank verpflichten: Das Ältestenamt (Priestertum), die Musik(instrumente) und die Gaben des Heiligen Geistes.

Die Beauftragung des Lammes

f. 6 der Hs zeigt die Tendenz, gegenüber dem Etablierten auch neue Szenen zu entwickeln, so etwa eine Gesamtdarstellung von Apk 5 mit reicher Beschriftung: Oben links: Sanctus Iohannes flebat multum quia nemo dignus inventus est aperire librum. Unus de senioribus prophetas designat qui qualitatem adventus christi praedixerunt. Quis est dignus aperire librum et solvere signacula eius? [Der heilige Johannes weinte sehr, weil niemand gefunden wurde, das Buch zu öffnen. »Einer von den Ältesten«, das meint: die Propheten, die die Eigenart des Kommens Christi prophezeit haben. Wer ist würdig, das Buch zu öffnen und seine Siegel zu lösen?]. – Rechts davon: Dignus est agnus qui occisus est accipere virtutem et divinitatem et sapientiam et fortitudinem et gloriam et benedictionem [Würdig ist das Lamm, das ermordet worden ist, zu empfangen Kraft und Gottheit und Weisheit und Tapferkeit und Ehre und Segen]. – Oben Mitte: Omnes angeli stabant in circuitu throni et seniorum et quatuor animalium. [Alle Engel standen um den Thron herum und um die Ältesten und die vier Lebenden Wesen]. – Rechter Rand: Casus seniorum humiliationem sanctorum cytharae carnis mortificatorum fialae aureae sapientiam cordium odoramenta orationes sanctorum significant [Alles dient als Zeichen: Dass die Ältesten niederfallen, bedeutet die Demut der Heiligen, die Zithern bedeuten die Abtötung des Fleisches, die goldenen Gefäße bedeuten Herzensweisheit, das Räucherwerk bedeutet die Gebete der Heiligen]. – Mitte des Clipeus: ante me non est formatus deus et post me non erit. [Vor mir ist kein Gott entstanden, und auch nach mir wird keiner sein]. – Darunter Clipeus mit Lamm: Dignus es domine deus noster accipere librum et aperire signacula eius, quoniam occisus es et redemisti nos in sanguine tuo. [Würdig bist du, Herr unser Gott, das Buch in die Hand zu nehmen und seine Siegel zu öffnen, denn du bist ermordet worden und du hast uns erlöst in deinem Blut]. – Im Clipeus: Vetus testamentum et novum [Altes und Neues Testament] – Darunter eine grüne Wiese mit Ältesten, die in Proskynese verharren. – An den vier Eckpunkten außerhalb des Lammes die vier Lebenden Wesen, gedeutet direkt als die vier Evangelisten. – Links: Ne fleveris. Ecce vicit leo de tribu iuda radix David aperire librum et signacula eius. [Hör auf zu weinen. Sieh doch, der Löwe aus dem Stamm Juda, die Wurzel Davids, hat gesiegt, um das Buch zu öffnen und seine Siegel.] – Unterschrift links unten: Sanctus Iohannes.

Pointe: Hervorgehoben sind Einzelgegenstände wie die Gaben des Heiligen Geistes und wichtige Tugenden.

Die Öffnung der Sieben Siegel

f. 9v: Öffnung der Sieben Siegel. Pointe: Die Darstellung des Geschicks der Märtyrerseelen. Verwerfung der Juden und Berufung der Heiden. – Links oben: Große Figur des Propheten Johannes mit goldenem Messstab (aus Apk 11,2) Links: sanctus iohannes. – Spruchband auf der linken Seite, das von oben nach unten verläuft: apertio quinti sigilli ad martyres pertinet [Die Öffnung des fünften Siegels bezieht sich auf die Märtyrer]. – Oben in der Mitte ein Halbclipeus mit 3 goldenen Halbkugeln (Gesichtern?). – In der Mitte der Miniatur: Dreischiffiges gotisches Kirchengebäude, Schriftband, von einer Hand gehalten: Divinum usum. Requiescite, tempus adhuc modicum donec impleantur fratres tui (Apk 6,11). [Ruht nur, es dauert nur noch kurze Zeit, bis die Zahl eurer Brüder angefüllt wird] – Unter der Kirche: vier Gestalten in einer Reihe, die Hände zum Gebet erhoben, ihr Ruf: usque dominus sanctus et verus non vindicas sanguinem nostrum de hiis qui habitant in terra [Wie lange noch, heiliger und wahrer Gott, rächst du nicht unser Blut an den Bewohnern der Erde?]. – Am rechten Rand: Zwei große, helle Engel kleiden drei nackte (= tote) Menschen mit leuchtenden himmlischen Gewändern ein. – Darunter, zwischen oberer und unterer Blatthälfte: celi recessio translationem veteris testamenti ad gentes significat [Das Zurückweichen des Himmels bezieht sich darauf, dass das Alte Testament auf die Heiden übertragen wird]. – Untere Blatthälfte: oben rechts caelum recessit sicut liber involutus [Der Himmel weich zurück wie eine zusammengerollte Buchrolle] Eine Gruppe von Menschen in den Bergen: montes cadite super nos, abscondite nos a facie sedentis in throno [Ihr Berge, fallt auf uns und verbergt uns vor dem Antlitz dessen, der auf dem Thron sitzt]. – Links neben Johannes: apertio sexti sigilli ad iudaeorum deiectionem et gentium vocationem pertinet [Die Öffnung des sechsten Siegels bezieht sich auf die Verwerfung der Juden und die Berufung der Heiden]. – Sanctus Iohannes – et terraemotus magnus [großes Erdbeben] unter den herumliegenden Bauteilen (Säulenfüße, Kapitelle, Treppenteil mit blauer gotischer Zinne. oben: Rotes Dachfragment, quer dazu ein blauer Zierpfeiler (Fiale).

Pointe: Einzelne Menschen werden schon himmlisch eingekleidet (Apk 6,11a). Nach mittelalterlicher Auslegung sind das besonders die Gerechten und Märtyrer und Heiligen. Eingetragen ist in Apk 6 die Verwerfung der Juden und die Erwählung der Heiden.

1 Die Apokalypse als Wahrnehmung

Neue Deutung von Apk 7

f. 10v: Zu Apk 7: Origineller Neu-Entwurf der Szenerien des ganzen Kapitels. – Unter der seitlichen Überschrift Sanctus Iohannes, links in Blau (Untergewand) und Rot (Obergewand) der heilige Johannes, rechts ihm gegenüber in gleicher Größe ein weißgekleideter Engel, der unten neben sich entweder ein Sonnenrad oder einen Mühlstein (Apk 18,21) hat. – Obere Blatthälfte: In der Mitte zwischen Johannes und dem Engel eine Mandorla mit Schiff auf Wellen. Darunter: orbis terrae [der Erdkreis]. – Zwischen Christus und Mandorla: vidi quatuor angelos stantes super quatuor angulos tenentes quatuor ventus ne flarent super terram et mare et ullam arborem [Ich habe die vier Engel stehe gesehen über den vier Ecken, wie sie die vier Winde festhielten, dass sie nicht bliesen über Erde, Meer und jeglichen Baum]. – Darunter: per quatuor ventos qui nubes et pluvias excitant ut terrae faciem hylarem et fructiferam faciant, pax cunctis mortalibus optata designatur [die vier Winde treiben Wolken und Regen hervor, um das Antitz der Erde froh und fruchtbar zu machen. Das bedeutet den ersehnten Frieden für alle Menschen]. – Der weiße Engel hält ein Spruchband: nolite nocere terrae et mari neque arboribus quoadusque signentur servos dei nostri in frontibus eorum.[Schadet nicht dem Land und dem Meer und den Bäumen, bis die Sklaven unseres Gottes an den Stirnen gezeichnet sind]. Unter dem Bild: salus deo nostro qui sedet super thronum et agno [Heil unserem Gott, der auf dem Thron sitzt, und dem Lamm]. – Untere Darstellung: Überschrift in Rot: Unus de senioribus doctores ecclesiae designatur. – per terram et mare omnes gentes designantur et per arbores principes gentilium signantur. [Einer von den Ältesten, das ist: Lehrer der Kirche. Mit Erde und Meer werden alle Völker bezeichnet und durch die Bäume die Anführer der Heidenvölker]. – Linke Seite: Der Älteste und Johannes. Johannes sagt gerade: Domine mi, tu scis [Mein Herr, du weißt es]. Johannes hält einen Stab in der Hand, der aber durch eine Schriftrolle verdeckt wird. Auf der Rolle (von oben nach unten): Hii qui sunt amicti stolis albis qui sunt et unde venerunt. Hii sunt qui venerunt ex magna tribulatione et laverunt stolas suas in sanguine agni [Diese sind angetan mit weißen Gewändern (und es ist auch zu sehen), woher sie gekommen sind. Diese sind die, die aus der großen Bedrängnis kamen und die ihre Gewänder gewaschen haben im Blut das Lammes]. – Rechte Seite: Mandorla mit dem thronenden Christus, der links von sich ein Lamm stehen hat, hinter ihm die Weltkugel. Die Mandorla ist gerahmt durch sechs nimbierte Heilige, an den vier Eckpunkten außerhalb der Mandorla oben: Matthäus, Johannes, unten: Markus, Lukas. Beschriftung der Mandorla: Benedictio e claritas et sapientia et virtus et gratiarum actio, honor et fortitudo deo nostro in saecula saeculorum. Amen [Segen und Helligkeit und Weisheit und Kraft und Danksagung, Ehre und Mut sind bei unserem Gott in Ewigkeit Amen]. – Ganz unten: Selige mit Palmzweigen in den Händen in zwei gegenüberstehenden Gruppen, rot und blau gekleidet, ohne Kopfbedeckung. – Ebenfalls ganz unten: salus deo nostro qui sedet super thronum et agno [Heil unserem Gott, der auf dem Thron sitzt, und dem Lamm].

Kommentar: Im Unterschied zur einheitlichen Darstellung der Kult-Gemeinde nach Apk 7 werden hier einzelne Gruppen in ihrer relativen Selbständigkeit voneinander betont. Pointe: Neu ist die Deutung von Ältesten auf »Lehrer der Kirche«, ebenso die Deutung von Pflanzen auf Stände der Kirche. Durch die zahlreichen ausführlich wiedergegebenen Doxologien wird das Blatt zu einem Lobpreisblatt.

f. 42v: Die höllische Trinität wird in den Feuersee geworfen (Apk 20,7–15). – Obere Hälfte: Zwei Riesenrachen mit je zwei Schneidezähnen und je zwei Hörnern, der rechte hat bei sich einen Hundskopf und eine lange rote Zunge. In dem Rachen viele bleiche (= tote) Menschen, aber auch ein Teufel mit Schlüssel. Gekachelter Hintergrund. – Et diabolus qui seducebat illos missus est in stagnum ignis et sulphro ubi et bestia et pseudopropheta cruciabuntur die ac nocte in saecula saeculorum [Und der Teufel, der sie verführt hatte, wurde in den See von Feuer und Schwefel geschickt, wo auch Tag und Nacht das Tier und der Falschprophet in Ewigkeit gefoltert werden]. – Untere Hälfte: Links Johannes in vorwiegend Blau, sitzend. Rechts: Mandorla mit thronendem Christus (weinroter Hintergrund), direkt darunter ein Riesenmaul, aufgeklappte Bücher und nackte Tote. Zwischen Johannes und der Gegenseite ein hübsches Kachelmuster.

Pointe der Szene: Der Seher Johannes schildert den doppelten Ausgang, den thronenden Christus oder das höllische Riesenmaul: Et dedit mare mortuos suos qui in eo erant et mors et infernus dederunt mortuos qui in ipsis erant et iudicatum est in singulo secundum opera ipsorum et infernus et mors missi sunt in stagnum ignis. Et haec mors secunda et stagnum ignis, et qui non inventus est in libro vitae scriptus missus est in stagnum ignis [Das Meer gab seine Toten zurück, die in ihm waren, und der Tod und Die Unterwelt gaben die Toten zurück, die in ihnen waren, und ein jeder wurde nach seinen Werken gerichtet, und die Unterwelt und der Tod wurden in den Feuersee geschickt. Und dies ist er zweite Tod, und wer nicht im Buch des Lebens aufgeschrieben ist, der wird in den Feuersee geschickt].

Pointe: Eine so ausführliche Darstellung der Endbestrafung ist ganz selten. Das Kachelmuster als Inbegriff göttlicher Schönheit und Ordnung hat die Aufgabe von Kontrast und Appell.

1.4.3 Beobachtungen zur Apokalypse von Lyon

Apokalypse von Lyon, entstanden 1445–50 in Nordfrankreich (Picardie, Artois), aus Arras oder Cambrai, 230 lat. Verse, 52 f. (Faksimile-Ed. 2009).

Alle Miniaturen zu dieser Apokalypse sind strikt mittig konzentriert. Das gilt auch für die starken Abweichungen gegenüber der üblichen Darstellung:

Zu Apk 12: Die Darstellungen von Himmelsfrau (links) und Thron Gottes (rechts) fehlen. Stattdessen kommt Michael in einem Sturzflug vom Himmel herab. In der linken Hand hält er einen Rundschild, in der rechten einen Spieß, der auf den Drachen in der unteren Bildhälfte gerichtet ist. Ein Engel neben Michael sticht einen der sieben Köpfe des Drachen ab.

Zu Apk 19,11–16: Auf weißem Pferd sitzt ein Reiter, der sieben goldene Kronen trägt. Diese sind so übereinander angeordnet wie es früher bei der Papstkrone (Tiara; nie bei Gottesdiensten getragen) üblich war, und zwar so, dass der Umfang der Kronen, die insgesamt in Dreiecksform übereinander stehen, sich nach oben hin verjüngt. So war es auch in manchen mittelalterlichen Darstellungen der Papstkrone. In der Hand trägt er ein Schwert. Die Beschriftung des Schwertes: HS VI A / ME T O. – Sind »A et O« ein zusammenhängendes Gebilde?

Liest man aber die Zeilen nach diesem Vorbild zusammen als HS + ME und als VI + T, so ergibt sich: hominum salvator (oder: hoc signum), viam, a et o.

Pointe: Das Ganze trägt die Beschriftung REX (vgl. Apk 19,16).

Zwei neue Deutungen von Apk 21
Neben eine Deutung in der Lyoner Apk stellen wir hier eine der Illustrationen zum Kommentar des Nikolaus von Lyra.

Zu Apk 21: Rechts oben im Bild ein thronender Gott Vater mit Kreuznimbus. In der Mitte ein viereckiges Himmlisches Jerusalem mit einer originellen Anordnung der Türme: Es sind vier Gruppen von je drei Türmen. Auf jedem Turm steht ein Engel. Der mittlere Turm in jeder Gruppe ist der höchste. Die Beschriftung der Türme, die wie ein Teppich jeweils vor dem Turm ausgerollt ist, ist teilweise erhalten: Jakobus, Philippus, Simon, Johannes. Unten: Petrus, Paulus, Andreas. – Links neben der Darstellung der Himmelsstadt auf einem grün schimmernden Felsen der kniende Johannes mit Engel.

Pointe: Durch die Hervorhebung der Türme und der Apostel gewinnt das Himmlische Jerusalem ein persönliches Gesicht.

Zu Apk 21: Nikolaus von Lyra, Postilla super totam Bibliam, vol. II, Straßburg 1477, 805b: Die halbseitige Darstellung des Himmlischen Jerusalem zeigt eine sorgfältig gezeichnete viereckige Stadt. Die Besonderheit: Jeder der zwölf Türme hat eine eigene Gestalt; die Mauern haben Schießscharten. Wie in dem direkt zuvor genannten Beispiel sind zwölf Namen auf der Fläche vor den Toren ausgedruckt. Aber hier sind es nicht die Namen der zwölf Apostel, sondern die der zwölf Stämme Israels. Das Innere der Stadt zeigt wiederum sehr vielgestaltige Häuser in klaren Straßenzügen. In der Mitte ist rund um das Rathaus (ein Palazzo) ein innerer Mauerring halbkreisförmig abgebildet.

Pointe: Das Himmlische Jerusalem ist eine wirkliche, sehr geordnete deutsche Kleinstadt mit Schloss in der Mitte, also eine Residenzstadt. Die rein poetisch-utopischen Züge sind verblasst.

Fazit: Die mittelalterliche Eschatologie ist zwar sehr konstant, aber die kleinen und mittleren Abweichungen nehmen durchaus zu und machen das Anschauen dieser Bilder interessant. Neben den Realismus der Quälereien und Strafen tritt der Realitätssinn, der sich in der »bürgerlichen« Präzision zeigt, in der Mauern, besonders aber Türme und Schießscharten abgebildet werden – ein saubere, geordnete, etwas sterile Welt wie im Bilderbuch. Pest und Cholera, Bettel und Korruption sind ganz weit weg.

Nicht zuletzt anhand der Auswahl, die die Kunst der Romanik getroffen hat, kann der Leser und Betrachter die verschiedenen Aspekte des Kirchenbildes der Apk zusammenfügen: Die sieben Gemeinden als der Siebenarmige Leuchter (Kap. 1–3), der Weihrauchaltar (Kap. 8), beides Gegenstände am Eingang des Tempels, und schließlich das innerste Heiligtum als die heilige Gottesstadt nach Apk 21. Genau diese israel-typologischen, ekklesiologisch deutbaren Elemente des Tempels wurden in der romanischen Architektur des Kircheninneren besonders in Norddeutschland Teil der Kirchen: der Siebenarmige Leuchter in den Domen von Braunschweig etc., der Weihrauchaltar im Goslarer Kaiserdom, der Radleuchter mit den 12 + 12 Türmen in den Vierungen etlicher Kirchen, die Wurzel Jesse (Apk 22,16) als Thema der Weltgeschichte in St. Michael in Hildesheim.

1.5 Mit Blick auf die Endzeit

1.5.1 Die Zukunft des Bösen/*Custos, quid de nocte?*

Jes 21,11: Hüter, ist die Nacht schier hin? Oder: Wie weit ist es noch bis zum Jüngsten Tag? Auf den Segelschiffen der frühen Neuzeit wurde die Frage aus Jes 21 in der Regel zitiert, wenn man wissen wollte, welche Auskünfte man dem Stundenglas entnehmen konnte.

Mittelalterliche Apokalyptiker und Kommentatoren der Apokalypse pflegen auf diese Frage (Wie weit ist es noch?) nicht mit Daten und Jahreszahlen zu antworten. Frech gesagt, überlassen sie das einigen Reformatoren wie Andreas Osiander († 1552). Wenn sie also auf das Wann nicht antworten, so doch umso mehr auf das Was. Aus verschiedensten Autoren kann man daher eine Art Stationenfolge ablesen. Das, was ich dazu nun zusammenstelle, unterscheidet sich grundsätzlich von den *Quindecim signa*. Die »Fünfzehn Zeichen« sind kurze, listenartige Traktate, die aufzählen, welche Zeichen *alle auf einmal* stattfinden müssen, damit man sicher sein, kann, dass der Antichrist und mit ihm das Ende der Welt da sind. Das ist wie wenn man bei uns sagt: Wenn Pfingsten und Weihnachten auf einen Tag fallen, dann wird das Ereignis xy sein. Kurzum, die *Quindecim signa,* die im Lauf der Zeit fast jedem namhaften Theologe untergeschoben wurden, hatten die Funktion, die Menschen zu beruhigen. Ganz anders und in gewissem Sinn scheinbar viel solider waren die Ereignisfolgen, in denen man je nach Bedarf die eigene Gegenwart »unterbringen« konnte.

Als Leitfaden nehme ich eine erweiterte und von mir kommentierte »Zeittafel« des Jesuiten Blasius Viegas (1606):
1. In der Gegenwart währt das Tausendjährige Reich, die Geistlichen regieren die »Zwölf Stämme aus den Heiden« (Neu-Israel), dank der exorzistischen Vollmacht der Kirche ist der Teufel weggeschlossen die Kirche wird er nicht überwältigen. Die Glieder Christi regieren mit Christus, in liturgischer Hinsicht besonders die Märtyrer bzw. Menschen, die für ihr Zeugnis gelitten haben.
2. Der Aufhalter (das Aufhaltende) ist das Römische Reich (s. 2 Thess 2,6f.). – Das Römische Reich verschwindet (nur in »Germania« lebt es noch bis 1804).
3. Rom fällt vom Papst ab.

1 Die Apokalypse als Wahrnehmung

4. Das Evangelium ist auf der ganzen Erde verkündet (Mk 13,10).
5. Die Gottesdienste hören auf (Dan 7,25).
6. Keine Gesetze schützen frommes und gerechtes Leben.
7. Menschen tragen das Zeichen des Antichrist (Apk 13; 16f. etc.).
8. Man kennt den Namen des Antichrist (zu Apk 13,18 liefern die Miniaturen jeweils ganzseitige tabellarische Rätsel-Übersichten mit Kombinationsmöglichkeiten für Namen).
9. Vorläufer des Antichrist: Häretiker (weithin übliche innerkirchliche Auslegung der Apk).
10. Der Antichrist wird aus dem Stamm Dan geboren. Er ist der wiedergekommene Nero. Er wirkt als Lehrer in der Kindererziehung. Seine Schein-Wunder erregen Aufmerksamkeit. Henoch und Elia entlarven und beschämen ihn. Nach manchen ist Johannes Evangelista der Dritte im Bunde. Denn ihm wurde in Apk 10,11 gesagt, er müsse »nochmals« predigen.
11. Henoch und Elia predigen gegen den Antichrist, der wahre Name dieser Prediger ist z.B. Silverus Papa und Menas.
12. Ermordung und Auferstehung von Henoch und Elia.
13. Der Antichrist stirbt.
14. Nach dem Tod des Antichrist gibt es ein Intervall von 40 Tagen mit der Möglichkeit zur Umkehr für alle von ihm Verführten.
15. Alle Juden müssen zum Glauben bekehrt werden (Röm 11), dabei spielt die erneute Wiederkehr des Elia eine Rolle.
16. Erde und Meer geben alle Toten zurück, die ihnen anvertraut waren. Es ist möglich, dieses »Auferstehung« zu nennen, aber nicht durchgängig.
17. Auf dem Berg Zion erscheinen mit dem Lamm Jungfrauen. Gericht. – Alternativ ist auch Josaphat Ort des Gerichts.
18. Nach dem Gericht: Nacht.

Von diesen Stationen sind gewissermaßen obligatorisch 4, 10, 11, 15 und 17 (Gericht). Erkennbar ist die Neigung, diese Reihe aufzufüllen. Denn man möchte gerne Genaueres wissen. Einige Positionen sind besonders ausgearbeitet, z.B. die Jungfrauen in 17. Denn die Jungfrauen gehen nach Apk 14,4 überall dorthin, wohin das Lamm geht. Wenn also das Lamm zum Gericht geht, kommen die Jungfrauen mit. Die allegorische Deutung von Henoch und Elia in Nr. 11 ist extrem selten. Aber sie ist erklärbar, weil Henoch und Elia an dieser Stelle zwar sehr weit verbreitet, aber eben ohne kirchengeschichtliche Aktualität oder Relevanz sind. Die »Nacht« laut Station 18 ist die Vorstufe für den (umgedeuteten) Tag des Herrn bzw. die Neue Schöpfung.

Im Licht heutiger Theologie und Verkündigung sind Auferstehung, Wiederkunft Christi und Gericht aus dieser Liste »obligatorisch«. Auch die Bekehrung aller Juden ist zwar mit Röm 11,25–32 zu belegen (nicht aus der Apk), aber nicht eigens dogmatisiert, daher auch im Vollzug in der neueren Systematik umstritten. Das gilt, was das Wie betrifft, auch für alle anderen obligatorischen Punkte.

Nur die Richtung ist klar. Der Glaube der Kirche kann hier nur Eckpunkte benennen. Die Geschichte der Apokalypse-Auslegung insbesondere in der Kunst zeigt, welche Verlegenheiten und welche Freiheiten hier bestanden. Zu bedenken ist überdies, dass diese Ereignisfolge alles andere ist als eine Wahrsagerei in betreff der politischen Ereignisse der Weltgeschichte. Nur bei Gog und Magog ist das anders. Aber das Interesse an ihnen und dem durch sie angezettelten Krieg ist in der späteren Apokalyptik begrenzt.

Zur Analyse der apokalyptischen Zeittafel
Personen:
– die höllische Trinität (Teufel, Erstes Tier, Zweites Tier),
– Henoch und Elia (= häufigste Deutung der zwei Zeugen von Apk 11),
– die Kirche als Sonnenfrau oder Braut des Lammes,
– die Märtyrer aller Zeiten und Orte (der Märtyrer Antipas nach Apk 2,10),
– Gott, das Lamm, der Heilige Geist,
– der Prophet Johannes, andere namenlose Propheten,
– namenlose Könige als Häupter bzw. Hörner,
– außer den Engeln (sowie Lamm und Heiligem Geist) haben Tiere (z. B. die vier Lebenden Wesen und die Monstra) aktiv Anteil an der Geschichte.

Personbegriff: Nur selten tragen Personen einen Namen (der Prophet Johannes; Antipas; Jesus heißt zumeist »das Lamm«, namentlich nennen ihn Kap. 1; 12–22; von den Engeln trägt nur Michael einen Namen). Als Einzelpersonen treten personifizierte Körperschaften auf: die Himmelsfrau/die Braut, die Hure Babylon, das Tier als Summe der römischen Kaiser, die Herrscher als Drachenhäupter. Anthropologische Einzelheiten (Leib/Seele; Gefühle außer Freude und Zorn) fehlen.

Aktionen der Handlungsträger: anbeten, singen, schreien, bekennen. Handeln im Rahmen der Offenbarung: sehen, hören, hinaufsteigen, aufschreiben, prophezeien, versiegeln. Krieg führen, verfolgen, gefangen nehmen, klagen, ermorden, siegen, kaufen/verkaufen. Aus den hier genannten Faktoren bestimmt sich das Geschichtsbild der Apk im Verhältnis zu neuzeitlicher Wahrnehmung und Darstellung von politischer und kirchlicher Geschichte. Denn vom Standpunkt der neuzeitlichen Wahrnehmung aus ist das, was »geschieht«, hauptsächlich entweder das Eindringen von Offenbarung/Wort in die Welt oder blutiger Widerstand von deren Machthabern und Verführern dagegen und schließlich deren katastrophales Ende. Wer sich aber jetzt hat befreien lassen, wird eintreten in eine Stadt aus Licht bei Gott.

Und weiter: Die Geschichte, in der wir stecken, ist organisiert wie das Regelwerk eines Schachspiels. Die Anzahl der Figuren ist begrenzt. Es gibt helle und dunklere Figuren. Sie marschieren gegeneinander. Es geht auf mindestens einer Bretthälfte um einen König. Vor allem: Die Figuren haben alle eine je begrenzte Anzahl von Bewegungsmöglichkeiten, zum Beispiel die Bauern, Pferdchen und

Läufer. Sie können daher nur tun, was ihnen zukommt und nicht mehr. In der Apk gilt das für alle oben genannten Personen. Neben ihren typischen Funktionen in der Geschichte haben sie auch für sie jeweils charakteristische Instrumente, Töne und Melodien. So sind alle Monster, auch wenn es nicht besonders erwähnt wird, feindlich und gefährlich für Menschen. So sind Engel nicht einfach die »lieben Engelein« des deutschen Volksaberglaubens, sondern vollziehen nur immer Gottes Willen. Die vier Lebenden Wesen um Gottes Thron sind ebenfalls nicht einfach »lieb«, sondern agieren als Repräsentanten Gottes um seinen Thron. Die Rollen in dem geschilderten Drama bleiben sich gleich. Nur zwei grundlegende Wandel könnte man überhaupt erwarten: Dass lebende Menschen umkehren und dass tote Menschen auferweckt werden. Beides liegt nahe beieinander. Hinzu kommt, dass der Ausgang des ganzen Dramas sich als Kampf um Leben und Tod darstellt. Die Frage ist stets, ob und wann alle einzelnen oder die Leser der Apk dieses als Wahrheit wahrnehmen.

Die Differenzen zu unserer Vorstellung von Geschichte sind damit schon teilweise dargestellt. Aber kann alles dieses Fremdartige uns etwas lehren? Dass alle irdische Macht schon wegen der Gesetze der Selbsterhaltung verführbar ist; sodann, dass die Zugehörigkeit zu einem Herrscher sich stets in einem Bekenntnis/Lobpreis äußert. Das gilt spiegelbildlich analog. Deshalb haben Armeen bis heute zugehörige Musik-Regimenter.

Nach Blasius Viegas, Apk-Komm (710), ist das römische Reich der Aufhalter von 2 Thess 2,6 f.: Das römische Reich verschwindet – Rom fällt vom Papst ab – das Evangelium wird auf der ganzen Erde verkündigt – die Gottesdienste hören auf – es gibt keine Gesetze mehr für frommes und gerechtes Leben. Die Menschen tragen das Zeichen des Antichrists. Der Name des Antichrists wird bekannt, Henoch und Elia predigen. Häretiker treten auf als Vorläufer des Antichrists. Nach dem Tod des Antichrists gibt es eine Pause von 40 Tagen (715).

1.5.2 Der Horror

Faszination
Es gibt eine Faszination des Horrors. Sie treibt die Menschen hordenweise zu Krimi-Serien. Sie ist auch die Ursache dafür, dass trotz tausendfacher Appelle in anderer Richtung die Menschen mehrheitlich meinen, die Apk sei ein Buch des Schreckens. Sie sei kein vergleichsweise langweiliges Evangelium der Liebe, sondern eine Botschaft vom Zorn Gottes und daher angeblich dem Alten Testament nahe. Auch Luther war gegenüber dieser Schrift überwiegend abgeneigt. Das deutsche Wort »apokalyptisch« hatte daher zu keiner Zeit einen guten Klang. Auch das ist ein Teil der Geschichte der Apokalypse im Leben der Kirche.

Meine These: Im ersten Jahrtausend steht die Apk für eine Ordnungserfahrung. Spätestens seit dem 13. Jh. wird sie systematisch von Angstmachern ausgenutzt. Außer der Kunstgeschichte ist ein Symptom für dieses diametral andere

Verständnis die Tatsache, dass die zentrale Ordnungsmacht, das Papsttum, selbst mit Teufel und Antichrist in Apk 13 identifiziert wird. Die Faszination von Prunk und Macht kann man oft nur noch negativ als die Verzauberung durch das Böse wahrnehmen.

Berichte des Schreckens: Texte
Fallt auf uns, forderten sie die Berge und Felsen auf, verbergt uns vor dem, der auf dem Thron sitzt, und dem Lamm. (Apk 6,16)

Dann blies der erste Engel, und Hagel und Feuer, vermischt mit Blut, fielen auf die Erde herab. Je ein Drittel der Erde, der Wälder und des grünen Grases verbrannte Ein Drittel des Meeres wurde zu Blut, ein Drittel der Lebewesen im Meer ging zugrunde, ein Drittel der Schiffe versank. (Apk 8,7)

Stürzt euch auf die Menschen, die nicht durch Gottes Siegel auf der Stirn geschützt sind. Sie durften sie nicht töten, sondern sollten sie fünf Monate lang so quälen, dass sie Schmerzen litten wie von Skorpionstichen. Wenn die Menschen dann sterben wollten, konnten sie es nicht; wenn sie den Tod herbeisehnten, würde er sie fliehen. (Apk 9,5f.)

Diese heuschreckenartigen Wesen waren wie Pferde zur Schlacht gerüstet. Auf dem Kopf trugen sie eine Art goldene Krone, sie hatten ein Menschengesicht, Haare wie eine Frau, Zähne wie die eines Löwen, Brustschilde wie Eisenpanzer, und das Schwirren ihrer Flügel klang wie das Rattern von Wagen und wie Hufgetrappel von Pferden, die in die Schlacht ziehen. Am Schwanz hatten sie Stacheln wie Skorpione, mit denen sie die Menschen fünf Monate lang quälen dürfen. (Apk 9,7–10)

Außerhalb der Stadt wurden die Trauben in der Kelterpresse gestampft. Das heraustretende Traubenblut reichte den Pferden bis an den Zaun, es floss an die 1600 Stadien weit. (Apk 14,20)

Jesus Christus wird dargestellt mit einem zweischneidigen Schwert im Mund, als Ritter mit blutbespritztem Gewand. Von einem Erbarmen des Herrn spricht die Apk nicht. Selbst die Angestellten Gottes, seine Propheten, verbreiten nur noch Strafwunder (Apk 11,5f.). Und es ist ja auch wahr, dass Katastrophen jeder Art stets unbestreitbar und evident sind, Wunder dagegen stets umstritten und angezweifelt. Auf die therapeutischen, heilsamen und erfreulichen Wunder lässt sich die Apk in der Regel erst gar nicht ein, wenn man einmal absieht von der Erde, die nach Kap. 12 der verfolgten Frau hilft, indem sie die Wasserfluten verschluckt. Selbst die Auferweckung der beiden ermordeten Zeugen nach 11,11 ist von entsetzlichem Erdbeben begleitet. Erst dieses, offenbar nicht die Auferweckung, bewegt die Menschen zur lange ausstehenden Bekehrung.

Der unüberbietbare Höhepunkt des Horrors ist die in 19,17f. ergehende Aufforderung an die Vögel, das Fleisch von Königen und Heerführern, ja von allen zu fressen. Hier streiken oft die frommen Ausleger und deuten die erwartbare Grausamkeit um, und zwar mit erstaunlicher Frechheit und so, dass die Vögel dann zu einer heiligen Mahlzeit, ähnlich dem Abendmahl, eingeladen werden.

Erst im späten Mittelalter erlaubte man dann den Vögeln, schon mal mit dem Picken zu beginnen, und zwar in den Käfigen, in denen Räuber und Straßenräuber *nach* der Hinrichtung (!) am Galgen festgesetzt wurden; die Apk ist da grausamer, denn offenbar fangen die Vögel hier bei lebendigem Leibe an. Zu den sanften Auslegern gehört Franziskus von Assisi, der die Vögel einlädt, um ihnen zu predigen (da die Menschen nicht zuhören), angeblich im Sinn von Mk 16,15 *(predigt aller Kreatur)* und mit der Anrede »Meine Brüder, Vögel«. Ich halte es aber für möglich, dass Franziskus hier eine echte Persiflage zu Apk 19,17f. liefern will (bzw. liefern wollen soll; es handelt sich um eine Legende, aber es gilt die Regel: Je mehr Legende, desto mehr Tendenz).

Zum Verbrannt-Werden im Schwefelsee (Apk 19,20b; 14,10): Schwefel verbrennt langsam; daher vielleicht der Ausdruck »schwelen«. Die Verbrennung geschieht bei schwach blau leuchtender Flamme. Auch wenn Jesus sagt, dass »der Wurm nicht stirbt« (Mk 9,48), geht es um einen langsamen Prozess.

Aufklärung gegen Aufklärung
Das griechische Wort ἀποκάλυψις (Apk 1,1) heißt Aufklärung. Dieses Buch ist die Aufklärung darüber, dass die zeitlichen und die ewigen Katastrophen Folgen der Herzensentscheidungen der Menschen sind, also ihrer fehlgeleiteten Anbetung des Falschen. Es ist eben nicht egal, ob man den römischen Kaiser anbetet oder nicht. So etwas führt zur Zerstörung Roms. Der Prophet Johannes ist mit den früheren Propheten Israels darin einig, dass scheinbar nur subjektive oder private Entscheidungen bis in die letzte Konsequenz hinein politische Entscheidungen sind. Dieses versteht die Apk als eine weise Deutung der Weltgeschichte. Die Bilanz dieser Weisheit heißt: Die Summe der falschen Liebesentscheidungen der Menschen führt zu den großen Katastrophen. Das gilt für die Umwelt (Apk 6–9) wie für die internationale Politik (Kap. 12–19).

Die europäische Aufklärung hat gerade diesen »ganzheitlichen« Ansatz vehement bestritten, und das gilt z. T. bis heute. Denn im Sinne der rationalistischen Aufklärung kommen Krankheiten nicht aus falschem Kultverhalten, sondern Umweltkatastrophen folgen Naturgesetzen (wie z. B. tektonischen Verschiebungen oder dem Rhythmus von Eiszeiten). Krebs kommt nicht daher, dass Menschen nicht beten. Die zentrale These der Apk, dass falsche Anbetung und generell falsche Wertoptionen massive Folgen haben, hat in jeglicher Händler-Mentalität keine Chance.

Freilich hat man das Gegenteil lange schon erkannt, z. B. in der psychosomatischen Medizin, so umstritten das bleibt. Bevor man sich auf ein teils teils oder et et einlässt, bedarf es eines Blickes auf die Leistung apokalyptischen Denkens im ersten christlichen Jahrtausend.

Für das Denken der Apk gilt: Die wahre Apokalypse ist die Aufdeckung der Folgen menschlichen Tuns. Was Menschen im Herzen längst entschieden haben, wirkt bis in die letzte Faser ihrer leiblichen Existenz in der Welt.

Die Talio. Tun und Ergehen
Nach Apk 1,7 kommt der Herr als Richter auf den Wolken des Himmels, und alle, die ihn verachtet und verlästert haben, werden dann mit Wehklagen antworten. Diese Gotteserfahrung wird gleich zu Beginn genannt. Auch an vielen anderen Stellen herrscht durchgehend die genaue Entsprechung von Tun und Ergehen. So z. B. in 3,10 *(Wer das Wort bewahrt hat, den wird Jesus bewahren)* oder in 13,10 *(Wer gefangen nimmt, wird eben das erleiden; wer mit dem Schwert tötet, ebenso).* In den Horrorvorstellungen von Apk 6–9; 14 geht es eben darum: Wenn die Menschen die Ordnung der Welt verlassen und verkehren (wenn sie also nicht Gott anerkennen), dann begegnet ihnen eine Horrorwelt. Dieser Grundansatz ist übrigens auch Paulus geläufig, wie der Blick auf Röm 1,25 – 2,29 zeigt: Wenn die Menschen Gott nicht anerkennen, liefert er sie der Perversität aus. Man sollte daher nicht so tun, als sei Paulus der Barmherzigere gegenüber der Apk und ihn gegen sie ausspielen. Nach Röm 2,6 gilt das Gericht nach Werken genauso wie nach Apk 2,23; 14,13; 20,13. Nach beiden Autoren wird es den Menschen so ergehen, wenn sie nicht zuvor umkehren. Nach der Apk können sie in der Umkehr rein gewaschen werden im Blut des Lammes, nach Paulus durch den Sühnetod Christi nach Röm 3,25. Texte wie Röm 2,9 »Drangsal und Angst gebühren jedem, der das Böse tut« könnten auch in der Apk stehen.

Die Apk ist ein Buch der Ordnung
Damit es Ordnung in der Welt geben kann, bedarf es nicht nur eines Prinzips, eben des Prinzips der Talio, sondern auch einer Instanz, die dessen Funktionieren verbürgt und gleichzeitig auch daraus befreien kann, wenn die Ordnung wiederhergestellt ist. Bei der Frage nach dieser Instanz geht es nicht nur um Macht, sondern auch um Heiligkeit. Denn Macht will nur sich selbst, Heiligkeit aber lebt von der Selbstbegrenzung der Macht.

In der Apk dienen alle Zählbarkeiten dieser Selbstbegrenzung, also die sieben Siegel, die sieben Schalen, die drei Weherufe etc. Symptom dieser Selbstbegrenzung ist, dass öfter nur je ein Drittel der Schöpfung von den Machtäußerungen betroffen ist. Was nach Katastrophe aussieht, ist daher in Wahrheit oft ihre Eingrenzung.

Denn Heiligkeit ist nicht nur abweisend, sondern auch expansiv, nicht nur strafend, sondern auch palliativ, nicht nur steil, sondern auch werbend, nicht nur gewaltig, sondern auch schön, nicht nur starr, sondern zu einem Weg einladend, nicht nur definitiv, sondern vorher auch jedenfalls verlockend.

Zwei Züge daraus beeindrucken mich besonders: Das Ästhetische und das Expansive (Ansteckende). Denn Schönheit lebt von der Bewunderung (Staunen) und Expansion ebenso von der Bereitschaft zum Auf- und Annehmen. Das Element der Schönheit finde ich in der Darstellung des Thrones Gottes nach Apk 4 inklusive der vier Throntiere und der 24 Ältesten. Das Expansive finde ich wieder als Weg durch einen Raum, der auf ein Ziel, nämlich das Licht, hinführt. Apk 4 ist zweifellos als Darstellung von Schönheit gedacht, und das gilt auch für die Szenerie der Huldigung und für den Gesang (Trishagion) (vgl. dazu Rudolf Ottos Bemerkung über das Qadosch in einer marokkanischen Synagoge, nach Ernst Benz). Die Throntiere sind Bilder für Gott. Schon in der Vierzahl liegt die oben genannte Selbstbegrenzung. Die Tiere wollen und sollen eben nicht der Eine sein. Auch hier dient die Selbstbegrenzung der Ordnung.

Dadurch, dass die Tiere hier neben dem Menschen und gemeinschaftlich mit ihm Bild Gottes sind, vollzieht sich in der Apokalyptik eine für alle folgenden Zeiten beispielhafte Aufwertung der Tiere im Verhältnis zum Menschen. Einen Weg beschreibt die Apk selbst, von der Realität der Gemeinden in Kleinasien bis zum Himmlischen Jerusalem.

Kurz vor oder zumindest kurz nach dem Entstehen der Apk schildert die jüdische Mystik »der heiligen Hallen« (Hekhalot) grundsätzlich Verwandtes. Auf dem Weg zu Gott gibt es nicht nur die vier Lebenden Wesen, die – wie in der Apk – das Trishagion singen, es gibt auch eine Vielzahl von Wächtern. Und immer wieder die furchtbare Erfahrung von Schrecken und Plagen wie Aussatz. Selbst der Stolz Roms kommt hier als himmlisches Requisit vor – Letzteres im Unterschied zur Apk, in der gerade dieser Stolz ebenso irdisch wie vergänglich ist. Gerade darin liegt ein höchst beachtenswerter Unterschied zwischen Hekhalot-Mystik und Apk vor. Die Hekhalot-Mystik beurteilt daher den Glanz Roms ähnlich prinzipiell positiv wie Paulus nach Röm 13.

Was das Grundmotiv des Weges zum Thron Gottes betrifft: Dass im Zeitalter der Romanik jede Krypta als Ort der Toten der Beginn des himmlischen Weges ist, sehe ich z. B. in den romanischen Kapitellen der Krypta von Riechenberg (um 1131; heute: Gethsemanekloster). Jede Säule stellt an den vier Seiten des Kapitells tier- bzw. menschenähnliche Wesen oder Engel dar, und zwar die Gesichter. Die Gesichter blicken keineswegs freundlich, sondern eher starr (wie byzantinische Christus-Ikonen). Noch heute vermitteln sie die Wahrnehmung des Heiligen und Ewigen, kurz: des Ernsten. Der Schrecken ist begrenzt. Hekhalot und Krypta haben mit der Apk gemeinsam die Darstellung einer Ordnung, in der das Böse zwar vorkommt aber nicht dominiert. Es sind faktische Erfahrungen auf dem Weg zu Gott. Wie in Apk 4 gilt: Alle Kapitel zusammen sind eine Art Bild Gottes.

Zu dieser Ordnung gehört auch als Kehrseite ein gerütteltes Maß an Horror
Durch Thron (Kap. 4) und Ereignisreihen, durch die Entsprechung von Anfang und Schluss (A und O), durch den Kontrast der beiden Städte (Babylon und Himmlisches Jerusalem) und das durchgehende Talio-Prinzip ist die Apk ein Buch der Ordnung wie kein anderes im Neuen Testament. Doch die Horror-Szenen, von denen nur einige wenige oben zitiert wurden, bringen es mit sich, dass diese Ordnung eine resiliente ist. Das heißt: Dass sie sich erst durchsetzen muss trotz gegenläufigem Chaos. Uns interessiert hier der Sinn der Unordnung.

Der Horror, den die Apk vermittelt, ist nicht erst jenseitig. Genau das ist das Anstößige an diesem Buch. Genau das erklärt auch die Abneigung Luthers gegen die Apk, der ein mächtiger Apologet der bestehenden staatlichen und sozialen Ordnung war und fünf Jahrhunderte lang antirevolutionär gewirkt hat. Nein, für die Apk ist die chaotische Folge der Sünde nicht erst der »transzendente« (jedenfalls transmundane) Feuersee, sondern ein ganzes Sortiment an immanenten Foltern und Quälereien nebst zugehörigen Monstern. So wird der Horror nicht erst aufs Jenseits geschoben, sondern die Folge der Verkehrung der Ordnung durch die Menschen ist das Erleiden der Perversität schon jetzt und übermorgen oder ab heute Nachmittag.

Auch hier ergibt sich im Übrigen wieder eine Parallele zum Römerbrief: Die Zerstörung der Ordnung ist die Folge der Nicht-Anbetung Gottes. Paulus sagt das in Röm 1,19f., und die Apk erklärt den Antikult in Kap. 13; 17. Der Verweigerung der Anerkennung Gottes in Röm 1 entspricht die Anbetung des Tieres in Apk 13.

Die immanenten Folgen des Götzendienstes werden in der Apk exzessiv geschildert, und zwar als Folter und wahnsinniger Schmerz. Der Hinweis ist durchaus angebracht, dass auch Jesus dieses ohne Unterschied verkündet, wenn er vom Wurm spricht, der nicht stirbt und vom Feuer, das nicht erlischt. Aber, wie gesagt, für die Apk ist das alles nächste Gegenwart und Zeitgeschichte.

Die Darstellung der Apk könnte man expressionistisch und zugleich auch surrealistisch nennen, dem »Schrei« von Edvard Munch ähnlich. Jedenfalls geht es um unsagbare Grausamkeit. Immer wieder wird gesagt, dass Sterben gegenüber dem hier Erlittenen als Wohltat empfunden wird.

Die Bilder des Horrors sind allerdings nicht zu verstehen als Blicke in die Seelenlandschaft oder das Innere des Menschen. Sie betreffen nicht die innere Wüste im Sinn einer Psychologie, sondern sie betreffen das Verhältnis Mensch – Welt inklusive des Leibes. So bezieht sich auch die Bewertung der Hure Babylon nicht auf die Sexualität der Menschen, sondern auf die allumfassende Käuflichkeit aller Dinge.

Zum Horror-Charakter des Ordnungsverlustes gehört auch die spezifische Hässlichkeit. In den durchschnittlich tausend Jahre alten, prächtig erhaltenen Miniaturen der Apokalypse-Kommentare, besonders zu Beatus von Liébana, hat diese graphischen Ausdruck gefunden. Das gilt besonders für die Polykephalie und die schwarzen Teufelsfiguren. Auffällig ist: Dämonen werden im Rahmen der kirchlichen Kunst zur Apk nicht abgebildet. Sie haben weder Namen noch Gesicht noch Gestalt. Etwas wie die Wasserspeier gotischer Dome wird man hier vergeblich suchen.

Der umgekehrte Weg, nicht das Abschrecken durch Hässlichkeit, sondern das Werben durch Schönheit ist der Weg der Apk. Das betrifft in den ersten Jahrhunderten vor allem die Hymnen der Apk in ihrer geradlinigen und klaren Frömmigkeit. Nicht nur das *Sanctus*, sondern auch andere Stücke sind in den

1 Die Apokalypse als Wahrnehmung

Schatz der Hymnen der christlichen Kirchen eingegangen, und zwar in entsprechender Vertonung. Im Westen betrifft das die altirischen und karolingischen Hymnen, im Osten das unten zu besprechende koptische Antiphonar. Und es betrifft ab dem 9. Jh. zunehmend die Illustrationen.

Durch die Musik wie durch die Miniaturen wird die Apk noch im ersten Jahrtausend zu einem begehrten und bis heute höchst bewunderswerten Werbeträger. Ähnliches gilt für wesentlich frühere Zeit von den Darstellungen des Thrones mit Lamm und Lämmern in den altchristlichen Basiliken.

Kurzum: Der Horror, den die Apk vermittelt, hat schon seit rund 17 Jahrhunderten ein Widerlager in der Schönheit, die von diesem Buch ausgeht. Bedenkt man das, so wird umso rätselhafter, dass in der allgemeinen und öffentlichen Rezeption dieses Buches das Grausen und der Ekel überwiegen. Dieses Phänomen hat seine Gründe im hohen Mittelalter:

Die Apk wird zum Schreckensbuch
Die Buchmalerei verrät als erstes einen recht gravierenden Wandel zur Zeit des Hohen Mittelalters. Neu in den Miniaturen der Apk-Komm. wird der weit geöffnete riesige braun-schwarze Rachen der Hölle, der Menschen verschlingt. Damit verbreitet die Apk nur noch nackte Angst und nicht mehr das Vertrauen in eine resiliente Ordnung.

Beispiel: Mir liegt vor ein Exemplar der Biblia Latina mit Beigaben von Menardus Monachus, Nürnberg, 14. 4. 1480. Die letzte Seite des Inhaltsverzeichnisses wird zum Stichwort »Apocalypsis beati Johannis« gefüllt durch eine Darstellung Jesu Christi in der Unterwelt (mit Kreuz). Christus hält das Kreuz dem schrecklich geöffneten Maul eines riesigen braunen Hundes entgegen. Die Menschen (Mann und Frau, wie Adam und Eva) sind seine Beute. Aus dem Riesenmaul ragen ungeordnet oben und unten spitze, scharfe Zähne hervor. Das braune Fell des Untiers sträubt sich an der Seite und zu Häupten. Dieser Hund hat weder Hals noch Gliedmaßen, er besteht nur aus Kopf und Verdauungstrakt. Die Augen richten sich unbewegt wie bei einem riesigen Stoffhund auf den Betrachter. Horror ist dabei die schiere Übermacht des brutalen Tiers, das reine Fressgier ausstrahlt. Jesus mit dem Kreuz wirkt dagegen eher zerbrechlich. Sollte er hier gewinnen, so soll wohl der nachdenkliche Betrachter erschließen, so wäre es das reinste Wunder.

Mit Horror spielt auch die Auslegung von Apk 13 auf das Papsttum. Da man aus Kap. 17 entnehmen konnte, dass das Tier in Rom seinen Sitz hatte, war es für Ausleger, die das Papsttum treffen wollten, kein Problem, den Antichristen in Rom zu platzieren, eine Auslegung, die auch heute noch ihre Klientel findet. Diese Identifikation findet sich zuerst bei Ubertino da Casale (1259–1329), dem Franziskanerspiritualen, der die Päpste Bonifatius VIII. und Benedikt XI. als das Erste und das Zweite Tier der Apk nach Kap. 13 identifiziert (vgl. B. McGinn: Antichrist, 2000, 164). John Wyclif (1330–84) und Jan Hus (1370–1415) übernehmen dieses Urteil und verallgemeinern es. Die Reformation ist darin also keineswegs originell. Doch die reformatorische Auslegung der Apk (besonders bei M. Luther) ist dem über Jahrhunderte nahezu einhellig gefolgt. W. Bousset war mit seinem Komm. von 1906 wohl der erste Protestant, der anders zu denken wagte.

Wenn aber so selbstverständlich das Papsttum, die zentrale Ordnungsmacht der Welt, auf der Seite des Teufels angesiedelt wird, hat die Apk selbst mit ihrem Ordnungsdenken nur noch die gegenteilige der ihr zugedachten Rolle. Denn sie schilderte in den Augen von fünf Jahrhunderten nicht weniger als die kirchliche Gegenwart der Christenheit. Mit diesem horrenden Zustand wurde die Apk gleich identifiziert.

Zwei Faktoren steigern die Wahrnehmung des Horrors im Spätmittelalter: Erstens die erste große Pandemie der Pest zwischen 1346 und 1353, bei der ein Drittel bis vier Fünftel der Bevölkerung zugrunde ging. Sie verstärkte sehr die Erfahrung des Ausgeliefertseins, zumal da ja bereits in den Katalogen λιμός (Hunger) neben λοιμός (Pest) reichlich belegt war. Und zweitens zeichneten Künstler immer deutlicher Erscheinungen am Himmel, die »irregulär« waren. Die typischen Elemente waren: Kringelschwänze der Tiere, Hakennasen der Menschen, Flügel wie bei Fledermäusen, Krähen- bzw. Hühnerfüße (z. B. die Darstellung der *septima aetas mundi* in H. Schedel: Liber chronicarum, Nürnberg 1493). Allem, was am Himmel erschien, waren die Erdbewohner ohne Entkommen ausgesetzt (wie bei Jagdbombern am Ende des 2. Weltkrieges; dass sie direkt über den Dächern flogen, hat sich meiner Erinnerung bis heute tief eingeprägt). So war es, wenn man die Hölle in Aufruhr glaubte.

Rachegefühle
Gewissermaßen eine kleine Schwester der Erfahrung von Horror sind die verzweifelten Sehnsüchte nach Gerechtigkeit und Ausgleich (»Rache«), wie sie eindrücklich in Apk 6,10 f. formuliert sind. Auch Jesus geht in seiner Verkündigung darauf ein, und zwar ganz ähnlich wie Apk 6: Nach Lk 18,4–8 wird Gott den Opfern der Ungerechtigkeit Ausgleich schaffen, die Tag und Nacht zu ihm rufen. Auch in Apk 6 rufen die Opfer des Unrechts zu Gott (das Wort ἐκδικεῖ in Apk 6,10 entspricht der ἐκδίκησις in Lk 18,8). Auf emotionale Wut und Ungeduld antwortet Apk 6,11 mit einem mathematisch-nüchternen Satz, der von der Zahl der Erwählten so sachlich und so wenig emotional spricht, als ginge es um eine Wasserstandsmeldung. Dass die Art von Gebetsrufen, die Jesus und der Prophet Johannes geradezu empfehlen, heute als inopportun gilt, hat seinen Preis. So war das 20. Jh., das wir gerade hinter uns haben, das blutigste der Geschichte. Die Rache oder Sorge um Gerechtigkeit nicht Gott zu überlassen, ist damit eine der verheerendsten Folgen des praktischen Atheismus. Und eben dieses ist ein Signal für das Verhängnis der Apokalyptik-Vergessenheit. Denn die Verbindung zwischen Gottesbild und Gerechtigkeit gilt längst als aufgelöst.

1.5.3 Erfahrung der Zerrissenheit

Endgeschichte als Zweikampf
Frühjudentum und frühes Christentum liefern eine ganze, in sich unterschiedliche Reihe von Textbelegen für die Auffassung, dass am Ende der Geschichte ein großer Zweikampf steht. Demnach wird das Ende nicht einfach dadurch bestimmt, dass Gott über Lebende und Tote »durch Feuer« richtet. Es ist auch gar nicht Gott(-vater), der kämpft, sondern es geht um einen typischen Stellvertreter-Kampf. Wo Gott(-vater) allein im Spiel ist, bedarf es keines Kampfes oder Sieges, sondern allein des Vollzuges des Gerichts. Wenn dagegen die Herrschaft über die Welt bis zum Endkampf umstritten war, scheint es zunächst so zu sein, dass sich die Gegner zu einem Duell auf Augenhöhe treffen.

Alles weist darauf hin, dass zumindest einer der hier einflussreichen Faktoren aus dem pneumatologischen Dualismus stammt. Da findet der Kampf zwischen zwei entgegengesetzten Geist(er)-Mächten statt. Verschiedenes weist darauf hin, dass es sich dabei um ein in Persien beliebtes Denkschema handelt (Ahriman contra Ahuramazda), das vielleicht sogar kalendarischen Ursprungs ist (Frühling gegen Winter). Dass dieses Schema nachwirkt, lässt sich daran erkennen, dass sehr häufig mindestens eine der beiden Parteien eine unsichtbare Geistermacht ist. Die entgegengesetzte Qualität der Kontrahenten wird dann oft auch ethisch verstanden (gut/böse oder menschenfreundlich/menschenfeindlich). Der Ausgang des Duells ist jeweils die totale Vernichtung des »bösen« Kontrahenten.

Es liegt auf der Hand, wie stark unser Denken (besonders das militärische) noch immer unreflektiert von Dualismen dieser Art bestimmt wird. Ebenso deutlich sind aber lebenslange Versuche gerade des Christentums, diesen Dualismus zu überwinden; um nur ein paar Beispiele zu nennen: das Konzept der Neuen Schöpfung nach der Apk 21f., Aussagen wie »Gott alles in allem«, die auf das neue, Himmlische Jerusalem bezogen werden (s.u.), die Lehre vom Heiligen Geist, der, weil er Gottes Geist ist, den Dualismus der Geister gerade überwindet bzw. in sich aufsaugt. Vertreter dieser Richtung ist besonders der deutsche Kardinal Nicolaus Cusanus († 1464) (s. Schlusskapitel). – Die Texte, die vom Dualismus sprechen:

a) Michael gegen Satan (Ankläger und Verteidiger) (Sach 3,1);
b) Michael gegen Satan (Vernichtung) (Apk 12,7);
c) der Löwe (Messias) gegen die anderen Tiere (TestXIIJuda);
d) Gottessohn gegen jeden einzelnen der Dämonen; Ort: Synoptische Evangelien; auch dort, wo es sich um eine ganze Schar (z.B. Legion) von Dämonen handelt, hat der Kampf jeweils die Struktur eines Duells;
e) erhöhter Christus gegen Mächte und Gewalten, am Ende auch gegen den Tod: 1 Kor 15,24–26; Kol 2,15 [Aufhebung des Schuldscheins bedeutet Befreiung von den Mächten und Gewalten hinsichtlich ihres Einspruchs gegen die Menschen im Allgemeinen];

f) Jesu Blut gegen den Ankläger (Satan) (Apk 12,10) [offenbar wäscht das Blut Christi die sonst leicht Anzuklagenden von Schuld];
g) Blut jedes einzelnen Märtyrers in Verbindung mit dem Blut Christi gegen den Satan (Apk 12,10);
h) ein oder zwei Propheten gegen den Herrscher (Parallelen zu Apk 11,7–12), bei Lactantius und Commodian gegen den »König« (vgl. »Krieg gegen die Heiligen des Höchsten« Apk 11,7; 12,17; 13,7);
i) Henoch und Elia gegen den Antichrist bzw. Pseudomessias (Parallelen zu Apk 11 in der Elia-Apk etc.);
j) Missionsgeschichte: Klassische Gegnerpaare sind Simon Petrus gegen Simon Magus, Paulus gegen Barjesus. Die Art des Kampfes entspricht dem unter i) genannten Kampf gegen den jeweiligen Pseudomessias: Es wird eine Blamage des Gegners beim Versuch, Wunder zu wirken, herbeigeführt. Darin könnten sich Konkurrenzsituationen im Kampf um das Auditorium in der missionarischen Praxis spiegeln.
k) Christliche Märtyrerakten: Der angeklagte Märtyrer steht jeweils dem Feind, dem Tyrannen, gegenüber; seine Waffen sind auf Worte beschränkt. Gemeinsamkeiten: Der Kampf ist öffentlich. Es gilt, ein Publikum zu gewinnen. In den älteren Belegen, die eine Gerichtsverhandlung bieten, ging es dann um das Richterkollegium bzw. Synhedrium. Die Tradition ist daher bestimmt durch eine grundlegende Ähnlichkeit zwischen forensischer (gerichtlicher) und missionarischer Situation. Geht es doch in beiden um eine gezielt herbeigeführte Entscheidung.

Der Gegner hat Pneuma-Struktur (d.h. ist ein unsichtbarer guter oder böser Geist): a, b, d, e, f, g. Der Gegner ist jeweils ein realer Mensch: c, h, i, j

Militärische Vorbilder: Alexander der Große nach dem Vorbild der Heroen des Mythos (Achill und Herakles), die das Duell mit dem gegnerischen Heerführer suchten und gewannen. Außer Gericht und Mission ist daher die militärische Auseinandersetzung einer der Metaphern spendenden Bereiche.

Michael ist dabei in Apk 12,7 (Michael und seine Engel) ebenso Anführer einer Heeresmacht wie der Logos-Messias nach Apk 19,14. In Apk 12 ist der Gegner die Schlange/Teufel, in Apk 19 die Heidenvölker. Das Stichwort »Krieg« fällt in 12,7 und 19,19.

Apk-Komm. des Berengaudus (PL 97, 961):
Praeliatus est Michael cum dracone, quia Christus predicando, patiendo et moriendo pro salute generis humani praeliatus est. Praeliati sunt angeli Michaelis, id est, apostoli Christi cum dracone, praedicando videlicet, miracula faciendo et ad ultimum pro Christi nomine moriendo [Michael hat mit dem Drachen gekämpft, denn Christus hat durch Predigen, Leiden und Sterben für das Heil des Menschengeschlechtes gekämpft. Gekämpft haben Michaels Engel, das heißt, die Apostel Christi, mit dem Drachen, nämlich durch Predigen, Wunderwirken, schließlich indem sie für Christi Namen starben].

Die Texte, die die Apk zum Thema »Krieg« bietet, sind zwischen 11,7 und 19,19 dualistisch ausgerichtet. Man muss dabei unterscheiden, ob (1) ein einzelner »Tyrann« sich gewaltsam gegen eine Vielzahl von Christen wendet (Apk 11,7; 12,17; 13,7), ob (2) sich der Messias gegen eine Vielzahl von Heiden richtet (19,19) oder ob es sich (3) um eine Völkerschlacht handeln soll wie in 20,9. Ein Duell im strengen Sinn des Wortes, bei dem nur zwei (maximal drei) Kontrahenten kämpfen, gibt es nach den obigen Texten a, b, d, f, j, k.

In *theologischer* Hinsicht ist dieses zu sagen: In dem Endkampf wird nur das überdeutlich, was schon immer geschieht. Es wird gewissermaßen sichtbar. Eben deswegen enthält Apk 12 auch keine Angabe irgendeines Datums. 1 Joh 3,2 sagt, dass »offenbar werden wird«, wer wir sind und wer Jesus ist. Genau in diesem Sinn ist eine ἀποκάλυψις, Offenbarmachen dessen, was »gespielt wird«. Das Ziel solchen Offenbarmachens (vorerst eben nur mit Worten!) ist, dass die Leser sich »auf die richtige Seite schlagen sollen« (Ignatius von Loyola). Der Kampf ist nicht endlos, sondern wird zu einem Ende geführt. Das bedeutet Hoffnung und Warnung zugleich.

Die Geschichte verläuft nicht geradlinig, so dass eines Tages »ein Traum erfüllt wird«, wie es etwa die Kyffhäuser-Sage mit dem Endkaiser vorsieht, sondern bis dahin geht es in der Geschichte um eine Alternative und deren Chancen. Die Welt ist leichter zu durchschauen, wenn es klare Alternativen gibt.

Oft wird der Kampf so geschildert, dass die Protagonisten, die gegeneinander fechten, an der Spitze eines Heeres stehen. Die monarchische Spitze ist stets mit einem ganzen Heer verbunden; darin ist der Platz der Leser bzw. Hörer eines apokalyptischen Textes.

1.5.4 Der Antichrist

> Lit.: M. Delgado, V. Leppin: Der Antichrist. Historische und systematische Zugänge (Studien zur christlichen Religions- und Kulturgeschichte, 14), Fribourg 2011; darin auch: M. Wallraff: Antichrist und tausendjähriges Reich in der Antike, 113–123. W.-F. Schäufele: Der Antichrist bei Wyclif und Hus, 173–206. – R. E. Lerner: The Medieval Return to the Thousand Year Sabbath, in: R. K. Emmeson, B. McGinn (Ed.): The Apocalypse in the Middle Ages, Ithaca, London, 1992, 51–71. – Th. Malvenda: De Antichristo 1604.1621. – E. Pasztor: Le polemiche sulla Lectura super Apocalypsim di Pietro di Giovanni Olivi fino alla sua ondanna, in: Bulletino dell'Istituto storico italiano per il medio evo e Archivio Muratoriano 70 (1958) 365–424.
> Klassische Antichrist-Traktate des Mittelalters: Adso: Libellus de ortu et tempore Antichristi. – Hugo von Straßburg 1270: Compendium theologicae veritatis.

Hier kann es nicht um die Darstellung dieses komplexen Phänomens im Ganzen gehen, sondern lediglich um die Gemeinsamkeiten mt der Apk, aus denen die Antichrist-Vorstellung lebt. Denn in den Antichrist-Spekulationen verhalten sich der Christus der Apk und der Antichrist wie die Erde zum Mond.

»Der Antichrist« ist bekanntlich keine Figur des Neuen Testamens (auch in 1 Joh 2,18 »gibt« es nur den Plural), aber zu seinen unmittelbaren »Vorfahren« in theologiegeschichtlicher Sicht gehört das Tier aus Apk 13. Der Antichrist ist Mensch wie Jesus Christus. Und je intensiver die christliche Dogmatik sich auf Jesus Christus konzentriert, umso mehr wird auch der Antichrist zur Hauptfigur der Eschatologie – jedenfalls auf der Gegenseite. Wenn irgendwo, dann wird hier der apokalyptische Dualismus mit der Grundregel der Spiegelbildlichkeit, also hier: der negativen Entsprechung von Christologie und Antichristologie konsequent durchgeführt. In der gesamten Zeitspanne, in der »Antichrist« theologisches Thema war, stehen wichtige Aussagen über ihn regelmäßig in Kommentaren zur Apk oder entstehen historisch in Nachbarschaft dazu.

Aus den vielfältigen Aspekten dieses Themas sind hier nur jene hervorzuheben, die besonders die Wirkungsgeschichte der Apk betreffen.

Antichristus mysticus
Laut Joachim von Fiore werden die beiden Tiere Drache (aus dem Meer) und Erstes Tier (vom Land) durch zwei Antichrist-Figuren dargestellt: Der Drache durch einen gottlosen und tyrannischen Herrscher, das ist der *antichristus magnus*, und das Tier vom Land wird repräsentiert durch einen falschen Propheten, das ist der *antichristus mysticus*. Dieser zweite Antichrist ist nach Ansicht mancher ein häretischer Papst. (Vgl. dazu: E. O'Regan: Unveiling the Apocalypse. The Final Passover of the Church, Belfast 2017.) (Thema: Eine angebliche Erscheinung von 1879 mit Maria, dem Lamm, St. Joseph und St. Johannes).

Die Freilassung Satans nach dem Millenium
Der Text, der das berichtet, nämlich Apk 20,7–9, wird schon bei Augustinus, CD 20, 11 ausführlich kommentiert. Er spielt in der neueren katholischen Apokalyptik eine Rolle, und zwar nach der offenbar apokalyptischen Vision Papst Leos XIII. vom 13.10.1884. Deren Thema war laut Berichterstattern diese Periode, denn dem Teufel wurde angeblich gesagt: »Du bekommst diese Zeit und diese Macht.« Seinen Niederschlag fand das in einem Gebet zum Erzengel Michael: Michael soll gegen Mächte und Gewalten helfen, die Befreiung aus der Tyrannei des Teufels wird genannt, der Teufelssturz von Apk 12,7–9 wird erwähnt. Die Kirche, Braut des Lammes, erlebe, dass der Urfeind sich wieder erhoben hat.

Kommentar: Visionsbericht und Michaelsgebet zeigen, wie in einer sehr kirchen- und zugleich bibeltreuen Richtung der Kirche Apokalyptik lebendig ist und helfen soll, dem Schrecken der Zeit vertrauensvoll zu begegnen. Querbeziehungen zu Fátima oder gar der Entstehung des Weltkommunismus sind in der Regel gewagter. Maßstab für diese Auslegungen ist immer, ob und wie sie den christlichen Glauben fördern, und ferner, ob und wie sie in der Kirche auszuhalten sind.

1 Die Apokalypse als Wahrnehmung

Intervall zwischen dem Tod des Antichrist und Weltgericht
Es geht um die von etlichen Auslegern angenommene Schnittstelle zwischen Apk 20,10 (Ende der höllischen Trinität) und 20,11 (Beginn des Gerichts). Hieronymus rechnet hier mit einem kurzen »Intervall« bzw. mit »Schweigen« oder »Frieden«. In der Interpretation Bedas (vgl. E. G. Bonner: Saint Beda in the Tradition of Western Apocalyptic Commentary, Newcastle 1966) wird eine Parallele zur Öffnung der Sieben Siegel und daher dann zu Apk 8,1 angenommen (vgl. dazu R. E. Lerner, 54).

Antichristus mixtus
Die Gegenreformation nennt die Reformatoren zumeist nicht direkt »Antichrist«, sagt ihnen aber Ähnlichkeiten mit dem Antichrist nach, daher die Bezeichnung *Antichristus mixtus*. Der *Antichristus purus* dagegen wird erst noch erwartet. Die Zahl 666 wird bisweilen auf Luther angewendet.

1.6 Mystische Erfahrung

> Lit.: A. M. Haas: Gottleiden – Gottlieben. Zur volkssprachlichen Mystik im Mittelalter, Frankfurt 1989, 320–328.

An Jesu Brust ruhen
Die bekannte Figurengruppe »Johannes, der Lieblingsjünger, an der Brust Jesu« ist der Typus eines mittelalterlichen Andachtsbildes. Man konnte daran mit einen Blick wahrnehmen, was Kontemplation und kontemplatives Leben ist. Man konnte sich in diese Doppelplastik selbst vertiefen und eine Ahnung davon bekommen, was mystische Liebe ist (Hinneigung, Geborgenheit, Schutz, Nähe, Angstfreiheit, Seligkeit im Verharren). Manfred Hausmann († 1986) hat diese Plastik unter dem Titel »Einer muss wachen« kommentiert und diese Meditation dann drucken lassen.

Für die Wirkungsgeschichte der Apk wird alles dieses bedeutsam, wenn man – wie das Mittelalter und die frühe Neuzeit es durchgehend tun – den Lieblingsjünger auch für den Apokalyptiker hält. Denn dann geht es nicht nur um ein Beispiel für Jesus-Minne, sondern um eine theologie- und kulturgeschichtlich höchst bedeutsame Verbindung von Apokalyptik und Mystik. Das ist natürlich auch dann wichtig, wenn der Lieblingsjünger nicht der Evangelist und dieser nicht der Johannes der Apk gewesen ist. Entscheidend sind hier vielmehr der Versuch und das Ansinnen selbst.

> Beleg aus der Wirkungsgeschichte: Prolog zur Johannesapokalypse (Weimar, Herzogin Anna Amalia Bibliothek, fol. 8, Vollbibel, Bd. 6 von 1458. Inhalt Apk: Johannes ein zwelfpot vnd ein Ewangelista von dem herren Christo auzerwelt und lieb gehabt vnd

sölcher mynn der lieb ist von im gehabt daz er an dem abent eszen auf seiner prust rüet. (Redzich 190 f.)

Dabei ist immerhin vorab zu klären, was das sein könnte: Mystik unter dem Vorzeichen der Apokalyptik. Dass beides zusammenpassen kann, lassen jedenfalls spätere Beispiele wie Birgitta von Schweden († 1373), Joachim von Fiore († 1202) und die hl. Hildegard von Bingen († 1179), insgesamt strenge Angehörige strenger Orden, erkennen. Bei allen drei Gestalten gehört die Orientierung an der himmlischen Heimat dazu, d. h. an der mystischen Faktizität, die Ausrichtung auf Gebet und Schauung (Vision), am Ende die kirchenkritische prophetische Umsetzung. Während in anderen Ausprägungen die Verbindung mit dem Leiden Jesu ein Schwerpunkt ist (Birgitta), ist die Brautmystik ein gemeinsames Thema, angeregt durch Apk 21 und das Thema Jungfräulichkeit in der Apk. Dazu gehören dann die Stichworte Hoheslied, Schechinah und Zion.

Dass der Lieblingsjünger, in der kirchlichen Tradition durchgehend als Johannes identifiziert, beim letzten Mahl an der Seite Jesu saß, ist aus Joh 13,23 bekannt. Das »in seinem Schoß« bedeutet, da man zu Tisch lag, zunächst nichts anderes, als dass der Lieblingsjünger rechts von Jesus zu Tisch lag (wenn man voraussetzen darf, dass man sich mit dem linken Arm aufstützte, um mit der rechten Hand zu essen).

> Das Ruhen an der Brust bzw. Liegen im Schoß ist zunächst und durchgehend technisch zu verstehen. Wenn man zu Tische liegt, »sitzt man eben nicht rechtwinklig« nebeneinander. Vielmehr liegt der Nachbar zur Rechten in der Schoßbeuge seines linken Nebenmannes. Dabei gilt die Vergabe des Platzes zur Rechten bis heute als Beweis besonderen Vertrauens bzw. der Hochschätzung. Bereits im Frühjudentum, z. B. im Jubiläenbuch, wird aber das Nebeneinanderliegen nicht nur technisch, sondern vor allem »mystisch« aufgefasst. Das gilt nicht nur für die Mahlzeit, sondern auch für das gemeinsame Nachtlager in einem »Familienbett«. »Mystisch« ist dabei die durch das Zusammenliegen »garantierte«, jedenfalls aber symbolisierte Integrität der Traditionsübermittlung, z. B. vom Großvater auf den Enkel. Die Intention ist ähnlich wie später bei der Handauflegung in der apostolischen Sukzession. Beim Nebeneinanderliegen wird die Identität und Stabilität der »Lehre« nicht durch Belehrung vermittelt, sondern eben durch den physischen Kontakt, hier: des Nebeneinanderliegens. Dieses anzuzeigen, ist wohl schon der Sinn der Notiz in Joh 13,23.

Im Zeitalter der Mystik deutete man diesen Gestus, da es heißt, dass Jesus den Jünger liebte, im Sinn intensiven mystischen Kontaktes. Denn am Herzen Jesu lag der Jünger, und einer der Ursprünge der Herz Jesu-Verehrung liegt in dieser Szene. Der Typus der gotischen Plastik »Jesus und Johannes« stellt dies dar und hat eine eigene Wirkungsgeschichte.

Doch nicht genug damit. Da man den Verfasser des JohEv auch für den Lieblingsjünger und für den Johannes der Apk hielt, ergab sich eine Möglichkeit, die besondere (»geheime«) Offenbarung auf den mystischen Kontakt des Jüngers Johannes mit Jesus zurückzuführen. So hatten die beim Mahl mitgeteilten Geheimnisse denselben Ursprung, Grund und Adressaten wie die ApkJoh. Damit aber wird die Apk zu einer geheimen Privatoffenbarung. Der missverständliche Titel »Geheime Offenbarung« stützt diese Auffassung des Ganzen. Dabei ist nach der Intention des Johannes dieses Buch alles andere als »privat«.

Es gibt indes einige Texte, die dieses zum Ausdruck bringen. Dabei wird zusätzlich der Kelch des Leidens (Biographie des hl. Johannes) im Sinn des Kelchs der Offenbarung (wie z. B. aus 4 Esra bekannt) gedeutet.

> Iohannes quoque / qui de arcano Dominici pectoris / Nectarea hauriens fluenta. Caelestia Pocula ardentibus cordibus propinavit dum Caesaris iussibus in patmos insula relegatus Dominici calicis gustum ante sibi promissum acciperet et caelestibus plenus mysteriis secreta quaedam Domino relevante audiret seu cerneret, scribere ea in libro, non pingere ausus est [Johannes auch, der aus dem Geheimnis der Brust des Herrn himmlischen Trank schöpfte. Mit diesen füllte er den Becher, mit dem er denen zu trinken gab, deren Herz brannte. Das geschah, als er auf kaiserlichen Befehl auf die Insel Patmos verbannt dem Kelch des Herrn schmecken durfte, der ihm zuvor verheißen war. Dadurch hörte oder konnte er wahrnehmen dank der Offenbarung des Herrn, da er nun voller himmlischer Geheimnisse war. Er hat gewagt, sie in ein Buch zu schreiben, wenn auch nicht, sie zu malen]. (Ps.-Carolus Magnus, Contra Synodum, PL 98, 1103 C [9. Jh.])

Auch der Becher des Zorns ist eine Offenbarung, weil eine Reaktion Gottes; zum Verständnis in der apokalyptischen Schultradition vgl. Ambrosius Autpertus, 542.

> Eius qui supra / recubans in caena /pectus dogmata / hausit evangelica. – Et dominica / repletus gratia / diffudit ample / terrarum per spatia. – O mysteria / divina/ coelique secreta / novit cuncta / atria/ penetrans superna. – Et sic mystica / documenta / spiritui cognita. Mundum beata / manifestans / imbuit doctrina [Die Wahrheiten des Evangeliums hat er von dem geschöpft, an dessen Brust er beim Mahle lag. So wurde er von der Gnade des Herrn erfüllt und hat diese Wahrheiten durch das weite Erdenrund verbreitet. O göttliche Geheimnisse, verborgene Schätze des Himmels. Alles hat er erkannt, da er die himmlischen Hallen durchschritten hat. So hat er die mystischen Lehren dank des heiligen Geistes erkannt und so durch seine Offenbarung die Welt bekannt gemacht mit heiliger Lehre]. (De sancto Iohanne, Analecta Hymnica VII, Nr. 151, 116, 11. Jh.)
>
> Cum Iesu recubuisti/super pectus ebibisti/ Dicta evangelica/ dum in Patmos relegans ad superna sublevans contemplans mystica [Du hast mit Jesus zu Tisch gelegen an seiner Brust und dabei in dich hineingetrunken die Worte, das Evangelium. In Patmos warst du verbannt und wurdest in die Höhe gehoben, die himmlischen Geheimnisse zu betrachten]. (Analecta Hymnica 15, Nr. 189, S. 213) (vgl. dazu H.-F. Reske, Jerusalem caelestis. Bildformen und Gestaltungsmuster. Darbietungsformen eines christlichen Zentralgedankens in der deutschen geistlichen Dichtung des 11. und 12. Jh. mit besonderer Berücksichtigung des »Himmlischen Jerusalem« und der »Hochzeit« [V. 379–508], Göppinger Arbeiten zur Germanistik, Nr. 95, Göppingen 1973). Nach den Ergebnissen von Reske (105–107) hatte der Evangelist, der an Gottes Brust schlief, »tiefe gesinne«. Denn Gott verlieh ihm den »sin«, in himmlischen Dingen »wis« zu sein.

Den o. g. Kommentierungen liegen nun diese Gleichsetzungen zugrunde:
a) Der Lieblingsjünger ist der Verfasser des JohEv.
b) Dieser heißt Johannes, der Apostel und Zebedaide.
c) Dieser ist mit dem Verfasser der Apk namens Johannes identisch.
d) Der Inhalt der Apk Joh wird daher insgesamt verständlich gemacht als das, was Johannes an der Brust des Herrn empfangen hat. Damit lässt sich insbesondere die jahrhundertelang umstrittene Kanonizität der Apk rechtfertigen.

Inhaltlich bedeutet das für die Auslegung der Apk: Jesus hat dem Lieblingsjünger diese apokalyptischen Geheimnisse »aus Liebe« mitgeteilt. Darin liegt auch die Norm ihrer Auslegung.

Beinahe überflüssig zu bemerken: Ich teile keine dieser Gleichsetzungen (vgl. auch K. Berger, Im Anfang war Johannes, Stuttgart 1997, Gütersloh ³2003). Gleichwohl ist zu bemerken: In der Geschichte der Auslegung sowohl des *Corpus Iohanneum* als auch der Apk haben diese Gleichsetzungen für die Kommentierungen ein angebliches Maß von innerer Harmonie zwischen der Apk und insbesondere dem JohEv hervorgebracht, das das unmittelbar und bei gutem Willen Evidente weit übersteigt. Denn immer wieder lässt sich beobachten, dass manche exegetische Hypothesen nur auf der Basis dieser angenommenen Gleichsetzungen überhaupt verständlich werden.

Fazit: Mystische Wahrnehmung der Wirklichkeit im Rahmen der christlichen Apokalyptik bedeutet: Auch in einer Geschichtstheologie und gerade dort sind Liebe und Leiden bei den Partnern Gott und Mensch auszumachen und auszulegen.

Seligpreisungen in der Apk
Die Texte: Apk 1,3 (wer liest); 14,13 (die Toten im Herrn); 16,15 (wer wacht); 19,9 (die Berufenen); 20,6 (wer Anteil hat an der Auferstehung); 22,7 (wer die Worte bewahrt); 22,14 (die gewaschen haben).

Nächst den Evangelien nach Lukas und Matthäus enthält die Apk die meisten Seligpreisungen in einer urchristlichen Schrift. Fragt man nach der Erfahrung, die sie widerspiegeln, so entzieht sich das vollständig unseren Kategorien, in die wir sie einzuordnen pflegen. Denn diese Makarismen sind weder nur auf Gegenwart noch auf Zukunft bezogen, sondern verbinden beides. Sie geben weder eine subjektive Stimmung wider noch ein objektives Recht. Sie sind dem paulinischen »Angeld« ähnlich, weil sie zwar Anteilhabe garantieren, nicht aber schon voll gewähren.

Ungewöhnlich ist, dass Johannes die Leser, die selig werden wollen, festlegt auf den Wortlaut seiner Apokalypse (1,3; 22,7). Die Bindung an Jesus Christus ist »sakramental« gedacht. Denn selig sind die Getauften (22,14) und die zum himmlischen Mahl Geladenen (19,9). Aber auch treue Verstorbene bleiben »im Herrn« (14,13). Im Unterschied zu den Evangelien nach Mt und Lk ist hier die

Seligkeit ohne ethische Komponenten gedacht; am nächsten führt noch das Wachen an solche heran (16,15).

Trotz der relativ gestreuten Belege sind alle wichtigen Stationen im Verlauf eines Christenlebens durch Seligpreisungen markiert. Mystisch daran ist die unsichtbare Anteilhabe. Sie erstreckt sich von der Taufe bis zur Auferstehung. Seligsein ist in allen Stationen das, was das Heil der Welt bei den einzelnen Christen austrägt.

Vielgestaltig leiden
Vor die Teilhabe an der Herrschaft des Messias oder gar an der Neuen Schöpfung hat Gott die Enthauptung gesetzt. Johannes weiß, dass es außer Propheten und Heiligen auf der ganzen Erde Menschen gibt, die zu Unrecht durch die römische Macht ermordet wurden (18,24). Jene, die für ihr christliches Bekenntnis ermordet wurden, werden teilhaben an der Ersten Auferstehung (20,4). Die Gemeinden, an die Johannes schreibt, haben den Märtyrer Antipas aufzuweisen (2,13). Die beiden Propheten nach Apk 11, die auf dem Marktplatz enthauptet werden und dort liegen bleiben, sind nicht Henoch und Elia, wie es spätere und frühere Dokumente dieser Tradition behaupten. Vielmehr sind sie typische (τύποι) christliche Missionare, die vom römischen Kaisertum ermordet werden. Doch solchen Mördern droht dann ebenfalls die Enthauptung (Talionsstrafe nach 13,10; vgl. später dann F. Lactantius: De mortibus persecutorum).

Zuvor aber, und zwar in der Gegenwart, sind die Christen laut Apk 13,17 von einem totalen Embargo betroffen. Und das ist nicht etwa »halb so schlimm«, sondern bedeutet langsames Aushungern. Mundsünden dagegen wie Lästern und Verspotten, gegenüber Christen geäußert, nennt Johannes nicht, und zwar im Unterschied zu den Synoptikern und 1 Petr. Dennoch war die Situation für Christen so wenig erfreulich, dass Johannes als die Kardinaltugend für Christen das geduldige Aushalten empfiehlt (Apk 13,10; die Geduld ist mit Treue/Glauben gepaart).

Eine mystische Dimension bekommt das Leiden der Christen, wenn es in der Nachfolge des Lammes besteht, *wohin immer es geht* (14,4). Auch wenn hier nicht vom Leiden und Sterben gesprochen wird, weiß der Leser doch seit 5,6 *(wie geschlachtet)*, dass die christologische Metapher »Lamm« Gerechtigkeit und Leiden impliziert. Mystisch daran ist die unsichtbare Teilhabe, die Identität des Leidens trotz räumlicher und zeitlicher Entfernung vom Lamm.

Schließlich diente im hohen Mittelalter die apokalyptische Metaphorik von Bulle und Bär dazu, Grundvorgänge des Marktes mit deutlicher Parteinahme für das Leiden der Armen plausibel zu machen (s. u.).

1.7 *Fazit:* Wahrnehmung

Die Apk berichtet nicht über jenseitige himmlische Geheimnisse wie etwa Dionysius Areopagita in seinem Werk über die himmlischen Hierarchien (5. Jh.). Vielmehr verarbeitet sie kommentierend und kritisch Wahrnehmungen, die Johannes auf Erden macht. So werden irdische Wahrnehmungen verwandelt und umgewandelt. In abgestufter Intensität betrifft das auch die Existenz und den Glauben jedes Christen in der Welt.

In der Apk herrschen weder Bleichsucht noch Gespenster, weder blutrünstiger Zorn Gottes noch Katastrophen, wie sie das 20. Jh. so zahlreich produzierte. Der nüchterne Blick auf den Text macht es auch unmöglich, in diesem Buch vor allem Stoff für dogmatische Psychologie oder Angstneurosen zu suchen. Vielmehr: Wenn Menschen wie der Seher Johannes und andere die Offenbarung Gottes wahrnehmen und aufnehmen, dann geschieht es mit allen Sinnen, mit allen Fasern des Leibes, mit Augen und Ohren, mit Magen, Leber und Händen. Gerade so wird auch die Auferstehung sein, die der Mensch, zumal der Christ, erwarten darf: Verwandelt, doch mit ganzer Existenz.

2 Leben vor dem Thron des Königs der Könige

2.1 Gottes Thron inmitten der Throntiere

Die vier Lebenden Wesen (Löwe, Stier, Adler, Mensch) säumen als die Alphatiere der Schöpfung seit Ez 1 Gottes Thron. Zur Zeit des Neuen Testaments im Judentum: 4Q 385 Frgm 4, Text: D. Dinant, J. Strugnell: The Merkabah Vision in »Second Ezechiel« (4Q 385,4), in: RdQ 14 (1990) 331–348. Übers. J. Maier: »Und ihre Gesichter waren eines im anderen die Gesichter eines Löwen, eines Adlers und eines Rindskalbs und eines von einem Menschen.«

Spätestens seit dem Ende des 2. Jh. nC. wurden die Throntiere zu Evangelisten-Symbolen, und das sind sie bis heute. Die Übernahme dieser Funktion geschah nicht willkürlich oder zufällig. Sie ist vielmehr an ein Bild von Gottes Offenbarung gebunden, das sowohl in den vier Lebenden Wesen als auch in den vier Evangelien nach dem Verständnis des 2. Jh. seinen Ausdruck fand. Die Vierzahl bedeutet innerweltliche Vollkommenheit. Tiere wie Evangelien sind sichtbare und zugleich symbolische sowie vollständige Selbstoffenbarung Gottes. Anders als Vater, Sohn und Heiliger Geist sind sie nicht Personen der Gottheit, Gott selbst oder göttlich, sondern sind Selbstoffenbarung Gottes in einem kreatürlichen Medium. Dabei repräsentieren die vier Lebenden Wesen Attribute (Qualitäten, Eigenschaften) Gottes, und die vier Evangelisten Gottes Wort und Willen sowie Gottes Taten und Ziele in der Geschichte. Den Evangelien und den Lebenden Wesen ist gemeinsam, dass sie die Einheit und Einzigkeit Gottes auf eine plurale Weise darstellen. Dabei geht es nicht um das Nebeneinander von Widersprüchen, sondern um Komplementarität. Gott wird nur in dieser Pluralität überhaupt fassbar. Deshalb geht es in den beiden Viergruppen (Lebende Wesen, Evangelisten) eben um Offenbarung und Selbst-Erläuterung des sonst strikt verborgenen und unfasslichen geheimnisvollen Gottes. Schon allein aus diesem Grund finde ich es sehr bedauerlich, in den vergangenen fünfeinhalb Jahrzehnten meines Theologiestudiums nichts über diese beiden Viergruppen, insbesondere über ihr Verhältnis zueinander, erfahren zu haben. Der Eine, Unfassliche und Verborgene äußert sich »parallel« in den je vier Wegen, Bildern oder Dokumenten. Darin wird er nicht kreatürlich, aber wir erfahren so, was er den Kreaturen zu melden hat. Das sind seine Attribute und seine Geschichte in Jesus Christus und dem Heiligen Geist. Die »Attribute« gehören in den dogmatischen Traktat *De deo uno*, die Geschichte in den Traktat *De sacra scriptura*.

Die angemessenste Form, in der Menschen beides bedenken könnten, wäre der Hymnus. Und damit sind wir mitten im »Leben der Kirche«. Die Apk ist das einzige Buch des Neuen Testaments, das die vier Lebenden Wesen kennt, und zugleich ist sie das »hymnische Evangelium«. Nach Apk 4,8 ist der Gesang der vier Lebenden Wesen das Trishagion. Das ist logisch angesichts dessen, was wir über die Funktion der Lebenden Wesen in der visionären Offenbarung ermittelt haben. Wenn deren Funktion nämlich darin besteht, Attribute Gottes zu preisen (er ist mächtiger als der Löwe, stärker als der Stier, klüger als der Adler und weiser als der Mensch), dann ist »heilig« nur die Konsequenz daraus. Und es lohnt sich, vom *Sanctus* in 4,8 aus alle übrigen Hymnen der Apk noch einmal zu lesen: In der Hauptsache sind sie stets Akklamationen an die »Eigenschaften« Gottes, die zumeist nominal benannt werden (durch Ehre, Ruhm, Herrlichkeit usw.). Zugleich aber bemerken wir, dass es eine Querverbindung zwischen dem Lebenden Wesen namens »Mensch« und der Menschwerdung Gottes in Jesus Christus gibt. Das bringt uns zu dem Stichwort »Bild Gottes«.

Ein theologisch brisanter Vorgang
De facto sind die vier Lebenden Wesen aus Ez und aus Apk 4 im 2. Jh. durch die vier Evangelisten »ersetzt« worden. Dieser Vorgang ist von einigem Gewicht und hatte schwerwiegende Folgen. Denn die Eigenaussage der vier Lebenden Wesen bezieht sich auf die Attribute Gottes und seine Heiligkeit. Wenn diese Attribute-Theologie einfach durch die vier Evangelisten absorbiert wird, dann ist das ein theologisch und religionspolitisch höchst brisanter Vorgang: Was das Alte Testament an entscheidender Stelle über Gott zu sagen hatte, wird ersatzlos durch die vier Evangelien absorbiert. Gerade Irenäus von Lyon, der hier zumindest den Schlussstrich unter eine Entwicklung zieht, ist auch sonst dadurch bekannt, dass er die Kirche »wahres Israel« nennt, d. h. durch eine Enterbungstheologie.

Wir haben diesen Vorgang hier kritisch analysiert und setzen mit der Beachtung des Wortlauts von Apk 4 den Literalsinn wieder in Kraft. Zumindest stellen wir Apk 4, das von der Gleichsetzung der vier Lebenden Wesen mit den vier Evangelien weit entfernt ist, neben das folgenreiche Tun des Irenäus. D.h. als Neutestamentler wehre ich mich gegen die allzu »interessierte« Überlagerung der vier Lebenden Wesen durch die vier Evangelisten. Denn die jeweilige Bedeutung beider müsste die Folge haben, dass beide sehr gut nebeneinander bestehen können und keiner Gleichschaltung bedürfen. Wir wenden uns jetzt wieder der Bedeutung der vier Lebenden Wesen in der Apk zu.

Der Name vier Lebende Wesen
Unter dem Namen »Vier Lebewesen« werden die vier Gestalten aus Ez 1,22.26 ab 4,8 in der Apk eingeführt. Ihr Name ist Programm: Es handelt sich mithin nicht um tote Denkmäler oder Götterfiguren, sondern um lebendige Geschöpfe des lebendigen Gottes. Insofern sie leben, bilden sie zumindest in dieser Eigenschaft alle miteinander Gott ab. Der Hauptanstoß an den Götzen lag daran, dass sie tot sind. Die Lebenden Wesen aber bewegen sich allein schon, insofern als sie singen.

Das ist ein weiterer Beleg für die oben dargestellte Bedeutung des Hörens/der Geräusche in der Apk. Denn wer singt, erweist sich als lebendig.

Durch die Vierzahl erweisen sich die Lebenden Wesen als von Gott unterschieden und nicht göttlich. Denn nur die Einzahl ist göttlich. »Vier« ist aber das Attribut der Summe des (nur) Geschaffenen (wie die vier Himmelsrichtungen, die vier Mondphasen und die vier Winde).

Umgehung des Bilderverbots
Von Gott gibt es kein Foto, und auch der Prophet Johannes hütet sich in der Apk, Gottes Gestalt auch nur andeutungsweise sprachlich auszumalen. Stattdessen gibt es die vier Lebenden Wesen. Sie sind kein Bild Gottes, schon gar nicht »das« authentische, maßgebliche eine Foto. Sie sind bildhafte Darstellungen der Attribute Gottes, die dann die folgenden Hymnen der Apk immer wieder besingen werden. Die Throntiere aber sind anschaubar, und das gilt auch von dem der das »Antlitz wie das eines Menschen« hat (Apk 4,7). Diese letzte Bemerkung lässt natürlich die Frage nach dem Verhältnis zu Gen 1,26 f. entstehen: Bekanntlich fällt auch hier der Ausdruck »Bild Gottes«.

Könnte es sein, dass der Mensch in der Reihe der Throntiere nach Apk 4 etwas über den Abbildcharakter auch der drei anderen Throntiere sagt? Dass sie also Bilder Gottes sind wie nach Gen 1 nur er, der Mensch? Könnte Ez 1,22.26 gar die ältere Liste sein, aus der in Gen 1 nur ein Stück, nämlich der Mensch, herausgegriffen wird? Besteht nicht die Bild-Qualität des Abbilds Gottes in Gen 1 wie in Ez 1 und Apk 4 stets darin, die besondere Mächtigkeit dessen zu beschreiben, der jeweils Bild Gottes ist? Als Thesen könnte man das so formulieren:
1. Es geht in dem ganzen hier diskutierten Zusammenhang nicht um statuarische und damit tote Abbilder Gottes, sondern um funktionale. Denn jedes der hier genannten Wesen repräsentiert eine spezifische Weise der Hoheit und Majestät Gottes.
2. Diese funktionalen Repräsentanten Gottes sind die Alphatiere der Schöpfung. Sie sind jeweils Herrscher bzw. König in ihrem Bereich, der Löwe z. B. als König der Tiere bis heute. Die spätere hermetische Gnosis (vgl. Corpus Hermeticum) würde sie wohl die »δυνάμεις Gottes« (Kräfte) nennen.
3. Gen 1,26 f. greift nur den Menschen heraus und lässt ihm die Herrschaft über die ganze Schöpfung übertragen sein.
4. Überall dort, wo Herrschaft und »Befehlsgewalt« der einen Gattung über die anderen ausgedrückt wird, handelt es sich um eine Nachahmung bzw. Repräsentanz Gottes.
5. Wo man dem Falschen gehorcht und seine Gesetze befolgt, handelt es sich demnach um einen Götzen und Götzendienst. Das gilt besonders von Drachen und Tier nach Apk 13.
6. Man kann sagen, dass auf diese Weise das Bilderverbot des Dekalogs umgangen wurde. Denn es handelt sich in keinem Fall um ein Bild, das Men-

schen gemacht hätten. Ezechiel und der Prophet Johannes haben es nur geschaut. Und die Vielzahl (Vierzahl) dieser Bilder schützt sie automatisch vor dem Anspruch, dass es sich um *das* Kultbild *des* Gottes handelt.
7. An den neutestamentlichen Aussagen über Jesus Christus als Bild Gottes (2 Kor 4,4; Kol 1,15, vgl. Hebr 1,3) wird zumindest dieses deutlich: Das Thema Bild Gottes ist noch nicht abgeschlossen. Denn auch nach 1 Kor 15 ist Jesus der neue und endgültige, der in der Schöpfung gewollte Adam. Jedenfalls zieht die Apk keinerlei christologische Konsequenzen aus 4,7.

Das Wirken der Lebenden Wesen in der Endgeschichte
Innerhalb der weiteren Berichte der Apk sind die Lebenden Wesen jeweils so etwas wie Regie-Assistenten. Sie rufen mit *Komm!* jeweils das Erscheinen neuer Figuren auf (6,1.3.5.7); nach 15,7 händigt eines der Lebenden Wesen die sieben Schalen aus, die bis dahin stärksten Machterweise Gottes, und zwar den Zorn Gottes betreffend. Nach 14,3 wird das *neue Lied* bei dem Thron Gottes vor ihnen und den Ältesten gesungen. Eine durchweg angenehme oder gar positive Erfahrung vermittelt ihr Ruf nirgends; in 14,3 sind sie ja nur Publikum. So kann man sagen: Die vier Lebenden Wesen sind Anwälte der strengsten Heiligkeit Gottes. Gutes oder gar Schönes hat die Gemeinde bzw. die Welt von ihnen nicht zu erwarten. Ihre Rufe richten sich nicht an Gott, sondern an andere Personen des Dramas. Auch die sieben Schalen geben sie ja nur im Auftrag Gottes weiter. Wie die »Kräfte« Gottes sind sie Träger des Wirkens Gottes in der Welt. Ähnlich wie sie in Kap. 6 mit *Komm!* gerufen haben, ruft in Kap. 22 (V. 17.20) die Gemeinde bzw. der Prophet Johannes nach Jesus. Wie die Gemeinde treiben sie damit die Geschichte voran.

Abweichende Ordnung im Himmel
Unsere übliche Vorstellung vom Himmel besteht darin, dass wir uns Gott oder den Menschensohn auf einem Thron sitzend vorstellen (Stephanus: der Menschensohn steht rechts neben dem Thron) und dass er umgeben ist von Scharen von Engeln. Diese Vorstellung herrscht auch in Apk 14: Das Lamm steht auf dem Zion und ist umgeben von 144.000 Auserwählten. Üblich ist mithin: Thron plus unübersehbare Schar, die den Thron umringt. Michael kann dabei als Architratege gedacht werden.

Ganz anders ist es nach Apk 4: Der Thron, auf dem hier Gott allein sitzt, ist umgeben von den vier Lebenden Wesen. Die Illustratoren der Beatus-Apokalypsen denken sich den Himmel als einen viereckigen Raum, in dessen Mitte der Thron steht und in dessen vier Winkeln je ein Throntier steht. Dieser rechteckförmige Innenbereich wird bisweilen gesäumt von den 24 Ältesten. Von Engeln oder Myriaden von Engeln ist nicht die Rede. Wir stellen unsere Beobachtungen tabellarisch untereinander:

Hierarchie nach Apk 4	Thron (Gott) – vier Lebende Wesen – 24 Älteste
Himmel sonst	Thron (Gott und Lamm) – Myriaden von Engeln – (144.000) Gerechte

Die Lebenden Wesen und die Ältesten sind nicht nur zahlenmäßig begrenzt, sie stellen auch eine Art Elitetruppe Gottes dar. Das Wichtigste ist das, was sie singen. Quer durch die Hymnen der ganzen Apk wird das aufgegriffen und entfaltet, so wie das Trishagion im *Tedeum* nicht ein Punkt unter anderen ist, sondern Mittel- und Brennpunkt für alles, was folgt.

Im Unterschied zu dem sonst üblichen Modell ist das von Apk 4 astronomisch fundiert. Von unten nach oben ist die Richtung des Lobpreises, von oben nach unten verlaufen die in der Regel strafenden Eingriffe Gottes. Für diese gilt: Strafen sind immer »evident« (sowohl in ihrer Tatsächlichkeit als auch, was die Begründung betrifft, denn Fehler und Sünden auf Seiten der Menschen lassen sich immer finden), Wunder dagegen nicht.

Deutung der Ältesten auf die kirchliche Hierarchie
In der Theologie des Westens haben nicht nur die Lebenden Wesen keinen Ort, dasselbe gilt vielmehr auch von den 24 Ältesten, obwohl schon durch ihre Existenz kundgetan wird, dass die Kirche sich selbst nicht anders als nach Analogie Israels vorstellen kann.

Nach Blasius Viegas, Komm., 211 wurde Ezechiel (analog zu Apk 4) ein Typus der Kirche gezeigt:

> Multa sedilia in quibus sederent ii, quibus salus contingeret. Atque in iis excellunt haec viginti quattuor sedilia sive throni, in quibus viginti quatuor seniores id est praelati, doctores et praestantissimi quique utriusque Testamenti heroes tanquam reliquarum parentes fundatores ac iudices sublimioris gloriae et honoris praerogativa eminerent. [Viele Throne, auf denen die saßen, denen das Heil zukommt. Auf diesen 24 Plätzen oder Thronen, waren die 24 Ältesten, nämlich Prälaten, Doktoren, hervorragende Leute beider Testamente, Helden, wie Eltern der übrigen, Stifter und Richter höheren Glanzes und besonderer Ehrwürdigkeit].

Eine ähnliche Deutung der Ältesten auf die bestehende Hierarchie zeigt sich auch bei den Kopten.

2.2 Christliche Propheten, vom Thron her beauftragt

Der Thron Gottes ist für Johannes die bestimmende Mitte der Wirklichkeit. Da die Propheten, wie z.B. Johannes, für das Leben der Kirche zentral sind, kann auch ihr Wirken nur konzentrisch vom Thron Gottes her gedacht werden und bestimmt sein. Die Apk selbst legt nahe, an das Thema »Thron Gottes« die Erörterung der Prophetie anzuschließen. Denn seit Jes 6 (mit *Sanctus*) und Ezechiel konnte man Propheten und Prophetie in unterschiedlicher Weise als Beauftragung von Gottes Thron her verstehen. Diese Auffassung lebt auch in den diesen Propheten zugeschriebenen Apokryphen des Frühjudentums fort wie der »Ascensio Jesaiae« (teilweise christianisiert) oder den diversen »Visionen Ezechiels«. Auf besondere Weise lebt dieses Konzept aber in der frühchristlichen Theologie wieder auf, und zwar nicht zuletzt deshalb, weil der erhöhte Jesus Christus nunmehr am Thron Gottes ist.

> Zur Beauftragung vom Thron her vgl. Apk 5,5: *Doch einer der Ältesten (Würdenträger) sagte zu mir: Weine nicht! Denn der Löwe aus dem Stamm Juda hat gesiegt.* 6,1: *Ich sah, wie das Lamm eines der sieben Siegel öffnete. Da hörte ich eines der vier (Thron-) Tiere mit Donnerstimme rufen: Komm. Und ich sah ein weißes Pferd ...* Auch später gehört es zu den Mitteln der dramatischen Darstellung, dass Johannes zunächst eine Gruppe geschlossen darstellt und sich dann eine Figur daraus lösen lässt (15,7: eines der vier Throntiere; 17,1: *Einer der sieben Engel, die die Schalen ausgegossen hatten, flog zu mir und sagte ...* 21,1: *Dann kam einer der sieben Engel zu mir und sprach mich an ...* Auf diese Weise wird die Handlung vorangetrieben und der mit Handeln Beauftragte durch dieses spezielle Mandat legitimiert.

Auch der Prophet Johannes versteht sich selbst in diesem Rahmen, und nicht nur einmal erhält er Weisung vom himmlischen Thron her. Da der Thron Gottes auch der »gedachte Sitz einer Liturgie« in vielen Psalmen ist, kann der erhöhte Herr beim Thron Gottes ein Anweg zum Verständnis der Apk sein.

2.2.1 Prophetie in Apk 11

Zur Identität der beiden Zeugen von Apk 11
In der späteren christlichen Apokalyptik, etwa vom 3.–15. Jh. gibt es eine ganze Reihe von Apokalypsen, insbesondere solche, die den Namen Daniels tragen, deren Aufbau sich markant von der ApkJoh im Neuen Testament unterscheidet. Denn hier wird unmittelbar nach Martyrium (und oft: Auferstehung) der beiden Zeugen, die wir aus Apk 11 kennen, von der Parusie berichtet. Und dort, wo die beiden Zeugen gegen den Antichrist kämpften (was sie nach Apk 11 nicht taten, wohl aber z.B. nach EliaApk[kopt]), wird durch die Parusie nun der Antichrist direkt besiegt. Anders als in der ApkJoh gibt es in diesen Apokalypsen keine Fortsetzung, die den Kap. 12–19 entspräche. Aber auch in dem Raum vor Kap. 11 ist Etliches verändert: Oft steht hier eine Folge von Herrschern. Die Kap. 2–9 der Apk finden keine Entsprechung. Insofern erlangen dort die Parallelen zu Apk 11 in diesen Apokalypsen eine Zentralstellung, die die Entsprechung in der ApkJoh nicht besaß. Der Blick auf diese merkwürdige Landschaft zwingt zunächst dazu, gerade auch in der Frühzeit die ApkJoh nicht als die einzige maßgebliche Apokalypse anzusehen. Da man aber diese Texte kaum rekonstruieren kann, richtet sich der Blick wieder zurück auf Apk 11, und es entsteht die Frage: Wie kann es kommen, dass dieses rätselhafte Stück in die Apk hineingelangt ist? Welche Rolle spielt es darin?

Diese Frage zu stellen, wird dadurch nahegelegt, dass sich hier das schon öfter Beobachtete besonders deutlich wiederholt: Johannes bringt immer wieder Abschnitte, die gut und gerne das Ende einer Apokalypse überhaupt darstellen könnten. Diese bilden dann das Ganze im Detail ab, im Teilstück. Dazu gehören Apk 6,12–17; 11,(1)13–19; 14,14–20. Apk 11 könnte deshalb jeweils den Schluss einer Apokalypse bilden, weil es ja stilgemäß um die Proklamation von Sieg, Reich und Dank geht. Mit dem Erscheinen der Bundeslade in Apk 11,19 fände dann die Heilsgeschichte ein stilvolles Ende, weil das Ende in gewisser Hinsicht dem Anfang entspräche, eben in der Erneuerung des Bundes, der unter Mose begonnen hatte.

Die Apk setzt sich ab 12,1 dann mit ganz anderem Material fort, das in allen Partien einen universalistischen Charakter trägt, besonders ab Kap. 13. Ab da fällt der Blick auch systematisch auf Rom. Schon mit der Himmelsfrau in 12,1 wird ganz neu die Gegenfigur zur späteren Hure Babylons (Apk 17 f.) eingeführt. Dieses Duo/Duell, von dem zuvor nie die Rede war, beherrscht ab 12,1 das weitere Weltgeschehen. Wenn das so ist, ergibt sich – auch angesichts der späteren Wirkungsgeschichte des Stückes Apk 11 – die Frage, welche Funktion dieser Abschnitt innerhalb der Apk nach dem Willen des Verfassers Johannes hat haben können bzw. sollen. Die Antwort:

Judenmission nach Apk 11
Kap. 11 (10 f.) stellt die Phase der Judenmission dar, Kap. 12–20,5 die der Heidenmission. Beide Phasen enden mit Martyrium und Auferstehung (20,4 f.: Enthauptung und Erste Auferstehung). Das Tausendjährige Reich ist der gemeinsame Abschluss für beide in der Geschichte. Aber auch schon im Abschluss der Judenmission von Kap. 11 fällt das Stichwort βασιλεία (Reich Gottes: Apk 11,15 cf. 11,17). Die Zeichen und Wunder werden in der Judenmission von den beiden Jüngern Jesu gewirkt, unter den Heiden dagegen von den gegnerischen Propheten des Tieres (das Zweite Tier).

Die beiden prophetischen Zeugen Apk 11 sterben in Jerusalem, weil alle verfolgten Propheten dort sterben (vgl. O. H. Steck und Lk 13,34). Also sind sie Propheten, nichts spricht dagegen. Und sie werden von den Römern umgebracht, denn diese haben – wie im Fall Jesus von Nazaret – die Kapitalgerichtsbarkeit. Wie im DtrG lehnt das Volk sie ab, doch im Unterschied dazu bringt das Volk sie nicht um.

Analog zum Erdbeben nach Apk 11,13 steht in Mt 27,52 f. die Teilauferstehung, denn wenn die Erde die Toten zurückgibt, so kommt das aus ihrer Bewegung (Erdbeben) heraus (Mt 27,51). Das heißt: In Mt 27,51–53 findet sich dieselbe Kombination von Teilauferstehung und Erdbeben wie in Apk 11,11.13. Da sie in Apk 11 vor dem Ende platziert ist, geht es in beiden Fällen zumindest um eine Vorausabbildung des Endes, zu dem ja ebenfalls Erbeben und Auferstehung gehören. Dahinter steht in den jüdischen Apokalypsen die Vorstellung, dass bei der Auferstehung die Erde die ihr anvertrauten Toten zurückgibt. Folgende Elemente weisen weiter darauf, dass in Apk 11 christliche Mission der ältesten Phase, d. h. unter Juden, dargestellt ist:

- Die beiden sind typische Jünger Jesu. Wegen dieses »typischen« Charakters sind sie namenlos. Wenn sie sonst (und/oder später) Henoch und Elia heißen, so ist dieser Zusammenhang doch eigentlich nur Juden verständlich. Insbesondere Elia ist nach Sir 48 erneut zu Israel gesandt, nicht zu den Heidenvölkern.
- Im Blick auf ihre Identität ist das *ihr Herr* in Apk 11,8 ernst zu nehmen. Es kann daher gut sein, dass sie vor ihrer Übernahme durch Johannes auch schon Henoch und Elia hießen, aber in Apk 11 als typische Jünger Jesu »entfärbt« und »namenlos« wurden. Ebenso ist auch der ermordete und auferweckte Prophet bei Lactantius (Div Inst VII) namenlos.
- Jesus ist *ihr Herr* inmitten zweier Jünger (er sendet sie zu zwei und zwei vor sich her; vgl. die beiden Jünger von Emmaus; die beiden Zebedaiden und im Hintergrund die Regel von den zwei bis drei Zeugen). Ähnliches (in Fortsetzung?) ist aber dann insbesondere eine frühe und langlebige römische Tradition: Die römischen Doppelheiligen wie Kosmas und Damian, Gervasius und Protasius, Johannes und Paulus, Fabian und Sebastian etc. – Die Zweizahl ist daher auf jeden Fall zunächst und zumindest eine Reminiszenz an Palästina-Mission. Dort liegt jedenfalls der »älteste« und »archaische« historische Hintergrund der Zweizahl der Jünger und der speziell für Juden (wegen ihres Prophetenbildes, vgl. die Schrift »Vitae Prophetarum«) gedachten Wunder.
- Auf strikt jüdischen Einfluss (Dtn 19,15) weist dagegen insbesondere eine Dreizahl von Zeugen, so in den Parallelen zu Apk 11 in der Elia-Apk (Henoch, Elia und Tabita), später oft Henoch, Elia und Johannes der Theologe.
- Der Weg der beiden Zeugen nach Apk 11 wird dargestellt mit Hilfe von Material über die Zebedaiden (vgl. dazu BAK 700–704). Einige spätere Texte denken ebenfalls bei Apk 11 noch an die Zebedaiden.
- Wie Apk 11 darstellt, geht es zunächst um die Bekehrung der Menschen. Dass dieses speziell für Juden mit Wundern geschieht, wissen wir aus 1 Kor 1,22. – Später wird das Tun der beiden Zeugen immer mehr ein Kampf exklusiv gegen den Antichrist. Auch das weist auf einen römisch-politischen Hintergrund, denn der Antichrist ist in der Hauptsache ein Endtyrann nach dem Vorbild römischer Kaiser.

Auferstehung und Himmelfahrt gehören für das theologische Milieu, in dem Apk 11 entsteht, in das Berufsbild des Jüngers und Märtyrers (vgl. meine Darstellung der Märtyrer-Apokalyptik in: Die Auferstehung des Propheten, 1976, 234 ff.). Auch die »Erhöhung«/Aufnahme in den Himmel/Sitzen zur Rechten ist ein Topos der Märtyrertheologie, das »Sitzen zur Rechten« z. B. für Märtyrer nach TestHiob. Wenn Apk 11 in der Tat die typischen Jünger Jesu (daher namenlos) darstellt, dann geht es hier im Ganzen um ein archaisches Missionsmodell, das Martyrium von vornherein einschließt.

Die beiden sind ein Exempel dafür, apostolische Autorität vom Ende her zu denken. In den Apokalypsen, die dann gleich von der Wiederkunft Jesu reden, ist das Martyrium der beiden der letzte Akt vor dem Kommen des Herrn (wie Johannes des Täufers Geschick)

Es gibt innerhalb der Apk eine Spannung zwischen dem gottlosen Jerusalem (11,8) und dem gottlosen Rom (Babylon), beide sind die »große Stadt«, aber als Typus der verbrecherischen Imperialmetropole unterschiedlich konkretisiert, nämlich eher palästinisch als Sodom und eher danielisch-weltgeschichtlich als Babylon. Darin bildet sich noch einmal und auf besondere Weise die Abfolge von Juden- und Heidenmission ab. Dabei ist es doch derselbe römische Staat. der die Märtyrer verursacht. Die Auferstehung von Apk 11 entspricht dann der in Apk 20,4 f. berichteten.

Auch Hieronymus, Epistula 17 (An Marcellus) meint, dass in Apk 11,8 nicht Jerusalem gemeint ist, sondern die »Welt« *(mundum istum)*, nämlich urbs illa magna, quam Cain aedificavit [jene große Stadt, die Kain gebaut hat]. Das heißt: Man muss einmal überlegen, ob der Befund an Parallelen zu Apk 11 nicht nahelegt, dass in einer Vorform die Propheten wie auch die große Stadt Namen hatten (nämlich Henoch, Elia und Jerusalem). Die Namen brachte Johannes selbst zum Verschwinden, weil er diese Tradition generalisierte und also auf beliebige Jünger Jesu und beliebige Städte bzw. die Welt bezogen hat. Ähnlich geschieht es ja auch später (in der mittelalterlichen Exegese, jetzt also etwas anachronistisch geurteilt) mit den Machthabern von Apk 13 und 17: Nicht ganz ohne Zutun bzw. Vorarbeit des Propheten Johannes meint Haimo von Halberstadt (Auxerre), die sieben Häupter des Tieres meinten omnem huius saeculi potentatem, qui Daemoni adhaerent [alle Machthaber dieser Welt die einem Dämon anhängen]. Ich meine, dass das wohl zutrifft und dass alle Suche nach genauer Identifikation der angeblich gemeinten Individuen gar nicht unbedingt im Sinn des Propheten Johannes ist.

Zu erinnern ist nochmals (vgl. Die Auferstehung des Propheten 1976, 331) an den um 250 (?) in Nordafrika (?) lebenden lateinischen christlichen Dichter Commodian, der eine höchst beachtliche Parallele zu Apk 11 liefert: Er berichtet von zunächst nur einem Propheten (wie Elia), der Schauplatz des Geschehens ist Rom (!), der Tyrann ein wiederkehrender Nero. Elia wird als Feind der Römer gezeichnet. Die Auferweckung der dann zwei Propheten wird ganz im Stil einer römischen Apotheose gezeichnet. Commodian verarbeitet außer Apk 11 hier auch davon stark abweichende, vielleicht ältere und vielleicht jüdische Traditionen.

Warum Henoch und Elia?
Aber wie kam es zu Henoch und Elia? Einerseits weiß man: Sie sind noch nicht gestorben, ihr Tod steht noch aus; insofern »muss er zumindest in ihrem Falle

sein«. Andererseits wird er durch die Personalisierung auf Henoch und Elia gerade nicht (mehr) als das allgemein notwendige Jüngergeschick dargestellt, sondern geradezu als Ausnahme (für die noch nicht Gestorbenen). Insofern nimmt der Text den Sendboten dieser Jahrhunderte die Angst vor dem Martyrium. Denn er traf nur vorher Entrückte, und selbst in ihrem Fall wurden diese dann postwendend danach auferweckt und entrückt.

Dass auch spätere Verkündiger des Evangeliums im Bild der beiden geschaut wurden, beweisen in den Miniaturen die Darstellungen der beiden als Mönche in Kutten. Das geschieht in den Regionen, wo die Primärmission in der Hand von Mönchen lag wie bei den Iroschotten.

Über Elia und Henoch vgl. auch den mittelhochdeutschen »Antichrist« V. 7: So wirt uns gesendet an dem jungisten ende /Elyas und Enoch, die gewarnen doch,/ e daz der sit ane ge, daz uns der wuotrich beste,/ vil grimmech wirt diu not, si ligent beide von ime tot (nach F. Maurer: Die religiösen Dichtungen des 11. und 12. Jh., II, 495, Tübingen 1965).

Kommentar: Die Pointe der Geschichte, die Auferstehung und Himmelfahrt der beiden, wird ausgelassen. Ihr Geschick illustriert nur die große Not, die der Antichrist über die Welt brachte.

Tradition und Redaktion in Apk 11
Wir versuchen jetzt, die Vor- und die Nachgeschichte von Apk 11 aufeinander zu beziehen:

(1. Vorgeschichte, erster Teil): Ich halte es mittlerweile für möglich, dass diese Tradition in früheren Fassungen von Elia allein gegolten hat. Das entspräche noch dem nordafrikanischen Befund bei Lactantius und Commodian (1. Teil). War es dann die Funktion des Elia, Vorläufer der zweiten Ankunft des Herrn zu sein, so wie Johannes Vorläufer der ersten Ankunft war? So beurteilt jedenfalls Joachim von Fiore, Enchiridion 41, das künftige Kommen des Elia. Eine andere Lösung diskutiert dagegen Blasius Viegas, Komm. 452: Utrum Moyses et Hieremias futuri sint secundi adventus Christi praecursores (am Schluss hält er diesen Vorschlag für unwahrscheinlich).

(1. Vorgeschichte, zweiter Teil): Apk 11 existiert außerhalb der ApkJoh als Schluss einer Apokalypse; voran geht eine Liste von Herrschern aus den Weltreichen nach Daniel (nur rudimentär erhalten in Apk 13,2). Henoch und Elia werden genannt, weil sie ohnehin noch sterben müssen, und zwar unter dem gottlosen Endkaiser. Alle diese Züge werden in späteren Zeugnissen derselben Tradition ab Mitte 3. Jh. wiederbelebt. Die Auferstehung der beiden Märtyrer ist der erste Akt der allgemeinen Auferstehung.

(2. Redaktion innerhalb der Apk): Apk 11 wird entworfen als Idealbild der missionierenden Jünger Jesu unter der Gefahr des Martyriums. Dazu werden die Namen Henoch und Elia getilgt. Im Rahmen der ApkJoh steht Kap. 11 für Judenmission nach dem Urbild der Zebedaiden. Auf diese folgt dann erst die Mission

unter den Völkern unter besonderer Berücksichtigung Roms. Apk 11 ist so ein Versuch unter anderen geworden, das Ganze im Spiegel eines überschaubaren, kurzen Textes zu fassen. Es wird ein Mosaikstein in einer ununterbrochenen Folge sich verschärfender Angriffe der Gegner der Gemeinde. Funktion des Berichtes in Apk 11 ist nunmehr: Ermutigung zum Martyrium durch Schilderung der triumphalen Auferstehung.

Für Apk 11 gilt daher nicht nur die jüdische und judenchristliche Herkunft des Materials, sondern im Rahmen der Redaktion auch die besondere Rolle, die besondere Ausrichtung bzw. Epoche der christlichen Mission als Judenmission in der Erinnerung zu bewahren. Damit liefert Apk 11 den Judenchristen unter ihren Lesern eine besondere Stützung ihrer Identität. Damit geht es hier auch um ein besonderes Stück Geschichte – jedenfalls in Andeutung.

Erscheinungen der Propheten und anderer Märtyrer
Die Erscheinung der beiden auferstandenen Propheten von Apk 11,11 f. wird aus ihrer vermeintlichen Isolation befreit, wenn man sie als frühes Beispiel einer relativ festen Gattung betrachtet. Diese weist folgende Merkmale auf:
- Der Ermordete wird kurze Zeit nach seinem Tod als Auferweckter sichtbar (also nicht erst am Ende der Welt).
- Wie real bzw. materiell der Leib dabei ist, wird nicht gesagt.
- Die Adressaten dieser Erscheinung sind nicht die Freunde oder Jünger, sondern die Mörder oder Gegner oder ein nicht gerade freundlich gesonnenes Publikum.
- Das Ziel der Erscheinung ist nicht nur der Beweis des Lebendigseins, sondern die Widerlegung der Vorwürfe oder Vorwände für den Mord und die Überführung der Mörder.
- Das Auftreten kann mit einer Scheltrede bzw. Umkehrpredigt des Erscheinenden verbunden sein. (Speziell zu diesem Topos vgl. bereits Weish 5,1.3 f.).
- Der Schluss der Erscheinung kann als Hinaufgehen zum Himmel gedeutet werden.

Die Belege für diese Gattung sind:
- Mk 6,14–17: Herodes glaubt bzw. geht im Sinne dieser Gattung davon aus, dass Jesus der auferstandene Johannes der Täufer ist und ihm und dem Volk als Auferweckter erscheint. Denn er kann Wunder wirken.
- Apg 9; 16; 22: Jesus erscheint dem Saul/Paul, der ihn verfolgt (also sein Feind ist) und bekehrt ihn durch seine Anrede.
- Nach dem HebrEv (Hieronymus, vir. ill.2) erscheint der auferstandene Jesus dem Sklaven des Hohenpriesters, um ihm ein Stück Grableinwand zu übergeben. Nach PetrEv 35 ff. sind die Soldaten Zeugen der Auferstehung, ab V. 38 auch ein Centurio und Älteste, nach Acta Pilati 14 drei nicht christliche Galiläer.

- Apk 11,11 f.: Die beiden auferweckten Propheten erscheinen der feindseligen Menge, die sich über ihren Tod gefreut hatte (11,10) und bekehren davon eine Menge.
- MartPauli, Kap. 6: Nach seinem Martyrium erscheint Paulus dem Kaiser Nero und hält ihm eine Umkehrpredigt: »Kaiser, siehe, Paulus, der Soldat Gottes. Ich bin nicht gestorben, sondern ich lebe meinem Gott. Dir aber werden sein viele Übel und große Bestrafung, Ruchloser, weil du das Blut Gerechter ungerecht vergossen hast, nach wenigen Tagen.«
- MartGeorgii(kopt): Der auferstandene hl. Georg überführt seinen Mörder (T. Amélineau: Contes et Romans de l'Egypte chrétienne, Paris 1888, 167–216): Nach dem Martyrium wird Georg neu geschaffen (Gott bläst in sein Angesicht), er erscheint dann vor König Tatian, der ihn umbringen ließ (»Ich bin Georg, den ihr gestern getötet habt«), der König hält ihn für einen Schatten; dann ein Dritter: In Wahrheit, es ist Georg, der auferweckt ist von den Toten; der König bekehrt sich, der Märtyrer ruht dann mit Abraham, Isaak und Jakob. (Ähnlich die kopt. Siebenschläfer-Legende, ed. J. Drescher, Cairo 1947).
- MartMatthaei, Kap. 18: Tyrannenschelte; Kap. 26: der auferweckte Matthäus erscheint, der König bekehrt sich (Kap. 27).
- EliaApk(kopt): Die beiden auferstandenen Märtyrer Henoch und Elia erscheinen ihrem Feind und Mörder, dem Antichrist. Sie halten ihm eine Scheltrede (»Unverschämter, du hast keine Macht«). Er scheitert daran, dass er keine echten Wunder wirken kann.

Fazit: Wie das frühe Wirkungsmilieu der Apk in Ägypten belegt, ist auch in diesem Fall die Wirkung der Tradition hauptsächlich in Ägypten gegeben. Bis heute existiert dort die Tradition der Märtyrerkirche.

Die Eigenart der Auferstehung in Apk 11
Franciscus Junius Biturix, Apocalypsis s. Ioannis Apostoli et Evangelistae methodica analysi argumentorum notisque brevibus per F.I. B., Heidelberg 1591, bietet eine ganz besondere Deutung zur Auferstehung der Propheten in Apk 11 (60):

> resurgent quodammodo prophetae Dei non illi quidem in persona sua ut loquuntur, sed in spiritu id est virtute et efficacia sui ministerii, quam exponit Ioannes supra v. 5 et 6, sic enim praedictionem de Elia dictam de Ioanne baptista intelligendam interpretatur angelus Luc 1,17 [Die Propheten Gottes werden nich in eigener Person auferstehen, um zu reden, sondern »im Geist«, d.h. in der Kraft und Wirkung ihres Amtes, wie es Johannes in 11,5.6 ausgelegt hat. So deutet auch der Engel nach Lk 1,17 die Wiederaufnahme der Predigt des Elia durch Johannes].

Die Erklärung ist sehr geistreich, weil in der Tat das Verhältnis zwischen Elia und Johannes dem Täufer so zu deuten ist, dass Gott Johannes dieselbe besondere prophetische Begabung gibt wie sie Elia besaß. Doch gegen diese Lösung spricht, dass die beiden Propheten durchaus als sie selbst lebendig gemacht werden und dass sie vorher sogar eine von allen Zeugen bestaunte Himmelfahrt erlebt haben. Beides fehlt bei Elia jedenfalls. Für Apk 11 sind die beiden auferweckten Propheten dieselben, die zuvor auf dem Marktplatz für alle sichtbar ermordet dalagen und dann für alle sichtbar in den Himmel entrückt wurden. Von einem Wiederkommen nach Jahrhunderten »in fremder Person« mit eigenen und bekannten Eltern ist bei Elia nicht die Rede. So mag Biturix wohl Recht haben für die Beziehung Elia/Johannes der Täufer. Doch auf Apk 11 übertragen lässt sich das gerade nicht.

2.2.2 Die Machtworte des Elia

Der Prophet Elia wird in der Apk nicht genannt, auch nicht in Kap. 11. Doch ist es seit alters üblich, die beiden anonymen Propheten in Apk 11 als Henoch und Elia zu bezeichnen. Das ist ein gewagtes Unternehmen, denn von irgendwelchen Wundertaten Henochs ist in der jüdischen Tradition nicht die Rede. Aber die altkirchlichen Ausleger setzen hier gerne Henoch ein, weil sie ihn als Typos für heidenchristliche »Propheten« bzw. Vollmachtsträger ansahen. Die Beziehung Elia zum Judentum hingegen war unleugbar. Dass die Elia-Tradition bei der Zeichnung der beiden Propheten eine Rolle spielte, hängt nicht nur damit zusammen, dass man seine Wiederkunft erwartete (vgl. die Diskussion darüber in den vier Evangelien).

Innerhalb von Apk 11 werden die Machtworte des einen der beiden Zeugen nach dem Bild des Propheten Elia im Anschluss an 1 Kön 18,36–38 in Apk 11,5 f. relativ ausführlich beschrieben: *Will ihnen jemand Unrecht tun, dann rufen sie Feuer vom Himmel, das ihre Feinde verbrennt. Wer ihnen unrecht tun will, der kommt auf diese Weise um. Sie können den Himmel zuschließen, so dass es in der Zeit, in der sie als Propheten wirken, nicht regnet. Sie können Wasser in Blut verwandeln und die Erde mit Strafen schlagen, wie und sooft sie wollen.*

Obwohl Apk 11 Judenmission darstellt, verloren Henoch und Elia dennoch ihre Namen, weil es sich um typische Jünger Jesu handeln soll. Erkennbar ist, dass die hier genannten Merkmale teilweise aus dem Mose-Bild stammten. Sowohl die Elia- als auch die Mose-Attribute sind für Johannes wichtig, weil so Züge für das altchristliche Prophetenbild zusammen kommen, die Johannes für charakteristisch hält. Dass dieses für heutige Verhältnisse nicht gerade sympathische Züge sind, ist darin begründet, dass nach der theologischen Ausrichtung des Johannes eine Ablehnung Gottes auch schon im zeitlichen Nahbereich nicht folgenlos bleibt.

Da Johannes sich selbst als Prophet sieht, ist das Bild, das er hier entwirft, auch für das eigene Selbstverständnis inklusive erwarteteter Wirkung seines Buches aufschlussreich. Auf das Vorhandensein von Vollmacht hinzuweisen, ist schließlich das eine, sie auch auszuüben, das andere.

Zur Wirkung dieser Tradition in der Alten und mittelalterlichen Kirche:
1. P. Rainer 108, Viktor Stegemann: Die koptischen Zaubertexte der Sammlung Papyrus Erzherzog Rainer in Wien (SB Heidelberger AW, Phil.-hist. Kl. 1934, 73–76, 26: chariot of Christ he has prayed, »(Gott) Er hat aufgerichtet den, der ihn gesucht«.
2. Kopt. Tradition »Gebet des Elia«: Zu Elia machtvoller Rede: M. Hayek: Élie dans la tradition syriaque, in: Élie le prophète selon les écritures et les traditions chrétiennes, Brüssel, Les études carmélitaines, 1956, 1970.
3. Das Gebet des Elia spaltet den Jordan. Der Jordan wird wie trockenes Land durch die Macht dessen, der die Schlüssel des Himmels hat.
4. Texte des 10. Jh.: Bindende Worte des Elia: Chakouri charbei chabria shoram shouiona: Let this binding be upon the male organ of NN entering into NN (P. Heid. 1682 II 29.34, F. Bilabel, A. Grohmann, Gr., kopt., arab Texte, Heidelberg 1934, 394).

Kommentar: Die Wirkungsgeschichte führt zur Beobachtung, dass schon in Apk 3,7 von diesem wirkmächtigen und definitiven Wort die Rede war, das bewirkt, was es besagt. Denn das Wort des Propheten *kommt nicht leer zurück*. Johannes dürfte also ein ähnliches Verständnis auch vom eigenen Machtwort gehabt haben. Er äußert sich in diesem Sinn wohl in 22,18 f. – Damit bleibt das prophetische Selbstverständnis am Wort orientiert. Vgl. zu dieser Tradition: TestSal 8; PGM 8, 1; 12, 121; 7, 795.

Kommentar: Wichtiger als der Wortlaut der Formel ist die Autorität des Propheten.

Ferner: H. D. Betz: The Formation of Authoritative Tradition in the Greek Magical Papyri, in: Jewish and Christian Self-Definition, III Self-Definition in the Greco-Roman World, ed. B. F. Meyer, E. P. Sanders, Philadelphia 1982, 161–170.236–238.

Nur Strafwunder?
Dem modernen Leser wird es besonders auffallen, dass von den beiden Propheten in Apk 11 ausschließlich Strafwunder berichtet werden. Das ist anders als in den Evangelien. Die Apk ist damit, ähnlich wie im Fall der Städte-Enkomien als Vorlagen für Apk 21 f. (s. u.), im Bereich römischen Denkens. Das betrifft hier speziell die Funktion der Prodigien in etruskisch-römischem Kult und Politik. Denn ein Prodigium ist eine mittlere Katastrophe, die zum Umdenken zwingt. Dieses Umdenken besteht in der Korrektur kultischer Defizite, etwa darin, dass man, um den Zorn eines Gottes abzuwenden, ihn sorgfältiger verehrt. (Vgl. dazu K. Berger: Hellenistisch-heidnische Prodigien und die Vorzeichen in der jüdischen und christlichen Apokalyptik, in: ANRW II/23,2 (1980) 1428–69.)

Prodigien sind immer nur Katastrophen, nicht etwa positive wunderhafte Liebes- oder Gunsterweise der Götter. Wahrscheinlich können alle Katastrophen, die in Apk 6–11 berichtet werden inklusive der Quälereien, die von den beiden Propheten ausgehen, der Gattung der Prodigien zugeordnet werden. Und auch dass es in der Regel mittlere Katastrophen sind, passt in die Logik der Prodigien. In der Apk wird das öfter durch die Einschränkung angedeutet, dass z. B. nur ein

Drittel der bestraften Kreaturen betroffen sei. Denn diese »Salami-Taktik« rechnet stets damit, dass noch nicht alles verloren und eine Wende immer noch möglich ist.

Da die Menschen auf die durch die Propheten gewirkten Zeichen im Großem und Ganzen nicht oder kaum reagieren, bleibt als Mittel, sie zu bewegen, nur die größere Katastrophe bzw. der Triumph der Märtyrer, der mit der Apotheose römischer Kaiser nun außerordentlich viel gemeinsam hat (dazu vgl. C. Colpe, K. Berger: Religionsgeschichtliches Textbuch 1987, 89–92). Leicht anachronistisch geurteilt: Im Blick auf diese Romulus als ersten nennende Tradition sind die Märtyrer Petrus und Paulus dann wirklich die neuen Romulus und Remus (Vgl. 2. Vesper zum 29. Juni in der *Liturgia Horarum* von Heiligenkreuz: Vos ergo modo, gloriosi martyres caelestis aulae triumphales milites ferte super aethera.)

Durch den Hinweis auf die römischen Prodigien sind die Anstößigkeiten an Apk 6–11 für den modernen Leser zwar nicht beseitigt, aber wir haben wenigstens den Versuch unternommen, den Zentralgedanken dieser Kapitel zu verstehen. Außerdem gibt es gerade unter den Nicht-Christen und Außenstehenden recht viele, die von Wundern nichts halten. Katastrophen dagegen sind für jedermann, auch für erklärte Atheisten evident. Und wenn man schon an nichts glaubt, kann man schlecht ausgerechnet als erstes zum Wunderglauben bewegt werden. Ein Ansetzen bei den Katastrophen belastet jedenfalls niemanden mit Spekulationen.

2.2.3 Zweite Sendung

Laut Apk 10,11 muss Johannes *nochmals* sein Prophetenamt wahrnehmen, und zwar gegenüber Völkern, Stämmen, Sprachen und vielen Königen. Wann und wie das geschehen soll, wird nicht gesagt. An den verschiedenen Versuchen, dieses zu deuten, lässt sich jedoch die ganze Geschichte der Auslegung ablesen. Weil das symptomatisch ist, wird es hier behandelt. Einen ersten geschickten Versuch dazu unternahm bisher nur Gregorius Ferrarius in seinem dreibändigen Kommentar (Mailand 1655). Er nennt die auch heute noch gebräuchlichen alten Kommentare. Ich unternehme hier – auch aufgrund des inzwischen gewaltig angewachsenen Materials an apokryphen Apokalypsen – den Versuch einer Neu-Typisierung:

> 1. Im ersten christlichen Jahrtausend wird die zweite Sendung des Johannes selbst zu einem Akt des apokalyptischen Dramas: Voraussetzung ist die Auslegung von Apk 11 auf Henoch und Elia. Johannes wird zu einer dritten Figur neben ihnen. Er wird bei deren Auftreten in der allerletzten Endzeit zusammen mit ihnen den Antichrist bekämpfen, entlarven und beschimpfen. Mit ihnen zusammen wird er den Märtyrertod erleiden und dann auferstehen. Die Gründe für diese Annahmen werden zumeist nicht ausdrücklich genannt, sie liegen aber auf der Hand. Denn Apk 10,11 wird ergänzt durch

Joh 21,23: Johannes der Lieblingsjünger und Evangelist wird nicht sterben, wird also dann noch leben und dann erst den Tod erleiden. Anders als Henoch und Elia, die ja schon auferweckt und im Himmel sind und dann vom Himmel herabkommen werden, wird Johannes »der Theologe« sich auf Erden verborgen halten, zum Beispiel im fernöstlichen Reich des Priesters (= Ältesten) Johannes, und dann hervortreten.

Die Texte: EliaApk(kopt), Übers. W. Schrage: Mit Henoch und Elia zusammen wird die Jungfrau Tabita auftreten und gegen den Antichrist angehen und wie sie den Märtyrertod sterben. Weil man Johannes für jungfräulich hielt (vgl. Apk 14,3 f.), ist dieses zumindest eine plausible Deutungsmöglichkeit. – Von drei Männern spricht die Daniel-Dieg(gr), ed. K. Berger 14,1 (gegen den Antichrist); 14,10 (Martyrium); ebenso Daniel-Apk(gr) I und II, Ps.-Methodius Apk (gr); Vita Basileos Neos (gr und russ.); Andreas Salo (MPG 111).

B. Viegas, Komm., 422, fragt in einem Exkurs: Utrum Iohannes Evangelista venturus sit simul cum Enoch et Helia temporibus Antichristi. Laut Hippolyt, De consummatione mundi, sei er ja noch am Leben (vivus adhuc). Denn so wie Johannes der Täufer Vorläufer der ersten Parusie war, so könnte Johannes der Evangelist und Apokalyptiker der zweiten Parusie vorangehen. – Auch Jeremia kam neben Henoch und Elia in die Diskussion, denn auch bei ihm glaubt man, dass er noch lebe, weil die Bibel nirgends seinen Tod berichte (!), vgl. Mt 16,14.

2. Zwar wird Johannes nicht das Geschick von Henoch und Elia teilen, aber er wird gegen den Antichrist auftreten.

Die Texte: Andreas von Caesarea, 96: »Er habe den Tod noch nicht gekostet und werde kommen am Ende, um der Annahme der Betrügereien des Antichrist ein Ende zu setzen«; Alexander von Bremen (Minorita) ed. Wachtel, S. 225. Beatus von Liébana (novissima praedicatio); Cornelius a Lapide.

3. Johannes wird nach dem Tod/Ende des Antichrist auftreten.

Die Texte: Bernhardin von Siena (73).

4. Biographisch-hagiographische Deutung: Johannes wird nach seiner Zeit auf Patmos aus dem Exil zurückkehren und dann wieder wie andere Apostel verkündigen. In der Zeit wird er dann auch das Evangelium (z.B. gegen Kerinth) schreiben.

Die Texte: Viktorin von Pettau; Primasius; Ambrosius Autpertus, 404 f.; Beda Venerabilis; Ps.-Bonaventura; Dionysius Carthusiensis, 122; N. Gorranus; N. Selnecker; B. Viegas – Ambrosius Autpetrus, 405, beruft sich als einziger dabei auf 1 Kor 14,29 (zwei oder drei Propheten: Dieses könnte eine Reminiszenz an die oben unter 1. erörterte Dreizahl sein). Im Sinn der Abkehr von den bisherigen Adressaten und der Hinwendung zu den Heiden D. E. Aune: He is commanded to denounce the wickedness of those who have not responded to the Christian gospel (Comm., 575).

5. Die Prophetie bezieht sich auf ungewisse spätere Tätigkeit des Johannes (Franciscus Lambertus von Avignon; H. Giesen: »auch in Zukunft«) oder überhaupt auf die spätere Verkündigung des Evangeliums (Joachim von Fiore, Expositio, 142).

6. Literarisch-kompositionskritische Deutung: Kap. 10 bildet den Übergang zu einem zweiten Teil des Buches. Nachdem sich der erste Teil auf die Bekehrung der Juden richtete, geht der zweite Teil auf die Heidenvölker mit besonderer Berücksichtigung der heidnischen Könige (so J.-B. Bossuet, 187 ff. [Epoche der Verfolgungen], BAK und s.o.). G. Ferrarius deutet an, dass sich diese Deutung auch bei L. de Alcazar (Vestigatio arcani sensus in apocalypsi, Antwerpen 1604–18) findet.

Fazit: Angesichts der Nüchternheit der formgeschichtlich-literarischen Erklärung erscheint einem die oben unter 1. erörterte mythologisch-apokalyptische und sehr phantasiereiche Deutung als fast schon wieder sympathisch, jedenfalls als aus dem gleichen Holz geschnitzt wie die Apk.

2.3 Leben unter dem Leitbild des Himmlischen Jerusalem

2.3.1 Lob der Stadt

In Apk treffen sich bei der Schilderung der neuen Schöpfung zwei wichtige literarische Gattungen, die Schilderungen des *locus amoenus* und der »Hymnus auf Rom bzw. die große Stadt«. In beiden Gattungen wird das Schöne, Ideale und Friedvolle beschrieben. In Apk 21 sind sie auf einzigartige Weise miteinander verknüpft. – In beiden Fällen ist die Stärke der Gattung gewissermaßen das Flussbett, in dem sich im Leben der Kirche eine kräftige Wirkungsgeschichte entwickeln konnte.

Der Garten als locus amoenus
Der Paradiesgarten wird dargestellt als der locus amoenus (Requisiten: lichter Hain, Quelle/Bach, Wiese, Vögel). Mit Apk ist hier besonders aus der Nachbarschaft die Schilderung des himmlischen Paradieses in Hen(slav) zu vergleichen:

> Hen(slav) 8,1–4 (Böttrich): Und sie führten mich in den dritten Himmel und ich sah den Ort des Paradieses. Und dieser Ort ist von unbeschreiblicher Schönheit. (2) Und ich sah alle Bäume mit schönen Blüten, und ihre Früchte waren reif und wohlriechend. Und alle Nahrung wird hervorgebracht und fließt über mit wohlriechendem Duft. Und in der Mitte befindet sich der Baum des Lebens an diesem Ort. Und dieser Baum ist von unaussprechlicher Schönheit und unaussprechlichem Wohlgeruch und schöner als alle Geschöpfe, die es gibt. (4) Und von allen Seiten ist es goldfarben und von purpurnem Aussehen und feurig, und er bedeckt das ganze Paradies. Er hat von allen gepflanzten Bäumen und allen Früchten. Er hat seine Wurzel im Paradies am Ausgang der Erde.

2.3.2 Hymnen auf Rom und die Apokalypse

In der Wirkungsgeschichte der Apk gibt es eine ganze Reihe von Hymnen auf das Himmlische Jerusalem. Aus der riesigen Anzahl wurden hier einige Exemplare herausgegriffen. Die Dichter dieser Hymnen folgten dabei regelmäßig den Vorgaben der Gattung »Städte-Enkomion«, die die antike Dichtkunst/Rhetorik hervorgebracht hat. Die ältesten dieser Städte-Verherrlichungen beziehen sich, soweit mir bekannt ist, auf Rom. Sie sind ab dem 2. Jh. vC. belegt und werden dann im Lauf der Jahrhunderte auf andere Städte, wie z. B. Aachen, ausgeweitet. Gerade an dem letztgenannten Fall ist gut erkennbar, dass das Lob der Stadt zuallererst dem Herrscher gilt. Und damit sind wir beim Thema der Apk und der Funktion der Kap. 21 f. in diesem Buch.

Wesentliche Elemente dieser Gattung kann man über mehr als 1400 Jahre in Hymnen vor allem auf Rom zusammenstellen. Dazu gehört: »nichts ist größer als«, »gebührend zu preisen ist unmöglich«, »Goldglanz«, »ragt in den Himmel hinauf, ist den Sternen benachbart«, »hat sieben Hügel«, ist Mutter vieler Menschen (lat. *parens*), alle Völker sind in diese *civitas* aufgenommen, Rom ist die gemeinsame Heimat der Völker, es beherbergt alle Götter. Nach Vergil ist Rom die Göttermutter. Auch ohne weitere Belege kann man wahrnehmen, dass vieles davon in der Apk auf das Himmlische Jerusalem bezogen ist.

> Zu den Belegen: Der erste nachweisliche Rom-Hymnus stammt von der Dichterin Melinno (2. Jh. vC.), er ist in griech. Sprache im sapphischen Versmaß verfasst. Vgl. C. M. Bowra: Melinno's Hymn to Rome, in: Journal of Roman Studies 47 (1957) 21–28; J. D. Gauger, Der Rom-Hymnus der Melinno (AnthLyr II, 6, 209 f.) und die Vorstellung von der Ewigkeit Roms, in: Chiron 14 (1984) 267–299; Original bei Stobaios, Anthologia III, 7,12 (312–313) und Suppl. Epigraph. Graec. Ferner: W. Germentz: Laudes Romae, Diss. Rostock 1918. – Das Lobgedicht auf Rom steht bei Vergil, Aeneis VI, 781–787. Ferner: Das poetische Werk des Claudianus (Laudes Romae), Ende 4. Jh. nC. (dt. Ausgabe: G. von Wedekind: Dichtungen des Claudius Claudianus, Darmstadt 1868). – Lit. bei U. Knoche: Laudes Romae des Rutilius, in: Vom Selbstverständnis der Römer. Gesammelte Aufsätze, Heidelberg 1962. – Der Hymnus »Urbs Aquensis« (über Aachen) ist eine Dichtung des 12. Jh., die sich auf Karl den Großen bezieht. Sie lobt daher – wie es auch Absicht vieler auf Rom bezogener Hymnen vorher war – mit der Stadt zugleich den Kaiser: Urbs Aquensis, urbs regalis/ regni sedes principalis/ prima regum curia. Regi regum pange laudes O rex mundi triumphator (dazu: Anal. Hymn 55, 225 f.); angebliche Vorlage für *Lauda Sion salvatorem*.

Die 2. Vesper zum 29. Juni im Heiligenkreuzer Stundengebet hat diesen Hymnus: O Roma felix, quae tantorum principum es purpurata pretioso sanguine. Extollis omnem mundi pulchritudinem.

Kommentar: Neu gegenüber den Rom-Hymnen ist in den christlichen Texten, sei es über Jerusalem, sei es über Rom, dass die Märtyrer hinzukommen. Das Rot ihres Blutes ist das königliche Purpur. Die Märtyrer sind die Könige, der König der Könige ist der ermordete Messias. Damit ist der grundlegende Gegensatz zwischen römischer Herrschaftsideologie und Christentum angesprochen. Trotz Beibehaltung der Gattung des Städte-Enkomions zugunsten der Könige ist die Bedingung des Königtums im Christentum eine grundlegend entgegengesetzte.

Elemente, die auf Apk 21 f. und die Wirkungsgeschichte hinweisen: Aus dem hier zitierten »O Roma felix« s. u. das Attribut *beata*, die Elternschaft der Stadt (vgl. Apk 12), der Titel »König der Könige« im Hymnus »Urbs Aquensis«. Der Verheißung der ewigen Dauer Roms entspricht, dass das Himmlische Jerusalem zur Neuen Schöpfung gehört, in der es keinen Tod gibt, stattdessen Lebensbäume wie Lebenswasser.

In der Aufnahme der Gattung »Enkomion auf die große Stadt« leistet der Prophet Johannes auch dieses: Im Geschick Babylons entwirft er das Gegenbild in Gestalt einer großen, einst prächtigen, doch unglücklichen und todgeweihten Stadt. Indem er das untergegangene Babylon dem Himmlischen Jerusalem gegenüberstellt, durchbricht er von Anfang an die potenzielle Eintönigkeit der üblichen und auch späteren hier präsentierten Stadt-Hymnen.

Neu-Jerusalem, nicht Rom
Keine der im Anschluss zu präsentierenden Jerusalem-Hymnen nennt auch nur das Stichwort Babylon (geschweige denn Rom): Es gilt nur Jerusalem. Die Hymnen über das Himmlische Jerusalem sind ihrer inhaltlichen Ausrichtung nach Darstellungen des »besseren Roms«, nicht des besseren Jerusalems. Keine der christlichen Neu-Jerusalem-Hymnen enthält auch nur im Ansatz antijüdische Elemente.

Das war im Hebr noch anders. Dort ist der irdische Tempel Typos des himmlischen bzw. der irdische ist von vornherein Abbild des himmlischen (Ex 25,40). Daher ist er auch ähnlich eingerichtet und es gelten dieselben Kultregeln, z. B. dass alles mit Blut gereinigt wird. Der Verfasser der Apk denkt ganz anders: Im Himmel ist kein Heiligtum und auch nicht die Spur von Sühnekult. Daher gibt es im Himmel gerade kein Blut, und das unterscheidet die Apk von Hebr.

Anders später die romanische Kunst in Zentraleuropa: Durch die Nachbildung des Siebenarmigen Leuchters (den es in der Apk zwar gibt, aber nicht als Teil des Tempels) und des Rauchopferaltares (Krodo-Altar) wird wieder die typologische Nähe zum alttestamentlichen Tempel gesucht. Das Motto dieser retrograden Annäherung heißt: Nicht das bessere Rom, sondern wirklich der himmlische Tempel, also eher an Jerusalem als an Rom orientiert. Das kommt auch in der Bestückung des Radleuchters in den frühromanischen Domen zum Ausdruck, die jedenfalls alttestamentlich gedacht ist.

Während in den christlichen Rom-Hymnen das vergossene Blut Merkmal des Königtums ist, spielt es in der Kirchbau-Symbolik des frühen Mittelalters keine Rolle. Insofern gibt es hier einen Dissens zwischen Architektur (Jerusalem) und Hymnik (Rom). Wieweit genau dieser Dissens auch einer zwischen Kaisertum (Rom) und Kirche (Jerusalem) ist, das ist hier nicht zu diskutieren.

Texte
Hier ist zunächst eine Übersicht über die im Folgenden präsentierten, übersetzten und besprochenen Texte zu geben:

(1) Eine Liebeserklärung (Augustinus) – (2) Dir lebt mein Herz (Petrus Damiani) – (3) Der klassische Hymnus *Urbs Hierusalem beata* – (4) Die seligen Bewohner – (5) Haus Gottes und Himmelspforte – (6) Die himmlische Mutter (7) Über alles in der Welt – (8) Unter dem Hammer des Leidens poliert – (9) Zwölf Tore, zwölf Perlen – (10) Heilige Namen – (11) Haus des Glücks – (12) Brief an Hildegard von Bingen – (13) Labardinus von Mans – (14) Petrus Abaelardus – (15) Bild der Kirche (Birgitta von Schweden) – (16) Die Zwölfer-Symbolik und das Quadrat – (17) Der Marktplatz

(1) Eine Liebeserklärung (Aurelius Augustinus, Soliloq. 54 f.)

Mater Hierusalem, civitas Dei sancta, charissima sponsa Christi, te amat cor meum, pulchritudinem tuam nimium desiderat mens mea. O quam decora, quam gloriosa, quam generosa tu es. Felix anima mea semperque felix in saecula si intueri meruero gloriam tuam, beatitudinem tuam, pulchritudinem tuam, portas et muros et plateas tuas et mansiones tuas multas, nobilissimos cives tuos et fortissimum regem tuum in decore suo almae Sionis aemuli. O sorte nupta prospera hic margaritis emicat patentque cuncta lapidibus expolitis.

Muri namque tui ex lapidibus pretiosis, portae tuae ex margaritis optimis, plateae tuae ex auro purissimo, in quibus iucundum Alleluia sine intermessione concinitur, mansiones tuae multae quadris lapidibus fundatae, sapphiris constructae, laterculis coopertae aureis, in quas nullus ingreditur nisi mundus, nullus habitat inquinatus. Speciosa facta es et suavis in deliciis tuis, mater Ierusalem. Nihil in te tale quale hic patimur, qualia in hac muro (?) vita cernimus. Non sunt in te tenebrae aut nox aut quaelibet diversitas temporum. Sol iustitiae semper illuminat te. Agnus candidus et immaculatus lucidum et pulcherrimum est lumen tuum. Ipse rex regum in medio tui. Et pueri eius in citteu eius. Ibi hymni dici angelorum chori, ibi societas supernorum civium, ibi dulcis solemnitas omnium, ab hoc Christi peregrinatione ad tua gaudia redeuntium. Ibi prophetarum providus chorus, ibi duodenus apostolorum numerus, ibi innumerabilium martyrum victor exercitus. Ibi sanctorum confessionum sacer conventus exsultant omnes in propriis mansionibus. Dispar est gloria singulorum sed communis est laetitia omnium. Plena et perfecta ibi regnat charitas, quia Deus est ibi omnia in omnibus, quem sine fine videndo se semper in eius amore ardent, amant et laudant, laudant et amant. Omne opus eorum laus Dei sine finis e post resolutionem huius corpusculi. Audire meruero illa cantica caelestis melodiae quae cantantur ad laudem regis aeterni, ab illis supernae patriae civibus beatorumque spirituum agminibus. Fortunatus ero nimiumque beatus, si et ego ipse meruero cantare ea et assistere Regi meo deo meo et Duci meo et cernere eum in gloria sua.

[Mutter Jerusalem, heilige Gottesstadt, heissgeliebte Braut Christi dich lebe ich von Herzen, nach deiner Schönheit sehnt sich meine Seele. Wie schön, wie herrlich, wie edel bist du. Glücklich bin ich und glücklich werde ich in Ewigkeit sein, wenn ich deine Herrlichkeit anschauen darf, deine Seligkeit, deine Schönheit, deine Stadttore, Mauern und Straßen, deine vielen Häuser, deine edlen Bürger und den mächtigen König in seinem Glanz die Mutter Zion nachahmen, du glücklich verheiratete Frau, alles leuchtet von Perlen und ist für die Betrachter offen mit geschliffenen Steinen vom hohen Gipfel des Olymp her]. [*andere Version:* Mutter Jerusalem, heilige Stadt Gottes, liebste Braut Christi, dich lebt mein Herz. deine Schönheit ersehnt nämlich mein Inneres. Wie schön, wie herrlich, wie edel bist du Glücklich bin ich und immer selig in Ewigkeit, wenn ich deine Herrlichkeit anschauen darf, deine Holdseligkeit, deine Schönheit, deine Tore und Mauer, die Straßen und deine vielen Häuser, deine edlen Bürger und deinen tapferen König in seiner Pracht. Denn deine Mauern sind aus kostbaren Steinen, deine Tore aus wunderbaren Perlen, deine Straßen aus reinstem Gold. Darin wird unentwegt ein fröhliches Alleluja gesungen. Deine vielen Häuser sind auf Quadersteinen errichtet, aus Saphiren gebaut, bedeckt mit goldenen Ziegelsteinen. Nur wer rein ist, darf eintreten, kein Böser wohnt dort. Schön bist du und lieblich in deiner Freude, Mutter Jerusalem. Nichts ist in dir von alledem, das wir erleiden müssen, was wir in diesem kargen Leben wahrnehmen. In dir gibt es weder Finsternis noch Nacht noch einen Wechsel der Zeiten. Die Sonne der Gerechtigkeit erleuchtet dich allezeit. Das strahlende und unbefleckte Lamm ist dein helles und allerschönstes Licht. Er selbst, der König der Könige ist in deiner Mitte. Und seine Kinder sind in seiner Stadt. Dort singen die Chöre der Engel Hymnen, dort sind die Himmelsbürger zusammen, dort ist das herzliche Feiern aller. In deine Freuden finden alle zurück nach der christlichen Pilgerschaft. Dort ist der hellsichtige Chor der Propheten, dort ist die Zwölfzahl der Apostel, dort ist das siegeiche Heer der unzähligen Märtyrer. Dort ist die heilige Gemeinde der heiligen Bekenner. Alle jubeln in ihren Wohnungen. Denn ist auch der Glanz der einzelnen verschieden, gemeinsam ist doch die Fröhlichkeit aller. Volle und vollkommene Liebe regiert dort, denn Gott ist dort alles in allen Dingen. Ihn sehen sie ohne Ende und brennen stets in der Liebe zu ihm. Sie lieben und loben, loben und lieben. All ihr Tun ist Lob Gottes nach der Befreiung vom Leib. Ich darf jene Lieder der himmlischen Melodie hören, die gesungen werden zum Lob des ewigen Königs, von den Bürgern der himmlischen Vaterstadt und den Heeren der Seligen. Und ich werde, wenn ich Glück haben darf, selig sein und dann darf ich selbst bei dem König, meinem Gott sein, bei dem, der mein Fürst ist, und darf ihn wahrnehmen in seiner Herrlichkeit.]

(2) Dir lebt mein Herz (Petrus Damiani, Med. 25)

Nam quis promat summae pacis quanta sit laetitia [Denn wer kann ermessen, wie groß die Seligkeit des höchsten Friedens ist?]. Ubi vivis margaritis surgunt aedificia auro celsa micant tecta, radiant triclinia [Wo die Häuser aus lebendigen Perlen dastehen und die hohen Dächer von Gold schimmern und die Säle leuchten]. Solis gemmis pretiosis hic structuris nectitur [Nur aus kostbaren Juwelen in seinen Balken geknüpft]. Auro mundo tamquam vitro urbis via sternitur [Aus reinem Gold wie aus Glas ist die Straße gebaut]. Abest linus, deest simus, lues nulla cernitur [Es gibt kein Klagelied, keine Missgestalt ist da, keine Seuche kann man wahrnehmen]. Hiems horrens, aestus torrens illic numquam saevient [Weder vor Kälte zitternder Winter noch dürrer Sommer wüten dort]. Flos purpureus rosarum ver agit perpetuum [ewiger Frühling treibt rote Blumen hervor]. Candent lilia, rubescit crocus, sudat balsamum [Die Lilien leuchten, der Krokus schimmert rot, der Balsam schwitzt].

Vivent prata vernant sata, farum mellis influent [Die Wiesen leben, die Saaten sprossen im Frühling, Honig bringen sie hervor]. Pigmentorum spirat odor, liquor et aromatum [Es riecht bunt, Flüssiges riecht nach Gewürzen]. Tendent poma floridorum non xxx [?] nemorum [das Grün bringt Früchte hervor, die Wälder]. Non alternat luna vices sol vel cursus siderum [Mond, Sonne und der Lauf der Sterne bleiben bei ihrer Bahn]. Agnus est felicis urbis lumen inoccidium [das Lamm ist das Licht der Stadt, das nicht untergeht]. Nox et tempus desunt aevum diem fert continuum [Weder Nacht gibt es noch verschiedene Zeiten, die Ewigkeit lässt es immer Tag sein]. Nam et sane quique velut sol praeclarus rutilant [Denn auch strahlen sie wie die helle Sonne]. Post triumphum coronati mutuo coniubilant [nach dem Sieg jubeln sie gemeinsam im Wechselgesang]. et prostrati pugnas hostis iam socuri(?) numerant [und auf Knien zählen sie schon sorglos die verlorenen Schlachten des Feindes auf]. omni labe defaecati caris lella nesciunt [geläutert von jedem Makel kennen sie keine Sorgen]. caro facta spiritalis et mens unum faciunt [ihr Fleisch ist geistlich geworden, mit dem Geist im Handeln vereint]. pace multa perfruentes scandala non preferunt [Sie genießen tiefen Frieden und vermeiden Ärgernisse].

(3) Der klassische Hymnus *Urbs Hierusalem beata* (anonym, 7./8. Jh.)

Urbs beata Hierusalem dicta pacis visio / Quae construitur in caelis vivis ex lapidibus / Ab angelis coronata velut sponsa nobilis / Nova veniens e caelo nuptiali thalamo / Praeparata ut sponsata copuletur domino / Plateae et muri eius ex auro purissimo / Portae nitent margaritis adytis patentibus / Ex virtute meritorum illuc introducitur / Omnis qui ob Christi nomen hic in mundo premitur. Tonsionibus, pressuris expoliti lapides / Suis coaptantur locis, per manus artificis/ Disponuntur perminorum(?) sacris edificiis / Angulare fundamentum lapis christus missus est / Qui compage parietum in utroque nectitur / Quem Sion sancta suscepit in quo credens permanet/ Omnis illa Deo sacra et dilecta civitas/ Plena modulis in laude et canoro iubilo / Trinum deum unicumque cum favore praedicat / Hoc in templo summe Deus exoratus adveni / Et clementi bonitate precum vota suscipe/ Largam benedictionem hic infunde iugiter. Hic promereantur omnes petita accipere/ Et adepta possidere cum sanctis perhenniter/ Paradisum introire translati in requiem / Gloria et honor deo usquequo altissimo / Una patri filioque incluso paraclito / Cui laus est et potestas per aeterna saecula, Amen.

(Übers. auch BAK 1413): O seliges Jerusalem, Vision des Friedens genannt,/ im Himmel gebaut wie eine edle Braut / sie kommt ganz frisch vom Himmel aus dem Brautgemach / vorbereitet für die Verbindung durch die Ehe mit dem Herrn / reinstem Gold / die Tore strahlen von Perlen, da das Innerste offensteht / aufgrund seiner Verdienste wird dort eingelassen / jeder, der um Christi Namens willen in dieser Welt bedrückt worden ist / die Steine sind geschliffen, gepresst und so geglättet / wo sie sind, ist er erwünscht, durch des Baumeisters Hand / werden sie über die heiligen Bauwerke verteilt. Als Fundament des Ecksteins ist Christus, der Stein, gelegt/ durch die Fugen der Wände ist jeder verbunden / den das heilige Zion in sich aufgenommen hat, und wer glaubt, bleibt darin. / Die ganze Gott heilige und von Gott geliebte Stadt / ist voll von Melodien in Lob und lieblichem Jubelklang./ So preist sie den dreifaltigen Gott mit Liebe. / Komm in diesen Tempel, wo man dich ersehnt / reichen Segen schenke hier, Gott. Hier mögen alle, die es verdient, erhalten, worum sie baten. / und was sie erhielten, mögen sie ewig in Verbund mit den Heiligen besitzen/ und das Paradies betreten, zur Ruhe geführt. /Herrlichkeit und Ehre dem höchsten Gott, dem Vater, dem Sohn samt dem Parakleten, / ihm gehört die Macht in alle Ewigkeit, Amen.

Andere Fassung: Caelestis urbs Ierusalem/Beata pacis visio/Quae celsa de viventibus/ Saxis ad astra tolleris /Sponsaeque ritu cingeris/Mille Angelorum millibus! – O sorte nupta prospera/Dotata Patris gloria/Respersa Sponsi gratia/Regina formosissima/Christo iugata Principi/Caeli corusca civitas! Hic margaritis emicant/Patentque cunctis ostia/ Virtute namque praevia/Mortalis illic ducitur/Amore Christi percitus/Tormentis quisquis sustinet// Scalpri salubris ictibus/Et tunsione plurima/Fabri polita malleo/Hanc saxa molem construunt/Aptisque iuncta nexibus/Locantur in fastigio//Alto ex Olympi vertice/Summi Parentis Filius/Ceu monte desectus lapis/Terras in imas decidens/Domus supernae et infimae/Utrumque iunxit angulum//Sed illa sedes caelitum/Semper resultat laudibus/Deumque Trinum et Unicum/Iugi canore praedicat/Illi canentes iungimur/Almae Sionis aemuli//Haec templa, Rex caelestium/Imple benigno Lumine/Huc, o rogatus adveni/Plebisque vota suscipe/Et nostra corda iugiter/ Perfunde caeli gratia//Hic impetrent fidelium/Voces precesque supplicum/Domus beatae munera/Partisque donis gaudeant/Donec soluti corpore/Sedes beatas impleant//Decus Parenti debitum/Sit usquequaque Altissimo/Natoque Patris unico/Et inclyto Paraclito/Cui laus, potestas, gloria/ Aeterna sit per saecula! Amen.

[Übersetzung J. F. H. Schlosser: »Jerusalem, du Himmelsstadt/Gesicht des Friedens hehr und klar/Aufragend aus lebendigem/Gestein zum Himmel wunderbar/Und bräutlich glänzend, wonniglich/Umkränzt von sel'ger Engel Schar!//Du gnadenreiche Braut des Herrn/vom Vater herrlich ausgeschmückt/Hold prangend in des Bräut'gams Huld/ O Kön'gin, schön und hochbeglückt/Dem ew'gen Herrn der Herrn vermählt/Stadt, die des Himmels Glanz durchzückt//In reinster Perlen Schimmer stehn/Die Pforten offen allzumal/ Wo jeder eingeht, der dem Herrn/Sich treu bewährt im Erdental/Der, von der Liebe Glut entflammt/Für Christum Pein erträgt und Qual//Durch Druck und Schläge mannigfalt/Wird rein geglättet jeder Stein/Bevor des weisen Meisters Hand/ Dem hohen Bau ihn füget ein/Der in erhab'nem Einklang steht/Erhebt in heil'gen Lichtes Schein.// Fern aus des Himmels sel'gen Höhn/Kam Gottes Sohn, von Gott gesandt/Dem Stein gleich, der, vom Berg gelöst/Ins Tal stürzt von der Felsenwand/Den Himmel und der Erde Dom/Bringt er als Eckstein in Verband//Nie rastend durch die Gottesstadt/Tönt Jubellied und Wonnenklang /Des Einen und Dreiein'gen Ruhm/Preist stets der Sel'gen Lobgesang/Mit Zions frommen Hymnen steigt empor/Wetteifernd unser Hochgesang// Füll an mit deinem Himmelslicht/Herr, diesen Tempel, dir geweiht/Neig doch zu ihm, erhöre mild/Des Volks Gebet, das zu dir schreit/Geuß deiner Gnaden reichen Strom/In unsere Herzen aus allzeit!// Lass deiner Gläub'gen Flehn allhier/Gewährung finden gnädiglich/Lass deiner Gaben sie sich freun /Mit deinen Heil'gen wonniglich/Lass einst sie, nach vollbrachtem Lauf/Dich ewig schauen seliglich//Laut schalle würd'ger Lobgesang/ Dem höchsten Vater allezeit//Preis seinem eingebornen Sohn/Dem Geist auch, welcher Trost verleiht/Dem Ruhm gebührt und Ehr und Macht/Von nun an bis in Ewigkeit! Amen.]

Kommentar: In der 2. hier gebotenen Fassung wird der Topos des Felsens von Dan 2,34 aufgenommen (Ceu monte desectus lapis / Terras in imas decidens), sogar in Verbindung mit der Eckstein-Metaphorik. – Die leidvolle Geschichte der einzelnen und lebendigen Steine (wie 1 Petr 2) wird aufgegriffen. Der Bezug zur Kirchweihe wird hergestellt durch die Bitten, Gott möge hier das Gebet der Menschen erhören.

(4) Die seligen Bewohner

De sancta Ierusalem caelesti

1 **A**lma fulget in caelesti perpes regno civitas / Hierusalem, quae est nostrum celsa mater omnium / in perennis die sabbati [Freundlich leuchtet im himmlischen Reich die ewige Stadt/Jerusalem, unser aller Mutter in der Höhe/am Tag des ewigen Sabbat].

2 **B**onis dignam quam creavit rex aeternus patriam / malis absens quia felices fine nullo gaudeant / in perennis die sabbati [Der ewige König hat für die Guten eine würdige Heimstatt geschaffen / fern von den Bösen ist er, denn die Glücklichen freuen sich ohne Ende / am Tag des ewigen Sabbat].

3 **c**uius multas mansiones amplis insunt moenibus / namque suis quisque sedem sumit factis congruam / in prerennis die sabbati [Dessen viele Wohnungen liegen in weiten Mauern / denn ein jeder erhält einen Sitz, der seinen guten Werken entspricht / am Tag des ewigen Sabbat].

4 **D**e communi sed vicissim conlaetantur premio / unus sacros inter muros amor quos complectitur /in perennis die sabbati [Doch über den gemeinsamen Lohn freuen sie sich gemeinsam, denn innerhalb der heiligen Mauern umfasst sie ene einzige Liebe / am Tag des ewigen Sabbat].

5 **E**xcellentes immortali statu coetus hominum / angelorum mixti choris laudem Christo concinunt in perennis die sabbati [Erhabene Gruppen von Menschen, gemischt mit Engelschören singen Christus das Lob am Tag des ewigen Sabbat].

6 **F**ide clarum patriarchae comitantur Abraham / Deque sua stirpe nato vota solvunt domino / in perennis die sabbati [Sie geben Abraham Geleit, dem durch einen Glauben erühmten Erzvater. Seinem Sohn Isaak lösen sie dem Herrn Gelübde ein / am Tag des ewigen Sabbat].

7 **G**audens regem tenebrarum victum canit legifer / promissumque suis diem pandit regnum populis / in perennis die sabbati [Der Gesetzgeber Mose singt ein Lied, weil der könig der Finsternis besiegt worden ist / am Tag des ewigen Sabbat].

8 **H**unc secuta prophetarum ibi cernunt agmina / vitae nobis quam venturae praecinebant gloriam / in perennis die sabbati [Heerscharen von Propheten folgen dem, besingend die Herrlichkeit des zukünftigen ewigen Lebens / am Tag des ewigen Sabbat].

9 **I**llic et apostolorum sacer adest numerus / urbis celsae qui credenti portas plebi reserunt / in perennis die sabbati [Dort ist auch der Propheten heilige Zahl, sie öffnen die Tore der Himmelsstadt dem gläubigen Volk / am Tag des ewigen Sabbat].

10 **C**armen Christo triumphale chorus cantat martyrum / Quanto plura passus istic illic tanto laetior / in perennis die sabbati [Der Chor der Märtyrer singt Christus ein Siegeslied / Je mehr sie gelitten haben, umso fröhlicher sind sie dort / am Tag des ewigen Sabbat].

11 **L**audem dicunt et adorant viventem per saecula / suas mittunt et coronas ante thronum aureas / in perennis die sabbati [Sie singen ein Loblied und beten an den, der ewig lebt, und legen ihre goldenen Krone vor dem Thron nieder / am Tag des ewigen Sabbat].

12 **M**ater ibi tua Iesu turmas ducens virginum / locum tenent intra laetae muros urbis optimum / in perennis die sabbati [Deine Mutter, Jesus, an der Spitze von Scharen von Jungfrauen haben den besten Platz in den Mauern der fröhlichen Stadt /am Tag des ewigen Sabbat].

13 **N**ovum melosque te coram nullus alter quod valet / modulatur agmen sacri stolis cleri candidis / in perennis die sabbati [Ein neues Lied vor dir, es gibt keinen anderen, singt das Herr des heiligen Klerus in leuchtenden Gewändern / am Tag des ewigen Sabbat].

14 **O**mnes ibi reges iusti duces plebes, milites / senes una iuvenesque laudent nomen

domini / in perennis die sabbati [Alle loben dort den Namen des Herrn, die Könige, die gerechten Anführer, die Völker, die Soldaten, die Alten und die Jungen am Tag des ewigen Sabbat].

15 **P**uellarum cohors felix, matres simul et piae / sponsi gaudent in amplexum taedis comptae lucidis / in perennis die sabbati [Der Mädchen glückliche Schar, die frommen Mütter zugleich, die Ehemänner freuen sich am Tag des ewigen Sabbat].

16 **Q**uas inducet rex in sua sublimes cellaria / ordinabit et in illis caritatis copulam / in perennis die sabbati [am Tag des ewigen Sabbat].

17 **R**ectos corde cunctos unum replet ibi gaudium / Qui distincta pro distinctis sumunt dona meritis / in perennis die sabbati [Eine einzige Freude erfüllt dort alle, die rechten Herzens sind / Je nach dem, was sie verdient haben, werden sie unterschiedlich beschenkt / am Tag des ewigen Sabbat].

18 **S**olis nulla, nulla lunae urbs egebit lampade / Christus illam namque suo totam lampat lumine / in perennis die sabbati [Die Stadt braucht kein Licht der Sonne oder des Mondes. Christus eleuchtet sie ganz /am Tag des ewigen Sabbat].

19 **T**emplum ipsa nullum habet manufactum civitas / Ipse deus huius templum est et agnus unicum / in perennis die sabbati [Die Stadt hat keinen Tempel, der von Händen gemacht wäre. Gott selbst und das Lamm sind der einzige Tempel / am Tag des ewigen Sabbat].

20 **V**itae sacra paradyso versat arbor medio / Cuius uber iam beatas alit fructus incolas / in perennis die sabbati [Der heilige Lebensbaum steht in der Mitte des Paradieses / Seine reiche Frucht nährt die Seligen, die dort wohnen / am Tag des ewigen Sabbat].

21 **E**xsultantes manifestam dei cernunt faciem / Dant aequalem coaeternae trinitati gloriam / in perennis die sabbati. [Jubelnd können sie Gott ins Angesicht schauen / gleiche Ehrerbietung schenken sie der allen gleichewigen Personen der Dreieinigkeit / am Tag des ewigen Sabbat].

22 **Y**dri nulla pestis illic mortis nullus est locus /Solus edux ample totum implet orbis ambitum / in perennis die sabbati [Das Wasser dort ist kerngesund, der Tod hat keinen Ort/ erfüllt das ganze Erdenrund / am Tag des ewigen Sabbat].

23 **Z**ona summae caritatis circum totam plectitur / Vera totam lustrat situs deus ipse caritas / in perennis die sabbati [Das Band innigster Liebe umschlingt alles / am Tag des ewigen Sabbat].

24 **G**loria deo patri dilectoque filio / Laus et honor et potestas una cum sancto spiritu / in perennis die sabbati [Ehre sei Gott dem Vater und seinem geliebten Sohn/ Lob und Ehre und Macht gemeinsam mit dem Heiligen Geist / am Tag des ewigen Sabbat].

25 **S**icut erat ante cuncta temporum principia / Est et erit in aeterna saeculorum saecula / in perennis die sabbati [So war es vor allem Anfang der Zeiten, so ist es und wird es sein in alle Ewigkeit / am Tag des ewigen Sabbat].

Dieser Psalm ist ein Alphabetikon, jeder der 25 Abschnitte beginnt in der Abfolge mit einem anderen Buchstaben in der Reihenfolge des Alphabets (K ist durch C ersetzt) (nach Visser, 512).

Kommentar: Wie *Te Deum* und Allerheiligenlitanei nennt der Hymnus zunächst die Rangfolge der Heiligen, von den Erzvätern über die Propheten und Apostel, bis schließlich hin zu den Märtyrern und Jungfrauen. Neu ist Maria an der Spitze der Jungfrauen. Neu ist auch die ausdrückliche Nennung der gerechten Könige, die auch dort als Anführer sein werden, der Soldaten. Die Bräute und die treuen Mütter und die Bräutigame werden eigens genannt. Aus dem Lebenswasser in Apk 22,1 f. wird hier – ökologisch korrekt – das Wasser ohne Fäulnis. Dass Kriege nicht sein werden, fällt wohl unter »Liebe«. Besitz oder Nahrung, Kleidung oder Gesundheit werden alle noch nicht einmal genannt. Das gilt auch für Bildung oder Kunst (inklusive Architektur).

(5) Haus Gottes und Himmelspforte (Gregorius Magnus PL 78, 830D–831A)

Lapides pretiosi omnes muri tui, et gemmis turres aedificabuntur et prepugnacula eius auro mundo. Duodecim portae duodecim margaritae sunt, et ipsae duodecim margaritae lapides pretiosi. Haec est domus Domini et porta caeli et vocabitur aula Dei. Haec est domus Domini firmiter aedificata, bene fundata est supra firmam petram. Bene fundata est domus Domini super petram. Lapides pretiosi omnes muri tui, et turres Ierusalem gemmis aedificabuntur. Fundata est domus.

[Kostbare Steine sind alle deine Mauern, aus Juwelen werden deine Türme errichtet werden, seine Bastionen aus reinem Gold. Die zwölf Tore sind zwölf Perlen, und die zwölf Perlen selbst sind kostbare Steine. Dies ist Haus des Herrn und Pforte des Himmels und wird Halle Gottes genannt werden. Dies ist Gottes Haus, fest gebaut, gut gegründet auf festem Fels. Gut gegründet ist Gottes Haus auf dem Fels. Kostbare Steine sind alle deine Mauern und die Türme Jerusalems werden aus Juwelen gebaut werden. Gegründet ist das Haus.]

Duodecim portae sunt duodecim margaritae / in capitolio / Et singulae portae ex margaritis sunt singulis / quae fulgent auro / Et plateae eius lucidum aurum sunt / mundum quoque tamquam/ aurum perlucidum clarumque / in perpetuo.

[Die zwölf Tore sind zwölf Perlen auf der Burg. Und die einzelnen Tore sind aus einzelnen Perlen, leuchtend in Gold. Und seine Plätze sind strahlendes Gold, reines Gold und wie Gold strahlend und leuchtend in Ewigkeit.]

Kommentar: Gregor konzentriert seine Ausführungen in den beiden Hälften seiner hymnischen Darstellung auf das Architektonische, d. h. auf den Bau und die Edelsteine, in der zweiten Hälfte besonders auf das Gold.

»Haus Gottes und Himmelspforte« ist auch die Inschrift im Türsturz der St. Stephanikirche in Goslar, nach dem Brand von 1728 neu errichtet. Die Inschrift wohl aus der Vorgängerkirche übernommen.

(6) Die himmlische Mutter [Notker zugeschrieben; Analecta Hymnica 53, Nr. 247; vgl. schon o. unter (1)]

Psallat ecclesia / mater illibata / et virgo sine ruga / honorem huius ecclesiae. / Haec domus aulae celestia /probatur particeps / in laude regis caelorum / et ceremoniis/ Et lumine continuo / aemulans civitatem / sine tenebris. Et corpora in gremio / confovens animarum / quae in caelo vivunt / quam dextra protegat Die / ad laudem / ipsius diu / hic novam prolem / gratia parturit / fecunda spiritu sancto / Angeli cives / visitant hic suos / et corpus sumitur Iesu / Fugiunt universa / corpori nocia / pereant peccatricis / animae crimina / hic vox laeticias personat./ Hic pax et gaudia / redundant / Hac domo trinitati / laus et gloria/ semper resultent

[Es soll die Kirche, die unversehrte Mutter, die Jungfrau ohne Makel, besingen das Lob dieser Kirche. Dieses Haus gehört zur himmlischen Halle, hat Anteil am Lob des Himmelskönigs und den Festlichkeiten. In ungetrübtem Licht ahmt sie nach die Stadt ohne Finsternis. In ihrem Schoß hält sie warm die Leiber, deren Seelen im Himmel leben, die Gott mit seiner Rechten schützt. Zu seinem Lob gebiert sie aus Gnade neue Nachkommen, befruchtet durch Heiligen Geist. Die Engel als die Bürger dieser Stadt besuchen hier ihre Freunde. Der Leib Jesu wird empfangen. Alles, was dem Leibe schädlich ist, flieht, es sollen vergehen die Verbrechen der sündigen Seele. Hier möge die Stimme der Fröhlichkeit zu hören sein. Hier mögen Friede und Freude herrschen. Durch dies Haus möge die Dreifaltigkeit stets gelobt und geehrt werden].

(7) Über alles in der Welt

Analecta Hymnica, vol. 53, Nr. 249: In dedicatione ecclesiae

Ad templi huius limina dedicata / Gaudiorum laudes ovans / plebs devota persultat/ Hodierna die quia/ adstat festa annua/ Fundata enim est domus ista/ supra montium cacumina/ Et exaltata est super omnes / colles structura deifica / Nam haec est magna Ierusalem / civitas scilicet illa superna / Ex auro mundo circumtexta / gemmis et rutilans muri per ampla / Haec est illa / caelestis aula / angelorum patria / Ecclesia/ firmaque petra / aeternaque regia / Dicta est quae pacis visio / urbs Jerusalem excelsa / Ex vivisque petris struitur beatorum animas

[An den geweihten Schwellen dieses Tempels jubelt das fromme Volk in freudigem Lob. Denn am heutigen Tag ist das Fest des Jahresgedächtnisses (der Weihe). Denn dieses Haus ist gebaut über den Gipfeln der Berge. Und über alle Hügel erhoben ist der von Gott geschaffene Bau. Denn dies ist das große Jerusalem, die Himmelsstadt. Sie ist auch reinem Gold, ringsum geschmückt von Gemmen und leuchtend durch die Weite der Mauer. Dies ist die himmlische Halle, Vaterstadt der Engel, Kirche, fester Fels, ewige Königsburg. Vision des Friedens ist sie genannt, hohe Stadt Jerusalem. Und aus lebendigen Felsbrocken ist sie gebaut, die Herzen der Seligen.]

(8) Unter dem Hammer des Leidens poliert

193: Ierusalem von dero der minnentlich Johannes evangelist gesprochen hat: Si ist durliuchtet als ein cristalle / und ist durleit mit edlen margariten und ist durflagen und dursmeltet mit klarem golde. Und ich sach das vor dem thron Gottes alliu ding niuw waren. Disiu himelschlich Jherusalem ist wider gebuwen von dien lebenden gepulinierten steinen die under den hamer des lidens in dieser zit geordiniert und gepulinieret sint. Und das sint die mänschen in dien disin fünfzehen zeichen geistlich vollbracht sind als ir sie nu gehoret hant. – Aus dem 12. Jh. vgl. auch das in BAK 109 f. zitierte Lied des Hildebert von Lavardino (1136).

Kommentar: In dieser Stadt herrscht Frühling *(locus amoenus),* findet man als Pforte das Holz des Kreuzes; Maria wird ausführlich genannt. Das Trishagion wird hier gesungen. Von den Edelsteinen wird nur der Hyazinth genannt.

(9) Zwölf Tore, zwölf Perlen (Tropiertes Kyrie, 11. Jh.)

(Edelsteine) urbs caelestis ita facta est Ierusalem. Hinc smaragdus, sardonix, sextus, sardiusque fulgenda. Primus Iaspis, sapphirus et chalcedonius est praesto chrisolithus, beryllus est nonus topazius in Dei throno, duodecimus amethystus isti sunt lapides in summo polio, decimus chrysoprassus iacynthus deinde in catalogo

[Und so ist der Aufbau der Himmelsstadt Jerusalem: Smaragd, Sardesstein, Sextus, und leuchtender Sardesstein. Zuerst Jaspis, Saphir, Chalzedonit, ähnlich der Chrysolith, der neunte ist der Beryll, an Gottes Thron ist der Topas, der zwölfte ist der Amethyst. Dies sind die Steine am höchsten Himmel, der zehnte ist der Chrysopras, es folgt in der Reihenfolge der Hyazinth].

Duodecimae portae sunt / duodecim margaritae / in capitolio. – Et singulae portae / ex margaritis sunt singulis / quae fulgent auro. – Et plateae eius lucidum / aurum est, mundum quoque tamquam / aurum perlucidum clarumque / in perpetuo.

[Zwölf Tore gibt es, zwölf Perlen auf der Burg. Und einzelne Tore sind aus Perlen und leuchten golden. Reines Gold, klar und rein wie Licht in Ewigkeit.]

Von der stete sint micheliv wunder gesaget. Die heiligen wissagen unde die heiligen zwelfprofeten dannan div vil tiur liden dinc geschit. Diu selbe stat hat mangan namen, si ist genamet Syon, si heisset Ierusalem, si heizzet himelriche, si heizzet ecclesia

Qua Sion beata mater / Micat multifaria / Nicolaus gloriosa / Fulget eminentia [Die selige Mutter Zion leuchtet vielfältig, Nikolaus erstrahlt herrlich und großartig]

O felix urbs et inclyta / coelesti luce praedita / gemmis et auro condita / solique Deo subdita. Tu diversis lapidibus / sanctis fulges spiritibus / et electis hominibus /qui bonis student actibus. – In te nullum negativum/ quod vertatur in taedium / hoc est totum officium / laudare regem omnium / O Sion, sancta civitas, / in qua sic ardet charitas / quanta tua felicitas / quanta in te tranquillitas.

[Du glückliche und berühmte Stadt, geziert durch himmlisches Licht, allein Gott untertan. Durch verschiedene Steine, durch heilige Geistesgaben glänzest du, auch durch erlesene Menschen, die sich um gute Taten mühen. Nichts Schlechtes ist in dir, das man tadeln müsste. Dies ist alles, was man tun soll, den König aller zu loben. Du Zion, heilige Stadt, in der so viel Liebe brennt, wie Glück in dir ist, soviel wie Ruhe und Frieden in dir sind].

(A) die Heiden, auch die Jüdscheit / sind also zusammen gefügt / und durch Christum allein vernezt?
(B) Als wenn ein gewelb in der höhe wird (A) von beiden Seiten uff gfürt
(B) So wird zuoletzt das gewelb allein / beslossen nur mit einem Stein / (A) welcher stein dan oben staat / der beid siten bchlossen hat

Iohannes quoque / qui de arcano Dominici pectoris / Nectarea hauriens fluenta. Caelestia Pocula ardentibus cordibus propinavit dum Caesaris iussibus in patmos insula relegatus Dominici calicis gustum ante sibi promissum acciperet et caelestibus plenus mysteriis secreta quaedam Domino relevante audiret seu cerneret, scribere ea in libro, non pingere ausus est.

[Auch Johannes, der aus dem Geheimnis der göttlichen Brust fließenden Nektar schöpfte. Die himmlischen Becher hat er getrunken, da er durch Kaisers Befehl auf die Insel Patmos verbannt den ihm vorher verheißenen Geschmack des Kelches des Herrn empfing und voll von himmlischen Geheimnissen Verborgenes durch die Offenbarung des Herrn hörte oder sah, da hat er es gewagt, sie in ein Buch zu schreiben, nicht aber zu malen.]

Eius qui supra / recubans in caena /pectus dogmata / hausit evangelica. – Et dominica / repletus gratia / diffudit amplae / terrarum per spatia. – O mysteria / divina/ coelique secreta / novit cuncta / atria/ penetrans superna. – Et sic mystica / documenta / spiritui cognita. Mundum beata / manifestans / imbuit doctrina [An seiner Brust lag er beim Mahl und schöpfte dort die Wahrheit des Evangeliums, und erfüllt von der Gnade des Herrn, hat er sie durch die weite Welt verbreitet. O göttliche Geheimnisse, alle verborgenen Schätze des Himmels hat er gewusst und die himmlischen Hallen durcheilt, mystische Dokumente, dem Geist bekannt. Er hat die Welt unterrichtet, indem er Himmlisches lehrte.]

(10) Heilige Namen (Prudentius, Carmina 838 f.849)

»Oben an den Toren leuchten in Gold geschrieben die zweimal sechs Namen des Apostelkollegiums der dreifache Name leuchtet am vierfachen Eingang gut geordnet vom König zu Ehren der zwölf Jünger«.

In Novo etiam Testamento per duodecim cophinos fragmentorum et per duodecim nomina quae Johannes in Apocalypsi supra portam Hierusalem scripta vidit et per duodecim fundamenta eiusdem urbis designantur [Im Neuen Testament wird es durch die zwölf Körbe voller Stückchen und durch die zwölf Namen, die Johannes in der Apokalypse über den Toren Jerusalems geschrieben sah und durch die zwölf Fundamente dieser Stadt bezeichnet].

(11) Haus des Glücks (Kirchweihtexte)

In Dedicatione ecclesiae, Analecta Hymnica, vol. 7, Nr. 226, 247: V. 10a O speculatrix / urbs regalis / tristia in te nulla / nec delubilia 8b Compellentia / sponsum iuxta / castra virginea / avida
ibid. 225, 245 f.: In Dedicatione Basilicae 4a Haec tui vetustissima / Salomon corrusci est templi / figura 3b Hanc tui / tabernaculi fixam / praecinebat / Moysis mobilis umbra 7a Tabernaculi schema / praecessit templi formam /synagoga / ecclesiam / pari via

(12) Brief an Hildegard von Bingen (nach Schlosser)

Tu ergo pater peregrinorum audi illum qui est fortissimus rex in palatio suo sedit et magnas columnas coram se stantes habet aureis cingulis praecinctas et multis margaritis et pretiosis lapidibus valde ornatas. [Du also, väterlicher Freund der Pilger, höre auf den, der als der mächtigste König in seinem Palast sitzt, vor dem mächtige Säulen stehen, der golden gegürtet ist und geschmückt durch viele Perlen und kostbare Steine].

(13) Labardinus von Mans (um 1040), 181 (nach Schlosser)

Me receptet Sion illa / Sion David, urbs tranquilla / Cuius faber auctor lucis / Cuius portae lignum crucis / Cuius claves lingua Petri / Cuius cives semper laeti / Cuius muri lapis vivus / Cuius custos Rex festivus [Mich empfange jenes Zion, friedliche Stadt, deren Erbauer der Schöpfer des Lichtes ist, dessen Pforte das Holz des Kreuzes ist. Ihr Schlüssel ist der Spruch des Petrus, ihre Bürger sind allzeit froh, ihre Mauer sind lebendiger Stein, ihr Wächter ist der König der Festfreude]. (200)

(14) Petrus Abaelardus († 1142)

O quanta qualia / sunt illa sabbata / quae semper celebrat / superna curia / Quae fessis requies / quae merces fortibus / cum erit omnia / Deus in omnibus / Vere Jerusalem / est illa civitas / cuius pax iugis est / summa iucunditas / Ubi non praevenit / rem desiderium / nec desiderio / minus est praemium.

[O wie groß und wie herrlich / sind jene Sabbate / die stets feiert / der himmlische Hof / Welche Ruhe für die Müden / welcher Lohn für die Starken / wenn alles in allem / Gott sein wird. / Wahrlich Jerusalem / ist jene Stadt, / deren Friede immer währt / höchste Freude herrscht / Dort ist das, was kommt, nicht kleiner als die Sehnsucht / und der Lohn nicht geringer / als das Verlangen danach.]

Man beachte auch die »paulinische Zutat« nach 1 Kor 15,28b: Gott alles in allem: Nach dem Apk-Komm. des Andreas von Caesarea gilt vom Himmlischen Jerusalem im Kontrast zu Apk 17,15–18: »Dort wird Gott alles in allem sein« (383–385), ebenso Ambrosius Autpertus zu Apk 21,22 (Erit deus omnia in omnibus templum eiudem ecclesiae ipse deus est) und eben auch hier bei Petrus Abaelardus.

Andere Version: (Strophe 2) Quis rex quae curia / quale palatium / Quae pax, quae requies, quod illud gaudium/ huius participes exponant gloriae / si quantum sentiunt possunt exprimere (Strophe 3 Vere Ierusalem) (Strophe 4) Illic molestiis finitis omnibus / securi cantica Sion cantabimus / Et iuges gratiae de donis gratiae / Beata referet plebs tibi Domine / (Strophe 5) Illic de sabbato succedet sabbatum / perpes laetitia sabbatizantium / nec ineffabiles cessabunt iubili / quos decantabimus et nos et angeli (Strophe 6) nostrum est interim mentes erigere / et totis patriam votis appetere / et ad Jerusalem a Babylonia / post longa regredi tandem exilia (Strophe 7) Perenni Domino perpes sit gloria / ex quo sunt, per quem sunt, in quo sunt omnia / ex quo sunt pater est, per quem sunt filius / in quo sunt Patris et Filii spiritus Amen. [Welch ein König, welcher Hof, welcher Friede, welche Ruhe, wie groß jene Freude. Wer teilhat an dieser Glorie, soll es sagen, wenn er denn sagen kann, was er spürt / Dort werden alle lästigen Dinge ein Ende haben, und in Sicherheit werden wir Zions Lieder singen. Ewigen Dank wegen Geschenken der Gnade wird ein seliges Volk dir, Gott, darbringen. / Dort folgt ein Sabbat auf den anderen, ewige Freude der Sabbat Feiernden, der unaussprechliche Jubel wird kein Ende haben, den wir und die Engel singen. / In der Zwischenzeit liegt es an uns, die Herzen zu erheben und mit all unseren Wünschen das Vaterland anzustreben, aus Babylon nach Jerusalem nach langem Exil endlich zurückzukehren. / Dem ewigen Herrn sei ewige Ehre. Alles ist aus ihm, durch ihn und in ihm. Vater ist, aus dem alles ist, Sohn, durch den alles ist, Geist des Vaters und des Sohnes ist der, in dem alles ist. Amen.]

Kommentar: Bei Abaelard werden die biblischen Züge so deutlich wie sonst fast nirgends, denn hier ist von Zion – gar von den Liedern Zions – die Rede, von der Vaterstadt, von Babylon als Gegenpol zu Jerusalem (!), vom Exil. Die alte Tradition vom eschatologischen Sabbat (s.o) ist hier wieder lebendig. In der Aussage, dass ein Sabbat auf den anderen folge, wird auch biblisches Verständnis von Ewigkeit treffend formuliert (s. u.).

(15) Bild der Kirche (hl. Birgitta von Schweden, †1373)

In den Revelationes der hl. Birgitta von Schweden (Erstdruck Venedig 1480, f. cvii) wird das Himmlische Jerusalem mit der Kirche gleichgesetzt. Besonderes Gewicht legt Birgitta auf die Mauern: Quis est murus Hierusalem, id est ecclesiae meae nisi corpora et animae christianorum? Ex his enim aedificari debet ecclesia mea [Die Mauer Jerusalems, meiner Kirche, sind die Leiber und Seelen der Christen. Denn aus diesen muss meine Kirche aufgebaut werden].

(16) Die Zwölfer-Symbolik und das Quadrat

Dort, wo die Zwölf (Apostel) im Neuen Testament genannt werden, also in den vier Evangelien und bei Paulus, sind sie nicht als Bild oder Inbegriff der Kirche erkennbar. Vielmehr wirft die wiederholte Nennung des Judas als »einer von den Zwölfen« auch auf die übrigen Elf, zumal über sie nichts weiter Positives berichtet wird, zumindest ein Schatten. In Apk 21 dagegen stehen die Namen (!) der Zwölf schon allein deshalb für die Kirche, weil sie in Kontrast zu den Namen der zwölf Patriarchen genannt werden, die für Israel stehen. Und es ist die besondere Eigenart der Apk, den ehrenvollen Topos »Stein, auf den die Kirche gebaut ist« hier weder für Jesus Christus noch für Petrus (allein), sondern auf die Zwölf zu verwenden. Die Miniaturen der Beatus-Tradition legen auf die ganzseitige Darstellung des Himmlischen Jerusalem besonderes Gewicht. In manchen Exemplaren ist dieses die letzte größere Miniatur für Stücke aus der Apk selbst. Die viereckige Gestaltung mit 3 + 3 + 3 + 3 Aposteln trägt dabei eine besondere Aussage. Der Leser und Betrachter gewinnt den Eindruck, dass eben diese Stadt Endpunkt und Höhepunkt der ganzen Apk ist. Darauf hingeordnet waren zuvor schon die Miniatur der Arche Noah bei den sieben Gemeinden und die Darstellung der ebenso an der Zwölfzahl orientierten 144.000 nebst der unzählbaren Menge aus Kap. 7. Zu erkennen ist diese Gewichtung auch daran, dass es sich bei diesen Stücken oft um sorgfältig arrangierte Doppelseiten handelt. Die mit den 12 Figuren verbundene Botschaft: Dieses ist die apostolische Kirche. Die Gestalten der Apostel sind unterschiedlich, aber stehen in harmonischer Ordnung und in ungeteilter Einheit zusammen. Die Einheit der Kirche ist nicht die einer Pyramide, sondern die Gestalten der Apostel sind in einem Viereck angeordnet, keine Bevorzugung durch Vorrang ist angedeutet. Die Offenbarung besteht eben darin, dass Gott durch diesen Tempel in der Welt sichtbar wird. Ein Tempel wird dieses Rechteck dadurch, dass genau in der Mitte des Innenhofes das Lamm platziert ist. Zumeist ist dieser Innenhof durch kleine Rechtecke wie gekachelt. Nicht inner-trinitarische Beziehungen werden so dargestellt, sondern die Rolle des Lammes inmitten der Apostel. Jeder einzelne ist dem Lamm im Prinzip gleich nahe. Das Thema dieser Miniaturen ist mithin: die Beziehung des einen Lammes zu den zwölf Aposteln.

Der Skopos liegt nicht auf der Art der Hinrichtung, auch wenn fast alle Dargestellten als Märtyrer gelten oder verehrt werden. Der Tod des Lammes wird nur durch den Kreuzesstab angedeutet, den es zwischen den Pfoten hält. Alles Biographische oder Legendarische entfällt. Gäbe es nicht die Beschriftungen mit Namen, die Apk 21 freilich pauschal erwähnt, man wüsste nicht, um welchen Apostel es sich im Einzelfall handeln soll.

Weder die Kirche noch die Tugenden der Apostel werden hier glorifiziert. Angesichts des konkreten Verlaufs der Kirchengeschichte zur Zeit der Entstehung der Miniaturen besteht deren Botschaft auch darin, dass die Apostel alle gleichrangig »auf einer Höhe« dargestellt werden. Es geht daher um die Kollegialität des Bischofsamtes. Kirche, das ist Gottes Sohn und die Zwölf Apostel. Sie ist kein Gegenstand, sondern eine lebendige und vollkommene Ordnung von »Beziehungen«. So spielen weder die Konflikte der Apostel untereinander (wie z.B. in Mk 10,35–42) noch der Judasverrat eine Rolle. Und so ist das, was die Miniaturen darstellen, eine Verbindung aus Apk 21,8 mit dem Satz des Credo *et in unam sanctam catholicam et apostolicam ecclesiam*. Ambrosius Autpertus sagt es so: Universalis sanctorum ecclesia designatur per unum thronum, ipsa per xxiv thronos totidemque seniores in circuitu throni sedentes. (307)

(17) Der Marktplatz

Die Miniaturen der Beatus-Tradition geben den »Marktplatz«, die von den zwölf Aposteln eingerahmte Fläche des Himmlischen Jerusalem wieder als strenges Schachbrettmuster. In der Mitte steht in der Regel das Lamm. Als sich in der frühen Neuzeit die Städteplaner inspirieren ließen von der Konzeption des apokalyptischen Utopia-Modells, ließen sie die Apostel fallen, ebenso auch das Lamm. Das Schachbrettmuster übernahmen sie jedoch. Es ist bis heute in Mannheim (»Quadratestadt«, ab 1606) ebenso zu besichtigen wie in Manhattan und zahlreichen amerikanischen Städten, auch in den Jesuiten-Reduktionen in Paraguay (1610–1767). Diese am Reißbrett von aufklärerischen Fürsten-Architekten entworfenen Stadtpläne sind daher ebenso rational wie apokalyptisch-utopisch (vgl. dazu die Fachzeitschrift »Der Städtebau«, ab 1984).

Auswertung
Folgende Motive kehren in den einzelnen Hymnen häufig wieder:
- harmonische Übereinstimmung in der Anzahl (12) der Tore, Türme, Mauern, Grundsteine des Himmlischen Jerusalem
- Braut, Zion
- Sabbat(ruhe)
- Licht und strahlender Glanz der Himmelsstadt
- die Einwohner sind Engel (Chöre) und Heilige (bes. Märtyrer), Apostel, Jungfrauen,
- absolut dominierend ist das Material Gold, aber auch Perlen; Farben
- Pflanzen: Blumen, Lebensbaum
- soziale Qualitäten: Mutter, Liebe, Frieden, Lohn, Fröhlichkeit *(laetus)*

- Ruhe, Stille, Frieden
- Gestirne stehen still (also keine dramatische Veränderung in der Welt)
- Thron (sc. Gottes)
- Stein-Metaphorik: Fels, lebendige Steine, Mauern, Schlussstein, Fundament, Kristall, »palatium«, Platz. – Stein verspricht stets jeweils Stabilität (Sicherheit gegen Erdbeben)

Im Verhältnis zu moderner Stadtplanung – wenn man zum Vergleich und zur Illustration die Eigenart dieser Schilderungen darstellen will – fehlen: Parks, also größere Grünanlagen (anders als für einen *locus amoenus* im antiken Sinne jedenfalls kaum ausgebildet), Wasserversorgung, Tierhaltung, natürlich Tempel (s. Apk 21,22). Die Bewohner, die genannt werden, sind sehr exquisit. Höchster Wert wird auf die Qualität der Grundausstattung gelegt.

Absolute Priorität in dieser Zielvorstellung haben Stabilität und Lichtglanz (Gold und Edelsteine); diese sind auch die großen Werte. Weder Kommunikation unter Menschen noch Handel noch Bildung oder Erziehung spielen eine Rolle. Von den Sinnen des Menschen fehlt Riechen; Düfte sind nicht genannt. Auch das Thema »Gesundheit« kommt nicht vor. Das heißt: Die Hymnen intendieren gar nicht eine Gesamtdarstellung der *conditio humana*, sondern beschränken ihre Schilderung auf sehr wenige Gebiete. Dass der Glanz von Gold und Edelsteinen so wichtig ist, lässt den Schluss zu, dass für den Alltag der Menschen, deren Hoffnung so aussah, die Spannung zwischen Palast und Hütte, in der sie wohnten, sehr wichtig war. Das betrifft nicht das Innere der Häuser, sondern nur immer wieder den Gesamteindruck mit Straßen, Plätzen und Mauern, eben wie in einer Barockstadt.

Fazit: amore caelestis Jerusalem omnia pro nihilo ducent, summamque gloriam et honorem arbitrantur caelesti illacivitate donati eiusque cives appellari (B. Viegas, 823) [Aus Liebe zum Himmlischen Jerusalem halten sie alles andere für nichts, seine Bürger genannt zu werden halten sie für die höchste Ehre und den schönsten Ruhm, beschenkt mit dieser Himmelsstadt]. Vgl. ibid., Überschrift: De portis, plateis, templo, sole et commercio caelestis civitatis [Über die Tore, Straßen, den Tempel, die Sonne und den Handel der himmlischen Stadt].

Die Dichtungen über das Himmlische Jerusalem bringen ganz neue Töne in die Auslegung der Apk. Längst vergessen ist die Korruption Babylons (nur P. Abaelard kennt das Wort) oder der Widerstand gegen Rom. Vielmehr sind diese Hymnen bis heute wie Werbung für Kreuzfahrten in grenzenlose Weite. Auch wenn ein Mensch alles dieses für Utopie hielte – wer wollte hier das Träumen verbieten?

Für das Bild von der ApkJoh bedeutet dieses: Weder die Welt als Friedhof noch verbrannte Menschen oder verbrannte Welt ist die Botschaft, weder *lex* (unerfüllte Moral) noch *utopia* (Jenseits als Schlaraffenland) sind die Botschaft, sondern die Verheißung unfassbarer Schönheit.

2.4 Theologie der Edelsteine

Im Flussbett der Wirkungsgeschichte der Apk lebt ein Thema massiv fort, das seine Ursprünge im Alten Testament und im Frühjudentum hat. Die Apk ist das einzige neutestamentliche Buch, das diesen Strom aufnimmt. Wo immer sie zur Kenntnis genommen wird, vor allem in den Dombauten und in der Liturgie, gewinnen zwangsläufig auch die Edelsteine von Kap. 21 besondere Bedeutung.

Der wichtigste Text aus dem Frühjudentum steht in Liber Antiquitatum des Pseudo-Philo (LibAnt, 1. Jh. v.–2. Jh. nC.) 25, 12; 26, 1–15. Nach 25, 12 strahlten die Edelsteine der Amoniter so helles Licht aus, dass man kein Lampenlicht benötigte (vgl. dazu Apk 21,23; 22,5). Wenn einer erblindete, wurde er durch die Steine geheilt. Die Edelstein-Heilkunde des Mittelalters wird sich daran anschließen und dieses entfalten. – In Kap. 26 des LibAnt werden die 12 Edelsteine mit Namen benannt und einzelnen Stämmen zugeordnet. Ihre Farben werden geschildert. Am Ende, wenn Gott der Welt gedenkt, wird er die Steine wieder hervorholen, denn sie sind jetzt verborgen (26, 13). Dann wird man kein Sonnen- und Mondlicht benötigen, denn das Licht der Edelsteine ist das Licht für die Menschen.

Das europäische Judentum hat die umfassende kulturelle und auch medizinische Bedeutung der Edelsteine (und -metalle) über Jahrhunderte gepflegt. Daran erinnern nicht nur jüdische Familiennamen wie z. B. Rubinstein oder mit Gold zusammengesetzte Namen (wie z. B. Goldstein), sondern auch die Edelsteinschleifereien z. B. in Antwerpen. Das ganze an Edelsteine gebundene Gewerbe (Handel und Verarbeitung) lag lange in jüdischen Händen – ein sichtbarer Beweis für die große, fast mystische Bedeutung der Mineralien und Edelmetalle im Judentum. Denn das Judentum ist eine Himmelsreligion, und alles, was an den Himmel erinnert, wird leicht zu einer Brücke zum Himmel.

Dabei haben Edelsteine (»Alles, was schimmert und glänzt, alles, was besonderes Licht ausstrahlt«) nicht nur eine literarisch-symbolische Bedeutung, sondern auch in der anschauberen Realität als Schmuck, als Teil des Zeremoniells und als Teil der sichtbaren symbolischen Gegenstände. Dabei gilt hier das Wort Symbol in besonderem Sinn, denn Edelsteine und Edelmetalle vermitteln das, was sie darstellen und haben insofern auch sakramentalen Charakter. Denn ihr Licht ist heilsam und immer wieder ein Stück himmlischer Wirkmächtigkeit.

Jaspis ist der wichtigste Edelstein
(Beda, Haimo, Ambrosius Autpertus, alle zu Apk 21)

> Beda: fundamentum primum iaspis. Unde merito ex hoc lapide et hic structura muri, et apud Isaiam propugnacula eiusdem civitatis muniuntur pariter et ornantur [Das erste Fundament ist Jaspis, daher wird mit Recht aus diesem Stein und hier der Bau der Mauer, und bei Jesaja werden die Bollwerke dieser Stadt sowohl geschützt als auch geschmückt].
>
> Haimo: Fundamentum primum iaspis ipse est primum fundamentum ecclesiae,

quia ut Apostolus dicit: Fundamentum aliud nemo potest ponere praeter id quod positum est Christus Iesus [Das erste Fundament ist Jaspis, und es ist das erste Fundament der Kirche, denn auch der Apostel hat gesagt: Ein anderes Fundament als das, was da schon besteht, nämlich Jesus Christus, kann niemand legen].

Ambrosius Autpertus: Primum fundamentum iaspis Christum designat, de quo per Paulum dicitur: Fundamentum aliud nemo potest ponere praeter id quod positum est, quod est Christus Iesus [Das erste Fundament, Jaspis, meint Christus, über den es durch Paulus heißt: Ein anderes Fundament als das, was da schon besteht, kann niemand legen].

Theologische Bedeutung
Die Steinkataloge (vgl. BAK 1381 f.) sind ein wichtiger Teil des Themas »Schönheit der Ethik«. Sie enthalten nur selten christliche Motive wie etwa der im Folgenden zitierte Hymnus des Marbod von Rennes († 1123). Die einzelnen Abschnitte der Dichtungen sind gleichartig aufgebaut. Der Name des Steins wird genannt, sein Aussehen wird in Bildern beschrieben. Den Abschluss bildet eine Angabe, was dem Äußeren des Steins im Inneren des Menschen entspricht. Dabei geht es nicht immer um klassische Tugenden, bisweilen auch um Charismen.

Symbolisches Aussehen

Marbodus von Rennes († 11.9.1123), Liber lapidum, ed. M. E. Herrera, Paris 2005 (PL 162, 180 f.):

Jaspis colore viridi / Praefert virorum fidei / Quae in perfectis omnibus / Nunquam marcescit penitus / Cuius forti Praesidio / Resistitur diabolo [Jaspis von grünlicher Farbe, stellt den Glauben der Menschen dar, der bei allen, denen Vollkommenheit geschenkt wurde, niemals gänzlich verblasst. Und durch dessen tapferen Schutz kann man dem Teufel widerstehen].

Sapphirus habet speciem / coelesti throno similem / Designat cor simplicium / spe certa praestolantium / Quorum vita et moribus / Forte fuget virtutibus [Das Aussehen des Saphir ähnelt dem des göttlichen Thrones. Es bezeichnet das Herz derer, die einfach glauben, derer, die in sicherer Hoffnung warten. Durch deren Lebensstil und Wandel mag er vielleicht (Schädliches) mit Tugenden vertreiben].

Pallensque *chalcedonius* / ignis habet effigiem / Subrutilat in publico / Fulgorem dat in nubilo / virtutem fert fidelium / Occulte formulantium. [Der bleiche Chalzedon sieht aus wie Feuer. Bei klarem Licht glüht er geheimnisvoll, im Nebel wirkt er wie ein Blitz. Er verleiht Glaubenskraft denen, die sonst nur verborgen sprechen].

Smaragdus virens nimium / Dat lumen oleaginum / est fides integerrima / Ad omne bonum patula / Quae nunquam scit deficere / A pietatis opere [Der Smaragd leuchtet sehr kräftig, er gibt ein Licht wie von der Öllampe. So ist der Glaube gesund, weit geöffnet zu allem Gutem, niemals könnte er abfallen vom frommen Werk].

Sardonyx constat tricolor / Homo fertur interior / Quem designat humilitas / Per quem adhaesit castitas / Ad honestatis cumulum / Rubet quoque martyrium / [Der Sardonyx ist dreifarbig. Beim inneren Menschen bezeichnet er die Demut. Und durch seine Kraft hält er sich an die Keuschheit. Zur höchsten Ehre wird es, wenn sein Rot die Farbe des Martyriums wird].

Sardius est puniceus / Cuius calor sanguineus / Decus ostendat martyrium / Rite agonisandum / Sextus est in catalogo / Crucis haeret mysterio [Der Sardesstein ist braunrot, seine Farbe ist wie Blut. Als Zierde weist er auf das Martyrium derer, die richtig kämpfen. Er ist der sechste in der Liste und ist mit dem Kreuzesgeheimnis verbunden].

Auricolor *chrysolitus* / scintillat velut clibanus / Pretendit mores hominum / Perfectae sapientiae / Qui septiformis gratiae / sacro splendescit jubare [Goldfarben ist der Chrysolit, er glüht wie der Backofen. Er bezeichnet das Verhalten der Menschen. Er ist von vollkommener Weisheit. Die siebenfältige Gnade des heiligen Morgensterns strahlt er aus].

Beryllus est lymphaticus / Ut sol in aqua limpidus / Figurat vota mentium / Ingenio sagacium / Quod magis libet mysticum / Summae quietis otium [Der Beryll ist ein toller Stein, so wie die Sonne im Wasser hell leuchtet, stellt er die Wünsche der Herzen dar. Er stellt de Scharfsinn dar, mit dem man begabt sein kann, der gerne zum mystischen Sinn wird, und das stellt sich ein, wenn man nichts tut, sondern in höchster Ruhe verharrt].

Topazius quo rarior / Eo est preciosior / Extat nitore griseo / Adspectu et aethereo / Contemplativae solidum / Vitae praestat officium [Je seltener der Topas ist, umso kostbarer ist er. Er besitzt grauen Glanz. Er kann auch einen himmelfarbenen Anblick bieten. Er stellt das verbindliche Wirken kontemplativen Lebens dar].

Chrysoprasus purpureum / imitatur concilium / Est intertinctus aureis / Miscello quodam guttulis / Haec est perfecta charitas / Quae nulla sternit feritas [Der Chrysopras ist wie eine Sammlung purpurner Farbtöne. Er ist gesprenkelt durch eine Mischung goldener Tropfen. Dies ist die vollkommene Liebe, die keine Grausamkeit zu Boden wirft].

Jacinthus est caeruleus / nitore medioximus / Cuius decora facies / Mutatur ut temperies / Vitam signat angelicam / Discretione praeditam [Der Hyazinth ist himmelblau, von mittlerem Glanz. Sein schönes Aussehen ändert sich je nach der Temperatur. Er bezeichnet das engelgleiche Leben, das gewidmet ist der Bescheidenheit].

Amethystus praecipuus / Decore violaceus / Flammas emittit aureas / Notulasque purpureas / Praetendit cor humilium / Christo commorientium [Der Amethyst ist besonders violenbraun geziert. Er sendet goldene Flammen aus und purpurne Signale. Er bildet ab das Herz der Demütigen, die mit Christus zusammen sterben].

Was das bedeutet, hat Ambrosius Autpertus († 784) in seinem Kommentar zur Apk formuliert (zu Apk 17,4 f.: 652): Quid enim per aurum, nisi sapientia, quid autem per omnem lapidem pretiosum nisi summa omnium virtutum, quid vero per margaritas nisi studium vitae caelestis exprimitur. [Gold bedeutet Weisheit, jeder Edelstein bedeutet Spitze aller Begabungen, Perlen bedeuten das himmlische Leben mit Eifer erstreben].

Religiöse Kraft

Anselm von Laon bietet in seinem Kommentar zur Apk (MPL 162, 1499.1580–86) einen Hymnus auf die Edelsteine:

Cives coelestis patriae / Regi regum concinite / Qui supernus est artifex / Civitatis uranicae / In cuius aedificio / Talis exstat fundatio [Ihr Bürger der himmlischen Vaterstadt, singt dem König der Könige ein Lied. Er ist der himmlische Baumeister der Himmelsstadt. In deren Bau besteht diese Stiftung].

Jaspis coloris viridis / Profert virorem fidei / Quae in perfectis omnibus / Nusquam marcescit penitus / Cuius forti praesidio / Resistitur diabolo [Der Jaspis ist hellgrün, das bezeichnet das Sprossen des Glaubens, der in allen Vollkommenen nie ganz welkt. Unter seinem starken Schutz kann man dem Teufel widerstehen].

Sapphirus habet speciem / Caelesti throno similem / Designat cor simplicium / spem certam postulantium / Quorum vita et moribus / Delectatur Altissimus [Der Sapphir hat ein Aussehen wie der himmlische Thron Gottes. Er bezeichnet das Herz der Einfachen, die Hoffnung der Bittenden, wenn sich der Höchste über ihren Wandel freuen kann].

Chalcedonius pallidam / Ignis habet effigiem / Subrutilat in publico / Fulgurem dat in nubilo / Virtutem fert fidelium / Occulte famulantium [Der Chalzedon hat den bleichen Schein des Lichts, im Freien wie ein Schwelbrand, in der Wolke wie ein Blitz, Kraft bringt er den Gläubigen, die verborgen dienen].

Smaragdus virens nimium / Dat lumen oleaginum / Est fides integerrima / Ad omne bonum patula / Quae nusquam scit deficere / A pietatis opere [Der Smaragd ist sehr stark grün, er gibt Licht wie ein Öllämpchen. Das bedeutet den reinen Glauben, offen für alles Gute, niemals kann er abweichen vom frommen Werk].

Sardonix constans tricolor / Homo fertur interior / Quem denigrat humilitas. In quo albescit castitas / Ad honestatis cumulum / Rubet quoque martyrium [Den Sardonyx gibt es beständig in drei Farben, so wie man es vom Inneren des Menschen sagt. Schwarz färbt ihn die Demut, weiß die Liebe, rot das Martyrium der Ehren Gipfel].

Sardius est puniceus / cuius color sanguineus / Ostendit et martyrium / Rite agonizantium / Sextus est in catalogo / Crucis haeret mysterio [Der Sardius ist aus Phönizien, seine Farbe ist wie Blut. Er ist Symbol für das Martyrium derer, die richtig kämpfen. In der Liste der Steine ist er der sechste, verknüpft mit dem Geheimnis des Kreuzes].

Auricolor *chrysolitus* / Scintillat velut clibanus / Praetendit mores hominum / Perfecte sapientium / Qui septiformis gratiae / Sacro splendescunt jubare [Der Chrysolit ist goldfarben, er glüht wie Feuer im Backofen. Er stellt das Leben vollkommen weiser Menschen dar, die leuchten vom heiligen Glanz siebenfältiger Gnade].

Borillus est lymphaticus ut sol in aqua limpidus / Figurat vota hominum / ingenio sagacium / Quibus plus libet sumere / Pulchrae quietis otium [Der Beryll ist wässrig, durchsichtig wie Wasser für die Sonne. Er steht für das, was weise Menschen wünschen, die die Muße schöner Stille suchen].

Topazius quo rarior / Eo est pretiosior / Nitore rubet chryseo / Et aspectu aethereo / Contemplative solitum / Vitae monstrat officium [Der Topas ist je seltener desto kostbarer. Sein Glanz ist rotgolden, wie der Himmel morgens und abends anzuschauen. Er bezeichnet den Dienst gewohnt kontemplativen Lebens].

Chrysoprassus purpureus / Auricolor ac flammeus / Cuius splendor in tenebris / Flammas evibrat oculis / Haec est perfecta charitas / Quam nulla sternit feritas [Purpurn ist der Chrysopras, goldglänzend und wie Flammen, in der Dunkelheit lässt sein Glanz Flammen vor den Augen entstehen. Dies ist die vollkommene Liebe, keine Wildheit kann sie überwinden].

Hyacinthus purpureus / Virore mediaximus / Cuius decora facies / Mutatur ut temperies / Vitam signat angelicam / Discretione praeditam [Der Hyazinth ist purpurn, sanftes Grün gibt ihm ein schönes Aussehen, er wandelt sich je nach Temperatur. Er ist ein Zeichen für engelgleiches Leben, das der Bescheidenheit gewidmet ist].

> *Amethystus* praecipuus / Colore violaceus / Et notulis purpureus / Praetendit cor humilium / Christo commorientium [Der wertvolle Amethyst hat violettbraune Farbe, purpurn in den Merkmalen, er bildet ab das Herz der demütigen Menschen, die mit Christus zusammen sterben].
>
> *Sardonyx* constat tricolor / in quo albescit castitas / Ad honestatis cumulum / Rubet quoque martyrium [Den Sardonyx gibt es beständig in drei Farben, so wie man es vom Inneren des Menschen sagt. Schwarz färbt ihn die Demut, weiß die Liebe, rot das Martyrium der Ehren Gipfel].

Vor diesem Canticum hatte Anselm in Prosatext eine Beschreibung derselben Steine geliefert. Dabei ging er auf Aspekte ein, die im Canticum fehlen und die man grob als kirchengeschichtlich und geographisch orientiert bezeichnen kann. Propheten, Apostel und Heilige werden ebenso genannt wie die Herkunft der Steine (z. B. Skythien, Indien). Anselm geht in seinem Canticum nach strengem Schema vor: Er nennt den Namen (in der Regel nur eine Transskription des Griechischen der Apk), dann gibt er eine sorgfältige Beschreibung der Farben der Steine, und in einem dritten Abschnitt sagt Anselm, auf welche Stadien des geistlichen Lebens der Stein hindeutet, und zwar inklusive mögliches Martyrium. Wenn man hier von einer Mystik der Edelsteine sprechen kann, dann in diesem Sinn: Nicht Tugendmoral, sondern die Beziehung Gott/Mensch, also nicht »Sparsamkeit«, sondern Gnade, Glaube, Hoffnung, Liebe. Hier ist auch die alte Verbindung von Mystik und Märtyrertheologie lebendig.

Medikamente

Zum Apokalypse-Komm. von Heinrich Hesler (14. Jh.), S. 315–325, vgl. bereits BAK 1450. – Hesler deutet einfach auf »Tugenden«. Jaspis bedeutet Jesus Christus und vertreibt die Gicht. Der dritte Stein heißt bei Hesler »Caleidonius«. »Smaracte« ist für die Augen gut. Der Sardonix hat weiß, schwarz und rot in sich. Der sechste Stein, Sardis, bezeichnet Adam und all seinen Samen, weil der Stein aussieht wie rote Erde. Chrysolit ist der siebte Stein. Der Chrysopas hat zwei Farben, gold und grün. Der Amethyst, der zwölfte Stein, hat drei Farben: purpur, violett und rosenrot. Er hilft gegen Wein und Trunkenheit (Etymologie: a-methystos), auch gegen Schwäche und Krankheit des Herzens.

Moralische Tugenden

Birgitta von Schweden († 1373) hat in ihren Revelationes (f. 84v–85r) die Edelsteine der Apk besonders zum Thema gemacht. Die Einleitung:

> Die hl. Agnes sagt zu Birgitta: Veni filia et impone tibi coronam factam ex septem lapidibus preciosis. Quid vero est corona nisi probatio patientiae, quae ex tribulationibus conflata et a deo coronis adornatur [Komm, meine Tochter und setz dir die Krone auf, die aus sieben kostbaren Steinen gemacht ist. Denn die Krone ist nichts anderes als die bewährte Geduld, die in Bedrängnissen entsteht, aber von Gott mit Kronen geschmückt wird].
>
> Der Jaspis ist ein Symbol für die von Gott geschenkte Heiterkeit bei Verleumdungen, die man ertragen muss. Der Sapphir bewahrt die Glieder in Gesundheit, erweist als gerecht, damit man himmlisch wird, verschont vor Stolz. Der dritte Stein ist der Smaragd, der vierte eine weiße Perle, sie steht für das Mitleiden des Herzens. Denn »der

Schmerz der Liebe führt Gott in die Seele ein.« Der fünfte Stein ist der Topas. Er bewahrt Keuschheit und Schönheit. Der sechste Stein, der Adamas, symbolisiert das Ertragen körperlicher Pein. Denn durch das Erleiden von Stößen wird er nicht zerbrochen. Der siebte Stein ist der Karfunkel, er steht für das Ertragen auch falscher Nachrichten.

Fazit: Die sieben Steine haben alle eine martyrologische Bedeutung, mancher Schwerpunkt liegt bei dem, was Frauen zu ertragen haben. »Ideo filia, sta stabilis.« [Daher, meine Tochter, bleib standhaft.] Sie stehen für die verborgene, ja kontrafakische Herrlichkeit der standhaft ertragenen Leiden.

Apostel und Helden des Glaubens

Andreas von Caesarea († 637), Komm. zur Apk, 217–221 (zu Apk 21,19): Mit dem Jaspis – grünlich in der Farbe wie der Smaragd – wird wahrscheinlich der Apostelfürst Petrus bezeichnet, alle Zeit das Sterben Jesu am Leib umhertragend (2 Kor 4,10), da er das Unvergängliche und stets Jugendliche in seiner Liebe zu ihm unter Beweis gestellt hat und uns durch die Glut seines Glaubens den Weg gewiesen hat zum Ort des Ergrünens. (Saphir) Damit wird jemand bezeichnet, der dem Leib des Himmels gleicht, woraus – wie man sagt – auch das Azurblau besteht; und so glaube ich, damit werde der selige Paulus bezeichnet, welcher bis in den dritten Himmel emporgehoben ward (2 Kor 12,2) und jene mit sich hinaufgezogen hat, die sich von ihm haben überzeugen lassen; denn er hat sein Bürgerrecht im Himmel (Phil 3,20). (Chalzedon) Dieser Stein wird im Brustblatt des Hohenpriesters nicht getragen, sondern der Anthrazit, welcher hier nicht liegt. Es muss nun bedacht werden, ob nicht der Heilige den Anthrazit so genannt hat. Glühende Kohle ist auch der selige Apostel Andreas, weil er aus dem Heiligen Geiste entflammt ward. (Smaragd) Mit dem Smaragd, der grünblaue Farbe hat und dessen Farbe durch Öl noch ausgeprägter wird, glauben wir, werde die Verkündigung des Evangelisten Johannes bezeichnet, weil dieser aus dem Smaragd dessen Glanz und Blüte genommen habe; denn durch das göttliche Öl wird uns die Bedeckung der Versündigungen zuteil und wir bekommen die Unvergänglichkeit im Glauben geschenkt durch die ehrenvolle Gnadengabe der Theologie. (21,10: Sardonyx) Mit diesem Stein, der in seiner Helligkeit die Farbe eines menschlichen Fingernagels hat, ist vermutlich Jakobus gemeint; denn dieser hat vor allen anderen um Christi willen den Tod empfangen. Und diesen Tod bezeichnet der Onyx, eben der Fingernagel; ein solcher verliert ja das Gefühl, wenn er abgeschnitten ist. (Sarder) Was die feuerrote Farbe und die Haltbarkeit betrifft, so nehme ich an, wird mit dem Sarder die Schönheit der Tugend des Philippus bezeichnet; denn dieser Edelstein hat Heilkraft bei Geschwulsten und bei Wunden, die durch Eidechsen zugefügt sind. Denn er erglänzt im Feuer des Geistes Gottes und heilt die Wunden der Seele derer, die sich haben täuschen lassen und diese Wunden als Verletzungen seitens des Teufels empfangen haben. (21,20: Chrysolith) Mit dem Chrysolith, der vom Glanz her dem Gol ähnlich ist, wird vielleicht Bartholomäus abgebildet; wie dieser ob seiner ehrenvollen Tugenden erglänzt und bei der Verkündigung Gottes. (Beryll) Durch diesen Stein, der tief meerfarben, luftig ist und dem Hyazinth nahe kommt, wird vermutlich Thomas bezeichnet, denn dieser ward weithin übers Meer bis zu den Indern und deren Rettung entsandt. (Topas) Da der Topas rötlich-gelblich ist, glühender Kohle gleicht und – wie man sagt – einen milchigen Saft absondert, der gegen Augenleiden wirkt, kann dieser Stein für die Seele des seligen Matthäus stehen, denn dieser ist im Feuer geprüft durch den Eifer für Gott und geschmückt dadurch, dass er um Christi willen sein Blut vergossen hat. Sie ist nämlich ausgezogen um des Evangeliums willen für jene, die im Herzen erblindet sind, um die im Glauben Neugeborenen mit Milch zu tränken. (Chrysopras) Weil der Chrysopras dem Golde gegenüber eine tiefere Farbe hat, so glaube ich, wird damit Thaddäus bezeichnet; denn er hat Abgar, dem König von Edessa, das Königreich Christi verkündigt, wofür das Gold steht, aber auch Abgars Tod, welcher durch die grüne Farbe des Lauches bezeichnet wird. (Hyazinth) Mit dem Hyazinth, der vom Aussehen her bläulich, ja luftig ist, wird vermutlich Simon bezeichnet; denn er ist ein Eiferer nach Christi Gnadenerweisen und hat ein Denken, das auf den Himmel gerichtet ist. (Amethyst) Zumal der Amethyst seiner Gestalt nach irgendwie feurig ist, vermute ich, damit sei Matthias bezeichnet; denn bei der Austeilung der göttlichen Feuerzungen hat er sich würdig erwiesen, und er hat den Platz dessen, der weggefallen war, wieder aufgefüllt, auserwählt aufgrund seines feurigen Eifers zum Wohlgefallen. (Apg 1,23)

Wir haben dies hier eingefügt aus der Abhandlung des hl. Epiphanius über die Edelsteine (PG 43,293–366), wobei es auf andere Art angepasst wurde auf Israels Stammesführer. Denen, die ihm begegnen, sei es zur Ertüchtigung anhand von dunklen Andeutungen der Wahrheit, wenn sie darüber argwöhnen, während der genaue Sinn nur dem gehört, der dies offenbart. Die Apostel sind ja durchaus Grund- und Edelsteine, die einen in dieser Hinsicht, die anderen in jener Hinsicht; und alle bewahren sie im Eigenen und im Besonderen, was allen schönen Steinen gemeinsam ist.

Kommentar: Hier werden anders als in Apk auch die Namen der zwölf Apostel genannt und ausdrücklich den durchnummerierten Toren zugeordnet. Ähnliches geschieht in den Miniaturen der illustrierten Beatus-Kommentare zu Apk 21 (quadratisch angelegte Himmelsstadt mit 4 × 3 Toren und dem Lamm in der Mitte, Die einzelnen Tore sind mit den Namen beschriftet). – Zu den Besonderheiten bei Epiphanius und Alexander gehören auch die Angaben über die medizinischen Einsatzfelder der Steine.

Zur hl. Hildegard von Bingen (Physica, 4. Buch de Lapidibus, besonders: Chrysopras, Topas, Achat, Amethyst. Lapislazuli, Malachit); vgl. BAK II, 1448.

Religiöse Tugenden
Bei Alexander von Bremen (Minorita) († 1271) nimmt in seinem Apk-Kommentar die Beschreibung der Edelsteine auch in der Druckfassung noch acht volle Seiten ein (480–488). Unverkennbar ist bei der Deutung der Steine die franziskanische Herkunft Alexanders.

Der Jaspis ist das Fundament, Christus, der Eckstein. Der zweite Stein ist der Saphir; er steht für die Liebe, der dritte ist der Chalzedon, die Demut, der vierte, der Smaragd, bedeutet Jungfräulichkeit, der der fünfte, Sardonix Armut, der sechste, der Sardesstein Verschwiegenheit und Enthaltsamkeit. Der siebte Stein ist der Chrysolit, Geduld, der achte der Beryll, die Kontemplation, der neunte der Topas, alle Tugenden, der zehnte der Chrysopras, der helle Glanz Jungfräulichkeit und Keuschheit, das Gold die Liebe, der elfte ist der Hyazinth, die Buße und der Orden der Büßer, der zwölfte ist der Amethyst, Franziskus, die höchste Armut, violett die Demut des hl. Franziskus.

Kommentar: Parallel zu den Steinen beurteilt Alexander auch die Farben, neben den monastischen Tugenden auch deren heilige Repräsentanten wie Franziskus und Dominicus. Wo es möglich ist, verarbeitet er auch geeignete Schriftstellen. Zu Beginn erwähnt er auch die Edelsteine, die der jüdische Hohepriester nach Josephus Flavius, Vita, trug. Die zwölf Steine der Apk sind nach seinen Ausführungen (481) die Schmuckstücke der Braut des Lammes.

Zusammenfassung
Die Edelsteine stehen für Werte im umfassenden Sinn. Diese Werte reichen von regelrechten Medikamenten bis zu den göttlichen Tugenden. Wie aber hat man sich diese Werte angeeignet? Denn es handelt sich um Steine, die man primär zunächst einmal aufbewahrt, anschaut, anblickt. Man hat sie als Schmuck auf der Haut getragen oder (was fast gleichbedeutend ist) auf der Kleidung. Man hat sie pulverisiert und eingenommen oder hautärztlich verwendet. Nirgendwo ist der Übergang von Sakrament zu Medizin sinnenfälliger als hier. Das Organ, mit dem Menschen die Edelsteine aufnehmen, ist nicht nur das Auge (seltener der Magen) vor allem aber die Haut. So geht es hier um ein unbekanntes Gelände theologischer Dermatologie (Berührung, Salbe, Auflegen, Schmuck).

Die Listen mit den Edelsteinen der Apk sind wie die steinernen Heiligenfiguren an den Säulen einer gotischen Kathedrale. (1) Intensiv wie nirgends sonst wird hier das Verhältnis zwischen Ästhetik, Ethik und Mystik bedacht. Denn Edelsteine sind keine tote Materie, sondern haben, wie man glaubt, »Kräfte«. (2) Da die Anzahl der Edelsteine begrenzt ist und das Wichtigere voransteht, handelt es sich durchaus um den Entwurf eines Ordo virtutum bzw. um eine Systematik über die Stadien des geistlichen Lebens. (3) Es handelt sich um eine Ästhetik der Farben (nicht der Gestalten, Formen oder Töne). Gold und schwarz stehen dabei außerhalb der Konkurrenz. (4) Schon vor der Reformation bricht dieser Typus mittelalterlicher Theologie radikal und wohl definitiv ab. (5) Die medizinische Deutung knüpft auch an die alte pharmazeutische Tradition des »Pulvers« an (aus der Apotheke meines Vaters mir noch geläufig »pulvis« plus Genitiv).

2.5 Maß des Menschen – Maß des Engels

Apk 21,17 *Die Stadtmauer ist 144 Ellen hoch (Der Engel übernahm das Menschenmaß) und ebenso dick.*

Einen längeren Exkurs zum Thema Menschenmaß/Engelsmaß liefert Ps.-Melito, 460 f.: Wenn die Menschen wie Engel werden, ist *aequalitas* (Gleichheit) mit ihnen erreicht: Ille qui sic mensurabat apparens homo erat angelus [erschien als Mensch, war aber ein Engel]. – Ein Menschenmaß *(cubitus)* aber umfasst nach einer Deutung eineinhalb Fuß, nach einer anderen Arm und Hand bis zur Fingerspitze. Ein Stadium umfasst nach der größeren Berechnung 112 ½ *cubiti*.

Vgl. dazu den Blasius Viegas, Komm.: Mensura hominis quae est Angeli. Haymo ita existimat accipiendum significari nimirum eum Angelum, qui Ioanni cum mensura apparuit, habuisse speciem hominis. Itaque licet homo videretur, Angelum fuisse. Duae sunt communiores expositiones. Una est, significari eadem mensura metiendam esse tam Angeli quam hominis beatitudinem, hoc est, tam Angelo quam homini iuxta magnitudinem gratiae et charitatis gloriam conferri. Altera, homines ad mensuram gloriae angelorum pervenire: siquidem succedunt in locum eorum qui ceciderunt. Haymo illam quoque affert, tot homines gloriam consecuturos quot angeli corruerunt, atque adeo eandem esse Angeli et hominis quoad numerum mensuram.

[Das Maß des Menschen ist auch das des Engels. Haimo (von Halberstatt) meint, dass so der Engel bezeichnet werde, der Johannes mit dem Messtab erschien. Dieser habe das Aussehen eines Menschen gehabt. So habe er wie ein Mensch ausgesehen, sei jedoch ein Engel gewesen. Zwei andere Auslegungen sind üblicher: Die erste: die Seligkeit des Engels wie die des Menschen unterliege demselben Maßstab. Das heißt: Engel und Mensch würden nach der Größe der Gnade und dem Glanz der Liebe verglichen. Die andere Deutung: Die Menschen gelangen zum Vollmaß der Herrlichkeit der Engel, da sie auf den Platz nachrücken, den die gefallenen Engel eingenommen hatten. Haimo bringt auch diese Deutung: So viele Menschen würden die Herrlichkeit erlangen, wie die Zahl der Engel war, die zugrunde gingen. So sei die Anzahl (das Maß) der Menschen und der Engel gleich.]

Kommentar: Entweder werden die Körpermaße verglichen oder die Seligkeit werde nach denselben Maßstäben verliehen oder es geht um die Auffüllung der Anzahl der gefallenen Engel – ein seit Gregor dem Großen beliebtes Motiv

Nach W. Bousset, Komm., 448 soll mit diesem Vers »nur gesagt sein, dass das menschliche Maß auch das im Himmel (bei den Engeln) geltende ist«. Er weist die Deutung Spittas zurück »menschliches Maß, welches ein Engel gebraucht, also in Wirklichkeit viel größer«. Nach Johannes betrage dagegen die Höhe der Mauer »wirklich 144 Ellen« = 70 Meter (Holtzmann) und nicht mehr. »Neben der Stadt von 300 Meilen Höhe ist die Mauer von 144 Ellen unendlich winzig. Nach naiver Anschauung, die hier noch hervortritt, ruht das Himmelsgewölbe da, wo Himmel und Erde sich berühren, auf einer schmalen Rampe. Das wäre dann die winzige Mauer der ungeheuren Stadt.« H. Giesen, Komm., 466 schließt sich dem an, die Höhe der Mauer betrage nur 70 m. Die angegebene Höhe der Mauer scheint vor allem der Aussage zu widersprechen, dass die Breite, Länge und Höhe der Stadt identisch sind. Das damit verbundene Problem sucht man auf verschiedene Weise zu lösen. Andere beziehen das Maß auf die Dicke der Mauer (vgl. Ez 40,20) und nicht auf ihre Höhe. Giesen entmythologisiert daraufhin: Es gehe nur um die Stadt als Symbol für die Heilsgemeinde, und die Stadtmauer diene nicht zur Verteidigung, sondern stehe allen Erlösten offen. Einwand: Warum dann überhaupt eine Mauer? Und 70 m sind schon eine stattliche Höhe!

Nun sind die Zahlenangaben der Apk hier und auch sonst weder nur noch symbolisch (im Sinn der Erlösung aus Gnade) noch kleinlich mathematisch (und damit positivistisch und sektiererisch im Sinn des 19. Jh.) zu deuten, schon gar nicht aber moralisch. Mein Vorschlag: (1) Es herrscht hier ein massives Übergewicht an Tradition, das bedeutet (2): Es handelt sich um eine besondere Art von Realität, nämlich (3) dominant für die Deutung ist die Ästhetik. Daher ist die Rezeption in den Miniaturen, Fresken und Glasfenstern die angemessene. Die Maße der Apk kehren aber mutatis mutandis wieder in den in Stein umgesetzten Maßangaben in romanischen und gotischen Domen. Denn ginge es lediglich um Heilssymbolik, dann könnte man den Menschen vom Heil predigen und auf jede Sichtbarmachung verzichten. Um der Bewahrung der Botschaft willen sind romanische und gotische Kathedralen geradezu notwendig, auch wenn die Maße nur proportional wiedergegeben werden.

Denn Kirchbauten im Sinn der Apk sind weder Zweckbauten noch l'art pour l'art. Sie sind auch nicht Räume lediglich für Gemeindeversammlungen oder Predigtstätten. Denn wenn Kirchen laut Kirchweihliturgie zuallererst Haus Gottes und der Menschen sind, dann begegnen sich in ihnen Himmel und Erde. Die Unendlichkeit des Himmels und die Heiligkeit des Thrones Gottes »gerinnen« sozusagen zu den Zahlenangaben der Apk. Die Steine der Dome werden zu Verkündigern einer besonderen Art von Wirklichkeit.

Selbst bei Alexander von Bremen († 1271) ist davon noch ein gutes Stück erhalten:

> Et mensus est muros civitatis CXLIV cubitorum, Septuaginta duo discipuli, quos misit Dominus sine sacculo et pera et calciamentis ut operarentur in messe sua, habebant CXLIV cubitos, quibus manus adhaerebant, id est quilibet eorum duo brachia per quae labor eorum figuratur, quorum exemplo bini et bini mittuntur modo, ut in messe Domini operentur auctoritate iamdicti apostolici. Etiam duodenarius numerus duodecies ductus centesimum et quadragesimum quartum numerum consummat; in quo multiplex operatio XII apostolorum exprimitur. Mensura hominis quae est angeli; Hic ponitur ratio, quare cubitum dicat, et non bracchia. Mensura etenim hominis, qui apparuit Ezechieli in mensura civitatis suae consummata est per cubitos. Quae mensura fuit hic apostolici, qui exstitit angelus domini exercituum, secundem quod superius sacerdotes ecclesiarum Asiae angeli dicebantur. Idcirco cubitos ponit, ut more prophetico loquatur. Quod sibi vult, quod multae portae iustitiae excedentes duodenarium numerum et multi ministri custodesque earum in ista civitate exsistunt ultra hanc descriptionem, et quod eam nimium excedunt cubitus et manus iam in messe Domini laborantes, cum Iudaei multorum cubitorum minus viderint et cetera quae ipsis promissa sunt in reaedificatione Jherusalen quam eis sit ab Ezechiele descriptum? sed notandum quod propter devotum Christianorum obsequium eorum superabundat promissio et Iudaeis magnitudo promissionis propter peccara subtrahitur. (478)

> [Und er maß die Mauern der Stadt aus und kam auf 144 Ellen. Die 72 Jünger, die der Herr ausschickte ohne Sack und Beutel und Sandalen, dass sie in seiner Ernte arbeiteten, hatten 144 Ellen, an denen die Hände waren. Das heißt: Jeder von ihnen hatte zwei Arme, durch die ihre Arbeit dargestellt wird. Ganz entsprechend wurden sie auch zu zwei und zwei ausgesandt, um in der Ernte des Herrn zu arbeiten, so bezeugt es der schon genannte Text des Apostels. Auch die Zwölfzahl, mal zwölf genommen, ergibt eine Zahl von 144. Mit dieser Zahl wird die vielfältige Arbeit der Apostel ausgedrückt. Das Maß des Engels gleicht dem des Menschen. Hier gilt es zu bedenken, warum es heißt

»Elle« und nicht »Arme«. Denn das Maß, das der Mensch angibt, der Ezechiel erschien (Ez 40,3), wird nach Ellen gemessen (Ez 40,5 und dann *cubitus* durchgehend in Ez 40–46). Welches Maß war das des Engels, der mit dem Apostel sprach *(apostolici)*, der Engel des Herrn der Heere war und entsprechend welchem die Priester der Kirchen Asiens Engel genannt wurden? Daher spricht Ezechiel von Ellen, um auf prophetische Weise zu reden. Und das will er, weil die vielen Tore der Gerechtigkeit in ihrer Anzahl die Zwölfzahl überschreiten und weil viele Diener und viele Wächter, die zu ihnen gehören, in dieser Stadt über die Zahlenangaben hinausgehen und weil auch die vielen Ellen und Hände, die schon in der Ernte des Herrn arbeiten, sie zahlenmäßig überragen. Die Juden aber sehen nicht so viele Ellen. Und das gilt auch von dem Übrigen, das ihnen verheißen ist beim Wiederaufbau Jerusalems, wie er ihnen von Ezechiel beschrieben ist. Aber es ist zu bemerken, dass wegen des frommen Gehorsams der Christen die Verheißung an sie überreich ist, dass den Juden aber die Größe der Verheißung wegen ihrer Sünden gemindert wird.]

Kommentar: Für Alexander von Bremen ist das Maß des Engels das des Menschen, weil (1) in Ez 40,3 dem Ezechiel ein Mensch erscheint, der ein Engel ist, weil (2) in den Briefen der Apk die Gemeindeältesten Engel heißen, weil (3) in Ez 40 von Ellen (also dem größeren Maß) und nicht von »Händen« als Maßeinheit gesprochen wird. Das »Mehr als« macht aber das Christliche aus, denn hier wird das Judentum überboten. In der Zeit der Heidenchristen werden alle Zwölfer-Dimensionen gesprengt durch Überzahl und Überreichtum.

Fazit: Alexander von Bremen gehört jedenfalls zu den ganz wenigen christlichen Kommentatoren, die eine Erklärung der Passage in Apk 21,17 wenigstens versuchen. Dass er dieses auf der Basis von Ezechiel tut, erhöht erheblich die Chancen, dass er Recht hat. Das Abgleiten in Antijudaismus ist sachlich weder nötig noch zu rechtfertigen. Nehmen wir trotzdem die Rede von der Steigerung der Maße ernst, so ergibt sich: Das Maß des Menschen ist zum Maß des Engels geworden. Ds aber rührt an ein Zentralbekenntnis des Mittelalters: Durch die Erlösung sollen die Menschen wie Engel werden *(angeli fiant)*.

2.6 Liturgie vor dem Thron Gottes

Wovon und wie die Kirche lebt, das zeigt sich vor allem in ihrem Gottesdienst. Die Apk schildert zwar nicht die Gottesdienste im dritten Drittel des 1. Jh. nC., aber sie besitzt eine natürliche Eignung in Richtung Liturgie, wird doch die himmlische Thronszenerie, die das ganze Buch bestimmt, als Feier himmlischer Liturgie geschildert. Wo sonst gibt es im Neuen Testament von Chören (teilweise sogar responsorisch) vorgetragene Hymnen? Und selbst das Halleluja gibt es im Neuen Testament nur hier. Wenn man nach der Wirkungsgeschichte der Apk fragt, lohnt es sich unbedingt, einen Querschnitt dort anzusetzen, wo Liturgie das ganze Leben bestimmt, nämlich bei einem kontemplativen Orden – im Westen: benediktinischer Prägung.

2.6.1 Die Apokalypse im koptischen Antiphonar

Quelle: M. Cramer, M. Krause: Das koptische Antiphonar (M 575 und P 11967), Münster 2008.

Bis auf den heutigen Tag ist die koptische Kirche eine typische Märtyrer- und Mönchskirche, das Erstere leider auch in einem sehr praktischen und fast alltäglichen Sinn. Wegen beider Eigenschaften ist es einfach notwendig, nach der Rezeption der Apokalypse in koptischen Klöstern zu fragen. Das gilt ganz abgesehen davon, dass schon bei der Kommentierung der Apk erkennbar war, dass die meisten (und bisher oft nicht wahrgenommenen) »Paralleltexte« in koptischen Klöstern lebendig waren.

In dem bis zum Ende des 7. Jh. entstandenen Antiphonar(kopt) liegt die umfangreichste Zitierung bzw. Verarbeitung der Apk in einer Liturgie des ersten Jahrtausends vor. Das betrifft sowohl die sporadischen Bezugnahmen in christologischen und mariologischen Aussagen als auch sehr intensiv die »Liturgie der 24 Ältesten« (§ 106–119).

Der Gewinn für gegenwärtige Theologie besteht darin, dass die Apk für das Antiphonar die Quelle für alles Glaubenswissen um den Thron Gottes bzw. den himmlischen Thronsaal ist. Der »Raum Gottes« kann nämlich, was neutestamentliche Quellen betrifft, nur mit Texten aus der Apk beschrieben werden. Das Antiphonar nimmt daher besonders auf Apk 4f.; 7; 21 Bezug. Die politischen oder geschichtstheologischen Aussagen der Apk spielen bei dieser koptischen Rezeption überhaupt keine Rolle.

Abschnitt I: Christologische Aussagen

§ 303, 280 f.: »Christus ist der Erste und der Letzte, er ist auch der Seiende, der bleibt« (Apk 1,18).
§ 356, 306 f.: »Du bist die heilige Wurzel, die wertvolle und mit Früchten beladene Zweige hervorgebracht hat« (Apk 22,16 und 22,2).
§ 349, 304 f.: »Jeder, der auf die letzte Auferstehung wartet, möge zuerst an die Auferstehung Christi glauben wie Johannes in seiner Apokalypse geschrieben hat: Selig ist der, der teilhat an der ersten Auferstehung«.
Kommentar: Der Satz aus dem Antiphonar hat nach meinem Urteil den Zusammenhang zwischen Erster und Zweiter Auferstehung nach Apk und umliegenden Schriften treffend erfasst. Denn die Erste Auferstehung ist schon Glaube an die Auferstehung Jesu, Bekenntnis und Taufe, die Zweite Auferstehung erst ist postmortal. Vgl. dazu unten »Erster und zweiter Tod«.

Abschnitt II: Mariologie

§ 202, 210 f.: Diese Jungfrau Maria, dieser wohlduftende Garten, die Quelle des Lebenswassers sie hat den Menschen wiederum in das Paradies zurückgebracht.

§ 203: Siehe, ein Zeichen zeigte sich am Himmel, eine Frau, bekleidet mit der Sonne, zu ihren Füßen der Mond, ein Kranz von zwölf Sternen auf ihrem Haupte, war schwanger und hatte Schmerzen und schrie, um ihn zu gebären. Das ist die Jungfrau, die uns Emmanuel gebar. Man hängte ihn an das Kreuz, er vergab uns unsere Sünden.

§ 198, 208 f.: Man sprach Ehrenvolles über dich, die Stadt unseres Gottes, denn du bist die, in der der Wohnort aller derer ist, die sich freuen.

Kommentar: Das antike mythische Bild der weiblichen Stadtgottheit (z. B. Athena, Venus für Venedig und Neapel) wird in Maria unmythologische, menschlich-kreatürliche Realität. In der doppelten Auslegung der Himmelsfrau von Apk 12 auf das Himmlische Jerusalem bzw. das neue Gottesvolk und auf Maria kommt das zum Ausdruck. Die Verwandtschaft mit Stadtgottheiten ergibt sich dadurch, dass jungfräuliche Jungfrauen (wie z. B. Athena) als uneinnehmbare Festungen galten. Das lässt auch die Eigenart und Geschichte der Frau von Apk 12 begreiflich erscheinen, die ja vom Drachen nicht einnehmbar ist.

§ 144, 206 f.: Sei gegrüßt, versiegeltes Buch der Freiheit dieser ganzen Welt, die du uns Emmanuel gebarst (Apk 5,1).

Kommentar: Diese singuläre Deutung des »Buches mit den sieben Siegeln« auf Maria geht aus von der jungfräulichen Verschlossenheit Mariens. Dadurch, dass die Apk deren Öffnung durch Jesus Christus beschreibt und nicht ihr Verschlossenwerden, wird die ganze restliche Heilsgeschichte einbezogen in das Geheimnis Gottes, sein geheimnisvolles Wirken, das in der Verborgenheit des Mutterschoßes Mariens beginnt. Dieser Beginn im Geheimnis der Menschwerdung ist das bleibende Wasserzeichen aller Taten Gottes in der Geschichte des Heils.

§ 228 S. 227 (an Maria): Sei gegrüßt, versiegelter Schatz in dem der Stein war. – Die Herausgeber des kopt. Antiphonars weisen zu Recht hier auf den Stein von Dan 2,45, der im Neuen Testament Christus der Eckstein auf Zion, Zion als der Ort des nicht von Händen gemachten Tempels und Vorbild für Petrus wurde (dazu s. o.). Die Verschlossenheit eines Steins ist – ähnlich wie das verschlossene Buch nach Apk 5 – zum Bild für Gottes Geheimnis geworden.

Abschnitt III: Über die Vierundzwanzig Ältesten (§ 106–119)

(106): Die Ältesten, die in guter Weise vorstehen, sind der Ehren wert in einer doppelten Ehre, dass sie ihre heiligen Gebete darbringen, indem sie für die ganze Welt in großer Freude bitten, weil sie den Namen der Ältesten trugen, indem sie für die Menschen in den Himmeln bitten. (107) Unser Vater Johannes verkündigte uns die Wunder und die erhabenen Ehren der Ältesten: es befinden sich vierundzwanzig Throne vor dem Lebenden, auf denen sie in großer Ehre sitzen, indem goldene Kränze auf ihren Häuptern sind und sie allezeit für das Geschlecht Adams bitten. (108) Ich, Johannes, sah große Wunder und Geheimnisse an jedem Ort. Ich sah den, der immer lebt, während vierundzwanzig Throne vor ihm standen, auf denen Älteste saßen in großer, unbeschreiblicher Ehre, indem Schalen aus Gold in ihren ehrwürdigen Händen waren, angefüllt mit Wohlgerüchen, mit den Gebeten der Heiligen, welche sie dem Herr Sabaoth darbrachten als Wohlgeruch für den Herrn, dass er sich ihrer erbarme. (109) Groß ist die Ehre der Ältesten und der erhabene Ruhm, der sie umgibt und ihre Geschlechter – sozusagen – und ihre Stämme und Völker nach ihrem Namen. Fürwahr der Pantokrator kennt ihre Beschaffenheit! Sie sitzen auf ihren Thronen in großer Ehre, goldene Kränze auf ihren Häuptern, bekleidet mit ehrenvollen weißen Gewändern, goldenen Schalen in ihren heiligen

Händen, gefüllt mit Duft, mit heiligen Gebeten, die sie zum guten Vater emporhielten und den, der ewiglich liebt, verehrten und das Lamm, das in der Mitte des Thrones ist, baten, dass es sich erbarmt uns unsere Sünden vergibt. (110) Man nahm mich im Geiste in der Nacht des Sonntags, mich, Johannes, zur heiligen Stadt. Man gab mir ein Rohr, das einem Stock glich, ich maß die Stadt Gottes aus, die viereckig war, in deren Mitte ein großer Thron befestigt war, auf dem der Große in seinen Tagen saß, und vierundzwanzig Throne um seinen Thron herum standen, auf denen Älteste saßen. Auch vier Tiere umgaben den Thron, jedes einzelne hatte sechs Flügel. Ich sah ein Lamm in der Mitte des Thrones, in seiner Hand ein Buch, an dem Siegel waren. Man fand keinen im Himmel, auch nicht auf der Erde – außer dem Lamm –, dass er das Buch öffnete. Die Ältesten und die vier Tiere beteten den Pantokrator an. Sie priesen Gott. Sie baten das Lamm in der Mitte des Thrones, dass es sich erbarme und unsere Sünden vergebe. (111) Wer wird den Ruhm und die Ehre der Ältesten des Pantokrator beschreiben können? Die Engel des Himmels und die Erzengel stehen vor Gott, Tag und Nacht, während die Ältesten auf den Thronen sitzen in großer, unaussprechlicher Ehre. Ich, Johannes, sah ein Lamm in der Mitte des Thrones, ein Buch in seiner Hand. Wenn es das Buch öffnete, ertönten laute Stimmen und Donner auf Erden. Die Ältesten beteten den Pantokrator an. Sie baten das Lamm, dass es sich erbarmte. Ich hörte ihre Stimme wie viel Wasser: »Der Himmel und die Erde sind voll deiner Herrlichkeit«. (112) Ein Ältester namens Silas sah den Erlöser auf dem Tisch. Ein Becher aus Gold war in seiner rechten Hand, und seine Mutter Maria rechts von ihm. (Sie sagte): Spende mir, mein Sohn, das Abendmahl, mit deinen göttlichen Händen spende das Abendmahl dem Volk, das hier mit uns ist. Erbarme dich ihrer und rette ihre Kinder, rette ihre Seelen, denn sie hofften auf dich, unsterblicher König, Sohn des Fleckenlosen, eingeborener Sohn des Vaters, über den die Propheten Zeugnis abgelegt haben, lange Zeit bevor sie (Maria) ihn empfing. (113) Ich, Johannes, sah eine offene Tür im Himmel. Ich hörte eine Stimme, die zu mir sagte: »Schreibe das nieder, was du sehen wirst«. Ich sah. Und siehe, ein Thron, auf dem einer saß, der glich dem Aussehen nach einem Jaspis und Karneol. Ich sah vierundzwanzig Throne um den Thron, auf denen vierundzwanzig Älteste saßen, goldene Kränze auf ihren Häuptern, gekleidet in weiße Kleider, goldene Weihrauchgefäße in ihrem Händen, sie ließen Duft aufsteigen, indem sie ausriefen und sprachen: Preis, Macht und Autorität Gott bis in alle Ewigkeit. (114) Johannes schreibt an die sieben Kirchen, die in Asien sind: Gnade und Friede Euch von dem, der ist, der kommt und von Jesus Christus, dem zuverlässigen Zeugen, dem Erstgeborenen vor den Archonten, den Königen der Erde, der uns geliebt hat und uns von allen Sünden gereinigt hat mit seinem Blut. Er hat uns zu einem Königtum und zu Priestern Gottes, seines Vaters, gemacht. Ihm gehören der Ruhm, die Ehre, die Kraft, die Macht und die Autorität bis in alle Ewigkeit. (115) Wohl denen, die lesen und hören die Worte der Prophezeiung, die halten, was in ihr geschrieben ist, denn die Zeit ist nahe gekommen. Seht, er kommt auf den Wolken, und jedes Auge sieht ihn und alle Stämme der Erde werden über ihn wehklagen »Seht, ich komme bald, sprach Gott, der Herr. Wohl dem, der wachen und seine Kleider behüten wird. Wer siegen wird, wird neben meinem Thron sitzen. Ich werde seinen Namen bekennen vor meinem Vater und seinen Engeln. (116) Ich bin das A und das O, ich bin der Anfang und das Ende, sprach Gott der Herr, der ist, der kommen wird, der Pantokrator. Ich bin der erste und der letzte, der lebt, und ich bin gestorben. Siehe, ich lebe ewiglich. Die Schlüssel des Todes und der Unterwelt sind in meiner Hand. Fürchte dich nicht vor den Dingen, die du erleiden wirst wegen meines Namens. Sei gläubig bis zum Tode. Ich werde dir den Kranz des Lebens geben. Dem, der siegen wird, werde ich zu essen geben vom Baum des Lebens. Ich werde ihm einen neuen Namen geben, der bleiben wird in Ewigkeit. (117) Ich sah in der Mitte des Thrones und der Mitte der vier Lebenden Wesen und der Mitte der Ältesten ein Lamm, das geschlachtet worden war, als es das Buch nahm aus der Hand dessen, der lebt bis in Ewigkeit. Und als er es nahm, hörte ich laute Stimmen, die sagten: Du bist würdig, das Buch zu öffnen und die Siegel zu entfernen, denn du wurdest geschlachtet und du kauftest uns mit deinem Blut und machtest uns zu einem Königreich und zu Priestern Gottes, deines Vaters. Wir werden mit dir herrschen bis in alle Ewigkeit. (118) Und ich sah und siehe, ein Lamm, das auf dem Berg Zion stand und einhundertvierundvierzigtausend mit ihm, die versiegelt waren, die seinen Namen besaßen. Und der Name seines heiligen Vaters war auf ihre Stirn geschrieben. Sie gingen allezeit mit ihm. Sie sangen ihm einen neuen Gesang, dessen Lieder niemand kannte außer den einhundertvierundvierzigtausend, die mit ihm waren. Diese waren erkauft von den Menschen als Erstlinge Gottes und des Lammes, diese hatten sich nie mit Frauen befleckt, weil sie heilige Jungfrauen waren. (119) Ich sah eine große Menge, die niemand zählen können wird aus den Stämmen, Sprachen, Völkern und allen Völkern vor dem Thron des Lammes stehen, angetan mit weißen Kleidern, Palmzweige in ihren Händen, indem sie riefen und sprachen: Segen, Dank, Kraft und Macht gehören Gott bis in Ewigkeit. Einer der Ältesten sprach mit mir und sagte: Diese sind die zu den weißen Kleidern Gehörenden und woher sind sie gekommen? Das sind die, die aus großer Drangsal gekommen sind. Sie haben ihre Kleider im Blut des Lammes gereinigt. Deswegen werden sie ruhen vor ihm Tag und Nacht, indem sie in seinem Tempel dienen. Der auf dem Thron sitzt, wird sie überschatten. Sie werden nicht hungern, nicht dürsten. Die Sonne und die Hitze werden nicht auf sie fallen. Das Lamm wird sie weiden und sie führen zu allen Quellen des Lebenswassers und ihre Tränen abwischen.

Kommentar:

§ 106 stammt nicht aus der Apk, ausgenommen die Tatsache der 24 Ältesten. Ihre Funktion als Fürbitter ist komplett neu. Nach Apk 8,3 f. tun dergleichen Engel.

§ 107 vgl. Apk 4,4. Neu ist auch hier die Fürbitte der Ältesten und die Begründung dieser Funktion in ihrem Namen. Die leuchtenden Gewänder aus Apk 4,4 fehlen hier.

§ 108 Die Überschrift mit den »großen Wundern und Geheimnissen« ist hier neu. Nach Apk 4,2 wird nur der Thron genannt. Von einem direkten Sehen Gottes (»Ich sah den, der immer lebt«) spricht Apk nicht. In § 108b ist der ganze Abschnitt »indem Schalen aus Gold« stammt nicht aus Apk, also weder die goldenen Schalen noch die Wohlgerüche noch die Fürbitte um Erbarmen.

§ 109 Der Ruf »Groß ist die Ehre der Ältesten und der erhabene Ruhm, der sie umgibt und ihre Geschlechter« stammt nicht aus Apk, aber ist ein typisch hellenistischer Akklamationsruf nach dem Schema »Groß ist« (daher auch der Ruf: Allah ist groß). Neu ist auch hier wie schon in § 107 der Hinweis auf ihre Namen und ihre Beschaffenheit, die Gott kennt, ebenso Fürbitte und Bitte um Erbarmen und Sündenvergebung, schließlich Gott als »guter Vater«. Nach Apk 4,11 loben die Ältesten lediglich Gott als den Schöpfer, dass sie sich um die Menschen kümmern, ist nicht gesagt.

§ 110 Der Verfasser der Antiphon gibt hier ein Résumé aus 1,10 (»Sonntag« und »Geist«) und 17 (Entrückung zur heiligen Stadt) sowie 11,1 (Johannes erhält ein Rohr) und 21,16 (die Himmelsstadt ist viereckig). Neu ist die Bemerkung, der Thron stehe »in der Mitte« der Stadt Gottes; diese Auffassung entspricht im Übrigen den Darstellungen der Himmelsstadt in den Beatus-Apokalypsen. Die Übersetzung durch Cramer/Krause »in seinen

Tagen« ist zu korrigieren: Laut Dan 7,9 handelt es sich um »den Alten der Tage«, d. h. um Gott, der mit seinem weißen Haar wie ein an Tagen/Jahren alter Mann aussieht. »In seinen Tagen« ist grob missverständlich. – Die Schilderung von Lamm und vier Tieren stammt aus Apk 4, die Szene mit dem Buch aus Apk 5, das darauf folgende Lob Gottes aus Apk 5,13. Frei hinzugefügt ist die Bitte um Erbarmen und Sündenvergebung am Schluss (vgl. sehr ähnlich im Schluss von § 109). Sie entspricht vor allem der Formulierung im Gloria der römischen Messe (agnus Dei, qui tollis peccata mundi, miserere nobis).

§ 111 In diesem Abschnitt stammen lediglich ein paar Detailangaben aus der Apk, der Titel Pantokrator, Tag und Nacht vor Gott zu stehen (4,8; 7,15; 14,11). Neu sind Sätze wie dieser: »Ich, Johannes, sah ein Lamm in der Mitte des Thrones, ein Buch in seiner Hand. Wenn es das Buch öffnete, ertönten laute Stimmen und Donner auf Erden.« Die Kithara-Spieler von Apk 5,8 sind durch andere akustische Signale ersetzt und dass das Lamm das Buch öffnete, wird in der Apk nirgends gesagt.

§ 112 Silas kommt vielleicht aus Apg 15,22, jedenfalls nicht aus der Apk. Das Wort findet sich aber sonst als Wiedergabe von aram. Schaliach. (Gesandter). Die gesamte Szene, die § 112 schildert, bezieht sich auf ein apokryphes, sonst, soweit ich sehe, nirgends belegtes »Abendmahl« mit Jesus und seiner Mutter als »Zelebranten«. Maria bittet hier für das Volk um Erbarmen, nimmt daher hier die Rolle der Fürbitterin ein, die sonst die Ältesten oder Engel innehaben. Die hier geschilderte Marienkommunion zeigt große Ähnlichkeiten mit dem mittelalterlichen Bildtypus des himmlischen Hochzeitsmahls (s. dazu unten). Maria ist hier nicht die Mutter Jesu, sondern Darstellung der Braut, Inbegriff (Typos) aller jungfräulich Lebenden in der Kirche. Auch beim himmlischen Mahl sitzt sie mit Jesus an einem Tisch.

§ 113 Die offene Tür im Himmel sieht Johannes auch nach Apk 4,1, während der sofort angeschlossene Schreibbefehl aus Apk 1,11.19 stammt. Dort wird der Befehl allerdings nicht von einer »Stimme« gegeben, sondern von dem vorher geschilderten Menschensohn. Jaspis und Karneol stammen aus 4,3. Doch die Weihrauchgefäße und der Duft stammen aus 5,8, die Akklamation aus 4,11.

§ 114 Eine Kurzform von Apk 1,4. Die sieben Erzengel vor dem Thron fehlen hier. Die »Archonten« bei Cramer/Krause sind eine unnötig gnostisierende Fehlübersetzung. In Apk 1,5 ist es einfach der herrschende (griech. ἄρχων) Christus, der im Unterschied zu den Königen der Erde so heißt. Statt Freikauf hier die Reinigung von den Sünden. Statt der Fülle der zugesprochenen Heilsattribute am Schluss von § 114 hat Apk 1,5 nur »Herrlichkeit und Kraft«.

§ 115 Der erste Satz ist aus Apk 1,3, der zweite aus Apk 1,7. Die Seligpreisung kommt aus Apk 16,15a (nicht 15,15 Cramer/Krause). Der Sieger-Spruch kommt hier aus Apk 3,21, das Bekennen vor Vater und Engeln aus Apk 3,5b.

§ 116 Der Anfang ist gestückelt aus Apk 1,8 und 1,18. Die Konsequenz ist sinnvoll aus 2,10 hier eingefügt, es folgt eine freie Wiedergabe von 2,17, doch »verborgenes Manna und weißer Stein« sind ersetzt durch »zu essen vom Baum des Lebens« aus 2,7.

§ 117 Die dreimalige Angabe der »Mitte« entspricht Apk 5,6. Statt der Lebenden Wesen und der Ältesten werden zu 5,8 einfach »Stimmen« genannt. Bei der Wiedergabe von Apk 5,9 f. heißt es »deines Vaters« statt »für Gott«.

§ 118 Die Kap. 6–13 überspringt das Antiphonar und schließt direkt mit 14,1 an Kap. 5 an. Dass es sich um Versiegelte handelt, ist hier aus 7,4 eingetragen. Im Übrigen wird aus Kap. 14 nur aufgenommen das Stichwort »neues Lied«, das niemand kannte (14,3a) und ausführlich 14,4. »Dem Lamm nachzufolgen, wohin es auch ging« heißt hier: »Sie gingen allezeit mit ihm.«

§ 119 Hier wird jetzt Apk 7,9 »nachgeschoben«. So wird die Aufzählung der zwölf Stämme in Apk 7,4–8 ausgelassen, denn die Einleitung aus 7,1–3 war schon in § 118 durch Verarbeitung des teilweise parallelen Stücks Apk 14 ersetzt worden. Das heißt: § 118 und 119 gehören zusammen. Sie bieten die bearbeiteten Visionen der großen Menge aus Apk 7 und Apk 14. Hier in § 119 folgt auf die Wiedergabe von Apk 7,9 die von 7,12b–14. Der Satz »Deswegen werden sie ruhen vor ihm Tag und Nacht, indem sie in seinem Tempel dienen. Der auf dem Thron sitzt, wird sie überschatten« ist neu geformt aus Material, das die Apk anbot. Der Schluss von § 119, der dann folgt, entspricht Apk 7,16.

Weitere Texte über den »Himmel« im koptischen Antiphonar

§ 60,100 f.: Als die vier Tiere dem, der auf dem lebenden ewigen Thron sitzt, Lob und Ehre sangen, warfen sich die vierundzwanzig Ältesten auf ihr Antlitz nieder, indem sie mit den Engeln sagten: Du bist würdig der Ehre und des Lobes. Wir selbst wollen singen mit dem Tempelsänger David (Ps 102,21). Der Text ist aus Apk 4,8–11 (Kurzfassung). Das Trishagion ist hier ausgelassen.

§ 66 f., 104 f.: »Das Jerusalem des Himmels ist erbaut aus auserwähltem Gold. Es ist die Stadt unseres Gottes, in der alle Heiligen sind – diese ist unsere Mutter. Sie ist auch das Tor des Himmels, das Jacob sah. Ihr Schöpfer ist Gott. Sie ist auch die Kirche der heiligen Apostel, die man weihte im Namen der heiligen Dreieinigkeit, das ist der Vater, der Sohn und der Heilige Geist, die vollkommene Dreiheit, die in einer einzigen Gottheit besteht. (67) Man nahm mich auf einen hohen Berg. Man zeigte mir die heilige Stadt, das neue Jerusalem, das vom Himmel herabkommt, eine hohe Mauer hat, in der zwölf Toreingänge sind. Zwölf Engel stehen auf den Toren. Ich sah auch eine andere Mauer, in der zwölf Grundsteine waren, auf die der Name dieser zwölf Apostel geschrieben war (Apk 21,2.10–14).

Kommentar: Das Himmlische Jerusalem als unsere Mutter kommt aus Gal 4,26 (vgl. später die monastische Weiterführung Cistercium est mater nostra). Wendungen wie »Kirche der heiligen Apostel« oder die Weihe auf die Dreifaltigkeit zeigen ein hohes Maß an Durchdringung der Vorlage in der Apk durch kirchlichen Sprachgebrauch und christliche Dogmatik.

Fazit: Das koptische Antiphonar bietet eine Verarbeitung der Apk mit folgenden Tendenzen: Beschränkung auf die himmlische Thronszenerie (inklusive Christologie und Mariologie) und auf wichtige Hymnen, Auslassung der sieben Gemeindebriefe, aller politischen Bezüge (Apk 13–18), aller jüdischen Elemente i. e. S., aller Aussagen über Verfolgung, Gericht (Feuersee) und neue Schöpfung, aller Katastrophen- und Monstra-Schilderungen. Zum Interesse am Himmel gehört auch, dass man eingetragen ist im »Buch des Lebens« (Apk 20,12) (§ 140, 163). Alle Zählungen von Abschnitten (Siegel, Posaunen, Weherufe etc.) entfallen, ebenso jedes Interesse an »Seelsorge« oder »Ethik«.

Positiv formuliert: Die Rezeption der Apk in der koptischen Liturgie geschieht ganz im Zeichen eines starken monastischen Interesses am Inneren des Himmels. Jede Geschichtsapokalyptik wird hier von der Liturgie gewissermaßen verschlungen. Denn Liturgie ist präsentische Anteilhabe am Himmel.

2.6.2 Die Auslegung der Apokalypse im ältesten Zisterzienserbrevier

Bedeutung

Das älteste vollständig erhaltene zisterziensische Brevier ist eine Fundgrube für das Studium frühmittelalterlicher Wirkungsgeschichte der Apokalypse des Johannes. Denn hier kann man an einem geschlossenen Corpus sehr genau aufzeigen, welche Texte der Apk wann im Kirchenjahr zitiert wurden. In der Regel wurden sie dabei durch die Komposition und Neuformulierung in Responsionen, Versikeln und Antiphonen und in zitierten Hymnen und Homilien der Kirchenväter auch kommentiert.

Das älteste zisterziensische Brevier wurde unter dem Titel »The Primitive Cistercian Breviary« (PCistB) von Chrysogonus Waddell in OCSO in der Reihe Spicilegium Friburgense (Texts concerning the history of christian life), vol. 44 in Fribourg 2007 publiziert (720 S.). Waddell datiert das von ihm edierte Manuskript auf 1132 (S. 47).

Bevor wir jedem Zitat im Einzelnen nachgehen, ist die eminente theologische Bedeutung dieses Corpus summarisch aufzuzeigen.

Was nicht rezipiert wird
- Nicht rezipiert werden die Kap. 9–13; 15–20 sowie große Teile von Kap. 4, 6 und 19. Das heißt: Weder Plagen noch Monster, weder die höllische Trinität (Drache, Erstes Tier, Zweites Tier) noch die Hure Babylon, weder der Konflikt mit dem römischen Staat noch Gerichtsszenen, weder das Tausendjährige Reich noch die Erste und Zweite Auferstehung werden gewürdigt. Auch die Aussagen über Feuersee und Verdammnis werden nicht aufgegriffen. Für den heutigen Leser ist besonders verwunderlich das Fehlen von Apk 12 bis auf 12,7. Ähnlich ergeht es dem Kap. 11 der Apk, von dem nur Teile aus den Versen 4–6 aufgegriffen werden.
- Nicht aufgenommen wird jede Art von Naherwartung oder Terminspekulation, von Gematrie oder Abzählen der Herrschergestalten. Das Thema Judentum spielt keine Rolle.

Generelle Tendenzen

Geradezu meisterhaft beherrschen die Verfasser des Breviers (in Folgenden Verf. genannt) die Kunst, aus diversen Zitaten der Apk ein neues, in sich stimmiges Mosaik in Gestalt kurzer neuer Texte zu bauen. An die Stelle von apokalyptischem Dualismus tritt ein weitherziges Kirchenverständnis, bei dem der bräutliche Charakter alles andere überwiegt. Nirgends sonst stellt sich in der Kirchengeschichte ein Rezipient so eindeutig hinter die Lammes-Christologie der Apk wie die Verf. des PCistB. Im Lauf des Kirchenjahres gibt es eindeutige Schwerpunkt-Zonen, in denen die Apk zitiert wird. Diese sind: Ostersonntag, Weißer Sonntag, die Feste Allerheiligen (1. 11.) und St. Michael (29. 9.), Sanctorum Innocentium [Unschuldige Kinder] (28.12.) und die Liturgie der Kirchweihe. Dazu kommen die Liturgien des 1. bis 3. Adventssonntages. Unter den Tageszeiten ist die 2. Nokturn der bevorzugte Ort für Lesungen aus der Apk. Durch geschickte Zitatenkombination für die Liturgie des 28.12. wird der Charakter der Apk als Buch der Märtyrer einzigartig gewürdigt, und zugleich wird damit der 28.12. zum Fest der Märtyrer in der Kirche generell aufgewertet.

Apokalyptisches Sondergut
In vier Abschnitten von großem theologischem Gewicht bieten die Verf. »apokalyptisches Sondergut«, das einzigartig oder extrem selten belegt ist; sie gewinnen dadurch ein eigenes theologisches Profil, das dem der großen Kommentare der Alten Kirche und des Hohen Mittelalters an die Seite zu stellen ist.

Der Hymnus Hi sunt agni novelli
Apk spricht zwar öfter von den leuchtend weißen Gewändern der Heiligen, leitet dieses aber nicht von der weißen Farbe des Lammes ab. Dieser Hymnus (vgl. S. 150) spricht – anders als die Apk – von der Zusammengehörigkeit Lamm/Lämmer. Dabei kommen die Lämmer aus dem JohEv (Kap. 10; 20), doch dank des Lammes der Apk wird nun der »Hirt« des JohEv nicht mehr genannt. Denn wo die Ähnlichkeit Lamm/Lämmer so wichtig ist, kann die Rolle des Hirten unter den Tisch fallen. Insofern bleibt das PCistB in der Apk. Doch nicht mehr das Blut des Lammes macht die Gewänder weiß (diese schwierige Vorstellung meidet das PCistB). Wie die Verähnlichung geschieht, wird nicht gesagt.

Da Ostersonntag wie Weißer Sonntag *(dominica in Albis)* zu den Tagen gehört, an denen die Apk besonders oft zitiert wird, ist die Vermutung nicht leicht abzuweisen, dass es sich bei dem Hymnus um einen Text handelt, der eng zur Liturgie des Weißen Sonntags gehört.

Die Sendung des herrscherlichen Lammes auf den Zion
Die Vg-Fassung von Jes 16,1 ist wie eine großartige Zusammenfassung der Christologie und Ekklesiologie der Apk und bietet überdies Hinweise darauf, wie es zu der auch kirchenpolitisch brisanten Verbindung von Kirche und Fels kommt. Auch wenn Zion nur in Apk 14,1 belegt ist, steht doch die ehrwürdige Zionstheologie und -ekklesiologie bis heute im Mittelpunkt benediktinischen Mönchtums (bis hin zur Dormitio auf dem Zionsberg).

Die kleine Apokalypse Ecce dominus veniet
Zum Beispiel in der 1. Nokturn des Zweiten Adventssonntages bietet das PCistB eine Jerusalem-Eschatologie, die sich anhört wie ein Nachhall jesajanischer Prophetie. Die Verf. haben es aus meiner Sicht hervorragend verstanden, die großen und kräftigen Bilder des Propheten Jesaja neutestamentlich zu aktualisieren. Auch unter den Schriften des Neuen Testaments gibt es keine, die Jesaja auch

nur annähernd so einfühlsam und konsequent wiedergegeben hätte. Damit liegt in allen drei bisher besprochenen Abschnitten eine sehr stark biblisch und/oder alttestamentlich geprägte Theologie vor. Das gilt anders auch für die beiden folgenden Abschnitte:

Den bekannten O-Antiphonen kurz vor Weihnachten stellt das PCistB die *Ecce*-Antiphonen zur Seite. Deren initiale Funktion ist eindeutig ein Stück Apokalyptik, das in der Liturgie aufgegriffen wurde und fortlebt.

Das neue Jerusalem, die Braut des Lammes, steigt vom Himmel herab
Dieser Text aus Apk 21,2 ist der meistzitierte aus der Apk im PCistB. Das liegt nicht zuletzt an der Verwendung in der Kirchweihliturgie. Aus der Sicht des Neutestamentlers erfüllt sich darin besonders die Prophetie Jesu von Mk 14,58: Das Neue, der neue Tempel, ist nicht von Händen gemacht. Obwohl die christlichen Kirchengebäude von Stein oder Holz sind, wird in ihnen die materielle Basis überlagert durch die neue, himmlische Identität. Diese Überlagerung ist sakramental und visionär zugleich.

Am schönsten kommt das zum Ausdruck in den »von Gott selbst mit dem Fels geschaffenen« äthiopischen Kirchen von Lalibella (»Neu Jerusalem«) im Inneren Abessiniens (2500 m hoch gelegen). Zwar sind diese nicht gerade vom Himmel herabgestiegen, aber, wenn man es so sehen will, sind sie doch gottunmittelbar und eben nicht von Menschenhand gemacht.

Die Einzelbelege

   1. Adventswoche, feria II, ad Nonam: Ecce veniet propheta magnus, et ipse renovabit Iherusalem, alleluja (vgl. Apk 21,2: vidi sanctam civitatem Ierusalem novam descendentem de celo) (S. 111). [Seht, ein großer Prophet wird kommen, und er wird Jerusalem erneuern (Ich sah die heilige Stadt, das neue Jerusalem, herabsteigen vom Himmel)]. »Großer Prophet« ist eine typisch judenchristliche Bezeichnung, die auch auf Jesus angewandt wird, vgl. für Nordafrika auch Lactantius Div Inst VII, 17, 10.
   2. Adventswoche, Vesper: Rex noster adveniet Christus, quem Iohannes praedicat agnum esse venturum (S. 112) [Christus, unser König, wird kommen; Johannes verkündet ihn als das kommende Lamm]. Vom »kommenden Lamm« ist in der Bibel nicht die Rede. Und ob Johannes der Täufer gemeint ist (mit Joh 1,36) oder der Seher Johannes, der oft von »dem Lamm«, aber nicht vom Lamm Gottes spricht, bleibt unklar. Aber nachdem der Täufer Jesus in Joh 1,29 als Lamm Gottes vorgestellt hat, spricht er in 1,30 von dem Mann, der nach ihm »kommt«. Es liegt wohl, veranlasst durch Joh 1,29, eine Verschmelzung des »Lammes Gottes« (Joh 1) mit dem Lamm der Apk vor.
   2. Adventssonntag, 1. Nokturn: Ecce dominus veniet, et omnes sancti eius cum eo, et erit in illa die lux magna, et exibunt de Hierusalem sicut aqua munda, et regnabit dominus in aeternum super omnes gentes (S. 113) [Seht, der Herr wird kommen und alle seine Heiligen mit ihm. Und es wird an jenem Tag ein großes Licht sein, und sie werden aus Jerusalem strömen wie reines Wasser, und der Herr wird in Ewigkeit über alle Völker regieren.]

Zum »kommenden Herrn« vgl. Apk 1,8. Von den Heiligen in der Begleitung des kommenden Herrn spricht 1 Thess 3,13. Das von Jerusalem ausgehende reine Wasser kann nur die erneuerte Tempelquelle nach Apk 22,1 f. sein. Sie wird hier allegorisch auf die von Jerusalem ausgehenden Apostel bezogen. Der Text der 1. Nokturn ist so reich und hat Parallelen in so vielfältigen apokalyptischen Texten, dass man sagen muss: Hier handelt es sich um einen eigenständigen apokalyptischen Text im Fragment von der Art, wie sie D. de Bruyne OSB (in: RevBen 1911, 97–109) unter dem Titel »une apocalypse perdue« aus alten lateinischen Liturgien gesammelt hat. Darauf weist auch der Ausdruck »das große Licht«, der z. B. in Anlehnung an Jes 42,6; 49,6, wahrscheinlich aber an Mt 4,16 (vgl. Jes 9,1) gebildet worden sein könnte. In Jes 9,1 LXX, so auch Mt 4,16 ist auch vom Galiläa der Heiden die Rede. – Fazit: Eine eigenständige kleine Apokalypse mit Bezug zur Offenbarung des Johannes.

2. Adventswoche, feria II, ad Laudes: Ecce in nubibus celi dominus veniet in potestate magna, alleluja (= Apk 1,7a) (S. 117) [Seht, in den Wolken des Himmels wird der Herr kommen in großer Macht].

Das Stück »in potestate magna« ist nicht aus Dan 7,13 zu belegen, aber nach Dan 7,14 Vg wurde ihm »potestas« gegeben. Vgl. aber Mk 13,26: Et tunc videbunt filium hominis venientem in nubibus caeli cum virtute multa et gloria [Und dann werden sie den Menschensohn kommen sehen in den Wolken des Himmels in großer Macht und Herrlichkeit].

3. Adventssonntag, 1. Nokturn: Ecce apparebit dominus super nubem candidam et cum eo sanctorum milia habens in vestimento suo scriptum: Rex regum et dominus dominantium Ecce dominator dominus cum virtute veniet: Habens (= Apk 14,14: Et vidi et ecce nubem candidam et super nubem sedentem filium hominis 19,16: Et habet in vestimento et in foemore suo scriptum: Rex regum et dominus dominantium); zu »dominus cum virtute veniet« vgl. oben zu Nr. 4. – (S. 119) [Seht, der Herr wird erscheinen über einer leuchtenden Wolke, und er hat Tausende von Heiligen bei sich und auf seinem Gewand steht geschrieben: König der Könige und Herr der Herren Seht der Herrscher, der Herr, wird kommen mit Macht (Und ich sah und seht, eine leuchtende Wolke und auf der Wolke saß der Menschensohn … Und er hat eine Inschrift auf seinem Gewand und auf seiner Stirn, die lautet: König der Könige und Herr der Herren)]. – Die *Ecce*-Antiphonen nehmen von Mal zu Mal an Umfang und Inhalt zu.

3. Adventssonntag, 2. Nokturn: Ecce radix Iesse ascendet in salutem populorum ipsum gentes deprecabuntur et erit nomen eius gloriosum (S. 122). [Seht, eine Wurzel aus Jesse wird sich erheben zum Heil der Völker und die Völker werden ihn anflehen und sein Name wird herrlich sein]. Vgl. Apk 22,16: »Ego sum radix et genus David« [Ich bin die Wurzel und das Geschlecht Davids] und vor allem Jes 11,2: Et egredietur virga de radice Iesse et flos de radice eius ascendet. (10) In die illa radix Iesse, qui stat in signum populorum, ipsum gentes deprecabuntur, et erit sepulcrum eius gloriosum« [Und es wird aufstehen ein Trieb aus der Wurzel Jesse und die Blüte wird sich über seine Wurzel erheben. An jedem Tage steht die Wurzel Jesse zum Zeichen für die Völker und ihn werden die Völker anflehen, und sein Grab wird herrlich sein]. Beachte: An der Stelle von sepulchrum[Grab] steht in der Rezeption »nomen« [Name].

Im Vergleich der o. g. Texte fällt eine Vorliebe dieser Liturgie für Einleitungen der Antiphonen/Responsen mit *Ecce* [Seht] auf; es steht jeweils an höchst prominenter Stelle, nämlich am Beginn der gemeinschaftlichen Antwort, genannt »Einsatz«. Bemerkenswert ist nun, dass die Liturgie diese Neigung mit Apk 1,7 teilt. Denn mit dem »Siehe, er kommt« beginnt nach den einleitenden Formeln die eigentliche Apokalypse. Ähnlich auch Jud 14 und die dort zitierte Stelle HenochApk(äth/gr) 1,9. Das bedeutet auf jeden Fall: Die Liturgie übernimmt hier ein rhetorisch und formgeschichtlich bedeutsames Stück aus der Literatur der Apokalypsen. Denn das Verb bringt zum Ausdruck: Diese Texte präsentieren je und je etwas damals Geschautes. Die schriftlich fixierte Apokalypse bietet wie die Liturgie eine ehemals sichtbare Offenbarung in neuer, anderer Form. Darin besteht die Schnittmenge zwischen Liturgie und Apokalypse. Beide verzichten dabei auf Abstraktion.

3. Adventswoche, feria VI: Ex Syon species decoris eius deus noster manifeste veniet (S. 127). »Ex Sion species decoris eius. Deus manifeste veniet« steht in Vg Ps 49,2. [Aus Zion wird unser Gott sichtbar kommen und so seine mächtige Schönheit kundtun. Aus Zion kommt der Erweis seiner Herrlichkeit, Gott selbst wird sichtbar kommen]. Zu »Zion« vgl. Apk 14,1.

3. Adventswoche, Sabbatum: Emitte agnum domine dominatorem terrae de petra deserti ad montem filiae Syon (S. 128) = **4. Adventssonntag,** 2. Nokturn (S. 132): Vg Jes 16,1: Emitte agnum domine dominatorem terrae de petra deserti ad montem filiae Sion [Sende, Herr der Herrscher, das Lamm vom Fels in der Wüste zum Berg der Tochter Zion] und: Analecta hymnica vol. 50, S. 314 (= Hermannus Contractus [der Lahme] † 1054, 3. In Assumptione B. Mariae Virginis Strophe 4a): Tu agnum regem terrae dominatorem Moabitici de petra deserti ad montem filiae Sion transtulisti (vgl. ibid. S. 51 Sion) [Du hast das Lamm, den König der Erde, den Herrn über Moab vom Fels in der Wüste zum Berg der Tochter Zions gebracht]. Vg bietet Jes 16,1 auf schwacher hebr. Grundlage. Dabei ist dieser Satz doch so etwas wie die kompakteste »alttestamentliche« Vorlage für die Theologie der Offenbarung des Johannes; denn sie bietet Vorgaben dazu in einer Dichte, der kein anderer Text nahe kommt: Die »Sendung« des Lammes entspricht ältester christlicher Sendungstheologie. Der Kontrast zwischen »Lamm« und »Herrscher der Welt« ist als christologische Paradoxie schon die Basis für Apk 5,5f.. »Zion« ist mit all den Implikationen im Judentum und in der Apokalyptik das Herzstück der Ekklesiologie der Apk (s. zu 14,1). Darin ist der Fels auf Zion der Schnittpunkt von Christologie und Petrusamt, vgl. Röm 9,33; 1 Petr 2,8 (für die Christologie) und Mt 16,18. Nur Hermannus Contractus († 1054 auf der Reichenau) nennt das *moabiticum desertum*. Ist das ein Hinweis auf den theologischen Ursprungsort des Textes? Nach Rut 1,4 ist Rut, die Ahnfrau König Davids, Moabiterin. Das Lamm hat also mit David (Zion) zu tun, und die Wüste Moabs ist der Ursprungsort der Familie Davids. Nicht zufällig erwähnt Apk 5,5, bevor in 5,6 das Lamm zur Sprache kommt, in 5,5 den Löwen aus Juda und die Wurzel Davids. Kurzum: Hermannus Contractus hat für Apk 5,5.6 eine eigene »Geschichte« geformt oder vorgefunden. Das Stichwort »moabitisch« weist auf den Hintergrund von Vg Jes 16,1.

Weihnachten, 2. Nokturn: Urbs fortitudinis nostrae Syon, salvator ponetur in ea murus et antemurale, aperite portas (S. 142) (= Jes 26,1 Urbs fortitudinis nostrae Sion; salvator ponetur in ea murus et antemurale. Aperite portas et ingrediatur gens iusta) [Zion ist unsere starke Stadt, ihre Mauer und ihr Bollwerk sind die Rettung, öffnet die Pforten! Dann wird das gerechte Volk dort einziehen] vgl. Apk 14,1: Agnus stabat supra montem Sion [Das Lamm stand auf dem Berg Zion]. Das Stück Jes 26,1 passt in die Zion-Ekklesiologie der Apk.

1. Sonntag nach Epiphanias, 1. Nokturn: Sponsus Christus, sponsa est eius ecclesia. Filii sponsi vel nuptiarum singuli quique fidelium eius sunt. Tempus nuptiarum tempus est illud quando per incarnationis misterium sanctam sibi ecclesiam sociavit. Non igitur casu sed certi gratia misterii venit in terra more carnali celebratas, qui ad copulandam sibi spirituali amore ecclesiam de caelo descendit ad terras. (S. 179) [Christus ist der Bräutigam, die Kirche ist seine Braut. Die Gesellen des Bräutigams oder der Hochzeitsfeier sind seine einzelnen Gläubigen. Die Zeit der Hochzeit ist jene, in der er durch das Geheimnis der Menschwerdung die heilige Kirche mit sich verbunden hat. Nicht also durch den Sündenfall, sondern durch die Gnade des zuverlässigen Geheimnisses, nicht auf fleischliche Weise gefeiert auf Erden. Um sich in der Liebe des Heiligen Geistes mit der Kirche zu verbinden, kam er vom Himmel auf die Erde. – Vgl. Apk 21,2 (I. novam descendentem de caelo, paratam sicut sponsam ornatam viro suo) [das neue Jerusalem herabsteigend vom Himmel, vorbereitet und wie eine Braut für ihren Mann geschmückt. Die Frage nach dem Hochzeitstermin wird hier beantwortet: Dieser Termin ist die Menschwerdung des Bräutigams, mithin nach kirchlichem Kalender der 25. März. Und was diese Hochzeit mit Liebe zu tun hat? Die Kirche ist ihm in geistlicher Liebe (amor spiritualis [geistgewirkte Liebe]) zugetan.

1. Fastensonntag, 2. Nokturn: Antiquus hostis contra primum hominem parentem nostrum in tribus se (S. 222). [Der alte Feind hat gegen den ersten Menschen, unseren Vater, in drei Dingen sich] Apk 12,9 spricht von serpens antiquus [alte Schlange], Apk 12,7 vom *praelium magnum* [große Schlacht].

Karwoche Mittwoch, Eram quasi agnus innocens, ductus ad immolandum, et nesciebam (S. 266) [Ich war wie ein unschuldiges Lamm, zum Opfern geführt, und ich wusste es nicht.] Dazu: Der Text gibt Auskunft über die gesamte biblische Lamm-Metaphorik: Aufgrund der reinen weißen Farbe seines Fells steht das Lamm für Unschuld.

Ostern, Vigil, Canticum: Conculcavi eos in furore meo et conculcavi eos in ira mea, et aspersus est sanguis eorum super vestimenta mea et omnia indumenta mea iniquinavi (S. 278) [Ich habe sie in meinem Zorn zertreten und in meiner Wut, und ihr Blut wurde gesprengt auf mein Gewand und alle meine Kleider habe ich damit besudelt]; vgl. Apk 19,13 (vom apokalyptischen Reiter): Et vestitus erat veste aspersa sanguine; 19,15: et ipse calcat. [Und er war bekleidet mit einem blutbefleckten Gewand und er selbst zertritt.] – Dazu: Der liturgische Ort dieses Textes in der Ostervigil lenkt den Blick auf den Sieg des Auferstandenen über den teuflischen Feind. Apk 1,18 (Ich war tot und siehe, ich lebe) wurde so zum Schlüssel der Apk-Auslegung. Auch andere liturgische Texte sehen den Auferstandenen als Sieger (Victimae paschali laudes: Tu nobis victor, rex, miserere [Lobgesang dem Osterlamm Du Sieger, du König, erbarme dich]). 1 Kor 15 sieht die österliche Erhöhung als Beginn der Besiegung aller Feinde Gottes (1 Kor 15,23–27).

Ostern, Vigil, Canticum: Ecce vicit leo de tribu Iuda, radix David, aperire librum et solvere septem signacula eius, alleluia, alleluia, alleluia (= Apk 5,5b (S. 279) [Seht, es hat gesiegt der Löwe aus dem Stamm Juda, Wurzel Davids, um zu öffnen das Buch und seine sieben Siegel zu lösen]) V.: Et unus de senioribus dixit michi: Ne fleveris (= Apk 5,5a) [Und einer der Ältesten sagte mir: Weine nicht!]; dignus est agnus qui occisus est accipere potestatem et fortitudinem (= Apk 5,12b: Dignus est Agnus qui occisus est accipere virtutem et divinitatem et sapientiam et fortitudinem et honorem et gloriam et benedictionem) Alleluia.[Das geschlachtete Lamm ist würdig, zu empfangen Kraft und Stärke (zu empfangen Kraft und Göttlichkeit und Weisheit und Tapferkeit und Ehre und Herrlichkeit und Segen)]. – Isti sunt agni novelli qui annunciaverunt alleluia modo venerunt ad fontes repleti sunt claritate alleluia, alleluia. Amicti sunt stolis albis et palmae in manibus eorum [Dies sind die Lämmer, die Alleluja gesungen haben, jetzt sind sie zu den Quellen gelangt und erfüllt mit Lichtglanz]. – Erat autem aspectus eius sicut fulgur et vestimenta eius sicut nix (S. 280) auch S. 289 [Sein Aussehen war wie der Blitz und seine Gewänder wie Schnee].

Die Autoren des Breviers stellten die *Ecce*-Aussage gemäß ihrer Gewohnheit (vgl. oben) voran. Dadurch ergibt sich die Möglichkeit, die Aufforderung nicht zu weinen sinnvoll mit der »Würdig«-Akklamation von 5,12b zu verknüpfen. Das ist in der Tat auch sinnvoll und im Sinn der Logik des Textes. Denn dass es ein würdiges Lamm gibt, ist tatsächlich der Grund dafür, mit Weinen aufzuhören. Gehört doch das Weinen formgeschichtlich in die Darstellung der Verlegenheits-Reaktionen angesichts ungelöster Rätsel (zu den *agni novelli* s. o. zu 1.5). Die Schilderung des Auferstandenen mit den metereologischen Elementen »Blitz« und »Schnee« entspricht der solaren Darstellung in Apk 1,14 f. Die anfangs geschilderte Szene entspricht Apk 5,5 (Sieg des Löwen), und hieran knüpft sich 5,9, weil die Fähigkeit zur Öffnung der Siegel ein Resultat des Sieges ist. Warum das so ist, wird in Apk 5 nicht gesagt, doch man kann es rekonstruieren: Die folgenden Ereignisse sind Folgen des Sieges des Lammes, denn sie bedeuten Verwirklichung der Gerechtigkeit in der Weltgeschichte, sei es durch Beugestrafen, sei es durch Vernichtung der erzbösen Feinde, sei es durch Verleihung der Herrschaft an die Heiligen, die mit Christus regieren oder das neue Weltregiment in der Neuen Schöpfung, realisiert im neuen Jerusalem.

1. Sonntag nach Ostern bis 2. Sonntag nach Ostern (S. 291–297). Vesper: *Lectio I* (= Apk 1,1–3), Responsio: Apk 5,9a (Dignus es Domine accipere librum et aperire signacula eius quoniam occisus es et redemisti nos Deo in sanguine tuo), darauf: »Parce domine, parce populo tuo quem redemisti, Christe, in sanguine tuo.« [Würdig bist du, Herr, zu empfangen das Buch und seine Siegel zu öffnen, denn du wurdest geschlachtet und hast uns durch dein Blut für Gott zurückgekauft Schone, Herr, schone dein Volk das du erlöst hast durch dein Blut.]

Dazu: Auf den akklamatorischen Lobpreis folgt die Bitte. Sie wiederholt den wichtigsten Aspekt: Die Erlösung des Volkes Gottes durch Blut (vgl. Apk 1,5). – *Lectio II* (= Apk 1,4–6), Responsio: Ego sicut vitis fructificavi suavitatem odoris, alleluia. Transite ad me, omnes qui concupiscitis me, et a generationibus meis adimplemini, alleluia, alleluia. Antwort: Ego diligentes me diligo, et qui mane vigilaverint ad me invenient me. Transite – [Ich habe wie ein Weinstock Frucht getragen, süßen Duft Kommt zu mir herüber alle, die ihr mich begehrt und erfüllt euch mit dem, was ich hervorgebracht habe]. – Dazu: Auf Apk 1,4–6 antwortet Jesus »in der Person der Weisheit« und als der wahre Weinstock nach Joh 15,1–3; doch die Drohungen von Joh 15 werden durch das Bild der Weisheit überspielt. – *Lectio III* (= Apk 1,7–9a) (nicht: fui in insula quae appellatur Patmos propter verbum dei et testimonium Iesu) (1,10 f.), Responsio: Audivi voces in caelo angelorum multorum dicentium: Timete dominum et date claritatem illi et adorate eum qui fecit caelum et terram, mare et fontes aquarum, alleluia, alleluia Antwort: Vidi angelum dei volantem per medium caeli voce magna clamantem et dicentem: Timete (= Apk 14,6–7a). [Ich habe im Himmel Stimmen vieler Engel gehört, die sagen: Fürchtet den Herrn und ehrt ihn und betet an den Schöpfer Himmels und der Erde und des Meeres und der Quellen Ich sah einen Engel Gottes, der flog durch den Raum mitten unter dem Himmel und rief mit lauter Stimme: Fürchtet.] – Dazu: Weggelassen werden alle persönlichen Züge des Johannes inklusive Patmos. – Den Schreibbefehl von 1,10 f. und den Auftrag, die Briefe an die sieben Gemeinden zu senden, referiert Lectio III. Die Antwort darauf ist das ohne Einleitung vorweggenommene »ewige Evangelium« nach Apk 14. Die Einleitung wird dann im *Vidi angelum* [Ich sah einen Engel] nachgeliefert. – Durch diese Umstellung gelingt es, die sieben Sendschreiben im »ewigen Evangelium« zusammenzufassen. – *Lectio IV* (= Apk 1,12–16a) (nicht: et facies eius sicut sol lucet in virtute sua), Responsio: Locutus est ad me unus ex septem angelis dicens: Veni, ostendam tibi novam nuptam sponsam agni. Et vidi Ierusalem descendentem de celo ornatam monilibus suis, alleluia, alleluia, alleluia. (= Apk 21,9a.c.10b) [Einer der sieben Engel sagte zu mir: Komm, ich will dir die neue Braut des Lammes zeigen, die vermählt ist] (statt: »ostendit mihi«: et vidi; statt »habentem claritatem dei«: ornatam monilibus suis [in ihren Gewändern geschmückt]) (= aus Jes 61,10 sponsam ornatam monilibus suis). Antwort: Ego diligentes – Dazu: *Lectio V* (= Apk 1,17–20), Responsio: Apk 14,2b und 12,10a – Dazu: *Lectio VI* (= Apk 2,1–4), Responsio: Apk 22,1 (stark abweichend: »et ostendit mihi fluvium aquae vitae« wird hier zu »ostendit michi angelus fontem aque vivae (Text wie VetLat Gryson S. 742, RES-R 7344 [335]) et dixit ad me: Alleluia: hic deum adora, alleluia, alleluia).[Der Engel zeigte mir die Quelle des Lebenswassers und sagte mir: Hier bete Gott an]. Responsio: vidi angelum. – Dazu: *Lectio VII* (= Apk 2,8–10), Responsio: Apk 21,21b (abweichend: aus »et platea civitatis aurum mundum, tamquam vitrum perlucidum« [Und die Straße der Stadt war reines Gold, so rein wie durchsichtiges Glas] wird: »Platee tue, Ierusalem, sternentur auro mundo, alleluia« [Deine Straßen, Jerusalem, sollen mit reinem Gold gepflastert werden]) und: »et cantabitur in te canticum letitiae, alleluia, et per omnes vicos tuos ab universis dicetur alleluia, alleluia« [Und in dir soll ein Freudenlied gesungen werden. Und durch alle deine Dörfer wird von allen gesungen werden: Alleluja]. Dieser Satz ist in seiner ganzen Länge nicht neutestamentlich, sondern aus Tob 13,16–18; in dieser Schilderung des neuen Jerusalem ist auch von Gold die Rede. Doch ist dieses Jerusalem nicht himmlisch und daher auch nicht vom Himmel herabgestiegen. Nur Vg hat in Tob 13,22 »per vicos eius alleluia« [durch seine Dörfer, Alleluja]. *Lectio VIII* (= Apk 2,12–14), Responsio: vgl. 21,10b (ostendit mihi civitatem sanctam Ierusalem descendentem de caelo a Deo [Er zeigte mir die heilige Stadt Jerusalem, wie sie vom Himmel, von Gott herabstieg]). Der ganze Abschnitt Apk 21,11.18–21 wird hier zusammengefasst als: »ornatam auro mundo et lapidibus preciosis intextam, alleluia, alleluia. [geschmückt mit reinem Gold und mit eingesetzten kostbaren Steinen]. Judit 10,19 spricht von »lapidibus pretiosis intextum« ([verwoben mit kostbaren Steinen] von der Schönheit Judits). Antwort: Ab intus in fimbriis aureis circumamicta varietate. Intextam [mit goldenen Borten gesäumt, in bnte Gewänder gehüllt], vgl. Ps 44,15 (circumamicta varietate [in bunte Pracht gehüllt]), dort von den buntgestickten Kleidern der Königstochter. – Dazu: Responsio zu *Lectio X* (Joh 10): Vidi portam civitatis ad orientem positam et apostolorum nomina et agni super eam scripta, et super muros eius angelorum custodiam, alleluia.[Ich sah das östliche Tor der Stadt und die Namen der Apostel und des Lammes darauf geschrieben, und auf den Mauern Engel als Wache-] Vgl. dazu abweichend Apk 21,13f.: Ab Oriente portae tres. et murus civitatis habens fundamenta duodecim, et in ipsis duodecim nomina duodecim Apostolorum Agni. (S. 294) [im Osten drei Tore, und die Mauer der Stadt hatte zwölf Fundamente und darauf die zwölf Namen der zwölf Apostel des Lammes.] Responsio: »Vidi sanctam civitatem Ierusalem descendentem de caelo ornatam tanquam sponsam viro suo.« [Ich sah die heilige Stadt Jerusalem herabsteigen vom Himmel, geschmückt wie eine Braut für ihren Mann]. Das entspricht dem ersten Teil der Responsio auf Lectio VII und damit Apk 21,10b (S. 294). – Dazu: Responsio zu Lectio XI (Gregor der Große) »Veniens a Libano, quam pulchra facta es, alleluia, et odor vestimentorum tuorum super omnia aromata.« [Da du vom Libanon kommst, wie schön bist du, und der Duft deiner Kleider geht über alle Wohlgerüche.] – Dazu: Responsio zu Lecto XII (Gregor I. zu Joh 10) »Haec est Ierusalem, civitas magna caelestis, ornata tamquam sponsa agni, quoniam tabernaculum facta est, alleluia« [Dies ist Jerusalem, die große Himmelsstadt, geschmückt wie die Braut des Lammes, denn sie ist sein Zelt geworden] (Vgl. Apk 21,2 f.:

sanctam civitatem descendentem de caelo paratam sicut sponsam ornatam viro suo ecce tabernaculum Dei cum hominibus [die heilige Stadt herabsteigend vom Himmel, bereitet wie eine Braut, die für ihren Mann geschmückt ist. Seht das gemeinsame Zelt Gottes und der Menschen). – Vidi sanctam civitatem Ierusalem descendentem de celo ornatam auro mundo. Quoniam (vgl. ibid.; zu auro mundo 21,18.21 aurum mundum). [Ich sah die heilige Stadt Jerusalem herabsteigen vom Himmel, geschmückt mit reinem Gold]

3. Sonntag nach Ostern, 1. Nokturn, *Lectio I*: Apk 21,2–4 (Einleitung geändert: Ecce ego Johannes vidi civitatem sanctam [Seht, ich Johannes sah die heilige Stadt]), Responsio: Dignus es Domine (vgl. Apk 4,11 Dignus es Domine Deus noster [Würdig bist du, Herr, würdig bist du Herr unser Gott); *Lectio II*: Apk 21,5–8, ibid.; *Lectio III*: Apk 21,9–11, ibid.; *Lectio IV*: Apk 21,12–14 (abweichend der Schluss: aus Apk 21,14 *Apostolorum Agni* [Apostel des Lammes] wurde hier *apostolorum et agni* [der Apostel und des Lammes]; *Lectio V*: Apk 21,15–18, ibid.; *Lectio VI*: Apk 21,19–22a (abweichend die Namen der Edelsteine in V. 20: Statt sardonyx: onyx; statt sardius: sardonius); *Lectio VII*: Apk 21,22b–27, ibid., (S. 297), Lectio VIII: Apk 22,1–5, ibid. (S. 297)

Sonntag nach Himmelfahrt, 1. Nokturn, Homilie Leo I., IV: innovatur terra, celum per spiritum sanctum reseratur. Aperto enim tartaro mortui redeunt ad vitam, innovata terra germinat resurgentes, celum reseratum suscipit resurgentes, sanctorum corpora ingrediuntur in sanctam civitatem [die Erde wird erneuert, der Himmel wird durch den Heiligen Geist geöffnet. Wenn nämlich die Unterwelt geöffnet ist, kehren die Toten zum Leben zurück, die erneuerte Erde lässt die Auferstehenden hervorsprossen, der geöffnete Himmel nimmt die Auferstehenden auf, die Leiber der Heiliugen gehen hinein in die heilige Stadt]. Versiculus: et quomodo scriptum est: Dominus manifeste veniet, non quemadmodum primo occultus venit. (S. 316) [Und wie geschrieben steht: Der Herr wird sichtbar kommen, nicht wie beim ersten Mal wird er verborgen kommen].

VII: Resurrexit et ascendit in caelum et impletum est quod audistis cum Apocalypsis legeretur: Vicit leo de tribu Iuda. (S. 316) [Er ist auferstanden und in den Himmel hinaufgestiegen und es hat sich erfüllt, was ihr gehört habt, als die Apokalypse vorgelesen wurde].

26. Dezember (S. Stephanus), Laudes Hymnus: cantemus novum canticum (= Apk 14,3) [Wir wollen singen ein neues Lied].

28. Dezember (S. 418–422), 1. Nokturn, *Lectio I*, Responsio I: Vgl. Apk 6,9f.: Durchgehend abweichende Formulierung, denn PCistB hält sich an dieselbe Vorlage, die durch das Lectionar von Luxeuil bekannt ist: Sub altare Dei audivi vocem occisorum dicentium: Quare non defendis sanguinem nostrum? Et acceperunt divinum responsum. Adhuc sustinete modicum tempus, donec impleatur numerus fratrum vestrorum. [Unter dem Altar hörte ich, wie die Stimmen der Ermordeten sagten: Warum rächst du nicht unser Blut? Und sie empfingen von Gott eine Antwort. Seid noch eine kurze Zeit geduldig, bis die Zahl eurer Brüder voll ist].

Vg: vidi subtus altare animas interfectorum propter verbum Dei et propter testimonium quod habebant et clamabant voce magna dicentes: Usquequo Domine sanctus et verus non iudicas et non vindicas sanguinem nostrum de iis qui habitant in terra? Et datae sunt illis singulae stolae albae et dictum est illis ut requiescerent adhuc tempus modicum donec compleantur conservi eorum et fratres eorum qui interficiendi sunt sicut et illi). [Ich sah unter dem Altar die Seelen derer, die ermordet wurden wegen des Wortes Gottes und wegen des Zeugnisses, an dem sie festhielten, und sie riefen laut: Wie lange noch, heiliger und wahrer Gott, richtest du nicht und rächst nicht unser Blut an den Bewohnern der Erde? Und jedem einzelnen wurde ein weißes Gewand gegeben und es wurde ihnen gesagt, sie sollten noch eine kurze Zeit ruhig sein, bis ihre Mitsklaven vollzählig seien und ihre Brüder, die ermordet werden müssen wie auch sie]. Versiculus: Vidi sub altare dei animas sanctorum propter verbum Dei quod habebant et clara voce dicebant: Quare [Ich sah unter dem Altar die Seelen der Heiligen, weil sie am Wort Gottes festhielten, und mit klarer Stimme riefen sie.] Der Versiculus entspricht der Übersetzung der Vg, doch ohne »et testimonium« [und das Zeugnis]. – *Lectio II,* Responsio: Effuderunt sanguinem sanctorum velut aquam in circuitu Ierusalem, et non erat qui sepeliret (= 1 Makk 7,17). Versiculus: Posuerunt mortalia servorum tuorum escas volatilibus caeli carnes sanctorum tuorum bestiis terrae. (= Ps 78[79],2) [Sie haben das Blut der Heiligen vergossen wie Wasser im Umkreis Jerusalems, und keiner begrub sie. Die Leichen deiner Sklaven haben sie wie Futter den Vögeln des Himmels gegeben und das Fleisch deiner Heiligen den Tieren der Erde]. – *Lectio III,* Responsio: Adoraverunt viventem in saecula saeculorum mittentes coronas suas ante tronum domini dei sui (= Apk 4,10 mit abgewandelten Verbalformen). [Sie haben den angebetet, der in Ewigkeit lebt und haben ihre Kronen auf den Boden geworfen vor dem Thron ihres Gottes]. – *Lectio IV,* Responsio: Isti sunt sancti qui passi sunt propter te, domine. Vindica eos quia clamant ad te tota die (vgl. Apk 6,10 usquequo Domine non vindicas sanguinem nostrum; Lk 18,7; Ps 21,3; 31,2.3; 85,3; 87,10). [Diese sind die Heiligen, die wegen dir, Herr, gelitten haben. Räche sie, die den ganzen Tag zu dir rufen (Wie lange noch, Herr, rächst du nicht unser Blut?)] Versiculus: Vindica, domine, sanguinem sanctorum tuorum qui effusus est. Quia (vgl. Apk 6,10 etc.) [Räche, Herr, das Blut deiner Heiligen, das vergossen worden ist. Denn]. – *Lectio V,* Responsio: Ist sunt sancti qui non inquinaverunt vestimenta sua; ambulant mecum in albis, quia digni sunt (= Apk 3,4b »non inquinaverunt vestimenta sua et ambulabunt mecum in albis, quia digni sunt« und 16,6b) [Dieses sind die Heiligen, die ihre Gewänder nicht befleckt haben. Sie wandeln mit mir in weißen Gewändern, weil sie es wert sind]. Versiculus: Hii sunt qui cum mulieribus non sunt coinquinati, virgines enim sunt. Ambulabunt (= Apk 14,4a) [Diese sind die, die sich mit Frauen nicht verunreinigt haben. Denn sie sind Jungfrauen. Sie werden wandeln.] – *Lectio VI,* Responsio (wie Lectio V, Versiculus, hier mit dem Zusatz: et secuntur agnum quocumque ierit (= Apk 14,4) [Und sie folgen dem Lamm, wohin es auch geht]. Versiculus: Hii empti sunt ex omnibus primitiae deo et agno, et in ore eorum non est inventum mendatium. Et secuuntur (= Apk 14,4b–5a) (S. 420) [Diese sind erkauft aus allen als Erstlingsgabe für Gott und das Lamm, und in ihrem Mund fand sich keine Lüge. Und sie folgen.] – *Lectio VII,* Responsio: Cantabant sancti canticum novum ante sedem dei et agni, et resonabat terra in voces illorum (= Apk 14,3a) Et cantabant quasi canticum novum ante sedem und 22,3 *sedes Dei et agni* [Die Heiligen sangen ein neues Lied vor dem Thron Gottes und des Lammes, und die Erde hallte wider von ihren Stimmen. Und sie sangen etwas wie ein neues Lied vor dem Thron.] Für *resonabat terra* [die Erde hallte wider] gibt es keine Entsprechung in der Vg, höchstens in Jes 44,22. – *Lectio VIII,* Responsio: Coronavit eos dominus corona iustitiae quia passi sunt pro domino et secuuntur agnum [Gott hat sie bekrönt mit der Krone der Gerechtigkeit, weil sie gelitten haben vor dem Herrn und dem Lamm folgen] (den Ausdruck *sequi agnum* kennt nur Apk 14,4); Apk 2,10 kennt »Kranz des Lebens«, die Vg kennt *corona iustitia* [Krone der Gerechtigkeit] nicht. – Versiculus: Laverunt stolas suas et candidas eas fecerunt in sanguine agni Christi (= Apk 7,14) [Sie haben gewaschen ihre Gewänder und sie leuchtend rein gemacht im Blut des Lammes Christus]. – *Lectio IX,* Responsio: Ecce vidi agnum stantem supra montem Sion et cum eo sanctorum milia et habebant nomen eius et nomen patris eius scriptum in frontibus suis (= Apk 14,1 Et vidi, et ecce agnus stabat supra montem Sion et cum eo [fehlt: centum quadraginta quattuor milia, statt dessen:] sanctorum milia habentes [statt: habebant] nomen eius et nomen Patris eius scriptum in frontibus suis). [Seht, ich habe ein Lamm stehen sehen auf dem Berg Zion und mit ihm Tausende von Heiligen, und sie hatten seinen Namen und den Namen seines Vaters auf ihren Stirnen geschrieben]. – Versiculus: Cantabant sancti canticum novum ante sedem dei et agni. Et habebant (vgl. Apk 14,3a Et cantabant quasi canticum novum ante sedem und 22,3: »sedes Dei et agni«).[Es sangen die Heiligen ein neues Lied vor dem Thron Gottes und des Lammes. Und sie sangen etwas wie ein neues Lied vor dem Thron Sitz Gottes und des Lammes]. – *Lectio X,* Responsio: Sub throno Dei omnes sancti clamant: Vindica sanguinem nostrum, deus noster. (vgl. Apk 6,9f.: vidi subtus altare animas interfectorum et clamabant voce magna: Usquequo Domine non vindicas sanguinem nostrum de iis qui habitant in terra? Versiculus: Vidi sub altare Dei (vgl. Apk 6,9 vidi subtus altare) [Unter dem Thron Gottes rufen alle Heiligen: Räche unser Blut, unser Gott (Ich sah unter dem Altar die Seelen der Ermordeten, und sie riefen laut: Wie lange, Herr, rächst du nicht unser Blut an denen, die auf der Erde wohnen? ... Ich sah unter dem Altar.)] – *Lectio XI,* Responsio: Ambulabunt mecum in albis quoniam digni sunt et non delebo nomina eorum de libro vitae (= Apk 3,4b ambulabunt mecum in albis, quia digni sunt; 3,5 Qui vicerit, sic vestietur vestimentis albis, et non delebo nomen eius de Libro vitae). [Sie werden in weißen Gewändern mit mir wandeln, denn sie sind es wert, und ich werde ihre Namen nicht tilgen aus dem Buch des Lebens – Versiculus: Hi sunt qui cum mulieribus, et non (= Apk 14,4) (S. 421) [Sie sind die, die mit Frauen und nicht] – *Lectio XII,* Responsio: Centum quadraginta quatuor milia qui empti sunt de terra hi sunt qui cum mulieribus non sunt coinquinati, virgines enim permanserunt ideo regnant cum deo et agno sine macula (= Apk 14,3b–4a bis »virgines enim«) [Die 144.000 sind gekauft von der Erde, sie sind diejenigen, die sich mit Frauen nicht befleckt haben. Denn sie sind Jungfrauen geblieben und regieren daher mit Gott und dem Lamm ohne Makel.] Der Satz »permanserunt macula« nicht in Apk; zu »Gott und das Lamm« vgl. Apk 22,3 s*edes Dei et agni.*

Zu den 12 Lektionen am 28. Dezember: Durch die Verflechtung mit der Apk (und dem Sermo des Bischofs Johannes Chrysostomus) liefert das PCistB dem Bericht über den betlehemitischen Kindermord eine eigenwillige Pointe, die weit über Mt 2 hinausgeht: (1) So erst wird der Mord als Martyrium gedeutet und mit Apk 6,9 wird an das Geschehene zudem die Theodizeefrage herangetragen, die bei Mt nicht steht. (2) Die Kronen von Apk 4,10 werden gedeutet im Sinn der Märtyrerkronen. Das ist in Apk 4,10 nicht der Fall. (3) Durch Zitierung von Apk 14,4 wird einerseits nochmals die Unschuld der Innocentes betont, andererseits werden diese zum moralischen Vorbild für alle Christen (was in Apk 14,4 gemeint ist). (4) Das Neue Lied von Apk 14,3 wird mit dem Rufen von Apk 6,9 gleichgesetzt. Dadurch erhält es einen besonderen Inhalt im Sinn der Theodizeefrage. (5) Das Waschen der Kleider im Blut des Lammes (vgl. Apk 7,14; 22,14) wird nicht auf die Sündenbefreiung bei der Taufe dank des Sühnetodes Jesu Christi gedeutet (das ist die mutmaßliche Bedeutung in Apk), sondern als Verbindung des eigenen Martyriums mit dem Martyrium Jesu Christi, also im Sinn einer besonderen *unio mystica* der historisch zu trennenden Martyrien. (6) Die Zionsvision nach Apk 14,1 wird nun mit Apk 6,9f. identifiziert. Das Neue Lied ist endgültig zum Lied der Märtyrer geworden. Das wird in Responsio und Versiculus nach Lectio X besonders klar erkennbar. (7) Die Märtyrer sind die Musterchristen, in denen Apk 14,4 in Erfüllung geht (zu Lectio XI). (8) Ihnen gehört daher auch die Verheißung ewiger Regentschaft. Antiphon und Capitulum der Laudes werden diese Deutung wiederholen. In der Non kommt noch

hinzu, dass diese Märtyrer die aus den Heidenvölkern Losgekauften sind. Die Texte der übrigen Tageszeiten nehmen die Impulse aus der 1. und 2. Nokturn auf.
Fazit: Mit Hilfe der Apk wird aus Mt 2 eine umfassende Theologie des Martyriums. Die Innocentes von Mt 2 waren im Sinn von Apk 14,4f. dazu besonders geeignet.

28. Dezember, Laudes, Capitulum: Vidi supra montem Syon agnum stantem et cum eo centum quadraginta IIII milia, habentes nomen eius et nomen patris eius scriptum in frontibus suis (= Apk 14,1) Respons: Exultent iusti [Ich sah auf dem Berg Zion ein Lamm stehen und mit ihm 144.000, sie trugen seinen Namen und den Namen seines Vaters auf ihrer Stirn geschrieben.] – In evangelium: Hii sunt qui cum mulieribus non sunt coinquinati, virgines enim sunt et secuuntur agnum quocumque ierit (= Apk 14,4a). [Sie sind die, die sich mit Frauen nicht verunreinigt haben, denn sie sind Jungfrauen und folgen dem Lamm, wohin immer es geht]. – Ad Sextam: Antiphon: Sub throno dei omnes sancti clamant: vindica sanguinem nostrum, deus noster (vgl. oben 1. Nokturn, *Lectio X*) [Unter dem Thron Gottes rufen alle Heiligen: Räche unser Blut, unser Gott]. – Capitulum: Hii sunt qui cum mulieribus non sunt coinquinati, virgines enim sunt, hii secuuntur agnum quocumque ierit (= Apk 14,4a) (vgl. oben In evangelium und 1. Nokturn, *Lectio VI*) [Dies sind die, die sich mit Frauen nicht verunreinigt haben. Denn sie sind Jungfrauen. Sie folgen dem Lamm, wohin immer es geht.] – Ad Nonam: Cantabant sancti canticum novum ante sedem dei et agni et resonabat terra in voces illorum (vgl. oben 1. Nokturn, Lectio VII) [Es sangen die Heiligen das neue Lied vor dem Thron Gottes und des Lammes, und die Erde hallte wider von ihren Stimmen). – Capitulum: Hii empti sunt ex omnibus, primitie deo et agno, et in ore eorum non est inventum mendatium, sine macula sunt ante thronum dei. (S. 423) (= Apk 14,4b.5) (vgl. oben Laudes Capitulum).[Sie sind aus allen Menschen losgekauft, und in ihrem Mund fand sich keine Lüge. Ohne Makel stehen sie vor dem Thron Gottes]. – Ad Vesperas – Capitulum: Vidi supra montem (= Apk 14,1) (= s. o. Laudes, Capitulum und 1. Nokturn, *Lectio IX*). [Ich sah auf dem Berge]. – In evangelium: Ambulabunt mecum in albis quoniam digni sunt et non delebo nomina eorum de libro vite (= Apk 3,4b.5 und oben 1. Nokturn, *Lectio XI*). [Sie werden mit mir in weißen Gewändern einhergehen denn sie sind es wert, und ich werde ihre Namen nicht tilgen aus dem Buch des Lebens]. – Dazu: Die Texte zum Fest der Sancti Innocentes sind weitgehend Apk 14 entnommen (14,1.4–5), die Zitierung von Apk 6,9f. war zu erwarten. Die Unschuld dieser Märtyrer wird besonders durch Apk 3 hervorgehoben. Eher ungewöhnlich sind Texte über das Nicht-Bestatten bzw. den Vogelfraß der Leichname. Die Kronen von Apk 4,10 greifen den Ausdruck »Krone des Martyriums« auf. Da es sich um Kinder handelt, die gewiss noch im Stadium der Unschuld ermordet wurden, ist für de Alte Kirche hier der Idealfall von Martyrium gegeben. Die alte und alternativlose Platzierung im Festkalender in großer Nähe zur Geburt Jesu (25.12.) und zum Fest des Protomärtyrers Stephanus (26. Dezember) so wie dem jungfräulichen Johannes (27. Dezember); vgl. Apk 14,4 und im PCistB zur 2. Nokturn, *Lectio VI, Responsio*: specialis prerogativa castitatis ampliori dilectione fecerat dignum, quia virgo electus ab ipso in aevum permansit, Versiculus: huic matrem virginem virgini commendavit [Der besondere Vorzug der Keuschheit machte einer besonderen Liebeszuwendung würdig, denn wer als Jungfrau erwählt ist [männlich] von Gott, bleibt so in Ewigkeit. Dieser Jungfrau hat er die Jungfrau und Mutter anempfohlen]] Das zeigt, dass der Grundsatz »Jungfrau bleibt Jungfrau« hier in Geltung steht.

21. Januar (S. Agnes), 2. Nokturn, Antiphon: Stat a dextris eius agnus nive candidior, Christus sibi sponsam et martirem consecravit, (vgl. Apk 5,1 Et vidi in dextera sedentis supra thronum 6 agnum stantem ... 7 et venit et accepit de dextera sedentis in throno librum). [An ihrer rechten Seite steht ein Lamm, weißer als Schnee. Christus hat sich eine Braut und Märtyrerin geheiligt. (Ich sah zur Rechten dessen, der auf dem Thron saß, ein Lamm stehen, und es kam und empfing aus der Rechten des auf dem Thron Sitzenden ein Buch)] – *Lectio VII:* Veni sponsa Christi accipe coronam quam tibi dominus preparavit pro cuius amore sanguinem tuum fudisti (vgl. Apk 21,2 paratam sicut sponsam) [Komm, Christi Braut und empfange die Krone, die dir der Herr bereitet hat aus Liebe, zu welchem du dein Blut vergossen hast (vorbereitet wie eine Braut)] Veni electa mea, et ponam in te thronum meum [Komm, meine Erwählte, und ich will bei dir thronen.]

25. März, 1. Nokturn, *Lectio IV,* Antiphon: Emitte agnum, domine, dominatorem terrae, de Petra deserti ad montem filiae Syon [schicke das Lamm, Herr, den Herrscher der Erde, vom Fels in der Wüste zum Berg der Tochter Zion (vgl. auch Apk 14,1) = *Lectio XI*, Antiphon, 2. Antiphon: Ex Syon species decoris eius, deus noster manifeste veniet. Ad montem [Aus Zion kommt sein glanzvolles Ansehen, unser Gott wird sichtbar kommen. Zum Berg].

1. Mai (SS Philippi et Iacobi), 1. Nokturn, *Lectio II,* Responsio: Isti sunt agni novelli qui annuntiaverunt alleluia; modo venerunt ad fontes, repleti sunt claritate, alleluia, alleluia [Dieses sind die Lämmer, die gesungen haben Alleluja; jetzt sind sie zur Quelle gekommen, erfüllt sind sie mit Licht]. (Regulärer Text: In conspectu agni amicti stolis albis, et palmae in manibus eorum) [Im Antlitz des Lammes umgürtet mit weißen Gewändern, und Palmzweige in ihren Händen]. Versiculus: Amicti sunt stolis albis et palme in manibus eorum. Repleti (= Apk 7,13; auch 19,14) (der Ausdruck *agni novelli* nicht in Vg) [Umgürtet sind sie mit weißen Gewändern, und Palmzweige sind in ihren Händen]. – Dazu: Das Brevier zitiert hier einen alten Taufhymnus: »Diese sind die neuen Lämmer, die Halleluja singen. Sie sind jetzt zur Quelle getreten und mit Herrlichkeit erfüllt, Halleluja, Halleluja. Im Angesicht des Lammes sind sie mit weißen Gewändern eingekleidet, sie halten Palmzweige in den Händen«. Die theologischen Leitworte sind: »Lämmer/ Lamm«, »Quelle«, »weiße Gewänder«, »Palmzweige«. Wichtig ist nur, dass die Getauften dem weißen Lamm durch ihre weißen Gewänder ähnlich sind. Und vor allem: Weiß ist in der Apk die Farbe des Siegers (vgl. die weißen Pferde bzw. Reiter in Apk 6; 19). Die Frage, wie die Lämmer angesichts des Lammes zu den weißen Gewändern gekommen sind, wird nicht direkt beantwortet. Es heißt nur: *in conspectu agni* (im Angesicht des Lammes). Und die Quelle *(fontes)* ist offenbar auch für die leuchtende Farbe verantwortlich. Im Unterschied zur Apk ist es nicht das Blut des Lammes, in dem bzw. durch das die Gewänder weiß wurden (Apk 7,14b; ohne Blut Apk 22,14). Dass sie etwas gewaschen hätten (das vorher schmutzig war), sagt der Hymnus nicht. Außer *fons* ist dies ein weiterer Hinweis auf die Taufe, denn im Taufritus werden nicht alte Kleider gewaschen, sondern eben bereitliegende neue, weiße Gewänder angezogen. Die Farbe weiß deutet dabei auf Gerechtigkeit, Sieg über alle Finsternis und den Tod und Heiligkeit. Die *claritas*, die den Getauften zuteil wird, steht für das griechische Wort δόξα (Glanz, Herrlichkeit, Ansehen). Sie ist als die erstrebte Ähnlichkeit mit Gott das eigentliche Ziel dieser Angleichung an das Lamm. – Die Palmzweige in den Händen deuten (Vorbild so nur Joh 12,13) darauf hin, dass es sich um eine messianische Aktion handelt. Denn mit Palmzweigen als Siegessymbolen (1 Makk 13,51: Huldigung für den Makkabäer Simon) war schon der Messias nach Jerusalem eingezogen. Die »jungen Lämmer« sind daher die Fortsetzung/Aktualisierung jener Menschengruppen, die den Messias bei seinem Einzug nach Jerusalem begrüßten und begleiteten. – Das, was hier beschrieben wird, ist also in

Wahrheit ein Triumphzug und ein Einzug in die herrscherliche Stadt. Auch das Lamm der Apk ist der von den Toten Auferweckte. Anders als in manchen Auffassungen von Röm 6 wird Taufe nicht gedacht als Beginn eines Leidensweges, sie ist vielmehr nicht nur dessen Vollendung, sondern Neubeginn und neue Schöpfung. – Die Schilderung der *agni novelli* entspricht den Darstellungen auf altchristlichen Mosaiken (vgl. F. Gerke: Der Ursprung der Lämmerallegorien in der altchristlichen Plastik, in: ZNW 33 [1934] 160–196). In der Apk dagegen ist das Lamm ohne Jungschafe; es ist das einzige Lamm. Man kann als Christ höchstens »in seinen Fußspuren wandeln«. Das wird nur formelhaft angedeutet, aber nicht als Bild ausgemalt. – In der 1. Nokturn des 28. Dezember gibt es ein Stück, das dieser Schilderung allerdings ähnlich ist: *Lectio V*, Responsio: Isti sunt sancti qui non inquinaverunt vestimenta sua; ambulant mecum in albis, quia digni sunt (= Apk 3,4b »non inquinaverunt vestimenta sua et ambulabunt mecum in albis, quia digni sunt« und 16,6b) [Dies sind die Heiligen, die nicht befleckt haben ihre Kleider. Sie wandeln mit mir in weißen Gewändern, weil sie es wert sind (dass.)]. Das »Sie wandeln mit mir« bezeichnet die Gemeinsamkeit in dem Triumphzug als gemeinsamen Weg. Man kann fragen, ob nicht der 1. Mai in Rom eine besondere Beziehung zu Taufe und Getauften hatte. – *Lectio IV,* Responsio: Vidi portam civitatis ad orientem positam et apostolorum nomina et agni super eam scripta, et super muros eius angelorum custodiam, alleluia (= Apk 21,12–14) [Ich sah das östliche Tor der Stadt und die Namen der Apostel und des Lammes darauf geschrieben und auf den Mauern Engel zur Bewachung]. – 2. Nokturn, *Lectio XI,* Responsio (S. 464): Isti sunt due olive et duo candelabra ante deum, alleluia. Habent potestatem claudere celum nubibus et aperire portas eius, quia lingue eorum claves celi facte sunt, alleluia (= Apk 11,4 diff. »in conspectu domini terrae stantes«). 11,6 (Hi habent potestatem claudendi caelum) [Diese sind die beiden Ölbäume und die beiden Leuchter vor Gott. Sie haben Vollmacht, den Himmel mit Wolken zu verschließen und seine Pforten zu öffnen, denn ihre Zungen sind Schlüssel des Himmels geworden (vor dem Herrn der Erde stehend, sie haben Vollmacht, den Himmel zu schließen)]. – Laudes – In evangelium: Isti sunt due olive et duo candelabra lucentia ante dominum, habent potestatem claudere celum nubibus et aperire portas eius quia lingue eorum claves celi facte sunt, alleluia. (= Apk 11,4.6 vgl. 3,7b und Mt 16,18).[Übers. wie oben].

29. Juni (SS. Petrus et Paulus), 1. Nokturn: vicerunt Symonem et Neronem (S. 501) [haben Simon und Nero besiegt] – Dazu: Nero passt gut zur wahrscheinlichen Datierung der Apk.

21. September (S. Mathaei), ad Vesperas, *Lectio VI*: Stat dominus ad ostiam et pulsat (S. 554) (= Apk 3,20a) [der Herr steht an der Tür und klopft an]; *Lectio VII*: Intrat dominus ut et ille nobiscum et nos cum illo cenemus, quia in cordibus electorum per amoris sui gratiam inhabitat (= Apk 3,20c). [Der Herr tritt ein, auf dass er mit uns und wir mit ihm speisen, denn in den Herzen der Erwählten wohnt er durch die Gnade seiner Liebe]. – Kommentar: Die Wohnung, in die der Herr eintreten will, ist jeweils das Herz.

29. September (S. Michael), Vesper, Hymnus, Str. IV: hostem repellat, ut saevum opemque pacis dirigat et nostra simul pectora fides perfecta muniat [den wilden Feind möge er vertreiben, das Werk des Friedens lenken, und zugleich schütze unsere Herzen vollkommener Glaube] (Komm.: eine eher augustinische Umdeutung St. Michaels auf den »Glauben«!); Str. VIII: nostraque simul nomina in libro vite conferat (vgl. Apk 3,5; 13,8; 17,8) [zugleich trägt er auch unsere Namen im Buch des Lebens zusammen]. – In evangelium: Dum sacrum misterium cerneret Iohannes, archangelus Michael tuba cecinit:

Dignus es domine deus noster, accipere librum et solvere signacula eius, alleluia (= Apk 5,9a). Die »Heiligen« werden hier durch Michael wiedergegeben; von Michael ist in Apk 5 gar nicht die Rede. [Als Johannes das heilige Geheimnis wahrnahm, hat der Erzengel Michael auf der Trompete geblasen: Du bist es wert, Herr unser Gott, das Buch zu empfangen und seine Siegel zu lösen]. – 1. Nokturn, Antiphon: Stetit angelus iuxta aram templi habens turibulum aureum in manu sua (= Apk 8,3a et alius angelus venit, et stetit ante altare, habens turibulum aureum). [Neben dem Altar des Tempels stand der Engel mit einem goldenen Rauchfass in seiner Hand]. *Dazu:* Durch die Platzierung am 29. September wird der Engel von Apk 8,3 mit Michael identifiziert, was in Apk nicht geschieht. – *Lectio I,* Responsio: Factum est silentium in celo dum committeret bellum draco cum Michaele archangelo, et audita est vox milia milium dicentium: Salus, honor et virtus omnipotenti deo. [Ein Schweigen entstand im Himmel, als der Drache mit dem Erzengel Michael kämpfte, und man konnte den Ruf Tausender hören: Heil, Ehre und Macht gebühren dem allmächtigen Gott]. – *Dazu:* Hier werden drei Angaben der Apk miteinander verknüpft: Das Schweigen von 8,1, der Kampf von 12,7 und die Doxologie von 19,1a. Nur 12,7 verbindet die Apk mit Michael. 8,1 ist mit 12,7 verbunden worden, weil der Engel am himmlischen Altar bereits mit Michael identifiziert wird (s. u.), ist doch Michael der Übermittler der Gebete Israels. – Versiculus: Milia milium ministrabant ei, et decies centena milia assistebant ei. Omnipotenti Deo … (= Apk 8,1 plus Apk 12,7a.10b) [Tausend mal tausend dienten ihm und zehnmal hunderttausend standen ihm zur Seite] (zu den Zahlenangaben vgl. Apk 5,11). – *Lectio IV,* Responsio: Stetit angelus iuxta aram templi habens turibulum aurem in manu sua et data sunt ei incensa multa et ascendit fumus aromatum de manu angeli in conspectu domini [Neben dem Altar des Tempels stand ein Engel mt einem goldenen Rauchgefäß in der Hand. Und man gab ihm viel Weihrauch, und es stieg der Rauch der Spezereien aus der Hand des Engels vor das Antlitz des Herrn]. *Dazu:* Der Bezug zu den Gebeten der Menschen fehlt bei dieser Wiedergabe der Aktion des Engels bzw. Michaels. Apk 8,3; dort nicht: »iuxta aram templi stetit ante altare« [neben dem Altar des Tempels stand er vor dem Altar], es fehlt: »ut daret de orationibus sanctorum super altare aureum, quod est ante thronum Dei« [um Gebete der Heiligen auf den goldenen Altar zu legen, der vor dem Thron Gottes steht]. Aus Apk 8,4 wurde nur übernommen: »et ascendit fumus« [und es stieg der Rauch auf], es fehlt auch hier »de orationibus sanctorum« [Gebete der Heiligen]. Statt *coram Deo* [vor Gott] Apk 8,4 hat die Antiphon nur: *in conspectu Domini* [vor dem Angesicht des Hern] (S. 558). – Versiculus: Data sunt ei incensa multa, ut adoloret eos ante altare (= Apk 8,4a) [Man gab ihm viel Weihrauch, damit er ihn vor dem Altar verbrenne]. *Dazu:* Die Fortsetzung »ut adoloret ea ante altare. Et ascendit« [damit er sie vor dem Altar verbrenne. Und es stieg auf] hat keine Entsprechung in Apk. Aus dem dortigen Text wird vielmehr, wie auch bei den anderen Zitierungen (oben), der auf das Beten der Menschen bezogene Passus weggelassen (»ut daret de orationibus sanctorum omnium super altare aureum, quod est ante thronum Dei« [um Gebete aller Heiligen auf den goldenen Altar zu legen, der vor dem Thron Gottes steht]). – 2. Nokturn, Antiphon: Data sunt ei incensa multa ut adoleret ea ante altare aureum quod est ante oculos domini (= Apk 8,3b; auch hier fehlt der Bezug auf die Gebete der Heiligen). [Man gab ihm viel Weihrauch, um ihn zu verbrennen vor dem goldenen Altar, der vor den Augen des Herrn steht]. *Dazu:* Durchgehend fehlt, was viele kirchliche Ausleger zu Apk 8 behaupten, dass nämlich Michael die Gebete der Menschen zu Gott trage; aber davon spricht Apk 8 nicht, auch wenn Michael der Erste der sieben Engel sein dürfte. – *Lectio V:* Omnis lapis pretiosus operimentum tuum, sardius, topazius et iaspis, crisolitus, onix et berillus, saphyrus, carbunculus et smaragdus. Ecce novem dixit nomina lapidum, quia profecto novem sunt ordines angelorum. Quibus nimirum ordinibus ille primus angelus ideo ornatus et opertus extitit quia, dum cunctis agminibus angelorum praelatus est, ex eorum comparatione clarior fuit. [Jeder kostbare Stein ist deine Bedeckung, Sardesstein, Topas, Japis, Chrysolith, Onyx, Beryll, Saphir, Karfunkel und Smaragd. Seht, er nennt neun Gesteinsnamen, denn entsprechend gibt es neun Ränge der Engel. Der erste Engel dieser neun ist so geschmückt und bedeckt, weil er, allen Heeren der Engel vorgeordnet, durch Vergleichen mit ihnen umso heller wirkt]. *Dazu:* Die Anzahl von 9 Steinen entspricht Ez 28,13 f. – Da St. Michael der Erste der Engel ist, wurde zu einem Fest der Engel-Text ausgewählt. Vgl. die neun (!) Engelkapellen im Bauplan von St. Michael in Hildesheim (konsekriert 1022). – *Lectio VII,* Responsio: Nunc facta est salus et virtus et regnum deo nostro et potestas Christo eius, quia proiectus est accusator fratrum nostrorum qui accusabat illos ante conspectum dei nostri die ac nocte. Respons: Propterea laetamini, celi, et qui habitatis in eis. Quia … (= Apk 12,10.12). Es fehlt 12,11 (nicht rezipiert) (S. 559). [Nun ist verwirklicht das Heil, die Kraft und das Reich für unseren Gott und die Macht für seinen Gesalbten, denn niedergestreckt ist der Ankläger unserer Brüder, der sie Tag und Nacht anklagte vor dem Antlitz unseres Gottes. Deswegen lasst uns fröhlich sein, ihr Himmel und die ihr in ihnen wohnt. Denn …]. – *Lectio XII,* Responsio: Fidelis sermo et omni acceptione dignus: Michael archangelus qui pugnavit cum diabolo gratia dei victor extitit et ille hostis antiquus passus est ruinam magnam (vgl. Apk 12,7.11: vicerunt) Responsio: Milia milium ministrabant ei, et decies centena milia assistebant ei. Gratia dei (vgl. 1. Nokturn) [Zuverlässig ist das Wort und es hat jede Akzeptanz verdient: Der Erzengel Michael, der mit dem Teufel gekämpft hat, ist durch Gottes Gnade Sieger geworden, und jener alte Feind hat einen großen Zusammenbruch erlitten (sie haben besiegt)] [tausend mal tausend dienten ihm, und zehnmal hunderttausend standen bei ihm]. – *Zu den Lectiones I-XII am Michaelsfest:* (1) Es besteht die Neigung, Michael zum Engel »par excellence« zu machen. (2) Durch die Verknüpfung mit Apk 12,10 leistet Michael die Vorarbeit für das *Regnum Christi.* Offenbar wurden auch die Edelsteine des Himmlischen Jerusalem als Michael untergebene Engel gedeutet. Engel als Überbringer der Gebete der Menschen kennt das PCistB nicht, umso wichtiger ist aber der Kampf Michaels gegen Satan, der durch das zeitgleiche kosmische Schweigen als Geheimnis ausgezeichnet ist. – Laudes, Antiphon: Dum praeliaretur Michael archangelus cum dracone, audita est vox dicentium: Salus deo nostro, alleluia (Vgl. Apk 12,7 und 12,10: Nunc facta est salus et virtus et regnum Dei nostri). [Als der Erzengel Michael mit dem Drachen kämpfte, hörte man den Ruf derer, die sangen: Heil unserem Gott (Jetzt sind Heil und Macht und Reich unseres Gottes verwirklicht)]. – In evangelium: Factum est silentium in celo dum draco committeret bellum et Michael pugnavit cum eo et fecit victoriam, alleluia (= Apk 8,1 und 12,7) [Es entstand eine Stille im Himmel, als der Drache Krieg führte und Michael mit ihm kämpfte und siegte].

Dazu: Das Schweigen von 8,1 und der Kampf Michaels von 12,7 werden hier wie auch sonst (s. o.) aufeinander bezogen. Alle Nicht-Engel sind mithin eher als Zuschauer vorgestellt. So auch in der folgenden Responsio: Ad primam: Dum committeret bellum draco cum Michaele archangelo, audita est vox milia milium dicentium: Salus deo nostro (= Apk 12,7.13) (S. 562) [Als der Drache mit dem Erzengel Michael Krieg führte, hörte man den Ruf Tausender: Heil unserem Gott]. – Ad sextam: Factum est praelium in caelo, Michael et angeli eius preliabantur cum dracone: et draco pugnabat et angeli eius, et cum valuerunt neque locus inventus est amplius eorum in caelo (= Apk 12,7.8). [Im Himmel fand eine Schlacht statt, Michael und seine Engel kämpften mit dem Drachen, und der

Drache und seine Engel kämpften, und als Michael und seine Engel obsiegten, verschwanden sie (sc. der Drache und seine Engel) aus dem Himmel]. – Durch die wiederholte Darstellung des Kampfes nach 12,7 erscheint dieses Geschehen zunehmend als dramatischer Höhepunkt der ApkJoh. Der unbestimmte Zeitpunkt in Vergangenheit oder Zukunft macht das Geschehen zu einem zeitlosen Triumph Michaels.

1. November (Vigilia omnium sanctorum), Ad Vesperam, Capitulum: Ego Iohannes vidi in medio throni et IIII animalium et in medio seniorum agnum stanten tamquam occisum habentem cornua septem et oculos septem qui sunt septem spiritus dei missi in omnem terram (= Apk 5,6). [Ich, Johannes, sah in der Mitte, wo der Thron stand und die vier Lebenden Wesen und die Ältesten, ein Lamm wie geschlachtet stehen mit sieben Hörnern und sieben Augen, das sind die sieben Geister Gottes, die auf die ganze Erde geschickt sind]. – 2. Nokturn, Antiphon: O quam gloriosum et regnum in quo cum christo regnant omnes sancti. Amicti stolis albis secuntur agnum quocumque ierit (= Apk 20,4 et regnaverunt cum Christo; 3,4b circumamicti vestimentis albis; 7,13 amicti sunt stolis albis; 14,4b sequuntur agnum quocumque ierit) (S. 571) [Wie herrlich ist das Reich, in dem mit Christus alle Heiligen regieren. Angetan mit weißen Gewändern folgen sie dem Lamm überall hin, wohin es auch geht (und sie regierten mit Christus) angetan mit weißen Gewändern folgen sie dem Lamm, wohin immer es geht]. Die Antiphon der 2. Nokturn bringt ein Mischzitat, das nach zwei Aspekten zusammengestellt wurde: Engste Gemeinschaft der Heiligen mit Christus (Co-Regentschaft und Nachfolge) und gemeinsame Uniform der Heiligen (weiße Gewänder). – Laudes, Capitulum: Ego Iohannes vidi angelum ascendentem ab ortu solis habentem signum dei vivi et clamavit voce magna quatuor angelis quibus datum est nocere terre et mari dicens: Nolite nocere terre et mari neque arboribus quoadusque signemus servos dei in frontibus eorum (= Apk 7,2f.) [Ich Johannes sah einen Engel aufsteigen vom Aufgang der Sonne mit dem Siegel des lebendigen Gottes und er rief laut den vier Engeln zu, die die Vollmacht haben, Erde und Meer zu schädigen: Schädigt nicht die Erde und das Meer und die Bäume, bis wir die Sklaven Gottes an ihrer Stirn bezeichnet haben]. – Ad Sextam: Vidi turbam magnam quam dinumerare nemo poterat ex omnibus tribubus et populis et linguis stantes ante thronum et in conspectu agni amicti stolis albis et palme in manibus eorum (= Apk 7,9) (S. 576) [Ich sah eine große Schar, die niemand zählen konnte. Die Schar war aus allen Stämmen und Völkern und Sprachen und sie standen vor dem Thron, und im Angesicht des Lammes waren sie angetan mit weißen Gewändern und Palmzweige waren in ihren Händen]. – Ad Nonam: Istorum est enim regnum celorum qui contempserunt vitam mundi et pervenerunt ad premia regni et laverunt stolas suas in sanguine agni (= Apk 22,14a Beati qui lavant stolas suas in sanguine agni) [Denn denen gehört das Himmelreich, die das Leben der Welt verachtet haben und zum Lohn des Reiches gelangt sind und die ihre Gewänder waschen im Blut des Lammes (Selig, die ihre Kleider waschen im Blut des Lammes)].

23. November (S. Clemens), Antiphon: Orante sancto Clemente apparuit ei agnus Dei de sub cuius pede fons vivus emanat; flumina impetus letificat civitatem dei. (= Apk 22,1 fluvium aquae vitae procedentem de sede Dei et Agni). Für den 2. Satz gibt es keine biblische Parallele. – Versiculus: Vidi supra montem agnum stantem de sub cuius pede fons vivus emanat (= Apk 14,1 Et vidi et ecce Agnus stabat supra montem Sion und 22,1 (s. o.). [Als der hl. Clemens betete, erschien ihm das Lamm Gottes unter dessen Pfote eine lebendige Quelle sprudelt (ein Fluss mit lebendigem Wasser, das hervorkommt unter dem Thron Gottes und des Lammes)] – Ad Tertiam: Vidi supra montem agnum stantem de sub cuius pede fons vivus emanat. (S. 588) [Ich sah auf dem Berg ein Lamm stehen, unter dessen Pfote eine lebendige Quelle sprudelte].

Commune Apostolorum, 2. Nokturn: Vidi angelum dei volantem per medium celi voce magna clamantem et dicentem: isti sunt viri sancti facti amici dei (= Apk 14,6 Et vidi alterum Angelum volantem per medium caeli habentem evangelium aeternum). [Ich sah einen Engel Gottes fliegen durch den Raum in der Mitte des Himmels, der mit lauter Stimme diese Worte ausrief: Diese sind die heiligen Männer, die Freunde Gottes geworden sind (und ich sah einen anderen Engel fliegen durch den Raum in der Mitte des Himmels, der das ewige Evangelium hatte)]. – *Lectio VI,* Responsio: Isti sunt triumphatores et amici Dei qui contempnentes iussa principum meruerunt praemia aeterna. modo coronantur et accipiunt palmam. Isti sunt qui venerunt ex magna tribulatione et laverunt stolas suas in sanguine agni (vgl. Apk 7,9: amicti stolis albis et palmae in manibus eorum; letzter Satz: Apk 7,14 Hi sunt, qui venerunt de tribulatione magna et laverunt stolas suas et dealbaverunt eas in sanguine agni) (S. 602) [Diese sind die Triumphatoren und Freunde Gottes, die die Befehle der Fürsten verachteten und ewigen Lohn verdient haben. Nun werden sie gekrönt und erhalten die Siegespalme. Diese sind es, die aus der großen Drangsal kamen und ihre Gewänder gewaschen haben im Blut des Lammes (angetan mit weißen Gewändern und Palmzweige in ihren Händen, die ihre Gewänder gewaschen haben und sie weiß gemacht haben im Blut des Lammes)]. – Das »ewige Evangelium«, das der über den Himmel fliegende Engel proklamiert, wird hier ersetzt. Es heißt nicht: »Fürchtet Gott und gebt ihm die Ehre, denn gekommen ist die Stunde seines Gerichts, und betet ihn an«, sondern präsentiert und gewissermaßen vorgestellt werden die Apostel als Freunde Gottes. Dass es sie gibt und wie sie gelebt haben und gestorben sind, ist eine eigenständige Fassung des Evangeliums. In der Responsio zu Lectio VI werden sie nicht mehr nur als Sieger vorgestellt, sondern als »triumphatores«, und für alle Jahrhunderte provozierend wird an ihr Tun erinnert: Sie haben die Befehle der Fürsten verachtet.

Commune unius martyris pontificis ad Vesperas, in evangelium: Estote fortes in bello, et pugnate cum antiquo serpente et accipietis regnum eternum alleluia (vgl. Apk 12,7). (S. 606). [Seid tapfer im Krieg und kämpft mit der alten Schlange, so werdet ihr das ewige Reich erhalten]. Dieser Satz ist in dieser Form nicht biblisch belegt, aber in den Liturgien des 1. Jahrtausends geläufig. Er nennt die Stationen des Weges: Fortitudo, bellum, pugna, regnum [Tapferkeit, Krieg, Kampf, Reich]. Der Kampf Michaels wird von jedem Märtyrer nachvollzogen, genau wie der Weg Jesu zum Kreuz (s. o.).

Commune plurimorum martyrum, 1. Nokturn, *Lectio III*: Isti sunt qui venerunt ex magna tribulatione et laverunt stolas suas in sanguine agni. Et meruerunt habere coronas perpetuas (vgl. Apk 7,14) (S. 615) [Das sind die, die gekommen sind aus großer Drangsal und die ihre Gewänder gewaschen haben im Blut des Lammes. Und sie haben es verdient, ewige Kronen zu besitzen]. Die Drangsal wird ebenso auf die Märtyrer bezogen wie das Blut des Lammes, denn das Blut der Märtyrer fließt mit dem des Lammes zusammen. Nur das Blut des Lammes erlöst. Aber das eigene Blut der Märtyrer fließt nicht getrennt davon, sondern ist dessen Aktualisierung. Die Kronen der Märtyrer sind der Apk nicht fremd (2,10; 3,11). Vgl. zu dieser Blut- und Märtyrermystik schon oben zum 28. Dezember (zu den Lektionen).

Commune Confessoris non pontificis, 2. Nokturn, *Lectio VII*: Ad iudicium quippe veniens in forma servi omnibus apparet, quia scriptum est: Videbunt in quem transfixerunt (vgl. Apk 1,7a: et videbit eum omnis oculus et qui eum pupugerunt) S. 628 [Wenn er zum Gericht kommt, wird er in der Gestalt eines Sklaven allen erscheinen,

denn es steht geschrieben: Und es wird ihn sehen jedes Auge und die ihn verachtet haben]. Die Gerichtsaussage ist nicht aus Joh 19,27, sondern aus Apk 1,7 herzuleiten.
Commune Virginis Martyris, Ad vesperas, in evangelium: Veni sponsa Christi accipe coronam quam tibi dominus praeparavit in aeternum (vgl. Apk 21,2). S. 631 Antiphon: Pulcra es et decora, filia Ierusalem [Komm, du Braut Christi, empfange die Krone, die dir der Herr bereitet hat in Ewigkeit. Schön bist du und ansehnlich, Tochter Jerusalem]. Zu beachten ist hier die Thematik des Hohenliedes. Dieses wird gerade in der Anfangsphase der Zisterzienser gerne und häufig ausgelegt. – Zur Antiphon vgl. Hld 7,1.6; Est 2,7. – 2. Nokturn: Veni, sponsa Christi, veni electa mea, veni electa mea (vgl. Apk 21,2) (S. 635) [Komm, du Braut Christi, komm, meine Erwählte]. Nicht der Bräutigam (wie Apk 22), sondern die Braut wird hier um ihr Kommen angefleht. Längst schon wird der adventliche Ruf hier metaphorisch verstanden und artikuliert die Sehnsucht nach heilvoller Gemeinschaft (ähnlich dem »Komm Herr Jesus, sei unser Gast« als Tischgebet).
In dedicatione Ecclesiae, Ad Vesperas, Capitulum: Vidi civitatem sanctam Ierusalem novam descendentem de celo a Deo paratam tamquam sponsam ornatam viro suo (= Apk 21,2). Responsio: Qui vicerit, faciam illum columpnam in templo meo dicit dominus et scribam super eum nomen meum et nomen civitatis novae Ierusalem (= Apk 3,12 Qui vicerit faciam illum columnam in templo Dei mei et foras non egredietur amplius et scribam super eum nomen Dei mei et nomen civitatis Dei mei novae Ierusalen quae descendit de caelo a Deo meo et nomen meum novum) (S. 637) Versiculus: Vincenti dabo edere de ligno vite quod est in paradiso dei mei. Et scribam (= Apk 2,7 Vincenti dabo edere de ligno vite quod est in Paradiso Dei mei). – [Ich sah die heilige Stadt, ds neue Jerusalem, herabsteigend vom Himmel, von Gott, bereitet wie eine geschmückte Braut für ihren Mann. Den Sieger will ich zur Säule in meinem Tempel machen, spricht der Herr, und auf ihn schreiben meinen Namen und den Namen der neuen Stadt Jerusalem. Antwort: (Wdhl.) Und er wird nicht vor die Türe gehen … Versiculus: Dem Sieger will ich zu essen geben vom Baum des Lebens, der im Paradiesgarten meines Gottes ist]. – 2. Nokturn, *Lectio V,* Responsio: Vidi portam civitatis ad orientem positam et apostolorum nomina et agni super eam scripta et super muros eius angelorum custodiam (Apk 21,13 Ab Oriente portae tres et ab Aquilone portae tres et ab austro portae tres et ab Occasu portae tres. 14 Et murus civitatis habens fundamenta duodecim et in ipsis duodecim nomina duodecim Apostolorum Agni), Versiculus: Vidi sanctam civitatem Ierusalem descendentem de caelo ornatam tamquam sponsam viro suo. Et super muros eius angelorum custodiam (= Apk 21,2. 12: et in portis Angelos duodecim) (S. 641) [Ich sah das östliche Tor der Stadt und darauf geschrieben die Namen der Apostel und des Lammes und auf den Mauern sah ich die aus Engeln bestehende Wache (vgl. Apk 21,13 Im Osten, im Norden, im Süden und im Westen je drei Tore. 14 Und die Stadtmauer hatte zwölf Fundamente und darauf standen die Namen der zwölf Apostel des Lammes]. Versiculus [Ich sah die heilige Stadt Jerusalem herabsteigen vom Himmel, geschmückt wie eine Braut für ihren Mann. Und auf den Mauern sah ich die aus Engeln bestehende Wache]. Von der Wache aus Engeln spricht Apk nicht. *Dazu:* Die Apk-Texte zur Kirchweihe spiegeln ein relativ geschlossenes Bild und eine einheitliche Konzeption: Das Gotteshaus ist das neue Jerusalem, vom Himmel herabgestiegen und wie eine Braut geschmückt. Auch die Namen der Apostel, die die Liturgie von der Weihe der Apostelkreuze her kennt, werden natürlicherweise hier genannt. Die Engel sind nicht auf den Toren (wie in Apk), sondern auf den Mauern wie die Wachposten für eine mittelalterliche Stadt. – Außer dem neuen Jerusalem wird das Tempel-Motiv aus Apk 3 genannt, und dazu die Säule. Da viele Kirchen als Gebäudeteil ein Paradies (Vorhof, oft mit Bäu-

men, Brunnen und anderen Pflanzen) haben, wird auch Apk 2,7 zitiert. Auffällig häufig werden aus der Apk Texte zitiert, die vom Schreiben des Namens sprechen. Die Entsprechung im Ritus der Kirchweihe sind womöglich die in X-Form auf den Fußboden geschriebenen griechischen und lateinischen Alphabete (Ordo Romanus 41, 7./8. Jh.).

Besondere Merkmale

Die der Apk entnommenen oder mit ihr verwandten Texte im PCistB weisen eine Reihe von Merkmalen auf, die eine besondere Spiritualität zum Ausdruck bringen: In 62 Texten ist vom »Lamm« die Rede, sehr viel häufiger als – im Verhältnis gesehen – in der Apk selbst. Die monastische Kommunität versammelt sich also insbesondere zum Lobe des Lammes, und die Liebe zur Apk rührt aus dieser christologischen »Vorliebe«. Häufig werden die Texte eingeleitet durch »deiktische Partikel«, Wörter also, die besonderen Aufforderungscharakter haben. Das sind besonders *vidi* [ich sah] (24×), *ecce* [seht] (21×) oder zur Identifikation *isti sunt* [das sind die, welche] (10×) oder *hi(i) sunt* [diese sind] (7×); Ähnliches kennen wir aus der Beschriftung der Miniaturen zur Apk (*hic* [hier]), auch für das *ecce*.

Oft wiederholt werden nicht nur bestimmte »Gegenstände« wie Thron (sc. Gottes), Engel und weiße Gewänder (20×); die Häufigkeit der Letzteren ist auch in der Entsprechung zur Chorkleidung begründet; auch sonst besteht hier Interesse an der Kleidung der Seligen (10× *amict-*, 8× *stolae*). Bestimmte Wendungen der Apk werden oft wiederholt: das Herabsteigen Jerusalems (vgl. Apk 21,2) (11×), die Nachfolge des Lammes (vgl. Apk 14,4) (9×). 14× ist von der »Braut« (*sponsa*) die Rede, weniger oft vom Bräutigam (*sponsus*). Gerade durch die »Technik der Wiederholung« im Chorgebet tritt die Geistesverwandtschaft mit der Apk zutage. Sie besteht im Wesentlichen in der feierlichen Anbetung. Und zumindest in dem Altar, um den man sich versammelt, kann man eine gewisse Entsprechung zum Thron Gottes sehen.

Eine ausgesprochene Häufung der aus der Apk zitierten Texte gibt es zu St. Michael und zum Fest der Unschuldigen Kinder.

Das Zisterzienserbrevier zitiert mit Vorzug Texte über Einzelfiguren, also Sieger, Michael, abr auch über Menschengruppen, besonders über Jungfrauen und Märtyrer sowie über alle Nachfolger des Lammes. Damit ist das Brevier hagiographisch orientiert. Die Schilderungen der Apk über lokale Gegebenheiten oder Zustände, über Monster und Katastrophen finden kein Interesse.

2.6.3 Spiritualität des Betens

Gnade
Das *Komm!* nimmt den Schlussruf der Apk aus 22,20b auf:

> Bruno von Segni, Sp. 734: Veni, Domine Jesu. Tuum adventum expectamus, suscipe nos in pace atque angelorum iunge cohorti. Gratia domini nostri Iesu Christi qua gratis ex nullis praecedentibus meritis salvati sumus, sit cum nobis omnibus. Amen. [Komm, Herr Jesus! Deine Wiederkunft erwarten wir. Nimm uns an in Frieden, verbinde uns mit der Schar deiner Engel. Mit uns allen sei die Gnade unseres Herrn Jesus Christus. Denn durch diese Gnade sind wir kostenlos gerettet worden, ohne dass wir irgendein Verdienst dazu vorweisen könnten. Amen.]

Abba
Es ist eine besondere Eigenart von Kommentaren zur Apk und ihnen nahestenden alten Liturgien, den neutestamentlichen Gebetsruf *Abba* (Jesus: Mk 14; Paulus: Röm 8,15) nicht nur zu erwähnen, sondern auch zu praktizieren. Die Apk begünstigt derartiges zweifellos, da sie nicht nur »Halleluja« bietet (singulär im Neuen Testament), sondern auch eine eimzigartige Vorliebe für hebräische Eigennamen hat (Abbadon, Harmeggedon, Gog und Magog) und überdies eine besondere Theologie des Namens bevorzugt.

> Missale Bobbiense, 135 (VD-Formel): Rex regum, auribus percipe lacrimas, abba pater, ut tuo sancto spiritu inflammentur [König der Könige, erhöre mit deinen Ohren unsere Gebete unter Tränen, Abba, Vater, lass uns von deinem Heiligen Geist entflammt werden]. Kommentar: Hier ist die klassische Anrede Gottes (König der Könige im NT nur in Apk 19,16) stilgemäß mit der hebräischen Gebetsanrede verbunden worden.
>
> ibid., Missa dominicalis, Ia CorpOrat 1305: Te benedicimus, trinitas sancta, tibi gratias agimus, te per singulos dies laudamus, te deprecamur, abba pater; suavis sit tibi laudatio nostra sitque acceptabilis oratio nostra [Dich lobpreisen wir, heilige Dreieinheit, dir danken wir, dich loben wir jeden Tag, dich flehen wir an, Abba, Vater. Unser Lob sei angenehm für dich, und unser Gebet nimm an].
>
> Aus der mozarab. Messe am Samstag vor Pfingsten (Férotin, 348): Emitte, Domine, spiritum adoptionis, in quo clamemus tibi Abba, Pater, ut confiteamur quonim tu es Unigeniti tui verus Pater, et cognoscamus quia nullus ei similis est inter filios Dei. [Sende, Herr, den Geit der Kindschaft, in dem wir zu dir rufen: Abba, Vater. Damit bekennen wir, dass du der wahre Vater deines Einziggeborenen bist, damit wir erkennen, dass keiner ihm gleicht unter den Gottessöhnen. Nicht die Annahme an Sohnes statt, sondern die Zeugung erweist ihn als dir wesensgleich, auch macht ihn die Gnade nicht etwa nur ähnlich, sondern durch die Natur ist er dir gleich.]
>
> Joachim von Fiore († 1202), Expositio in Apocalypsim, Druck von 1527, fol. 48r: Si filius vos liberaverit, vere liberi eritis, sed quia idem spiritus quo liberi facti sumus amor est patris et filii quo et diligit nos, et ideo quia diligunt libertatem donant sicut per apostolum dicitur: Misit deus spiritum filii sui in corda nostra clamantem: Abba, pater. Et iterum: Non accepistis spiritum servitutis iterum in timore, sed accepistis spiritum adoptionis filiorum in quo clamamus abba pater. [Wenn der Sohn euch befreit hat, dann seid ihr wahrhaft frei/Kinder (Wortspiel liber/liberi). Aber weil es derselbe Geist ist,

durch den wir befreit wurden, wie die Liebe des Vaters und des Sohnes, mit der er uns liebt, und weil sie uns lieben und Freiheit schenken, sagt der Apostel: Gott hat den Geist seines Sohnes in unsere Herzen gesandt der ruft Abba, Vater. Und wiederum: Ihr habt nicht den Geist der Sklaverei empfangen in Ängstlichkeit, sondern den Geist, der Kinder adoptiert. In dessen Kraft rufen wir: Abba, Vater.]

Andreas von Caesarea (232 zu Apk 22,17): Die Kirche und der in ihr wohnende Geist rufen in unserem Herzen aus: Abba, Vater. Und sie (die Kirche) ruft damit das zweite Kommen des eingeborenen Sohnes herbei. Und ein jeder Gläubige, der dies hört, betet auch zu Gott, dem Vater, wie er gelehrt ward: Dein Reich komme.

Antiphonar (kopt, ed. Cramer/Krause, 213 § 206): Als die Erfüllung der Zeit kam, sandte Gott seinen Sohn. Er entstand aus einer Frau, das ist diese Jungfrau Maria. Er nahm unser Fleisch durch sie an, er gab uns seinen Heiligen Geist, durch den wir »Vater, Gott« (kopt: »Abba«) rufen. Er erfüllte sich das Gelöbnis, das dem heiligen Patriarchen Abraham gemacht worden. Vgl. auch die hebr. Gottesanrede in CorpOrat 5792 »Adonai« Deus.

Kommentar: Nach Auffassung vieler altkirchlicher und mittelalterlicher Theologen (vgl. bes. die apokryphen Apostelakten) ist die himmlische Kultsprache jedenfalls Hebräisch. Deshalb weisen auch viele Glockeninschriften hebräische Worte auf (Halleluja, Gott Sabaoth), sowohl wenn sie Adonai schreiben als auch wenn sie Tetragrammaton sagen und damit die vier Buchstaben des hebr. Wortes JHWH meinen.

Fazit: Der Exeget kann es nur bedauern, dass in der Liturgie zwar Amen und Halleluja, Sabaoth und bisweilen auch Maranatha bewahrt worden sind, die Gebetsanrede Jesu und des hl. Paulus sowie alter Liturgien des 1. Jahrtausends jedoch völlig verschwunden ist. Das Abba hat sich besonders in Gebeten um die Wiederkunft Christi und damit im Horizont der Apk-Auslegung und/oder, wenn es um den Heiligen Geist geht, erhalten.

2.6.4 Gebete bei der Kirchweihe

Kirchweihe und die Feier der Erinnerung an sie sind große Gelegenheiten der Liturgie, auf die Apk zurückzugreifen. Das gilt besonders für Apk 8,1–3, denn mit diesem Text kann man besonders zeigen, dass man die Kirche als *Domus Orationis,* als Gebetshaus versteht. Vgl. dazu oben im PCistB zum 29. September (St. Michael) die Lectio IV zur 1. Nokturn und die Antiphon zur 2. Nokturn.

Zu Apk 8,3, Gebet aus der Kirchweihe: Ascendat oratio nostra per manus sancti angeli tui ad divinum altare tuum, domine, cum odore suavitatis, quo tibi est imperium, potestas, honor, laus, maiestas, gloria, aeternitas, cum spiritu sancto in saecula saeculorum [Es steige auf unser Gebet durch die Hände deines heiligen Engels, zu deinem himmlischen Altar, Herr, mit dem süßen Duft, durch den und in dem dir das Reich, die Macht, die Ehre, das Lob, die Majestät, die Herrlichkeit und die Ewigkeit zukommen mit dem Heiligen Geist in Ewigkeit]. *Dazu:* Reihung der nominalen Attribute Gottes wie in Apk 12,10. Die reichen Prädikate sind ganz im Stil der Hymnen der Apk gehalten.

Analecta Hymnica 53, 402 Nr. 249 (Kirchweihe) V. 4: fundata enim est domus ista / super montium cacumina [denn dieses Haus steht fest gegründet über den Gipfeln der Berge]. V. 6 nam haec est magna Ierusalem / civitas scilicet illa superna [Denn dies ist das große Jerusalem, jene Himmelsstadt]. V. 7 ex auro mundo circumtexta / gemmis ac rutilans muri per ampla [aus reinem Gold rings umhüllt von Juwelen, leuchtend in der Erstreckung der Mauer]. V. 8 haec est illa caelestis aula / angelorum patria [Dies ist je himmlische Halle, Heimstatt der Engel]. V. 9 ecclesia firmaque petra / aeternaque regis [Kirche und fester, ewiger Fels des Königs]. V. 10 Dicta est quae pacis visio / urbe Ierusalem celsa [Genannt Schau des Friedens, erhabene Stadt Jerusalem]. V. 11 Ex vivisque petris struitur / Beatorum animas [aus lebendigen Steinen erbaut, die Seelen der Seligen].

Kommentar: Beachtenswert sind hier im Vergleich zu manchen anderen Hymnen über das Himmlische Jerusalem die »lebendigen Steine« aus 1 Petr 2,5. Damit aber gewinnt die ganze Stadt einen völlig anderen Charakter. Das Architektonische und Ästhetische tritt zurück, ähnlich wie vielleicht (!) auch in Mk 14,58 tritt bei dem neuen Bauwerk allein hervor, dass dieser Bau aus Menschen besteht.

Weihepräfation (Haus Gottes)
»In ihm schauen wir schon geheimnisvoll den Schatten des wahren Tempels. In ihm leuchtet uns auf das Bild des Himmlischen Jerusalem. Die Kirche aber hast du zu deiner heiligen Stadt gemacht, gegründet auf das Fundament der Apostel.«

Der auf dem Thron sitzt und der in der Liturgie gefeiert wird, ist zugleich der Kommende. An dieser Stelle liegt genau der Unterschied zwischen einem nur ewig thronenden Götzen und dem biblischen Gott, der kommen wird, weil ihm an der Gemeinschaft mit den Menschen liegt und zu dessen Verehrung auch die Bewahrung von Geboten gehört, weil er letztlich mit den Menschen zusammen leben will.

3 Leben angesichts des wiederkommenden Herrn

Es ist ein Unterschied, ob man – wie die Propheten es tun – vom »Tag des Herrn« spricht, dem zukünftigen Ereignis, an dem sich alles »um des Himmels willen« klärt, oder ob man – etwa mit den O-Antiphonen der Adventszeit, den menschgewordenen Gott wieder erwartet, der in den O-Antiphonen nicht namenlosunaussagbar ist, sondern einen Namen hat wie *Adonai* oder *Rex et legifer noster*. Weil der kommende Gott der menschgewordene ist, darf man angesichts seines Kommens damit rechnen, dass ihm nichts Menschliches fremd ist.

3.1 Die praktische Bedeutung der Christologie der Apk

Beispiel I
Glockeninschrift von 1299 (K. Walter, Glockenkunde, 203):
> *Rector caeli nos exaudi*
> *tu dignare nos salvare*
> *O et alpha nos adiuva*
> *O rex gloriae veni cum pace*
> [Höre uns, himmlischer König / wolle uns retten / Omega und Alpha, hilf uns / Herrlicher König, Christus, komm mit Frieden].

Kommentar: Die Glocke singt das Gebet der Gläubigen. Der knappe Text ist voll von inhaltsschweren Verben: Erhören, wollen, retten, helfen, kommen. Die Verben sind alle imperativisch. Außer ihnen gibt es nur noch Titel: Regent des Himmels, Alpha und Omega, herrlicher König. Das letzte und wichtigste erbetene Heilsgut ist der Frieden. Theologisch ist der Text ganz und gar durch die Apk geprägt. Zwischen Gott und Christus wird hier nicht unterschieden (sonst heißt es oft: rex glorie christe). »Regent des Himmels« bezieht sich auf all die Szenen, in denen der auf dem Thron Sitzende angebetet wird. Alpha und Omega ist der Namen Gottes und Christi in Apk 1,8; 21,6 (plus: »der Anfang und das Ende«); 22,13 (ebenso wie 21,6). Dabei geht in Apk 22,13 voraus *Siehe, ich komme bald*, in Verbindung mit 22,20 *(Ja, ich komme bald / Amen, komm, Herr Jesus)* wird dieses in der Schlussbitte der Glocke aufgenommen. Diese Schlussbitte, oft in der erweiterten Form O rex gloriae Christe veni nobis cum pace [Christus, herrlicher König, komm zu uns mit Frieden] ist das häufigste und, wie ich finde, auch schönste Glockengebet des Mittelalters. Es entspricht dem Dona nobis pacem des Agnus Dei in der Messe. Das hier zitierte Beispiel steht für viele ähnliche.

Angesichts dieser Texte kann man nicht behaupten, das Mittelalter habe die Apk und die eschatologische Sehnsucht verloren oder vergessen.

Beispiel II
Das Verhältnis zwischen Teufel und Antichrist ist ein Muster für die Deutung christologischer Aussagen (und umgekehrt). Im Apk-Kommentar des Ambrosius Autpertus († 784) heißt es (634): diabolus in antichristo adorandus [der Teufel ist im Antichrist anzubeten bzw. kann im Antichrist angebetet werden]. Anhand von Apk 13,1 kann man das Grundmuster erkennen: Der Drache gibt seine »Vollmacht« dem Tier (der Teufel dem römischen Kaisertum). Die Gegenseite bildet spiegelverkehrt die richtige Sicht ab. Denn zwischen dem Teufel (Drachen) und dem Ersten Tier herrscht das Verhältnis der Übertragung der Vollmacht, der »Sendung«, der »Repräsentation«. Dieses Verhältnis bei Gott Vater und Gottes Sohn hat Juden und Nichtchristen oft Schwierigkeiten bereitet. In der Messe kommt es in der Doxologie zum Ausdruck: In ipso et per ipsum et cum ipso est tibi deo patri omnipotenti omnis honor et gloria [In ihm und durch ihn und mit ihm ist dir Gott, allmächtiger Vater alle Ehre und Verherrlichung]. Wenn die Auslegung der Apk sagt (s. o.), »in ihm wird der angebetet, der ihn gesandt und bevollmächtigt hat«, dann gilt das nicht nur vom Teufel (Drachen) und Antichrist (Tier), sondern mutatis mutandis auch von Christus gegenüber seinem himmlischen Vater. Denn es gibt nicht zwei Gottheiten, vielmehr wird in dem Sohn niemand anderes als der Vater angebetet. Denn nur der eine Gott kann angebetet werden. Der Sohn ist als Person dabei nicht mit dem Vater identisch. Das hier Beobachtete bestätigt sich auch generell: Häufig enthält die Anti-Christologie »einfachere« und nicht »zersagte« Formulierungen späterer und reflektierter Dogmatik.

Beispiel III
Aus dem Jahr 66 nC. stammt eine sog. Bauinschrift des Kaisers Nero von der Südseite des Kölner Domes. Sie beginnt: Imperator Nero Caesar Augustus divi Claudii filius pontifex maximus [Der Führer, Nero, Kaiser, Majestät, Sohn des göttlichen Claudius, Oberster Priester]. Ich zitiere diesen Textanfang, weil dieses Formular bis heute in jedem offiziellen Schreiben nachwirkt, etwa »Der Erzbischof von Köln, Name (N.N.)«, eventuell weitere Titel, z. B. Großprior des Malteserordens ...

Die Briefe an die Sieben Gemeinden der Apk beginnen in ihrem Formular schon genauso wie bis heute offizielle amtliche Schreiben. Die Aufzählung von Rang, Name und weiteren Titeln gehört an den Anfang jeder Mitteilung dieser Art. Die Briefe der Apk sind daher weder private Schreiben noch Predigten, sondern Instrumente, mit deren Hilfe Christus sein Reich regiert. Wichtig ist in diesem Formular: Der Briefkopf ist eine Art Selbstvorstellung dessen, der da spricht. Und seine Würde muss unmissverständlich zu Beginn des Schreibens klargestellt werden.

Der Ausgangspunkt bei der herrscherlichen Würde, wiederholt in jedem einzelnen Schreiben, hat seine enorme theologische Bedeutung für die Christus-Frömmigkeit der Gemeinde. Denn Jesus wird anders als in den Evangelien nach Lk und Mt nicht vorgestellt als Kind armer Eltern. Er ist auch nicht der heimatlose Wanderprediger, der versucht, verhöhnt und gekreuzigt wird. Er steht – wie später in der Apsis byzantinischer Kirchen – der Gemeinde majestätisch gegenüber. D. h. er ist nicht einfach »einer von uns« – das im Unterschied zu dem in vielen Stücken verwandten Hebräerbrief.

3.2 Ein Menschenantlitz nach und über allem

Warum überhaupt Wiederkunft Christi? Der Schlussstein mittelalterlicher Gewölbe ist oft ein steinernes Antlitz Christi. Die christliche Tendenz ist also eindeutig die Vermenschlichung der göttlichen Majestät (Inkarnation) und das Wort-Werden des göttlichen Schweigens (Logostheologie). Das beginnt schon vorchristlich, etwa in der Figur des göttlichen Repräsentanten, der menschliche Gestalt hat, wie z. B. auch HenApk(äth) 62, 2: »Und der Herr der Geister setzte (ihn) auf den Thron seiner Herrlichkeit, und die Rede seines Mundes tötet alle Sünder, und alle Frevler werden von seinem Angesicht getilgt.«

Zielpunkt aller Geschichte ist das menschliche Antlitz Jesu. Apokalyptik ist nicht ein Biotop für wirre Ängste. Sie ist vielmehr das geborene Gegenmittel. In der ApkJoh wird sehr klar und streng gegliedert (wie sonst nirgendwo im Neuen Testament), dieses Gegenmittel wortwörtlich und buchstäblich verabreicht. Denn gegen die Erfahrung von heillosem Unrecht, Martyrium, Ausbeutung und Tyrannei wird die Ordnung als eine resiliente aufgewiesen. Gegenstand der Apk ist die Ordnung. Dem Aufweis dieser Ordnung dient nicht zuletzt die auf den zweiten Blick überall angesagte *Talio*. Das ist die Entsprechung von Vergehen und Bestrafung, von Bewährung und Belohnung. Der positive Sinn der Geschichte ist die »Umkehrung«. Auch deshalb wird, wer sein Leben gelassen hat, auferstehen, wer das Schwert gebraucht hat, eben dadurch umkommen. Man sollte diese Umkehrung nicht fortwährend dem Gottesbild anlasten; die Grundidee ist in allen Völkern weisheitlich. Unser Gott, der biblische Gott, ist nur eine Art Garant dafür, dass diese Umkehrung auch wirklich sein wird. Insoweit »kümmert« er sich. Aber das ist nicht sein »Hauptberuf«.

Schon seit den Anfängen der biblischen Apokalyptik herrscht die Ahnung, dass die große Wende etwas zu tun hat mit etwas wie einem Menschen (Ez 1,26; Dan 7,9–13); das ist auch in Ägypten und überall dort so (z. B. im Töpferorakel), wo die »Wende« durch eine bestimmte Person, etwa einen neuen König herbeigeführt werden wird. Genau hier liegt der vorgezeichnete Ort für die Christologie in der Apokalyptik und auch in der ApkJoh. Damit ist die Wende/Umkehrung keine Mechanik mehr, sondern kann in den Händen eines ersehnten »weisen Königs« liegen. Das überraschend Neue im Christentum besteht nicht darin, dass der zukünftig regierende König zuvor leiden muss (*per aspera ad astra* kommt aus der Herakles-Tradition), sondern es besteht in der Mit-Regentschaft oder in dem Condominium mit dem Messias, das für seine Jüngerinnen und Jünger gilt.

Der Prophet Johannes formuliert das in Apk 20,4 für das Tausendjährige Reich, wie ich annehme (s. u.), für die Zeit der Kirche. Es ist übrigens Merkmal des Propheten Johannes, alles besonders Wichtige nur einmal, und dann kurz und knapp zu sagen. Die Eigenschaften dieses Condominiums sind ganz erheblich und reichen bis in den Anfang des Christseins bei jedem Christen hinein. Sie betreffen vor allem das Phänomen »Kirche« grundlegend: In der Taufe zieht jeder Einzelne Christus an. Daher ist die Kirche »Leib Christi« (s. besonders in der Apk-Auslegung des Ambrosius Autpertus). In der Eucharistie nimmt er ihn physisch und geistlich zugleich in sich auf. Die Form, in der eine so enge Gemeinschaft Wirklichkeit wird, nennt man Liebe. Sie geht vom Messias aus und gilt für die Christen untereinander. Angesichts der Verbundenheit mit Christus gilt für das Miteinander die Regel engster familiärer Verbindung wie zwischen Bruder und Schwester. Eine Spaltung der Kirche(n) ist daher das Letzte. Liebe ist damit in der Kirche nicht eine Form von Humanität oder »gehobener Tierschutz«, sondern hat messianische Gründe. Wer mit Christus zusammen auferstehen will, der sieht zu, dass er im Leib des Christus bleibt. Daher die Bedeutung des Corpus Christi in der mittelalterlichen Auslegung der Apk.

Das hier Aufzuzeigende hat daher ontologische Gründe (es basiert auf dem, was schon ist) wie eschatologische (Zielvorstellung) und kann damit für Idee und Wirklichkeit von Kirche erhebliche Auswirkungen haben. Es geht um gemeinsame Anteilhabe am Königtum (Condominium; vgl. Apk 20,4).

3.3 Am Anfang steht die Hoheit

Die folgenden Überlegungen über die literarische und »didaktische« Grundlegung der Christologie durch den Propheten Johannes zeigen, dass er im Prinzip der frühesten Briefliteratur inklusive Stephanus und Evangelist Johannes näher steht als den synoptischen Evangelien. Johannes ist darin auch keineswegs isoliert, sondern beginnt mit »steiler«, »maximaler« Christologie. Denn Christologie ist hier ein Stück Gotteserfahrung und nicht deren Ersatz wie in der modernen Parole »Jesus is what you need«. Denn keineswegs ist Gott hier absorbiert im »Jesus loves you«.

Für jeden kirchlichen Leser ist der Beginn der Apk eher unangenehm. Schon nach sechs Versen sieht er sich mit einer Gerichtsaussage in Gestalt einer Wolkenvision konfrontiert. Dazu kommt das beleidigend schlechte Griechisch; schon in V. 4 zeigt der Prophet Johannes, dass er kein Griechisch kann (?), da er den Genitiv verfehlt (»von dem der Seiende«). Ein anfängliches Lob der Gemeinden als *captatio benevolentiae* ist völlig ausgeschlossen. Kurzum: Der Apokalyptiker bewegt sich wie die Axt im Walde. Das alles hatte natürlich seine Folgen über Luther hinaus bis heute. Noch Benedikt XVI. schrieb mir zu Beginn unserer Korrespondenz über die Apk, sie sei für ihn ein Buch mit sieben Siegeln geblieben – eine Facette der Rolle der Apk »im Leben der Kirche«.

Für den Leser der Apk, der mit Jesus durch die Evangelien vertraut zu sein pflegt, ist jedenfalls bereits der Anfang dieses Buches »ärgerlich«. Das betrifft z. B. das Kommen aus den Wolken nach Apk 1,7 f., die sonntägliche Privatoffenbarung nach 1,10 und dass der Prophet Johannes nach 1,18 bereits seinem Herrn wie tot zu Füßen fällt. Ging es denn nicht weniger dramatisch?

Im Blick auf das Jesus-Bild der Apk interessiert hier die an den antiken und modernen Rezipienten orientierte Frage, wie der Prophet Johannes seine Leser und Hörer zu den christologischen Spitzenaussagen hinführt. Oder einfacher gefragt: Führt er sie bedächtig zu Jesus hin auf einem längeren Weg immer größerer Steigerungen oder fällt er nicht vielmehr mit der Tür ins Haus?

Den langen Weg der Steigerungen beschreiten die synoptischen Evangelien. Der Weg führt über eine knappe (oder fast geheime in Nazaret) Gottesbegegnung am Anfang über zahlreiche Wunder und Verklärung, dann – gut vorbereitet durch Leidensweissagungen – durch das Tal der Passion bis hin zur Auferstehung. Die Apk dagegen beginnt nach der Gerichtsvision in 1,7 mit der Auferstehungsvision in 1,12–18 und schildert dann die Konsequenzen daraus für Kirche (Kap. 2–3) und Welt (Kap. 10–19). Die Apk beginnt also mit einer schroffen Maximal-Aussage über Jesus (1,17: *Ich bin der Erste und der Letzte*) und schildert dann die Folgen für die Weltgeschichte. Die Synoptiker dagegen wagen vergleichbare Aussagen über Jesus erst am letzten Ende (z. B. Mk 15,39: Gottes Sohn; Auferstehung; Mt 28,18).

Die Synoptiker ähneln in ihrem »didaktischen« Vorgehen entfernt an die Religionstheorie des Euhemerismus, der von einer sukzessiven Vergottung antiker Helden und Könige ausging, Und viele liberale Theologen wollen den Abschluss dieser euhemeristischen Entwicklung erst in der Dogmengeschichte des frühen Mittelalters sehen. Gerade unter ganz »kritischen« liberalen Theologen ist dieses in Wahrheit eher steinzeitliche Vorstellungsmodell verbreitet. Freilich hat sich die gesamte liberale Theologie (bis heute) am Modell der Entstehung der Synoptiker orientiert und dieses zum Muster für die gesamte angebliche Entwicklung des frühesten Christentums gemacht. Doch im Ganzen sind die Synoptiker mit ihrem Weg »Stein auf Stein« eher nur eine Ausnahme. Denn Paulus und der Evangelist Johannes, der Hebräerbrief und Stephanus, nicht zuletzt eben auch der Prophet Johannes folgen jedenfalls im Aufbau ihrer Schriften im Neuen Testament einem anderen Weg. Sie beginnen mit »maximalen« christologischen Aussagen. Sie fangen daher nicht mit dem »irdischen« Jesus an, sondern mit dem himmlischen erhöhten, auferstandenen. Sie führen also nicht behutsam an die Würde heran, die Jesus etwa erst durch die Auferstehung erlangt haben könnte (so denken es sich die liberalenTheologen seit dem 19. Jh.).

Wenn man den Bericht über die Stephanus-Vision in Apg 7 mit Apk 1,7f. vergleicht, dann könnte es sich in Apg 7,56 ebenfalls um den Beginn einer Predigt des Stephanus gehandelt haben: Er beginnt mit der Schilderung der Vision des Erhöhten zur Rechten Gottes. Das entspricht deutlich der Schilderung der Vision des Auferstandenen nach Apk 1,7. Denn in beiden Fällen wird Jesus im Rahmen einer Theophanie geschaut. Und Jesus selbst beginnt mit der für seine Verurteilung entscheidenden Aussage in Mk 14,62 fast ganz genauso:

Mk 14,62: *Menschen (werden) sehen den Menschensohn zur Rechten Gottes und kommend mit den Wolken des Himmels* (daraufhin: Lästerung). Das sagt Jesus, als er über sich und seine Botschaft befragt wird. Apk 1,7: Johannes sieht »ihn« kommen mit den Wolken und jeder wird ihn sehen. (Menschen haben ihn »durchbohrt mit Worten«, d. h. spöttische Lästerung).

Das heißt: Jesus, Stephanus und der Prophet Johannes beginnen ihre – dann entweder abrupt abgebrochene oder eben fortgesetzte – Rede mit einem provozierenden Visionsbericht. Man könnte daher Mk 14,62 als eine Musterpredigt Jesu im Stil der Apokalypse bezeichnen. Dass diese Übereinstimmung kein Zufall ist, zeigt der Prophet Johannes, der nach diesem provozierenden Beginn ein ganzes Opus zu Ende führen kann. Ähnliches hätten Jesus und Stephanus auch gewollt, hätte man sie nicht unter massivem Protest zum Abbrechen gezwungen. Die zum Teil bizarre, zum Teil traurige Wirkungsgeschichte der Apk hat eben damit zu tun. Denn anders als Jesus und Stephanus hat man dem Propheten Johannes nicht alsbald das Wort abgeschnitten, sondern er konnte nach diesem provokanten Anfang den längsten Brief des Neuen Testaments schreiben.

Übrigens beginnt auch das äthiopische Henochbuch ebenso (HenApk[äth] 1, 9): »Und siehe, er kommt mit Myriaden von Heiligen, damit er Gericht über sie halte. Und er wird vertilgen die Frevler.« Schon in 1, 2 hatte allerdings das Buch mit einer Vision begonnen: »Und er (sc. Henoch) sah eine Vision des Heiligen im Himmel, die mir die Engel zeigten.« Aber in 1, 9 beginnt mit Gottes Kommen die Dramatik der apokalyptischen Offenbarung. Für eine besondere Nähe zu Apk 1,7 spricht, dass in den nicht-äthiopischen Versionen von HenApk 1,9 [griech: harte Worte, Verleumdung], Judasbrief 8f. [harte Worte]; Ps-Cyprian [gottlose Worte] das Lästern eine ebenso große Rolle spielt, wie ebenfalls dem Wortlaut von Apk 1,7 nach (s. BAK 211ff.). Auch in Mk 14,62 und bei Stephanus steht die Frage im Raum: Wer lästert hier eigentlich Gott (vgl. Mk 14,64a; Apg 7,57)?

Auf der Suche nach weiteren Nachwirkungen stößt man auf den Beginn des Gal und die Selbstlegitimation, die Paulus dort liefert: Die Berufung des Paulus nach Gal 1,12.16 ist so zu denken: Jesus ist dem Sprecher in einer Vision zugänglich; in Gal 1,16 trägt Gottes Anteil dabei sogar dieselbe Bezeichnung: offenbaren (ἀποκαλύπτω, vgl. Apk 1,1 mit Gal 1,12.16). Bei Stephanus, bei Paulus und in

Apk 1,1.7 steht daher eine visionäre (!) Christus-Offenbarung am Beginn des Zeugnisses durch den Apostel/Propheten. Auch die Vision des erhöhten Menschensohnes und Richters auf dem himmlischen Thron in Apk 14,15 ist eine sehr respektable Parallele zu diesem Material.

Am Ende ist der Beginn mit einer Vision Merkmal prophetischer Rede. Der Prophet will damit den Rattenschwanz üblicher menschlicher Wahrnehmungen durchbrechen. Wenn man den Propheten, der so begonnen hat, unterbricht, wie es bei Jesus und Stephanus geschieht, dann will man diesen Propheten ins Aus setzen.

Das heißt, als These formuliert: Ein Prophet, der sein Publikum aufschrecken will, beginnt mit der Schilderung einer Thronvision. Wenn er sie wirklich sehen durfte, ist das die Legitimation seiner ganzen folgenden Rede. Wenn man das grundsätzlich bezweifelt oder nicht hören will, »dreht man ihm rechtzeitig den Hahn zu bzw. den Hals ab«. Weil »man« das so oft erlebt, kommen auch die frechen Widerworte als Lästerungen gleich in diesen Redeanfängen schon vor. Wort Gottes und lästerliche Worte der Menschen als Abwehr stehen so von Anfang an konträr gegenüber.

Eine besonders interessante Verbindung unter den Beispielen für diese Richtung ergibt sich dadurch, dass Jesus hier zusätzlich der Logos ist, so in Joh 1,1–14; Hebr 4,12; Apk 19,13 und bei Paulus de facto in 1 Kor 8,6. Das hängt eng mit seiner Qualität als Schöpfungsmittler nach Joh 1,3; Kol 1; 1 Kor 8,6 zusammen. Denn der Schöpfungsmittler entspricht dem Schöpfungswort. Und Lästerung ist das genaue Gegenteil zu dieser Art Wort.

Ergebnis: Die genannten Zeugnisse beginnen mit ihrem Christus-Zeugnis nicht in Nazaret oder am Jordan-Ufer, sondern mit dem erhöhten Menschensohn oder mit dem Schöpfungsmittler, der Gestalt zur Rechten Gottes. Alles dieses zusammen nenne ich »maximale Christologie«.

Das initium *mit steiler Christologie*
Die genannten Beispiele haben eine gewisse Analogie nicht nur in den kaiserlichen Dekreten und Reskripten, (s. o.), sondern auch in den Präskripten paulinischer Briefe: Denn Gnade und Friede von Gott dem Vater und dem Herrn Jesus zuzusprechen, das ist grundsätzlich die Szene der Thronvision. Denn der Gruß »von Gott« weist auf Beauftragung. Und Gnade ist nicht einfach »freundliche Grüße«, sondern eben die Gnade als herrscherliche Gunst. Innerhalb der Paulusbriefe wird dieses Szenario noch einmal aufgerufen in Röm 5,1 f.; hier ist auch vom Frieden (vgl. Präskripte) die Rede, ausdrücklich nennt Paulus hier den »Zugang«, der eben ein Zugang zum Gnadenthron ist. In Details ausführlicher bietet auch Hebr 4,16 dasselbe Bild: Hinzutreten zum Thron der Gnade, um Erbarmen (im Briefpräskript auch in 1 Tim 1,2; 2 Tim 1,2) und Gnade (griech. χάρις) zu finden. Der Apostel bzw. Briefsteller ist wie einer, dem beim Thron der Gnade Zugang und Audienz gewährt wurde und der nun das, was er dort empfangen

hat, denen weitergibt, die den Brief empfangen, nämlich die herrscherliche Gunst und das Heilsgut schlechthin, den »Frieden«.

Zum Stichwort »Thronvision«: Sowohl Apk 1 als auch die Stephanusrede verdanken ihren Ursprung der Thronvision (vgl. bes. Apk 1,7f.). Ebenso das vergleichbare Initium in Apk 14,15 (wie in Jes 6 mit der Bitte, etwas zu senden). – In Hebr 4,12 wie in Apk 19 ist der Logos, potenzielles Element aus der Thronszene (Joh 1,1) in einer Gerichtsaussage spezialisiert worden.

Fazit: Die Initien mit steiler Christologie dienen letztlich der Bekräftigung der Legitimität sowohl Jesu Christi als auch des jeweiligen Apostels oder der redenden menschlichen Autorität. Die schriftliche Rede geht daher den Weg von oben nach unten.

Wie so oft, bildet auch hier das JohEv eine Art Brücke zwischen den synoptischen Evangelien und den übrigen oben zitierten Texten. Mit den Synoptikern hat das JohEv gemeinsam den Charakter einer Sammlung von Zeugnissen, die auf die Auferweckung Jesu zulaufen. Andererseits beginnt das JohEv mit einem Prolog, der schon im ersten Vers sagt, Jesus sei »neben Gott« zu finden (wie wenn er sonst zur Rechten Gottes auf dem Thron sitzt oder steht, vgl. Stephanus nach Apg 7,56; Jesus nach Mk 14,62). Auch die Aussage über den Schöpfungsmittler in Joh 1 legitimiert Jesus wie den Evangelisten. Dieser antwortet in Joh 1,18 im Wir-Stil, und nicht ganz zufällig war in 1,16f. dreimal von χάρις die Rede. So ist der Prolog des JohEv eine, wenn auch entfernte Analogie zum Präskript der Paulusbriefe.

Die prophetische Freiheit des Johannes
Der Ertrag dieser Annäherung an Jesus besteht (jedenfalls in der Apk und bei Stephanus, partiell auch im JohEv) in der fast vollständigen Freiheit gegenüber der palästinischen Überlieferung der Jesusworte, wie sie besonders in den synoptischen Evangelien vorliegen. Schon das JohEv zeigt große Einflüsse aus dieser Denktradition, im übrigen Briefcorpus des Neuen Testaments ist sie ausgeprägt und ebenso in der Apk. Und zu bedenken ist auch, dass z. B. der um 115 in Rom entstandene Hirt des Hermas kein einziges Jesuswort kennt. Die Apk zeigt zwar bisweilen Bekanntschaft mit dem Stoff, zitiert aber kein Wort.

Die dadurch erlangte Freiheit von jüdisch-palästinischer Jesustradition ermöglicht schon Paulus eine große Geschmeidigkeit, auf die jeweilige Situation einzugehen. Der Beginn einer Schrift mit Erhöhung und Thronszenerie erspart den langen Anweg über ein »Leben Jesu« oder einen Konvolut an Jesusworten im Sinn der Tradition der Evangelien. Die Apk zeigt, dass man in der so bestehenden Unabhängigkeit von Palästinischem direkte, »authentische« Briefe vom Himmel an Gemeinden formulieren und ausführlich auf die Bedrohung durch den Kaiserkult reagieren kann. Dadurch entsteht gerade in politischer Hinsicht ein Freiraum, den wir weder bei Jesus (s. Mk 12,17) noch bei Paulus (s. Röm 13) finden.

Fazit: Der Beginn mit der Vision des Erhöhten befreit von der Bindung an palästinische Jesustradition, also Jesusworte und -taten. Für unsere Fragestellung

»Apokalypse im Leben der Kirche« bedeutet dies Eröffnung eines großen Spielraums, in dem der Prophet Johannes auf die sieben Gemeinden eingehen konnte und in politischer Hinsicht von der Staatstreue Jesu und des Apostels Paulus frei war.

Die Distanz zu dem, was man den »irdischen Jesus« nennt, ist auch der Preis für die umso stärkere Ausrichtung an der Geschichtstheologie nach dem Stil Ezechiels. Denn mit Geschichten aus Nazaret, Kafarnaum und vom See Gennesaret ist den Gemeinden Kleinasiens um das Jahr 69 nicht geholfen.

Der Gegensatz zum bedrängenden Kaiserkult ist der gemeindliche Gottesdienst mit seiner Orientierung am Thron Gottes und dem Menschensohn – freilich nicht im Sinn der Evangelien, als wäre der auf Erden wirksame Jesus der Menschensohn; der Menschensohn ist in der Apk immer nur der Kommende. Darin ist die Apk freilich geradezu archaisch, vor den Evangelien und in dieser Hinsicht wohl auch vor der Anwendung auf den irdischen Jesus stehen geblieben. In der Frage, ob Jesus als der Kommemde der Menschensohn ist oder bereits als der Irdische, liegt ein erhebliches Spannungspotential verborgen. Eben darum geht es: Die Apk ist in dieser Spannung einseitig, archaisch und geradlinig platziert. Das hat auch mit der unbeugsamen Haltung der Apk gegenüber Rom und seinem Kaisertum zu tun.

Im Unterschied zu den vier Evangelien und zu den apokryphen Sprüche-Evangelien orientiert sich die Apk nicht an den Worten und Taten Jesu oder gar am Grundmuster der Wanderungen Jesu. Auch Einzelheiten aus Prozess und Kreuzigung Jesu erfahren wir nur äußerst spärlich. So ist es auch in den paulinischen und anderen Briefen des Urchristentums. All das ist seit langem bekannt. Es gilt mutatis mutandis auch für die Apg und die darin berichteten Predigten.

Im Unterschied zu den Evangelien muss in Apk der Glaube an Jesus nicht mühsam gegen jüdische Einwände Stück für Stück begründet werden. Er ist vielmehr als »hohe Christologie« Voraussetzung. Die Hoheitschristologie der Apk könnte einen Hinweis auf die Funktion (den »Sitz im Leben«) dieser Art Christologie überhaupt liefern. Denn die »Gemeindebriefe« richten sich mittels der Engel der Gemeinden (Bischöfe?) an die zum Gottesdienst versammelten Gemeinden der sieben kleinasiatischen Städte. Ebenso hat die Thronvision in Apk 4 nach Aufbau und der gesamten Wirkungsgeschichte eine seit langem geläufige deutlich liturgische Funktion.

Beobachtungen zum Formular
Aus dem bisher Ermittelten ergibt sich:
1. Der wiederholte Beginn der Rede in Apk 1 ist seiner Form nach kein Einzelfall, weder in Apk noch im frühchristlichen Schrifttum. Dieser (in Apk 1 wiederholte) Beginn weist folgende Struktur auf: Man fängt ganz oben in der Hierarchie an: Gott Vater wird zuerst genannt; ersatzweise auch sein Thron (mit weiteren Thronassistenten). Es folgt der Menschensohn bzw.

Jesus Christus. Darauf wird gesagt, in welcher Beziehung der Verfasser der betreffenden Schrift zum Sohn bzw. Menschensohn steht. Ist er sein Apostel, Repräsentant etc.?
2. Die Beziehung zwischen Thronvision und Sendung ist alt. Der älteste Beleg ist Jes 6. Im Judentum folgt Hen(slav) 22. Nach Apk 4f. wird das Lamm am Thron Gottes zum Öffnen der Siegel bevollmächtigt. Neben die ausführlichste Form in der Thronvision kann auch die Einzelvision des Menschensohnes treten. So wird in Apk 1,13–16 dann nicht der Thron geschildert, sondern das Aussehen des Menschensohnes.
3. In verkürzter Form findet sich dieser Ansatz in Apk 1,1–3 und im Präskript paulinischer Briefe. Paulus verzichtet lediglich auf das visionäre Element dabei; und wir wissen ja auch, dass seine Gegner ihm gerade dieses nicht abgenommen haben. Obwohl Paulus nach allgemeinem Verständnis wie kein zweiter sein Apostelamt einer Vision verdankt, hat sich das in seinen eignen Texten nicht formelhaft über das hinaus, was in den Präskripten als juristische Kurzform erscheint, niedergeschlagen.

Für den Gottesdienst gedacht?
Schon der Ursprung des liturgischen *Sanctus* in der Thronvision weist darauf hin, dass diese Gattung (Thronvision) im Christentum besonders in der Liturgie ihren Ort gefunden hat. Das bedeutet: Der »Sitz im Leben« der unter 2. und 3. genannten Schwundstufen der Thronvision ist noch immer der Gottesdienst.

Das bedeutet: Sowohl die Apk als auch die Paulusbriefe sind schon vom verwendeten Formular her für den Gottesdienst gedacht. Dabei wird der innige Zusammenhang von Liturgie und Vision etwa an den frühchristlichen und frühmittelalterlichen Apsismosaiken und -gemälden über dem Altar (bzw. dem Tabernakelbaldachin) begründbar. Die Mosaiken und Gemälde sind nicht als Zierrat zu verstehen, sondern als Sichtbarmachung der anderen Hälfte der Wirklichkeit. Und Peterson hatte Recht mit der Hervorhebung des imperialen Charakters des christlichen Gottesdienstes im 1. Jahrtausend (s.o zum Stil der kaiserlichen Edikte und Reskripte). Schon vom Formular her sind daher Briefe und Apk liturgisch gedacht.

Konsequenz: Durch ihr Eingangsformular wird die Rede des Sprechers/Briefschreibers direkt und unmittelbar himmlisch legitimiert. Das unterscheidet diese Schriften grundlegend von den synoptischen Evangelien. Hier gilt der »Traditionsbeweis«, in Briefen und der Apk dagegen der visionäre Autoritätsbeweis adhoc. Hier ist die Inspiration ausdrücklich jeweils für das betreffende Schriftstück behauptet. Dazu gehört auch die Apk.

Diese Beobachtungen sind in einen allgemeineren Zusammenhang zu rücken: Je nachdem, von welchen Quellen man ausgeht und welche Quellen man als primäre Basis einstuft, richtet sich auch die Gestalt der Hypothesen über die Eigenart der ältesten Christologie. Wenn man die Überlieferung und Sammlung von Jesusworten als die Basis des ältesten Christusglaubens ansieht, dann soll sich auch die Christologie in Stufen entwickelt haben, zwischen denen das Gesetz der Steigerung und Überbietung herrschte. Demgemäß wäre eine hohe Christologie mit der These, Jesus sei Gott und Gottes Sohn oder gar Glied der Dreifaltigkeit, ein Endstadium, das – je nach Bedarf – erst jenseits des Neuen Testaments oder im frühen Mittelalter (liberale Theologie; Hans Küng) erreicht wird. Christologie wäre nach dem Modell einer Stufenleiter entstanden. Einer schlichten Jüngertreue am Anfang steht dann eine anspruchsvolle »hohe« Christologie mit Jesus als Weltschöpfer gegenüber. Nach dem schon genannten Modell des Euhemerismus gilt die zunehmende Vergottung Jesu als ausgemacht, der eine wachsende Polemik gegen das Judentum entspreche. Ostern ist dann ebenso eine epochale Zäsur wie später die »konstantinische Wende«.

In krassem Gegensatz zu diesem Modell wachsender Vergottung Jesu steht dann freilich das Zeugen-Konsortium mit Paulus, Stephanus, dem Seher Johannes und dem Autor des Hebräerbriefs.

Der Befund außerhalb der synoptischen Evangelien und der grundlegend an ihnen entwickelten Forschungshypothesen lässt die Frage entstehen, ob wir es hier mit zwei grundlegend verschiedenen Typen von Christentum zu tun haben bzw. wie weit die erkennbare Verschiedenheit reicht. Denn der Typ von Christentum, zu dem auch die Apk gehört, zeigt eine »Maximal-Christologie«, und zwar von allem Anfang an. Die Aussagen über den Menschensohn in Apk, bei Stephanus und die über den himmlischen Hohenpriester nach Hebr sind in sich kaum steigerungsfähig, was die Würde Jesu anbelangt. Das gilt auch für den Logos und Schöpfungsmittler. Nach Apk teilt Jesus mit dem himmlischen Vater, dass er Alpha und Omega ist.

Überdies ist außerhalb der vier Evangelien das Interesse am »irdischen Jesus« vor Ostern überraschend gering. Das gilt selbst für narrative Texte wie die Apg. Wie ist diese Vergesslichkeit zu erklären? Hatte denn außerhalb der Evangelien niemand Interesse daran, wie es zu irdischen Lebzeiten Jesu gewesen ist? Hatten frühere Forscher Recht mit der These, außerhalb der Evangelien werde Jesus als eine Art Mysteriengottheit dargestellt? Oder anders: Hat das Christentum mit der zentralen Botschaft so schnell »abgehoben«, den Bezug zu irdischer Wirklichkeit verloren?

Der Erhöhte ist auch vom Himmel her gesandt
Fassen wir kurz die bisherigen Überlegungen zusammen: Die Rolle des erhöhten Herrn und der Thronvision entsprechen einander. Dabei ist das Motiv »Gericht« nebengeordnet. Im Zentrum steht vielmehr die Beziehung des irdischen Verkündigers zu seinem himmlischen Auftraggeber. Im Fall Jesu nach Mk 14,61 handelt es sich um eine Abwandlung: Beziehung des irdischen Verkündigers zu seiner himmlischen Identität. Dennoch könnte die Szene Mk 14,61 Muster, Motor und Vorbild für weitere, verwandte Aussagen gewesen sein, wie wir sie erwähnt

haben. Denn himmlische Identität (Jesus – Menschensohn) und vom Himmel gesandt zu sein, sind unter bestimmten Voraussetzungen (in bestimmter Optik) eng miteinander verwandt. Nach dem hier außerhalb der Evangelien maßgeblichen Konzept sind der erhöhte Herr sowie die Thronvision gegenüber dem irdischen Verkündiger (also: Paulus, Stephanus, der Seher Johannes) inspirierend. Wie an den anderen Stellen, so ist auch hier der Hinweis auf die Szenerie am Thron Gottes ein offener Hinweis auf die Wahrheit der in Mk 14,61 behaupteten Botschaft – weniger auf Jesu eigenes Geschick, sondern eher: Ihr werdet sehen, dass ich Recht habe. Ich bezeuge jetzt schon, was auch ihr demnächst einsehen werdet.

Bei Stephanus, bei Jesus nach Mk 14 und für den Seher Johannes in Apk 1 ist der Hinweis auf das Sehen in Gegenwart oder Zukunft die denkbar stärkste Selbst-Affirmation.

Das Szenario der Thronvision aber ist für Paulus und die Apk grundsätzlich eine unmittelbare und direkte Legitimation ihrer letzten Endes gottesdienstlich verstandenen Verkündigung. Denn im Gottesdienst, in der Liturgie ist »der Himmel offen«. Die Liturgie selbst, speziell auch die Mosaiken und Fresken in den Kirchen bestätigen seit Jahrhunderten diese Sicht.

Gemeinsam ist diesen Texten mit den oben genannten (Stephanusvision Apg 7,56, Mk 14,61 f.; Briefpräskripte, Präskript der Apk, Apk 1,7 f.13–19 und Apk 4) die Eingangsposition, und zwar zu Beginn einer Schilderung oder einer weiteren, oft freilich abgekürzten Predigt. Gemeinsam ist diesen Texten auch das »Sehen/Erblicken« (dazu zweimal *siehe*), häufig der Menschensohn, sein Sitzen oder Stehen zur Rechten Gottes, zweimal das *Kommen mit den Wolken*, die Selbstvorstellung mit *Ich bin*. Das Sehen bezieht sich dabei gegenwärtig visionär oder künftig real auf den Menschensohn.

Kommentar: Das häufige *Ich bin* (Apk 1,8.17; Mk 14,61) erweist diese Szenen als Selbstvorstellungen bzw. Offenbarungsreden. Das Sehen ist hier Offenbarungsmedium (hier nicht das Hören). Das Kommen auf den Wolken ist das Kommen Gottes bzw. seines Repräsentanten zur Parusie. Das *Ich bin* meint in allen Fällen Jesus in seiner wahren, himmlischen Identität. Alle Szenen stellen demnach sicher, wer der jeweils Redende und was von ihm zu erwarten ist. Das Kommen auf den Wolken (dynamisch) meint wie das Sitzen/Stehen zur Rechten Gottes (statisch) jeweils die Hoheit Jesu. Daher ist die Gattung Theophanie angemessen. Weil Jesus entweder allein oder als »zweite Figur neben Gott« geschildert ist, geht es stets um christliche Aussagen im Rahmen urchristlicher Anschauungen über Jesus.

Das Verhältnis Gott und Lamm
Für die Apk und ihre Wirkungsgeschichte war und ist das Verhältnis zwischen Gott und Lamm ebenso wichtig wie relativ unerforscht. Denn wie etwa konnte es dazu kommen, dass das Lamm neben Gott auf dem Thron (des Himmels) sitzt?

Und warum andererseits ist Gott nicht mit einer Tiermetapher geschmückt? Gibt es im Rahmen der apokalyptischen Anschauungen der Wirklichkeit bisher übersehene Faktoren, deren Unbekanntsein diese Frage entstehen ließ?

Die Frage gilt auch schon für Apk 1,7f. Denn A und Ω zu sein, behauptet Jesus auch nach 22,13. Das aber sind göttliche Qualitäten. Auch wegen der implizierten zeitlichen Dimension erinnern diese Aussagen an Joh 8,58: *Ehe Abraham wurde, bin ich.* Wer so redet, ist gleich ewig wie Gott. Sicher handelt es sich um eine besondere Weise der Repräsentation Gottes. »Engel« wäre zu ewig, »Sohn/Kind« wäre zu vieldeutig, denn ja auch alle Getauften sind »Kinder Gottes«. »Erweiterte Identität« Gottes wäre eine vorsichtige Beschreibung, wie sie ähnlich das Credo vollzieht, wenn man Jesus nennt »Licht vom Licht«, »Gott von Gott«, »wahrer Gott vom wahren Gott«. Auch zum (personifizierten) Logos ergeben sich Querverbindungen. Denn Logos und Menschensohn sind im JohEv fast identisch, vgl. dazu auch den Logos als Richter nach Apk 19,13; EsraApk(äth) [s. u.]. Hier ist dann auch auf die personifizierte Weisheit hinzuweisen, von der die Evangelien (Lk 11,49) sagen, sie habe »Propheten und Apostel« gesandt.

Die sachliche Konvergenz zwischen Weisheit und Logos ist bekannt. Sie gilt insbesondere auch für den Johannes-Prolog. Das in Lk 11,49 berichtete Senden von Aposteln und Propheten beträfe dann auch den Propheten Johannes nach allem, was wir aus Apk 1 und 10 wissen. Für die Frage nach dem Verhältnis zwischen Gottvater, Sohn und Johannes kann sicher auch der Satz gelten, Jesus sei die »Weisheit Gottes«. Bereits in meinen Disputationsthesen findet sich der Satz »certa vestigia Jesum esse sapientiam Dei«. Ähnlich ungeklärt ist das Verhältnis Jesus – Menschensohn nach der Apk. Jesus ist nicht der Bote des Menschensohns, er wird aber auch nicht in ihn verwandelt (als träte er als verwandelter Thronassistent auf Erden auf). Aber es könnte sein, dass er als Gottes Gesandter bei seinem Weg vom Himmel auf die Erde verwandelt wird, so wie es die »Himmelfahrt des Jesaja« schildert. Auch der Teufel, in gewissem Sinn die Gegenmacht, legt den Weg vom Himmel auf die Erde zurück, wenn auch nicht als würdevolle Verwandlung, sondern als Sturz (Apk 12,9) im umfassenden Sinn des Wortes. Doch ist der Jesus bzw. Menschensohn, der neben Gott steht oder sitzt, für den irdischen Zeugen eher »der Herr« und nicht partiell identisch? Ist das nicht auch die Funktion des Menschensohnes in Mk 14,61?

Der Gott so ähnlich ist und neben seinem Thron steht, diese Auffassung, dass Gott auch in einer anderen Person oder an einem anderen Ort »erscheint«, führt im JohEv zu der Auffassung, dass Gott in Jesus Mensch geworden ist. Wenn Justin (2. Jh.) zu Ex 3 sagt, Gott sei »Feuer geworden« (Dial. 103), dann ist Feuer zwar keine andere Person, aber ein anderer »Ort«, eine andere Größe, die Gott »repräsentiert«, in der sich Gott zeigt. Aus dem hier Erörterten ergeben sich für die Frage nach den Ursprüngen der Christologie drei Gesichtspunkte:

1. Man achte auf die Gattung, in der die Belege immer wieder vorkommen: es sind Visionen, also Thronvisionen, solche des erhöhten Herrn. Oder es han-

delt sich um formelhaft gewordene Kataloge von Instanzen, die man aus pädagogischen oder ästhetischen Gründen auch als Visionen darstellen konnte. Wie man aus Apk 4 erkennen kann, bringen Visionen immer die pluralen Elemente der jüdischen Gottesvorstellung ans Licht (z. B. die vier Lebenden Wesen).
2. Der Thronende und der Menschensohn oder der Menschensohn (bzw. das Lamm) neben dem Thronenden sind immer wieder die »Zweiheit« bzw. in späterer Terminologie die zwei Personen, auf die sich dann die irdischen Autoritäten (Seher, Apostel berufen). Für die Berufungsinstanz ist es wichtig, dass sie doppelt ist, denn besonders das JohEv betont den argumentativen Vorteil, der sich aus der Zweiheit von Personen ergibt (z. B. Joh 5,31 f.; 8,18). Die Regel der zwei bis drei Zeugen aus Dtn 19,15 war für das Urchristentum, von dem man immer wieder und für alles Mögliche Beweise hören oder sehen wollte, lebenswichtig.
3. Dennoch spielt der Heilige Geist bei keiner der oben diskutierten Stellen eine Rolle. Das bedeutet nicht, dass es ihn nicht gibt, wohl aber, dass die Intention aller der hier verhandelten Aussagen eine begrenzte ist. Es gilt hier auch nicht das Argument, bis zur Dogmatisierung der Trinität sei es »eben noch ein weiter Weg«, richtig ist vielmehr, dass es hier um die himmlischen Bezugsgrößen der Botschaft und die Darstellung ihrer Legitimität geht. Der Heilige Geist wäre eher die auf Erden »bei« den Jüngern und »bei« der Kirche anzunehmende Größe; bestätigt wird das auch durch Apk 22,17, wohl auch durch 2,7 etc.. Mustergültig formuliert Petrus Abaelard in dem oben S. 117 zitierten Hymnus.

Fazit: Die Kirche feiert Gottesdienst im Angesicht des Thrones Gottes. Derjenige, der ihr das Evangelium verkündet, hat als Nachfolger der Apostel seine Berufung, Beauftragung und Legitimation bekommen in Fortsetzung der im Neuen Testament beginnenden Linie, die vom Thron Gottes ausgeht. Neben dem Thron steht der Menschensohn, das Lamm oder der Auferstandene. Er beruft auf Erden den Apostel, Stephanus oder den Seher Johannes. Über sie geht die Botschaft und die Beauftragung auf den über, der als Bote des Himmels gewissermaßen vor offenem Himmel der Gemeinde das Evangelium verkündet.

Wenn es mithin bei »Thron« und »Thronassistenz«, die für die Apokalypse elementar wichtig sind, um die pluralen Aspekte des monotheistischen Gottesbildes geht, dann ist der Thron Gottes eher nicht der entrückte Bereich des Allerheiligsten Gottes, sondern so etwas wie das Außenministerium Gottes, von wo aus die Beziehungen zwischen Gott und Welt geregelt werden. Einerseits ist wahr, dass Gott gerade auf dem Thron unfassbar, unbeschreibbar (seine Gestalt wird nicht beschrieben!) und schlechthin erhaben ist. Andererseits gibt es hier die vier Lebenden Wesen, die 24 Ältesten und das Lamm als Thronassistenz. Und Jesus verheißt gar in den Gemeindebriefen, der »Sieger« werde neben ihm laut Apk

3,21 auf Gottes Thron sitzen. Insoweit sind die Gemeindebriefe auch nach dem Prinzip der Steigerung aufgebaut, denn im letzten Gemeindebrief ist dies die höchste Steigerung der Seligkeit. Dieses Thema gehört auch zu dem Phänomen der oben beschriebenen Ko-Regentschaft (Condominium). Sie ist unbestritten das Ziel aller Christologie der Apk. Die Ko-Regentschaft der Heiligen mit dem Messias kommt direkt aus der Apokalyptik, also aus Dan 7 und der Henoch-Literatur.

Mit Jesus auf dem Thron zu sitzen, ist eine Sache der Macht und der Herrlichkeit. Andererseits aber ist auch die Auferstehung Jesu mitteilbar (»demokratisierbar«). Weil das offenbar auch jetzt schon gilt, spricht die Apk (und nur sie) von der Ersten und der Zweiten Auferstehung, so wie auch vom ersten und zweiten Tod. Gerade weil diese Begrifflichkeit im Neuen Testament auf die Apk beschränkt ist, fragen viele danach bzw. es herrscht große Unklarheit.

Das Condominium halte ich für den mit der Apk gegebenen leichtesten Zugang zum Phänomen »Kirche«. Keinesfalls geht es bei der Kirche lediglich um eine Erweiterung des Gottesvolkes »zu ermäßigten Bedingungen«, auch wenn viele das so gesehen haben. Kirche ist kein ermäßigtes, liberalisiertes Judentum (ohne Beschneidung und Gesetz, ohne Speise- und Ehegebote), sondern ist gemeinsames Regieren mit dem Messias.

3.4 Der Menschensohn inmitten der sieben Leuchter

Lit.: J. Voß: Die Menora, Gestalt und Funktion des Leuchters im Tempel in Jerusalem, Göttingen 1993; L. T. Stuckenbruck: Angel Veneration and Christology, Tübingen 1995. – E. Fransen: De verheerlijkte Immanuel wandelnde in het midden van de seven gouden kandelaaren zijner duur gekochte gemeente. Kortelijk uitgebreid in een tiental leerredenen uit de Openbaring Johannes, Rotterdam o. J. (um 1850).

Die Texte: Nach Apk 1,12 f. steht einer, der aussieht wie der/ein Menschensohn *in der Mitte der sieben Leuchter*. In 1,20 werden die sieben Leuchter auf die sieben Gemeinden bezogen. Die Siebenzahl ist gleichzeitig die der sieben Gemeinde-Engel. Die sieben Gemeinden sind sieben Sterne in der Hand des Menschensohnes. Dem entspricht die Drohung nach 2,5: Wenn eine Gemeinde versagt, wird ihr Leuchter entfernt. Apk 2,1: Jesus *wandelnd in der Mitte der goldenen Leuchter*. Es gibt demnach eine Entsprechung sieben Gemeinden – sieben Engel (sc. der Gemeinden) / sieben Leuchten bzw. Leuchter – sieben Sterne in der Hand des Menschensohnes.

Da die hier zitierten Texte die ersten in der Apk sind, die nach 1,5b–6, wo von der Erlösung die Rede war, die Gemeinden selbst betreffen, entstehen eine Reihe von Anfragen: Die Reihe der sieben Leuchter mit dem Menschensohn in der Mitte lässt sich nicht symmetrisch darstellen. Die mittelalterlichen Künstler wählen ausschließlich diese Form der Reihe: 4 Engel, Menschensohn, 3 Engel. Doch der Menschensohn steht nicht in der Mitte, wie es ja auch die mittelalterlichen Maler darstellen. Kommt das daher, dass die Angabe über den Menschensohn in der Mitte nicht auf eine plane Ebene projiziert werden darf, sondern dass der Menschensohn in der Mitte eines Kreises steht (ähnlich wie Jesus im Tanzlied nach den Acta Iohannis). Wie soll man sich einen Menschensohn vorstellen, der sieben Sterne in der Hand hält? Steht der inmitten der Leuchter einhergehende Menschensohn hier für eine Christus- und Licht-Mystik? Den älteren Katholiken wird das Bild ohne weiteres an eine goldene Monstranz mit Hostie inmitten von rechts und links zahlreichen brennenden Altarkerzen erinnern. Also doch eine (wiederkehrende) Form von Mystik? Und was ist die Botschaft des Bildes von Apk 1,12 f. und 2,5?

Meine Thesen zu dieser auf die Gemeinden bezogenen Christusvision:
1. Sie schöpft ihr Bildmaterial aus dem jüdischen Tempel in Jerusalem. Damit das Bild nicht völlig abstrakt bleibt, ist vorausgesetzt, dass er noch existiert und zur Zeit der Entstehung der Apk noch nicht zerstört ist (ein Argument für meine Datierung; 70 nC. wurde der goldene Leuchter von Jerusalem nach Rom gebracht). Denn hier gibt es den Siebenarmigen Leuchter, wie er in Ex 25,31–40; 27,17–24 beschrieben ist und in Hebr 9,2 auch genannt wird.
2. Die zeitgenössischen Kommentierungen zu diesen Texten aus Ex bei Philo und Josephus stellen beide unabhängig voneinander einen Bezug des Tempelleuchters zu den sieben Planeten (wie man damals zählte) her. Zwischen dem Propheten Johannes (Sterne in der Hand des Menschensohnes) und der damals aktuellen kosmologischen Deutung des Tempelleuchters bei Philo und Josephus bestehen daher enge Beziehungen. Eine Deutung auf Kosmologie/Astronomie gibt es bei den jüdischen Autoren auch für andere Gegenstände des Tempels, z. B. für den Efod des Hohenpriesters.
3. Die Rolle des Menschensohnes inmitten der sieben Leuchter entstammt einer solar orientierten Christologie. D. h. der Menschensohn Jesus Christus steht hier genau an der Stelle, die in den zeitgenössischen Aussagen die Sonne inmitten der Planeten einnimmt.

Begründungen:
1. Die Wendung *in der Mitte* (Apk 1,13) findet sich bei den zeitgenössischen Kommentatoren Philo und Josephus zur Beschreibung des Ortes der Sonne unter den Planeten.
2. Unmittelbar im Anschluss an die epideiktische Schilderung des Aussehens des Erscheinenden heißt es: *Und sein Antlitz/Aussehen scheint wie die Sonne in deren Kraft* (1,16b). Das ergänzt die übrigen solaren Elemente in der Apk.
3. Die lebenswichtige Bedeutung Jesu für die Gemeinden wird daher hier weder schriftgelehrt noch heilsgeschichtlich, historisch oder gar pneumatologisch begründet. Die kosmologische Orientierung an Sonne und Planeten zeugt von äußerster Radikalität und Entschiedenheit. Das Material für diese Lösung der Identitätsfrage wird gewissermaßen aus den Grundbausteinen der

Welt genommen; es ist ein Griff in den Handwerkskasten, der bei der Erstellung der Schöpfung gebraucht wurde.
Wenn es sich hier um eine Mystik handelt, dann ist sie von dieser Art:

Philo, Heres 221: ... dass der heilige Leuchter und die sieben Lampen auf ihm ein Abbild des himmlischen Reigens der sieben Planeten sind. Wie der Leuchter, ist auch jeder der Planeten ein Lichtträger; da sie hellstrahlend sind, so senden sie leuchtende Strahlen zur Erde nieder, besonders der mittlere von ihnen, die Sonne. Den mittleren nenne ich sie nicht nur, weil sie den Platz in der Mitte einnimmt, wie manche behauptet haben, sondern weil sie ohnehin wegen ihrer Würde und Größe und der Vorteile, die sie allen Erdbewohnern darbietet, es verdient, auf beiden Seiten von Trabanten begleitet und bedient zu werden; so scheint mir doch die Vermutung derer am besten zu sein, die der Sonne die Stellung in der Mitte zuteilen und meinen, dass drei Planeten vor ihr und ebenso viele sich hinter ihr befinden.

Philo, Vita Mosis II 102f.: Deshalb wachsen aus der Mitte des Leuchters gleich Ästen sechs Arme heraus, drei auf jeder Seite und stellen so eine Siebenzahl dar. Auf allen zusammen aber befinden sich sieben Lichter in Lampen, Sinnbilder der von den Physikern sogenannten (sieben) Planeten. Denn wie der Leuchterstock, so hat die Sonne ihren Platz in der Mitte von sechs Himmelskörpern an vierter Stelle, von wo sie den drei über ihr und der gleichen Zahl unter ihr das Licht spendet und so die Stimmung des harmonischen, wahrhaft göttlichen Werkes schafft.

Flavius Josephus, ant. III, 144 (= 3, 6,7) (der Leuchter): Er war aus kleinen Kugeln, Lilien, Granatäpfeln und Kelchen, im Ganzen 70 an der Zahl, aus einem einzigen Fuß heraus in die Höhe gearbeitet und teilte sich in so viele Arme als Planeten sind einschließlich der Sonne.

Als, soweit ich sehe, einziger Exeget der Zeit nach Josephus führt diesen Hinweis Alphonsus Abulensis († 1455): Opera praeclarissima Omnia I–XV, Ávila 1502ff.; Komm. Exodus, 24 an: Die sieben Leuchter entsprechen den sieben Planeten. Der Unterschied zur Apk: Bei Philo und Josephus ist die Sonne einer der sieben Planeten, und zwar der mittlere. Wenn jedoch nach Apk der Menschensohn mitten unter den sieben Leuchtern wandelt, ist er einerseits der achte Lichtkörper, andererseits aber auch unvergleichlich. Er wandelt (Apk 2,1) wie sie sich bewegen (»die Umherirrenden«). Dass die Planeten alle um die Sonne kreisen, wusste man damals noch nicht, aber diese »neue« Erkenntnis wäre durchaus im Sinn des Propheten Johannes. Obwohl Johannes es nicht sagt: Wenn und insofern als der Menschensohn der achte Lichtträger ist, stellt er als der Achte die absolut neue Qualität dar, so wie der achte Tag in der frühen Kirche (Auferstehung) und die Acht als kaiserliches Symbol im Westen.

Fazit: Der Prophet Johannes nennt den Siebenarmigen Leuchter, weil er mit diesem Bild die Brücke zu seiner kosmischen Christologie inklusive Gemeinde-Theologie schaffen kann. Seine redaktionellen Veränderungen gegenüber der Leuchter-Theologie des damaligen Judentums sind bewusste Eingriffe: Denn im Judentum wird mit diesem Material weder der Messias oder der

Menschensohn noch eine Synagogalgemeinde vor Ort dargestellt. Und Johannes emanzipiert die Sonne gegenüber den anderen Planeten – gerade so wie Christus den Gemeinde-Engeln souverän gegenübersteht.

Was für eine Art von Mystik? Eine Lichtmystik von kosmischen Dimensionen. Das lenkt den Blick auf Apk 21, wonach Gott und das Lamm die Himmelsstadt so mit Licht erfüllen, dass Sonne, Mond und Sterne überflüssig werden. Das Neue ist Licht von Edelsteinen, die mit ihrem Funkeln den Himmelsdom erhellen. Aufgrund eines gehörigen surrealistischen Anteils ist diese Mystik auch wiederum für uns der Art nach vorstellbar. Und neben dem Schauen gelten das Singen und die perfekte Mathematik der himmlischen Maße. Wenn die sieben Fackeln auf dem Siebenarmigen Leuchter des Jerusalemer Tempels insgesamt als Christusvision gedeutet wurden, dann geschieht diese Deutung im Rahmen der mystischen Identifizierung von Christus und Kirche.

4. Deutung im Rahmen der mittelalterlichen Lichtmystik: »Unsere Herzen mögen von dieser Sehnsucht beherrscht werden, dass sie von Deinem Geist entzündet werden und wie Leuchterflammen von der göttlichen Gabe gesättigt, und, wenn Christus, dein Sohn, kommt, leuchten wie helle Lichter.« (CorpOrat Nr. 263)

Der Menschensohn mit der Weltkugel in der Rechten
Nach 1,16a.20a hält der Menschensohn die sieben Sterne der Gemeinden in seiner rechten Hand. In der späteren Kunst wird Jesus Christus die Weltkugel (sc. die runde Erde) wie einen Ball in der rechten Hand halten. In der Tat liegt in der Vorstellung, auch der Raum der Sterne sei wie eine Kugel gebaut, beiden Ausprägungen zugrunde. Die moderne Ansicht, die Erde sei eine Kugel, weist mithin laut Apk auf die ältere Vorstellung, der Raum der Sterne sei wie eine Kugel. Insofern ist der Christus mit der Weltkugel in der Hand (und der deutsche Kaiser, der das nachahmt), die Grundvorstellung.

These: Die Darstellung Christi mit der Weltkugel wie auch die davon hergeleitete »der Kaiser mit dem Reichsapfel« gehen direkt und exklusiv auf Apk 1,16a zurück.

Begründungen:
1. Die Sterne in der Hand des Menschensohnes liegen dort nicht wie isolierte Glühpunkte oder Schneeflocken. Vielmehr weist die spätere Darstellung »Christus mit der Weltkugel« auf das richtige Verständnis, das auch schon der Prophet Johannes hatte.
2. Weil die Sterne nicht irgendwelche Himmelskörper sind, sondern die Planeten, gibt es sie nicht isoliert, sondern auf ihren Sphärenbahnen in einer großen Kugel. Denn griech. σφαῖρα heißt »Kugel«, und bis heute sprechen wir von Atmosphäre, Ionosphäre und Sphärenharmonie. Denn wie die Puppen in der Puppe liegen die Sphären ineinander. Anders gesagt: Das Weltall hatte

Kugelform. Und das galt, obwohl man für die Erde eine Scheibenform annahm. Noch bis zum Beginn der Weltraumphotographie konnte man letztmalig darüber diskutieren.
3. Da es Planeten isoliert nicht gibt, war die mit Apk 1 verbundene Anschauung wohl schon immer, dass dieser Menschensohn/Christus die Kugel des Weltalls in der Hand hält und nicht einzelne Planeten.
4. Wenn Christus daher mit der Weltkugel in der Hand abgebildet wurde, dann war das wirklich die Welt und keineswegs die Erde. Und wenn später die deutschen Kaiser mit dem Reichsapfel abgebildet wurden, dann geschah das in säkularisierender Nachahmung des Christus aus Apk 1. War doch z. B. auf der deutschen Kaiserkrone geschrieben der Satz Per me reges regnant [Durch mich regieren die Könige] auf Christus bezogen.

Besondere Wirkung in der Kunst: Gestirnte Kosmos-Kugel als Sitz Christi bei der Himmelfahrt, Elfenbein 10. Jh., Florenz, Bargello Museo Nazionale (A. Goldschmidt, P. Weitzmann: Die byzantin. Elfenbeinskulpturen des 10.–13. Jh., Berlin I–II, 1930–34, II Nr. 58). »Seit ottonischer Zeit wird ein runder Gegenstand in der Hand Christi teils durch Inschriften als Sphaira gedeutet … Die Kugel in der Hand Gottes als Attribut des rex gloriae [König der Herrlichkeit]. Kaiserlicher Reichsapfel seit karolingischer Zeit (P. Gerlach, Art. Kugel, in: LCI 2, 695–700). – Eine Erwähnung von Apk 1 findet sich in der Sekundärliteratur nicht. Vgl. aber P. Bloch: Siebenarmige Leuchter in christlichen Kirchen, Wallraf-Richartz-Jb Köln 23 (1961) 55 ff.; P. E. Schramm: Sphaira, Globus, Reichsapfel, Stuttgart 1958. – Schließlich: In der Hand halten heißt: Mit der Hand (per Wink) regieren.

3.5 Aus dem Munde ein zweischneidiges Schwert

Über den Realitätsgehalt apokalyptischer Metaphern
Vielen Menschen unseres Kulturkreises dürfte ein unschönes, surrealistisches Bild vertraut sein: Der thronende Christus mit weitem rotem Mantel, sein Gesicht verunziert durch ein statt der Zahnreihen sichtbares großes quer gelagertes nacktes Schwert mit zwei Schneiden. Wie kann man einen Menschen, noch dazu den Sohn Gottes, so darstellen? Ein solches Mordinstrument überdies im Mund zu halten (übrigens auch ein physiologisches Problem), zerstört die Würde des Abgebildeten. Ausgerechnet viele Ratssäle des Mittelalters hat man mit diesem Wandfresko verziert.

Das Bild kommt aus Apk 1,16; 19,11.15 vgl. 2,12b und ist eines der meist gebrauchten apokalyptischen Bildmotive des späten Mittelalters, bis hin zu Albrecht Dürer. Wenn man es surrealistisch nennt, dann bezieht sich dieses Urteil auch auf den Kontext in Apk 19 und meint mit »surrealistisch« die Montage einer Szene aus Bestandteilen, die in Wirklichkeit nie zusammenpassen. Denn wie passt das liebevolle Antlitz des Erlösers (Leonardo da Vinci hat dem *Salvator*

Mundi ein liebevolles, von Freundlichkeit geradezu glühenden Antlitz zugesprochen) zu dem steinzeitlich-barbarischen Tötungsinstrument des Schwertes? Nun, es soll sich wohl um ein Bild handeln, aber wenn es eben nur ein Bild ist, wie hoch oder schwer ist sein Realitätsgehalt? Eine erste Auskunft: Um das unfassbare Wesen des menschlichen Wortes und noch viel mehr des göttlichen Wortes darzustellen, hat man schon immer zugkräftige Metaphern gewählt.

Ein Bild für das Wort
Für eines meiner Bücher hatte ich den Titel gewählt »Wie ein Vogel ist das Wort«, ein seit dem 5. Jh. vC. belegtes aramäisches Sprichwort, das auch das Wort Gottes bezeichnen kann. Denn »das geäußerte Wort ist ein lebendiger Bote, es ist zielstrebig und frei, leicht und nicht gut gefangen zu setzen, es ist eine eigene Wirklichkeit und sucht seinen eigenen Weg; nur ausnahmsweise kehrt es zum Ursprung zurück«. – Auf einer ganz anderen Ebene liegt der aus der Liturgie der Weihnachtsnacht bekannte Text in Weish 18,14–20 (Übers. D. Georgi):

> *Als die Ruhe des Schweigens nämlich das Universum umfing und die Nacht in der ihr eigenen Geschwindigkeit bis zur Mitte vorgedrungen war, da sprang dein allmächtiges Wort vom Himmel, vom königlichen Thron als unbeugsamer Krieger mitten in die Zerstörung auf der Erde. Als scharfes Schwert trug es deinen unwiderruflichen Befehl: es erfüllte, während es stand, das Universum mit Tod, und es berührte den Himmel, schritt aber auf der Erde. Dann erschreckten sie plötzlich die Chimäre furchtbarer Träume, einer wurde hier halb tot niedergestreckt, ein anderer da. Es berührte aber auch die Gerechten die Erfahrung des Todes.*

Etwa zur Zeit des Neuen Testamentes sagt es der Text 4Q 436 (Frgm. Maier II, 523) »Du machtest meinen Mund gleich einem scharfen Schwert. Du hast meine Zunge geöffnet für Worte von Heiligkeit Den bösen Charakter hast du verscheucht.« Hier geht es also – der Apk vergleichbar – um einen Gesandten/Repräsentanten Gottes.

Die Apk verwendet das Bild des Schwertes, das aus dem Mund kommt, für Jesus in 1,16; (2,12?); 19,15. Hebr 4,12 nennt das Wort Gottes *schärfer als jedes zweischneidige Schwert,* und Eph 6,17 spricht vom *Schwert des Heiligen Geistes, welches das Wort Gottes ist.*

Anfragen
Wenn also Jesu Wort mit dieser Metapher gemeint ist, stellt sich die Frage nach dem Realitätsgehalt. Geht es um eine blutige Schlacht nach dem Ende aller Theorie? Oder meint das Schwert nur eine zur Entscheidung auffordernde Rede? Geht es »nur« um ein Schwert, das die Seele durchdringt wie in Lk 2,35? Muss also er Ausleger das sinnenhafte Bild auf ein innerseelisches Problem »zurückführen«? Soll gesagt werden, dass Jesus ein strenges Urteil fällen wird? Wird er scheiden zwischen Gerechten und Ungerechten?

Fragen und Antworten zu diesem Punkt gelten auch für eine Vielzahl anderer Texte der Apk, etwa für die in der Rhetorik Ekphraseis (Beschreibungen) genannten Visionen des Menschenähnlichen nach Apk 1, dessen Füße wie Erz im Kamin, dessen Antlitz wie die Sonne leuchtet? Oder wenn dieser »Sterne in der Hand hält« (Apk 1,20) – eine wahrhaft surreale Vorstellung?

Besonderheit apokalyptischer Metaphern
Bei den alltäglichen Metaphern sind beide Hälften des Vergleichs nicht ganz unbekannt. Das Bild stammt aus der Alltagswelt, die Sache ist etwas, das zumindest partiell bekannt ist und durch die Metapher weiter aufgehellt wird. Bei den theologischen Metaphern ist die Bildhälfte zwar bekannt, die Sachhälfte aber überhaupt nicht. Im Falle des Schwertes, das aus dem Mund kommt, kennt man Mund und Schwert, die damit beschriebene Wirklichkeit jedoch überhaupt nicht; das liegt auch mit daran, dass ein Schwert im Mund zu haben keine auch nur entfernt bekannte und daher eine völlig unalltägliche Konstellation ist. Deshalb ist hier auch der Realitätsgehalt des Bildes so schwer abwägbar. Durch Zurückführung auf Formeln wie z. B. »Gott ist die Liebe« oder eben »Gott ist streng« ist nichts erklärt.

Nun kann man die Bilder der Apk nicht einfach auf Abstraktnomina zurückführen. Es wäre eine »kalte Entmythologisierung«, wenn z. B. das Bild »Schwert aus dem Munde« nur auf die Binsenwahrheit zurückgeführt wird, Jesus verlange eine Entscheidung, weil er sie in diesem Bild selbst darstelle. Weder auf eine bloß gedankliche Information noch auf eine lediglich psychologische Realität sind die Bilder zurückführbar, weil nicht bekannt ist, »was oder wen« sie denn überhaupt darstellen.

Bekanntlich lautet der Entwurf für eine Grabinschrift (von F. Hölderlin zitiert) des hl. Ignatius von Loyola: Non coerceri maximo, contineri tamen a minimo divinum est [Nicht eingegrenzt vom Größten und dennoch einbeschlossen vom Kleinsten], das heißt: Bei der Begegnung mit Gott muss man darauf gefasst sein, den Blick erweitern zu müssen über das Kleinste hinaus wie mit einem Mikroskop und über das Größte hinaus wie mit einem Teleskop – Blickerweiterung plus ultra. Der Sinn apokalyptischer Metaphern wäre daher, nicht nur für das Alltägliche einen Blick zu gewinnen, sondern die Horizonte so zu erweitern, dass sowohl das Kleinste wie auch das Größte in den Blick kommen können, also eine Horizonterweiterung über alles Gewusste, Bekannte und Erahnbare hinaus, eben das unfassbar Größte wie das unvorstellbar Kleinste. Denn das könnten theologische Metaphern gerade mit ihrem surrealen Charakter leisten. Sie erschrecken, wie das Bild vom Schwert aus dem Mund, sie zerbrechen den Rahmen des eingespielten Üblichen.

Der Realitätsgehalt apokalyptischer Metaphern bemisst sich damit nicht an dem alltäglich Möglichen. Diese Metaphern öffnen vielmehr die Tore zum Unvorstellbaren. Denn sie beschäftigen sich mit Gottes Handeln und Wirklichkeit.

Daher ist ihre Leistung nicht mit dem Aufpeppen (Aufblasen) und Übersteigern zu vergleichen, das das Geschäft der üblichen Rhetorik ist. Deshalb sind apokalyptische Metaphern auch nicht in Richtung der Reduzierung des damit Beschriebenen auf ein alltägliches oder menschenmögliches Maß zu reduzieren, als sei etwa, wenn die Füße des Menschenähnlichen als glühendes Erz beschrieben werden, gemeint, dass sie »propper aussähen«, oder wenn sein Antlitz sonnengleichleuchtet, sei »nur« (bzw. »lediglich«) gemeint, dass er einen netten Eindruck machte. Vielmehr ist der Realitätsgehalt apokalyptischer Metaphern nach der mittelalterlichen Regel zu bestimmen (4. Laterankonzil DS 806), dass stets die Unähnlichkeit *(dissimilitudo)* größer sei als die Ähnlichkeit *(similitudo)*.

Die Entmythologisierung dagegen war bestrebt gewesen, alles normal Menschliche (genannt: Anthropologie) zum Maßstab zu machen. Die »anthropologischen Konstanten« waren der Inbegriff des erwartbaren, planbaren und damit auch manipulierbaren Innenlebens der Menschen. Die Metaphern der Apokalyptik dagegen stehen der Sprache der deutsche Mystik und der hl. Hildegard von Bingen sehr viel näher als die Abstraktionen der Schultheologie. Nähe zur Leibhaftigkeit der Menschen, eine gewisse Furcht vor abstrakten Konstruktionen und neuzeitlichem Individualismus gehören daher zu gelingender Deutung der apokalyptischen Metaphern. Ein Baustein der hier geforderten Erdennähe ist auch das Beachten der kosmologischen Züge der Apk (Sonne, Mond und Sterne).

3.6 Die Mitte als das Ganze (Apk 12)

Schon im frühen Mittelalter wird die Meinung vertreten, die Apk biete nicht in erster Linie eine fortlaufende Geschichte, sondern in jedem Segment auf unterschiedliche Weise das Ganze. Das trifft insbesondere für Apk 12 zu. So enden fast alle Illustrationen zu diesem Kapitel mit der Darstellung des doppelten Ausgangs der Geschichte: Im Verlauf von links nach rechts werden rechts oben Gottes Thron, rechts unten aber die Hölle mit Teufel und Verdammten dargestellt.

> Zu diesem Thema bieten die illustrierten Beatus-Apokalypsen sehr häufig etwa in der Mitte des Codex eine Doppelseite mit der Schilderung von Apk 12. Diese Darstellungen verselbständigen sich gegenüber den anderen zu einer eigenen geprägten Figurenfolge, die sich in den meisten Kodizes Punkt für Punkt wiederholt. Die drei Teile sind jeweils von oben nach unten zu lesen. Das linke Drittel beginnt oben mit einer Darstellung der Himmelsfrau, die mit der Sonne bekleidet ist, der Mond zu ihren Füßen. Geht man in der Darstellung weiter nach rechts, so sieht man: Das Kind, das sie geboren hat, wird von einem Engel zum Himmel gereicht, wo oft zwei empfangsbereite Hände sich ihm entgegenstrecken. Unterhalb der Frau nach der Schilderung von Apk 12,1 wird dieselbe Frau erneut dargestellt, und zwar nach 12,14, nunmehr mit zwei Flügeln zur Flucht in die Wüste ausgestattet. Bisweilen wird sie fliegend dargestellt, d. h. perspektivisch auf den Anblick auf der Stirnseite verkürzt. Dass der Drache Wasser gegen die Frau speit,

war dabei ein darstellerisches Problem, denn das Wasser war in keine Form oder Behältnis gefasst.

Das Mittelstück nimmt im Ganzen etwa die Hälfte der Fläche ein. Hier wird der Kampf Michaels gegen den Drachen dargestellt. Der prächtige Drache mit seinen sieben Häuptern dominiert die Bildmitte. Michael sticht ihn mit einer mächtigen Lanze. Unter dem Schwanz des Drachen wird das Drittel der Sterne gezeichnet, das er laut 12,4a mit dem Schwanz vom Himmel fegte.

Im rechten Abschnitt wird oben das gerettete und nun erwachsene Kind auf dem Himmelsthron dargestellt. Rechts unten dagegen wird der Teufel (jetzt nicht in Gestalt des Drachens, sondern einer menschenähnlichen Figur) in einem Verschlag gefangen gehalten.

Zur Präzisierung des Gesagten lohnt es, den Beatus-Codex Fernando I (um 1077) f. 186b–187 erneut zu betrachten. Der Grund für diese Wiedervorlage ist: Da hier fast vollständig christliche Motive fehlen, könnte diese Darstellung einer Vorlage (der Kampf Michaels gegen Satan ist bereits ein jüdisches Motiv, vgl. LCI s.v. Michael) besonders ähnlich sein, und es werden damit theologische Anfragen zu der ganzen Serie in diesen Beatus-Illustrationen geweckt, und zwar verschärft.

Denn in Fernando I gibt es vom üblichen Schema (s.o.) markante Abweichungen und für das Ganze eine klare Pointierung. Diese ergibt sich aus den mit Blattgold dargestellten Stücken: Auf der linken Blatthälfte sind es die goldenen Kronen der sieben Häupter des Drachen. Sie stellen die Macht und Verführungskraft der politischen Gewalten dar. Auf der rechten Blatthälfte dagegen ist rechts oben nur der himmlische Thron und das himmlische Buch in Gold gehalten. So ergibt sich ein direkter Kontrast zu den Goldkronen der irdischen Macht. Links und rechts finden sich die golden gemalten Teile nur in der oberen Hälfte des Blattes. Das weist darauf hin, dass ein Kontrast zwischen der linken und der rechten Blatthälfte vorgesehen ist. So geht es auf der linken Blatthälfte (und teilweise auch in der Mitte) um den Kampf von insgesamt vier Engeln gegen den schier übermächtigen Drachen. Rechts dagegen geht um das Resultat dieses Dramas der linken Blatthälfte.

Rechts unten ist die Hölle ausgegrenzt. Der Hintergrund ist blass bläulich, passend zur fahlen Farbe der menschlichen Leichen. Dieser Hintergrund ist durchzogen von feinen roten Linien (senkrecht), die das Feuer darstellen. Die schwarze Teufelsfigur ist in einem Streckeisen und mit schwarzer Gliederkette gefesselt. Insgesamt drei Engel werfen die Toten in die Hölle.

Die bedeutendsten Differenzen zum üblichen Schema der Beatus-Illustrationen zu Apk 12 sind aber: Die Himmelsfrau hat das Kind nach diesem Codex noch nicht geboren, und es wird auch keine Entrückung des Kindes dargestellt. Der einzige Hinweis auf das Kind könnte eine kleine menschliche Figur vor dem Thron Gottes sein (so wie man sich den Menschensohn nach Dan 7,11–13 denken könnte). Diese Figur ist aber ohne Mandorla dargestellt und von drei Engeln umgeben, einer davon sitzt auf dem Thron.

Abweichend ist auch, dass zwar insgesamt vier fliegende Engel den Drachen bekämpfen, dass aber keiner von ihnen als Michael auszumachen ist. Auch führt keiner eine Lanze oder einen Spieß. Dass sowohl ein »Christkind« als auch ein Michael fehlen, kann nur an der Absicht des Darstellers liegen, jede Konkurrenz zwischen beiden Figuren auszuschließen. Und selbst wenn die kleine menschliche Figur in der Thronszene das geborene und entrückte Kind wäre, ist es doch mangels Mandorla wohl als Kirche *(corpus)*, nicht aber messianisch zu interpretieren. Überhaupt fällt auf, dass in dieser Darstellung jeder auch nur entfernt christliche bzw. christologische Bezug fehlt.

Zur Pointe in Fernando I gehört auch, dass sich Ausgangsszene (links) und Schlussszene (rechts) direkt gegenüberstehen. Beide sind in einem viereckigen Kasten ausgegrenzt. Vor allem aber werden beide Szenen durch ein Band von weißen Sternen auf dunkelblauem Grund hervorgehoben. Links sind es die Sterne, die laut Apk 12,1 das Haupt der Frau umgeben, rechts ist der Rest der Sterne, die der Drache nicht vom Himmel gefegt hat. Fazit für Fernando I: Die Pointe ist der Kontrast zwischen irdischen Mächten und dem himmlischen Reich Gottes.

Doch kehren wir nach der Betrachtung dieses Einzelfalls zurück zur breiteren Tradition. Es kommt darauf an, ob der Drache in erster Linie politisch gedeutet wird oder umfassend als Inbegriff des Gottwidrigen. Diese Unterscheidung wird in den späteren Kapiteln für die Vorstellung vom Endgericht entscheidend (Apk 19f.). Der monumentale Anspruch des Ganzen (d.h. dieser Doppelseite in der Mitte der Codices) ist zweifellos, die Erlösung »von dem Bösen« darzustellen. Dabei ist – entsprechend der Vorgabe aus Apk 12 – kein Raum für das Kreuz vorgesehen. So ist hier die Beobachtung, in Codex Fernando I fehlten die christlichen Elemente, wiederaufzunehmen.

Hatte der Prophet Johannes keine sprachlichen Mittel, um die Sühnevorstellung oder Ähnliches mit dem Kreuz zu verbinden? Zwar wird in Apk 12,10 das Blut des Lammes als Instrument der Besiegung des Bösen genannt, aber in der Kunst spielt irgendeine Umsetzung dieses Verses keine Rolle, und in Apk 11,8 wird zwar das Kreuz erwähnt, aber ohne jeden Bezug zum Heil. 12,11 spricht nicht vom Kreuz, sondern ordnet das Blut des Lammes neben dem Zeugnis der Christen in die Märtyrerkirche ein, und zwar wohl als Bedingung und Folge. Aber der Grundvorgang der Erlösung ist ein anderer. Man könnte ihn einen »Geisterkrieg« nennen (Michael gegen Satan). Dieser besteht nicht in einem Sühnetod, sondern in dem Sieg des Guten (Michael) über das Böse (Teufel). Die Entrückung des Kindes zum Himmelsthron steht ohne direkte Verbindung dazu. Auch im Neuen Testament wird die Erlösung nur an einer Stelle als Sieg über den Teufel bzw. über widrige Geistermächte vorgestellt, und zwar in Kol 1,15. Aber im Unterschied zu Apk 12 geschieht dieses nach Kol 1,14b durch das Kreuz. Es dient dazu, den Schuldschein zu entwerten. Anders in Apk 12: Im Mittelpunkt steht die Aussage, dass das Blut des Lammes eine »Grundreinigung« ist. Die Apk ist in Kap. 12 und anderswo daher eine Ermunterung zum Martyrium. Die Darstellungen der Beatus-Tradition in der »Mitte der Apk« sind noch weit von der Erlösung durch das Kreuz entfernt.

Abgesehen davon wird in der mittelalterlichen Rezeption apokalyptischer Vorstellungen Michael allein und überhaupt der Besieger aller Angst. Das gilt besonders in der Volksfrömmigkeit der Ostkirchen, auch dann, wenn Michael durch den hl. Georg substituiert wird. Östlich von Wien ist daher die Figur des Drachentöters immer wieder das Erkennungszeichen für Christen (nahe der Haustür angebracht). Dass im Westen wie im Osten das Kreuz im 1. Jahrtausend nicht besonders geliebt wurde, ist aus der Kunstgeschichte bekannt. Nach Johannes Chrysostomus (hom. IV) tötet Michael den Widersacher auf dem Ölberg. – Das Beobachtete wird durch einige Michael-Texte bestätigt:

> Analecta Hymnica 53, Nr. 192, 312 (an Michael): Vers 9: Quando cum dracone magnum / perfecisti proelium / faucibus illius animas / eruisti plurimas [Wenn du mit dem Drachen die große Schlacht bestanden hast, dann hast du sehr viele Seelen aus seinem Rachen gerettet]. Vers 10: Hunc maximum agebatur / in caelo silentium / milia milium dicebant: Salus regi Domino [Daraufhin entstand sehr großes Schweigen im Himmel. Tausend mal tausend sagten: Heil dem Herrn, dem König].
> *Kommentar:* Neu ist hier, dass Michael aus dem Rachen des Drachen Seelen gerettet hat. Damit ist seine Erlöser-Funktion noch deutlicher geworden.

> Ebd., Nr. 104, 316: Cui (sc. Gott) caelorum virtutes / Cherubim et Seraphim / simul sanctus, sanctus, sanctus / proclamant. – Cui viginti quattuor / seniores ardentes / ad aram patris qui sedet / ad dextram. – Christo et agno / cum patre qui regnat / et Spiritu / Sancto modo [Ihm jubeln zu die Mächte der Himmel, Cherubim und Seraphim und rufen: Heilig, heilig, heilig. Ihm stehen zur Seite 24 Älteste, feurig brennend, zur Rechten dessen, der auf dem Thron des Vaters sitzt, sie jubeln zu Christus und dem Lamm, der mit dem Vater regiert und dem Heiligen Geist].
> *Kommentar:* Neu ist hier, dass die Ältesten selbst feurig sind. Deshalb haben sie hier wohl astronomischen Charakter bekommen, d.h. sie werden als Sterne vorgestellt.

Fazit: Die entscheidende Erlösung nach Apk 12 ist nicht die Entsühnung schuldig gewordener Menschen, sondern die Vernichtung und Gefangensetzung des Widersachers. Ganz anders als etwa nach Paulus (Röm 3; 5–7) liegt die Schuld »an allem« nicht bei Adam und allen weiteren Menschen, sondern beim Teufel. Das macht in der Alltagsspiritualität der christlichen Kirchen eine Menge aus und hat öfter zu der Alternative Beichte oder Exorzismus geführt. Wer große Angst hatte, tat beides, zum Beispiel Martin Luther. Fest steht jedenfalls, dass der Hinweis auf die durch den Tod Jesu am Kreuz geleistete Sühne nur ein Weg der Kirche unter mehreren war, über die Befreiung vom Bösen zu reden (zur Thematik vgl. auch K. Berger, C. Bittlinger, Dieses Kreuz, 2018, 55–67).

3.6.1 Erlösung und Gericht

Der monumentale Anspruch der Doppelseiten mit den Darstellungen von Apk 12 ist zweifellos, die Erlösung »von dem Bösen« darzustellen. Dabei ist – entsprechend der Vorgabe aus Apk 12 – kein Raum für das Kreuz vorgesehen. Doch das scheint ein allgemeineres Problem gewesen zu sein.

Denn von hier aus lässt sich auch – wenn man auch auf weitere Zusammenhänge blickt – die Rolle der frühchristlichen Descensus-Literatur für die Deutung des Todes Jesu verstehen. Denn dadurch, dass Jesus unerkannt im Reich des Todes weilt, kann er den Herrscher des Totenreiches in seinem eigenen Territorium besiegen. Jesus schafft das Heil, indem er dort direkt gegen ihn vorgeht. Die Glaubensbekenntnisse der Kirchen stellen das so dar, dass Jesus eben durch seinen Tod dieses bewirkt, indem er »drei Tage lang« das Reich des Todes betritt. Demnach wird das Kreuz als Ort der Erlösung »entlastet«, der Tod Jesu hat den Tod und seine Macht im Reich der Toten besiegt.

In der Apk dagegen ist die Erlösung von den widrigen Mächten auf unterschiedliche Stationen verteilt: Nach Apk 12 wird der Teufel durch Michael aus dem Himmel vertrieben und als Himmelsmacht abgesetzt. Auf die Erde gefallen, schafft er Märtyrer und wird Schritt für Schritt durch deren Zeugnis und das Blut des Lammes besiegt (Apk 12,11); ihr Blut besitzt nach Apk diese Wirkung. Tod und Hades dagegen harren noch der Vernichtung. Diese wird nach Apk 20,13 f. erst möglich, nachdem Tod und Hades in der Auferstehung die ihnen bis dahin anheimgefallenen Toten zurückgegeben haben. Diese auch im Judentum belegte Vorstellung der Rückgabe der Toten (wie eines anvertrauten Gutes) bedeutet nach Apk nicht einfach, dass Tod und Hades nun ihre Schuldigkeit getan hätten. Vielmehr werden sie nach 20,14 endgültig in den Feuersee geworfen und dort »entsorgt«. Dort befinden sich nach 19,20 bereits das Erste und das Zweite Tier. So ergibt sich diese Reihenfolge der Vernichtungsaktionen im Feuersee:

Apk 19: Die Könige der Erde, speziell das Erste und das Zweite Tier werden durch die Vögel gefressen, der Rest wird im Feuersee entsorgt. Speziell die Anbeter der Kaiserbilder sind hier im Blick (19,20).

20,11 ff.: Um das Gericht vor dem Thron Gottes zu ermöglichen, müssen alle Toten auferstehen (Apk vermeidet hier das Wort Auferstehung, denn dieser Vorgang ist weder die Erste noch die Zweite Auferstehung, sondern eigentlich nur ein Bereitstellen für das Gericht), d. h. Tod und Hades müssen die Toten zurückgeben. Dann können Tod und Hades im Feuersee entsorgt werden. Abschließend heißt es in 20,15: Im Übrigen werden alle in den Feuersee geworfen, die nicht im Buch des Lebens stehen. Das ist im Unterschied zu 19,20 eine viel generellere Aussage.

Diese unterschiedlichen Stationen von Gericht und Vernichtung sind in der Apk singulär. Sie werden auch z. B. von der Ps.-JohApk(gr) nicht nachvollzogen. Die Stationen rühren aus der Differenzierung zwischen den endzeitlichen Widersachern: Erstes und Zweites Tier sind politischer Natur, Tod und Hades dagegen umfassender und anderen Ursprungs. Hier überlagern sich also politische und allgemein-endzeitliche Endgerichtsvorstellungen. Dadurch kommt es zu dieser singulären Doppelung der Entsorgungsvorgänge der endzeitliche Widersacher im Feuersee. Vorbereitet wird diese Zweisträngigkeit der Eschatologie durch das Nebeneinander von Apk 12 und 13. Denn in Kap. 12 steht der Drache mit seinen sieben Häuptern im Vordergrund, in Kap. 13 das Tier. Die Verbindung zwischen Drache und Erstem Tier wird in 13,2 geschaffen (Vorgang der Delegation vom Drachen auf das Tier). Die Kunstgeschichte wird dieser Konkurrenz besonders gewahr, denn beide Monstra (Drache wie Erstes Tier) haben je 7 Häupter. Und wo beide zusammen dargestellt werden, ergibt sich eine gewisse Ratlosigkeit.

Fazit: An Apk 12 und verwandten Texten sowie ihrer Wirkungsgeschichte lässt sich zeigen, wie kompliziert es war, die Bedeutung Jesu Christi und seines Todes für die Befreiung der Christen von Sünde, Tod und Teufel zu ermitteln. Denn neben der Besiegung des Drachen durch Abstechen steht das Zeugnis der Märtyrer, nach Kol 2,14 die Vernichtung des Schuldscheins. Die Vielfalt der Ansätze zeigt sich besonders in der Variabilität der »Ausgänge«. Für die Apk jedenfalls ist Kap. 12 das in dieser Hinsicht gewichtigste. Die hier geschilderte Wende ist die entscheidende, wann auch immer sie geschah.

Dass in der Apk dieser Zeitpunkt der Erlösung offenbleibt, hätte die Forschung schon länger beunruhigen sollen. Das gilt auch für den Kampf Michael gegen Satan nach 12,7–9, allerdings ist ja der Vollzug dieser Geisterschlacht spürbar in den Christenverfolgungen. Es ist aber wohl im Sinn der Apk, wenn man sagt: Das Entscheidende (zumindest das, was Menschen sehen können) geschieht nach 12,11 im Prozess der Martyrien der Kirchengeschichte (daher die Widmung hier auf S. 4).

3.6.2 Die Identität des Kindes von Apk 12,4b–5

Üblich ist, das hier geborene Kind als Messiaskind zu identifizieren. Für christliche Ausleger handelt es sich fast immer um Jesus. Hier hat die Geschichte von Auslegung und Wirkung uns einfach ein Schnippchen geschlagen. Die Probleme: Wer der Vater des Kindes ist, das wird noch nicht einmal diskutiert, geschweige denn, dass vom Heiligen Geist die Rede wäre. Das Kind wird am oder im Himmel geboren, jedenfalls nicht in Betlehem. Es lebt keinen Augenblick auf der Erde. Der Drache möchte es im Himmel schnappen, aber das Kind wird sofort von dort entrückt und zu Gottes Thron gebracht. Vor allem aber stirbt es nicht (obwohl Jesus nach 11,8 eben doch am Kreuz stirbt). Die Apk redet ja auch sonst vom Blut des Lammes, aber in diesem Entrückungsmythos kann davon keine Rede sein. Wozu die Entrückung überhaupt dient, das wird nicht erkennbar.

Oder ist der Sohn der Himmelsfrau Israel als Kind der Mutter Zion, und seine Entrückung ist Bild der Bewahrung vor dem Schlimmsten? Auch in 4 Esra 8 (»Zions Klage«) wird ein Drama von Mutter und Kind berichtet, das Kind stirbt; auch hier geht es um Zion und Israel. Im Unterschied zu 4 Esra stirbt nach Apk 12 der Sohn der Frau nicht, sondern wird errettet.

Trifft das für Apk 12 zu, dann geht es noch viel weniger um Maria und Jesuskind, sondern um einen Israel-Mythos, nach dem eben der Rest Israels wunderbar bewahrt wird. Die Flucht der Mutter und der Kinder (Plural) in die Wüste und ihre Ernährung dort legen die Annahme eines solchen Rettungsmythos nahe. Dann handelt es sich in Apk 12 um einen Parallelmythos zu Ps 91(90): Der Schutz durch Gottes Fittiche/Flügel nach Ps 91,4 entspricht der Verleihung der Flügel in Apk 12,14.

Fazit: Die Typologie Israel/Kirche wird auf diese Weise noch konsequenter befolgt. Diese Deutung widerspricht nicht der großkirchlich-katholischen, wonach die Himmelsfrau Maria und das Kind Jesus ist. Denn in dieser weithin üblichen Deutung ist das, was in Apk 12 vom Zion/Gottesvolk gilt, auf Maria, das aber, was vom entrückten Sohn (Rest Israels) gesagt wird, auf Jesus bezogen. Dieser Bezug ist ein Denkmodell, das auch vom Menschensohn nach Dan 7 (Volk der Heiligen des Höchsten) im Verhältnis zu Jesus, dem Menschensohn, gilt. In jedem dieser drei Fälle ist es, wie wenn die Sonnenstrahlen im Brennglas gesammelt auf einen Punkt konzentriert werden.

Fazit: Das, was man zu Apk 21 beobachten kann, nämlich eine grundlegende Orientierung des Verständnisses von Kirche an dem Zwölfstämmevolk Israel, das gilt auch schon für Apk 12.

3.6.3 Die Überwindung des Anklägers

Apk 12,10 setzt voraus, dass es »vor Gott« ein ständig tagendes Tribunal gibt. *Tag und Nacht* werden die Menschen dort angeklagt (am deutlichsten vorher in Sach 3,1, vgl. auch Ijob 1,10 f.; 2,4 f.). Neben dem Ankläger gibt es auch einen Verteidiger (seit Sach 3,2?), seine Rolle ist in der jüdischen Tradition die Michaels. Der erhöhte Christus »übernimmt« diese Rolle von Michael (Röm 8,34; 1 Joh 2,1).

Durch das Bild insgesamt wird die göttliche Gerechtigkeit eine forensische, judikative. Die relative Seltenheit der Belege zu alttestamentlicher Zeit besagt, dass dieses weder von Anfang an noch grundsätzlich überhaupt so gewesen ist. Die spätere kirchliche Auslegung verbindet den Ankläger mit der »Schuldschrift« gegen die Menschen nach Kol 2,14.

> In diesem Sinn schreibt B. Viegas, Komm., 514 (über den Ankläger): Tenebat enim chirographum in quo debita omnium hominum continebantur et ex illo chirographo accusabat postulans ut sibi homines traderentur tamquam debitores sempiterni supplicii (Verweis auf Kol 2). [Er hielt in Händen die Schulurkunde, die die Schuld aller Menschen enthielt und aufgrund derer er die Anklage erhob und forderte, dass ihm die Menschen ausgeliefert würden, als wären sie Schuldner der ewigen Verurteilung.] Dann: Christus chirographum sanguine suo delevit et obliteravit. Christi sanguine per paenitentiam applicato paenitentiae lacrymis dissolvi posse totam Daemonis accusationem aboleri. Auf 513 hatte Viegas gefragt: Cur daemon dicatur accusator fratrum nostrorum? [Warum kann man einen Dämon Ankläger unserer Brüder nennen?]

Die antiken Schuldscheine pflegten vom Schuldner selbst unterschrieben zu sein (vgl. Lk 16,6 f.). In diesem Punkt fehlt die Vergleichbarkeit. Auch wird in Apk 12,10 zumindest nicht erwähnt, wie der Ankläger überwunden wurde; ein Schuldschein wird dabei in Apk nicht erwogen. Kol 2,14 ist daher eine nicht besonders überzeugende Analogie.

Die Frage ist dennoch sinnvoll und wäre m. E. wohl so zu beantworten: Der Ankläger wird dadurch »überwunden«, dass die Christen entweder durch das Blut des Lammes gereinigt sind (Taufe) und/oder dadurch, dass sie durch ihr mit eigener Passion verbundenes mutiges Zeugnis dem Lamm nachfolgen, so wie es in Apk 14,4 angedeutet wird. In beiden Fällen sind sie durch das Lamm stellvertretend befreit von Schuld. Die Metapher des Schuldscheins ist in den mittelalterlichen Kommentaren insgesamt äußerst beliebt, wohl auch deshalb, weil nicht direkt von Sühneblut gesprochen wird. Damit ist die Metaphorik etwas »bürgerlicher« geworden.

Aufspaltung von Apk 12
Die oben besprochene Miniatur um 1400 aus Nordfrankreich/Südholland ist die Darstellung von Apk 12 auf zwei selbständigen Seiten. Das hat eine Reihe von theologischen Konsequenzen:

In der oberen Miniatur (auf f. 20v) wird dabei die Himmelsfrau samt Entrückung des Kindes dargestellt, in der unteren Miniatur dagegen ist der Drache und seine Besiegung durch Engel abgebildet. In den beiden Szenen steht in der Mitte der Seite jeweils ein Clipeus, im oberen mit Madonna, im unteren mit Drachen. In der oberen Miniatur entsteht durch die Platzierung der Elemente aus dem Text eine durchgehende »Linie« von links unten nach rechts oben. Die bekrönten Drachenhäupter links unten richten sich schon nach rechts in die Mitte hin zur Mitte des Bildes. Von der Frau aus wird dann das nackte Kind (mit Kreuznimbus) in einer Staffette von drei Engeln bis hin nach oben rechts zu den sichtbar werdenden Händen Gottes gereicht. So entsteht das Bild eines einheitlichen Vorgangs von der Geburt bis zur Entrückung. Die Pointe der Darstellung ist das Bild der ganz in Blau gekleideten Frau und ihres Kindes in dem Clipeus in der Mitte des Bildes.

Text: Huius mulieris filius quem draco devorare voluit raptus est ad deum et ad thronum, et mulier fugies in solitudinem ubi habebat locum paratum a deo, ut ibi pascat eam diebus mille ducentis sexaginta [Der Sohn dieser Frau, den der Drache verschlingen wollte, wurde entrückt zu Gott und seinem Thron, und die Frau floh in die Wüste, wo sie einen Ort hatte, der ihr von Gott bereitet war, wo er sie 1260 Tage lang ernähren würde].

Die Mitte des unteren Bildes zu Apk 12 nimmt zur Hälfte der Drache ein. Er hat eines seiner sieben Häupter als Spitze seines Schwanzes, die sechs anderen Häupter anstelle des Kopfes. Michael hat mit dem Spieß eines der oberen sechs Häupter des Drachen getroffen, es entströmt heißer Dampf. Auf dem Schwanz des Drachen steht links ein Engel mit Wappenschild; der Schild ist weiß und bietet eine rote Sonne über einem roten Viertelmond. Rechts von Michael das Brustbild eines Engels; sein Schwert hat eine dunkelblau-schwärzliche Klinge. Sein Schild trägt ein rotes Kreuz mit gespreizten Enden, hinter bzw. über dem Engel in der Ecke rechts ein Stück Himmelsozean. Links von Michael hat ein kleinerer Engel seinen Spieß in das Haupt am Drachenschwanz gestochen.

Ganz oben links eine Schrift: Draco magnus rufus. Huius capita vii et cornua decem et vii diademata et cauda eius trahebat tertiam partem stellarum et mittunt eas in terram.

3 Leben angesichts des wiederkommenden Herrn

Per draconem diabolus et per septem capita omnes reprobi designantur [Der große rote Drache. Seine sieben Häupter und zehn Hörner und sieben Kronen und sein Schwanz zogen ein Drittel der Sterne hinter sich her und warfen sie auf die Erde. Drache, das heißt Teufel, sieben Häupter, das sind alle Bösen].

In der Mitte oben: Et factum est praelium magnum in caelo. Michael et archangeli eius praeliabantur cum dracone et draco pugnabat et angeli eius et non valuerunt neque locus inventus est eorum amplius in caelo [Im Himmel ereignete sich eine große Schlacht. Michael und seine Erzengel kämpften gegen den Drachen und auch der Drache kämpfte und seine Engel, aber sie hatten keine Kraft und sie konnten nirgendwo hin im Himmel].

Pointe: Die Drachengeschichte wird hier von der »Messiasgeschichte« getrennt. Das ist traditionsgeschichtlich sicher sinnvoll. Damit geht aber der Aspekt verloren, dass der Drache das Kind verfolgte. Der Kampf Michael – Drache ist stark in den Vordergrund getreten. Während Apk 12,11 f. gewissermaßen den negativen Aspekt der Erlösung beschreibt, die Vernichtung des Anklägers und Vernichters (wozu auch der »messianische Sieg« des Logos nach 19,11–16 gehören wird), ist die positive Seite in zwei Stücken ganz anderer Herkunft und Struktur beschrieben, mit Hilfe der Rede von der doppelten Auferstehung und vom messianischen Condominium in Apk 20,4–6.

3.7 Zweimal Tod und zweimal Auferstehung

Die Apokalypse ist eine Entfaltung der Botschaft von der Auferstehung Jesu und ruht auf dem Zeugnis des Auferstandenen selbst nach Apk 1,18. Joachim von Fiore sagt in einem Benedikt-Traktat (ed. A. Patschovsky III, 3, 225): Omnium quippe iustorum resurrectio diei dominico ascribenda est, in quo resucitatus est Dominus [Die Auferstehung aller Gerechten ist dem Sonntag zuzuschreiben, an dem der Herr auferweckt worden ist]. Unter reichlicher Verwendung von Material aus der Apk baut auch Dionysius Carthusianus († 1471) seine Theologie der Auferstehung:

Christus leo, qui moriendo mortem destruxit atque in resurectione victor apparuit. Hic vicit diabolum radix David et ipsa ecclesia tanquam oliva arbor ac vinea fructuosa est nata [Christus ist der Löwe, der durch sein Sterben den Tod vernichtet hat und in der Auferstehung als Sieger erschienen ist, und die Kirche wurde geboren als Olivenbaum und als fruchtbarer Weinstock].

Die Abfolge von Tod und Auferstehung ist eine Art Grundregel oder Strukturschema des frühchristlichen Glaubens. (Das sieht auch Joachim von Fiore so, vgl. zum Geschichtsschema Joachims: A. Patschovsky: Einleitung zum Benedikt-Traktat Joachims, 61) Es ist eine Art Muster daraus geworden, das an verschiedenen Stellen und auch für unterschiedliche Personen verwendet wird. Die Regel selbst ist (auch im Alten Iran belegt und) jüdischen Ursprungs. Das Geschick Jesu verleiht ihr im frühen Christentum einzigartige Bedeutung.

Im Folgenden vertrete ich die Auffassung, dass nach der Apk wie auch den späten Paulusbriefen die Christen bereits – in der Sprache der Apk formuliert – im Status der Ersten Auferstehung leben.

Mindestens fünfmal finden wir dieses »Schema« in der Apk, und zwar einmal für Einzelpersonen (Johannes selbst in 1,17; Jesus in 1,18; die beiden Zeugen in 11,7–12) und sodann für die Christen. Dieser letzte Punkt interessiert speziell hier. Die Apk spricht vom ersten und vom zweiten Tod – ausdrücklich nur vom zweiten (Apk 19,14; 20,6), was einen ersten voraussetzt (so mit Recht Kommentare aller Jahrhunderte). Und sie spricht von der »Ersten Auferstehung« (Apk 20,6), von der Zweiten wiederum nur indirekt (21,4; 20,13–15). Die Nummerierung »Erste« oder »Zweite« legt auf jeden Fall die »Existenz« des anderen Stückes nahe.

Für den Seher und Propheten Johannes gibt es mithin den ersten und zweiten Tod sowie die Erste und Zweite Auferstehung. Was das jeweils ist, das wird von den Kommentaren bis ca. 1600 einhellig so beantwortet: Der »erste Tod« ist der physische Tod, den jeder Mensch zu erleiden pflegt. Das gilt auch für die Menschheit vor dem Gericht bzw. der Auferstehung (vgl. zu Apk 14,18–20; Joh 5,28). Der »zweite Tod« ist das endgültige Aus für die Anhänger des Tieres, und es besteht in der Feuerhölle (Apk 19,20 f.).

Die Zweite Auferstehung ist jedenfalls die zum ewigen Leben in der erneuerten Schöpfung im Himmlischen Jerusalem. Dort wird es weder Tod noch Geschrei noch Trauer geben. Daran haben auch alle Anteil, die an der Ersten Auferstehung teilnehmen durften. Eine Unterscheidung zwischen Erster und Zweiter Auferstehung kennt das frühe Christentum sonst nicht. Für die Deutung der Apk – auch im Kontext der anderen frühchristlichen Zeugnisse – ist es jedoch von großer Bedeutung, wie dieser Ausdruck inhaltlich gefüllt ist. Denn davon hängt u. a. die Deutung des Millenniums nach Apk 20 ab. Nach Apk 20 nehmen an diesem nur Menschen teil, die nach 20,4 um des Zeugnisses für Jesus willen ihr Leben gegeben haben.

Wenn man das Millennium als eigene Periode am Ende der (Heils-)Geschichte auffasst, wie es teilweise in der ältesten Kirche und dann im apokalyptischen Fundamentalismus der Neuzeit beliebt ist, dann müsste es in der Ersten Auferstehung um ein sichtbares Wieder-Dasein aller christlichen Märtyrer gehen. Im Lauf der Jahrhunderte hat sich jedoch die »katholische Deutung« des Milleniums durchgesetzt, wonach das Millennium gleichzeitig mit der Geschichte der Kirche verläuft (s. dazu BAK 1306 ff.). Demnach ist die Erste Auferstehung dann die Gemeinschaft der im Himmel residierenden Märtyrer mit Jesus. Sie ist gegenwärtig, unsichtbar und »himmlisch«. Der Vorteil dieser Deutung liegt darin, dass sie sich nach Lukas auf Jesus stützen kann (wohl auch nach dem JohEv), vor allem aber auf Paulus, einmal abgesehen von der späteren apokalyptischen

Tradition inklusive zahlreicher Kommentare (vgl. dazu: D. B. Botte: Prima resurrectio/Un vestige de millénarisme dans les liturgies occidentales, in: Rech. Théol. Anc. Med. 15 [1948] 5–15). Hier besteht die Erste Auferstehung in dem postmortalen Sein in Abrahams Schoß. Nach dem BartholEv(gr) gehen die besonders Gerechten (drei pro Tag) direkt nach dem Tod in Abrahams Schoß (in Saras Schoß schon Seila, Tochter Jephtas) (das ist hier die Erste Auferstehung), während die übrigen (50 Menschen) noch auf die Auferstehung warten müssen. So stellt es auch die Kunst zu Apk 6,10 f. dar: Nur einige werden mit einem neuen Auferstehungsleib ausgestattet, die große Masse wartet. Demnach gelangen jedenfalls Märtyrer und besonders Gerechte bzw. Heilige unmittelbar nach ihrem Tod in die »himmlische« Gemeinschaft mit dem auferstandenen Jesus. Das Himmelreich, in das sie gelangt sind, ist sein Reich. Es wird im universalen Himmelreich aufgehen (1 Kor 15), und von ihm gilt daher *cuius regni non erit finis*.

Nach Lk 23,42 spricht der »gerechte« Schächer vom Reich Jesu (»dein Reich«). Er meint damit wohl das, wovon Paulus in 1 Kor 15,24 (Jesus übergibt das Reich dem Vater) spricht. Wenn Jesus in Lk 23,43 antwortet (»Heute wirst du mit mir im Paradies sein«), dann vertröstet er den Schächer nicht auf den Tag der allgemeinen Totenauferstehung, sondern meint die nicht unterbrochene Beziehung zwischen dem Schächer und sich selbst. So werden es auch die späteren Märtyrerakten der Alten Kirche sagen: Der Märtyrer gelangt unmittelbar nach dem Tod zu Gott. Jesus spricht vom Paradies, so wie auch die Alte Kirche vom Zwischenzustand reden wird, der zwischen dem Jetzt und der Parusie liegt. Für diese Schilderungen werden vorzugsweise alttestamentlich orientierte Bilder verwendet (Paradies, Tempel, Abrahams oder Saras Schoß, Erbe, Heiliges bzw. Gelobtes Land, himmlische Heimat [Paulus spricht von seinem irdischen Leben als Exil]; selbst noch im Deutschen sprichwörtlich »über den Jordan«). Nur beim »Himmlischen Jerusalem« hat sich ein alttestamentlicher Ort noch in die Neue Schöpfung retten können.

Doch das frühe Christentum betrachtet nicht nur den Märtyrertod als Voraussetzung für die Erste Auferstehung. Analog werden auch andere radikale Zäsuren eingestuft, die die Voraussetzung für eine dann radikale und neue Bindung an Jesus darstellen. Bei den folgenden Punkten ist dieses immer zu beachten. Die leibhaftige und extrem enge Bindung an Jesus ist stets die Voraussetzung. Zäsur wie Tod und neues Leben wie Auferstehung sind nicht Allgemeinplätze, sondern stets sehr existenzbezogene Aussagen.

Verschiebung der Zeitgrenzen
Im frühen Christentum werden damit die roten Linien der Zeitgrenzen und vor allem auch das Gewicht des leiblichen, physischen Todes verschoben. Das gilt sowohl gegenüber der damaligen jüdischen als auch der heidnischen und auch gegenüber unserer heutigen Wertung. Denn so werden die Zeiten neu geordnet:

1. *Irdisches Leben* vor der Bekehrung: kein richtiges Leben oder sogar als Tod gewertet.
2. *Sterben mit Christus* in der Taufe: Was für die Taufe nach Röm 6 gilt, hat eine Entsprechung in den Texten über Jüngerberufung und Nachfolge, etwa in Mk 10,29 f.; Mt 19,28 f. Das Grundschema gilt auch hier: Wer sich von allen Beziehungen inklusive Besitz löst und insofern einen sozialen Tod stirbt, und zwar »wegen Jesus«, der wird Vielfaches und jedenfalls ewiges Leben »ernten«. Denn seit Abraham ist die biblische Religion eine Auszugsreligion. Der neue Abschnitt aber, die »Wende« beginnt mit der Bekehrung/Taufe.
3. *Auferstehen mit Christus* beim Heraustreten aus dem Taufwasser: Das ist die Erste Auferstehung. Denn sie beendet entweder das vorchristliche Dasein, insofern es überhaupt Tod bedeutete oder ist als Anwendung des Geschicks Jesu das Mit-Auferstehen mit ihm direkt im Anschluss an das Mitsterben mit ihm. Im Tausendjährigen Reich sind die Märtyrer unsichtbar schon bei Christus. Viele christliche Autoren beziehen die »Erste Auferstehung« auf die pneumatische Auferstehung bei Konversion und Taufe (vgl. dazu auch unten über »Taufe als radikale Neubeginn«). Laut Kol 3,1 und Eph 2,6 *(Ihr seid mit Christus auferweckt)* ist durch die Taufe die Verbindung mit Jesus so eng, dass die Christen auch Anteil haben an Jesu himmlischem Königtum, das er seit der Auferstehung innehat (1 Kor 15,24 f.). Phil 3,20 *(unsere Wohnung ist im Himmel;* griech. unser πολίτευμα; Vg *conversatio nostra* [Umgang]; Liturgie: *habitatio nostra* [Lebensraum]) gehört hierher, auch wenn weder von Auferstehung noch von Taufe die Rede ist. Es geht also hier um die jetzt schon innergeschichtlichen Folgen der Auferstehung Jesu: Jesus ist so König über das Israel Gottes (Gal 6,16). Weil er auferstanden ist, umfasst dies jetzt auch Heidenchristen. Deshalb heißt zunächst die Christenheit auch »das Zwölfstämme-Volk unter den Heiden«. Und deswegen soll die Gemeinde ihre eigene Gerichtsbarkeit ausüben und nicht den weltlichen Gerichten nachlaufen (1 Kor 6,1–11). In diesem Volk sind die Angesehenen (1 Kor 6,4) die Apostel (Mt 19,28) und die Märtyrer, d. h. Christen, die für ihren Glauben gelitten haben. Als Gemeinde-Autoritäten sitzen sie rechts vom Altar. Dieser Status der Christen heißt »Erste Auferstehung«, denn schon die Taufe war ein Mit-Sterben. Dieser Zustand währt, symbolisch gesprochen, tausend Jahre (Apk 20,3). Der Teufel ist in dieser Zeit weggeschlossen, weil die Kirche exorzistische Vollmacht besitzt (Mk 3,15) und weil die Hölle sie nicht überwältigen kann (Mt 16,18b). Nach diesen Texten bestimmt die Auferstehung als Erste Auferstehung auch schon das Leben der Gemeinden. Nach dem Beginn in der Taufe äußert sie sich (1) als Gerichtsbarkeit in der Gemeinde, (2) als exorzistische Freiheit gegenüber dem Teufel und (3) als direkte Zugehörigkeit der Märtyrer im Himmel zur Gemeinde. Für Paulus gibt es, folgt man diesem Ansatz und nimmt man seine Äußerungen zusammen, eine erste und eine

zweite Hälfte der Ersten Auferstehung. Die erste Hälfte beginnt mit der Taufe und äußert sich als Gerichtsbarkeit in der Gemeinde. Die zweite Hälfte reicht vom Tod der Märtyrer und der Apostel wie Paulus und anderer bis zur Wiederkunft Christi. Nach 2 Kor 4 f. erwartet Paulus für sich nach dem Tod zunächst das, was wir im Licht der Apk die »Erste Auferstehung« nennen würden. Denn alles, was wir zur Ersten Auferstehung sagen können, betrifft stets die enge Gemeinschaft mit Jesus Christus. Wenn es also um den Kontrast zwischen Exil und Heimat geht, dann werden hier die Grenzzäune niedriger, und das gilt trotz des Gegensatzes zwischen Exil und Heimat, Unansehnlichkeit und Ehre. Die Grenzen zur Gegenwart bestehen daher in der Qualität, nicht im zeitlichen Abstand zur Gegenwart. Auch hier hilft für das paulinische Bild Kol 3,1 weiter, wo ja der zeitliche Abstand entfallen ist. Das könnte für das Verständnis des Todes von Christen hilfreich sein. Die mittelalterlichen Apk-Kommentare reden in diesem Sinn von der gegenwärtigen himmlischen (Auferstehungs-)Existenz der Christen.

Vgl. z. B. Ambrosius Autpertus, 16: Spiritus Sanctus, qui conresuscitavit et consedere nos fecit in caelestibus [der Heilige Geist hat uns mitauferweckt und uns Platz nehmen lassen im Himmel]; ebenso 60.70: iam spe cum Christo resurreximus, iam per fidem in caelestibus cum illo sedemus [schon sind wir der Hoffnung nach mit Christus auferstanden, schon sitzen wir durch den Glauben mit ihm im Himmel]; 118.173: Nostra conversatio in caelis est ... qui conresuscitavit [Unsere Existenz ist im Himmel der uns mitauferweckt hat]; 205: in nobis cotidie resuscitari, atque per fidem et spem iam cum illo in caelestibus consedere [Er wird täglich in uns auferweckt, und wir sitzen durch Glauben und Hoffnung schon mit ihm im Himmel].

Es zeigt sich, dass die alten Liturgien, in diesem Fall das Missale Gothicum, die Unterscheidungen von Apk 20,5 f. genau kennen und sachgemäß bei der Beschreibung christlicher Hoffnung verwenden:

Das Missale Gothicum (56) identifiziert die Erste Auferstehung mit der Platzierung in Abrahams Schoß: quiescentium animas in sinu Abrahae collocare dignetur et in parte primae resurrectionis admittat [die Seelen der Verstorbenen (Ruhenden) möge er in Abrahams Schoß versetzen und zulassen zur Ersten Auferstehung]. Entsprechend 76: qui ecclesiam suam secunda liberavit de morte [der seine Kirche vom Zweiten Tod befreit hat] und 114: ad requiem transire et in prima anastasi cum sanctis et electis tuis iubeas sociari [dass sie in die Ruhe eingehen und durch die Erste Auferstehung mit deinen Heiligen und Auserwählten verbunden werden].

Diese Auffassung von der »Ersten Auferstehung« teilt auch Ps.-Melito in seinen Predigten (1512): Er spricht vom exitus a peccato per paenitentiam und von der perfectio in bono per iustitiam (438). Nach Bruno von Segni, Komm. Apk 7,14 gilt ausdrücklich die Erste Auferstehung von der Taufe, und zwar im Blick auf Kol 3,1 (Wer so in der Taufe aufersteht ...). Denn Tod und Sünde werden diese Christen nicht weiterhin regieren, nach Röm 12,1 sind die

Leiber dieser Christen lebendige Opfer. – Ähnlich Ps.-Gregorius, De Testimoniis, PL 79, 1118: Die Erste Auferstehung nach Apk 20,6 gilt dem, der vom Tod seiner Seele auferstanden ist.

Vgl. dazu Ambrosius Autpertus, 211: ipsumque Dominum cum quo seniores in uno throno sedent, super vigintiquattuor thronos cum senioribus sedere, necnon et ipsos etiam qui cum domino sedent, sedes eius esse cum quo sedent [ihn selbst, den Herrn, mit dem die Ältesten in Throngemeinschaft sitzen auf 24 Thronen, aber auch sie selbst, die mit dem Herrn im Himmel sitzen, sind der Sitz dessen, mit dem sie sitzen].

»Erste Auferstehung« heißt auch: Zwischen Christus im Himmel und der Kirche auf Erden sind die Grenzen durchlässig. Das gilt nicht nur bei Paulus, sondern auch darüber hinaus. So sind schon alle getauften Christen nahe beim Himmlischen Jerusalem (Hebr 12,22; Gal 4,26–28 *unsere Mutter*), die Märtyrer und andere erkennbar Heilige umstehen den Altar (vgl. die Namenslisten in den alten Messgebeten), und die Gemeinde singt schon vereint mit den himmlischen Chören (cum angelis et archangelis una voce dicentes). Auch Paulus konnte wegen dieser Durchlässigkeit der Grenzen darauf hoffen, direkt nach dem Tod bei Jesus zu sein (2 Kor 5,1–10).

4. *Physischer Tod*, auch als Martyrium, ist eine vollkommen unwesentliche Unterbrechung der Ersten Auferstehung (er liegt ja zwischen der ersten und der zweiten Hälfte der Ersten Auferstehung). Vielmehr dauert die Zeit der Ersten Auferstehung von der Taufe bis zum Weltende bzw. zum Tag der Neuen Schöpfung. Nach dem physischen Tod verändern sich nur die äußeren Umstände, aber der Christ ist mit und bei Jesus. Das gilt, auch wenn er jetzt unsichtbar mit ihm im Himmel ist.

5. Auf den physischen Tod folgt demnach die *zweite Hälfte der Ersten Auferstehung*. Dieser Status wird traditionell auch mit dem Ruhen in Abrahams Schoß (und anderen biblisch-alttestamentlichen Bildern) beschrieben. Sie bedeutet Gemeinschaft mit dem erhöhten Christus im »Himmel«. Im Missale Bobbiense 162, 22 wird die Erste Auferstehung (also in unserer Terminologie deren zweite Hälfte) in »Abrahams Schoß« lokalisiert. Im Missale Gothicum ist von der Ersten Auferstehung nur bezüglich der Verstorbenen die Rede. Auch wenn es offen bleibt, was das Missale dann unter der Zweiten Auferstehung versteht, fällt auf, dass bei der Ersten Auferstehung jedenfalls oft von »Abrahams Schoß« die Rede ist. Damit handelt es sich um die Zwischenzeit zwischen dem individuellen Tod und der allgemeinen Auferstehung am Ende. Am schönsten ist diese Zeit beschrieben in 2 Kor 5,1–10. Typisch für diese Zeit sind stets alttestamentliche Metaphern wie Schoß Abrahams (bzw. Saras), Himmlisches Jerusalem nach Hebr 12,22; himmlischer Tempel, Gelobtes Land oder himmlisches Erbe. Der Unterschied zur Zweiten Auferstehung besteht dann darin, dass die Letztere universal sichtbar, welthaft (kosmisch) und leibhaftig (wenn auch verwandelt) geschieht, so also, dass in den Leib der

Zweiten Auferstehung alle Reste und Spuren der Sterblichkeit hineinverwandelt werden. Der Schoß Abrahams, ursprünglich Name für das Grabgelege, wird im hellenistischen Judentum (2 Makk; 4 Makk) zum himmlischen Ruheort und in der Alten Kirche zum vorläufigen transzendenten Ort als zweite Hälfte der Ersten Auferstehung. Zu beachten: Die folgenden Texte nennen »Erste Auferstehung« den Status, den wir als »zweite Hälfte der Ersten Auferstehung« bezeichnen. Denn deren erste Hälfte begann ja schon mit der Taufe.

Texte über die Erste Auferstehung (in diesem Sinn) aus dem Missale Gothicum, 56: quiescentium animas in sinu Abrahae collocare dignetur et in parte primae resurrectionis admittat; 64: in requiem collocare et in parte primae resurrectionis resuscitet; S. 76 qui ecclesiam suam secunda liberavit a morte; 114: ad requiem transire et in prima anastasi cum sanctis et electis tuis iubeas sociari; 121: in sinu Abrahae conlocatus resuscitare omnipotens dignetur in prima sua resurrectione, quam futurus est. [die Seelen derer, die ausruhen, möge er in Abrahams Schoß ruhen lassen und zur Ersten Auferstehung zulassen; in der ewigen Ruhe ruhen lassen und in der Ersten Auferstehung auferwecken; der seine Kirche vom Zweiten Tod befreit; lass ihn zur ewigen Ruhe hinübergehen und in der Ersten Auferstehung mit deinen Heiligen und Auserwählten verbunden sein; im Schoß Abrahams liegend, möge ihn der Allmächtige auferweckt werden lassen in seiner zukünftigen Ersten Auferstehung].

Demnach ist die Erste Auferstehung hier ein Privileg der Heiligen, (Märtyrer) und Auserwählten, während der gewöhnliche Christ bis zur Zweiten Auferstehung »ruht«, doch dieser Punkt wird verschieden beurteilt. Im »Volksglauben« ist der gläubig verstorbene Christ nach seinem Tod »im Himmel«, d.h. in der Gemeinschaft mit Christus, wie Paulus sie 2 Kor 4f. beschreibt.

Auf Märtyrer bezogen ist die Erste Auferstehung inklusive Millenium in Acta Pilati 137 (= Martyrium Pilati, Kap. 3) 40f.: »Du bist der erste, dich auf den Ehrenthron zu setzen und deine Ampel anzuzünden zur Hochzeit Christi und Platz zu nehmen am tausendjährigen Tisch. Du bist der erste, der du dich mit deiner Königskrone schmücken darfst«. Hier wird das Tausendjährige Reich ganz im Sinn von Apk 20,4 auf Märtyrer und ihre Throne hin ausgelegt. Die Krone ist wohl die eines Ältesten im Sinn von Apk 4,10.

Ähnlich ist wohl die Auffassung in CIL S 8,3 Nr. 20905, in der Basilica Tiglase: Hic in pace resurrectionem expectans futuram de mortuis primam consors ut fiat sanctus in possessione regni caelestis [Dieser erwartet in Frieden die künftige Erste Auferstehung von den Toten, so dass er heilig wird im Besitz des himmlischen Reiches].

Fazit: Die Erste Auferstehung in der frühen Kirche kann sowohl das gegenwärtige Christsein auf Erden (»Erste Hälfte«) wie auch die Existenz von Märtyrern und Heiligen bei und mit Christus (»Zweite Hälfte«) umfassen. Das alles bedeutet: Die Folgen der Ersten Auferstehung für Selbstverständnis, Vollmacht und Hoffnung der Kirche sind erheblich. Denn es ist etwas geschehen, das Leben und Tod, Himmel und Erde betrifft. Die Auferstehung Jesu hat für jeden einzelnen jetzt schon ernst zu nehmende Folgen: Die berühmte rote Linie, die Todesgrenze jedes einzelnen, ist im Wesentlichen verblasst. Denn Taufe und Osternacht gehören wahrhaft zusammen. Es ist um des christlichen Glaubens und um Gottes willen notwendig, diese Zusammengehörigkeit ins Bewusstsein zu rufen. Denn die Klage, seit Abraham sei nichts passiert, muss schon 2 Petr bekämpfen.

6. *Zweite Auferstehung*: Sichtbare und kosmisch-umfassende Auferstehung für die Neue (erneuerte) Schöpfung. Sichtbare leibliche Auferstehung auch der Märtyrer. Die Zweite Auferstehung besteht darin, dass sie vom Heiligen Geist gewirkte Neuordnung (nicht erneute Schöpfung aus dem Nichts) der gesamten Schöpfung ist, sich also nicht nur auf die Kirche bezieht. Diese Auferstehung ist ebenso sichtbar wie universal zu denken, also den ganzen Kosmos umfassend. In der harmonischen Ordnung des Choralgesangs der Kirche und in ihren Hymnen soll sie schon greifbar werden. Eine ähnliche Verwendung der Zweizahl zeigt der mittelalterliche Topos von der zweifachen Ankunft Christi, der demütigen und verborgenen einerseits und der hoheitlichen und sichtbaren andererseits (Ambrosius Autpertus, 437).

Diese Formulierungen kennt auch der Apokalypse-Kommentar des Andreas von Caesarea: Da es nun zwei Tode gibt, folgen daraus ebenso viele Auferstehungen. Die erste Auferstehung: die von toten Werken lebendig macht. Die zweite Auferstehung: Die Verwandlung der Leiber weg aus der Vergänglichkeit hin in die Unvergänglichkeit.« (197) Ähnlich Anselmus Laudunensis MPL 162, 1509: Erster Tod als Trennung des Leibes von der Seele, zweiter Tod als Verdammung im Gericht. – Ps.-Gregorius Magnus, De Testimoniis in Apocalypsim PL 79, 1107–22 zu Apk 20,6: a mentis suae morte surrexit [vom Tod seiner Seele ist er auferstanden].

7. *Zweiter Tod:* Vernichtung der bösen Mächte der höllischen Trinität samt ihres Anhangs.

Vgl. Scriptores Hiberniae minores, 70 zu Lk 8,33: Haec est mors secunda, de qua in apocalipsi dicitur, et ecce erat stagnum ignis [Dies ist der zweite Tod, über den in der Apokalypse gesagt wird: Und siehe, da war ein Feuersee].

3.8 Die Schwellen werden niedriger

Konsequenz unserer Beobachtungen ist auch, dass wiederholt die Grenzen durchlässig sind, und zwar jene zwischen Regieren mit Christus und Königtum in der Neuen Schöpfung, ebenso zwischen Königtum Jesu jetzt und dann (»und seines Reiches wird kein Ende sein«), die zwischen Martyrium und Taufe, die zwischen sichtbarer und unsichtbarer, himmlischer Kirche in der Gegenwart, also die Grenze zwischen gegenwärtiger Christusverbundenheit und der, die ein Christ nach dem Tod erwartet, wie Paulus sagt, wenn er vom ersehnten Ende seines Exils spricht. Wenn die Schwelle, die die Gegenwart der Kirche von der Zukunft der Auferstehung trennt, niedriger geworden ist, dann bedeutet das: Aussagen über die Erste Auferstehung können ohne besondere Schwierigkeiten auch schon auf die Kirche in der Gegenwart bezogen werden. Das betrifft die kirchliche Liturgie, die Richterfunktion von angesehenen Christen, die Anerkennung als Märtyrer auch schon für die, die mit ihrem Zeugnisablegen zwar gelitten, aber nicht oder noch nicht das leibliche Leben verloren haben. Das Letztere war auch schon der Sinn der paulinischen Peristasenkataloge (2 Kor 4,8 f.; 6,4–10 u. a.).

Kirchliche Liturgie als der »Sitz im Leben« dieser Theologie
Nach Auffassung der Alten Kirche ist der Ort der kirchlichen Liturgie der Raum vor dem Thron Gottes, und die zum Gottesdienst Versammelten tun dieses in der Gemeinschaft mit den Engeln, die *ex officio* den Thron Gottes umgeben. Die kirchliche Musikauffassung ist genau darin begründet. Die Märtyrer- und Heiligenreliquien im *Sepulcrum* [Märtyrergrab] des Altares sollen auf ihre Art dokumentieren, dass es nur eine einzige Kultversammlung gibt, so wie es nur einen Gott und eine einzige Kirche gibt. Die Auffassung über die Kultgemeinschaft mit den Engeln und angesichts des Thrones Gottes ist daher keine ästhetische oder kunstgeschichtliche oder liturgieverliebte Marotte, sondern die Konsequenz aus der biblischen Anschauung, dass die getauften Christen im Status der Ersten Auferstehung sind.

Über den Zusammenhang der irdischen mit der himmlischen Liturgie vgl. das Gebet aus der Kirchweihe (zu Apk 8,3):

> Ascendat oratio nostra per manus sancti angeli tui ad divinum altare tuum, domine, cum odore suavitatis, quo tibi est imperium, potestas, honor, laus, maiestas, gloria, aeternitas, cum spiritu sancto in saecula saeculorum [Es steige auf unser Gebet durch die Hände deines heiligen Engels, zu deinem himmlischen Altar, Herr, mit dem süßen Duft, durch den und in dem dir das Reich, die Macht, die Ehre, das Lob, die Majestät, die Herrlichkeit und die Ewigkeit zukommen mit dem Heiligen Geist in Ewigkeit]. – *Kommentar:* Die reichen Prädikate sind ganz im Stil der Hymnen der Apk gehalten.

Unterstützung durch die Metaphorik vom Leib Christi
Zwischen dem gegenwärtigen Christenleben und dem Sein bei Christus nach dem irdischen Tod gibt es keine hohen Grenzmauern, sondern nur dünne Trennwände. Die Ursache dafür ist keine »Jenseitstümelei«, sondern allein die leibhaftige und enge Verbindung mit Jesus Christus. Die kirchliche Apokalyptik betont das anhand des hier beliebten Bildes von Haupt und Leib (Gliedern). Diese Durchlässigkeit zeigt etwa auch 2 Tim 2,11 f.: *Wenn wir mit Christus sterben, werden wir auch mit ihm leben. Wenn wir alles geduldig ertragen, werden wir mit ihm regieren.* Zur Ersten Auferstehung gehört daher die kollegiale Wahrnehmung der Messianität. Auch das ist ein christliches Novum, es verdankt sich der Auf-

fassung von der Eucharistie. Denn das Brotwort beim Abendmahl bedeutet: Durch Christi Leib werden wir immer mehr das, was wir sind: Leib Christi.

Wie schon öfter gesagt, äußert sich diese Auffassung besonders in der Rolle des Altars und in den Kanongebeten der klassischen Messfeier mit ihren Katalogen von Heiligen. In den Reliquien ist der Märtyrer physisch im Altar präsent. Die den Altar umgebenden Fresken der ersten 1500 Jahre Kirchengeschichte (und später) stellen oft die Heiligen dar und sind insoweit nicht bloße Illustrationen, sondern sie machen das unsichtbar Präsente sichtbar. In diesem Sinn sagt der Apokalyptiker Ambrosius Autpertus: Die künftige leibliche Auferstehung beginnt jetzt schon in der Art, wie wir mit dem Herzen glauben.

Die Konsequenzen für das christliche Leben schildert besonders Kol 3,1–9:

Wenn ihr nun mit Christus auferweckt worden seid, dann lebt und strebt auch nach dem, was Gott im Himmel will. Dort sitzt Christus zu seiner Rechten. Denkt himmlisch, nicht irdisch. Denn für das Irdische seid ihr tot. Euer neues Leben kann man weder sehen noch begreifen, doch ihr lebt mit Christus in der Gemeinschaft Gottes. So wie man abgestorbene Körperteile amputieren muss, trennt euch von den alten Gewohnheiten, die noch zur irdischen Welt gehören: Sexgier, Angepasstheit. Zieht den alten Menschen mit seinen Taten wie ein altes Kleid aus, zieht den neuen Menschen an.

Eine Konsequenz aus dieser Überzeugung kann auch die Ehelosigkeit (genannt »Jungfräulichkeit«) sein. Sie folgt Mk 12,25: *Denn wenn sie aus Toten auferstehen, heiraten sie nicht und werden auch nicht geheiratet, sondern sind wie Engel im Himmel.* In der Apk könnte dem 14,4 entsprechen (vgl. dazu unten). Das weiße Gewand und die Ehelosigkeit der Mönche und Nonnen sind spätere, aber konsequente Zeichen für diesen Glauben. Allerdings geht es hier weder um Welt-, noch um Sex- oder Frauenfeindlichkeit. Es ist auch nicht das »Geistige« im Menschen gemeint, sondern allein die leibhaftige Zugehörigkeit zu Jesus. Im Rahmen dieser leibhaftigen Nachfolge Jesu wird auch die Ehelosigkeit Jesu einbezogen. Denn sie ist einzigartiger Ausdruck seiner Erwartung, der künftige Bräutigam der Braut namens »Himmlisches Jerusalem«/»Himmlisches Zion« zu sein. Diese Erwartung bringt bereits die Ehelosigkeit Jesu selbst zum Ausdruck.

Wenn so die Grenze zum leiblichen Tod relativiert wird, bedeutet das in der Konsequenz, dass die Grenzlinie der Taufe umso ernster genommen wird. Deshalb wird die Grenze zwischen Christsein (erster Teil der Ersten Auferstehung) und deren zweiten Teil (direkt postmortal) stark relativiert. Es ist eine Spiritualität, wie sie etwa Ernst Barlach in seiner Skulptur des »Singenden« zum Ausdruck gebracht hat. Denn die Harmonie des einstimmigen Gesangs ist wie nichts anderes in der Welt die Brücke zu dem einen und einzigen Gott. Der liturgische Gebrauch von Weihrauch in der feierlichen Messe weist noch immer auf den Dienst am himmlischen Altar in Apk 8.

3.9 Die großen christologischen Themen

3.9.1 Löwe Judas, Wurzelspross Davids

Texte: Apk 5,5 und 22,16
Kein zweiter neutestamentlicher Text hebt so intensiv titular den jüdischen Charakter der Messianität Jesu hervor. Nur die Kindheitsberichte bei Mt und Lk sind der Apk an die Seite zu stellen. In der Apk wird dieser Zug noch verstärkt durch die Zionstheologie und das Himmlische Jerusalem. Dieses jüdische Element bleibt nicht an der Oberfläche, sondern bestimmt in letztmöglicher Tiefe das Kirchenverständnis der Apk.

> Missale Gothicum, 78: Qui vere ut leo de tribu Iuda mundo ostensus animarum devoratorem extinctum leonem diabolum omnis terra laetatur [Er hat wirklich als Löwe aus dem Stamm Juda der Welt gezeigt, den Teufel, den anderen Löwen, der die Seelen verschlingt, besiegt. Darüber freut sich die ganze Welt].

Predigt über Apk 5 aus der Justizvollzugsanstalt Offenburg

> Erster Advent – ApkJoh 5,1–5 (3. Dezember 2017, JVA Offenburg, Pfarrer Igor Lindner, Gefängnisseelsorger).
>
> JVA Offenburg (Baden-Württemberg), 2009 erbaut. 500 Haftplätze. Männer. Untersuchungshaft, Strafhaft. Sozialtherapie. Zwei aufeinanderfolgende Gottesdienste, 50 und 30 Gottesdienstteilnehmer.
>
> I. Die Offenbarung des Johannes ist ein sehr sympathisches Buch. Denn es kommen viele Tiere vor, wie in einem himmlischen Zoo. Und in der Apokalypse des Johannes, wie sie auch genannt wird, wird viel gesungen, sogar die Tiere singen! Immer wieder, wenn es ernst und wenn es schön wird, werden hier Lieder angestimmt: Ein gesungenes fünftes Evangelium.
> So z. B.: »Alle Geschöpfe im Himmel und auf der Welt, in der Tiefe der Erde und auf den Meeren, überall singen hörte ich sie.« [W. Jens, Das A und das O, 1988, 27] (5,13) Oder so:»Und ich schaute und schaute und hörte den Gesang unzähliger Engel rund um den Thron, den Gesang der Tiere, der laut ertönte:« (5,11). Da gibt es gibt Adler, und Skorpione, Heuschrecken und Stiere, Schlangen, aber auch grauenvolle Monster. Und sogar um Gottes Thron halten sich Tiere auf: Es sind beindruckende und wunderschöne Lebewesen: Das ist der König der Tiere, der Löwe (Markus). Und dann sagt man jemand hat Kraft wie ein. Stier (Lukas). In dieser Reihe ein Mensch mit seinem schönsten Kennzeichen, seinem Gesicht (Matthäus). Und schließlich der König der Lüfte. Ein fliegender Adler (Johannes). Das bedeutet: Gott, der Schöpfer liebt seine Schöpfung so, dass er sie sogar im Himmel um sich herum hat. Alle Lebewesen – übrigens nicht nur die Menschen!
> II. Doch hier geht es heute um ein ganz unscheinbares und stilles Tier – ein Lamm. Klein, weiß, nur ein paar Kilo nur schwer. Und dieses zarte Geschöpf hat hier einen Mammutjob. Es geht um etwas Verschlossenes, das man nicht öffnen kann. Ich weiß,

da gibt es hier im Gefängnis und auch heute hier im Gefängnisgottesdienst viele Spezialisten. Stellen Sie sich also vor, sie haben ein Millionenvermögen auf einem Konto – aber keine PIN! (Okay, werden jetzt die Computerhacker sagen, das ist das kleinste Problem.) Aber so etwas Ähnliches passiert hier. Nur kommt man absolut nicht dran! Eine Buchrolle mit sieben Siegeln verschlossen. Doch man kann sie weder öffnen, geschweige denn lesen, was da eigentlich darin steht. Es muss etwas Lebenswichtiges drin stehen, denn der Erzähler weint sehr, weil diese Rolle scheinbar nur nutzlos in Gottes Hand liegt. Doch dann findet sich ausgerechnet ein Lamm, das würdig ist. Würdig sein. Was soll das bedeuten? Würdig sein bedeutet: Autorität haben. Nicht jeder darf alles.

Denken Sie an die Olympiade: Wer darf das olympische Feuer anzünden? 1996 in Atlanta, wissen Sie noch, wer damals diese Ehre hatte? Wer also für würdig befunden wurde? (Der Name wird schon reingerufen: Cassius Clay, alias Muhammad Ali) – Geschenkt, dass er während seiner Karriere ein unglaubliches Großmaul war. Er war würdig, im Rollstuhl sitzend, ein von der Parkinsonerkrankung gezeichneter wunderbarer Boxsportler, das Feuer zu entzünden.

Und so ist es hier auch: Nur dieses Lamm – und wir alle wissen natürlich, wer sich hinter diesem Lamm verbirgt – nur dieses Lamm allein darf dieses lebenswichtige Buch öffnen. Dadurch wird etwas in Gang gesetzt.

Jedes Siegel, das nun geöffnet wird, lässt Pferde und anderes in Gang kommen, und schwere Zeiten kommen über die Erde. Manche fragen mich hier auf dem Flur manchmal: Das muss jetzt sein, oder wir sind kurz davor! Doch wir sind vielleicht, wie so oft, viel zu schnell. Ja, es passieren heutzutage unglaubliche Sachen, es kommen Dinge vor, die man sich gar nicht vorstellen kann. Wer weiß das nicht? Doch hier ist es Gott und nicht der Mensch, der etwas in Gang setzt.

III. Also: Da gibt es einen, der das Buch öffnen kann, der Zugang hat, der die PIN kennt. Und die ihn kennen, haben ihn an ihrer Seite. Alles was kommt, kannst du auszuhalten. Denn es gibt einen, der die Power, die volle Autorität hat. Denn Gott selbst sagt: Er ist der Richtige! Und da hat Gott sich einen ausgesucht – der am Kreuz hingerichtet wurde. Da hat er sich einen ausgesucht, der eine unglaubliche Ausstrahlung gehabt haben muss. Einer der in der Lage war, allein durch seine Kraft, durch seine Berührungen Blinde sehend zu machen. Einer der in der Lage war, Männer zu hindern, eine Frau zu steinigen, die man »erwischt« hatte. Er war in der Lage, denen noch zu vergeben, die ihn demütigten und folterten, schließlich umbrachten. Seine Grundhaltung: Hin zum Leben! Was für eine Faszination, was für eine Kraft muss von ihm ausgegangen sein! Für das alles steht das kleine weiße Lamm hier.

Am Donnerstag sagte mir einer der Männer in der Bibelgruppe: Wir haben in Kasachstan immer Tiere auf dem Bauernhof gehabt. Und ich weiß: Das Lamm ist das einzige Tier, das bei seiner Schlachtung keinen Laut von sich gibt. Ein Lamm schreit nicht in der Todesangst.

Vielleicht ist es dieser Punkt, der bei Jesus dann auch so besonders war: Er hielt für uns seinen Kopf hin. In den Evangelien lesen wir, dass er darum bat, dass das Ganze an ihm vorübergehen möge. Er hatte eine (Sch.–)Angst. Aber nicht sein, sondern Gottes Wille geschehe, so betet Jesus trotzdem. Gleichzeitig. Angst und Beten. Warum es Gottes Wille war? Weil etwas geschehen musste. Nicht weil Gott etwa rachsüchtig oder beleidigt ist, sondern weil Menschen das an Jesus tun, was jetzt gerade und immer wieder auf der Welt geschieht: Den Allerunschuldigsten um die Ecke bringen.

IV. So sehen wir hier ein Lamm, das schweigt und das bereit ist. Eine schwache Gestalt? Ja. Auf den ersten Blick. Dieses Lamm ist gleichzeitig der »Löwe aus dem Stamm Judas«. (5,5) Der König der Tiere ist der Löwe: Und das Lamm ist zugleich dieser Löwe. Es geht nicht darum, mit der Johannesoffenbarung zu beweisen, dass alles schlechter wird und dass die Zeiten noch nie so übel waren wie heute. Heute lautet die frohe Botschaft: Es gibt einen König, der die Power hat! Den begrüßen wir heute zum ersten Advent! Hier im Bild vom König der Tiere – dem Löwen. Aber sein Weg war der Weg eines Lammes. Vielleicht spüren Sie etwas von der Kraft dieser alten Bilder. Es sind Bilder für unsere, ihre und meine Seele. Bilder die Kraft geben, die leben lassen, die weiterleben lassen.

V. Widerstände kennen Sie hier im Knast zur Genüge. Nicht nur die harte Knastwelt oder die Mühlen der Justiz. Manchmal ist man sich selbst ja der größte Widerstand. Wenn Sie mal wieder der Mut verlässt oder sie sich tierisch aufregen müssen, beim Blick in die Nachrichten, die Neuigkeiten oder auf sich selbst: Erinnern Sie sich an Christus, das Lamm mit der Löwennatur. Und freuen Sie sich an allem was lebt, vielleicht mit einem Lied auf den Lippen oder im Herzen.

Und ich wünsche Ihnen etwas von der Power, die von diesem kraftvollen König ausgeht, zu dem wir gehören auf unserem Lebensweg. Vielleicht habe ich Ihnen mein Lieblingsbuch der Bibel sympathisch machen können – mit dem Lamm, seinen Tieren und Liedern! Amen

---

3.9.2 Jesus als das Amen

In Apk 3,14 wird Jesus *das Amen* genannt. Das erinnert zunächst an 2 Kor 1,20 (in ihm ist das Amen ergangen/gesprochen). Während 2 Kor 1 die Funktion beschreibt, geht Apk 3,14 mindestens einen Schritt weiter, indem Jesus selbst als Person, in seiner Identität, als Amen tituliert wird.

1. Das *Amen* ist eine Schwurformel, in den synoptischen Evangelien einfach, im JohEv zur Bekräftigung doppelt gebraucht.
2. Diese Schwurformel umgeht die Nennung des Gottsnamens oder auch anderer Gegenstände, »bei« denen man sonst schwören könnte. Jesus verbietet das Schwören mindestens zweifach, und zwar um den heiligen Gottesnamen nicht zu verletzen oder zu beschmutzen.
3. Gott selbst kann bei sich selbst schwören. Jesus bekräftigt Aussagen, indem er die Schwurformel *Amen* gebraucht. So hat er das Anrufen Gottes auch in indirekter Form vermieden. Er ist damit ein Vorbild für das, was er nach 2. selbst verbietet.
4. Gott begründet nach jüdischer Auffassung insbesondere seine Schöpfung mit Worten, die stabil sind wie Eide.

Jedes Wort Gottes ist (wie) ein Eidschwur. Vgl. dazu Philo von Alexandrien, Legum Alleg III 203–207; De Spec. Leg. II 5; De Sacrif 90–93; Q in Gen IV 180; De Abrahamo 273; De Somn I,12. – Rabbin. Texte bei Strack-Bill. I, 328–336 – Vgl. die Kommentare zu Hebr 6,13.16.

Die Schöpfung und damit das Funktionieren ihrer Ordnung sind auf eidliche Selbstverpflichtung Gottes gebaut. So werden nicht nur Bundesschlüsse wie z. B. der Noach-Bund mit Gottes Schwören verbunden, sondern bereits die Schöpfung selbst. Im Licht des Noach-Bundes erscheint die Schöpfung selbst als eine Art Bund, gegründet auf der Stabilität von Gottes Schöpfungswort. Denn wie Gen 1 zeigt, basiert die Schöpfung auf Gottes Wort (*creatura verbi* ist bereits die Schöpfung).

5. Da mithin das Wort Gottes wie auch sein Schwören eine besondere und unverzichtbare Rolle bei der Schöpfung spielen, ist Jesus als der Logos (JohEv, Apk, Hebr 4; 1 Kor 8,6) nicht nur Gottes Wort, sondern Gottes Eidschwur. Und aus Apk 4,11 wird erkennbar, dass Gott in allem, was er tut und sagt, auch als der Schöpfer wirkt.

6. Mithin ist die Titulierung Jesu als *das Amen* in Apk 3,14 eine Variante der frühchristlichen Logostheologie. Denn in dem, was er offenbart, ist er eben der getreue Zeuge Gottes selbst (ebenfalls Apk 3,14), und der Zusammenhang mit Apk 1,1 etc. ist damit hergestellt. Das *Amen* ist mithin die absolut sichere Offenbarung Gottes. Wer dem in und durch Jesus schwörenden Gott nicht traut, hat ihn überhaupt verfehlt.

7. Das *Amen* als titel-ähnliche Bezeichnung Jesu steht daher als pars pro toto für Gottes eigenes Amen-Wort. Denn Jesus ist der Logos Gottes, Gottes endgültiges und unverrückbares Wort an die Schöpfung.

Wie aber ist man zu dieser Theologie gelangt? Ich unternehme den Versuch der Rekonstruktion einer Kette von Folgerungen bzw. Konsequenzen: Jesus Wundertäter (wirkmächtiges Wort), – in ihm ist das Schöpfungswort Gottes erschienen, es erfüllt ihn, – er selbst ist Gottes der Schöpfung zugewandte Seite, – weil durch ihn alles geworden ist, ist er Gottes Wort. – Jedes Wort Gottes ist (stabil wie) ein Eid. – Die Schöpfung besteht aus den Resultaten der Eidschwüre Gottes. – Ein Eid kann mit Amen beginnen. – Dieses ist sein Markenzeichen. – Gottes eidliches Wort ist daher Gottes Amen-Wort, man kann es auch Gottes Amen nennen. – Jesus als Gottes Schöpfungswort ist daher Gottes Amen. – Ja und Amen sind synonym.

Vom obigen Gedankengang her ist auch 2 Kor 1,19 f. zu verstehen. Denn in Jesus ist Gottes *Ja* ergangen. Er ist daher sozusagen Gottes *Ja* und *Amen*. Jesus heißt in Apk 3,14 auch *getreuer Zeuge*, und zwischen dem getreuen Zeugen und dem Amen gibt es eine Deckungsgleichheit:

Das Amen ist responsorisch Bestätigung des Gesagten und dann, wenn jemand spricht, Selbstbestätigung und Bekräftigung. So wie ein Zeuge das von einem anderen Gesagte als wahr bestätigt, so bestätigt Jesus das, was er vom Vater gehört hat, als wahr.

Das Amen ist also stets auf eine vorausgehende oder direkt nachfolgende wörtliche Rede bezogen. Für diese ist es, gleich ob die Rede vorausgeht oder folgt, Affirmation. So ist es bei einem Zeugen: Entweder bekräftigt er eine gehörte Rede und sagt: Ja, so war es. Oder er sagt: Das, was ich euch zu sagen habe, ist wahr und echt, denn ich habe es selbst gehört.

Der Sinn der Affirmation ist Hervorhebung des Gesagten (wie bei *Wer Ohren hat zu hören*). Wenn Jesus selbst Gottes Amen ist, dann ist das, was man an ihm sehen oder hören kann, das absolut qualifizierte »Wort Gottes«. Dass dem so ist, kann nur der Zeuge bestätigen.

Darin spiegelt sich auch eine Logik, die der des JohEv verwandt ist. Auch dem Evangelisten geht es darum, dass nicht einfach eine Botschaft als Gottes Wort verkündet wird, sondern dass es sich um ein bezeugtes Zeugnis nach allen Regeln der Kunst und des Gesetzes handelt (vgl. Joh 5,32: *Ein anderer ist es, der zeugt über mich. Wahr ist sein Zeugnis, das er für mich ablegt*). Nur ist im JohEv und in 1 Joh die Richtung anders: Gott legte Zeugnis ab für Jesus, in Apk 3,14 dagegen legt Jesus Zeugnis ab für Gott. So ist es allerdings auch nach Joh 18,37 *(Ich lege Zeugnis ab für die Wahrheit)*, wenn man unter Wahrheit hier Gott verstehen darf. So auch besonders Apk 1,5 (Jesus, der getreue Zeuge).

So gehört das *Amen* in der Apk, wie dann auch Apk 2,13 zeigt, in die urchristliche Diskussion um »Wahrheit« und um den Preis dafür, wenn einer auf der Seite der Wahrheit steht. Und zur Offenbarung gehören nach diesem Konzept immer zwei, Gott und der treue Zeuge. Der Zeuge zeugt für Gott, und Gott zeugt für den Zeugen. Glaubhafte Offenbarung ist nur im Zweierpack zugänglich.

3.9.3 Der Morgenstern

Die Botschaft von der Auferstehung Jesu kann Gregor der Große zum Stichwort »Morgenstern« (Apk 22,16) noch einmal neu formulieren und mit neuen Erwägungen bereichern:

> Zu 22,16 (Gregorius Magnus, De Testimoniis in Apocalypsim b. Joannis Apostoli PL 79, 1107–22, 1120): Qui natus ex virgine velut lucifer inter tenebras nostrae actionis apparuit. [Geboren von der Jungfrau ist er wie der Lichtbringer/wie die Sonne erschienen in den Finsternissen unseres Tuns.]

> Qui fugatis obscuritate peccati aeternum nobis mane nuntiavit, luciferum se innotuit, quia diluculo ex morte surrexit et fulgore sui luminis mortalitatis nostrae tetram caliginem pressit, qui bene per Ioannem dicitur stella splendida et matutina. Vivus quippe apparens post mortem matutina nobis stella factus est, quia dum in semetipso exemplum nobis resurrectionis praebuit quae lux sequatur indicavit. Primus enim nobis aeternae patriae gloriam in sua resurrectione monstravit, et mors illi ultra non dominabitur, nobisque exemplum dedit, ut ea fieri in die ultimo de nostra carne credamus, quae facta de carne in die resurrectionis cognovimus. [Er hat uns, die wir durch die Finsternis der Sünde vertrieben waren, am Ostermorgen Ewiges verkündet, er hat sich als Lichtbringer bekannt gemacht. Denn in der Morgendämmerung ist er aus dem Tod auferstanden und hat durch den Blitzstrahl seines Lichtes den finsteren Schatten unserer Finsternis in Bedrängnis gebracht. Johannes nennt ihn mit Recht leuchtender Stern und Morgenstern. Denn da er nach dem Tod uns lebendig erschienen ist, wurde er für uns

zum Morgenstern und erwies, dass er selbst ein Beispiel für Auferstehung ist. Denn als erster hat er uns die Herrlichkeit der ewigen Heimat durch seine Auferstehung gezeigt. Und der Tod wird nicht herrschen über ihn. Und uns hat er ein Beispiel gegeben, auf dass wir glauben können, dass dieses am letzten Tag an unserem Fleisch geschehen wird.]

(1122) Carnem hominis lupus comedit, lupum leo devoravit, leo moriens ad pulverem rediit, cum pulvis ille suscitabitur, quomodo caro hominis a lupi et leonis carne dividetur? (überlegen) qualiter in hunc mundum venerint et tunc inveniant qualiter resurgant minus est Deo reparare quod erat quam fecisse quod non erat.

[Ein Wolf fraß das Fleisch eines Menschen, den Wolf fraß der Löwe, der Löwe starb und wurde zu Staub. Und wenn jener Staub wieder lebendig wird, wie soll das Fleisch des Menschen von dem des Wolfes und des Löwen getrennt werden? Wie sie in die Welt hinein gelangt sind, dann werden sie auch finden, wie sie auferstehen können. Denn es ist für Gott leichter zu reparieren, was war, als erschaffen zu haben, was vorher gar nicht war].

Fazit: Aus den Überlegungen zum Morgenstern lässt Gregor einen Traktat über Auferstehung generell werden.

Ein anonymer Autor hat unter dem Namen Gregors des Großen einen ansprechenden und sehr bibelgetreuen Kommentar zu Apk 22,16 verfasst, der die Brücke von Apk 22,6 zu den neutestamentlichen Osterberichten schlägt:

Ps.-Gregorius, De testimoniis in apocalypsim PL 179, 1120: Qui natus ex virgine velut lucifer inter tenebras nostrae actionis apparuit / qui fugata obscuritate peccati aeternum nobis mane nuntiavit, luciferum se innotuit / quia diluculo ex morte surrexit et fulgore sui luminis mortalitatis nostrae tetram caliginem pressit / qui bene per Ioannem dicitur stella spendia et matutina / vivus quippe post mortem apparens matutina nobis stella factus est / quia dum in semetipso exemplum nobis resurrectionis praebuit quae lux sequatur indicavit. Primus enim nobis aeternae patriae gloriam in sua resurrectione monstravit, et mors illi ultra non dominabitur nobisque exemplum dedit, ut ea fieri in die ultimo de nostra carne credamus quae facta de carne in die resurrectionis cognovimus [Er ist aus der Jungfrau geboren und wie ein Lichtbringer in den Finsternissen unseres Tuns erschienen. Er hat das Dunkel der Sünde vertrieben und uns den ewigen Morgen verkündet, sich als Lichtbringer erwiesen. Denn er ist in der Morgendämmerung aus dem Tod erstanden und hat mit dem Glanz seines Lichtes den finstern Schatten unserer Todverfallenheit bedrängt. Er wird von Johannes mit Recht heller, morgendlicher Stern genannt. Denn er ist nach dem Tod lebendig erschienen und ist uns zum Morgenstern geworden. Denn er hat sich selbst als Beispiel der Auferstehung uns geschenkt und das Licht aufgezeigt, das darauf folgt. Denn als erster hat er uns die ewige Herrlichkeit des Vaters in seiner Auferstehung gezeigt. Und der Tod hat weiterhin keine Macht mehr über ihn. Er hat uns ein Beispiel gegeben, auf dass wir glauben, dass dieses am Jüngsten Tag mit unserem Fleisch geschehen wird, was nach unserer Erkenntnis am Tag der Auferstehung an unserem Fleisch geschehen wird].

3.9.4 Neues vom Lamm

Jesus ist vor allem deshalb *das Lamm*, weil er unbestritten und korruptionsfrei unschuldig und gerecht ist (beachte: weiße Farbe eines Lammfells). Diesen Sachgrund teilt die Metapher Lamm mit anderen christologischen Titeln/Metaphern (Menschensohn, Messias, Hoherpriester).

Das Lamm der Apk spielt in Theologie, Frömmigkeit und Kunst hauptsächlich in diesen drei Themenbereichen eine Rolle: Beim Waschen im Blut des Lammes, bei der Nachfolge des Lammes (besonders: Jungfräulichkeit) und in den Darstellungen des Thrones Gottes und des Himmlischen Jerusalem. Bei den Darstellungen der Kunst steht das Lamm stets in der Mitte. Das gilt auch für die seltenen Darstellungen des Lammes auf seiner Hochzeit im Hohen und späten Mittelalter. Neu hinzu kommt (in der Kunst etwa seit 1220) das Lamm bei der Opferung Isaaks im Rahmen typologischer Darstellung des Messopfers.

Waschen im Blut des Lammes – wie geht das?
Es geht hier zunächst darum, die komplizierte Metaphorik der Apk in möglichst allen ihren Voraussetzungen umfassend zu klären. Denn die Erfahrung zeigt, dass verloren Gegangenes oder nicht mehr Verstandenes nur durch schonungslose Aufklärung wiederzugewinnen ist, wenn man denn den verborgenen Sinn deutlich machen kann. Es zeigt sich dabei auch, dass ein Zusammenhang zwischen Metaphorik und Institution bestehen kann.

> Texte: Apk 7,13 f.: *Wer die in den strahlenden Gewändern sind und woher sie kommen? Sie haben große Bedrängnis durchgestanden. Im Blut des Lammes haben sie ihre Gewänder gewaschen.* 22,14: *Glückselig, die ihr Gewand waschen und Reinheit erlangen.* Vgl. 1,5: *Er hat uns mit seinem Blut freigekauft aus unseren Sünden.* 1 Joh 1,7: *Dann kann das Blut Jesu, des Sohnes Gottes, auch wirklich jede Schuld (Sünde) von uns abwaschen.*

> Weitere Vergleichstexte, im Griechischen formuliert mit. ῥαντίζω: 1 Petr 1,2: *Geheiligt durch den Geist, gehorsam und besprengt mit dem Blut Jesu Christi.* Hebr 12,24: *Hier ist Jesus, der Mittler des Neuen Bundes, hier ist Blut, mit dem die Christen besprengt werden, das weit lauter nach Rache schreit als Abels Blut.* Vgl. Hebr 9,20–22: *Mose besprengte mit dem Blut von Ziegenböcken und Stieren und mit Wasser das heilige Buch und das ganze Volk und sagte: Dies ist das Bundesblut Und in derselben Weise besprengte er auch das Zelt und die Gottesdienstgeräte mit Blut. Durch das Besprengen mit Blut, also eine Art Blutvergießen, wird beinahe alles rein gemacht. Die himmlischen Urbilder aber werden durch ein besseres Verfahren gereinigt und geheiligt. Jesus der Messias.* Hebr 10,22: *Denn unsere Herzen sind rein gewaschen von jedem Makel schlechten Gewissens, wir sind mit klarem Wasser gebadet.* Vgl. Num 19,9: *Wasser der Besprengung.*

Zum Verständnis der o. g. Aussagen der Apk können folgende Schritte führen:
1. Rituelle Reinheit bedeutet Heiligkeit und Zu-Gott-gehören. Das ist ein ästhetisches Element: Der Glanz der Heiligkeit wird nicht durch Flecken verunziert. In der biblischen Religion verbinden sich auf konkurrierende und

einzigartige Weise rituelle und ethische Heiligkeit. Beides hat mit der Apokalypse zu tun, weil es hier um die jetzt noch unsichtbaren, aber dennoch sehr realen Konsequenzen aus dieser doppelten Konzeption von Heiligkeit geht. Denn Gericht und Neue Schöpfung werden beides endgültig enthüllen, denn es wird nur bestehen (Bestand haben) können, was Gott ähnlich ist. Die Apk tut das auf ihre Weise schon vorab.

2. Diese Reinheit ist dualistisch aufgefasst und steht der Unreinheit gegenüber. Reinheit heißt Fleckenlosigkeit, Unreinheit heißt Beflecktsein.
3. Wenn etwas zuvor unheilig, unrein und befleckt war, muss es gereinigt werden, um heilig und zu Gott passend zu werden.
4. Beflecktsein und Fleckenlosigkeit sind Metaphern. Der Übergang von Unheiligkeit zu Heiligkeit vollzieht sich durch Beseitigung der Flecken.
5. Dieser Übergang kann, muss aber nicht, durch eine metaphorische Zeichenhandlung verdeutlicht werden. Deren Basis ist dann zum Beispiel der Vorgang physischer Reinigung. Das ist ähnlich wie bei Gleichnissen. Ein alltäglicher Vorgang liegt zugrunde, der dann aus dem Alltag herausgelöst wird und dabei eine zusätzliche, unalltägliche Bedeutung bekommt. Wie beim Gleichnis gibt es aber ein Tertium comparationis das die alltägliche Basishandlung mit der neuen Zielsetzung verbindet. Diese Zeichenhandlung ist dann der einzige sichtbare Punkt in dem Gesamtvorgang. Einige dieser Zeichenhandlungen nennt man auch Sakrament. Beispiel: Bei der Zeichenhandlung der Fußwaschung hat man lange überlegt, ob sie als Sakrament eingestuft werden sollte.
6. Ob dieser Übergang vorliegt, das entscheidet sich an dem gegebenenfalls liturgischen Gesamtvorgang. Denn nicht jedes Benetzen eines Kleinkindes über einer Schale mit Wasser ist eine Taufe. Letzteres ist abhängig von den Worten, dem liturgischen Kontext und den handelnden Personen (nur Ungetaufte können getauft werden).
7. Der Übergang von Unheiligkeit zu Heiligkeit ist trotz des metaphorischen Charakters der Sprache nicht unbedingt an eine metaphorische Zeichenhandlung gebunden; das nennt man dann z. B. Begierdetaufe (der Wunsch getauft zu werden besteht, der Vollzug dagegen nicht).
8. Auch das Wasser, selbst schon Teil einer metaphorischen Handlung, kann seinerseits wieder zur Metapher werden. Wasser wird zur Metapher für vergossenes Blut. Wenn es vergossenes Blut darstellt, ist das Tertium comparationis die vergossene Flüssigkeit und ihre Funktion. Im Neuen Testament wird diese Relation Blut – Wasser bedacht in Hebr 10,22, hier wie in Apk ebenfalls mit Bezug auf die christliche Taufe. Hebr 10,22 ist daher eine Art Kommentar zu Apk 7,14. Beim Wasser ist diese Funktion Reinigung; dass man dem Blut diese Funktion zuschreiben kann, hat einige weitere Voraussetzungen:

9. Blut ist pars pro toto von und Metapher für Leben. Wenn Blut vergossen wird, dann ist dieser Vorgang Metapher für hingegebenes und einem anderen geschenktes und insoweit gewidmetes Leben.
10. Hinzutreten muss auch der mit dem Denken nach der Talio verbundene Grundsatz »Leben für Leben«. Das heißt: Ein vernichtetes Leben wird gesühnt, d. h. hinsichtlich der Schuld an der Vernichtung wieder gutgemacht durch vergossenes Blut einer anderen, stellvertretenden Person.
11. Das wird metaphorisch formuliert im Sinn der Reinigung von Blutschuld durch vergossenes Blut.
12. Wenn es sich um Jesu Blut handelt, kann es als Blut eines Gerechten, also ohne eigene Schuld Jesu, für andere zu ihren Gunsten wirken und als symbolischer Ausgleich verstanden werden. Diese Qualität Jesu als des reinen Gerechten kann wiederum durch das Bild des Lammes metaphorisch wiedergegeben werden.
13. In diesem Sinn kann die Wassertaufe als Reinigung von Sündenschuld durch Jesu vergossenes Blut am Kreuz aufgefasst werden. Wenn denn die Worte, der Ritus und die vollziehenden Personen, also der Kontext, dazu legitimiert sind. Die metaphorische Zeichenhandlung bedarf daher der tragenden, deutend kommentierenden und legitimierenden Institution.
14. Der Tod am Kreuz war kein blutiger Tod, jedenfalls kein besonders blutiger. Blutvergießen ist also hier wiederum nur Metapher für einen besonderen, und zwar den gewaltsamen Tod.
15. Während an den vergleichbaren Stellen (MT und LXX) nur von Bespritzen (mit Blut) reden, spricht Apk von Waschen, und zwar vom Waschen der Kleider, was wiederum eine Metaphorisierung von »Leib« ist. Bei der Taufe geht es um das Baden des ganzen Leibes, nicht um Waschen oder gar nur Besprtizen der Kleider.
16. Bei der Taufe ist der Kreuzestod Jesu, auf den sie sich bezieht, schon vor fast 2000 Jahren geschehen. Die sakramentale Handlung vollzieht also zusätzlich eine zeitliche Überbrückung und dabei auch die Applikation des Blutes Jesu auf Millionen von getauften Menschen *nec sumptus consumitur* [auch wenn es gebraucht/verbraucht wird, geht es doch nie zuende]; ursprünglich vom Brot der Eucharistie und der leiblichen Gegenwart Jesu darin.

Die Punkte 1–16 können deutlich machen, welche vermittelnden Gedanken nötig sind, um neuzeitlichen Menschen, denen sakramentales und rituelles Denken fremd ist, einen schlichten Halbsatz der Apk verständlich werden zu lassen. Liturgie im Zeichen der Apokalyptik ist daher ein kunstvolles Metapherngeflecht. Wirklich verstehen kann es nur der »kirchliche« Insider, nicht der Tagesgast (die moderne Variante des Arkangeheimnisses).

Theologisch handelt es sich von der Grundlage im Alten Testament her um einen Vorgang beim Bundesschluss. Die Menschen, die zugegen sind, werden mit dem Blut von Böcken und Stieren besprtizt und damit »rein« und »kultfähig«

bzw. sie werden in die Lage versetzt, den Bund abschließen zu können. Weder 1 Petr (s. o.) noch Apk sprechen noch oder überhaupt vom »Bund«, so wie auch beide die Beziehung Blut/Wasser/Taufe nicht kennen. Nur Hebr kennt und nennt diesen Hintergrund im Bundesschluss noch und verlegt ihn allerdings ins Heiligtum.

Nun kennt auch das urchristliche Herrenmahl die Beziehung des Blutes Jesu zum Bund. Metaphorisch dargestellt wird das Blut dabei allerdings in dem roten Wein. Festzuhalten ist: Bei den beiden zentralen Sakramenten Taufe und Abendmahl gibt es zwei unterschiedliche »Darstellungsweisen« des Blutes Christi. Das nicht mehr verfügbare Blut Christ wird entweder durch Wasser oder durch Wein dargestellt. In beiden Fällen geht es um Reinigung von Sünden, beim Abendmahl geht es zusätzlich um den Bund, d. h. die Martyriumsgemeinschaft mit Jesus. Die Beziehung auf das Martyrium ist allerdings auch bei der Taufe durch Röm 6,3–6 hergestellt (vgl. dazu K. Berger, C. Bittlinger: Dieses Kreuz, 2018, 115–119).

Bei Taufe und Abendmahlskelch geht es um die Herstellung der jeweils engsten möglichen leibhaftigen und eben nicht nur rein geistigen Beziehung zu Jesus. Auf diese kommt es ganz und gar an. Benetztwerden bzw. Trinken einer Flüssigkeit gilt dabei als die Herstellung der unüberbietbar engen Nähe zu Jesus Christus. Die durch das Anziehen bei der Taufe hergestellte Beziehung wird dadurch wohl noch überboten (Anziehen kommt und bleibt »von außen«, Trinken »von innen«). Allenfalls vergleichbar wäre die Verbindung der Flüssigkeiten von Mann (Samen) und Frau im sexuellen Verkehr (Einswerden). Aber diese Metaphorik bzw. dieser physiologische Vorgang ist durch die Erzeugung kreatürlichen Nachwuchses bereits in jeder Hinsicht besetzt.

Die mittelalterliche Exegese nimmt aus der Apk die Rede vom »Blut des Lammes« auf. Da es diese Metapher nur in der Apk gibt, ist es nicht verwunderlich, dass mit dieser Metapher auch andere Stücke aus der Apk in die Erinnerung gebracht werden. Dazu gehören nicht nur die »Drangsale«, sondern auch die »Kleider« und nicht zuletzt der Thron.

Ambrosius Autpertus, 321 f.: de hac multimoda ac magna tribulatione venientes stolas suas lavant, et eas in sanguine agni candificant [sie kommen aus der vielfältigen und großen Verwirrung, sie waschen ihre Kleider und machen sie leuchtend im Blute des Lammes] nach Apk 7,15 vor dem Thron: quia talibus indumentis vestiti quia sanguine Agni videntur abluti. [bekleidet mit solchen Gewändern, weil durch das Blut des Lammes abgewaschen]. Diese libera servitus [freie Sklaverei] wird in seinem Tempel, d. h. in der Kirche, vollzogen.

Analecta Hymnica vol. 53, 63, Nr. 35: roseo cruore agni benignissimi empta lavit facinora. Stirpe davidica /ortus de tribu Iuda/ leo potens / surrexit in gloria / agnus visus in terra [Mit dem rosenfarbenen Blut des Lammes gnädig gekauft, wäscht er die Schuld ab. Geboren aus Davids Wurzel vom Stamme Juda, ein kräftiger Löwe, auferstanden in Herrlichkeit, als Lamm auf Erden erschienen] (= V. 12 f.16). 77: agni cruore /manante ex latere [durch das Blut des Lammes, das aus der durchbohrten Seite floss = Nr. 41,

V. 9] 108 vivit agnus [das Lamm lebt] (= Nr. 64, V. 13), Nr. 113, 198, V. 8: illic sequuntur agnum praevium ducem calcantem flores [dorthin folgen sie dem Lamm, das als Anführer vorangeht und über die Blumen schreitet] Nr. 117, 204. V. 7: stolam in sanguine agni ornata [das Gewand geziert durch das Blut des Lammes].

Ambrosius Autpertus, ebd., 433 (zu Apk 11,13): Quasi enim septem milia hominum in terraemotu ruentes moriuntur, cum pars illa, quae nunc inter agnos latitat, agente novissima persecutione ad publicum errorem deducta in corpus bestiae devoranda traicitur [7000 Menschen werden ja dem Erdbeben anheim fallen und sterben. Ein Teil davon, der jetzt unsichtbar unter den Lämmern verborgen ist, wird durch das Wüten der letzten Verfolgung zum allgemeinen und öffentlichen Irrglauben verführt werden und zum Verschlungenwerden in den Leib des Tieres geworfen werden].

Kommentar: Mit dieser »Vorhersage« geht Ambrosius Autpertus über die biblische Vorlage weit hinaus. Und nirgends sonst gibt es unter den Schafen »schwarze Schafe« so wie Unkraut unter dem Weizen. Die biblischen Schafe sind eindeutig in Charakter und Qualität. Dieses sozusagen nachträglich zu bemerken ist auch ein Ertrag der Beschäftigung mit dem Kommentar des Ambrosius Autpertus.

Gerechtigkeit und Unschuld
Die grundlegenden Voraussetzungen der Lamm-Metaphorik sind stets bewusst und werden oft genannt: Das Lamm steht weiterhin für Gerechtigkeit und Unschuld; anders heutzutage: Das Lamm steht für »Herdenvieh«, Naivität und Dummheit. Da Opfer verpönt sind, hat das Opferlamm einen schlechten Ruf.

Die »dialektische« Identität von Löwe und Lamm nach Apk 5 spielt eine Rolle in der unabhängigen Parallele TestXIIJuda 19, 3: Wie in Apk 5 steht dort der Löwe neben dem Lamm, freilich in ganz anderem Sinn. Denn nach TestXIIJuda steht der Löwe für den Sieg über die anderen Tiere, von denen dann gleich die Rede ist. Die Aussage dieses Textes ist daher: Das Lamm ist nur scheinbar das schwächste und zerbrechlichste Tier, in Wahrheit aber in der Endschlacht aller gegen das Lamm der strahlende Sieger. So ist das Lamm wider Erwarten der König der Tiere. Das aber ist der Weg der Gerechtigkeit in der Weltgeschichte. Deshalb sitzt das Lamm auch neben Gott auf Gottes Thron (nicht in Apk 4!).

Das gilt auch für die Hörner des Lammes, insbesondere für ihre Anzahl.
Analecta Hymnica vol. 53, 230, Nr. 137, V. 6: Das Lamm wird unschuldig und ohne Makel geopfert, auf das Holz des Kreuzes angenagelt, stirbt es.
Joachim von Fiore, Expositio in Apocalypsin, fol. 43 stellt die *vita activa* und *laboriosa* der *vita contemplativa* gegenüber. Beide seien notwendig: Virgines enim sunt. Hii sequuntur agnum quocumque ierit, quia igitur constat modis omnibus quod duo ordines isti necessarii sunt ei qui fecit illos, praesertim cum in primo eorum clara sit et manifesta similitudo filii sicut in secundo spiritus sancti, non est quod timere debeat ordo iste [Sie sind Jungfrauen, sie folgen dem Lamm überall hin, wohin es geht. Weil es also feststeht, dass diese beiden Ordnungen notwendig sind für den, der sie gemacht hat, und weil in der ersten Ordnung die Ähnlichkeit mit dem Sohn klar und offenkundig ist, bei der zweiten Ordnung aber die Ähnlichkeit mit dem Heiligen Geist, besteht kein Anlass, dass diese Ordnung Angst haben müsste].

Kunst (Gerke): Apsismosaik S. Pudenziana in Rom, Kreuz zwischen den vier Lebenden Wesen, zwei Frauen (Juden- und Heidenchristen), Taube und Lamm: Agnus innocens et sine macula [Das unschuldige Lamm wird ohne Makel geopfert]. Weil das Lamm ein weißes Fell hat, also gerecht und unschuldig ist, besitzt es die singuläre Eignung zum Richter.

Gericht durch das Lamm

> Bruno von Segni, Apk-Komm., 715 baut sich selbst aus Versatzstücken der Apk einen Text über das Lamm, den er dann kommentiert: Et vidi ante thronum agnum candidum, et sedentem super eum, a ciuius aspectu fugit terra et caelum, et locus non est inventus eius. Et vidi mortuos magnos et pusillos stantes in conspectu throni, et libri aperti sunt. Et alius liber apertus est, qui est vitae, et iudicati sunt mortui ex his quae scripta erant in libris secundum opera ipsorum. Agnus iste candidus nulla vitiorum macula viriatus, ille est qui tollit peccata mundi. Qui ante thronum et super eum sedet, quia omnium ordinum angelorum ordinibus maior est et prae cunctis altius sedet, quasi vellet dicere: Agnum sedentem super thronum Deum in homine significavit. A cuius conspectu fugit terra et caelum, quia eo ad iudicium veniente sicut ipse ait et caelum et terra transibit. Et locus pristinus et assuetus non est inventus in eis, omnibus videlicet in melius commutatis [Und ich sah vor dem Thron ein leuchtend weißes Lamm. Und auf dem Thron saß einer, vor dessen Anblick Erde und Himmel flohen, und für sie gab es keinen Ort mehr. Und ich sah Tote, große und kleine, vor dem Thron stehen. Und Bücher wurden geöffnet. Und ein zweites Buch, nämlich das Buch des Lebens, wurde geöffnet, und die Toten wurden nach dem gerichtet, was in den Büchern gemäß ihren Werken geschrieben stand. Jenes Lamm ist leuchtend weiß, durch keinen fehlerhaften Makel angesteckt. Er ist es, der die Sünden der Welt trägt. Er steht vor dem Thron und sitzt über ihm, denn er ist größer und höher als alle Ordnungen und Ränge der Engel, und vor allen sitzt er höher, als wollte er sagen: Das Lamm, das auf dem Thron sitzt, bezeichnet den menschgewordenen Gott. Vor seinem Antlitz fliehen Erde und Himmel, denn wenn er zum Gericht kommt, werden, wie er selbst sagt, Himmel und Erde vergehen. Und ein Platz, der wie früher und gewohnt war, ließ sich in ihnen (sc. in Himmel und Erde) nicht finden, denn alle Dinge waren ins Bessere verwandelt worden].

Kommentar: Deutlicher als irgendwo in der Apk wird das Lamm als Richter dargestellt. Anlass sind die weiße Farbe des Fells, der Thron, die Menschen vor dem Thron. Auch andere Autoren sagen, das Lamm auf dem Thron sei ganz speziell die Darstellung Gottes in Menschengestalt, denn das Lamm ist unter den Haus- und Stalltieren das zarteste und wehrloseste Wesen zugleich. Wenn sich der große Gott freiwillig dazu macht, entsteht ein schreiender Kontrast.

Lamm und Löwe

> Alexander Minorita (399): Ipse leo et agnus sub speciebus panis et vini latent [Der Löwe aber und das Lamm sind verhüllt unter den Zeichen von Brot und Wein]; Analecta Hymnica, vol. 53, 87, Nr. 79, V. 3: Tu verus agnus solus sine macula, similis iaspis et sardino lapidi [Du wahres Lamm, allein ohne Makel, ähnlich dem Jaspis und dem Sar-

des-Stein]. Analecta Hymnica, vol. 50, 311 (Hermann der Lahme), Nr. 240: Rex regum / Dei agne / leo Iuda magne [König der Könige, Lamm Gottes, großer König von Juda].

Das Lamm als Sieger

Andreas von Caesarea zu 17,14: Lamm besiegt sie, macht die Auserwählten zu Genossen in seinem Reich; Analecta Hymnica, vol. 53, 431, V. 13: flectas agnum / regem magnum / pelle manum hosticam; ebd., 334, V. 12: laudent agnum Dei /serpentis antiqui [erweiche das Lamm, den großen König, vertreibe die feindliche Schar, sie sollen loben Gottes Lamm]. – Ebd., 314, V. 4a: Tu agnum regem / terrae dominatorem / Moabitici / de Petra deserti / ad montem filiae Sion / transtulisti (= Rezeption der Stelle JesVg, vgl. BAK 107) [Du hast geleitet das Lamm, den König, den Herrn über die Erde, vom moabitischen Felsen zum Berg der Tochter Zion].

Lamm Gottes und Lamm der Apokalypse

Lamm Gottes des JohEv und Lamm der Apk verstärken sich gegenseitig. Sie werden nicht getrennt rezipiert. Aus dem einen Lamm werden die vielen Lämmer. Da man das JohEv demselben Autor wie die Apk zuschrieb, ist der Hirt der Schafe aus Joh 10 in der Sprache der Apk zum Leithammel geworden. Die Multiplikation der Schafe geschieht überdies nicht ohne Einfluss von Stellen wie Mt 10,16. Die Vermehrung in der Anzahl wird besonders in der Kunst (alte Basiliken Italiens), aber auch in den Hymnen greifbar, vgl. dazu: Lämmer in einem Mosaik S. Prassede, Rom (bei S. Maria Maggiore; vor 489): ganz oben Lamm im Clipeus, von Engeln gerahmt; zahlreiche Lämmer auf dem Stirnband unter dem stehenden Christus.

Hochzeit des Lammes

Wie kommt eigentlich das Lamm zu einer menschlichen Frau (»Braut des Lammes«)? Ist das eine mythologische Vorstellung archaischer Art? Zu den einschlägigen Stellen Apk 19,7; 21,9 erfährt man in der Regel nicht mehr, als dass es in der Bibel die Vorstellung von Gottes Ehe mit seinem Volk gibt, dass im Frühjudentum und bei Johannes dem Täufer, bei Jesus und bei Paulus (2 Kor 11,2, vgl. 2 Clem 14,2) sowie in der Alten Kirche das Motiv der Ehe zwischen Messias und Gottesvolk hervortritt. Doch über den besonderen Tatbestand der Ehe zwischen Tier (Lamm) und seiner Braut, einem menschlichen Partner (Volk Gottes), erfährt man nichts. Das gilt auch für die oben genannte Verbindung von Jungfrau und Lamm (Geburtsvorgang?), die Apk und TestXII Juda eint.

Ambrosius Autpertus, ebd., Visser, 77 zu 12,2: Sic inquam et hoc loco sponsus vir vocatur. Nam et ipsa, quae nunc sponsa dicitur, paulo inferius (21,9) uxor agni vocatur, quae scilicet propter incomparabilem amorem vel fidei sacramenta digne sponsa propter aeternos vero coniunctionis amplexus recte uxor appelletur [So, sagte ich, wird auch hier der Bräutigam, der Mann, genannt. Denn auch kurz danach wird die »Braut« Frau des Lammes genannt. Und das geschieht mit Recht: ihre Liebe ist unvergleichlich und das gilt auch für die Treue-Eide, so wird sie zu Recht wegen der unaufhörlichen Umarmungen Ehefrau genannt].

Alexander Minorita, 397 unterscheidet die nuptiae fornicariae (inebriati de vino prostitutionis suae) von den nuptiae agni [hurerische Hochzeit des Tieres, das trunken ist vom Wein seiner Prostitution und Hochzeit des Lammes]. – *Kommentar:* Damit ist der Dualismus nun auch auf die spiegelbildliche Gegenhochzeit ausgeweitet.

Maria und das Lamm
Ob die Jungfrau nach TestXIIJuda 19, 3, aus der das Lamm hervorgeht, Maria sein soll, ist umstritten und hängt davon ab, wie man den jüdischen bzw. christlichen Einfluss/Anteil dieser Schriftengruppe bewertet. Liegt in dieser sehr altertümlichen judenchristlichen Schrift eine Rezeption der neutestamentlichen Kindheitsgeschichten vor? Das vermag ich nicht recht zu glauben.

Vgl. ferner: Analecta Hymnica, vol. 53, 474: Mater agni / regis magni / templum sancti spiritus. – Ebd., vol. 53, 351: Te agnum sine macula / iam sequitur /stola candida/ filium virginis / quocumque virginum flos ieris (Hermann der Lahme). – Ebd., vol. 53, 174: Maria agnus [Mutter des Lammes, des großen Königs, Tempel des Heiligen Geistes, Dir, dem makellosen Lamm, folgt die leuchtende Schar, dem Sohn der Jungfrau, wohin immer du gehst, du Blume der Jungfrauen Maria, das Lamm].

Jungfrau, Braut und Lamm
Die alte und enge Verbindung von »Lamm« und »Jungfrau« (z. B. Apk 14,4) verknüpft metaphorisch das Weiß der Farbe des Fells mit der Vorstellung, sexuelle Unberührtheit sei Unschuld und Makellosigkeit. Diese Metaphorik ist tief verwurzelt und weit verbreitet.

Die nächste Entsprechung kommt aus den judenchristlichen TestXII: TestXIIJoseph 19, 3: die priesterlich weiß gekleidete Jungfrau aus Juda; aus ihr kommt ein fleckenloses Lamm; der dabeistehende Löwe besagt etwas über den Charakter des Lammes; es gibt einen Kampf aller Tiere gegen dieses Lamm, das Lamm siegt. Die Jungfrau ist hier eher die Mutter als die Braut des Lammes. Eine Zurückführung auf Apk 19; 21 halte ich deshalb für unmöglich. Der Kampf aller Tiere gegen das eine Lamm ist im Rahmen apokalyptischer Zoologie zu verstehen, auf die auch die Deutung des Löwen führt. Ähnlich der Kampf gegen Jerusalem in Apk 20 als Kampf aller gegen die auserwählte Stadt; vgl. auch das Motiv »alle gegen einen« in 4 Esra.

Aus Apk 14,4 ergibt sich eine stabile Verbindung von Lamm und Jungfräulichkeit jenseits von Blut und Sterben. So spricht die mittelalterliche Auslegung vom Lamm als dem *filius virginis* oder als *virginum flos*.

Analecta Hymnica, vol. 50, Nr. 338, 494, V. 8: Christus parat nuptias / miras per delicias / hunc expectes principem / te servando virginem [Christus bereitet die Hochzeit vor, wunderbare Freuden /diesen Anführer kannst du erwarten/ indem du dich als Jungfrau bewahrst].

Jungfrau und Lamm sind »von der gleichen Art« und passen deshalb in klassischen Konstellationen von Mutter und Kind sowie von Mann und Frau zusammen. Jeder Part ist dabei unvertretbar. Die gemeinsame Qualität »Gerechtigkeit« bzw. »Unschuld« ist je und je die Basis für diese Zweierkonstellation. Sie ist auch zugleich stets die Voraussetzung für das Bestehenbleiben dieser Verbindungen. Was hier metaphorisch vermittelt wird, ist die schlichte Einsicht in die sozialethischen Voraussetzungen grundlegender Beziehungen im menschlichen Miteinander.

Wir sind auf eine Reihe rätselhafter Vernetzungen gestoßen: Wie kommt die Jungfrau zum Lamm, speziell zur Hochzeit mit ihm? Warum wählt Johannes gerade diese Bilder? Meine These: Es handelt sich um ein eigenes Kapitel der Zionstheologie:

1. Zion Tochter Gottes zu nennen, ist im Alten Testament bei den Propheten üblich, besonders bei Jesaja, aber auch bei Jeremia, in den Klageliedern und in Ps 9,14. Im Hintergrund steht die vorderorientalische und im Mittelmeerraum geläufige Sitte, die großen Städte als Frauen (Mütter einer Vielzahl von Kindern) zu betrachten. Das könnte oft auch auf ehemalige Stadtgöttinnen zurückgehen wie in Athen und Rom; auch in Ephesus ist das bekannt (Artemis).
2. Schon im Alten Testament (Jes 47,1) wird Zion in dieser Hinsicht mit Babylon verglichen (Tochter Babylon). In der Apk wiederholt sich diese Rivalität.
3. Es gibt die verbreitete Neigung, diese Tochter Gottes »Jungfrau« zu nennen, und das gilt speziell für Zion, so in Jes 37,22 (Jungfrau, Tochter Zion); 47,1 (Jungfrau, Tochter Babylon), Klgl 1,15 (der Jungfrau Tochter Juda); 2,13 (Jungfrau Tochter Zion).
4. Zu diesem Punkt gibt es eine religionsgeschichtliche Analogie: Athene, die Stadtgöttin von Athen, ist Tochter des Zeus und Jungfrau (noch ihre Tochtergründung Neapel hieß »Parthenope«). »Jungfrau« wegen der Unzugänglichkeit, die sich für eine Stadt gut machte. So ist Zion Tochter Gottes und (s. unter 3.) Jungfrau. Es kann sein, dass in hellenistischer Zeit die profane Analogie die Entfaltung der Auffassung vom Himmlischen Jerusalem/Zion als Jungfrau begünstigt.
5. Mit dem Berg Zion in Jerusalem verbinden sich alte Marientraditionen. Die Dormitio BMV steht auf dem Zion. In der Liturgie wird auch die Jungfrau Maria Tochter Gottes genannt. D. h. hier ist Ähnliches geschehen wie wir es schon zu Apk 12,1 (s. BAK 879 ff.) beobachtet haben: Ein Stück alttestamentlich-jüdischer Theologie ist in Maria zu einer konkret in Erfüllung gegangener Verheißung geworden.
Zu Apk 12,1–4 ist im Übrigen zu bemerken, dass Methodius von Olympos in seinem Symposion 8, 4 die Frau von Apk 12,1–4 als Jungfrau bezeichnet.
6. Verräterisch ist, dass bei den hier zu deutenden Stellen in TestXIIJoseph 19, 3 die Jungfrau, die das Lamm hervorgebracht hat, mit dem Attribut »aus Juda« versehen ist, sie wird »die priesterlich weiß gekleidete Jungfrau aus Juda« genannt.

Die großen christologischen Themen

Durch die unter 1.–6. genannten Punkte ist wahrscheinlich geworden, dass sowohl die Hochzeit des Lammes nach Apk 19; 21 als auch die Herkunft des Lammes aus der Jungfrau in Juda auf eine Zion-Theologie zurückgehen. Denn Zion ist die Jungfrau, die der Messias ehelicht und die ihn – nach einer anderen Variante der Tradition – als Mutter hervorgebracht hat.

Auch 2 Kor 11,2 f. gehört hier dazu: Paulus wacht über die Jungfräulichkeit der Gemeinde, die doch Christus anverlobt ist. Das Urbild Zion/Jerusalem wird auf jede Gemeinde in aller Welt übertragbar. So ist auch in den Kirchweih-Liturgien jede Kirche der Tempel Gottes »auf dem Zion«, ganz gleich ob man dabei an das irdische oder an das Himmlische Jerusalem denkt.

Vor allem wird nach diesen Überlegungen der Abschnitt Apk 14,1–4 im Ganzen besser verständlich: Die beiden Stichworte »Zion« und »Lamm« stehen in 14,1 beieinander. Damit rückt der Satz in die Nähe von Aussagen über Jungfrau/Braut und Lamm. Die 144.000 werden in der altkirchlichen Auslegung bei Victorin von Pettau konsequent *virgines* genannt. Unter anderem aber wird nun die inhaltliche Kohärenz von Apk 14,1–4 begreiflich. Denn in 14,4 heißt es ausdrücklich, dass die 144.000 Jungfrauen sind. Deren Jungfräulichkeit leitet sich direkt her aus der klassischen Jungfräulichkeit der Braut vor der Hochzeit her. Die Verknüpfung von Zion und Jungfrauen in 14,1–4 ist daher in der oben aufgezeigten Vorgeschichte verankert. Denn wie Zion Jungfrau/Braut ist, so auch die zu ihr Gehörigen. Die direkte Analogie dazu steht in eben diesem Kontext: Der bräutlich/jungfräulichen Eigenschaft der Kinder Zions entspricht als »Parallele«, dass sie dem Lamm nachfolgen, wohin immer es geht. Denn die Nachfolge begründet die Ähnlichkeit der Nachfolger mit dem vorausgehenden Lamm. Bei der Braut wie beim Lamm geht es mithin zweimal um Ähnlichkeit der zugehörigen Menschen mit der »Leitfigur«.

Was das praktisch bedeutet, ist eine brisante Frage. Die Ähnlichkeit mit dem Lamm bedeutet im Kontext der Apk die Bereitschaft, mit ihm zu leiden. Die Ähnlichkeit mit der Braut (Zion), hier Jungfräulichkeit genannt, könnte Verschiedenes bedeuten: Enthaltsamkeit vor der Ehe oder Treue zu Christus im Rahmen des Judentums (Zion!) und Enthaltung von anderen Kulten und Religionen oder Nicht-Zugänglichkeit, Nicht-Verführbarkeit, Distanz zur Zivilisation und Gesellschaft der umgebenden hellenistischen Welt (inklusive konservativem Sexualverhalten). Durch die Anbindung an die Zion-Tradition ist jedenfalls eine exklusive Deutung dieser Jungfräulichkeit auf geistliche Ehelosigkeit oder Zölibat ausgeschlossen, wenn auch, wie gesagt, nicht unmöglich.

> Anders Speculum Virginum (12. Jh.), Buch V (zu Apk 14,4: 401): Was das Lamm an Herrlichkeit und Keuschheit durch Macht und von Natur aus hat, die nachfolgenden Jungfrauen aus Gnade haben (Verweis auf Mt 19,11). Quadriga der Jungfräulichen: das Lamm, seine Mutter, der Apostel Johannes, Johannes der Täufer. Von der einzelnen geistlichen Jungfrau gilt später, dass Christus ihr Bräutigam ist (Gregor von Nazianz usw.)

Hochzeit des Lammes nach der armenischen Liturgie

Textgrundlage: Rituale Armenorum, ed. F. C. Conybeare, Oxford 1905.

Der Zeitpunkt der Hochzeit des Lammes ist für die armenische Liturgie die Kirchweihe. Im Blick auf Apk 19,9; 21,9 bedeutet das ein Stück Gegenwärtigsetzung eschatologischer Hoffnung. Ein solches liturgisches Vorgehen ist der Apk nicht fremd. Denn die Trennwände zwischen Gegenwart und Zukunft sind dünn, zumal in jeder liturgischen Feier.

Armenische Liturgie, Kirchweihe, 20: Du Tochter du des alten Zion, Christus, der Bräutigam, ist herabgestiegen, er bringt dir Zorn, der nicht vergeht. Der Bräutigam Christus ist gekommen. – 24 f.: Tochter Zion: Juble, oberes Jerusalem, freue dich, Zion, Mutterkirche. Freue dich heute, heiliges Zion und Mutterkirche, komm, lass uns bauen den heiligen Tabernakel des Lichts. – Werde Licht, Jerusalem, und sieh deine Bollwerke an, denn der himmlische Bräutigam ist zu dir gekommen. – Gründonnerstag (205): Bringe ihn in ein besseres Leben, in das geistliche Haus des oberen Jerusalem. – Begräbnis eines Priesters (273 f.): Christus kommt wie der Blitz, unser Gott und Bräutigam, vor ihm Engel und Erzengel. Posaune: Wacht auf, die ihr schlaft. Siehe, der König ist gekommen, Christus. Sie kommen zur Schönheit der Glorie und zum unsterblichen Bräutigam Christus, sie betreten die Mutterstadt Jerusalem. – Begräbnis von Kindern (280): Heißt ihn willkommen im oberen Jerusalem, in dem reich bestückten Garten im ewigen Leben, bei den geistbegabten Wächtern. – Abendgottesdienst am Epiphaniefest 6. Januar (307): Am herrlichen Tag, an dem deine Majestät offenbart wird, lass uns würdig sein, dass wir mit die Freude haben im Brautgemach des Lichts. – Weihnachtsnacht (314): Er hat uns berufen in das Hochzeitsfest des neuen Lebens. – Nächtlicher Festgottesdienst (335): Sie waren die geistlichen Bräutigame, in denen der König Christus wohnt. (336): Ihr seid eingeladen zur Hochzeit des Bräutigams im Himmel. (339): Die Kirche ist die Braut des Höchsten, der sie, die aus den Völkern kommt, seinem Sohn anverlobt hat. Er hat sie eingeladen in seiner liebreichen Freundlichkeit zu dem Hochzeitsfest, das nicht aufhört. – Nächtl. Festgottesdienst (345): Sei gegrüßt, geistlicher Bräutigam, der du bereitet hast alle Freude für die Braut, die du aus den Sterblichen dir zur Frau genommen hast und für die du ein wunderbares Hochzeitsfest im Jordanfluss bereitet hast. (347): Im (Tauf-) Wasser machte er sie (sc. die Kirche) zu seiner Braut und bekleidete sie mit dem Glanz seiner Hochzeit. (349): Im Jordanfluss wurde die Kirche vermählt mit dem himmlischen Bräutigam, und er drückte ihr auf den anbetungswürdigen Namen seiner Gottheit. Er wird kommen und lässt sie betreten das Brautgemach des Lichts, das Königreich, das nicht stirbt. – (352): Unser Herr wob ein Brautgemach für seine geistliche Kirche und versprach ihr einen Ehebund. – Fest der unschuldigen Kinder (353): Die Tore des geistlichen Brautgemachs sind geöffnet für die Vergebung der Menschenkinder. – Morgengottesdienst (384): Die Kirche sagt: Zu mir ist der Tempel des Wortes herabgekommen und ich wurde wunderbar getauft (vier Paradiesflüsse). – Eucharistiefeier (386): Um dir ein Lied zu singen im Brautgemach deines Königreiches, Ehre sei dir.

Kommentar: Die Theologie der armenischen Liturgie ist hier durch folgende miteinander verwobene Themen bestimmt: Die Taufe Jesu im Jordan, das Himmlische Jerusalem/Zion, die Ankunft des Bräutigams mit dem Auftreten Jesu.

Auch die westliche Kirche verband früher am 6. Januar das Fest der Taufe Jesu im Jordan mit dem Evangelium von der Hochzeit (!) zu Kana. Das Fest nannte man »Epiphanie«, d.h. Erscheinen Gottes in der menschlichen Natur. Beitrag zur Wirkungsgeschichte der Apk: Himmlisches Jerusalem, Zion, das Kommen des Bräutigams, seine Hochzeit. Das alles geschieht jetzt schon. Die Taufe Jesu im Jordan ist deshalb sein Verlöbnis mit der Kirche, weil er, der er selbst der Sündenvergebung nicht bedarf, sich stellvertretend für die Kirche hat taufen lassen und sie so gereinigt hat (Vorstellung: Eph 5,26). Wo wir »Himmel« sagen, heißt es in der armenischen Liturgie »Brautgemach des Lichts« (Vermählung von Himmel und Erde). In der verzweigten Diskussion um das »Sakrament des Brautgemachs« (bes. PhilEv) neige ich dazu, den initiatorischen Charakter zu betonen. Denn wo immer das Stichwort Brautgemach auftaucht, geht es um einen Aspekt der Inkarnation, d.h. der Vermählung von Himmel und Erde (vgl. dazu im *Exsultet* die Stilisierung der Osternacht als Brautnacht: nox in qua terrenis caelestia, humanis divina iunguntur [Nacht, die verbindet Himmel und Erde, Gott mit den Menschen]).

Das Lamm ist der messianische Herrscher
Aufschlussreich für Apk 7,1f. ist JesVg 16,1: Emitte agnum Domine dominatorem terrae de petra deserti ad montem filiae Sion. [*Sende das Lamm, Herr, den Herrscher über die Erde, vom Fels in der Wüste auf den Berg, der zu deiner Tochter Zion gehört* (bzw. der deine Tochter Zion ist [genetivus qualitatis]). Bereits in BAK 498 wurde dargestellt, dass dieser Felsstein, der aus der Wüste geflogen kam, als Stein auf dem Zion sowohl Bild für Jesus ist als auch für Apostel bzw. Petrus. Dass er in JesVg »Lamm« genannt wird, weist auf die Qualität dieses Neuen hin: Er ist der absolut Gerechte. Dass die Vg oft frühjüdisches Sondermaterial liefert, ist bekannt.

> Nach einer von E. Littmann edierten äthiopischen Apokalypse ist die Erwartung einer Lamm-Theophanie am Ende der Zeiten in der äthiopischen Kirche lebendig: Der Heilige Geist erscheint wie eine weiße Taube, seine Federn sind wie Jaspis und Sardesstein, seine Füße glühen wie im Feuerofen, seine Augen leuchten wie die Sonne. »His body is as a plate, white as snow, and from his mouth cometh a fiery tongue with twelve rays. And upon his head is planted a sign of light. (25) And in the midst of this sign shall appear clear the likeness of a white lamb. And it hath seven horns and seven eyes. (26) And it shall speak plainly with the voice of men saying: I am Jesus of Bethlehem and Juda. (27) And having said this he shall rest upon the host of the patriarch of Alexandria.« Die Funktion dieser Theophanie: Juden und Moslems werden Christen (vgl. E. Littmann: Abyssinian Apocalypses, in: Amercican Journal of Semitic Languages 19 [1902–03] 83–95).

> *Kommentar:* Die Erscheinung ist nach Apk 1,14f. und 5,6 gezeichnet (sieben Hörner und sieben Augen). Dass die ganze Schilderung nicht dem Text der Apk, sondern eher der Kunstgeschichte entnommen ist, darauf weist die betonte weiße Farbe des Lammes.

Zur Datierung vgl. E. Littmann, a. a. O., 86 »true apocalyptic literature that takes us back, as it were, to the times of the late Jewish and of the early Christian activity«.

Lamm und Thron
Obwohl in der Thronvision in Apk 4 neben Gott und den vier Lebenden Wesen sowie den 24 Ältesten kein Platz für das Lamm ist, wird das Lamm in den Liturgien sowie auch in der Kunst dort regelmäßig platziert, wenn nicht gar allein abgebildet. Doch nach Apk 5,6 steht das Lamm mitten vor dem Thron, so ist es auch nach den anderen Belegen, in denen der auf dem Thon Sitzende regelmäßig getrennt ist vom Lamm, das in der Mitte vor dem Thron zu stehen scheint (Apk 7,9.17). Erst Apk 22,3 spricht vom Thron Gottes und des Lammes. In 3,21 sagt Jesus, der dort aber nicht »Lamm« genannt wird, dass er mit seinem Vater auf dem Thron sitzt und dem »Sieger« sogar an dieser Sitzordnung Anteil geben wird. Obwohl sich die Throngemeinschaft daher auf Apk 22,3 und 3,21 beschränkt, kann es aus dogmatischen Gründen (Trinitätsstreitigkeiten) geschehen, dass diese betont wird (so bei Fulgentius von Ruspe).

In der Kunst gibt es zwei unterschiedliche seitliche Längs-Darstellungsweisen des Lammes. Entweder blickt es geradeaus »nach vorn« oder es blickt zurück, wie wenn ihm der Hals umgedreht wäre. Nach meinen Beobachtungen verhält es sich damit so: Das Lamm, das nach vorne blickt, ist das siegreiche oder auferstandene. Das Lamm, das den Kopf zurückgeworfen hat, ist das getötete, »wie geschlachtet«, das mangels Kraft seinen Kopf nicht mehr aufrecht halten konnte. Der oft mit dem Lamm zusammen abgebildete Kreuzesstab (mit Siegesfahne) passt eindeutig besser zu dem nach vorne blickenden Lamm. Aber besonders wenn ein Kelch an der Seite des Lammes steht, in den sein Blut fließt, ist trotz Fahne das Haupt zurückgeworfen. – Daneben gibt es auch das Lamm, das (wie bei Albrecht Dürer) sich mit den Vorderpfoten an den Knien des Thronenden aufrichtet. Dabei und auch sonst wird oft das Buch (Apk 5,1 f.5) zusammen mit dem Lamm abgebildet.

Das Lamm fehlt in der Thronschilderung der Oratio Mariae ad Bartos (kopt. Gebet, 5. Jh.). – Amalar I (Canonis missae, 302): Johannes schrieb in Apocalipsi libro: Se vidisse ante thronum Dei et agni viginti quattuor seniores et quattuor animalia [Er habe gesehen vor dem Thron Gottes und des Lammes 24 Älteste und vier Tiere]. – Analecta Hymnica, vol. 53, 316, Nr. 194, Thronvision Strophe 4–6: Cui [Gott] caelorum virtutes / Cherubim et Seraphim / simul sanctus, sanctus, sanctus / proclamant. (V) Cui viginti quattuor / seniores ardentes / ad aram patris qui sedet/ ad dextram (VI) Christo et agno cum Patre qui regnat/ et spiritu sancto modo [Ihm rufen die himmlischen Kräfte, die Cherubim und Seraphim gemeinsam zu: Heilig, heilig, heilig. Ihm rufen das zu die feurigen 24 Ältesten, ihm, der sitzt beim Altar des Vaters zur Rechten, Christus, dem Lamm, der mit dem Vater regiert, und dem Heiligen Geist]. – Ambrosius Autpertus, 322, zu Apk 7,16–17 (Lamm in der Mitte des Thrones): Ubi etiam ex obliquo turba illa ante thronum stans ex agnis constare monstratur [wo auf der einen Seite jene Schar vor dem Thron steht, die als Schar von Lämmern dargestellt wird]. – Fulgentius von Ruspe,

Contra Fabianum 3, 4.24–32, Gegen die Arianer: Nach Apk 4,8–11; 5,11–14; 7,9–12 kommt Gott und dem Lamm gleichermaßen Ehre zu.

Wie man den Beitrag der Apk mit denen aus dem JohEv und mit paulinisch-johanneischer Erhöhungschristologie vermischt hat, zeigt die folgende Präfation aus dem gallikanischen Missale von Bobbio:

Bobbio-Missale, Nr. 286, 85: De morte enim christi resurrectio nostra venit in mundo qui sicut oves ad occisionem pro nobis ductus est et ut agnus coram tundentem sine voce sic non aperuit os suum. Hic enim est agnus dei unigenitus filius tuus qui tollit peccata mundi et qui se pro nobis offerendo non desinit nosque apud te perpetua advocacione defendit quia numquam moritur immolatus sed semper vivit occisus … [Denn aus dem Tod Christi kam unsere Auferstehung, er, der in der Welt wie die Schafe für uns zur Schlachtung geführt worden ist und wie das Lamm vor seinem Scherer den Mund nicht aufgetan hat. Denn er ist das Lamm Gottes, dein eingeborener Sohn, der die Sünden der Welt trägt und der nicht aufhört, sich für uns zu opfern und durch ununterbrochene Fürsprache bei dir uns verteidigt, denn obwohl geopfert, stirbt er nicht, sondern als Ermordeter lebt er …]

Das Lamm auf dem Thron als der beständige Fürsprecher der Menschen ist hier im Sinn von 1 Joh 2,1 die Antwort auf die Frage, was denn das Lamm auf dem Thron macht.

Nach dem mittelhochdeutschen Gedicht »De septem sigillis« wird die Fähigkeit des Lammes zur Offenlegung der himmlischen Geheimnisse auf seine sieben Augen zurückgeführt.

Vgl. F. Maurer: Die religiösen Dichtungen des 11. und 12. Jh., II, 495, Tübingen 1965, I, 349–351: (D)o johannes der bote was /versant so verre in des meres sant, / duo iroffenete ime diu gotes craft dei wunter also manichslaht. / er sach ein buoch da gescriben, bisigilit waiz mit insigilen siben,/daz niemen torste insigilen, in erde noch in himele,/ e daz gotes lamb irslagen wart, daz irstente ein lewe wart. /daz hate siben ougen, daz eroffente uns diese gotes tougen. – Das Gedicht handelt dann von der Siebenzahl in Bibel und Kirche im Allgemeinen. Vgl. ähnlich Alexander von Bremen (Minorita), Komm., 7: (agnus) habet clavem potentiae ac scientiae David patris sui secundum carnem.

Nachfolge des Lammes
Obwohl Apk 14 nicht von Märtyrern spricht, ist es doch ganz im Sinn des Propheten Johannes, wenn spätere Texte dazu neigen, diese Nachfolge als Martyrium zu deuten. Bei Hermann dem Lahmen findet sich auch bei der Nachfolge die oft bezeugte Verbindung von Jungfrau (hier: Maria) und Lamm (s. u.).

Analecta Hymnica, vol. 50, 103, Nr. 81, V. 10 (zum 28.12.): Agnum Dei qui candidum / mundo sequeris tramite / manus latronis impias / ne grex pusille formidas [die du dem strahlenden Lamm Gottes auf reinem Pfad folgst, kleine Herde, hab keine Angst vor den Verbrecherhänden des Räubers]. V. 15: adstant nitentes fulgidis / eius throno nunc vestibus / stolas suas qui laverant / Agni rubentes sanguine [Sie stehen um seinen Thron in strahlenden Gewändern, die ihre Gewänder gewaschen hatten im roten Blut des Lammes]. Ebd., 109, Nr. 86, V. 15: praefulgido stolas suas / agni cruore laverant [die in dem leuchtend reinen Blut des Lammes ihre Kleider gewaschen hatten]. V. 16: sequi desiderat Christi Petrus vestigia [Petrus sehnt sich danach, den Spuren Christi zu folgen]. Ebd., 188, Nr. 137 V. 3: effugit agnus in arva procul [das Lamm ist entflohen auf die Felder in der Ferne]. – Ebd., vol. 14, 35, Nr. 20 V. 7: vos etiam sequi agni refert vestigia [er berichtet, dass auch ihr den Spuren des Lammes folgt]. – Ebd., vol. 53, 351: Te agnum sine macula / iam sequitur /stola candida / filium virginis / quocumque virginum flos ieris [Dir, makelloses Lamm, folgt schon die leuchtende Schar, dem Sohn der Jungfrau, der, wohin du auch gehst, Blüte der Jungfrauen] (Hermann der Lahme). – Alkuin, Paulus, PL 100, 1088: Sed mitem sequitur miles qui candidus agnum cum duce percipiet regna bella polo [Aber dem sanften Lamm folgt der Soldat, der strahlend unter Führung des Himmels den Kampf aufnimmt]. – Joachim v. Fiore Apk-Komm., Druck 1527, 43: dem Lamm zu folgen: similitudo filii und similitudo spiritus sancti [Ähnlichkeit mit dem Sohn und dem Heiligen Geist].

Märtyrer
Sowohl die Farbe der Unschuld als auch der Charakter der Lämmer als Herdentiere lassen Christus als Anführer der Märtyrer erscheinen. Die Nachfolge des Lammes »überall dorthin, wohin es geht«, wird zunehmend im Sinn des Martyriums verstanden.

Blasius Viegas, Komm., 688 zu 13,8: Cur Christus dicatur occisus ab origine mundi [Warum, sagt man, sei Christus geschlachtet seit Anbeginn der Welt]. Hyperbaton, weil nicht mit dem Lamm, sondern mit dem (den) Namen im Buch. So auch: Andreas von Caesarea, Joachim von Fiore, Arethas von Caesarea, Nicolaus Zeguer, Tyconius, Beda Venerabilis. – Nennt dann Abel und Hebr 11,24. Umstritten: esfragmenos oder esfagmenos (versiegelt/geschlachtet). – Ambrosius Autpertus, Komm., 199: Saulus als Verschlinger der Lämmer – Analecta Hymnica, vol. 53, 382, V. 15f. (von den Märtyrern): cum quatuor caeli animalia cum quaterna theorica (?) ter: agnus, agnus, agnus kyrios hoc est: sanctus, sanctus, sanctus dominus [wenn die vier Tiere des Himmels mit der vierfachen [?] dreimal rufen: Lamm, Lamm, Lamm, Kyrios, das heißt: heilig, heilig, heilig]. – Das ἅγιος wurde wohl zu *agnus* verlesen. – Ebd., 263, Nr. 161: De sanctis Innocentibus, V. 1: salvete agni electa turba, 373 Nr. 231 (Märtyrer) V. 4: secuti recte vestigia/agni singularis iam/ Christi sacrata [sie sind gefolgt den geheiligten Spuren des einzigartigen Lammes Jesus Christus]. – Andreas von Caesarea, 70 zu Apk 7,9: durch Vergießen des eigenen Blutes um Christi willen haben sie ihre Gewänder mit guten Werken weiß gemacht.

Kirche als der Leib des Lammes
Dass Ambrosius Autpertus († 784) das »Lamm« mit der Kirche als Leib Christi zusammenbringt, ist einerseits Folge der eucharistischen Deutung des Lammes (bis hin zum *Agnus Dei* der Messe), andererseits folgt er damit dem Grundmuster seiner Theologie, apokalyptische Texte mit Hilfe der Konzeption vom Leib Christi auszulegen.

Ambrosius Autpetrus, Komm., 420: quia non tantum caput sed etiam totum corpus bestiae contra Agni membra saevire probatur; ibid. 611–614: agnum, id est Christi corpus, invadere nititur [denn nicht nur das Haupt, sondern auch der ganze Leib des Tieres wütet bekanntlich gegen die Glieder des Lammes; er möchte gerne in das Lamm, das heißt: Christi Leib eindringen].

Beziehung zur Eucharistie
Die Verbindung von Lamm und Eucharistie ist Katholiken und Orthodoxen geläufig (im Ritus der Messe folgen *Agnus Dei* und Kommunion aufeinander). Für den Ursprung dieser Verbindung ist auf die Verbindung von Herrenmahl und Passahmahl zu verweisen. Im Neuen Testament ist dieser später oft betonte Bezug jedenfalls nicht für die eucharistischen Gaben Brot und Wein vorhanden. Anders die späteren Liturgien:

Alexander Minorita, 397 unterscheidet die nuptiae fornicariae (inebriati de vino prostitutionis suae) von den nuptiae agni [die hurerische Hochzeit des Tieres, das trunken ist vom Wein seiner Prostitution] von der [Hochzeit des Lammes]. Für die Letzteren gilt: refecti carne et vino, corpore et sanguine agni [gestärkt durch Fleisch und Wein, Leib und Blut des Lammes]. 399: ipse leo et agnus sub speciebus panis et vini latent [der Löwe und das Lamm sind verborgen unter den Gestalten von Brot und Wein]. – Für den ostkirchlichen Ursprung dieser Typologie vgl. Anaphora des Jacobus von Sarug, 29–122 [Euringer 95]: »Es tue sich auf das Tor des Lichtes und es sollen sich öffnen die Pforten der Glorie und es werde zurückgezogen der Vorhang, der vor dem Angesicht des Vaters ist, und es steige herab – Siehe! – das Lamm Gottes und throne auf diesem Priestertische, der vor mir, deinem Diener, bereitet ist, und es werde entsandt Melos, das furchterregende Feuerschwert.« (Vgl. BAK 1405).

Das Lamm spricht nicht
Naturgemäß gibt es im Christentum keine Worte oder Orakel des Lammes. Es ist stumm. Das gilt übrigens auch für die gesamte ApkJoh. An keiner Stelle, die vom Lamm spricht, sagt es etwas. An den wenigen Stellen, an denen Jesus etwas sagt, tut er dies nicht als das Lamm. Dadurch unterscheidet sich dieses Lamm von den orakelnden und prophezeienden Lämmern der unmittelbaren Umwelt, so etwa das Lamm des Bokchoris: K.-T. Zauzich: Das Lamm des Bokchoris (Papyrus Erzherzog Rainer) (das Lamm des B., öfter 4-köpfig dargestellt, äußerte Prophezeiungen). Es kann übrigens sein, dass die Polykephalie auf der Gegenseite Ausdruck betrügerischer Polyphonie ist (zu viel und zu unterschiedlich wird gesprochen).

Den Unterschied zwischen dem leidenden und dem auferstandenen Christus/Lamm sieht das Bobbio-Missale übrigens darin, dass der leidende Christus schwieg wie das Lamm vor dem Scherer, der auferstandene Christus jedoch unaufhörlich für uns eintritt:

Missale Bobbio, Missa paschalis, III, Nr. 286, 85: De morte enim christi resurrectio nostra venit in mundo qui sicut oves ad occisionem pro nobis ductus est et ut agnus coram tundentem sine voce sic non aperuit os suum qui se pro nobis offerendo non desinit nosque apud te perpetua advocacione defendit quia numquam moritur immolatus sed semper vivit occisus [Denn vom Tod Christi her kommt unsere Auferstehung in der Welt, der für uns wie die Schafe zur Schlachtung geführt wurde und damit das Lamm vor dem Scherer ohne Worte blieb und seinen Mund nicht öffnete, der nicht aufhört, sich für uns zu opfern und uns bei dir durch ewige Anwaltschaft verteidigt, denn obwohl geopfert, stirbt er niemals, sondern ermordet lebt er allzeit]. – Acta Pauli, ed. C. Schmidt, 69: »Ich dachte aber in der Nacht und am Tage in meinem Kummer an Jesus Christus, indem ich ihn erwartete wie ein Lamm, als sie ihn kreuzigten, nicht hat er sich widersetzt, nicht war er betrübt.«

Leiden des Lammes und Lamm als Opfertier
Vom Leiden des Lammes der Apk kann ich bisher in den hier untersuchten Quellen nichts finden. Das Lamm wird nicht als ein Tier begriffen, das Schmerzen haben kann oder gegebenenfalls ertragen muss (gegen Jes 53,3 f.7). Selbst Jes 53 im Ganzen spielt in dieser Literatur (Wirkungsgeschichte des Lammes der Apk) keine Rolle. Alexander Minorita (119 f.) deutet *in sanguine agni* als: per fidem passionis Christi [durch das Blut des Lammes bzw. durch den Glauben an die Passion des Christus]. Das Lamm ist also der leidende und sterbende Christus.

Nur mit großer Vorsicht spricht Johannes bei Erwähnung des Lammes von dem, was wir »Opfer- und Sühnecharakter des Todes Jesu« nennen. Die Schlachtung (Tötung) des Lammes erwähnt er nur kommentarlos in Apk 5,6.9.12. Das Blut scheint ihm wichtiger: 5,9; 7,14; 12,11; 19,13. Denn mit dem Blut konnte das Lamm für Gott Eigentum erwerben. Für den Propheten Johannes ist das Lamm vor allem ein lebendiges Bild des Kontrastes zu allem, was ganz anders als ein Lamm ist, nämlich gewaltig, stark, sicher im Auftreten, gierig im Fressverhalten. Damit aber gewinnt das Lamm der Apk auch ethische Konnotationen (Gerechtigkeit als Gewaltlosigkeit und Friedfertigkeit):

> Gregorius Magnus, in I Regum, IV, 174: Qui cum ascendisset (Apc 4,1), agnum quem Moises occidendum figuraverat et ipse in cruce oblatum viderat, iam regnantem conspexit et agnovit. [Als er (sc. Johannes) hinaufgestiegen war und das Lamm gesehen hatte, dessen Schlachtung Mose im Bild vorab dargestellt hatte, und das er selbst dann am Kreuz geopfert erblickt hatte, erblickte er es auch, wie es die Herrschaft schon angetreten hatte und erkannte dieses.] – Dionysius Carthusianus zit. 112 Hieremias: Ego quasi agnus mansuetus qui portatur ad victimam [Ich bin wie ein zahmes Lamm, das zur Schlachtung geführt wird].

These: Der Opfercharakter der Heiligen Messe ist in der Typologie und Metaphorik des Lammes begründet. Denn im alttestamentlichen Kult ist das Lamm das Opfertier schlechthin (vgl. das tägliche Tamid-Opfer im jüdischen Tempel). Daher spricht auch Apk 5 vom Lamm, das wie geschlachtet dasteht.

Zur Logik dieser Begründung: Im Alten Testament sind seit der Opferung Isaaks Menschenopfer verboten. Schon nach Gen 22 wird das Opfer Isaaks durch den Widder substituiert. Wenn man also den Tod Jesu als Opfertod versteht, dann bleibt wohl keine andere Möglichkeit, als von Jesus als Lamm auszugehen.

Zum Tamid-Opfer vgl. Ex 29,38; Num 28,3, in LXX beide mit greich. ἀμνός. Zur sündentilgenden Funktion dieses Opfers im Frühjudentum vgl. Jub 6,14 (»Fürbitte leisten mit dem Blut vor dem Herrn vor dem Altar an jedem Tag. Morgens und abends sollen sie für sie Verzeihung erbitten für immer vor dem Herrn«); 50,11 (»Sühnopfer darbringen in Israel beständig«). Vgl. dazu R. Zimmermann: Christologie der Bilder im Johannesevangelium, 111.

Der Opfer-Charakter der Heiligen Messe wird neuerdings auch von Katholiken bestritten, die eine Alternative zum Mahl-Charakter sehen. Zunächst hat beides mit dem Lamm der Apk nichts zu tun, denn weder kennt dieses Buch die Eucharistiefeier noch kennt es einen direkten und unmittelbaren Sühnecharakter des Todes des Lammes, etwa in Apk 5. Das Waschen im Blut des Lammes hängt damit zusammen, aber nur indirekt (s. u.). Anders ist es mit dem »Lamm Gottes« des JohEv. Aber die Auslegung des JohEv ist zumindest aus methodischer Vorsicht von der der Apk zu unterscheiden. Dass es die *Sünden der Welt* wegträgt (Joh 1,29), hängt so oder so mit Sühne zusammen. Dieser Streit ist eine unerfreuliche Nebenerscheinung der jahrhundertelangen Zuspitzung von Messe und Abendmahl allein auf den Tod Jesu in der westlichen Theologie (katholisch wie lutherisch), denkt man doch bei Opfer vor allem an das zumeist sinnlose Sterben. Dabei ist auch schon innerbiblisch Opfer keineswegs auf die Vernichtung von Leben beschränkt, vgl. nur Röm 12,1.

Im *Agnus Dei* der meisten Abendmahlsliturgien gibt es einen Bezug des eucharistischen Brotes auf das Lamm, (das aus dem Himmel in der Wandlung herabsteigt). Die Brechung oder Zerteilung (in den Ostkirchen mit der Lanzenspitze) des Brotes wird dann auf den Tod Jesu gedeutet. In diesem Sinn sind die Darstellungen der Opferung Isaaks (Ersatz durch ein Lamm) in der romanischen Kunst zu verstehen; vgl. z. B. die Fresko-Darstellungen vom Anfang des 13. Jh. in zwei Goslarer Nonnenklöstern: an der inneren Apsiswand hinter dem Altar in der Neuwerkskirche (S. Maria in horto) und an der Stirnseite der Nonnenempore der Frankenberger Kirche (Kloster der Magdalenerinnen).

3.9.5 Töpfergeschirr und Eisenrute

In Gegensatz zur Lamm-Metaphorik der apokalyptischen Christologie steht ein ganz anderes, scheinbar entgegengesetztes Zeichen-Konsortium: Unter den Stichwörtern Töpfergeschirr und Eisenrute schildert der Prophet Johannes die Zukunft aller grausamen Gewalt in der Welt. Dafür bezieht er sich auf einen der wenigen »messianischen« Psalmen.

Ps 2,8 f.: *Erbitte von mir, und ich gebe dir Völker zum Erbe, zu deinem Besitz die Grenzen der Erde. Mit eisernem Stab magst du sie leiten, sie zerschmettern wie Töpfergeschirr.* Dieses wenig besinnliche Stück ist der am häufigsten »zitierte« Text in Apk: 2,26; 12,5; 19,15. Kein anderer Text beschreibt aus der Sicht des Johannes daher so treffend das »messianische Regime«. Der Psalmtext nennt ausdrücklich Gott selbst als den Ursprung dieser Vollmacht. Denn das »heidnische Wesen«, wie die Apk es schildert, besteht aus Götzendienst, Kapitalismus, Verfolgung von Gerechten und Propheten und dem Schaffen von Märtyrern. In der erwarteten Neuen Schöpfung wird es so etwas nicht mehr geben; dazu fehlt nach Apk 21 jeder Anlass. Aber in der alten Schöpfung gehören die hier geschilderten Strafen zusammen mit den rauchenden Trümmern Babylons nach Apk 19. Bei allen angesichts solchen Unrechts notwendigen Siegen spielen die christlichen Märtyrer, für die das leibliche Leben nicht das höchste Gut ist, die wichtigste Rolle.

Wir fragen noch einmal: Was also nimmt der Prophet Johannes wahr? Er nimmt wahr Boykottierung von Christen, Martyrien nicht nur von Christen, verzweifelte, ungeduldige Wut. Die Rache aber üben nicht Menschen und selbsternannte Weltpolizisten, sondern allein Gott selbst und der von ihm Beauftragte (in Apk 19 namenlos).

3.10 *Fazit:* Christologie in der Apk

Von allen christologischen Themen der Apk ist dem Thema »Lamm« die umfassendste Wirkungsgeschichte zuteil geworden. Das hat, wie noch erkennbar ist, drei Gründe:
1. Man setzte das Lamm der Apk (griech. ἀρνίον) gleich mit dem Lamm Gottes (griech. ἀμνός) des JohEv (nur Joh 1,29.36).
2. Das *Agnus Dei* der Messe (auch im *Gloria*) gehört gerade auch wegen der abschließenden Friedensbitte zu den am meisten geliebten Teilen des Ordinariums und ist ja auch stets gesungen worden, wann immer überhaupt gesungen wurde. Es ist zudem auch der letzte Messgesang.
3. Beide Lämmer, sowohl das aus Apk als auch das von Joh 1 wurden mit dem vor dem Scherer verstummenden Lamm aus Jes 53 (Leidender Gottesknecht) gleichgesetzt, und zwar schon lange vor der Reformation, dann aber auch im mystischen Pietismus.

Auch wenn man alle drei genannten Gründe für exegetisch nicht besonders überzeugend hält: Die Geschichte ist so verlaufen, und strenge Exegese ist hier nur gefragt, wenn Unstimmigkeiten geklärt werden müssen. Was aber bleibt speziell aus der Lamm-Christologie der Apk? Unschuld (Freiheit von Korruption, Gerechtigkeit) ist Voraussetzung legitimer und stabiler Machtausübung. Das ist nicht nur eine Weisheit für Verfassungsrichter und Geschichtsbücher, vielmehr lehrt und zeigt die Apk auf Schritt und Tritt, dass dieses Thema und sein Ausgang unmittelbar in die Geschichte Gottes mit den Menschen hineingehören.

Paradoxien

In der Wirkungsgeschichte des biblischen Bildes ist bis heute besonders wichtig, dass das Lamm der Apk im Rahmen von Paradoxien steht. Musterhaft wird das deutlich an der Ostersequenz *Victimae paschali laudes,* besonders in dem Abschnitt: agnus redemit oves, christus innocens patri reconciliavit peccatores [das Lamm erlöste die Schafe, Christus, der unschuldige, hat die Sünder mit dem Vater versöhnt]. Das gilt aber bereits für die Darstellung in Apk 5: »Das Merkwürdige ist: Der Geschlachtete wird um Erbarmen angerufen, das Opfer soll den Frieden geben. Der Hilfloseste soll retten, der Märtyrer, der Gepeinigte und schändlich Hingerichtete soll die Wende bringen. Das Geopfertwerden Unschuldiger hat immer etwas mit Gott zu tun, weil die Opfer buchstäblich nach der Wende schreien.« (K. Berger: Wie ein Vogel ist das Wort, 117f.)

Die Lamm-Paradoxien der Apk leiten passend über zu dem benachbarten Thema des Konfliktes der Christen speziell mit dem römischen Kaisertum.

4 Leben im heillosen Konflikt mit den irdischen Reichen

In den ersten christlichen Jahrhunderten heißt das irdische Reich, dem sich die Christen gegenübersehen, das römische. Nicht nur dessen Embleme wirken bis heute, es sind vor allem auch die wirtschaftlichen Strukturen, die immer wieder Anlass waren, die Apk zu Rate zu ziehen. Dazu gehört auch das, was manche »das System« nennen oder nannten. Der Ausdruck bezeichnet sehr pauschal das, was andere »Kapitalismus« nannten. Auch das ist kein Wort, das exakt eine bestimmte Lage beschreiben könnte. Die Apk eignet sich eher für pauschale, symbolische Vergleiche. Im Fall von Bulle und Bär haben Theologen zur Zeit des italienischen Frühkapitalismus Tierfiguren der Apk neu entdeckt und durchaus sinngemäß neu verwendet. Darum geht es in einem ersten Abschnitt.

4.1 Bulle und Bär. Der apokalyptische Ursprung eines kapitalistischen Pärchens

Auf dem Platz vor der Frankfurter Börse stehen zwei erzene Tierplastiken einander gegenüber. Es sind Bulle und Bär. Der Bulle steht für steigende Kurse, der Bär für fallende. Diese Symbolik ist weit verbreitet. Versucht man zu ermitteln, wie es zu diesem Pärchen kommt, so bleibt das Ergebnis oft vage: Die einen sagen, bei Stierkämpfen in Südamerika habe man Bullen gegen Bären gehetzt. Aber was hat das dann mit der Börse zu tun? Andere sagen, die Feindschaft sei naturgegeben und dort erwartbar, wo beide Tierarten in großer Anzahl nebeneinander vorkommen. Doch: Bären sind bekanntlich Allesfresser, warum sollten sie sich ausgerechnet an wehrhaften Rindern vergreifen? Die beste Erklärung ist wohl die, dass Stiere/Bullen von unten her nach oben kämpfen, also mit den Hörnern operieren wollen, während Bären von oben nach unten schlagen, also mit allen vier Tatzen vorgehen. Die Bewegung von unten nach oben sei daher ein Bild für steigende Kurse, die Bewegung von oben nach unten ein Bild für sinkende Kurse. Damit ist allerdings noch nicht erklärt, weshalb die Wahl grade auf diese beiden Tiere fiel, als man das Verhalten von Kursen an der Bank beschreiben wollte. Denn von oben nach unten operieren auch viele Greifvögel, von unten nach oben bewegen sich häufig Spatzen und Meisen etc.

Der Bär zertritt die Armen
Die biblische Zentralstelle für die Symbolik des Bären ist Spr 28,15 (Luther: *Ein Gottloser, der über ein arm Volck regiert, das ist ein brüllender Löw, ein gieriger*

Bär). In der Vg wird die fürstenkritische Position noch verschärft. Gerne wird die Stelle in den lateinischen Apokalypse-Kommentaren des Mittelalters aufgegriffen, und zwar zu Apk 13,2.

So kommentiert Alexander Minorita (274): Et pedes eius sicut ursi et os eius sicut os leonis. Iste fuit quasi leo ore rugiens et sicut ursus pedibus conculcans populum pauperem, sicut iterum Salomon scribit dicens: Leo rugicns ct ursus esuriens princeps iniquus super populum pauperem. [Und seine Füße sind wie die eines Bären und sein Maul wie das eines Löwen. Er war wie ein Löwe, der mit dem Maul brüllt und wie ein Bär, der mit den Füßen ein armes Volk zertritt. So schreibt wiederum Salomo: Ein brüllender Löwe und ein unersättlicher Bär ist ein unrechter Fürst über einem armen Volk.] Vgl. ebd. 507: Nam leo rugiens et ursus esuriens est princeps iniquus super populum pauperem [Denn ein brüllender Löwe und ein gieriger Bär ist ein böser Fürst, der über ein armes Volk herrscht].

Cornelius a Lapide, Commentaria in Proverbia Salomonis, Antwerpen 1635, 394: Mystice leo, ursus et lupus est diabolus, tyrannorum omnium princeps. Denique leones ac praesertim ursi pedibus valent, iisque feras minores calcant, proterunt, pessumdant: sic tyranni maiores et potentes non audent lacessere sed pauperem plebem exagitant et quasi pedibus calcant et exterunt, quia nemo eis resistere audet aut valet. talis leo, ursus et lupus pauperis plebis praesertim christianorum fuit Nero. [Ein Bär und ein Wolf ist der Teufel, der erste aller Tyrannen. Schließlich haben Löwen und besonders Bären kräftige Füße, und mit denen zertrampeln sie kleinere Wildtiere, sie zertreten sie und drücken sie zu Boden. So wagen auch die größeren und starken Tyrannen nicht herauszufordern, sondern das arme Volk jagen sie, zertreten es mit Füßen und reiben es auf, denn keiner wagt ihnen zu widerstehen oder kann es. So einer war Nero besonders für das arme Volk der Christen, ein Löwe, ein Bär und ein Wolf.]

Sowohl in der Bibel als auch in der Auslegung gehören der Bär und der Arme als sein klassisches Opfer zusammen. Dabei steht der Bär für die fürstliche/staatliche Lust zur Ausbeutung bzw. Zerstörung des Lebens. Die Konfrontation von Bären und Rindern gab es dagegen längst vor dem modernen Börsenwesen. Das Letztere entstand zwischen 1111 (Lucca) und 1407 (Genua) in Italien. Ab dem Beginn des 17. Jh. gab es das Phänomen der steigenden bzw. sinkenden Aktienkurse. Wieder nach Italien weist allerdings das erste Vorkommen der Opposition von Bär und Stier/Bulle. Ich fand es in dem ältesten überlieferten Traktat des bekannten Zisterziensers Joachim von Fiore († 1202). Dieser Traktat erhielt im Lauf der Zeit den Titel »Enchiridion super Apocalypsim« (Handbuch über die Apokalypse) und entstand zwischen 1183 und 1185 in der Abtei Casamari (ed. E. K. Burger: Joachim of Fiore. Enchiridion super Apocalypsim, Toronto 1986); (fol.78r [S. 88]) der Edition schildert den Kampf Jerusalems gegen Babylon. Dieser Kampf folgt einem weltgeschichtlichen Muster: »Es kämpfen einer gegen den anderen und außerhalb dessen, was üblich ist: Löwe gegen Löwin, Rind (Jungstier) und Bär (*vitulus et ursus*), Mensch und Leopard, Adler und das vierte Tier.« Alle diese Gegensatzpaare sind bipolar ausgerichtet und stehen im Rahmen des apokalyptischen Dualismus einander gegenüber. Sie sind mehr oder weniger vollständig in der Apokalypse des Johannes belegt (außer der Löwin). Der Stier/Bulle ist eines der vier Lebenden Wesen in Apk 4,7, der Bär ist aus Dan 7,5 nach Apk 13,2 geraten. In der Apk stehen demnach beide Spezies nicht direkt neben- bzw. gegeneinander. Doch ist der Jungstier in Apk 4,7 ebenso ein Repräsentant Gottes (Throntier) wie der Bär in 13,2 auf der Gegenseite steht. Damit ist klar: Beides sind apokalyptische Großtiere, einander strikt entgegengesetzt, und der Stier/Bulle ist klassisches Opfer des Bären. Die verschiedene Kampfesrichtung (unten/oben und oben/unten) wird allerdings bei Joachim von Fiore nicht genannt.

Der Grund dafür, dass Joachim die beiden Tiere zusammen- und gegenüberstellte, liegt in deren Vor- bzw. Nachgeschichte. Denn darin hatte sich eine weithin geläufige symbolische Bedeutung entwickelt. Dabei spielt sicherlich auch die Kampfesrichtung unten/oben und oben/unten eine Rolle. Das Ergebnis dieser Geschichte ist allerdings sowohl für das Verständnis der Apk als auch für die Symbolik von Bär und Bulle vor der Frankfurter Börse (und an vielen Orten anderswo) von Interesse.

Der Bulle steht für Leiden
Der Stier/Bulle steht für Leiden, Mitleiden, Martyrium, und er ist das klassische Opfertier. Bei einer christologischen Deutung der Lebenden Wesen von Apk 4 steht er für das Leiden Christi. Besonders ausgeprägt ist die martyrologische Bedeutung in einem eigenen Strang der Auslegung des Materials von Apk 11,3–11. Die beiden Märtyrer, die traditionell Henoch und Elia sind, werden in jedem Beleg dieser Kette als die beiden Stiere bezeichnet, die auf dem Altar des Tempels geschlachtet werden. Die Namen Henoch und Elia werden dann in der Regel vermieden. Im Rahmen der apokalyptischen Weltsicht ist der Märtyrer der Prototyp dessen, dem es extrem schlecht geht und der dann nach dem Martyrium durch Gottes (oder der Engel) Eingreifen zu Herrlichkeit und Auferstehung gelangt. Das heißt: Der Stier steht für die Bewegung von unten nach oben. Dabei ist »oben« die himmlische Herrlichkeit. Auf diese Weise aber ist der Stier das Symbol der Hoffnung.

Der Bär steht für Brutalität
Andererseits ist der Bär das Tier, das alles mit Füßen zertritt und verschlingt; deshalb werden in Apk 13,2 auch nur die Bärenfüße genannt. Er steht für Verfolgung und Ermordung der Christen. So steht es z. B. bereits im Apokalypse-Kommentar des Dionysius Carthusianus (1402–71). Das Ende des apokalyptischen Bären ist mit dem Untergang des Tieres nach Apk 19,20 gekommen. Er steht daher wie kein zweites Tier für den Weg von oben nach unten, was er seiner eigenen Rücksichtslosigkeit zu verdanken hat.

Fazit: Das kapitalistische Pärchen von Bulle und Bär hat eine Vorgeschichte im Rahmen der umfassenden und breit gestreuten Märtyrer-Apokalyptik. Die

Opposition von Märtyrer und Tyrann hat bereits der patristische Autor Lactantius († nach 317) in seiner Schrift De mortibus persecutorum [Über die Todesarten der Verfolger] systematisch dargestellt. Die Ursprünge liegen schon in der Großtier-Symbolik des Propheten Daniel und der Apk. Bulle und Bär sind darin nicht einfach Chiffren für bestimmte Attribute wie etwa Sanftmut oder Grausamkeit, sondern sie sind Symbole für bestimmte Vorgänge und Abläufe, nämlich für Niedrigkeit und Erhöhung einerseits sowie für Machtfülle und Untergang andererseits. Bulle und Bär wurden daher auf dem Weg der Säkularisierung kapitalistische Symboltiere. Diese stehen daher nicht nur für Optimismus und Pessimismus, sondern jeweils für ein Drama. Dieses reicht weit über eine bestimmte Seelenlage hinaus.

Dass Daniel und der Seher Johannes als Propheten geführt werden, könnte schließlich daran erinnern, dass mit Stier und Bär auch bestimmte Verhaltensweisen benannt werden und nicht nur der zwangsläufige »Gang der Weltgeschichte«. Denn der Stier symbolisiert auch Leidensbereitschaft und Mitleidensfähigkeit. Der Bär dagegen steht für rücksichtslose, egoistische Grausamkeit. Die Konnotation des Stieres ist durchweg positiv, und daher bildet er auch verfolgte Christen ab. Die Konnotation des Bären dagegen ist durchweg negativ. Er steht auch für den Antichrist.

Den Rahmen, in dem dieses Pärchen gebildet wird, nennt man Märtyrer-Apokalyptik. In Zeiten andauernder Christenverfolgung und blühender, an den großen Symbolen der Apokalypse orientierten Geschichtstheologie bringt man »Typen« zusammen, die selbst die Apokalypse des Johannes noch nicht kombiniert hatte, nämlich den Stier aus der Gruppe der Lebenden Wesen und den Bären aus der Vier-Reiche-Spekulation Daniels.

Schließlich ist nicht zu vergessen, dass die Apokalypse auch etwas über das Ende der jeweiligen Tiere sagt: Die Märtyrer gehören auf die Seite der Auferstehung im Tausendjährigen Reich nach Apk 20,4–6, und die grausamen Weltherrscher gehören in den Feuersee (Apk 19,20). Jede Säkularisierung verkürzt den Blick auf das Ende. Der Apokalyptiker könnte diese Verkürzung der Perspektiven in der neuerlichen Verwendung dieses kapitalistischen Pärchens nur für eine dumme Zumutung halten.

Das Material

Bulle und Bär zusammen: Joachim, enchiridion, 88: Vier Tiere, die für Babylon kämpfen: Leo et leaena, vitulus et ursus, homo et pardus, aquila et bestia quarta [Löwe und Löwin, Jungstier und Bär, Mensch und Leopard der Adler und das vierte Tier]; Bernardin von Siena: Vitulus: sacrificium, [Jungstier: Opfer]; 246: ursa est bestia spurcissima potest signare Antichristum, qui datus est omni immundiciae [die Bärin ist das listigste Tier kann ein Zeichen für den Antichrist sein, der ganz erfüllt ist von Unrecht]. – B. Viegas, Komm., 239: in passione vitulus [in der Passion: Jungstier]; ebd. 686: Antichrist dargestellt durch Leopard, Bär und Löwe. Ursus: astutissimus, habereque pedes fortissimos (Ijob 41,4) [der Bär als das verschlagenste aller Tiere, und er habe starke Füße].

Zum Stier: Ambrosius Autpertus, 372 (Ps 68,23): Placebit Deo super vitulum novellum, quia ad immolandum in mundo apparens nova nativitate de utero virginis processit, cornua produxit quia regnum ecclesiae erexit. 222: species vituli: (Passion und Kreuz) [Gott wird gefallen haben an dem neuen Jungstier, denn um geopfert zu werden in der Welt, erschien er in neuer Geburt und ging aus dem Schoß hervor, Hörner hat er hervorgebracht, denn das Reich der Kirche hat er aufgerichtet]. – Franciscus Lambertus von Avignon (Komm. Apk): simile vitulo animali immolatitio quo nihil aptius figuratur quam mortificatio et sacrificium. Igitur credentes fiunt quasi vituli dum semetipsos deo sacrificant seipsos abnegantes cum vitiis ac concupiscentiis carnem suam crucifigentes (Ps 50): sacrificium iustitiae oblationes. [ähnlich dem Kalb, dem Opfertier, das unvergleichlich gut Abtötung und Opfer darstellt. Daher werden die Glaubenden wie Jungstiere, wenn sie sich selbst für Gott opfern und sich verleugnen; ihr Fleisch kreuzigen sie mit seinen Fehlern und Begierden, Opfergaben der Gerechtigkeit]. – Bernardinus von Siena (Apk.-Komm. 38): a sacrificio quod maxime fit de vitulo [mit dem Opfer beginnt er, das meistens den Jungstier betrifft] (daher beginnt Lukas mit dem Priester Zacharias). – Bonaventura (Apk.-Komm. 219) Stier: propter laborem sanctae actionis, propter mugitum compassionis. 221: sacrificium maxime de vitulo [wegen der Mühsal heiligen Handelns, wegen des Brüllens aus Mitleid]. 221, Zeile 56: Christus occisus est vitulus (bei mir II, 100b) [Christus ist geschlachtet als Jungstier]. Franciscus Lambertus von Avignon, 97a: Vitulus: mortificatio et sacrificium [Jungstier: Abtötung und Opfer]. – Selnecker, Capitulum quartum, 79: bos = compassio [Rind = Mitleid]; Christus: ut vitulus immolatus [Christus, wie ein Kalb geopfert]; (221), vgl. 56: Christus occisus est ut vitulus. – Hoe von Hoenegg, Komm. Apk, 32: bos animal oboediens et sedulum, bovinam longanimitatem [das Rind ist ein gehorsames Tier und eifrig, die Geduld eines Rindviehs]; 39: per bovem indefessam in labore vocationis diligentiam [das Rind ist ein gehorsames Tier die emsige Geduld der Rinder/durch das Rind: die unermüdliche Sorgfalt der Berufung]. – Apk(äth) 219, Cowley: Das zweite der vier Lebenden Wesen »resembled a cow, because he lives praying for the beasts and guarding the beasts«. – In einer gesonderten Überlieferung von Apk 11, die mit Ps 50 argumentiert, sind die beiden Ochsen Henoch und Elia.

Zum Bär: Ambrosius Autpertus, 487 (zu Apk 13,2): Ursus autem et spurcissima est bestia et insania caeca, quae etiam dum irata saevit, quicquid arripere valuerit, prius pedibus conculcat quam dentibus laniet [Der Bär aber ist das verschlagenste Tier, und und wenn er in blindem Wahn, in dem er wütet, wenn er erzürnt ist, an sich reißen konnte, was er fassen konnte, hat er es erst mit den Füßen zertrampelt und dann mit den Zähnen zerfleischt]. Dionysius Carthusianus, Komm. Apk, zu 13,2, 124: Secundum Berengaudum ursus est callidissimus animal: per quod Antichristi astutia, quia homines fallet, exprimitur. Rursus per ursum animal pedibus conculcans ac devorans innuitur quod Christianos avide conculcabit [Nach Berengaudus ist der Bär das schlaueste Tier. Deswegen steht er für die Veschlagenheit, mit der der Antichrist die Menschen zu Fall bringt. Und ebenso bezeichnet der Bär ein Tier, das mit den Füßen zertritt und verschlingt, das die Christen gierig zermalmt]. – Bernardin von Siena (Apk.-Komm. 246): Ursa est bestia spurcissima, quae dum irata fuerit quidquid corripere potest prius pedibus conculcat quam dentibus laniet et ideo potest signare Antichristum, qui datus est omni immunditiae. [Die Bärin ist das schändlichste Tier. Wenn sie zornig ist, zermalmt sie alles, was sie an sich reißen kann, zuerst mit den Füßen, bevor sie es mit den Zähnen zerfleischt, und daher kann sie ein Zeichen für den Antichrist sein, der aller Unreinheit dient.] – Alexander Minorita zu Apk 13,2 (507): Et pedes eius sicut ursi ursus esuriens est princeps iniquus super populum pauperem [und seine Füße wie die eines Bären, er zertritt so ein armes Volk]; ibid. S. 274 zu 13,2 Ursus: pedibus conculcans populum pauperem (zit. Spr 28,15) [der Bär zerdrückt mit seinen Füßen das arme Volk]. – Apk-Komm., ed. Cowley, zu 13,2: Der Bär entstand aus Löwe und Hyäne, so ist auch der falsche Messias, so war auch das Königtum des Darius aus Griechenland und Medien. – Über den Widersacher der Endzeit heißt es in einer hebräischen Handschrift (Cambridge Univ., ms. 890 add 3381, Übers. R. Patai: The Messiah, Detroit 1979, 162): »His feet will be like the feet of a bear, and his hands like the jaws of a panther.« – Kommentar: Bemerkenswert ist hier wie auch sonst die Angst vor den Füßen des Bären.

4.2 Das Drittel der Sterne

Nach Apk 12,4a fegt der Drache ein Drittel der Sterne vom Himmel. In Gestalt dieses Sternschnuppenregens offenbart er seine zerstörerische Gewalt wie in einem übergroßen Prodigium. In der antiken Astrologie, nicht zuletzt in der etruskischen, sind Veränderungen an den Sternen, weil alles mit allem zusammenhängt, stets Hinweise auf gravierende politische Ereignisse und Veränderungen. Das Ausmaß der Veränderungen am Himmel betraf dann entsprechend auch das menschliche staatliche Zusammenleben. Eines dieser Ereignisse ist der Massenfall von Sternschnuppen.

Apk 12,3b.4: *Ein großer, feuriger Drache mit sieben Köpfen, darauf sieben Kronen und zehn Hörner. Mit seinem Schwanz fegte er ein Drittel der Sterne vom Himmel auf die Erde.*

Dan 8,10 (Das kleine Horn): *Seine Größe erstreckte sich bis zum Heer des Himmels. Von dem Himmelsheer und von den Sternen warf es einige zur Erde nieder und zertrat sie.*

In Dan 8 ist nur von einigen/manchen aus dem Sternenheer die Rede. In der Apk wird daraus ein Drittel, so wie auch sonst Schädigung eines Drittels eine markante Teilstrafe ist. Nach Dan 8 reicht die Macht des irdischen Herrschers, der in dem Horn abgebildet ist, buchstäblich »bis zu den Sternen«. Die Schädigung, die er diesem Heer zufügt, ist mehr Machtdemonstration als wirklich schon Unheil. Anders in Apk 12: Ein Drittel weniger Sterne ist deshalb ein spürbarer Verlust, weil nach antiker Überzeugung nicht nur Seefahrer und Kalender-Sachverständige die Sterne benötigen (als Orientierung und Beleuchtung), sondern auch das Heer der Astrologen.

Auch an recht zahlreichen anderen Stellen geht der Prophet Johannes davon aus, dass Veränderungen am Himmel als solche Bedeutung für das Ergehen der Menschen haben. Wenn der Mond rot wird wie Blut oder die Sonne schwarz, dann ist ebenso die Ordnung der Welt gefährdet, wie wenn ein Drittel der Sterne (offenbar für immer) verschwindet. Handelt es sich bei den Phänomenen an

Sonne und Mond um Deutungen der Sonnen- oder Mondfinsternisse, so stehen bei dem Verschwinden der Sterne die Sternschnuppen zur Deutung. Dass sie übrigens »zur Erde« fallen (Dan 8 und Apk 12), hängt damit zusammen, dass die Erde als Mittelpunkt gilt, und wenn etwas von oben nach unten fällt, dann eben von der Decke auf den Fußboden, von der Wölbung des Daches auf die Scheibe darunter. Doch es geht dabei nicht nur um längst überholten astrologischen Irrglauben.

Zur Diskussion steht vielmehr nach wie vor der Zusammenhang von ungerechter Weltherrschaft (Moral, Tyrannei, Gewalt) und Kosmologie. Es blieb der neuesten Neuzeit vorbehalten, diesen Zusammenhang wiederzuentdecken. Insofern gibt die Wahrnehmung dessen, was am Himmel geschieht, den Blick frei zur Deutung des Geschehens auf der Erde: Bei offenkundigem Schaden im Haus bzw. am Dach ist etwas im Haus selbst nicht in Ordnung. Denn der Blick auf den Himmel ist immer auch ein Blick auf die Wahrheit.

Bei dem Thema »Kirche und Astrologie« war für die Kirchenväter der behauptete Verlust der Wahlfreiheit (»Schicksal«) das Gefahrensignal, da man die im Alltag gezogenen erheblichen Konsequenzen dieses geglaubten Verlustes sah. Schlichte Formen von Prädestinationslehre sind ein bis heute währendes Erbstück aus dieser alten Diskussion. So intendiert auch die Apk alles andere als Erneuerung irgendeines Glaubens an absolute Prädestination. Der Prophet Johannes will schlicht das aufzeigen, »was ist«. Dazu gehören: (1) Die Ordnung des Kosmos ist weder ewig noch göttlich noch allmächtig. (2) Sie ist vielmehr gegen den Anschein zerbrechlich wie alle irdische Macht im Übrigen auch. (3) Was im Kosmos »am Himmel« geschieht, ist Signal für den Zustand der Welt, und angesichts von dessen Lückenhaftigkeit bedarf es eines Glaubens, der weiter reicht als bis ans Ende der Welt, der vielmehr auf ihren Schöpfer gerichtet ist. Dass Apk 21 f. von der Neuen Schöpfung spricht, ist angesichts der Bedrohlichkeit aller Zustände der Welt ein Zeichen tröstlicher Hoffnung. (4) Der Apk geht es um das Ganze. Die sieben Gemeinden Apk 2 f. stehen für das Ganze der Kirche. Die Illustratoren der Beatus-Apokalypse taten gut daran, an die Gemeindebriefe ein Doppelblatt anzufügen, dessen Thema stets die Arche Noach war, die Gesamtheit der damals (und heute) bekannten Lebewesen. So betrifft der Sturz der Sterne eben elementar das Ganze.

Interessant ist für Apk 12 nicht die Frage nach dem Geschick der Sterne, sondern die Bedeutung ihres Sturzes im Rahmen der Heilsgeschichte. Denn alle Zeichen, von denen die Apk berichtet, weisen aufeinander und geben zusammen das Bild einer Wirklichkeit, an der man sich orientieren kann.

Dass Gott in seiner schöpferischen Freiheit zu einer erneuerten Schöpfung in der Lage sein wird, weist über alle Ängstlichkeit, die Eingebundenheit in Zwänge zum Maßstab macht, deutlich hinaus. So ist auch hier »Freiheit« das Thema der Apk: Denn wenn der Drache als Symbol irdischer Mächtigkeiten bestimmen will, weist er auf Herrscher, die nichts Geringeres wollten als eben dieses: Nach Dan

7,25 will Antiochos IV. die Kultzeiten (»Festzeiten und Gesetz«) verändern. Daher sei abschließend nochmals auf die Eingefügtheit der Tagzeitengebete in die natürliche Ordnung hingewiesen.

Wirkungsgeschichte
Hrabanus Maurus, Hymnen (PL 161):

> Draco magnus teterrimus / terribilis et antiquus / qui fuit serpens lubricus Tertiam partem siderum/ traxit secum in barathrum / locum infernalium / diversorumque carcerum/ refugus veri luminis / parasitus praecipitans. [Der große Drache, der grässlich, furchtbar und alt ist, er war die schlüpfrige Schlange; den dritten Teil der Sterne hat er mit sich in den Abgrund gezogen, den Ort der Unterirdischen und verschiedener Kerker. Er flieht vor dem wahren Licht, er ist der Schmarotzer, der herabstürzt.]

Hrabanus Maurus bringt einige Besonderheiten: Der Drache steht in Schicksalsgemeinschaft mit den Sternen. Er zieht sie mit sich in den Abgrund und nicht auf die Erde. Denn im Abgrund ist er gefesselt. Sein Ortswechsel rührt daher, dass er das wahre Licht flieht, d. h. er kann es in dessen Nähe nicht aushalten.

Fazit: Nach Auffassung des Johannes in Apk 12 sind kosmische Mächte, Böses (Verfolgung der Kirche) und Katastrophen miteinander verknüpft. Aus Apk 13 wird hervorgehen, dass diese Verknüpfung nicht naiv gedacht ist. Die Größen sind vielmehr hierarchisch und nach dem Prinzip der Delegation und Subdelegation geordnet. Sie sind nicht identisch. Darin liegt der Unterschied zur Astrologie. Nach der Astrologie wäre Stern N für die Seuche X verantwortlich. Anders Apk 12 f.: Die höllische Trinität ist eine eigene Antwort auf die Frage nach dem Bösen in der Welt.

> Anders bei Ps.-Gregorius Magnus, De Testimoniis in Apocalypsim s. Johannis apostoli (PL 79, 1107–22): Das Drittel der Sterne sind diejenigen, qui videntur studio vitae caelestis inhaerere ex amore terreno iniquitate aperti erroris involvere [die sich scheinbar eifrig mit himmlischem Leben befassten, sich aus Liebe zu Irdischem in das Unrecht offenkundigen Irrtums verwickelten]. Ähnlich B. Viegas, Komm., 496, der diesen Abschnitt überschreibt De subversione fidelium in fine mundi [Über das Abwerben von Gläubigen am Ende der Welt].
>
> B. Viegas, Komm., 498 greift die alte Theorie auf, dass gefallene Engel durch gerettete Menschen ersetzt werden und meint zu Apk 12,4, dass das Drittel der Sterne durch ein Zehntel der Menschen ersetzt wird, die nun zur Glorie gelangen; ebd. 496 überschreibt er das Kapitel: De subversione fidelium in fine mundi [Über die Verführung der Gläubigen am Ende der Welt].
>
> Alexander von Bremen, Komm., 261 (zu Apk 12,4): Sicut enim in cauda maxima fortitudo est draconis, ita Cosdras, qui caput aliorum existebat, per caudam id est populum sibi sequentem, tertiam partem stellarum caeli traxit, id est electorum de Ecclesia, qui stellae dicebantur secundum Danielem [Beim Drachen ist die größte Kraft im Schwanz. So hat Cosdras, der Haupt anderer war, durch seinen Schwanz, das heißt durch das Volk, das ihm nachfolgte, den dritten Teil der Sterne des Himmels herabgezogen, das heißt: er hat ein Drittel der Auserwählten aus der Kirche abgezogen. Denn nach dem

Propheten Daniel wurden die Auserwählten Sterne genannt.] (Cosdras: Perserkönig, vgl. Herakliuslegende, 7. Jh. nC.)

Was bedeutet es eigentlich, dass der Ankläger der Menschen (Apk 12,10, der nun freilich entlassen ist) zugleich der Drache ist, der mit seinem Schwanz ein Drittel der Sterne vom Himmel gefegt hat (12,4)? Der Prophet Johannes würde auf diese wichtige Frage vielleicht antworten: Die Welt ist im Ganzen bedroht. Es ist eine Ordnung, die leidet und dadurch am Abgrund entlang geht. Kosmische Katastrophen, Täuschung und Verführung der Menschen und das anklagende Insistieren auf ihrer Schuld (nichts anderes als ihre Verlängerung durch Missbrauch) sowie Christenverfolgung sind unterschiedliche Weisen, in denen sich die Zerstörung bzw. der Zerstörer äußert. Das ist alles so ernst, dass Gott dagegen eine neue Schöpfung, eine erneuerte Weltordnung setzen muss. Mit dem politischen Rom ist das nicht zu machen, im Gegenteil. Rom ist Teil des Zerstörers der Ordnung. Für antike Verhältnisse ist das eine ungeheuerliche Aussage. Allein bei Gott liegt eine Resilienz des Rechts (vgl. BAK 1029). Sie ist darin begründet, dass Gott der Schöpfer ist. Denn der zerstörerische Gegner hat schon immer auch die Schöpfung massiv beschädigt (Apk 12,4).

4.3 Schreiender Gegensatz? Apk 13 und Röm 13

Zwischen Widerstand und Ergebung
In den beiden Kapiteln Apk 13 und Röm 13 geht es um die theologische Beurteilung des Staates aus der Sicht des frühesten Christentums. Gemeint ist der römische Staat als Institution, also nicht das Staatsvolk, sondern die den Staat repräsentierenden Machthaber. Man kann der Meinung sein, beide Kapitel seien einander kontradiktorisch entgegengesetzt: Nach Röm 13 ist der Staat Gottes »Diener«, nach Apk 13 hat der Staat vom Teufel seine Vollmacht empfangen, ähnlich wie nach Lk 4,6 niemand anders als der Teufel die Weltherrschaft zu vergeben hat. Und dann kann man fragen, für welche dieser beiden sich gegenseitig ausschließenden Lösungen man sich entscheiden soll.

Nehmen wir der Vollständigkeit halber noch Mk 13 hinzu, die »synoptische Apokalypse«. Kein Wort von Gottes Reich oder vom Himmlischen Jerusalem. Doch die Königreiche der Welt bringen nicht mehr zustande, als einander zu bekämpfen (Mk 13,8). Das heißt: Sie bringen sich schon selbst gegenseitig um. Am Ende aber wird der Menschensohn mit einer ganz anderen Art von Großversammlung die Geschichte des Unfriedens beenden (13,27).

Mittlerweile bin ich jedoch zu einer anderen Beurteilung gelangt. Der Anlass war eine Betrachtung des Innenraums des spätgotischen Domes in Uenze bei Perleberg/Brandenburg. Umgeben von liebenswerten und glücklicherweise völlig unrestaurierten Elementen der Spätgotik (brandenburgischer Ausführung) steht dort ein prächtiger barocker sog. Kanzelaltar. Über einem verhältnismäßig kleinen Altarkreuz tut sich eine mächtige barocke Kanzel (mit Vorhängen für den Auftritt des Pastors) hervor, umgeben von ansehnlichen barocken Holzsäulen. Darüber aber, mit reichlich Gold verziert und in großem Formenreichtum ausgestattet, prangen das Wappen und die Initialen des brandenburgischen Herrschers, der zur Zeit der Barockisierung hier herrschte. Lange Jahre ärgerte ich mich über diesen Kanzelaltar und hätte ihn gerne durch einen zufälligen Unfall entsorgt gesehen. Bringt er doch die preußische Hierarchie klassisch zur Geltung: kleines Kreuz, mächtiger Pastor, übermächtiger Fürst, dessen Name wie der des Herrgotts über allem schwebt. Mittlerweile jedoch meine ich, begriffen zu haben, dass hier und so der Ausgleich zwischen Röm 13 und Apk 13 geliefert wird. Denn in diesem Altarprospekt ragt die Wirklichkeit der Welt in diese ehrwürdige Kirche hinein, und der ganze Altarprospekt erscheint mir als eine einzige Erläuterung des Kreuzes, wenn man das ganze Bild von unten nach oben liest: Ein immer mächtiger werdender Staat, eine Kirche voller Einfluss und geschickt inszeniert, eine gegenüber dem allem fast unscheinbare, nahezu hinausgedrängte Wirklichkeit Gottes.

Mit Röm 13 und Apk 13 verbindet diese Darstellung die Botschaft beider Texte: Eure Rolle, liebe Christen, ist die Geduld mit allem diesem. Mit einen finanz- und regelungssüchtigen Staat, mit einer sich inszenierenden Kirche, mit dem unter dieser doppelten Last fast zusammenbrechenden Herrgott. Allein dieser lädt dazu ein, sich mit ihm zu identifizieren. Denn im Kontext dieser beiden Kapitel ist die Weisung an die frühen Christen jeweils *geduldig ertragen,* so in Röm 9,23; 12,12; 15,4f. und in Apk 13,10; 14,12 (in zwei fast wörtlich übereinstimmenden Sätzen). Weder in Röm 13 noch in Apk 13 wird zu Revolution, Widerstand oder auch nur Verweigerung aufgefordert. In keinem der beiden Kapitel wird zur Nachahmung der Menschen aufgefordert, die in Oberhoheit sind. Nachahmung gibt es nur gegenüber jemandem, der ganz anders ist.

Was den scheinbaren Hauptunterschied zwischen beiden Kapiteln ausmacht: Nach Röm 13,4 gilt von der Obrigkeit: Sie dient Gott und führt die Rache seines Zornes aus. Nach Apk 12,13 ist der Teufel zu den Menschen herabgestiegen, da er große Wut/großen Zorn hat. Das heißt: In dem, was Menschen als Unheil und Schädigung erfahren, was sie als Gericht bezeichnen könnten, gibt es einige Überschneidung zwischen Gott und Teufel. Martin Luther ist der geeignete Theologe, bei dem man eine Brücke zwischen Röm 13 und Apk 13 finden kann: In der »Kurzen Auslegung über den Propheten Jesaja Cap. 36, Vers 11 (M. Luther, VI ed. J. G. Walch) sagt er: »der Teufel fürbildet uns Gottes Zorn«. »Fürbilden« heißt abbilden, *repraesentare* (Grimm), ein Bild vor Augen stellen. Am Ende kann man Spekulationen über die metaphysische Zusammenarbeit von Gott und Teufel auf sich beruhen lassen oder bei Thomas Mann in seinem Dr. Faustus suchen. Was indes bleibt: Wir Menschen sind dem Zorn ausgesetzt. Weil dieser

Zorn mächtig ist, geriert er sich jedenfalls prächtig und lässt sich in einem Altarprospekt gut darstellen.

Im griechischen Text des Epheserbriefes wird der Ursprung oder das Subjekt des Zorns noch nicht einmal mehr genannt: Luther übersetzt Eph 2,3 *und waren auch Kinder des Zorns von Natur gleichwie auch die anderen*, bei Berger/Nord: *wie alle anderen von vornherein leichte Beute für Gottes Zorngericht*.

Was den Dom von Uenze und seine Innenausstattung betrifft: Die Ausübung weltlicher und kirchlicher Herrschaft hat sich in den letzten 150 Jahren nicht substanziell verändert. Entscheidend ist immer das, was »unten« herauskommt, und das heißt Kreuz. Nur dort aber, nicht auf der Altarkanzel und nicht weiter oben bei den Fürsten gibt es Kerzen, die hin und wieder angezündet werden. Dietrich Bonhoeffers »Widerstand und Ergebung«, bezogen auf sein Wirken und die Zeit im Zuchthaus, habe ich hier abgewandelt. Denn weder Jesus noch Paulus noch der Prophet Johannes haben Widerstand geleistet. Dass sie einen »Eigenstand« hatten, genügte, um sie umzubringen. Mir ist aufgefallen, dass bei Jesus (nach Mt), bei Paulus (vor allem in Röm) und bei Johannes dem Propheten (s. o.) die Geduld, das Aushalten und Ertragen die den Zeitläuften entsprechende christliche Haltung ist. Deshalb hatte Luther als Schüler des Apostels Paulus auch seine Zustimmung zu den Bauernkriegen verweigert. Andererseits war eine jahrhundertelange Herrschaft der Fürsten über die Kirche auch die Folge von Luthers Auslegung von Röm 13. Es fehlte ihm das, was man die »apokalyptische Distanz« nach Apk 13 nennen könnte. Texte wie Apk 22,8 f. lehren eindrücklich, dass jede Verwechslung von Gottes Dienern und Gott auszuschließen ist. Der Widerstand wird zwar nicht durch eine Revolution geleistet, wohl aber durch den Eigenstand des Glaubens. Darin liegt auch die rettende Hoffnung, nicht in Gewalt.

Auch für Paulus gilt ja: Er ist der Geworfene, der das Leben mehr erleidet als gestaltet. Gerade so gibt er den Blick frei auf den Herrn, der ihm die Kraft dazu gibt. Und wenn wir genau hinschauen, dann ist – vielleicht in zunehmendem Maß – auch unser Leben mehr Erleiden als Formen, mehr Empfangen als selbst in der Hand haben.

Doch zurück zu dem Dom von Uenze: Der mächtige Kanzelaltar zwingt, der Wirklichkeit ins Auge zu blicken. Das Ansehen, die Macht und die Pracht teilen Kirche und Staat. In der untersten Zeile stehen Kreuz und Kerzen. Sie teilen weder das eine noch das andere. Allein diese »Gerätschaften« vermitteln Licht und Hoffnung. All die barocke Großartigkeit und Scheußlichkeit, wenn man so will, die den Blick gefangen nimmt, lässt einen kalt. Ob man nun die Ordnungsmächte (der Kirche und) des Staates positiv bewertet (wie Paulus) oder negativ (wie die Apk), sie sind in der Welt und daher oft nur zu ertragen, weil man in der Welt immer wieder Gottes Zorn begegnet, d. h. den Folgen der eigenen Bosheit. Deshalb ist zu jeder Zeit letzten Endes Geduld gegenüber den Mächten der Welt gefordert. Das ist auch das, was Kreuz und Kerzen in dieser stummen Pracht zu sagen haben. Geduld und Hoffnung hängen zusammen. Sie sind nur in der untersten Zeile gegeben.

Widerstand, meint man, sei angemessen gegenüber dem, was als verdienter Zorn in der Welt begegnet. Doch die Lösung heißt nicht Widerstand, sondern mit den Evangelien und der Apokalypse: Geduld, auf Deutsch: Ergebung. Beides kommt verschiedenen Lebensaltern zu, der Widerstand der Jugend, die Ergebung den späteren Zeiten.

5 Kirche

Lit.: W. Huss: Die Gemeinde der Apokalypse des Johannes, München 1968.

Angesichts der angeblichen Konzentration der Apk auf das Weltende bzw. den vorausgehenden Horror scheint es wenig sinnvoll, hier nach »Kirche« überhaupt zu fragen. Hinzu kommt, dass die Datierung der Apk in der augenblicklichen Forschung so umstritten ist wie für kein anderes Buch des Urchristentums. Doch bei näherem Hinschauen zeigt sich, dass das Profil des Verständnisses von Kirche in der Apk so besonders und so kantig ist, dass darüber Datierungsfragen fast zur Nebensache werden. Unter kantigem Profil verstehe ich, dass Zwölfstämmevolk, Himmlisches Jerusalem und Propheten hier ein sehr besonderes Verständnis von Kirche markieren.

5.1 Die Zeit der Kirche währt tausend Jahre

Ein Stück Exegese-Geschichte
Nach einer der möglichen Deutungen ist das Millenium von Apk 20 die Zeit der Kirche. Auch wenn diese Deutung seit vielen Jahrhunderten die »typisch katholische« ist, so ist sie doch nicht selbstverständlich oder über jeden Zweifel erhaben. Aber es könnte doch gut sein, dass tausend hier wie auch sonst in der Apokalyptik eine Symbolzahl im Sinn einer vollkommenen Menge ist.

Es sind systematische und kirchenpolitische Gründe, die erklären, dass sich die Theologie erst gegen Ende des 20. Jh. mit diesem Thema näher beschäftigt. Die Differenzen zu neuzeitlichen Kirchenbegriffen sind dabei ebenso unübersehbar wie eine besondere Nähe zum Judentum und zu Paulus, die sich in der Auslegungsgeschichte vor allem in der Einführung des Leib Christi-Konzepts äußert. Dabei hatte man stets im Bewusstsein, dass die Apk mit sieben Gemeindebriefen beginnt.

> Zu Apk 20,4 bemerkt Franciscus Junius Biturix, Apocalypsis s. Ioannis Apostoli et Evangelistae methodica analysi argumentorum notisque brevibus per F.I. B., Heidelberg 1591, 123: Dies sei descriptio status communis ecclesiae Christi in terris et mille annorum spatio [Beschreibung des gemeinsamen Status der Kirche auf Erden in der Zeitspanne von tausend Jahren].

Millenium, die Lebenszeit der Kirche
Angesichts des Aufbaus der Apk war schon immer klar, dass das Millenium eine besondere Phase in der Heilsgeschichte darstellt. Zwei Punkte waren indes strittig: Der Anfang des Milleniums und die irdisch-materielle Konkretion. Im Bild einer Mauer formuliert, die das Millenium von der übrigen und üblichen Geschichte trennt: Wo und wann gibt es diese Mauer und wie hoch ist sie?

Nun kennt das Neue Testament ein Textkonsortium, in das der Text über das Millenium Apk 20,4–6 gut hineinpasst. Der Ausdruck »tausend Jahre« oder »Millenium« findet sich in diesem Konsortium zwar nur in Apk 20, aber die übrigen Texte aus diesem Konsortium passen wie nächste Verwandte gut dazu. Das ist nicht selbstverständlich, denn bislang steht (oder: stand) Apk 20,4–6 allein auf weiter Flur, und erst die altchristlichen Autoren wie Kerinth und Nepos von Arsinoë schienen die nächsten Verwandten zu sein, also typische häretische »Chiliasten«. Das gemeinte »Konsortium« sind Gal, Röm, Mt, Lk/Apg und Hebr.

> Hinter der Zahl tausend für das Tausendjährige Reich als Schlussphase der Weltgeschichte steht in irgendeiner Weise das alte Wochenschema. Demnach wäre das Millenium der Weltensabbat. Nicht zuletzt daher rühren auch seine utopischen Züge. In der mittelalterlichen Exegese lebt dieses Konzept wieder auf, als hätte man es gerade erst gestern erfunden. Vgl. dazu: R. Lerner: The Medieval Return to the Thousand – Year Sabbath, in: ed. R. K. Emmerson, B. McGinn: The Apocalypse in the Middle Ages, Ithaca – London, 1992, 51–71.

Doch »tausend Jahre« ist seit alters als eine symbolische vollkommene Zeitdauer geläufig. Die bekannte Aussage von Ps 90,4, dass *bei Gott tausend Jahre wie ein Tag* sind, wurde geradezu als Einladung verstanden, das Schema der Woche (sieben Tage) zur Weltwoche zu erheben. Wenn man sicher war, dass das Ende bald käme und man in der Lage war, das bisherige Weltgeschehen in 6000 Jahren unterzubringen, war es klar, dass der eine, der siebte Tag und damit 1000 Jahre noch bevorstünden und etwas Besonderes sein müssten (»Weltensabbat«). Daher sollten an diesem Tag Ruhe und Frieden herrschen, wie sich das nach der Tora für den Sabbat gehört. Man kann daher sagen, dass die Weltwoche inklusive der letzten tausend Jahre in das Feld der apokalyptischen Metaphorik gehört. Wenn jedoch gilt, dass die Regeln zur Auflösung bzw. Auslegung apokalyptischer Metaphern »möglichst viel Realitätsgehalt« aufweisen müssten (wie oben gefordert), dann ergibt sich unter den Deutungsmöglichkeiten der eintausend Jahre auch die wortwörtliche. Die unklare hermeneutische Verfahrensweise mit der »Symbolik« bzw. Metaphorik der tausend Jahre spiegelt sich darin, dass um das Jahr 1000 bzw. 1033 (wegen der Lebensjahre Jesu) ein großer Teil der Christenheit diese Ankündigung wörtlich verstanden hat. Zu den bekannten Folgen gehörte u. a. verstärkte Slavenmmission, Verehrung des Erzengels Michael (inklusive Bau der Michaeliskirchen in Hildesheim und Fulda). Es war, wie gesagt, eine hermeneutisch-exegetische Unsicherheit, die zu dieser tutioristischen Lesart führte. Die gegenteilige Auslegung würde darauf hinauslaufen, dass man erkärt, es »werde eben vielleicht noch lange dauern«, bis das Ende käme. Oder man abstrahiert noch weiter und erklärt, tausend Jahre bedeuteten eben Endlichkeit und Beschränktheit kreatürlicher Zeit trotz gegenläufiger Wahrnehmung langer Zeitabschnitte. Das Minimum dessen, was festzuhalten wäre, müsste die Auskunft sein: Weil die Erlösung naht, sollten die Christen schon das Haupt erheben (Lk 21,28). Zudem trägt die Kirche mit Recht einige Züge des Tausendjährigen Reiches (nicht nur die jesuitischen Reduktionen in Paraguay 1610–1767).

Daher sollte man sich bei der Suche nach Verwandtem nicht nur auf diese Zahl konzentrieren. Dann aber ergeben sich (außer dem oben genannten Konsortium) mehrere frühchristliche Einzeltexte im Feld des Neuen Testaments, die überraschend viele Gemeinsamkeiten miteinander und mit Apk 20,4-6 aufweisen. Dazu gehören: Mk 10,35-38; Mt 19,28; 2 Tim 2,11f.; 1 Kor 15,25a.28; Mk 14,27. Hier geht es um Mitsterben und radikale Nachfolge, um Mitregieren mit Christus und eine besondere und bleibende Rolle Israels. Die bestimmenden Motive sind: Zwölferkreis, radikale Nachfolge und/oder Martyrium, Auferstehung von Märtyrern (Erste Auferstehung), thronend Regieren mit Christus über die Zwölf Stämme Israels. Die Orientierung am Geschick Jesu ist sehr gründlich. Sie bleibt auch in dieser Ersten Auferstehung erhalten (Ko-Regentschaft mit Christus). Die Texte:

Mk 10,35-38: Zwei Mitglieder des Zwölferkreises, Thronen/Regieren mit Christus, Martyrium.

Mt 19,28: Der Zwölferkreis als harter Kern der Jünger Jesu, radikale Nachfolge, Verzicht auf Familie, Regieren mit Christus auf Thronen, Israel als Horizont des Regierens. – Den Zwölf wird hier kein Martyrium angekündigt (naheliegend aber wegen Mk 10,38f.), aber sie werden alles und alle verlassen. Mt 19,27-29 lässt daher auch erkennen, dass an der Stelle des Martyriums auch die radikale Nachfolge stehen kann. Die Übergänge zwischen beiden sind daher fließend. Und entsprechend muss auch nicht der leibliche Tod die Zäsur zwischen diesen beiden Status sein. Jedenfalls werden dann die Jünger an der Messianität teilhaben. Jetzt waren sie verachtet, auf Thronen aber die Angesehensten sein.

Es gibt bei Paulus, der ja immer in Verdacht steht, Elemente aus dem Diasporajudentum in seine Gemeinden übernommen zu haben, einen Text, der zumindest ein ähnliches Szenario zeigt wie Mt 19,28: 1 Kor 6,4-8 behandelt den Fall, dass Christen über Mitchristen zu Gericht sitzen, also richten sollen.

Apk 20,4-6: Der Ausdruck Zwölf Stämme und Verwandtes gilt auch zur Bezeichnung von frühchristlichen Gemeinden, und zwar sowohl von Judenchristen als auch von Heidenchristen. Das gilt von Gal 6,16 (*Israel Gottes* wohl für Heidenchristen) als auch für den Hirten des Hermas (sim. IX): Zwölfstämmevolk aus Heiden, als auch nach ConstApost VII, 25 (dasselbe). Dass die »Richter« auf zwölf Thronen sitzen, bedeutet der Sache nach, dass sie herrlich und in Ehre dastehen. Paulus tadelt nun ausgerechnet in Korinth, dass dieses nicht der Fall sein soll, daher nennt er die »Verachteten« in 6,14 als Fehlbesetzung für den Ehrenposten der »Richter«. Auch der Hirt des Hermas (vis. III, 2, 1) zeigt, dass alle, die für ihren Glauben gelitten haben (wie/als Märtyrer) in der

Kirche besonderen Ehrenvorrang haben. Denn nach dem Herrn stehen ihre Sitze rechts vom Altar.

Das Stichwort »Wiedergeburt« in Mt 19,28 ist die Zeit der Erfüllung der Verheißungen an Israel (wie im Millenium nach Apk 20,4–6). In der Vielzahl der Heidenchristen konnte man sie erblicken. So denkt es jedenfalls Paulus in Röm 4,16f. im Hinblick auf die zahlreichen Völker der Abraham-Verheißung. Wenn nach Apk 20,2f. der Satan für tausend Jahre weggeschlossen ist, dann ergibt sich eine Beziehung wieder zu Mt dadurch, dass der Kirche verheißen ist, die Mächte des Bösen, nämlich Tod und Vergänglichkeit, würden sie nicht verschlingen (Mt 16,20), und den Jüngern ist die Vollmacht des Exorzismus gegeben (Mt 10,1). Dass der Satan in der Zeit der Kirche relativ machtlos (»weggeschlossen« Apk 20,3) ist, zeigt sich einmal in der exorzistischen Vollmacht der Kirche (synoptische Evangelien) und zum anderen darin, dass die *Pforten der Hölle* sie nicht überwältigen werden (Mt 16,18).

Zu den spektakulären Zumutungen der neutestamentlichen Botschaft gehört bereits, dass Jesus die Schlüsselgewalt, die nach Apk 3,7 seine Würde ausmacht, Petrus und den Jüngern ohne Wenn und Aber übergibt. Auch dieses könnte man im Blick auf Apk 20 einen millenaristischen Zug nennen. Das heißt: Sowohl in der exorzistischen Vollmacht als auch in der Schlüsselgewalt der Apostel (dazu s.u.) zeigt sich jeweils intensiv der innerkirchliche präsentische Charakter des Milleniums.

Das heißt: Der eigenartige Text Mt 19,28 gewinnt Plausibilität und Farbe angesichts der römischen Verhältnisse an der Wende zum 2. Jh. Jedenfalls gilt das auch, wenn das MtEv viel früher entstanden ist. Denn der Menschensohn auf seinem Thron könnte dann der erhöhte Christus sein. Auf den zwölf Thronen sitzen die Apostel oder die »in ihrem Namen« später die Gemeinde Regierenden. In der altchristlichen Anordnung der Ältesten bzw. Presbyter, die um die Kathedra des Bischofs im Halbkreis herum sitzen, spiegelt sich dieses sicher wider.

Dabei sind Sichtbarkeit und Unsichtbarkeit miteinander verwoben. Doch eines gilt selbstverständlich immer: Jede sichtbare liturgische Inszenierung ist nur Abbild der unsichtbar-himmlischen Primärszenerie. Das heißt auch: Die 12 Apostel auf Erden sind die Abbilder der den Menschensohn im Himmel umgebenden himmlischen Ältesten (vgl. Apk 4 etc.), also vermutlich der »Engel des Menschensohnes«. Diese Verwobenheit des Sichtbaren und Unsichtbaren ist ein Hinweis auf die Auffassung Jesu von sich selbst und seiner Botschaft. Und deshalb nennt sich Jesus überhaupt »Menschensohn«. Er hat die Distanz zum Himmel aufgehoben. So wie Jesus den Himmel inszeniert, wird dann auch jede spätere christliche Liturgie Jesus inszenieren können. Dabei gilt das, was man unter »Realsymbolik« versteht: Realsymbolisch nenne ich Zeichen, die über sich hinausweisen wie etwa Wein beim Abendmahl, aber – ganz im Sinn des antiken Bildbegriffs – nicht leer und nur didaktisch sind, sondern die das Dargestellte dank Gottes Wirken (welches keine »leeren« Zeichen kennt) mehr oder weniger vollständig in sich enthalten (in dem genannten Beispiel: Gegenwart Christi).

5 Kirche

Regieren mit den Märtyrern
Wenn man das Tausendjährige Reich auf die Zeit der Kirche deutet, besteht die hauptsächliche Schwierigkeit darin, wie das Regieren Jesu Christi mit den Märtyrern nach Apk 20,4a.c vorstellbar sein soll. Besonders darin deutet sich indes die spätere katholische Deutung des Tausendjährigen Reiches an: Es ist seit der Auferstehung Jesu (vgl. das Reich Christi nach 1 Kor 15,25a.28) sichtbar oder unsichtbar in der Kirche gegeben.

Die in Mt 19,28 anvisierte Bedeutung der Zwölf für die Gemeinden auch des späteren 1. Jh. finden wir in Eph (2,20) und Apk (21,14) in Gestalt des Fundament-Gedankens. Eph spricht vom Fundament der Apostel, Apk 21,14 von den Fundamentsteinen mit den Namen der zwölf Apostel. Das heißt: Dort, wo die Apostel bzw. die Zwölf nicht (mehr) physisch präsent sind, ist deren Bedeutung auf die Fundamente verlagert.

Die hier genannten Texte sind insgesamt Zeugnisse für die sich schon im Neuen Testament anbahnende Möglichkeit, Erste Auferstehung oder Tausendjähriges Reich real-symbolisch auf die Zeit der Kirche zu beziehen (vgl. unten zu Kol 3,1: Die Getauften sind schon auferstanden).

Fazit: Schon innerhalb des 1. Jh. nC. wird zusehends undeutlicher, wann die Erste Auferstehung ist, wer die Zwölf Stämme sind und wann radikale Nachfolge bzw. Leiden für Christus und Martyrium (auch ohne Tötung) belohnt werden. Anlass für die Entwicklung dieser Perspektive ist u. a. ein Taufverständnis, wonach die Taufe schon Mitsterben mit Christus ist, und ein Verständnis christlichen Leidens, wonach das Leiden schon in Richtung Martyrium weist. Auch die Zwölf Stämme bzw. Israel konnte man dabei »weit« interpretieren und auf die Christen insgesamt deuten (s. o.). Das Verhältnis zu Jesus ist dann eine Ko-Regentschaft. Vgl. dazu oben zu 2 Tim 2,11 f. (Mitregieren); 1 Kor 15,25a.28 (Christus regiert seit der Auferstehung). Das impliziert die Berechtigung zu interner Gemeinde-Gerichtsbarkeit (früher im CIC erhalten durch eine ausgebaute episkopale Gerichtsbarkeit). Dieses kann als Richten über die Zwölf Stämme verstanden werden (Mt 19,28).

B. Viegas, Komm., 798 zitiert Augustinus, CD 20,9: Das Gericht von Apk 20 wird in der Kirche als Binden und Lösen vollzogen. Dafür gelte nämlich die Verheißung von Mt 28,20. Regnant cum illo qui faciunt quod Apostolus ait: Kol 3,1. Ebd., 799: Regnant cum illo qui eo modo sunt in regno eius, ut sint etiam ipsi regnum eius. [Mit ihm regieren, die tun, was der Apostel gesagt hat, mit ihm regieren, die auf die Weise in seinem Reich sind, dass sie selbst sein Reich sind.] Die Erste Auferstehung sei die, quae nunc est [die jetzt ist]. Denn in diesen tausend Jahren handelt die Kirche, wie auch Augustinus, Beda, Rupertus von Deutz, Ambrosius Autpertus und andere sagen. – Viegas selbst ist freilich gegen eine rein präsentische Deutung des Milleniums. Denn die Christen regieren nicht alle mit Christus. Auch 2 Tim 2,12 sei in diesem Sinn futurisch formuliert. Jetzt sei die Zeit der Verfolgung. Die Mitregentschaft der Christen mit Christus gelte jetzt nur von einigen. Viegas weist auf zwei verschiedene mögliche Bedeutungen der tausend Jahre: als die Zeit zwischen Christi Leiden und dem Antichrist oder als die Ewigkeit. – Nach Ambrosius Autpertus regieren die Christen, die das Tier nicht angebetet haben, als Glieder Christi mit Christus. Für die anderen gilt 1 Kor 4,8. Das sieht offenbar auch Viegas als vertretbare Lösung an.

Das koptische Antiphonar (um 700), das intensiv die Apk rezipiert, deutet das Verhältnis Erste/Zweite Auferstehung m. E. völlig zutreffend so (§ 349, 304 f.): »Jeder, der auf die letzte Auferstehung wartet, möge zuerst an die Auferstehung Christi glauben wie Johannes in seiner Apokalypse geschrieben hat: Selig ist der, der teilhat an der ersten Auferstehung.« Denn Glaube an die Erste Auferstehung ist das Christwerden (inklusive Credo und Taufe). Weder in den Evangelien noch im Briefcorpus des NT wird das Verhältnis zwischen Christwerden und Auferstehung diskutiert.

Fazit: Die Zeit der sichtbaren Kirche und der noch nicht gestorbenen, wohl aber in der Taufe auferstandenen Christen ist das Tausendjährige Reich, und zwar als »größeres Israel«, in der Jurisdiktion und in der Macht über die Dämonen. Das gilt dann besonders, wenn man – anders als bei der Zweiten Auferstehung – nicht auf die Qualität der Leiblichkeit achtet, sondern auf die Art der Gemeinschaft mit Christus.

Die Zeit zwischen Ostern und Pfingsten als Abbild des Milleniums
Wenn nicht nur die Märtyrer demnächst, sondern alle Christen schon jetzt in der Taufe auferstanden sind, dann sind die Rahmenbedingungen des Milleniums in der Kirche schon gegeben. Deshalb werden auch zwischen Ostern und Pfingsten die Texte der Apokalypse in den Gottesdiensten des 1. christlichen Jahrtausends gelesen.

So wird die Zeit zwischen Ostern und Pfingsten wirklich zum lebendigen Abbild der christlichen Hoffnung: Mit der Taufe in der Osternacht erlangen die Christen Anteil am auferstandenen Christus. Und daher ist Kol 3,1–4 *(Wenn ihr nun also mit Christus mitauferweckt seid)* eine weit verbreitete erste Lesung am Ostersonntag. Die Zeit zwischen Ostern und Pfingsten bildet das Tausendjährige Reich der Herrschaft des Auferstandenen ab. Am Ende steht die Vollendung durch den Heiligen Geist zu Pfingsten.

So liefert die liturgische Gestaltung der österlichen Zeit gleich drei sehr zentrale theologische Beiträge:
1. Das Millenium von Apk 20 steht für die Zeit zwischen Erster und Zweiter Auferstehung. Die Erste Auferstehung ereignet sich in der Taufe. Denn sie steht für Mitsterben, und aus ihr gehen »die Heiligen« des Gottesvolkes hervor. In der Gegenwart bilden die Märtyrer, die Christen, die noch leben, aber für ihren Glauben gelitten haben (und die besonders geehrt sind), sowie die Heiligen, die getauften Christen, die sichtbare und unsichtbare Kirche.
2. Die Zweite Auferstehung besteht in der leibhaftigen Auferstehung der Toten. Diese ist durch den Heiligen Geist gewirkt (wie in Röm 1,3 f. und Apk 11,11). Das ist dann die durch das Pfingstfest angedeutete Vollendung des Ganzen. Denn der Heilige Geist ist der Auferwecker schlechthin.
3. Das »Weltende« wird durch das Pfingstfest gedeutet und umgekehrt. Denn wenn das Ende der Welt wie Pfingsten ist, bedeutet es weltweites Einander

Verstehen und Erfülltsein vom Ethos des Heiligen Geistes, es bedeutet Neue Schöpfung und Aufhebung alles schmerzhaft Trennenden.

So gibt es in der christlichen Liturgie zwei temporale Typologien: den Tag und die ganze Zeitspanne. Der Tag bildet das Fest ab; z. B. der Pfingstsonntag erinnert an und stellt dar die Ereignisse des 50. Tages nach Ostern/Pascha im Jahr der Auferstehung Jesu Christi. Die österliche Zeit dagegen, die 50 Tage zwischen Ostern und Pfingsten, stellen das Tausendjährige Reich dar, die Zeit zwischen Osternacht und Auferstehung; die vierwöchige Adventszeit stellt dar die Zeit zwischen Abraham und der Erfüllung der Verheißungen. Beide »Langzeiten« waren für die Lektüre der Apokalypse beliebt.

Das Millenium und das Böse

Dass Gott die »Kammer des Bösen versiegelt«, ist dem hellenistischen Judentum geläufig, so etwa Philo von Alexandrien (Legum Allegoriae III, 105 f.).

> Auslegung von Dtn 32,34 f.: »Siehe, ist nicht dies bei mir zusammengetragen und in meinen Schatzkammern unter Siegel verschlossen, am Tag der Vergeltung, wenn ihr Fuß strauchelt?« Dazu schreibt Philo: »Du siehst also, dass es auch Schatzkammern des Bösen gibt; und zwar nur eine des Guten, denn wie es nur einen Gott gibt, so nur einen Schatz des Guten, aber viele des Bösen, weil ja die Sünder unendlich zahlreich sind. Aber auch hierin soll man die Güte des Seienden sehen; denn den Schatz des Guten öffnet er, die des Bösen aber verschließt er; zu Gottes Eigenart gehört es ja, das Gute darzubieten und mit seinen Geschenken (dem Verdienst) zuvorzukommen, das Schlechte aber nicht leicht herbeizuführen. Mose aber, der die Gebefreude und Gnadenfülle Gottes noch weiter ausdehnt, sagt, dass nicht nur zu anderer Zeit die Schatzkammern des Bösen unter Siegel verschlossen sind, sondern sogar dann, wenn die Seele abgleitet von dem festen Grund der rechten Vernunft.« Der Übersetzer verweist hier auf Ilias 527 ff., wo von den zwei Fässern des Zeus die Rede ist.

Nimmt man zunächst Philo beim Wort, so geht es um Folgendes: Bei Gott gibt es ein System von zwei Schatzkammern, in denen Lohn und/oder Strafe aufbewahrt werden. Wenn Gott die Strafkammer des Bösen versiegelt, übt er kein Gericht an Frevlern. Es wird damit erklärt, weshalb so oft Böse ungestraft herumlaufen. Antwort: Wegen der Gebefreude und Gnadenfülle Gottes; deswegen kann man Gott keinen Vorwurf machen.

In Apk 20,3 ist ebenfalls die Schatzkammer des Bösen verschlossen, wenn auch unter anderem Aspekt. »Böses« ist hier nicht die Strafe für Unrecht, sondern die Verführung zu Unrecht. Weggeschlossen wird daher der Versucher und nicht die Strafe.

Aber die Übereinstimmung zwischen Apk und Philo ist größer als die Verschiedenheit. Denn in beiden Fällen ist Gottes Schlüsselgewalt auf etwas bezogen, das eigentlich zum normalen Lauf der Dinge gehören müsste: die Bestrafung der Bösen und der Schutz vor Verführung. Sowohl die Strafe als auch die Verführung kann man als das Böse bezeichnen. In beiden Fällen ist dieses von Gott kommende Böse die Entsprechung zu dem Bösen auf der Seite des Menschen, und dieses liegt entweder vorher oder nachher. Dass beides, Bestrafung oder Verführung, zusammenhängt, wird unerwartet bestätigt durch das Vaterunser. Denn dort endet die Bitte um Bewahrung vor der Verführung in der Schlussbitte: *Sondern erlöse uns von dem Bösen.*

Auch den umstrittenen »Aufhalter« von 2 Thess 2,6f. könnte man von diesem Material her deuten. Der Aufhalter wäre dann Gott selbst. Nach Apk 20,3 und dem Vaterunser hält er die Verführung von den Menschen ab und hält sie insofern auf. Nach Philo hält er die Strafe auf, indem er die Kammer des Bösen verschließt. Dabei ist in diesem Fall die Strafe insofern das Böse, als es für den Menschen unangenehm ist, denn es entspricht seinem eigenen Tun (oft beim Propheten Jeremia). Auch das Denken nach der Talio ist ähnlich: Das Spiegelbild der eigenen bösen Tat kommt von Gott als Strafe auf die Menschen zu; nicht Gott tut dabei das Böse, er garantiert nur, dass es nicht folgenlos bleibt. Hier liegt auch der Sinn der alttestamentlichen Stelle: Von Gott kommt das Gute und das Böse, Jes 45,7: *der das Heil macht und das Unheil erschafft.*

Fazit: Eine Deutung des Milleniums auf die Zeit der Kirche könnte Anregung und Neuerung bedeuten: durch alle Christen gemeinsam ausgeübte messianische Regentschaft, Nähe von Martyrium und Taufe, sabbatlichem Charakter des »Milleniums« (Verhältnis zu Arbeit, Sklaven, Krieg). In der Kirche des Lammes gibt es laut Apk 3 eine ebenso archaische wie definitive Vollmacht. Das sieht eher nach einem Ärgernis aus. Denn es klingt nach einem Hauch von Verbindlichkeit, die als zu »radikal« gedeutet wird und die man gerne ablehnt.

5.2 *Der öffnet und niemand schließt* (Himmelsschlüssel)

5.2.1 Schlüsselgewalt als Zumutung

In dieser Anspielung an Jes 22,22 in Apk 3,7 spiegelt sich nach meinem Verständnis das, was man später die »Schlüsselgewalt« der Kirche nennt. Diese ist hier in einer archaischen Vorstufe, die ganz christologisch bestimmt ist, gegeben.

Zu den ganz erstaunlichen, ja grotesken Zügen Jesu und des Urchristentums gehört die Auffassung, Jesus habe seinen Jüngern die Schlüsselgewalt verliehen. Das gilt nicht nur nach Mt 16,19 für Petrus, es gilt auch nach Mt 18,18 für die versammelten Jünger. Und nach Apk 3,7 gilt es auch für Jesus. *Dieses sagt, der den Schlüssel Davids hat, der öffnet und niemand schließt, der schließt und niemand öffnet.* Es ist verständlich, dass Jesus als der messianische Davidssohn auch seine Schließ-Vollmacht »erbt« (vgl. Jes 22,22). Die Briefe der Apk sprechen öfter davon, dass Jesus die ihm verliehene Vollmacht auch an seine Jünger bzw. Christen weitergibt. Denn das neutestamentliche Messiasamt wird gemeinschaftlich durch Jesus und die Jünger wahrgenommen, die – bildlich gesprochen – mit ihm zusammen auf dem Thron sitzen. Das gilt dann auch für die Mitregentschaft nach Apk 20,6 (vgl. 2 Tim 2,12). Von der Übertragung unbegrenzter Vollmacht oder Regierungs-Funktion reden auch Apk 3,21, besonders aber 2,26–28 *(Wie auch ich von meinem Vater empfangen habe, werde ich Vollmacht verleihen)*.

Durch die Delegation dieser Vollmacht an die Jünger wird deren grotesker Charakter nicht vermindert. Da soll ein Mensch über die ewige Zugehörigkeit eines Menschen zum Gottesreich im Himmel oder zum Satansreich entscheiden. Nach dem jüdisch-hellenistischen TestAbraham (Version A 13) urteilt Abel als der Sohn des Menschen (Adam; der Sohn Adams, des Menschen, wäre dann der Menschensohn!) über alle anderen Menschen in erster Instanz.

Auch wenn diese Vollmacht »nur« übertragen ist und ihre Ursprung eben bei Gott selbst und bei Jesus hat, – der damit verbundene Anspruch ist unglaublich und ungeheuerlich. Steckt dahinter die Hoffnung, dass Menschen gegenüber ihresgleichen vielleicht gnädiger gestimmt sind als Gott – oder auch gerade nicht? Oder sind sie besonders gerecht, weil sie die Menschen kennen? Oder geht es nur – wie in TestAbraham – um die erste Instanz? Alles sieht danach aus, dass in Apk 3,7 dieses Element im Neuen Testament in seiner wohl ursprünglichsten Gestalt und eben auf den Messias bezogen überliefert ist. Denn hier ist der Bezug zur alttestamentlichen Vorlage ausgeprägt. Denn zum Schlüssel gehört ein Haus/Tempel.

Schließen aber bedeutet: andere ausschließen oder hereinlassen, das heißt: über familiäre oder kommunale Zugehörigkeit befinden und bestimmen. Das bezieht sich dann auf Gottes Reich oder Tempel, die hier synonym sind. Da die Menschen weder das Reich noch den Tempel selber machen können, ist die Schlüsselgewalt wirklich das einzige, was bei ihnen verbleibt, ihre einzige Macht. Die Verantwortung, die sie damit tragen, ist jedoch ungeheuer. Wie hat Jesus, der die Schwächen der Menschen kannte, dieses (mutmaßlich, es spricht nichts dagegen) den Jüngern anvertrauen können? In der Geschichte hat die Kirche (ihre Autoritäten) darunter gelitten. Gewiss, dieser Satz gehört zu den Positionen Jesu, die unfassbar sind, die hart und absurd klingen. Das spricht nicht gerade für eine Erfindung der späteren Gemeinde. Man spürt ihre Wucht noch im arab. Kommentar des Bulus al-Bushi (um 1200) zur zu 3,7: »»When He opens no one can shut‹ (Rev 3:7) means the power of the dominion of His divinity; when He justifies, no one can condemn, and when he passes judgment, no one can escape His hands.«

5.2.2 Phänomenologie des Bindens und Lösens

Binden und Lösen sind klare Gegensätze. Die Aktivität ist stets auf andere Menschen gerichtet, nicht auf den Täter selbst. Inhaltlich kann es um fesseln oder freilassen gehen, hereinlassen oder den Eingang verweigern, die Türe öffnen oder sie verschließen, Vergebung (Lösung des Banns) zusprechen oder verweigern, verbieten oder erlauben, die Bewegung einschränken oder freie Bewegung erlauben, mit Strafe verurteilen oder freisprechen, tun lassen oder unterbinden (verbieten). Für beides benötigt der Täter, der bindet oder löst, die entsprechende Berechtigung oder Vollmacht. Zur Illustration: Die Absolutionsformel bei der Beichte lautet: Dominus noster Iesus Christus te absolvat, et deinde ego te absolvo a peccatis tuis, inquantum ego possum et tu indiges [Unser Herr Jesus Christus spreche dich frei, und daraufhin spreche ich dich frei von deinen Sünden, soweit ich es kann und soweit du es brauchst]. Die Vollmacht zum Binden oder Lösen setzt die jeweilige Entscheidung des Vollmachtsträgers zum Gebrauch oder Nicht-Gebrauch dieser Vollmacht voraus.

Das Neue Testament bietet Fälle verweigerten Lösens
Bei der Verleihung der Vollmacht zur Sündenvergebung sagt Jesus zu den Jüngern: *Welchen ihr die Sünden vergeben werdet, denen sind sie vergeben, und welchen ihr sie behalten werdet, denen sind sie behalten.* (Joh 20,23) Der Träger der Vollmacht spricht die Lösung etwa von Sünden mit schier unglaublicher und unbegrenzter Vollmacht zu.

Die Fälle von verweigerter Lösung der Sündenschuld sind:
– die Sünde wider den Heiligen Geist als grundsätzlich und in Ewigkeit unvergebbare Sünde (Mk 3,28 f.). Wo der Vollmachtsträger diese Sünde feststellen muss, kann er nicht »lösen«.
– Ananias und Sapphira nach Apg 5,3 haben den Heiligen Geist belogen und werden daher ohne Chance auf Vergebung durch plötzlichen Tod hinweggerafft. Von Vergebung ist nicht die Rede, das Gericht trifft den Sünder erbarmungslos.
– Der Unzuchtsünder von Korinth wird nach 1 Kor 5,5 feierlich dem Satan übergeben, damit sein physisches Leben vernichtet wird. Diese Übergabe hat Paulus für sich beschlossen, und die Gemeinde von Korinth beschließt das auch parallel dazu (5,3). Dem entspricht, dass nach Mt 16,19 die Vollmacht zum Binden und Lösen zunächst Petrus allein zugesprochen wird, dann aber in 18,18 auch der Schar der Jünger im Ganzen. Diese Parallelaktion von Apostel und Gemeinde aus Mt 16 und 18 hat ihre genaue Entsprechung in Korinth im Urteil des Apostels einerseits und dem der Gemeinde andererseits.
– Diverse Feinde der Apostel nach Apg haben als öffentliche Feinde der Apostel keine Chance auf Vergebung, so Simon Magus und der Zauberer Elymas.
– Nach Joh 9,39–41 sagt Jesus seinen Feinden: *dann bleibt eure Sünde.* Die Apk behält also insofern Recht, da Jesus die Vollmacht, d.h. den Schlüssel zum Binden und Lösen besitzt.

5 Kirche

Das Problem der Vermittelbarkeit von Binden und Lösen
Der hier besprochene Komplex ist aus mehreren Gründen in der gegenwärtigen Volkskirche schier unvermittelbar:
- Schon die zitierten biblischen Belege werden nicht verstanden bzw. als Rückfälle in Judentum oder Vorgriffe auf Frühkatholisches verstanden. Denn eine strikte Eingrenzung der Vergebungsbereitschaft Gottes sei ein Widerspruch zur frühen Botschaft der Liebe, um die es grundsätzlich im Neuen Testament gehe.
- Die mittelalterliche Praxis des Kirchenbanns wird zumeist und oft mit Recht verstanden als systematischer Missbrauch der Vollmacht des Bindens und Lösens. Vor allem sind Streitigkeiten um weltliche Güter als Anlässe für Bannflüche in Erinnerung. Dieser rasante Missbrauch hat grundsätzlich den Geschmack an Binden und Lösen verdorben.
- Man stelle sich vor, welche Wirkung ein öffentlicher Kirchenausschluss (ohne Gesprächs-, Therapie- oder Vergebungsmöglichkeit) heute haben würde. Insbesondere Protestanten, bei denen Binden und Lösen nahezu gar keine Rolle spielen, könnten diese Position ehrlichen Herzens nicht mitvollziehen.
- In Wahrheit gilt aber: Der ganze Komplex hängt daran, dass nach Apk 3,7b Jesus selbst diese Vollmacht hat und fraglos für sich beansprucht. Strukturell ist dieses die gleiche Ungeheuerlichkeit wie auch an den übrigen Stellen des Neuen Testaments.

Das biblische Binden und Lösen bietet Chancen für ein neues Kirchenverständnis
Am Anfang unserer Überlegungen muss erneut stehen, dass wir uns wundern: Die Jünger, denen hier Vollmacht verliehen wird, sind wie die »Rausschmeißer« bei manchen Lokalen. Damit aber bestimmen Menschen, wer zum Reich Gottes dazugehören darf und wer nicht. Wir fragen: Rechnet Jesus denn nicht mit der Fehlbarkeit von Menschen? Das eigentlich Erstaunliche und Anstößige besteht in Jesu Vertrauen darauf, dass die Jünger es schon recht machen werden und nicht irren. Hatte Jesus nicht selbst einen Judas unter seinen zwölf Aposteln, den er rechtzeitig hätte entfernen können? Gewiss, wir haben uns in erschreckendem Maße daran gewöhnt, ungewöhnliche, harte oder unverständliche Aussagen wie die Rede vom Binden und Lösen für »spätere Einschübe« in die Botschaft Jesu zu halten. So werden alle schwierigen Aussagen relativiert.

Sakralrecht
Eine Brücke zum Verständnis bietet hier Apk 22,15, wo eben jenes »Schließen und nicht Öffnen« in der Apk selbst praktiziert wird. Denn das am Beginn stehende griech. Wort ἔξω heißt auf Deutsch: »Hinaus!« (Draußen bleiben muss, wer unrein bleiben will, wer andere vergiftet, wer sich von Sexgier treiben lässt, wer mordet und Götter anbetet, und draußen bleiben müssen alle, die mit Wort oder Tat die Wahrheit verraten.) Das ist immerhin die *peroratio*, der drastische

und Aufmerksamkeit heischende Schluss des ganzen Buches. In 22,12 wurde diese ganze *peroratio*, zu der auch 22,15 gehört, übrigens eingeleitet durch das prophetische Zitat: *Der Herr spricht.* Hier werden mithin Normen und Voraussetzungen für den Ausschluss genannt.

Mit 1 Kor 5, einem relativ nahe verwandten Text, hat Apk 22,15 gemeinsam, dass sich beide Texte auf die Aus- und Abgrenzung eines heiligen Bereichs beziehen, den man »Tempel« nennen kann. Für 1 Kor war das in 3,16f. gesagt worden. *(Wisst ihr nicht, dass ihr Tempel Gottes seid?)* Es ging dort um das Verbot der Spaltung der Gemeinde. Für Apk 22 gilt die Formulierung in 21,22 *(Ein Tempel ist dort nicht zu sehen)*, denn der Tempel besteht hier darin, dass Gott inmitten seiner Gemeinde ist.

Aber auch bereits die biblische Ausgangsstelle, Jes 22,22f. bezieht sich auf etwas, das zumindest einem Heiligtum ähnlich ist: *Ich werde ihm* (sc. Eljakim) *die Schlüssel des Hauses David auf die Schulter legen. Er wird öffnen und niemand ist da, der schließt; er wird schließen und niemand ist da, der öffnet. Ich werde ihn als Pflock an einer festen Stelle einschlagen und er wird zum Thron der Ehre für sein Vaterhaus.* Schon das Targum übersetzt 22,22: »And I will place the key of the sanctuary and the authority of the House of David in his hand, and he will open and none shall shut; and he will shut, and none shall open.« D.h. aus dem Schlüssel des Hauses Davids ist hier der Schlüssel zum Tempel geworden. Der Kreis schließt sich mit Apk 22,16b, wo Jesus (!) sagt: *Ich bin die Wurzel und das Geschlecht Davids, der Morgenstern.* Wenn er das in Person ist, ist er auch im Recht mit der Ausage in 3,7b.

Fazit: Der kategorische Ausschluss des Unheiligen erfolgt in Jes 22,23 Tg; Apk 22,15; 1 Kor 5; Apk 3,7b, weil es sich um ein Heiligtum handelt, in dem Unheiliges unter keinen Umständen bestehen kann. Es geht daher um Sakralrecht, nicht um eine Allerweltsmoral, bei der auch einmal »fünfe gerade sein« können. Der wichtigste Hinweis auf diese Deutung ist das Stichwort *Hunde* in Apk 22,15, denn Hunde sind das Unreine schlechthin.

Unfehlbares Recht zum Ausschließen?
Wir hatten oben gefragt, wie Jesus so optimistisch sein konnte und jeden Irrtum der Jünger ausschloss. Ein erster Hinweis war die Apk, in der Jesus selbst die Bedingungen für Ausschluss formulierte; es gibt also Kriterien und nicht einfach »Bauchgefühle«. 1 Kor 5 scheint nahe dabei zu liegen. Denn der »Unzuchtsünder« hat zumindest gegen alttestamentliches Sakralrecht verstoßen.

Doch die Spuren einer Diskussion um die Kriterien gehen noch weiter. In der Apk urteilt Jesus allein, ist er doch auch der kommende Weltrichter. In 1 Kor 5,3f. sowie in Mt 16,19; 18,18 sind, wenn ich mich nicht täusche, Spuren einer Regelung in zwei Instanzen erkennbar. Der Apostel entscheidet zuerst, dann aber das Gremium bzw. die Gemeinde. In Mt 16,18 bestimmt Petrus, in 18,18 die Schar der Apostel (bzw. der Gemeinde) mit einer insgesamt (!) gleichen Vollmacht. In 1 Kor 5,3 entscheidet der Apostel, nach 5,5 aber zusätzlich parallel die Gemeinde von Korinth. Damit ist die alttestamentliche Forderung nach den mindestens zwei bis drei Zeugen erfüllt, die in Mt 18,16 ja auch zitiert wird. Allerdings werden die beiden Instanzen nicht gegeneinander abgewogen. Es wird auch keine Theorie aus diesem Nebeneinander gemacht. Aber die Parallelität zwischen Mt und 1 Kor 5 ist auffällig, und man kann jedenfalls sagen, dass diese Entsprechung auf einer gemeinsamen Antwort für eine gemeinsame Verlegenheit beruhen könnte. Das gilt, obwohl in Mt 18 nicht einfach von einer Bestätigung die Rede ist und in Mt 16 auch nicht gesagt wird, dass es dieser Bestätigung bedurft hätte. Aber eine Zweisträngigkeit ist jedenfalls erkennbar, und sie hätte ihre Begründung auch in der Tora.

Angesichts der folgenreichen späteren Inanspruchnahme dieser Tradition für die Begründung von Amt und Autorität in der Kirche sind drei Dinge zu bemerken: (1) Es gilt die »Unfehlbarkeit« einer Einzelfigur nur dann, wenn es sich um den Messias oder einen Apostel (Petrus, Paulus), also um eine apostolische Figur handelt. Für den »normalen« Einzelchristen gilt das aber nicht. Da kann nur der *consensus fidelium* – in welcher Gestalt auch immer (Gremium der zwölf Jünger, Gemeinde von Korinth) – solche Qualität haben. (2) Wenn ein einzelner (Jesus, Apostel) entscheidet, steht die Gültigkeit seiner Entscheidung nicht in Abhängigkeit von der Zustimmung des Gremiums. Wünschenswert ist offenbar beides, das Urteil der apostolischen Figur und das entsprechende und damit übereinstimmende des Gremiums, aber letzteres ist nicht Voraussetzung der Gültigkeit des ersteren *(ex sese, non autem ex consensu ecclesiae)*. (3) Die neutestamentlichen Fälle sind auf Ausschluss oder Zugehörigkeit von Menschen zu beziehen, noch nicht auf Lehrinhalte. Bekanntlich bezieht sich das Binden und Lösen im Verständnis des Judentums aber auch auf Lehrinhalte, so dass das frühchristliche Binden und Lösen als Lehren nicht a priori auszuschließen ist.

Theologische Konsequenzen
Die Frage ist noch offen, wie Aussagen überhaupt möglich sind, dass Urteile von Menschen (oder Gremien von Menschen) eine derartige Qualität haben können, dass sie auch im Himmel gelten«, d.h. dort automatisch anerkannt werden und keiner Revision bedürfen. Welches sind die Denkvoraussetzungen für diese nach wie vor anstößigen Aussagen, und was ergibt sich daraus für das Kirchenverständnis Jesu? Die Voraussetzungen betreffen die frühchristliche Annahme einer kollektiven Messianität (zum Stichwort Condominium s. o.) und damit die Herleitung des christlichen Amtsverständnisses aus dem Weltgericht. Zum anderen ergibt sich daraus ein einigermaßen revolutionäres Verständnis von Kirche.

5.3 Wir gemeinsam sind Messias

Ähnlich dem »Wir sind Papst« unserer Tage ist die »kollektive Messianität« nahezu ein Alleinstellungsmerkmal des frühen Christentums. Das gilt nicht nur für die Apk. »Messias« ist in Raum und Zeit nicht eine isolierte Einzelfigur, sondern alle Christen zusammen in und mit Christus (Apk 20,4). Den formelhaft gebrauchten Wendungen »in Christus« und »mit Christus« eignet daher höchste kirchentheologische Bedeutung. Die Ursprünge dieser kollektiven Messianität liegen in der Menschensohn-Theologie. Denn im Zusammenhang von Bild- und Sachhälfte in Dan 7,9–13 steht die Figur des Menschensohnes für das gesamte Volk der Heiligen des Höchsten (vgl. dann in der Umsetzung etwa Mk 10,45). Als Folgerungen aus der kollektiven Messianität ergeben sich: Königtum und Priestertum tragen die Christen nach Apk 1,6; 5,10 mit Christus gemeinsam.

> Ambrosius Autpertus (442), zu Apk 11,19: adprobatio regalis sacerdotii, ad cuius membra Petrus Apostolus dicit: Vos genus regium, regale sacerdotium [die Billigung des königlichen Priestertums, zu dessen Gliedern der Apostel Petrus sagt: Ihr seid königliches Geschlecht, königliches Priestertum].

Nach Apk 3,17 ist Jesus derjenige, der definitiv öffnet und schließt, d.h. mit Folgen für das Himmelreich. Wegen des Ursprungs der Formulierung von Jes 22,22 hat Jesus dieses Attribut, weil er Messias ist. Wenn Jesus den Jüngern und ihrem Urteil solche Qualität zuspricht (wie in Mt 16,19; 18,18 und Joh 20,22f. [!]), geht es der Sache nach um eine Anteilhabe der Jünger an der Messianität Jesu. Diese Anteilhabe ist auch sonst nicht unbekannt, und sie äußert sich in Worten, nach denen die Jünger wie Jesus (Mt 19,28) oder mit ihm (Apk 20,4; 2 Tim 1,13) auf Thronen sitzen und regieren werden. Im Fall des Öffnens und Schließens geht es daher um richterliche Entscheidungen, die denen nicht unähnlich sind, die wir sonst vom Weltgericht erwarten. Sie sind damit nicht identisch, sondern geschehen vorher – eine Dimension, die in der neueren Kirchendiskussion völlig vergessen ist.

Wenn aber Petrus oder Paulus, das Gremium der Apostel oder die Gemeinde von Korinth solche Entscheidungen fällen, dann geschieht das jeweils in ihrer Beziehung zur endzeitlichen Figur des Messias Israels. Der definitive Charakter ihres Urteilens erklärt sich also daher, dass diese Personen als engste Genossen des Messias Mitglieder im Gremium des Weltgerichts sind. Weil Jesus der Messiass ist, besitzen die Urteile seiner Apostel und seiner Kirche diese hohe, unüberbietbare Qualität. Wer leugnet, dass Jesus Christus der Weltenrichter schon ist, der wird auch mit den Urteilen seiner Jünger nichts anfangen können oder wollen. Wer das kirchliche Amt beurteilen will, sollte daher weniger in der Vergangenheit anfangen zu suchen, sondern die übliche Zeitperspektive, unter der es gesehen wird, umdrehen. Das kirchliche Amt besteht als Entscheidungsamt vorwiegend richterlichen Charakters, weil Jesu Botschaft eine eschatologische, d.h. auf Gericht und Vollendung bezogene ist.

Kirche ist daher weniger von einem Ereignis vor 2000 Jahren her zu verstehen, als von dem her, was kommt, und der Gebrauch aller ihrer Vollmacht geschieht im Namen dessen, der venturus est iudicare vivos et mortuos et mundum per ignem [der kommen wird, zu richten Lebende und Tote und die Welt durch Feuer].

Dabeisein ist alles
Das Neue Testament mutet daher dem Messias und anderen definitives Urteilen zu, das ewige Folgen hat. Der Missbrauch dieser Vollmacht hat zu der verbreiteten Meinung geführt, dass hier wegen bestehender Seilschaften und Vorurteile oft sehr subjektive und wenig geistliche Interessen eine Rolle gespielt haben.

Aber muss die Gemeinde selbst über das befinden, was zu ihr passt? Wie kann sie urteilen über das, was sie als *communio* sein will? Aus den zitierten Beispielen wird erkennbar, dass in der Regel nicht das Seelenheil von Einzelnen betroffen ist, sondern die Heiligkeit der Gemeinde. In Korinth etwa ist der Fall des Unzuchtsünders bekannt und beschädigt das Ansehen der Gemeinde, die doch missionarisch wirken wollte. Dem entspricht, wie gezeigt, die kollektive Heiligkeit der ganzen Gemeinde. Sie, d.h. dieser gemeinsame Charakter, ist in Gefahr, und sie wehrt sich gegen den einzelnen Unrechttäter.

Nach 1 Kor und Apk sind die Kriterien die Heiligkeit der Gemeinde also nicht zuletzt menschliches Handeln im Bereich von Töten/Morden und Sexualität (üblicherweise: 5. und 6. Gebot). Vergleichbar sind die *Hunde* von Apk 22,15 mit den Lastern nach Apk 21,8. Was oft bemerkt wurde: Die Ethik bzw. Moraltheologie der Apk ist nicht besonders entwickelt, eben weil der Zweck aller Dinge die Gemeinde als Selbstzweck ist, d.h. ihre Existenz als heiliges Haus ist der Maßstab.

Fazit: Die Kriterien für das Hereinlassen und das Ausschließen liegen in der Identität der heiligen Stadt selbst. Das wird so gesagt in selbstverständlichem Vertrauen darauf, dass auch Heiden merken, was Heiligkeit ist und sich dadurch missionieren lassen. Eine Analogie besteht jedenfalls zu den Einlass-Sprüchen Jesu, nur sind diese auf das Reich Gottes bezogen, während hier das Himmlische Jerusalem bzw. die Gemeinschaft des Messias mit den Heiligen das Leitbild ist.

Anders als in der sogenannten liberalen Theologie geht es Jesus nicht um das Seelenheil des Einzelnen, sondern um die Integrität der Gemeinde der Heiligen. Da gewinnt auch das Judasbild einige neue Konturen, besonders die Sitte der Evangelisten, ihn »einer der Zwölf« zu nennen. Denn Verrat ist gegenüber der geheiligten Gemeinschaft mit dem Messias das Ärgste, was passieren kann. Denn sie ist Profanierung des Heiligsten. Waren doch die Zwölf die »Heiligen des Menschensohnes als Repräsentanten Israels«. Wenn also Hereinlassen oder Aussperren das Wichtigste ist, was Jünger tun können, gewinnt von hier aus auch die Tür-Metaphorik besonders des JohEv neue Bedeutung.

Wenn Jesus seine Vollmacht und die der Jünger vom Weltgericht bzw. Anbrechen des Reiches her versteht, gewinnt auch die Selbstbezeichnung »Menschensohn« Farbe. Jesus redet von sich als dem Menschensohn (die eschatologische Verwandlung des »Messias«), so wie er die Schlüssel-Vollmacht des Petrus und der Jünger als die endgültige ansieht. Denn Menschensohn ist Jesus in demselben Sinn, wie er die Jünger auf Thronen sitzen sieht und ihnen die Schlüsselgewalt anvertraut. So ist immer wieder das »Definitive« schon jetzt.

5.4 Rückschlüsse auf die Kirchenverfassung

Die Hypothese soll lauten: Aus den Angaben des Johannes über Älteste, die Zwölf, Apostel und Propheten lassen sich eventuell Rückschlüsse ziehen auf das Bild, das Johannes von der Kirche, ja sogar deren Verfassung hatte. Und vielleicht erstmalig in der Welt des Urchristentums käme auch eine übergemeindliche Kirchenstruktur in den Blick. Diese Hypothese beruht auf folgenden Beobachtungen:

> Für die Christenheit im Ganzen (aus Juden- und Heidenchristen) hat Johannes kein anderes Modell als das Zwölfstämmevolk. Für die Gesamtheit dieses Gottesvolkes sind die Namen der zwölf Apostel wichtig (Apk 21). Das Bild des Fundamentes, gebraucht für das Himmlische Jerusalem (Apk 21), hat bei Paulus und Mt sowie in 1 Petr sonst direkte kirchliche Bedeutung. Dass den Thron Gottes 24 Älteste umgeben, weist auf die sonst im Urchristentum übliche Ältestenverfassung (vgl. K. Berger: Die Urchristen, 2001). Aus Apk 11 wissen wir, dass die missionarische Struktur des Christentums hier in der Zweier-Sendung besteht, ähnlich wie in den Evangelien nach Mk 6,7; Lk 10,1. Daher können die 24 Ältesten nach der Rechnung 12 × 2 entstanden sein. Aus Mt 19,28 wissen wir, dass die Zwölf zumindest für das Gottesvolk der Zukunft »maß-geblich« sein werden. Nun werden nach Mt 19,28 die Zwölf erst in Zukunft regieren, und die Ältesten sind nach Apk 4 usw. *im Himmel*. Die Frage ist: Inwieweit kann das alles schon jetzt und auf Erden sein? Aus ConstApost VII, 25 wissen wir, dass das »Zwölfstämmevolk aus den Heiden« jetzt schon existiert.
>
> Könnte es also sein, dass für Johannes auch die 24 Ältesten nicht erst Zukunftsmusik sind, sondern für die Gemeinden so real sind wie die Figuren, die den Thron Gottes nach den Mosaik-Darstellungen in den altchristlichen Basiliken umgeben? Mir ist wohl bewusst, dass sich diese Frage in den äußersten Bereich vorwagt, in dem man als Fachkundiger noch verantwortbar reden kann. Nehmen wir einmal an, dass die Trennlinie zwischen Himmel und Erde wie auch die zwischen Gegenwart und Zukunft nicht so scharf zu ziehen ist wie nach unserem Verständnis – dann wäre die Apk ein kühner Entwurf nicht nur der Geschichte bis zum Punkt Omega, sondern auch der Wirklichkeit, die Himmel und Erde umfasst. Dann ist auch der Himmel nur die – den meisten noch unsichtbare – Fortschreibung aller irdischen Ansätze. Ist das nun endlich der Stil der Darstellung, der die urchristliche Apokalyptik verstehen lässt? Dann wäre die Folgerung:

5 Kirche

Die Apk beschreibt die Wirklichkeit des kleinasiatischen Christentums. Es ist apostolisch und trägt die Merkmale Israels. So wie überall zwei Sendboten am Anfang einer Gemeinde stehen, wird dieses Christentum, das sich streng auf den Zwölferkreis beruft, auch durch Paare von Repräsentanten dargestellt. Das betrifft dann die ganze Christenheit. So ist das übergemeindliche Netz des Christentums orientiert am Bild Israels. Jak 1,1 zeigt, dass die Apk damit keineswegs allein steht *(Jakobus, Sklave Gottes und unseres Herrn Jesus Christus an die zwölf Stämme in der Diaspora)*. Die nächsten Analogien sind Herm. sim. IX, 17, 1 (»die zwölf Stämme, die die ganze Welt bewohnen. Zu ihnen wurde der Sohn Gottes durch die Apostel verkündigt«) sodann 1 Petr 1,1 *(den auserwählten Beisassen/ Fremden der Diaspora von Pontus, Galatien ...)*; denn abgesehen davon, dass 1 Petr der Apk überhaupt sehr nahe steht (s. BAK 93), ist der Ausdruck *Diaspora* jüdischen Ursprungs (vgl. C. Burchard: Jak, 49: »stammt aus dem jüdischen Wörterbuch, pagan ganz selten und nie von Menschen«). Da wir wissen, dass die Christen der Apk aus Juden- wie aus Heidenchristen bestanden (Apk 7,9) und dass auch in 1 Petr Heidenchristen im Blick stehen (1 Petr 1,18), darf man wohl sagen: In Apk, 1 Petr, Jak und Herm. sim wird die Kirche aus Juden- und Heidenchristen vorgestellt als »Israel in der Welt« (so ja auch Gal 6,16). Daher ist auch das Stichwort »Diaspora« wichtig. Denn dort entsteht offenbar die Apk, und die höchst geringe Bedeutung des irdischen Jerusalem ist bei gleichzeitiger Verherrlichung des Himmlischen Jerusalem wohl nur so zu erklären.

Zu den Konsequenzen aus dieser Beobachtung gehört: Das Nebeneinander von Juden- und Heidenchristen in derselben Kirche, nach dem Muster des Zwölfstämmevolkes Israel gedacht, bedeutet eine reichlich revolutionäre Neudeutung des Begriffs »Israel«. Denn es gibt ein neues Israel, das seine Einheit durch gemeinsames Gotteslob (Hymnen der Apk) und gemeinsame Erwartung des Himmlischen Jerusalem findet, vor allem aber durch den gemeinsamen Messias »aus der Wurzel Davids«, den »Löwen Judas«. Genau dieses Letztere (eine positive Antwort der Heiden auf den jüdischen Messias) war in keiner jüdischen Messiaserwartung je zuvor bedacht worden.

»Leib Christi« ist die Kirche nach der Apk nicht. Doch schon in der Spätantike verhilft diese Metapher zu einer Neuauflage der Theologie der Apk. Schließlich waren auch schon in Eph »Leib Christi« und »Fundament der Apostel« sowie Kirche als »Groß-Israel« glücklich miteinander verbunden gewesen.

5.5 Die Kirche als Leib in der christlichen Apokalyptik

5.5.1 Zum Ursprung der Leib-Metaphorik

> Lit.: K. Foster: Die ekklesiologische Bedeutung des corpus-Begriffes im Liber regularum des Tyconius, in: MThZ 7 (1956) 173–183. – H. Schlier: Corpus Christi, in: RAC 3 (1957) 437–453.

Gerade deshalb, weil die frühchristliche Menschensohntheologie und nicht zuletzt die Apk die kollektive Messianität kennen, konnte es nicht ausbleiben, dass in der Deutung der Apk die darin eigentlich nicht belegte (weil vom römischen Reich und Kaiser »usurpierte«) Vorstellung vom Leib Christi massiv Einzug hielt.

Als Heinrich Schlier 1957 den genannten Artikel über »Corpus Christi« schrieb, stand er noch ganz unter dem Eindruck seiner eigenen Studien zu dem gleichfalls 1957 erstmals erschienenen Kommentar zum Brief an die Epheser. Die Hypothese über den Urmensch-Erlöser-Mythos spielte dabei eine maßgebliche Rolle, und verstehen kann man die Begeisterung der damaligen Exegese für den »kollektiven Leib« auch, wenn man bedenkt, dass Pius XII. 1943 mit seiner Enzyklika »Mystici Corporis« den Gegenentwurf zur nationalsozialistischen Theorie vom »Volkskörper« lieferte. Fast alle damals als bedeutend eingeschätzten Neutestamentler wie W. Bousset, R. Reitzenstein, R. Bultmann, E. Käsemann und H. Schlier mit seinen Studien zu den Ignatiusbriefen beteiligten sich an der Hypothesenbildung zum »gnostisch-iranischen Erlösermythos«, der bald zum außerbiblischen und eben auch außerjüdischen Bezugspunkt wurde.

Zunächst ist festzuhalten, dass auch die spätere christliche Apokalyptik noch um den politischen Ursprung der Leib-Metapher in hellenistischer Zeit (vgl. z. B. Titus Livius) weiß. Dieses Wissen wird dann von den Apk-Kommentatoren in den Gegensatz Babylon – Gottesreich, der aus der Apk stammt, eingetragen:

> Vgl. dazu Andreas von Caesarea († 637), 160 zu Apk 17,1–3, (von Byzanz): das wie in einem einzigen Leib alles umfassende Königreich auf Erden oder die bis zur Ankunft des Antichrists königlich herrschende Stadt. Ferner ebd., 161 zu Apk 17,6f.: Jegliches Königreich ist wie ein Leib vorzustellen. Und ferner ebd. 180: Wenn deshalb jemand dieses Babylon so auffasst, dass es gleichsam in einem Leib vom Anfang an bis in die Gegenwart geherrscht habe, so dass es wahrhaftig sowohl das Blut der Apostel als auch der Propheten und der Märtyrer vergossen hat, so geht es um ein einiges Königreich.

5.5.2 Leib Christi als Gestalt der Erlösung

Die Leistung der Rede vom Leib Christi in der christliche Apokalyptik besteht zunächst einmal gundsätzlich darin, dass die Verbindung zwischen Himmel und Erde nicht nur durch den hymnischen Gottesdienst hergestellt wird (so die Apk), sondern auch durch das »paulinische« Konzept des Leibes Christi (vgl. dazu: Andreas von Caesarea, 35: Das Himmlische Jerusalem kommt von oben herab.

Aus Engeln hat unser Wissen um Gott seinen Anfang genommen und ist bei uns angelangt dank unserer Verbindung mit ihm durch Jesus Christus, unser Haupt).

Was der Forschung in der ersten Hälfte des 20. Jh. und in der Regel bis heute verborgen blieb: Spätestens bei Augustinus gibt es gegenüber zum Leib Christi mit Christus als Haupt den kollektiven, korporativen Leib Satans mit dem Teufel als Haupt. Heinrich Schlier erwähnt in seinem genannten Artikel zwar ein paar Stellen aus Augustinus, doch dieser Tatbestand blieb ihm verborgen.

Anfang bei Augustinus
Denn der Auffassung von der *Civitas Dei* steht gegenüber jene von der *Civitas diaboli,* und dem *Corpus Christi* ganz entsprechend das *Corpus diaboli.* Die Struktur von Haupt und Gliedern gehört zu dem einen wie zu dem anderen. Durch die Annahme dieser Parallelitäten kann Augustinus Folgendes erreichen: Den apokalyptischen Dualismus der Apk kann er konsequent und folgerichtig auch für das vor allem im Eph grundgelegte und dank dieses Briefes fortwirkende Verständnis der Kirche als Leib Christi (mit Christus als Haupt) ausweiten. Damit ergänzt er die Apk um einen wichtigen Punkt. Die Apk bietet mit dem Himmlischen Jerusalem inklusive Symbolik der Zwölf Stämme und der Zwölf Apostel zwar ein tiefgründiges biblisches Bild an, aber für Heidenchristen musste dieses relativ unverständlich bleiben, waren doch die 12 Stämme noch keine Realität und die 12 Apostel keine Realität mehr. Das korporative Bild des Leibes war seit der Fabel des Menenius Agrippa geläufig. Das Bild des Leibes Christi für die Kirche und das des Leibes des Teufels erlaubt es zudem, im Rahmen des apokalyptischen Dualismus die Opposition gegen die staatliche Tyrannei und ihre Auswirkungen in den Martyrien der Christen aktuell zu erfassen. Zu den Vorteilen dieser Darstellung gehört auch die monarchische Struktur: Der einen Spitze des römischen Reiches steht Christus als das Haupt und die eine Spitze der Erlösten gegenüber. Angesichts der herausragenden Bedeutung des Aurelius Augustinus († 430) auch für die Deutung der Apk ist mit ihm zu beginnen:

> Augustinus, De Genesi ad Litteram 11, 24, 31: Sicut enim corpus unum est et membra habet multa, omnia autem membra corporis cum sint multa unum est corpus, ita et christus. eo modo etiam corpus diaboli, cui caput est diabolus id est, ipsa impiorum multitudo, maximeque eorum qui a christo vel de ecclesia sicut de caelo decidunt, dicitur diabolus, et in ipsum corpus figurate multa dicuntur, quae non tam capiti quam corporis membris conveniant. itaque lucifer qui mane oriebatur et cecidit, potest intelligi apostatarum genus, vel a christo vel ab ecclesia [Der Leib ist eine Einheit und besitzt viele Glieder. In ihrer Vielheit bilden sie, obwohl viele, doch einen Leib. So ist es auch mit Christus und es gibt auch einen Leib des Teufels. Er hat ein Haupt, eben der Teufel. Das ist die Menge der Frevler, speziell diejenigen von ihnen, die von Christus oder von der Kirche abgefallen sind, als wären sie vom Himmel gefallen. Zu ihnen gehört der Teufel, und zu diesem Leib passt, bildlich gesagt, vieles, was nicht so sehr dem Haupt, als vielmehr den Gliedern des Leibes zukommt. So kann Luzifer, der morgens aufging und gefallen ist, als das Geschlecht der Abtrünnigen angesehen werden, abtrünnig von

Christus oder von der Kirche]. – Ebd. 31: Quae in figura regis velut babylonis in diabolum dicta intelliguntur, plura in eius corpus conveniunt, quod etiam de humano genere congregat et sicut corpus christi quod est ecclesia dicitur christus (der Rest wie oben!). [Was über die Gestalt des babylonischen Königs gesagt wird, das muss man als über den Teufel gesagt verstehen. Vieles trifft für seinen »Leib« zu, was er auch über das ganze menschliche Geschlecht aufhäuft wie der Leib Christi, der nichts anderes ist, wie wenn die Kirche Christus genannt wird.] – Sermo 144, 6: Ergo quemadmodum nobiscum, id est, cum corpore suo, unus est christus, sic cum omnibus impiis, quibus caput est, cum quodam corpore suo unus est diabolus. quapropter sicut nos non separamur a iustitia, sic impii non separantur ab illo iudicio de quo dixit: quia princeps huius mundi iam iudicatus est. [Also gilt: Wir sind umhüllt vom Leib des Christus, und das ist der eine Christus. So gibt es auch den einen Teufel, in dessen Leib alle die Bösen sind. Deswegen – so wie wir nicht von der Gerechtigkeit getrennt werden, so werden auch die Bösen nicht von jenem Gericht gelöst, über das er gesagt hat: Der Fürst dieser Welt ist schon gerichtet.] – Ebenso kennt Augustinus auch den Ausdruck *familia diaboli* (De peccatorum meritis 1, 63).

Wirkungsgeschichte in der späteren Apokalyptik
Es ist daher kein Wunder, dass sich in der späteren Apokalyptik der bei Augustinus angetroffene Ansatz wiederholt. Der Ort dieser späteren Apokalyptik sind Kommentare zur Apk und Predigten. Bemerkenswert ist, dass die Opposition Christus – Antichristus sich auf diese Weise auch in der Auffassung von der Kirche spiegelt. Anders als es dem heutigen Betrachter oft scheinen will, stehen sich Christus und Antichristus nicht als die beiden Spitzen isoliert gegenüber, sondern es handelt sich um zwei strukturierte Organisationen. So stellen es jedenfalls die Texte dar. Erst die Corpus-Vorstellung kann plausibel machen, dass die Grundlinien zwar einfach sind, die Realitäten aber kompliziert wie Körper.

In seiner Kommentierung von Apk 16,10f. bemerkt Ambrosius Autpertus, Komm. 611: Hoc est sedes bestiae, quod regnum eius, corpus scilicet diaboli. Sed et ipsa sedes vel regnum bestiae, et ipsa bestia, una videtur esse bestia propter unitatem omnino unius corporis. Sed necessario genus dividitur in species vel partes, ut aliquando eiusdem bestiae nomine diabolum, aliquando autem antichristum, aliquando vero doctores eiusdem perversi hominis atque prepositos cum plebibus subiectis demonstret quod totum unum corpus bestiae agnoscitur. [Gemeint ist damit der Sitz des Tieres, sein Reich, nämlich der Leib des Teufels. Aber der Sitz oder das Reich des Tieres und auch das Tier selbst, das ist alles ein einziges Tier, denn ein Leib besitzt eine Einheit. Aber notwendigerweise wird die Gattung unterteilt in Arten oder Teilgattungen. Daher kommt es, dass (Johannes) manchmal unter dem Namen des Tieres den Teufel, manchmal den Antichristen, manchmal aber Fachgelehrte desselben perversen Menschen und Vorsteher mit den ihnen untergebenen Völkern aufzeigt. Alles das ist der eine Leib des Tieres.]

Kommentar: Ambrosius nimmt die (spätere, aber von Aristoteles stammende) philosophisch gebrauchte Kategorisierung in Gattung und Art zu Hilfe, um das Gefüge der widrigen Mächte zu durchleuchten. Besonders für die Spitzen der Gegenseite lässt sich der Leib-Gedanke leicht verwenden: Vgl. z. B. B. Viegas, Komm., 777 (der Teufel): In omnibus superioribus tyrannis et ecclesiae persecutoribus tanquam in membris suis ecclesiam divexavit et in Antichristo potissimum tamquam in membro praecipuo adversus eandem dimicabit [In allen oben genannten Tyrannen und Kirchenverfolgern hat er wie durch seine Glieder die Kirche gequält und besonders im Antichrist wird er, wie in seinem vornehmsten Glied, gegen die Kirche kämpfen]; ebd. 703 wird Hieronymus zitiert: Diabolum habitaturum esse corporaliter in Antichristo [der Teufel werde leibhaftig wohnen im Antichrist].

Die Leib-Metapher umfasst Haupt und Glieder des Leibes (Joachim von Fiore)
Für Joachim († 1202) illustriert die Leib-Metapher sowohl generell die Folgen der Menschwerdung des Logos als auch speziell die Geschicksgemeinschaft, das enge Band, das zwischen der Auferstehung Christi und der Auferstehung der Gläubigen besteht.

Joachim, Expositio in Apocalypsim, f. 41v b: Liquet quia is, quem ioannes vidit in spiritu, non ipse simpliciter filius hominis intelligendus est, sed ille quem ipse filius hominis in humilitate designat, ipse videlicet christus iesus qui caput est omnium cum membris suis. Ac per hoc non ipse solus, sed ipse cum membris suis hoc est, simul caput et membra. [Es ist klar, dass der, den Johannes im Geist gesehen hat, nicht einfach als der Menschensohn anzusehen ist, sondern der, dessen Zeichen der Menschensohn auch im Status seiner Entäußerung ist, nämlich Jesus Christus, der das Haupt ist zusammen mit allen seinen Gliedern. Und so steht er nicht allein da, sondern mit seinen Gliedern zusammen, Haupt und Glieder zugleich.]

Quare caput eius et capilli albi esse dicuntur. Nisi qui sanctus est et innocens unigenitus dei, qui est caput ecclesia, utpote ex quo omnia membra corporalis eius totius unda sanctitatis perfusa sunt, cuius cogitationes mundae sunt et iudicia vera iustificata in semetipsa. [Über sein Haupt und seine Haare wird gesagt, sie seien weiß. Er ist der Heilige und der unschuldige eingeborene Sohn Gottes. Er ist das Haupt der Kirche, denn aus ihm kommt die Welle der Heiligkeit, die alle Glieder seines Körpers durchdringt. Seine Gedanken sind rein und seine Urteile in sich selbst gerechtfertigt.]

Caput vero eius et capilli erant candidi tamquam lana alba et sicut nix. Ad hoc enim processit caput, ut sequantur membra. Est autem possibile si ab ipso cum fiducia postulatur, qui dicit: Sine me non potestis facere quodcumque. Talem (inquit apostolus) habere nos decebat sacerdotem qui esset innocens, impollutus et segregatus a peccatoribus. [Sein Haupt und seine Haare sind weiß, wie weiße Wolle und wie Schnee. Denn deswegen ist das Haupt vorangegangen, auf dass die Glieder folgen. Es ist möglich, dass er eben dieses fordert mit Treue, denn er hat gesagt: Ohne mich könnt ihr nichts tun. Solchen Hohenpriester, sagt der Apostel, mussten wir haben, unschuldig, nicht befleckt und fernab von Sündern.]

f. 43v a–b: Quare caput eius et capilli albi esse dicuntur. Nisi qui sanctus est et innocens unigenitus dei, qui est caput ecclesia, utpote ex quo omnia membra corporalis eius totius unda sanctitatis perfusa sunt, cuius cogitationes mundae sunt et iudicia vera iustificata in semetipsa. Unde et ex persona dei patris per prophetas dicitur. [Sein Haupt und seine Haare, sagt man, seien weiß. Denn er ist heilig und unschuldig, eingeborener Sohn Gottes, Haupt der Kirche. Deshalb sind aus ihm heraus alle Glieder seines Leibes von einer Welle der Heiligkeit durchströmt. Seine Gedanken sind rein und seine wahren Urteile gerechtfertigt aus sich selbst. Daher wird schon durch die Propheten gesagt, er stamme ganz aus der Person des Vaters.]

f. 41v b: Donec occuramus omnes in virum perfectum, in mensuram aetatis plenitudinis christi. Si ergo Valde enim timet homo sauciari in corpore, adeo ut pro eo membra quae praevalent se opponant. Denique si ex duobus unum fieri necesse sit, magis patitur aliquis amittere unum membrum quam ut totum corpus eius in discrimine sit, non quia malit misere vivere, sed quia mors naturaliter ab omni carne timetur. [Denn ein Mensch fürchtet sich sehr, am Leib verletzt zu werden. Das geschähe, wenn hervorragende Glieder sich ihm entgegenstellten. Wenn aus zwei Gliedern eines werden soll, ist jemand leichter bereit, ein Glied aufzugeben, als dass der ganze Leib diskrimiert würde. Und das nicht, weil jemand elend leben will, sondern weil der Tod natürlicherweise von jedem Lebewesen gefürchtet wird.]

Membra christi quae describuntur a paulo non simpliciter illa membra intelligenda sunt, cum quibus natus est pro nobis de virgine, sed agmina istorum hominum quae in tenebris eius carnalibus designantur. Liquet quia is, quem ioannes vidit in spiritu, non ipse simpliciter filius hominis intelligendus est, sed ille quem ipse filius hominis in humilitate designat, ipse videlicet christus iesus qui caput est omnium cum membris suis. Ac per hoc non ipse solus, sed ipse cum membris suis hoc est, simul caput et membra. [So laufen wir alle auf ein Ziel zu, den vollkommenen Menschen, das Vollmaß der Fülle Christi. Also sind die Glieder Christi nach Paulus nicht einfach die Glieder, mit denen Christus von der Jungfrau für uns geboren ist, sondern es geht um die Scharen der Menschen, die in der finsteren Fleischeswelt leben. Denn ist ist klar ... (s.o.)].

Insbesondere die Christus-Visionen in Apk 1 eignen sich zur Illustration der Corpus-Christi-Ekklesiologie. Das betrifft das strahlende Gewand in 1,12, aber auch Christus inmitten der Leuchter, die die Gemeinden darstellen (s.o.). Das Gewand steht – immer noch gemäß antiker Anschauung – für den Leib selbst. Wenn man das Gewand als den Leib der Kirche deutet, hat man sogleich zwei Dinge erreicht, einmal die Bedeutung der Menschwerdung Jesu für die Kirche als Leib Christi und sodann die Begründung für die umfassende Bedeutung der Auferstehung Jesu für alle, die zu diesem Leib gehören. Er ist der Erstgeborene aus den Toten. Und die übrigen Toten zieht er mit sich, da sie zu seinem Leib gehören. So gibt diese Deutung von Apk 1 die Antwort auf eine Frage, die die Evangelien nie gestellt und daher auch nie beantwortet haben (was nämlich die Auferstehung Jesu für die Auferstehung der Gläubigen bedeutet). Auch in 1 Kor 15 kann man nur mühsam auf diese Frage antworten, wenn man das dort gebotene Material auswertet. Die mittelalterliche Apk-Auslegung durch den Corpus-Christi Gedanken zeigt eine Lösung dieser Frage auf. Ähnlich hatte es zuvor nur der Kolosserbrief angedeutet, und zwar besonders in 1,18 (Haupt des Leibes, der Kirche, Erstgeborener aus den Toten). Dabei ist zu beachten, dass schon die historische Ursprungssituation der Apk und des Kol geographisch und zeitlich nahe beieinander liegen. Die spätere Auslegung entdeckt diese Beziehung wieder neu. Absichtlich oder unabsichtlich werden später die Bilder des Kol wieder wachgerufen etwa bei Andreas von Caesarea, 209: (Mächte und Menschen) »und Christus, unser Gott, wird für beide zum Haupt werden.« Es ist kein Zufall, dass sich beide Auslegungen gerade bei Joachim von Fiore, dem produktivsten Apokalyptiker des Mittelalters, finden.

5 Kirche

Der Menschgewordene
Apk 1 zeigt Jesus als den neuen Menschen der dank der Menschwerdung in menschlicher Gestalt erscheinen kann (so nach Joachims Apk-Kmtr.):

> f. 41v b: Liquet quia is, quem ioannes vidit in spiritu, non ipse simpliciter filius hominis intelligendus est, sed ille quem ipse filius hominis in humilitate designat, ipse videlicet christus iesus qui caput est omnium cum membris suis. Ac per hoc non ipse solus, sed ipse cum membris suis hoc est, simul caput et membra. Qui bene quoque vestitus podere esse perhibetur, quia et ipse pro nobis carnem induit, factus est caro et nos eandem carnem ineffabili sacramento accipientes eodem novo homine induti sumus. [Es ist klar, dass der, den Johannes im Geist gesehen hat, nicht einfach als der Menschensohn anzusehen ist, sondern der, dessen Zeichen der Menschensohn auch im Status seiner Entäußerung ist, nämlich Jesus Christus, der das Haupt ist zusammen mit allen seinen Gliedern. Und so steht er nicht allein da, sondern mit seinen Gliedern zusammen, Haupt und Glieder zugleich.]

Die sieben Geister und der eine Leib
Andererseits kann Joachim auch durch den Rückgriff auf die sieben Geister wiederum Apk 1 als Anregung und Basis seines Verständnisses von Kirche gebrauchen:

> f. 31r a: Unum corpus multa membra sunt, quod ipse quoque apostolus in exemplum assumpsit. Ascensurus certe in caelum dominus ipsum spiritum sanctum apostolis promisit dicens: Ecce ego mitto promissum patris mei in vos. Porro apostolus non donum singulariter scripsit, sed dona ait enim: Ascendens in altum captivam duxit captivitatem: dedit dona hominibus. Ex his ergo et aliis scripturarum locis evidenter ostendit plura esse dona spiritus sancti, et inter ea specialia septem, quae hic septem spiritus nominantur, quae ita data sunt hominibus. [Der eine Leib, das sind die vielen Glieder, der Apostel selbst hat es als Beispiel betrachtet. Denn als der Herr in den Himmel hinaufstieg, hat er den Heiligen Geist selbst den Jüngern verheißen mit den Worten: Seht, ich sende auf euch, den mein Vater verheißen hat. Und weiter hat der Apostel nicht speziell über eine einzige Gabe geschrieben, sondern hat Geschenke (in der Mehrzahl) gemeint. Denn er sagt: Aufsteigend in die Höhe hat er Gefangene mitgeführt und Geschenke den Menschen ausgeteilt. Aus diesen und anderen Stellen der Schrift kann er evident beweisen, dass es mehrere Gaben des Heiligen Geistes gibt, unter ihnen sieben spezielle, die hier sieben Geister genannt werden, die so den Menschen gegeben wurden.]

> f. 71va: Et super illis quidem qui exciderunt a fide et a corpore ecclesiae alienati sunt. [Und über die, die aus dem Glauben herausgefallen sind: Sie sind auch vom Leib der Kirche entfremdet.]

Fazit: Gerade im Kommentar zur Apk äußerst sich Joachim von Fiore profiliert über den Leib Christi, die Kirche. Das hat folgende Bedeutung:
- Ohne die Verbindung mit Christus können die Gleder »nichts tun«.
- Im Leib Christi gibt es eine Osmose der Heiligkeit.

- Jesus ist nicht nur *für uns* geboren, sondern neben das *für uns* tritt hier ein »mit uns«.
- In den vielen Gliedern ist und wirkt Jesus durch den einen Heiligen Geist.
- Wer den Glauben verliert, wird damit auch vereinsamen, nämlich dem Leib entfremdet.

5.6 Die Apokalypse als Buch über die Kirche nach Ambrosius Autpertus

Ambrosius Autpertus (730–784), ein bedeutender präkarolingischer Theologe und Abt von Benevent in Gallien, hat den umfangreichsten Apokalypse-Kommentar des ersten christlichen Jahrtausends verfasst. Insbesondere die Corpus-Lehre in diesem Kommentar (entstanden um 760) ist ein wertvoller Beitrag zur exegetischen und dogmatischen Lehre von der Kirche. Sie ist überdies Zeugnis einer sinnvollen und konsequenten Einbeziehung der Apokalypse in den theologischen Diskurs. Nicht zuletzt deshalb, weil die Lehre des Augustinus über die *Civitas Dei* und die *Civitas diaboli* anregend im Hintergrund steht, hat der Kommentar des Ambrosius Autpertus seine Aktualität bewahrt.

Der sprachliche Befund
Zum Wortfeld *corpus* gehören bei Ambrosius Autpertus Haupt *(caput)* und Glieder *(membra)*, Person *(persona)* und »Eines« *(unum, una)*, »zu Einem machen« *(unire)*, Kirche *(ecclesia)* – bis auf ein Zitat stets im Singular gebraucht –, die besondere frühscholastische Auffassung dieses Autors von Gattung *(genus)* und Art *(species)*.

Nicht sehr häufig, aber öfter sind mit diesem Arsenal die Wörter allgemein und besonders *(generalis/specialis)* verbunden, *corpus diaboli (adversarii/hostis antiqui)*, Hartherzigkeit im Sinn geistlicher Taubheit *(duritia cordis)*, verschieden/Verschiedenheit *(diversi/diversitas)*, Verben des sprachlichen Benennens *(significare/designare/depinguere/figurare)*, die Opposition Auserwählte/Verworfene *(electi/reprobi)*, Teil sc. des Körpers *(pars)*, Funktionen oder Aufgaben im Corpus *(officia)*. Im Unterschied zur Apk spricht Ambrosius Autpertus von Lämmern im Plural *(agni)*. Seine bevorzugten Schriftbelege sind Apg 9,4 *(Saul, Saul, warum verfolgst du mich?)* und Kol 1,24 (auffüllen am Leib des Christus, was noch fehlt an Bedrängnissen). Häufig zitiert er das Hohelied, was ihn mit den späteren Zisterzienservätern verbindet. Entsprechend häufig ist das Wortpaar für Christus und Kirche Bräutigam und Braut *(sponsus/sponsa)*, auch dort, wo es keinen weiteren Anlass im Kontext gibt (vgl. Ambrosius Autpertus, zu Apk 19,12 (725): Glieder und Christus Haupt des Leibes).

Haupt, Leib, Glieder, Person: Diese vier Begriffe sind Erkennungsmerkmale für ein Modell, das metaphorisch wirkt und bei Ambrosius Autpertus alle wichtigen Themen der Theologie durchdrungen hat. Ein Symptom dafür ist, dass auch der irdische Tod des einzelnen Christen in dieses Modell einbezogen wird: Die Seele kehrt zu ihrem Haupt zurück (s. u.).

Zu Apk 1,17 f. (14): Et quia idem Dominus et Ecclesia, caput scilicet et membra, unum sunt corpus, gessit proculdubio idem angelus in significatione personam eiusdem Ecclesiae. Quod enim ad mamillas zona aurea praecinctus dicitur, quod pedes auricalco similes habere describitur, ad membra Christi omnino pertinere probatur unam designent Ecclesiam. [Der Herr und die Kirche sind identisch, Haupt und Glieder, sie sind ein Leib. Deswegen spielt zweifellos derselbe eine Engel auch die Rolle eben dieser Kirche. Denn dass von ihm gesagt wird, er trage bis in Brusthöhe einen goldenen Gürtel und dass er Füße habe, die wie eine Mischung aus Gold und Messing aussehen, das bezieht sich nachweislich auch auf die Glieder Christi im Ganzen und es schildert die eine Kirche.] – Zu Apk 1,16 (84): Quia Christus et Ecclesia una sint persona, possunt per faciem eius solis claritate fulgentem, omnes electi designari quales in resurrectione futuri sunt. [Denn Christus und die Kirche sind eine Person, daher können durch sein Antlitz, das in der Leuchtkraft der Sonne erstrahlt, auch alle Auserwählten beschrieben werden, und zwar so wie sie künftig bei der Auferstehung sein werden.] – Zu Apk 1,20 (94): Totum ecclesiae Corpus conpaginis tamen unitate eisdem auditoribus praeponitur. [Der ganze Leib der Kirche wird dennoch in der Einheit eines Organismus denselben Hörern vor Augen gestellt.] – Zu Apk 3,14 (184): Christus caput electorum, caput omnium credentium diversis membrorun officiis. [Christus ist das Haupt der Erwählten, das Haupt aller Glaubenden der verschiedenen Verpflichtungen der Glieder.] – Zu Apk 8,5a (330): Cum vero et Angelus et turibulum et altare unum sint corpus, una persona, in eo quod turibulum de igne altaris dicitur impletum, sic intelligendum est tamquam diceretur: Caput et corpus de Spiritu sancto quo et caput et totum corpus repletum est. [Aber der Engel, das Rauchfass und der Altar sind ein Leib, eine Person. Denn man sagt, das Rauchfass sei durch Feuer vom Altar gefüllt. So ist es auch zu verstehen, als ob gesagt würde: Das Haupt und der ganze Leib sind durch den Heiligen Geist erfüllt.] – Zu Apk 4,6b (217): Non solum autem in hac Apocalypsi verumetiam in aliis divinis voluminibus frequenter ex multis membris unum corpus, quod est redemptoris ecclesia, frequenter vero in uno quolibet membrorum ipsum generale corpus totum designatur. [Nicht nur in dieser Apokalypse, auch in anderen inspirierten Schriften gilt oft: Viele Glieder bilden zusammen einen Leib, so ist es in der Kirche des Erlösers. Öfter aber wird auch in einem Glied der ganze allgemeine Leib dargestellt.] – Zu Apk 12,3 (447): Et quia inferius haec septem draconis capita, haec decem cornua bestiae, quae corpus est draconis, in qua et ipse consistit, quia caput et corpus una est bestia, unus est draco, quia inquam et bestia haec eadem illic habere dicitur, quae draco hic possidere narratur. [Diese sieben Häupter des Drachen sind unten, darüber diese zehn Häupter des Tieres; der Leib des Drachen ist dies, aus dem er selbst besteht, denn Haupt und Leib sind zusammen das eine Tier, denn, wie ich sagte, alles, was der Drachen besitzt, gehört dem Tier.] – Zu Apk 12,4b (448 f.): Corpus temporali morte funditus deserentes ad caput suum perveniunt [durch den Tod in der Zeit lassen sie den irdischen Leib vollständig hinter sich und gelangen zu ihrem Haupt]. – Zu Apk 12,1 (444): Quo veritate luminis qua totum corpus vestitur ab statu eiusdem corporis merito reprobationis ceciderunt, ut saltem ne ad ultima eius membra quae designantur in pedibus pertinere meruerint. [Durch die Wahrheit des Lichts wird der ganze Leib bekleidet von diesem Leib zu Recht durch Verwerfung entfernt, damit sie wenigstens nicht zu den äußersten Gliedern des Leibes, wie man die Füße nennt, gehörten.]

Und weil die Kirche ein Leib ist, hat sie auch ein Haupt (vgl. dazu Andreas von Caesarea, 132: ewiges Evangelium, d. h. vor ewigen Zeiten von Gott festgesetzt): Der Leib der Kirche ist eins mit dem Haupt. – Innerhalb der Apokalyptik wird das erst recht spät auch auf Rom bezogen (wo in St. Johann im Lateran die Inschrift zu lesen ist: Urbis et orbis ecclesiarum mater et caput, vgl. dazu Alexander von Bremen zu Apk 4,5: Thronus Dei est electorum ecclesia cuius caput est Roma [Thron Gottes ist die Kirche der Erwählten, deren Haupt Rom ist].

Die sieben Leuchter

Ambrosius Autpertus, 104: Si unum sunt et angelus et candelabrum. Quis autem huius candelabri locus est nisi eclectorum ecclesia, quae ipsum candelabrum est? [Die sieben sind Eines wie auch der Engel und der Leuchter. Wo anders sollte der Ort des Leuchters sein, wenn nicht in der Kirche der Auserwählten?]

Una persona
Das Resultat der Durchsicht der Corpus-Texte bei Ambrosius Autpertus besteht darin: Es geht immer wieder darum, *una persona* mit Jesus Christus zu sein. Das gilt übrigens auch von der Gemeinschaft zwischen Mann und Frau in der Ehe. Es gilt auch für die Gegenseite: Der Teufel ist mit seinen beiden Helfern in der (von mir so genannten) »höllischen Trinität« *una persona*. Schon Aurelius Augustinus hatte in diesem Leitmotiv die Analogie zwischen Gottesstaat und Räuberbande gesehen. So gilt in dieser augustinischen Theologie: *una persona* zu sein ist die Art, in der geschichtliche Konstanten entstehen und bleiben. Moraltheologisch gesehen heißt das: Treue. Gott ist weder im platonischen Sinn ewig noch im hegelianischen Sinn erst im Werden begriffen. An der Stelle philosophischer Ewigkeit steht die biblische »Treue« (griech. πίστις bzw. Geduld/Aushalten als ὑπομονή). Darin sind Mann und Frau wie auch Christus und die Kirche jeweils miteinander verbunden. Die Treue Gottes zu seinen Verheißungen ist die vorläufig anschaulichste Art, in der Gott seine Herrlichkeit sichtbar werden lässt. Konkreter gesagt: In dem Gesichtstuch von Manopello wird (gleich, ob echt oder unecht) die Herrlichkeit des Gottes greifbar, der Jes 53 inspirierte. In der Treue, die biblisch gleichbedeutend mit Glauben ist, könnten die Menschen Gott ähnlich sein oder werden. Es geht hier um Stabilität/Identität in einer radikal veränderlichen Welt.

Una persona ist nicht Identität schlechthin. Vielmehr gibt Ambrosius Autpertus Gelegenheit, einen uralt-neuen Aspekt des biblischen Gottesbildes zu gewinnen bzw. neu zur Sprache zu bringen. Innigste Geschicksgemeinschaft ist mehr als nur Kind-Sein, weitaus mehr als die weiland germanische Gefolgschaftstreue. Zugleich sind damit Grenzen der neuzeitlich oft überbetonten Selbstbestimmung, Selbstverwirklichung und Selbstbehauptung aufgezeigt. Geschichtlich wirksam sind nicht Individuen in der Isolation. Biblisches Gottesbild heißt: Die Gotteserfahrung ist wesentlich mit den Konzepten »Familie« und »Körperschaft«, ja auch »Freundschaft« und »Treue« verquickt. Zukunft des Christentums heißt: Wiederentdeckung der Treue.

Der sprachliche Befund zeigt, dass erst Ambrosius Autpertus hier wirklich systematisiert. Er bietet jeweils eine tendenziell abgeschliffene Formulierung. Überdies kennt er auch eine eigenartige Verwendung des Begriffs *persona*, die es ihm erlaubt, das jeweils neu geschaute Ganze einheitlich zu benennen. Denn während für die Trinitätstheologie *(et in personis proprietas)* und dann für Philosophie und Psychologie »Person« der Inbegriff von Einmaligkeit und Besonderheit ist, ist für Ambrosius Autpertus *persona* zwar stets eine Einheit, aber eine höchst komplexe. Beide Linien, also sowohl die ekklesiologische Metaphorik Haupt – Leib – Glieder als auch der komplexe Personbegriff sind im Folgenden zu belegen und erweisen sich im Übrigen als eine reichhaltige Erweiterung apokalyptischer Theologie.

Die theologische Leistung der Corpus-Theologie des Ambrosius Autpertus
In seinem Kommentar zur Apk verbindet Ambrosius Autpertus einen erheblich verschärften paulinischen Dualismus (Paulus liefert durchgehend die meisten Schriftbelege, die Synoptiker fast gar nicht) mit der Theologie des Augustinus zu einer Neudeutung der Apk. Im Verhältnis weitaus häufiger als es in der Apk geschieht, richtet er sich nach *sponsus* und sponsa [Bräutigam und Braut] des Hohenlieds. Für den Neutestamentler ist besonders interessant die (späte) Begegnung von Paulus (inklusive Charismenlehre) und Apokalypse. Im Verhältnis zu den späteren Jahrhunderten des Mittelalters ist – im Unterschied zu Paulus und der Apk – der »Antichrist« (Singular) zwar vorhanden, aber doch sehr viel weniger wichtig. Der wichtigste Unterschied zur Apk besteht in der Ausgestaltung des ekklesiologischen Dualismus von *Corpus Christi* und *Corpus diaboli*.

Der Grundansatz: Gemäß dem Prinzip der Spiegelbildlichkeit, das speziell in der Apk herrscht, hat auch der böse Feind Leib und Glieder. Das Neue Testament kennt zwar den Leib des Christus, aber nicht den des Teufels. Unter dem radikal dualistischen Einfluss des Augustinus wird aus dem paulinischen Modell von Haupt und Leib (Glieder) ein neues, in dem sich Leib Christi und Leib des Teufels gegenüberstehen. Beide Leiber sind einander spiegelbildlich ähnlich, so wie den Heerscharen der Engel auch ein Dämonenheer gegenüber steht (vgl. Apk 9,7– 11). Für einen Apk-Komm. ist dieses Thema wichtig, weil der Dualismus per definitionem am Ende jeder Apokalypse gelöst bzw. aufgelöst wird.

Dies geschieht im Anschluss an den augustinischen Dualismus von *Civitas Dei* und *Civitas diaboli*. Im Unterschied zur Apk spricht Ambrosius Autpertus überhaupt von der Kirche als Corpus, im Unterschied zu Paulus rechnet er durchgehend mit einem Leib des Teufels, den er spiegelbildlich analog zum Leib des Christus im Epheserbrief als Organismus aus Haupt und Gliedern auffasst. Allenthalben hebt Ambrosius Autpertus hervor, dass dem Wirken Gottes im Leib Christi eine höllische Trinität im Leib des Bösen bzw. des Teufels entspricht. Sie besteht aus Drache, Tier und Pseudoprophet. Diese drei wirken so zusammen, dass eine einheitliche Aktion des »Leibes des Teufels« in der Welt entsteht. Im Unterschied zu Augustinus spielt *civitas* kaum eine Rolle, umso stärker ist die Bedeutung des *corpus*. Das entspricht dem Epheserbrief. Für Ambrosius Autpertus gilt jedenfalls: Die Ekklesiologie ist hier grundsätzlich am *Corpus Christi* orientiert. Die Besonderheit des *Corpus diaboli* besteht darin, dass hier nicht einfach die Masse der Verworfenen ans Licht tritt, sondern dass die Könige der Erde die Träger sind.

> Zu Apk 6,3 f. (277): Equus autem rufus antiqui hostis est corpus. [Das rote Pferd aber ist der Leib des Alten Feindes.] – Zu Apk 7,1 (295) Vier Engel: Quid itaque per eos figurari intellegimus, nisi corpus antiqui hostis? [Was also sollen wir glauben, wird durch die vier Engel anderes dargestellt als der Leib des Alten Feindes?] – Zu Apk 7,1 (296): Et quia diabolus omnesque iniqui unum sint corpus, profecto et in angelis et in ventis ipse intellegitur nisi occultum adversarium eiusque totum omnino corpus. [Der Teufel und alle Bösen sind ein Leib. Das gilt auch von den Engeln und Winden, wenn nicht der Feind und sein ganzer Körper sowieso ganz verborgen sind.] – Zu Apk 8,7 (332 f.): In quattuor partibus corpus antiqui hostis fuerat designatum cum in quattuor partibus diaboli corpus per hanc caelestem revelationem spiritus sanctus depingit, unam intra ecclesiam et tres extra ecclesiam partes ostendit (intra: falsi fratres; extra: Iudaei, haeretici, pagani) Tres quoque tertias cum ponit, aliquando totum per eas corpus, aliquando vero unam tantum corporis partem demonstrat. [Der Leib des Alten Feindes war durch vier Teilabschnitte bestimmt. In den vier Abschnitten des Leibes des Teufels hat durch diese himmlische Offenbarung der Heilige Geist dargestellt, dass es einen Abschnitt in der Kirche und drei außerhalb gibt (innerhalb: die falschen Brüder; außerhalb Juden, Häretiker und Heiden). Wenn er von den drei Abschnitten spricht, bezeichnet er manchmal durch sie den ganzen Leib, manchmal aber auch nur einen Abschnitt des Leibes.] – Zu Apk 11,7 (420): (Praedicatores antichristi) quorum duorum una persona est, atque subiectae plebes figurantur quia non tantum caput sed etiam totum corpus bestiae contra Agni membra saevire probatur. Bestiae enim vocabulo antichristus exprimitur. [Die zwei Verkündiger des Antichrist sind eine Person, und die unterworfenen Völker stellen sich das so vor, dass nicht nur das Haupt, sondern auch der ganze Leib des Tieres gegen die Glieder des Lammes wütet. Denn mit dem Wort »Tier« wird der Antichrist benannt.] – Zu Apk 11,7 (421): Bestia itaque ascendens de abysso et cum duobus testibus proelium faciens totum omnino corpus antiqui hostis intellegitur. [Als das Tier, das aus dem Abgrund aufsteigt und mit den beiden Zeugen Krieg führt, ist der ganze Leib des Alten Feindes zu verstehen.] – Zu Apk 9,14 (357): Antiquus hostis cum corpore suo ideo alligatus, quia decurrenti nunc tempore inquantum vult nocere non permittitur, usquequo eiusdem temporis novissima persecutio adveniat, quia membra Christi in capite suo, quod ipse est Christus, ad persecutionem sui caput simul et membra iniquitatis absolvant. In qua videlicet sententia membrorum Christi quae etsi pressuris angustantur, iudicio tamen capitis sui illa se pati gratulantur. Ac si eis apertius diceretur Inquantum persecutionis angustias aequanimiter ferre debeatis adtendite, quas vobis adversarii vestri non valent inrogare nisi iudicio vestro quod constat in capite in quo tota dignitas totaque corporis potestas consistit, quodque pro vobis atque in vobis clamat: Data est mihi omnis potestas in caelo et in terra. [Der Alte Feind ist mit seinem Leib so gefesselt, denn er darf in der jetzt ablaufenden Zeit nicht so schaden, wie er möchte,

bis die letzte Verfolgung dieser Zeit kommt. Denn die Glieder Christi lösen sich in ihrem Haupt, welches Christus ist, auf die Verfolgung des Feindes hin von Haupt und Gliedern der Bosheit. In dieser Einschätzung beglückwünschen sich die Glieder Christi, obgleich sie durch Drangsale bedrückt werden, dazu, dass sie dieses leiden müssen. Und wenn man es ihnen offen sagte: Soweit ihr die Nöte der Verfolgung gleichmütig ertragen müsst, achtet auf die Nöte, die euch eure Gegner nicht auferlegen können, außer nach eurem Urteil, das nach dem Haupt feststeht, in dem alle Würde und die ganze Macht des Leibes besteht. Dieses Haupt ruft für euch und in euch: Mir ist alle Gewalt gegeben im Himmel und auf der Erde.]

Fazit: Durch den dualistischen Ansatz der Apokalyptik geraten die beiden Corpora in ein dramatisches Verhältnis (Krieg; Verfolgung) zueinander. Das illustriert beonders die folgende Passage:

Ambrosius Autpertus zu Apk 16,10f. (610f.): Hoc est sedes bestiae, quod regnum eius, corpus scilicet diaboli. Sed et ipsa sedes vel regnum bestiae et ipsa bestia una videtur esse bestia propter unitatem omnino unius corporis quod totum unum corpus bestiae agnoscitur. Hoc autem in loco bestiae nomen diabolum significat, qui, ut saepe iam diximus, idcirco vel ipse vel corpus eius bestia vocatur, quia aut latenter insidians aut aperte saeviens Agnum, id est Christi corpus invadere nititur. [Dieses ist der Sitz des Tieres, sein Reich, der »Leib« des Teufels. Und das Tier ist eines, und es geht um die Einheit des einen Leibes, daran wird der eine Leib des Tieres erkannt. Hier bezeichnet der Name »Tier« den Teufel, wie wir schon oft gesagt haben, denn entweder lauert er heimlich oder er wütet offen und ist bestrebt, in das Lamm, nämlich in Christi Leib einzudringen.]

Zudem kann Ambrosius Autpertus die »höllische Trinität« mit Hilfe des Corpus-Konzepts als Wirkeinheit erfassen. So schreibt er zu Apk 16,13–14a (616f.): Facile animadvertimus, si et unitatem unius corporis adtendamus et quis sit exitus spirituum inmundorum intellegamus. Sciendum enim quia in his tribus personis, totum malorum corpus potestatem obtinent in ipso malorum corpore, draconem scilicet diabolum, bestiam autem antichristum, pseudoprophetam vero eiusdem perversi hominis doctores cum subiectis plebibus. Atque ut ostenderet omne illud corpus malorum se in his tribus personis designasse et uniformi maligno eum spiritu agi Unum enim spiritum immundum vidit, sed pro numero partium eiusdem corporis tres dicit, unum scilicet tamquam unitatem. Quid est autem de ore eiusdem draconis, bestiae ac pseudoprophetae inmundos spiritus exire, nisi omne corpus diaboli ad apertas blasphemias ac persecutiones prorumpere? [Leicht lässt sich dieses begreifen, wenn wir die Einheit des einen Leibes erfassen und wie da die unreinen Geister herauskommen. Denn es geht um diese drei Personen, der ganze Leib der Bösen: sie haben die Macht in dem Leib der Bösen, nämlich der Drache als der Teufel, das Tier als der Antichrist, der Falschprophet als die Herren Doktoren mit den auf sie fixierten Volksscharen. Und mit diesen drei Personen hat er die Personen nach der Anzahl der Teile genannt. Denn aus den Mäulern des Drachen, des Tieres und des Pseudopropheten gehen unreine Geister heraus. Das bedeutet: Der ganze Leib des Teufels bringt offen Lästerungen und Verfolgungen hervor.]

Dank des Corpus-Konzepts kann Ambrosius Autpertus auch das Wirken des Teufels als Luzifer (Morgenstern; das Wort ist theologisch doppeldeutig!) ebenso erklären wie seinen Sturz nach Apk 12. Zu 17,1 (637): Quomodo cecidisti de caelo lucifer qui mane oriebaris? quod magis ad corpus diaboli quam ad ipsum caput referendum est. Considerans autem Spiritus Sanctus corpus omnium perditorum [Wie bist du vom

Die Apokalypse als Buch über die Kirche nach Ambrosius Autpertus

Himmel gefallen, Luzifer, der du morgens aufgingst? Das ist mehr auf den »Leib« des Teufels als auf das Haupt zu beziehen, als aber der Heilige Geist den Leib aller Verlorenen betrachtete].

Es gelingt so auch, die mit dem Begriff und Beruf der Hure gegebene Pluralität plausibel zu machen. Zu 17,1 f. (641): Unum enim idemque diaboli corpus unum meretricis corpus seipsos fecerunt unum diaboli corpus varias dividi in species, variis nuncupari vocabulis. [Ein und derselbe »Leib« des Teufels zu einem »Leib« der Hure haben sie sich selbst gemacht, der eine »Leib« des Teufels wird in verschiedene Arten eingeteilt, mit verschiedenen Bezeichnungen versehen.]

Ambrosius kann auch das Bild von Apk 17 plausibel deuten: Die auf dem Tier reitende Hure ist mit ihm ein Leib. Zu 17,3b (646): Bestiae vocabulo nunc specialiter vel diabolus vel habitaculum eius antichristus vel totum antiqui hostis generaliter corpus designatur. Si hoc loco per bestiam non corpus sed caput intellegatur sic enim ipsius bestiae vocabulo generaliter corpus omne malorum complectitur, ut subito et quasi ex obliquo specialiter ad caput referatur. Quid est ergo mulierem super bestiam sedere nisi malorum corpus super diabolum atque damnatum illum hominem tamquam civitatem subito ruituram constructum se gloriari ad similitudinem scilicet ecclesiae quae super Christum cotidie aedificatur? [Die Bezeichnung »Tier« meint speziell den Teufel oder sein Haus, den Antichrist oder generell den ganzen »Leib« des alten Feindes. Wenn an dieser Stelle unter »Tier« nicht der »Leib«, sondern das Haupt verstanden wird, so meint man mit der Bezeichnung »Tier« generell der ganze »Leib« der Bösen, so dass man es plötzlich und sozusagen spontan auf das Haupt bezieht. Was bedeutet es also, dass die Frau auf dem Tier sitzt anderes, als dass der »Leib« der Bösen auf dem Teufel und jedem verdammten Menschen (sitzt) als eine Stadt, die plötzlich untergeht und sich trotzdem rühmt wie die Kirche, die täglich auf Christus gebaut wird?]

Es können so auch verschiedene Verbrecher der Weltgeschichte einem einheitlichen Leib zugeordnet werden, z. B. Kain. Zu 17,8a (654): Ab exordio mundi, quo primum antichristi membrum Cain reprobus apparuit, usquequo ipse transgressionum auctor antichristus appareat [Seit Anbeginn der Welt, da als erstes Glied des Antichrist der böse Kain erschien, bis dann selbst (einst) der Antichrist, der Urheber der Verbrechen, erscheint]. (655): ›In interitum ibit‹ generaliter hoc de omni malorum corpore intellegere debemus [›Er wird zum Untergang schreiten‹, das müssen wir generell verstehen, dass es sich auf den ganzen Leib der Bösen bezieht.]

Im folgenden Abschnitt leistet das Corpus-Konzept zwei Dinge: Ambrosius Autpertus vergleicht den Zustand des Lammes nach Apk 5,6 (tamquam occisum) mit dem Haupt, das der Drache hat nach 13,3 unum de capitibus quasi occisum. »Leib« macht es möglich, zweimal von Leib plus Haupt zu reden. Zum anderen kann er 17,8 *(war und ist noch nicht)* erklären: denn das eine bezieht sich auf die Glieder, das Haupt aber ist noch nicht da: Zu 17,8b (655): Nam ipsi sunt inhabitantes terram, ex quibus damnandum bestiae corpus extruitur. Sed dividitur corpus in partes, ut in caput veluti occisum nomen bestiae specialiter transferatur. Pars enim bestiae, quae bestiam videns admiratur, id est unius corporis membra, quae in novissimis visa damnatione sui capitis conturbantur ad ipsum transgressionis caput referatur, sicuti generaliter de toto malorum corpore intelleximus de capite bestiae: fuit et non est. aperte: Et in membris suis iam apparuit, et tamen adhuc ipsum membrorum caput per semetipsum non venit. (1 Joh 4,3 *veniet*) [Es sind die Erdbewohner, aus denen der verfluchte »Leib« des Tieres besteht. Aber der Leib teilt sich in Segmente, so dass der Name des Tieres speziell auf dessen Haupt geschrieben steht, das wie geschlachtet ist. Denn der Teil des Tieres, der als erstes dem

Betrachter auffällt, die Glieder des einen Leibes, geraten in Verwirrung, wenn sie am Ende der Welt die Verurteilung ihres Hauptes sehen, das wird dem Haupt der Übertretung zugeschrieben, so wie wir im Allgemeinen den »Leib« aller Bösen verstehen. Vom Haupt des Tieres gilt: Es war und ist nicht mehr, unverhüllt bedeutet das: In seinen Gliedern ist es schon erschienen, dennoch ist bisher das Haupt selbst noch nicht gekommen.]

Es gelingt, zu 17,11 den Ausdruck durch »Zerstückelung« zu erklären (658): ›Et in interitum vadet‹ de omni proculdubio perditorum corpore dictum intellegere debemus, quando futuro iudicio caput cum corpore videntibus cunctis praecipitabitur [›Und es geht auf den Untergang zu‹ das müssen wir zweifellos verstehen vom »Leib« der Verlorenen, wenn durch das kommende Gericht vor aller Augen das Haupt mit dem Leib hinabgestürzt wird.]

Durch das Leib-Konzept können zu 17,15 die vielen Völker erklärt werden (662): Meretrix super aquas multas sedere describitur, tamquam scilicet unum corpus in abiectis membris principatum tenens [Die Hure wird beschrieben als über vielen Wassern sitzend. Das Ganze ist wie ein Leib, der auch in den abgeworfenen Gliedern noch die Führung innehat.]

Zu 17,16a wird das »Hassen« als interner Selbsthass der Hure erklärt (663): Unum igitur eodemque malorum corpus divisum in partes tamquam genus in species, cum fornicariam odit, seipsum odio insequitur. [Es gibt einen einzigen Leib, der unterteilt ist wie eine Gattung in Arten. Wenn er die Hure hasst, dann hasst er sich selbst.]

Zu 17,16b wird wieder die Uneinigkeit als Indiz des Untergangs gewertet (665): Et quia reproborum corpus ex apertis infidelibus ac falsis fratribus construitur. [Der »Leib« der Bösen besteht aus offen Ungläubigen und falschen Brüdern.]

Zu 17,17 anhand der »Könige« auf der Gegenseite wird plausibel, dass und inwiefern es sich auch dabei um ein »König-Reich« handelt (668): Regnum habere mulier vel civitas dicitur, quia ipsum reproborum corpus ex regibus terrae constans Ipsum saeculi regnum in cunctis terrena superbe petentibus. [Man sagt, die Frau oder die Stadt besitze die Reichsgewalt, denn auch der »Leib« der Bösen besteht aus den Königen der Erde, die die das Irdische, d.h. die Weltherrschaft, stolz erstreben.]

Zu 18,5: Das Stichwort »Sünden« kann aufgenommen werden; die Schuld wird damit gemeinsam (678): De singulis BaByloniae membris dixerim, ceterum generaliter tunc peccata eiusdem corporis usque ad caelum perveniunt Cum enim adunata compage membrorum, coniuncte etiam per antichristum capite membris haec impia civitas principaliter contra Deum. [Ich habe über die einzelnen Glieder Babylons gesprochen. Im Übrigen türmen sich die Sünden dieses Leibes bis zum Himmel. Die Glieder sind durch einen Zusammenhalt geeint, auch durch den Antichrist als Haupt sind seine Glieder geeint. Dieser gottlose Staat richtet sich vor allem gegen Gott.]

Zur späteren Wirkung: Vgl. Alexander Minorita (482 z. 3): Corpus diaboli um et super membra eius. – S. 37 ex instinctu satanae et eius membra existentes. [Der Leib des Teufels und über seine Glieder aus teuflischer Inspiration und als dessen Glieder existierend.]

Bei John Wyclif wird dieser Ansatz dann später zur Annahme eines korporativen Antichrist führen (und zwar in Gestalt der Papstkirche).

Alternative metaphorische Modelle

Vom Prinzip der zwei Leiber weicht Ambrosius Autpertus nur dort ab, wo er Gute und Böse in einem Leib vereint sieht. Dieses Problem heißt im Neuen Testament »Unkraut unter dem Weizen«. Es ist systematisch gesehen Teil der Theodizeefrage. Bei Ambrosius Autpertus ist die Antwort scheinbar zweigeteilt: Einerseits leben im Leib Christi Erwählte und Verworfene zusammen, andererseits gibt es den »Leib des Teufels«. Traditionsgeschichtlich gesehen streiten hier der strikt dualistische augustinische Ansatz und der für die Zwischenzeit inklusiv orientierte Ansatz der Gleichnisse Jesu gegeneinander. Diesen scheinbaren Gegensatz könnte man auch durch den Vorschlag lösen, dass die zum Leib des Teufels Gehörigen eben nur dem Anschein nach zum Leib des Christus, in Wirklichkeit aber zum Leib des Teufels gehören.

> Zu Apk 1,20 (95): Pars corporis in bonis; nunc vero pars corporis specialiter notatur in malis. [Ein Teil des Körpers sind die Guten, als ein anderer Teil werden speziell die Bösen vermerkt.] – Zu Apk 2,1–2a (96): Totum Ecclesiae corpus, quod ex electis et reprobis constat. Et quia unius corporis utrasque partes et electam scilicet et reprobam, Angelus in dextera virtutis tenet, nimirum utrarumque partium deambulat. [Der Leib der Kirche besteht im Ganzen aus Erwählten wie aus Verworfenen. Und der Engel zur Rechten der Kraft (Gottes) hält die beiden Teile des Leibes, den erwählten und den verworfenen, in der Hand und wandelt daher zwischen beiden Teilen.] – Zu Apk 11,18 (433): male vivendo in corpore Christi cum pars illa, quae nunc inter agnos latitat, agente novissima persecutione ad publicum errorem deducta in corpus bestiae devoranda traicitur [durch ein böses Leben im Leib Christi, wenn jener Teil, der jetzt unter den Lämmern verborgen existiert, während der letzten Verfolgung zu öffentlich gemachtem Irrglauben verführt wird und dem Leib des Tieres zum Verschlingen ausgeliefert wird].

Fazit: Ambrosius Autpertus hängt hier dem Konzept des *corpus permixtum* an. So gibt es nicht zwei Leiber, sondern nur einen, in sich geteilten. Innerhalb des Leibes gibt es Abschnitte. Er besitzt nicht nur unterschiedliche Glieder, sondern es gibt in ihm diverse Segmente oder »Teile«.

Die Basis des Einsseins

Doch zurück zur gewöhnlichen Auffassung der Kirche als Leib Christi nach der Apokalypse im Sinn des Ambrosius Autpertus. Das Einssein ist primär darin begründet, dass der Leib der Kirche der Ort von Beten und Loben ist. Denn in der Liturgie steht die Kirche vor dem, in dessen Einheit und Einzigkeit auch die ihre begründet ist: Der eine Leib der Kirche ist der Ort von Loben und Beten. Darin besteht seine Herrlichkeit. Auch Loben und Beten der Christen bleibt nicht allein als »Privatandacht« stehen, sondern es gehört in den Leib Christi. Es ist insofern auch trinitätstheologisch zu sehen, und zwar als Selbsterweis der Schönheit und Herrlichkeit Gottes und insofern als »Offenbarung«.

> Zu Apk 7,11 f. (315): Gratiarum actio solo conpetit capiti, si vero aliam quae non gratiarum actionem sed gratiam posuit, membris eius aptatur. [Die Danksagung gebührt

allein dem Haupt. Wenn aber Johannes eine andere Handlung als die Danksagung beschreibt, dann bezieht sich das auf seine Glieder.] – Zu Apk 8,3b–4 (354): Quia vero ignis mittitur in turibolo id est in toto Christi corpore, quo orationum cremantur incensa, et idem ignis spiritus sanctus intelligitur, de quo per eundem redemptorem dicitur: Ignem veni mittere consequenter ipse Spiritus Dei hoc officio Angeli atque Pontificis nostri fungi perhibetur (Röm 8,26) quia non alibi nisi in corpore Christi sacrificium a Deo accipiatur. [Das Feuer wird ins Rauchgefäß gelegt, das heißt: durch den ganzen Leib des Christus. Dadurch wird der Weihrauch der Gebete verbrannt, und der Heilige Geist wird als das Feuer angesehen. Denn nur im Leib Christi, nicht anderswo, wird ein Opfer von Gott angenommen.] Auch bei der Arche Noach gab es nicht acht Seelen *und* eine Kirche, sondern eine Kirche. – Zu Apk 9,12b.14, Altar und Priester: membra summi pontificis genus regium, regale sacerdotium [Glieder des Hohenpriesters, königliches Geschlecht, königliches Priestertum].

Königliches Priestertum
Ambrosius Autpertus nimmt an diesen Stellen seines Kommentars zur Apk wahr, dass 1 Petr und Apk verwandt sind. Die Corpus-Metapher ist hier wohl angebracht (vgl. dazu auch gleich unten der »Tempel«).

Zu Apk 11,19 (442): adprobatio regalis sacerdotii, ad cuius membra Petrus Apostolus dicit: Vos genus regium, regale sacerdotium [die Genehmigung des königlichen Priestertums, zu dessen Gliedern der Apostel Petrus sagt: Ihr seid königliches Geschlecht, königliches Priestertum].

Auch das oben dargestellte Prinzip der kollektiven Messianität ist Ambrosius Autpertus nicht unbekannt. Denn auch darin ist in besonderer Weise die Einheit der Gemeinde begründet: Sofern das Judentum überhaupt eine Messiaserwartung kennt, gibt es doch keine gemeinschaftliche Ausübung des Messiasamtes, damit also kein Mitregieren. Das ist aber kennzeichnend christlich. Es ist neutestamentlich darin begründet, dass derjenige, der mitleidet oder mitstirbt, dann auch mitverherrlicht wird und mitregiert (Mt 19,28; 2 Tim 2,11 f.; vgl. oben zu Condominium, S. 164). Selbstverständlich ist dieses ein Thema der Märtyrerkirche im Zeichen der Apokalyptik. Nicht zuletzt die Situation gemeinsam erfahrener Bedrängnis zwingt die Christen in ein unteilbares Miteinander.

Zu Apk 4,4 (211 f.): Sedet vel sedebit Ecclesia iudicans duodecim tribus Israel sed in Christo atque per Christum cuius corpus est: sedent certe vel sedebunt membra ad iudicandum, sed in uno et per unum caput, cui subdita sunt atque coniuncta. [Die Kirche sitzt und wird sitzen, die zwölf Stämme Israels zu richten, doch das geschieht in Christus und durch Christus, dessen Leib. Die Glieder sitzen und werden sitzen zu Gericht, aber in einem Haupt und durch das Haupt, dem sie untertan und mit dem sie verbunden sind.]
Basis des Einseins ist schließlich die Eigenschaft der Kirche als Tempel: Zu Apk 11,19a (441): Quamquam enim omnes sancti templum Dei veraciter appellentur, illud tamen corpus pro humana salute susceptum singulariter ac principaliter templum Dei vocatur, in quo omnis plenitudo divinitatis inhabitat corporaliter ›hoc autem dicebat de templo corporis sui‹ (Joh 2,19) dispensationem humanae salutis peregisse in Ecclesia

[Alle Heiligen werden mit Recht Tempel Gottes genannt. Dennoch trifft die Bezeichnung Tempel Gottes allein und grundsätzlich auf den Leib (Jesu) zu, der für das Heil der Menschen zur Welt gekommen ist, in dem leibhaftig die ganze Fülle Gottes wohnt. ›Dies aber sagte er über den Tempel seines Leibes‹, dass er in der Kirche den Menschen das Heil zugeteilt hat.]

Das Ganze in Einem
In der neueren Philosophie spricht man oft von Spiegeln und Sich-Spiegeln. Was für G. W. Leibniz die Einheit der Welt erfasst, wird schon von Ambrosius Autpertus in seiner Tragweite entdeckt.

Zu Apk 4,6 (211): Sciendum vero quia, ut saepe meminimus, sic plerumque ex diversis membris unum corpus depingitur, ut tamen nonnumquam in quolibet membrorum totum corpus exprimatur [Man muss aber wissen, dass, wie wir uns öfter erinnert haben, so oft aus verschiedenen Gliedern der eine Leib sich darstellt, wie auch trotzdem manchmal in einem beliebigen Glied sich der ganze Leib abbildet.] – Zu Apk 5,6 (261): Sed ex diversis speciebus unum genus, ex diversis membris unum depingitur corpus, cum soleat plerumque in una qualibet earum specie genus expressum inveniri, vel in una qualibet parte membrorum totum corpus describi. In medio enim Ecclesiae in medio corporis Christi agnus tamquam occisus stare perhibetur in medio throni, in medio quattuor animalium vel vigintiquattuor seniorum omnia unum esse probantur. [Aber aus verschiedenen Unterarten bestehend stellt man sich die eine Gattung vor, so aus verschiedenen Gliedern den einen Leib. So pflegt häufig in einer beliebigen Art aus ihnen die ganze Gattung abgebildet zu werden oder man findet, dass an einem Teilstück der Glieder der ganze Leib geschildert wird. Denn in der Mitte der Kirche, in der Mitte des Leibes Christi wird das Lamm dargestellt, als stünde es wie geschlachtet da. In der Mitte des Throns, der vier Lebenden Wesen oder der 24 Ältesten wird gezeigt, dass alles eines ist.] – Zu Apk 7,9 (307): Vidi thronum in circuitu throni nec diversas unius corporis officiorum virtutes sed unam tantum designaret. Sicut enim una est Ecclesia istis vocabulis figurata, sic eius diversa virtutum officia demonstrata. [Ich sah den Thron und rund um den Thron auch nicht die diversen Aufgaben eines Leibes, sondern nur eine. Denn so wie Kirche, die durch diese Benennungen dargestellt wird, eine ist, so sind auch die verschiedenen Aufgaben der Kräfte dargestellt.] – Zu Apk 10,2 (391): Rechter und linker Fuß/Zeiten der Verfolgung: Sic disposuit ecclesiae membra fortiora scilicet super fluctus maris, infirmiora vero super terrae soliditatem constituens. Et quanto acriora persecutionis tempora incurrerunt, tanto fortiora membra ad corporis salvationem praeparavit fortissima etiam membra ne eius impetu totum corpus frangatur, reservasse. [So hat er die kräftigeren Glieder der Kirche jenseits der Meerenge aufgestellt, die schwächeren Glieder auf das feste Land. Und je schärfer die Zeiten der Verfolgung hereinbrachen, umso stärker hat er die Glieder vorbereitend gemacht, damit der Leib gerettet würde. Die stärksten Glieder hat er zurückgehalten, damit durch den Ansturm nicht der ganze Leib zerbrechen sollte.] – Dazu gehört auch die Abbildung des großen Ganzen in einem Teil, zu Apk 11,15–18 (436), 24 Älteste: Quibus omne corpus designatur praepositorum tota figuratur Ecclesia iustorum, tamquam scilicet genus in specie videatur expressum, id est, generale corpus electorum in speciali corporis parte omnium formam gerentis praedicatorum. [Die 24 Ältesten sind eine Bezeichnung für die ganze Körperschaft (Leib). Sie stehen für die ganze Kirche der Gerechten, wie wenn man die Gattung durch die Art dargestellt sehen kann. Das heißt: Die allgemeine Körperschaft der Gerechten wird durch den speziellen Teil des Leibes dargestellt, der in Gestalt aller Verkündiger auftritt.]

Ein Leib wie in der Ehe
Die Einheit des Leibes der Kirche ist nach Ambrosius Autpertus auch aufzufassen wie die Einheit bzw. das Ein-Leib-Sein bei Mann und Frau, und Kirche erscheint dann metaphorisch als Braut. In Gen 2,24 *(Die beiden werden ein Fleisch sein)* liegt wohl sicher eine der Wurzeln für die Anschauung, dass Verschiedenes ein Leib werden kann. Noch bei Ambrosius Autpertus steht deshalb – durch Apk 21 gestützt – das Bild von Braut und Bräutigam (Christus und Kirche) nahe bei der Metaphorik von Haupt und Leib (vgl. auch Eph 5). Der archaische frühpaulinische Ansatz von 1 Kor 11,2–11 lebt hier – ekklesiologisch verstärkt – wieder auf.

> Zu Apk 1,10f. (60): Hic membra eius cotidie ex nova nupta, quae virgo appellatur et sponsa, nascuntur, hic patiuntur [Hier werden Tag für Tag seine Glieder aus der jüngst angetrauten Frau, die Jungfrau und Braut genannt wird, geboren, hier leiden sie]. – Zu Apk 12,4b: Stetit tunc idem draco ante virginem Mariam, ut natum corporis caput degluttiret. Stetit postea, immo semper stat ante Ecclesiam, ut membra capitis degluttiat caput nostrum carnem et animam virtute divinitatis suae ad sedem paternam evexit, vel electorum animas cotidie ad seipsum elevat sibique adsociat volo ut ubi ego sum et illi sint mecum. (Joh 17,24) [Es stand dann also der Drache vor der Jungfrau Maria, um den Kopf des Leibes, (der schon sichtbar war), zu verschlingen. Der Drache stand auch später, vielmehr steht er immer, vor der Kirche, um die Glieder des Hauptes zu verschlingen. Unser Haupt hat sein Fleisch und auch seine Seele durch die Kraft seiner Gottheit zum Thron des Vaters hinaufgebracht, oder aber: Er erhebt die Seelen der Auserwählten täglich zu sich hinauf und verbindet sie mit sich. Ich will, dass dort wo ich bin, auch jene mit mir sind.] – Zu Apk 12,5a (451): Quo contra dicatur de Christo, dicatur de eius corpore, quia mulier peperit filium masculum ad debellandas aereas potestates caput et corpus virile atque robustum. Nam de capite nostro scriptum est: Dominus fortis Quod autem hic filius masculus gentes in virga ferrea recturus praedicitur et ad caput et ad corpus omnino redigitur. (Apk 2,26–28) [Was man dagegen über Christus sagen kann, kann auch über seinen Leib gesagt werden, denn die Frau hat einen Sohn geboren zum Kampf gegen die Mächte der Lüfte, ein männliches und kräftiges Haupt und den entsprechenden Leib. Denn über unser Haupt steht geschrieben: Der Herr ist stark. Über diesen Sohn wird vorausgesagt, dass er mit eiserner Rute die Völker regieren wird, und das bezieht sich alles auf das Haupt wie auf den Leib.] (70): Nunc inter septem candelabra, quae sunt Ecclesia, in filio hominis eadem describitur Ecclesia, cum idem filius hominis et septem candelabra, una sint capitis et corporis persona Erunt duo in carne una Ego autem dico in Christo et in Ecclesia. [Nun wird zwischen den sieben Leuchtern, die die Kirche darstellen, mit demselben Bild der Menschensohn beschrieben. Denn eben der Menschensohn und die sieben Leuchter sind eine Person mit Haupt und Gliedern wie wenn es heißt, dass zwei in einem Fleisch sind wie gesagt wird: Ich rede in Christus und in der Kirche.]
>
> Auch im Allgemeinen legt es sich nahe, das Bild des Leibes als verwirklichte *Liebe* aufzufassen. Vgl. dazu Ambrosius Autpertus (281): unius corporis membra caritate coniuncta [die in Liebe verbundenen Glieder eines einzigen Leibes].

Einheit der Zeiten

Nicht nur unterschiedliche Menschen, auch verschiedene Zeiten werden durch das Prinzip des Leibes Christi miteinander verbunden. Ambrosius erreicht hier mit Hilfe des Corpus-Konzepts eine zeitliche Ausweitung (Verlängerung) des Erlösungsgeschehens. Wie das Einmal (griech. ἅπαξ) ein Ein-für-Allemal (griech. ἐφάπαξ) sein kann, was also das einmalige Geschick Jesu für alle folgenden Jahrhunderte in zeitlicher Erstreckung bedeuten kann, ist Thema jeder christlichen Theologie. Oft wird hier eine simple platonisierende Lösung versucht, die mit einem Begriff von »Ewigkeit« argumentiert, in der alle Zeit, jedes Vorher und Nachher aufgehoben seien. Dieses Modell freilich ist biblischem Denken nicht angemessen, und Ambrosius Autpertus verzichtet auch darauf. Stattdessen bringt er auch hier den metaphorisch verstandenen Leib-Gedanken ins Spiel. So wird das genuin neutestamentliche *in Christus* aktualisiert. Weil die Apk grundsätzlich das Thema »Zeit« erörtert, gehört dieses auch in den Apk-Kommentar des Ambrosius Autpertus.

> Zu Apk 3,20 (199): Cenat caput cum membris in domo sanctificatae mentis receptus, quia in faciendo voluntatem Patris cotidie moritur in illis. Cenant membra cum capite, quia et ipsa ut voluntatem Patris perficiant, moriuntur cum illo. Et quidem in mensa capitis singularis occisus est Agnus, in mensa vero corporis multi iugulantur agni. Sed tamen omnes agni in uno atque unus in omnibus unus cotidie immolatur cum omnibus. Quia enim omnes agni in uno et cum uno moriuntur agno, testatur Paulus Apostolus dicens: Mortui estis (Kol 3,3f.) Quia vero unus in omnibus unus immoletur cum omnibus, ipse hoc agnus singularis indicat, qui lupo agnos devoranti dicit: Saule, Saule. [Das Haupt hält Mahl mit den Gliedern im Haus des geheiligten Herzens, denn täglich stirbt er in ihnen, indem er den Willen des Vaters tut. Die Glieder speisen mit dem Haupt, denn auch sie sterben mit ihm, um den Willen des Vaters zu tun. Zwar ist das Lamm auf dem Tisch des einzigen Hauptes geschlachtet, doch auf dem Tisch des Leibes werden viele Lämmer geschlachtet. Dennoch werden alle Lämmer in dem einen und das eine in allen, verbunden mit allen, täglich geschlachtet. Denn weil alle Lämmer in dem einen und mit dem einen Lamm sterben, legt der Apostel Paulus Zeugnis ab, wenn er sagt: Ihr seid gestorben (Kol 3,3f.). Dass aber das eine Lamm als einziges mit allen geopfert wird, zeigt das einzige Lamm an, indem es dem Wolf, der die Lämmer verschlingt, sagt: Saul, Saul.] – Zu Apk 5,6 (262): Agnus tamquam occisus stat, quia in singulis suis menbris idem cotidie immolatus hostia viva fit. [Das Lamm steht da wie geschlachtet, denn in seinen einzelnen Gliedern wird es täglich geopfert als lebendiges Opfertier.] – Zu Apk 4,1–2a (205): Ipsumque in nobis qui corpus illius sumus, cotidie nasci, cotidie mori, cotidie resuscitari atque per fidem et spem iam cum illo in caelestibus consedere tota fide pronuntiet. [Wir sind sein Leib. Er wird in uns täglich geboren, stirbt täglich, wird täglich auferweckt. Und der Glaube zusammen mit der Hoffnung bekennt, dass er schon im Himmel sitzt.] – Zu Apk 5,11–13a (271): Quia vero Christus et Ecclesia una sunt persona, possunt haec ad ipsam referri. In membris suis in agnis tamquam occisis. Cum enim ipse sit Dei virtus ac Dei sapientia, in corpore suo quod nos sumus, accipit quod in seipso possidet Ecclesia itaque mundo iam mortua, dum adhuc in quibusdam membris suis lactis potu nutritur, infirma a philosophis vel haereticis deputatur. [Weil aber Christus und die Kirche eine Person sind, kann man dieses auf sie (sc. diese Person)

beziehen. Das gilt für seine Glieder, die wie geschlachtete Lämmer sind. Denn weil er Gottes Kraft und Gottes Weisheit ist, empfängt er in seinem Leib, der wir sind, das, was er für sich selbst besitzt. Daher wird die Kirche, die für die Welt schon gestorben ist, während sie noch in einzelnen Gliedern durch Milchtrank genährt wird, von Philosophen oder Häretikern für schwach gehalten.]

Zu dem *cotidie immolatus* (262) vgl. Alexander von Bremen (Minorita) 397 [Eucharistie]: refecti corpore et sanguine agni (Opposition zum Wein der Prostitution der Hure nach Apk 19,9).

Nach den Homilien des Ps.-Melito (1512, 462) existierte der mystische Leib schon vor der Menschwerdung Jesu Christi im jüdischen Volk und wurde erst mit Jesus auch auf die Heiden ausgeweitet: corpus ecclesiae mysticum, quae prius erat in una gente modica Iudaeorum, sed modo per fidem trinitatis praedicata se extendit ad multitudinem gentilium conversorum [der mystische Leib der Kirche existierte zuvor beschränkt auf das Volk der Juden, aber hat sich im Glauben an die Dreifaltigkeit ausgeweitet auf die Vielzahl bekehrter Heiden].

Da es sich in der Apk um Märtyrer-Apokalyptik handelt, lebt selbstverständlich auch die Tradition der *ecclesia ab Abel* auf, und das geschieht hier mit Hilfe der Konzeption des »Leibes«. Mit deren Hilfe werden daher zeitlich auseinanderliegende Daten verknüpft. Vgl. dazu den Apk-Kommentar des Alexander von Bremen, 79: Abel erstes Glied der Kirche.

Die gebändigte Vielheit
Das zentrale Problem jeder menschlichen Gemeinschaft oder Gesellschaft besteht in der Frage, ob den Tendenzen zur Einheit über die auseinanderstrebende Vielfalt ein Sieg gelingt. In dieser Grundfrage macht die Metapher »Leib« schon direkt einen profilierten Lösungsvorschlag. Denn in der Einheit eines Leibes fallen die vielen Teile nicht auseinander und enden so nicht im sicheren Tod.

Mit Hilfe seiner Konzeption vom Corpus kann Ambrosius Autpertus in seinem Apokalypse-Komm. ein praktisches Problem der paulinischen Charismenlehre umgehen: Ambrosius hebt immer wieder die strikte Unterordnung unter das Haupt hervor. Sie findet sich weder in 1 Kor 12 noch in Röm 12 noch in 1 Petr 4. Im Eph wird zwar die Rolle Jesu Christi als Haupt beschrieben, sie steht jedoch nicht in Zusammenhang mit einem Charismenkatalog. Anders bei Ambrosius Autpertus. Streng und durchgehend hält er an dem Gegenüber und der grundsätzlichen Zusammengehörigkeit von Haupt und Leib fest. Jegliche Anspielung auf das Papsttum unterlässt er im Übrigen. Vielmehr erreicht er nach dem Grundsatz »Nichts ohne das Haupt« nicht nur eine strikte Gleichrangigkeit aller im Charisma begründeten Funktionen *(officia)*. Er betont auch die dank der Stellung des Hauptes ermöglichte Wechselseitigkeit des In-Anspruch-Nehmens:

Zu Apk 11,1b (410f.): Si per inpositionem manus eorundem Spiritus Sanctus largitur dator omnium gratiarum non est certe absurdum quod eam in capite suo tantum posse praedicamus, sine quo tamen nihil eam facere posse scimus. Unde et hanc harundinem qua templum Dei Ecclesia in Johanne metiri iubetur. Sed Dominus et Ecclesia una persona, unum est corpus, cuius capite membrorum officia disponuntur, et quidquid membra agunt, iure ad caput totum refertur, quo membra in singulis actionibus disponuntur, Mihi etenim videtur quia officium oculorum manus possideant in corpore et rursum ministeria manuum oculi possideant in corpore. [Wenn durch die Handauflegung eben dieser Heilige Geist geschenkt wird, der alle Gnaden schenkt, dann ist es gewiss nicht absurd, wenn wir verkündigen, dass dieses nur unter dem einen Haupt möglich ist, ohne das wir, wie wir wissen, die Handauflegung nicht bewirken können. Daher auch dieser Messstab, durch den laut Befehl die Kirche als Gottes Tempel gemessen werden soll. Aber der Herr und die Kirche sind eine Person, einer ist der Leib, dessen Haupt die Dienste der Glieder festlegt. Und alles Tun der Glieder wird mit Recht gänzlich dem Haupt zugeschrieben, durch das die Glieder für ihre einzelnen Handlungen eingeteilt werden. Mir scheinen nämlich im Leib die Augen den Dienst der Hände zu besitzen und umgekehrt besitzen im Leib die Augen den Dienst der Hände.]

Bei jeder sich bietenden Gelegenheit spricht Ambrosius Autpertus von der siebenfältigen Wirksamkeit des Heiligen Geistes. Diese Redeweise kennt im Neuen Testament nur die Apk (1,4; 3,1; 4,5). Ambrosius spricht oft im Kontext des Leibes Christi davon. Das ist als kräftiges Signal dafür zu werten, dass ihm daran liegt, Einheit und Verschiedenheit gleichermaßen zu betonen. Denn das »Haupt« meint je und je die Einheit, der »Leib« steht für die Unterschiedlichkeit der Glieder. Der Heilige Geist stiftet die unterschiedlichen Gaben und Begabungen, und die Siebenzahl meint hier nur die Vollständigkeit. Das Verhältnis zwischen Vielfalt (sieben Gaben, sieben Geister) und Einheit (ein Heiliger Geist, vgl. Apk 2,11 usw.) entspricht daher dem zwischen dem einen Haupt und den vielen Gliedern (Eph).

Zu Apk 5,6f. (263): Septenaria Spiritus Sancti operatione totum per orbem in membris tamquam caput Christum regnare, totum per orbem membrorum celsitudinem, dignitatem et regnum in seipso conlocare Possunt etiam istis septem cornibus illa capitis nostri membra videri, quae Spiritus Sancti muneribus, fortitudine ac celsitudine ceteris videntur eminere. Nequaquam ut cetera corporis ossa carne circumdamini, sed tamquam cornua super carnem et ossa erigimini. [Durch das siebenfältige Wirken des Heiligen Geistes regiert er über den ganzen Erdkreis hin in seinen Gliedern als das Haupt, indem er alles Ansehen, alle Würde und Regierungsgewalt in sich selbst platziert. Denn man kann auch in diesen sieben Hörnern die zu unserem Haupt gehörigen Glieder sehen. Durch die Gaben des Heiligen Geistes, durch Tapferkeit und hohe Haltung, sind sie den übrigen voraus. Umgebt euch nie mit Fleisch wie die übrigen Knochen des Körpers, sondern erhebt euch wie Hörner über Fleisch und Knochen.]

Obwohl uns von Paulus her die kirchliche Metaphorik von Haupt und Leib bzw. Haupt und Gliedern geläufig ist, sind beide Begriffspaare in unvermittelter Kombination im Neuen Testament selten, von Kol 1,18 (Haupt des Leibes) einmal abgesehen; vgl. noch Eph 4,15 und 1,2 f. (Haupt, Kirche, Leib).

Zu Apk 2,18–20 (137): Sed a generali eclectorum corpore ad specialem praedicatorum corporis partem et nec totam speciem, sed partem in ea reprobam tangit. [Es gibt eine generelle Körperschaft der Erwählten und darin einen besonderen Teil der Verkündiger; das berührt nicht die ganze Art, sondern nur den verworfenen Teil darin.] – Zu Apk 11,7 (422 f.): In eo ergo quod dicitur vincet eos pars quaedam est admixta corpori Christi quae sine terroribus sive blanditiis bestiae vinci posse narratur. [Nach dem Gesagten wird sie ein Teil besiegen. Er ist dem Leib Christi beigemischt und kann, wie man erzählt, ohne den Terror und die Blendwerke des Tieres besiegt werden.]

Dualistische Apokalyptik und das Prinzip des Einsseins
Wenn Einheit rangmäßig höher als Vielheit ist, dann hat das zwei praktische Konsequenzen: Die einzelnen Glieder werden so relativ austauschbar, und der eine kann stellvertretend für den anderen etwas tun: Merkwürdigerweise ist es gerade die kirchliche Apokalyptik, die das Einheitsdenken befördert. Dabei liegt die Einheit allerdings auf der Heilsseite bzw. »im Himmel«. Dadurch bringt das apokalyptische Denken auf dem eigenen Feld das Gegenbild seiner selbst hervor und entgeht so – in gehöriger Distanz zu Augustinus – der manichäischen Versuchung. Das ist nicht die geringste Leistung der Metapher des Leibes in der theologischen Diskussion.

Vgl. dazu Ambrosius Autpertus (208): una persona sponsus atque sponsa unum corpus [Bräutigam und Braut sind ein Leib und eine Person]. Ferner ders. (216) Dominus et seniores atque animalia unum sumus [Der Herr und die Ältesten und die vier Lebenden Wesen sind eins]. So auch 261 Thron, Lebende Wesen, Älteste: omnia unum esse [alles ist eins]. Ferner 286: pontifex et altare unum sint corpus (altare aureum) [Priester und Altar sind ein Leib]; 329: Feuer im thuribulum: in toto Christi corpore quo orationum cremantur incensa [Feuer im Rauchgefäß, im ganzen Leib des Christus werden die durch Weihrauch dargestellten Gebete verbrannt].

In dem einen Leib gilt: Was vom Haupt gesagt werden kann, gilt auch von den Gliedern bzw. vom Leib – und umgekehrt. Denn oftmals gelten die Eigenschaften (Attribute) des einen auch für den anderen. Alles Erkennen besteht immer wieder darin, Ähnlichkeiten und Analogien festzustellen.

Ambrosius Autpertus, zu Apk 5,7 (264): Omnis Christi dispensatio in victoria consistit, victoria autem non solum capitis, verum etiam corporis sic etiam idem agnus in membris suis tamquam de dextera librum tamquam de libro dexteram accipit. [Das ganze Walten Christi besteht im Sieg, im Sieg nicht nur des Hauptes, sondern auch des Leibes. So empfängt eben dieses Lamm in seinen Gliedern wie aus der rechten Hand Gottes das Buch, so wie es vom Buch her die rechte Hand annimmt.] – Zu Apk 6,1 f.: Quod vero coronam equi sessor accepisse describitur non solum ad caput, verum etiam ad corpus referri videtur. [Wenn aber beschrieben wird, dass der Reiter des Pferdes die Krone empfangen habe, dann bezieht sich das nicht nur auf das Haupt, sondern auch auf den ganzen Leib.] – Zu Apk 10,1 (387): Nam quod in monte coram tribus discipulis transfiguratus faciem suam in solis claritatem commutavit, futura membra sua iam tunc in seipso ostendit. [Denn Jesus wurde auf dem Berg vor den drei Jüngern verklärt und hat sein Antlitz in die Helligkeit der Sonne umgewandelt. Schon damals hat er an sich selbst die Zukunft seiner Glieder sehen lassen.] – Zu Apk 3,15 f. (192): Quod etiam in Ecclesia Christi quae corpus eius est, cuius caput idem Dominus est, fieri quis dubitet? Cotidie enim Redemptor noster calidos quosque cibos in corpus suum per os traicit non desinit. [Wer bezweifelt, dass dieses in der Kirche Christi, die sein Leib ist, deren Haupt derselbe Herr ist, geschieht? Denn täglich nimmt unser Erlöser diverse warme Speisen durch den Mund in seinen Leib auf, er hört nicht auf.] Vgl. dazu: Ambrosius Autpertus (217): Sancta ecclesia in Petro Apostolo super fluctus maris ambulare iubetur [wenn Jesus Petrus auffordert, über das Meer zu gehen, meint er die ganze Kirche].

Konsequenzen: Mitleiden, Fürbitte, Stellvertretung.
Die Personen sind (fast) austauschbar
Wenn ein Glied des Leibes Schmerz empfindet oder leidet, leiden die anderen mit. Denn nicht nur die Eigenschaften werden geteilt, sondern oftmals auch das Geschick.

Zu Apk 1,13 (70): Quae scilicet sacerdotis vestis usque ad talos est, quia corpus eius, quod est Ecclesia usque ad novissima membra ea quae desunt passionum Christi adimplet. Ipse enim cotidie veraciter patitur, quando corpus eius aliquid pati probatur. Unde et sedens in caelo clamabat: Saule, Saule, quid me persequeris? [Denn das Gewand des Hohenpriesters reicht bis an die Knöchel. Denn dessen Leib, die Kirche, macht bis zu den jüngsten Gliedern das vollständig, was an den Leiden Christi noch fehlt. Denn er selbst leidet täglich wahrhaftig, wenn sein Leib offensichtlich etwas erleiden muss. Daher hat er, auch wenn er im Himmel thront, ausgerufen: Saul, Saul, warum verfolgst du mich?] Vgl. dazu 199: unus immoletur cum omnibus, ipse hoc agnus singularis indicat [Einer wird nicht für sich, sondern zusammen mit allen geopfert. Das zeigt das einzelne Lamm an].

Ähnliches gilt für das stellvertretende Gebet und die Sühne nach dem Grundsatz »Der Eine für alle«. Durch seine Theologie des Leibes kann Ambrosius Autpertus auch das biblische Modell der Stellvertretung erneuern und verständlich machen. Denn jeder organische Leib lebt davon, dass ein einzelnes Glied und zumal das Haupt etwas zugunsten aller anderen Glieder tun kann. Das gilt, solange es zum Leib gehört. Der Satz »Mitgefangen, mitgehangen« zeigt hier seine deutlich positive Kehrseite. Diese Theologie des Leibes weist ein für die gesamte Bibel wichtiges, heute im Zeitalter des Individualismus oft vergessenes Element auf: Das »Mit« und alle seine Konsequenzen.

Zu Apk 8,3b–4 (329): Quia enim Dominus et Ecclesia una persona est, et hac una persona in capite constat et corpore, dignum es tut caput interpellet pro corpore. Nec omnino ad Deum potest loqui corpus, nisi officio capitis quo regitur corpus. (1 Joh 2,1 f.) [Der Herr und die Kirche sind eine Person, und diese eine Person besteht aus Haupt und Leib. Es ist daher angemessen, dass das Haupt für den Leib eintritt. Denn der Leib kann nicht zu Gott sprechen, wenn er nicht regiert wird durch die Dienstleistung des Hauptes.] – Zu Apk 10 (373), beim Opfertier bleibt der Kopf dran nach Lev 5,8: Redemptoris etenim nostri mors, ad coniunctionem sui corporis, id est ecclesiae valuit, non ad separationem. [Denn auch bei unserem Erlöser zielt der Tod auf die Verknüpftheit des ganzen Körpers, das heißt: der Kirche, nicht auf Trennung.] – Zu Apk 10, Prolegomena (374): Quis namque caput nostrum est, nisi, ut diximus, Redemptor generis humani, de quo scriptum est: Ipsum dedit caput supra omnem Ecclesiam, quae est corpus ipsius? ... Sed caput turturis et incisum est, et a suo corpore abscisum non est, quia ex eo quod pro nobis mortem pertulit. Omnes nos sibi verius in ipsa sua morte coniunxit. Caput ergo turturis incisum inhesit corpori, quia pro nobis quidem Redemptor noster passus est, sed a nobis divisus non est tamen tamquam turturem immolatum suo corpori perenniter inhesisse. [Denn wer ist unser Haupt, wenn nicht, wie wir gesagt haben, der Erlöser des Menschengeschlechts, über den geschrieben steht: Ihn hat er zum Haupt gemacht über die ganze Kirche, die sein Leib ist. Aber auch bei der Turteltaube ist der Hals angeschnitten, doch das Haupt ist vom Körper nicht getrennt. Denn er hat für uns stellvertretend den Tod erlitten. Denn uns alle hat er mit sich wahrhaft durch seinen Tod verbunden. Das angeschnittene Haupt der Turteltaube blieb mit dem Leib verbunden. Denn unser Erlöser hat zwar gelitten, wurde aber nicht von uns getrennt. Wie die geopferte Turteltaube sind wir auf immer mit seinem Leib verbunden.]

Eine besondere praktische Konsequenz ist das Leiden an Christi statt und für Jesus. Wenn das Haupt für die Glieder leiden und sterben kann, dann gilt das in besonderen Fällen (wenn die eigenen Sünden vergeben sind, wenn es also nicht um das Abbüßen eigener Schuld geht) auch umgekehrt. Schon Paulus rechnet in Kol 1,24 damit, dass die Leiden der Christen das auffüllen, was im Leib des Christus an Leiden noch fehlt. Denn offensichtlich ist es nicht damit getan, dass einer gelitten hat und alle Restlichen dann davon befreit sind. Man hat den Kolosserbrief Paulus oft abgesprochen, weil doch das Leiden Jesu Christi allein notwendig und eben ausreichend sei. Doch das wäre hier unangebrachte Rechnerei. Wenn die Christen mit Christus wirklich ein Leib sind, so etwas wie eine »Person«, dann bleibt Jesus nicht »allein im Regen stehen«. Das Leiden und Sterben des Einzelnen bleibt nicht seine Privatsache, sondern ist hingeordnet auf das, was dem Haupt geschieht. Denn die Apk ist das Buch einer Märtyrerkirche.

Zu Apk 5,8 (265): Quid vero est, animalia et seniores cum citharis ante Agnum cadere, nisi quidquid membra patiuntur pro capite, per humilem ac piam confessionem capiti tribuere sine quo nihil possunt membra perficere? [Denn wenn die Tiere und die Ältesten mit ihren Harfen vor dem Lamm niederfallen, dann bedeutet das: Alles, was die Glieder für das Haupt erleiden, das schieben sie durch demütiges und treues Bekennen dem Haupt zu, ohne das die Glieder nichts zuwege bringen können.] – Zu Apk 1,17f. (89): Nolite membra pavere pro capite pati, cum ego caput vestrum prius pro vobis mori non dubitaverim. [Habt keine Scheu zu glauben, dass die Glieder für das Haupt leiden, denn ich selbst hatte keinen Zweifel daran, als euer Haupt zuvor für euch zu sterben.] – Zu Apk 3,14 (187): Certe Saulo saevienti Caput in membris patiens clamabat: Saule, Saule, quid me persequeris? [Als Saulus wütete, rief ihm das Haupt, das in den Gliedern leidet, zu: Saul, Saul, warum verfolgst du mich?]

Wirkungseinheit
Im Rahmen der apokalyptischen Corpus-Lehre bedeutet der Grundsatz der Wirkungeinheit: Was Christus tut, wirkt er durch Glieder. Die enge Beziehung zwischen Haupt und Gliedern gilt nicht nur statisch (in den Attributen) und für die Gemeinschaft im Leiden, Sterben (Stellvertretung) und Anbeten, sie gilt auch in der Richtung »von oben nach unten«. Denn in den Gliedern wirkt das Haupt.

Zu Apk 10,3 (273): Christus qui per membra sua loquitur [Christus, der durch seine Glieder spricht]. – Zu Apk 5,11–13a (273): Hoc ipsum membrorum caput in membris suis loquitur dicens: Data est mihi omnis potestas [Dieses Haupt der Glieder spricht in seinen Gliedern: Mir ist alle Gewalt gegeben]. – Zu Apk 9,12b.14 (355) (Mt 16,19): Hanc potestatem non in se, sed in capite possident membra, quae in uno et per unum caput solvunt et ligant, quae per caput eorum fieri probantur. [Diese Gewalt besitzen die Glieder nicht von sich aus, sondern durch das Haupt. In dem einen Haupt und durch es lösen und binden sie, was offensichtlich durch ihr Haupt geschieht.] – Zu Apk 11,6 (419): Potestatem ergo habent, ut reprobis caelum claudant, electis aperiant. Sed hanc potestatem in capite possident membra sine quo omnino nil possunt agere membra, quodque in ipsis membris clamat et dicit: Data est mihi omnis potestas in caelo et in terra. [Sie haben also die Vollmacht, für die Verworfenen den Himmel zu schließen, ihn für die Auserwählten aber zu öffnen. Aber diese Gewalt besitzen Glieder dank des Hauptes, ohne das die Glieder überhaupt nichts tun können. Deren Anwesenheit in den Gliedern benennt und bezeichnet das Haupt und sagt: Mir ist alle Gewalt gegeben im Himmel und auf Erden.]

Folgerungen

Eine kritische Durchsicht dieses Kapitels zeigt, dass der Topos des »Corpus«, und zwar korporativ verstanden, der Weg ist, auf dem die Apk in die großen Themen der mittelalterlichen Theologie einbezogen worden ist. Das betrifft vor allem Anthropologie, Ekklesiologie, Trinitätslehre, Eucharistie und Amt, Mariologie, Juden und Christen, Häresiologie und natürlich Eschatologie. Gerade die großen, umfangreichen Kommentare wie die »Expositio« des Joachim von Fiore und der Kommentar des Ambrosius Autpertus, aber auch Dionysius Carthusiensis († 1471) sind in dieser Hinsicht ein fast gänzlich unerschlossenes Reservoir.

Vor allem aber gilt für Ambrosius Autpertus dieser hermeneutische Ansatz: Die Kirche ist die Projektionsebene aller theologischen Aussagen. Der Vorteil dieser Art Hermeneutik ist, dass es hier nicht um Spekulation geht, sondern stets um den Erdgeruch einer sehr realen Institution.

Dabei ist Ambrosius Autpertus bisweilen im Zweifelsfall nicht konsequent. Die Himmelsfrau von Apk 12,1 f. deutet er gemäß seines hermeneutischen Ansatzes als »Kirche«. Doch ohne Vorankündigung legt er sie dann plötzlich als »Maria« aus, so 448: Stetit tunc idem draco ante virginem Mariam, ut natum corporis caput deglutiret [Es stand dann derselbe Drache vor der Jungfrau Maria, um das Haupt des Leibes, das nun geboren war, zu verschlingen]. Ebenso bleibt unklar, ob er nun das Kind der Himmelsfrau definitiv auf Jesus hin auslegt. Denn es kann auch sein, dass Gott die »Seelen der Auserwählten« täglich zu sich selbst erhebt (449).

Gegenüber diesen »Gefahren an den Rändern« der Auslegung hat aber die konsequent ekklesiologische Auslegung diese Vorteile: Sie ist nicht einfach »sachfremd«. Es wird den Aussagen der Apk keine gänzlich andere Dimension der Wirklichkeit untergeschoben, wie das insbesondere bei der (tiefen-)psychologischen oder strikt materialistischen Auslegungen der Fall war. Die Wirklichkeit »Kirche« ist weder nur innermental noch bloßes gedankliches Konstrukt. Es ist die Wirklichkeit des Volkes Gottes, das von der Kontinuität her lebt (M. Mosebach: Das Wesen der Kirche besteht in einer bruchlosen Kontinuität: Una Voce 47 [2017] 218). Die Kirche ist dabei keine zeitlose, mit sich selbst einfachhin identische Realität, sondern sie hat selbst – und da ist kein Lebensbereich ausgenommen – Geschichte, und zwar innerhalb der Weltgeschichte. Sie ist dabei wie der Golfstrom im Meer. Die wohl einzige wirklich neue Einsicht der historisch orientierten Menschen seit dem 19. Jh. ist, dass es auch innerhalb der Kirchengeschichte unterschiedliche Phasen, Entwicklung und Wandel gibt, und zwar unbeschadet der bleibenden massiven Bedeutung der anfänglichen Basis für jede ihrer Epochen. Kirchengeschichte ist ein Sonderbereich innerhalb der allgemeinen Geschichte, mit der sie durch zahlreiche Interaktionen und Interdependenzen verbunden ist.

Ambrosius Autpertus erneuert in seinem Kommentar zur Apk einen wesentlichen und grundlegenden Ansatz der neutestamentlichen Christologie, dass nämlich die Glaubenden und Getauften mit Jesus Christus zu einer einzigartigen Einheit gelangen. Das geschieht, wenn sie in der Taufe ihn anziehen, bei der Eucharistie durch seinen Leib zu einem Leib werden, wenn sie »mit Christus« sind oder sein und regieren werden. Ambrosius sagt in diesen Fällen, dass sie *una persona* mit ihm sind. Religionsgeschichtlich gesehen liegt in dieser personalen Einheit mit dem Messias das Alleinstellungsmerkmal auch gegenüber dem Judentum.

Andere ekklesiologische Ansätze spielen nur eine geringere Rolle, auch Braut und Bräutigam (noch am leichtesten mit *corpus Christi* vereinbar), so die Kirche als Mutter (vor allem in Apk 12), als Tempel und Arche (in Apk 11), als königliches Priestertum.

Nicht zu vergessen: Das alles steht in Apokalypse-Kommentaren (hier besonders Ambrosius Autpertus). Gäbe es das Einssein des Leibes Christi nicht von Natur aus, die Dynamik der Gegenmacht würde es provozieren. Auch deshalb steht der Leib Christi nicht im luftleeren Raum, sondern seine Konturen heben sich in einem ernsthaften Dauergefecht immer stärker von ihrer Umgebung ab.

Anhang: Das Gebet in De anima et corpore *des Ps.-Athanasius*

Zum Thema »Leib« in der Theologie des frühen Mittelalters ist zum Vergleich hier hinzuweisen auf einen sehr aufschlussreichen Gebetstext des 8. Jh. (ed. D. F. Bumazhnov: Das Gebet in *De anima et corpore* des Ps.-Athanasius, in: M. Immerzeel u.a: Coptic Studies on the Treshold of a New Millenium, Leuven 2004, 295–307).

(302) Christus wurde Mensch, damit er einsammle alle seine Glieder, die zerstreut waren. Denn was der Tod zerstreut hatte, als er den Menschen geteilt, das hat Christus gesammelt, als er den Menschen in sich selbst vereinigte. Das, was der Tod zerstreut hatte, als er den Menschen geteilt hatte, hat Christus gesammelt, indem er noch einmal zu einem einheitlichen Menschen geworden ist mit Seele und Leib. Denn der Tod hat die Seele in der Hölle gebunden, während er das Fleisch in der Erde aufgelöst hat. Er hat den

Menschen in zwei Teile gespalten. Der Erlöser Jesus hat nun die Seele von ihren Fesseln gelöst, das Fleisch aber hat er an die Gelenke gebunden. Er machte sie einig, die Seele und den Leib. Er gab den Leib der Seele und die Seele dem Leib. Er gab dem, der spricht, das Instrument. Nun aber, Seele, singe Psalmen deinem Gott, weil du deinen eigenen und unvergänglichen Leib wieder hast. (303) Wo ist mein Leib, in dem ich Lieder zu singen pflegte? Jetzt aber bin ich kein Mensch, sondern eine Seele. (304) Da die Hand des Schöpfers geformt hatte den Körper, dass er seinem Schöpfer lobsinge.

5.7 Frauen in der Apokalypse

5.7.1 Die Rolle von Frauen in der kirchlichen Apokalyptik des 1. Jh.

Zwischen »Kirche« und »Frauen« bestehen überall in der Prophetie enge und verschiedenartigste Beziehungen. Deshalb gehört an diese Stelle ein Abschnitt zu diesem Thema. Weibliche Einzelgestalten aus dem frühen Christentum nennt die Apk nicht, auch nicht den Namen Maria. Das ist nicht verwunderlich, denn auch von den Männern des 1. Jh. werden nur zwei genannt: der Prophet Johannes und der Märtyrer Antipas. Im Übrigen spricht die Apk oft und in bunter Vielfalt von Frauen:

1. Von Frauen ist häufig in einer Partnerbeziehung (Mann/Frau, bzw. Bräutigam/Braut) die Rede, so von:
    – Braut und Lamm
    – jungfräulichen Männern und jungfräulichen Frauen
    – Hure und Könige
    – römischen Paaren mit Braut und Bräutigam
2. Frauen sind häufiger als irgendwo sonst im frühen Christentum als Typus oder Symbol genannt:
    – die Hure Jezebel
    – die Hure Babylon
    – die Frau als Gottesvolk
    – der Frau wurden zwei Flügel gegeben
    – die hilfreiche Erde
    – die Frau als Mutter
3. Dualistische Entgegensetzung gibt es für diese Fälle:
    – der Prophet Johannes gegenüber der Prophetin Jezebel
    – die Hure Babylon gegenüber der keuschen Braut des Lammes
    – Jungfrauen gegenüber Frauen, deren Vorleben keine Rolle spielt
4. Gerne spricht der Prophet Johannes von weiblichem Schmuck:
    – Brautkleid
    – Bekleidung der Himmelsfrau mit der Sonne und dem Mond
    – die Perlen nach Apk 21,21 kann man werten als Brautschmuck der Braut des Lammes, des Himmlischen Jerusalem

5 Kirche

Die Himmelsfrau gebiert die Kirche

Ambrosius Autpertus, zu Apk 12,1 (443 f.): ipsa beata ac pia virgo hoc in loco personam gerit Ecclesiae, quae novos cotidie populos parit, ex quibus generale mediatoris corpus formatur. Non autem mirum si illa typum Ecclesiae praetendat, in cuius beato utero capiti suo eadem Ecclesia uniri meruit [die selige und treue Jungfrau stellt hier die Kirche dar, die täglich neue Völker gebiert, aus denen der allgemeine Leib des Mittlers geboren wird. Nicht verwunderlich ist daher, wenn sie das Urbild der Kirche liefert, in deren glücklichem Schoß eben diese Kirche auf ihr Haupt hin ihre Einheit finden sollte]. – Zu Apk 12,2 (446): Mater Ecclesia parturiens clamat er cruciatur ut pariat, sed cum ad tempus vel horam illam pervenerit, qua ultima corporis membra ad lucem fidei nascendo procedant, tunc cessabit cruciatus ac parturitionis clamor. [Die Mutter Kirche schreit in Wehen und quält sich bei der Geburt. Aber wenn Zeit und Stunde der Geburt kommen, in der auch die letzten Glieder des Leibes durch ihre Geburt als Licht des Glaubens gelangen, dann hören die Qualen des Gebärens und die Schreie der Gebärenden auf.] Vgl. dazu: Haimo von Halberstadt (PL 117, 1084): dominum iesum christum vel certe membra illius quae quotidie parit sancta ecclesia [den Herrn Jesus Christus, oder gewiss seine Glieder, die die heilige Kirche täglich gebiert].

Kommentar: Die Auslegung des nach Apk 12 geborenen Kindes auf die Kirche stimmt mit der exegetisch wahrscheinlichsten Deutung der Person dieses Kindes überein.

Die Dichtungen zu Apk 12,1 (z. B. das Lied »Wunderschön prächtige«) entfalten den Sinn des Propheten Johannes für weibliche Schönheit. Ohne weibliche Attribute bleibt dagegen der Heilige Geist (vgl. anders dazu: H. Schüngel-Straumann, K. Berger: Der Heilige Geist, Würzburg 2017). Konform mit der bürgerlichen Wirklichkeit unserer und vor allem früherer Tage steht der Akt der Eheschließung (Hochzeit) bzw. des Partnerkaufs (Hure) ganz im Zentrum der Dramatik dieses Buches. Kinder spielen mit Ausnahme der wichtigen Passagen in Apk 12 (Kinder der Frau, die das Gottesvolk darstellt) für die Frauengestalten der Apk keine Rolle, ebenso wenig weitere Verwandte. Wo Johannes dualistisch argumentiert, folgt er dem antiken Schema der »Zwei Wege« in Gestalt der zwei Frauen (Herakles am Scheidewege). Vom Tod einer Frau spricht die Apk an keiner Stelle. Auch die Hure Babylon wird »nur« Witwe, sterben werden ihre ehemaligen Kunden. Anders als die »höllische Trinität« wird die Hure Babylon auch nicht im Feuersee gerichtet.

Fazit: Wie auch sonst im Neuen Testament, so steht auch in der Apk »die Frau« für kreatürliches, menschliches Leben. Dass es sich dabei um Höhen und Tiefen im umfassenden Sinn des Wortes handelt, wird deutlich an dem Kontrast zwischen Braut des Lamms und Hure Babylon.

5.7.2 Der Frau werden zwei Flügel gegeben

Zu den merkwürdigsten Texten in der ohnehin oft schon rätselhaften Apk gehört 12,14a: *Und es wurden der Frau die beiden Flügel des großen Adlers gegeben, damit sie in die Wüste fliege an ihren Ort, wo sie ernährt werden soll zweieinhalb Zeiten.* Die Deutung der alttestamentlichen Vorlagen ist von extremer Kühnheit. Ebenso mutig verfährt die Kunstgeschichte, die sich an keiner Stelle scheut, die Himmelsfrau im Rahmen der von der Kunst nacherzählten »Story« dieses Kapitels nun plötzlich mit Flügeln abzubilden. Dabei gehört die Wirkungsgeschichte des Bildes aus Apk 12,14a zu den spannendsten in der Poesie des 19. und 20. Jh.

Die alttestamentlichen Vorlagen
Dtn 32,11 (Gott gegenüber Israel): *Einem Adler gleich, der sein Nest bewacht und über seinen Jungen dahinschwebt, so breitete er seine Flügel aus, nahm es auf und trug es auf seinen Schwingen.* – Kommentar: Wie Nils Holgersson darf Israel auf Gottes Rücken sitzend dank seiner Schwingen mit ihm fliegen. Israel hat aber nicht selbst Flügel. Wohin die Reise geht, wird auch nicht gesagt.

Jes 40,31: *Doch die auf Jahwe harren, erneuern die Kraft, sie treiben Schwingen wie die Adler. Sie laufen und werden nicht matt, sie wandern und werden nicht müde.* – Kommentar: Es wird nicht gesagt, dass jemand fliegt. Die Schwingen sind eher ein Zusatzantrieb beim Laufen. Flügel zum Fliegen macht erst Apk 12 daraus. In Jes 40 geht es auch noch nicht um das Flüchten, sondern nur um schnelleres Laufen, bei dem man nicht ermüdet.

Nach Ps 91,4 *(Mit seinen Fittichen schirmt er dich, unter seinen Flügeln findest du Zuflucht)* geht es nicht darum, dass Israel fliegen kann oder Flügel bekommt, vielmehr bieten Gottes eigene Flügel (nur er hat solche) einen Schutzraum für Israel.

Targume und alte Übersetzungen

> Targum Dtn 32,11: *Neofiti:* Like the eagle that stirs up his nest, hovering over its young, spreading its wings, he bore them and lifted them on the strength of his wings. *Ps.-Jonathan:* As an eagle who awakens and cares for its nest and is anxious about its young so his Shekinah awakens Israel's camp and the shadow of his Shekinah covers them with shade. And just as the eagle spreads his wings over its young, so he bore them and carried them and settled them in the fortified places of the land of Israel. *Onqelos:* Like an eagle that rouses its nestling, hovering over its young, it spreads its wings receiving them then carrying them on the strength of its pinions

Kommentar: Wichtig und nicht ungewöhnlich ist die Rolle der Schekinah nach Tg Ps.-Jon. Vgl. Fragmenten-Targum: He surrounded them with His Yeqar Shekhinah (He circumvented them with the clouds of His Yeqar Shekhinah).

Targum Jes 40,31: But they, who wait for the salvation of the Lord, shall be gathered from among their exiles, and they shall increase force and be renewed in their youth like a feather that mounts up on eagles' wings, they shall run and not be wary, they shall walk and not be faint. [Aber diejenigen, die auf Rettung durch den Herrn warten, werden aus ihren Exilorten versammelt werden, und sie werden Kraft gewinnen und in ihrer Jugendkraft erneuert werden, wie wenn nach der Mauser bei einem Adler eine neue Feder auf seinen Flügeln sprosst. Sie werden laufen und ermatten nicht, sie werden wandern und nicht müde werden.]

LXX Dtn 32,10b–11: (Er umhegte ihn und zog ihn auf und behütete ihn wie einen Augapfel) wie ein Adler seine Brut bedecken wird und sich nach seinen Jungen sehnt, seine Flügel spreizt und sie aufnimmt du sie auf seinem Rücken wegbringt. (12) Der Herr allein führte sie.

LXX Jes 40,31: Die aber auf Gott hoffen, werden Kraft eintauschen, sie werden Flügel bekommen wie Adler, sie werden laufen und nicht müde werden, sie werden dahinziehen und keinen Mangel leiden.

Während das Targum sehr konkrete Angaben macht und Einzelheiten aus der allgemeinen National-Eschatologie über das Ende des Exils einfügt, deutet LXX nicht speziell auf diesen Zeitpunkt, sondern auf eine allgemeinere Zukunft.

Übersetzung und Kommentierungen der Vetus Latina

Vetus Latina: Et datae sunt mulieri duae alae (pennae) aquilae illius magnae, ut volaret in solitudinem (eremum, desertum) in locum suum, (illic) ubi alitur tempus et tempora et dimidium temporis [Der Frau wurden die beiden Flügel jenes großen Adlers gegeben, damit sie in die Einöde fliehen könnte (Wüste) an ihren Ort. Dort wird sie über dreieinhalb Zeiten hin ernährt]. – duas alas duo testamenta dicimus esse, quae accepit quo serpentem fugeret in eremo [wir sagen, die beiden Flügel seien die beiden Testamente, die die empfangen hat, die damit in die Wüste fliehen konnte]. – et datae sunt mulieri, id est ecclesiae duae alae aquilae magnae, ut volaret in desertum [und gegeben wurden der Frau, d.h. der Kirche, zwei Flügel des großen Adlers, um in die Wüste fliehen zu können]. – duo alae magnae sunt duo testamenta ecclesiae quae accepit, quo serpentem evaderet in heremum in locum suum [die zwei großen Flügel sind die beiden Testamente der Kirche, die sie empfing, um der Schlange zu entkommen in ihren Ort, die Wüste]. – ipsam ecclesiam catholicam intelligit in qua in novissimo tempore sub Helia creditura est synagoga, alas duas aquilae magnae duos vult intelligi prophetas, Heliam scilicet et qui cum eo venturus est [er verstand darunter die katholische Kirche, in der in der Endzeit unter Elia die Synagoge zum Glauben kommen wird. Die beiden Flügel will er als die beiden Propheten verstanden wissen, nämlich Elia und den, der mit ihm kommen wird].
Ps.-Melito (304): Solitudo religionis est fuga mundi [religiös begründete Einsamkeit ist Flucht aus der Welt].
B. Viegas, Komm. (518): alae duae duo testamenta ut superius, vel duo praecepta caritatis sive duo prophetae qui in secundo adventu venturi ecclesiae solatium erunt [die beiden Flügel sind die beiden Testamente wie oben, oder auch die beiden Liebesgebote oder auch die beiden Propheten, die die Hilfe für die Kirche darstellen werden seitens dessen, der zum zweiten Male kommt]. Laut Viegas hält auch Beda die Flügel für die

beiden Testamente, Primasius für Gottes- und Nächstenliebe, und Joachim von Fiore für die kontemplative Weisheit und die Nächstenliebe *contemplativa sapientia et charitas*.

Kommentar: In der Vetus Latina und in den ihr nahestehenden alten Kommentierungen treffen wir auf eines der Grundthemen, die die Leser der Apk beschäftigten. Das war nicht nur das Verhältnis von *Civitas diaboli* und *Civitas Dei*, sondern auch das Verhältnis von Altem und Neuem Testament. Dieses ist weniger ein Problem der originalen Fassung der Apk, sondern vor allem der Folgezeit, und zwar jedenfalls gut sichtbar an der Joachim von Fiore in der Osternacht anhand von Apk 5 zuteil gewordenen Vision (vgl. oben S. 39–41). Dieses Problem wird auch in vielen mittelalterlichen Kommentaren zu Apk 12,14 erläutert. Dabei ging es weniger um das Ausleihen der Flügel Gottes als ornithologisch-physiologischer Vorgang, sondern vielmehr schlicht um die Zweizahl. Davon war in den alttestamentlichen und jüdischen Vorlagen nie die Rede. Der Prophet Johannes führt die Zweizahl in 12,14 ein, und für die mittelalterlichen lateinischen Kommentatoren passt dies gut mit der Zweizahl der beiden prophetischen Gestalten in Apk 11 zusammen, die man auf Henoch und Elia deutete und in denen man gleichfalls (!) die beiden Testamente wiederentdeckte. So konnte mithin aus flugtechnischen und aerodynamischen Gründen in Apk 12,14a die Zweizahl der Flügel eingeführt werden, aber das wurde nun in der Auslegung weithin zum Hauptpunkt, hinter dem anderes streckenweise zurücktrat. Für Apk 12,14a ergibt sich aus den Grotesken der Auslegungsgeschichte so gut wie nichts – außer dass gesagt werden soll, die Christen hätten mit Gottes Hilfe und Kraft vom Himmel den rettenden Fluchtweg in die Wüste geschafft. Der Anlass war die Verfolgung durch den Teufel.

Ein Sonderfall ist die Deutung der Flügel bei Ambrosius Autpertus, Komm., 473: Die Flügel der Frau bedeuten die *suspensio contemplationis*, d. h. ein Mensch, der die Kontemplation pflegt, ist der Alltagswirklichkeit enthoben. Diese Deutung steht in Zusammenhang mit der nicht unüblichen Auffassung, die Flucht der Frau in die Wüste habe etwas mit dem Erstreben klösterlicher Abgeschiedenheit (zum Zweck der Kontemplation) zu tun. Die Flucht als Weg, sich in Sicherheit zu bringen, ist wohl historisch früher als das Erstreben der Abgeschiedenheit.

Die Umdeutung der Vorlage in Apk 12
Apk 12,14a: *Und es wurden der Frau die beiden Flügel des großen Adlers gegeben, damit sie in die Wüste fliege an ihren Ort, wo sie ernährt werden soll, zweieinhalb Zeiten.* In Differenz zum Targum ist das Thema »Exil« verlassen. Es geht im Gegenteil nicht um die Heimkehr nach Jerusalem/Palästina, sondern um die Flucht in die Wüste. Die Flügel sind daher auch nicht mehr nur Realsymbole von Kraft, Erneuerung und Wachstum, sondern Transportmittel in die Wüste geworden, und zwar ein Transportmittel, das für mögliche Verfolger keine Spuren hinterlässt.

An die Stelle der Vielzahl der Kinder Israels ist die Frau aus Apk 12 getreten, die allerdings auch als symbolische Einzelfigur Israel und die Kirche aus Juden- und Heidenchristen darstellt. An die Stelle von Flügeln »überhaupt«, mit denen die neue Dynamk der Frau ausgemalt wird, sind nun zwei Flügel getreten, wie wir sie bei Adlern als naturgegeben und für alle späteren Flugzeuge als notwendig halten. Noch einmal: Die Zweizahl der Flügel ist in der Vorlage und in den frühen Übersetzungen nicht gegeben, weil es sich dort um einen *Vergleich* mit Adlerflügeln handelt, aber nicht um ein technisches Fluggerät.

Aus dem »wie Adlerflügel« wird jetzt ganz konkret ein Flügelpaar. Freilich wäre es geschmacklos zu fragen, was denn nun aus einem Adler wird, der seine Flügel abgegeben und »ausgeliehen« hat. Ebenso verfehlt wäre es zu fragen, wie denn nun diese Flügel an der Frau befestigt werden. Die bildenden Künstler der romanischen Buchmalerei mussten sich freilich dieser Frage stellen und versuchen, sie auf eine naiv-umständliche Weise zu lösen.

In der Vorlage ist nicht von dem »großen Adler« die Rede. Auch in der Apk selbst ist von einem »großen Adler« nicht die Rede. Auch der Adler als eines der vier Lebenden Wesen wird nicht so genannt. Im Rahmen des Frühjudentums könnte der »große Adler« in erster Linie Gott sein, von dessen Flügeln z. B. Ps 91 spricht *(mit seinen Flügeln wird er dich beschützen)*. In den Paralipomena Ieremiae (»Rest der Worte Baruchs«) ist der Adler ebenso wie in Apk 8,13 ein Repräsentant bzw. Bote Gottes (in Hss heißt der Adler von 8,13 zusätzlich Engel, er wird dann wohl mit dem fliegenden Engel von 4,6 gleichgesetzt). Ein Bezug der Adlersflügel von 12,14a zu dem Adler in 8,13 ist daher wohl das Wahrscheinlichste.

Nirgendwo ist die Rolle der Flügel des Adlers auch nur annähernd so konkret und fast materiell greifbar gesehen worden wie in Apk 12. Der Vorgang, dass der Adler seine beiden Flügel der Frau geliehen hat, ist grotesk und hyper-realistisch. Aus der Metaphorik (Kraft, Schutz und Schirm, Behütung) wird beim Seher Johannes ein surrealistisches Bild. Dieses musste dann in der christlichen Kunst wieder entmythisiert werden, denn surrealistisch-wörtlich konnte es nicht bleiben.

Wenn die Hypothese zutrifft, dass Apk 12 im Ganzen eine Israel-Typologie und ein Seitenstück zu Ps 90 (91) ist, dann entsprechen die Flügel von Apk 12,14 durchaus den Flügeln Gottes von Ps 91,4.

Unklare Rezeption bei Johann Albrecht Bengel
Bei J. A. Bengel (Sechzig erbauliche Reden über die Offenbarung Joannis, Stuttgart 1758) sind die beiden Flügel des Adlers das westliche und das östliche Kaisertum (640):

»So wird Ez 17 der König in Egypten ein großer Adler, der König aber in Babel, als der mächtigste seiner Zeit, der große Adler genannt; folglich ist hier der große Adler mit seinen zween Flügeln das christliche Kaiserthum im Morgen- und Abendland, wie denn der Adler das Wappen solchen Kaiserthums ist.«

Etwas später lässt Bengel dagegen offen, wie er die Flügel versteht, wie er die hilfreichen Adlerflügel deutet. War es die Frömmigkeit, die von Rom nach Deutschland überging oder meint er das reine Kleid, mit dem sich »das Weib« kleiden sollte? Er deutet den zum Verschlingen bereiten Drachen auf Sarazenen (643 f.):

> »So kamen denn die zween Adlerflügel dem Weibe wohl zu statten, und sonderlich waren im Abendland solche löbliche Kaiser, die Frömmigkeit sei damals von den Bischöfen zu Rom zu den Kaisern übergangen Das Weib des Lämmleins hat sich zu kleiden mit heller, reiner Seide. Zeit in der Wüste: vom 11. bis 13. Jh. Über die Wüste hatte er gesagt, das sei diejenige Weltgegend, wo bis dahin das wilde, ungeschlachte Heidenthum die Oberhand gehabt hatte. Darunter ist auch unser Schwabenland begriffen.«

Rezeption innerhalb der letzten 150 Jahre
Seit dem Ende des 19. Jh. bis heute hat das Motiv aus Apk 12 eine intensive und bewegende Wirkungsgeschichte erlebt.

1. Zuerst ist zu nennen Elisabeth von Österreich (Sissi), Das poetische Tagebuch, Kap. 113 (Gedicht, von der 15-jährigen Elisabeth Kaiser Franz Joseph gewidmet)
   O Schwalbe, leih mir deine Flügel,
   o nimm mich mit ins ferne Land.
   Wie selig sprengt' ich alle Zügel
   wie wonnig jedes fesselnd Band
   Und schwebt' ich frei mit dir dort oben
   am ewig blauen Firmament
   wie wollte ich begeistert loben
   Den Gott, den man die Freiheit nennt.
2. S. Meissner und A. Baltes gaben 2007 einen Roman »Leih mir deine Flügel« über die Freundschaft zweier Heranwachsender heraus (Gerth Medien, Aßlar); das ältere Kind hilft dem Jüngeren, flügge zu werden.
3. Von Roland Kaiser gibt es ein Lied »Leih mir die Flügel, Engel« (1982). Der Refrain lautet: »Leih mir die Flügel, Engel / ich will wie du / auf einem Regenbogen – tanzen wie du«.
4. 2007 veröffentliche die Gruppe »Tokio Hotel« den Song »Hilf mir fliegen«; der Refrain lautet: »Komm und hilf mir fliegen / Leih mir deine Flügel / Ich tausch sie gegen die Welt / Gegen alles, was mich hält / Ich tausch sie heute Nacht / Gegen alles, was ich hab«.
5. Unter den Arbeitsblättern für den Familiengottesdienst gibt es eine Kollektion von Wilfried Röhrig »Viele bunte Fäden. Thematische Kinder- und Familiengottesdienste; Kevelaer 2000«. Darin: (12.): Leih mir deine Flügel, bunter Schmetterling (Tod und Auferstehung).

Kommentar: Die fundamentalistisch-technische Auslegung des Bildes in Apk 12 ist an der eigenen Lächerlichkeit gescheitert. Dann wurde es über Jahrhunderte still um diesen Vers. Mit einem Male lebt er wieder auf, und zwar in poetischer Form. Die Poesie im weitesten Sinn des Wortes findet dann auch einen Weg zu geistlicher Auslegung. Der gemeinsame Nenner ist jetzt die Freiheit geworden; dieser Sinn ist auch mit Apk 12 angelegt. Zunächst variiert der Vogel, bei Kaiserin Sissi ist es die Schwalbe, am Ende der Schmetterling. Roland Kaiser hat kein Problem damit, den Engel aus Apk 12 wieder beim Namen zu nennen. Dabei ist der Engel bei Kaiser die Geliebte. Dass Engel tanzen, sagt auch die Alte Kirche: Lerne tanzen, damit die Engel dich nicht als Fremden ansehen müssen (Ps.-Augustinus). – »Flügel« sind schon in der Poesie der Romantik (Eichendorff) Bild für Freiheit, Sehnsucht und Ewigkeit.

Das Bild in Apk 12 legt zwei Auslegungen nahe: Entweder geht es um Rettung und Befreiung (so auch dann oben in Nr. 1 und 4) oder um zärtliche Zuwendung und beherzte, selbstlose Hilfe (so in Nr. 2, in Nr. 3 die Gemeinschaft zweier Liebender; davon auch viel in Nr. 1). Schließlich wird der theologische Sinn auch neutestamentlich gedeutet: So wie der Schmetterling sich verpuppt und dann neu und befreit davonfliegt, ist es auch mit Tod und Auferstehung. Schon die Kirchenväter weisen auf das Beispiel des Schmetterlings. Durch »Leih mir deine Flügel« wird die Bedeutung Jesu Christi für jeden einzelnen zutreffend hervorgehoben, ganz im Sinn des Apostels Paulus, der vom Mit-Auferstehen spricht. Ähnlich verdeutlicht auch schon der Apostel Paulus das Geheimnis der Auferstehung an dem natürlichen Vorgang von Samen und Pflanze. Erst wenn diese natürlichen Vorgänge in ihrer geheimnisvollen Lebensweisheit vergessen werden, versteht man auch die Bibel nicht mehr. Die modernste Dichtung liefert daher eindrückliche Beispiele für eine sinnvolle Wiederbelebung biblischer Metaphorik. Denn schöner kann man es kaum sagen, wenn man davon sprechen will, dass Christen mit Christus befreit werden wollen, auferstehen, als wenn man sagt: Leih mir deine Flügel, Engel.

In Ep. 22, 25, 3 beschreibt Hieronymus eine monastische Liturgie. Am Ende einer langen Homilie sagt der Abt: Am Beginn der Verkündigung des Reiches Christi, der künftigen Seligkeit und der kommenden Herrlichkeit wird man es erleben, dass jeder mit leichtem Seufzer und erhobenem Blick zu sich selbst sagt: Hätte ich nur die Flügel einer Taube. Denn dann würde ich wegfliegen und Ruhe finden.

Kommentar: Der anvisierte Kontext ist apokalyptisch, die Flügel ermöglichen die Entfernung zur gegenwärtigen Situation, der Zielort ist Ruhe (wie bei der Auslegung der Wüste auf das kontemplative Leben).

Nach dem äthiop. Buch der Geheimnisse ist der Sohn (Jesus) gehorsam auf den Flügeln des Engels Gabriel herabgestiegen (PO I, ed. Paris 1947, 76).

Kommentar: Auch hier geht es um die wundersame und äußerst heilvolle Überwindung einer großen Distanz. Nicht zufällig passt parallel dazu das gehorsame Herabsteigen Jesu nach Phil 2. Denn immer wieder haben die neuen Flügel etwas zu tun mit der Verwandlung des (alten) Menschen. Nicht nur hier, auch im Ganzen ist für den Propheten Johannes die »normale« (christliche) Ehe (Frau, Mann, Kind[er]) vollständig uninteressant. Am weitesten nähert sich Johannes dem Bereich der Normalität, wenn er in Apk 18 davon spricht, dass das Gejuchze von Bräutigam und Braut im zerstörten Babylon (Rom) aufhört (18,23).

5.7.3 Jungfrauenschaft

Das mit Abstand faszinierendste Thema aus diesem Umfeld ist für Johannes die Jungfrauenschaft. Wenn man das Wort Jungfrau buchstäblich versteht, so hat der Prophet Johannes mit einer relativen Neuerung aufzuwarten: Von Männern und Frauen erwartet er gleichermaßen, dass sie vor der Ehe keinen Sex hatten. Versteht man das Wort aber metaphorisch – und dazu gibt es Anlass –, dann meint es Abstinenz von jeglicher Art Heidentum. Wir unterscheiden hier zwischen der sexuellen Bedeutung im engeren Sinn und der weiteren kulturellen Bedeutung der Metapher.

Sexuelle Bedeutung
Von den 144.000, die das Neue Lied singen, gilt: Sie haben sich mit Frauen nicht befleckt. Denn sie sind Jungfrauen. Sie folgen dem Lamm überall, wo es hingeht, sie wurden aus den Menschen freigekauft als Erstlingsgabe für Gott und das Lamm. In ihrem Mund fand sich keine Lüge, denn sie sind fleckenlos (Apk 14,4f.). Zur üblichen Auslegung vgl. BAK 114 und B. Viegas, Komm, 739 (Ordinarium vom Fest der Heiligen Jungfrauen).

Frage: »Mit Frauen nicht befleckt« passt nicht zu »Denn sie sind Jungfrauen«. Männer können zwar »Jungfrauen« genannt werden, wenn sie noch keinen Geschlechtsverkehr hatten. Aber die Belege sind nicht zahlreich, und offen bleibt in der Apk jedenfalls die völlig fehlende Vorbereitung einer solchen Aussage durch den Kontext.

Mit Frauen beflecken sich Männer entweder wenn sie mit einer Frau in der Zeit der Menstruation verkehren oder wenn sie priesterlichen oder levitischen Geschlechts sind und dann eine Prostituierte, Geschiedene, Verwitwete oder ehemalige Kriegsgefangene heiraten (Lev 21,13f.). Denn in diesen Fällen gilt, dass eine solche Frau jeden anderen Mann, der eben nicht ihr einziger war, verunreinigt, ganz gleich wie oft der Mann mit welchen Frauen auch immer verkehrt hat.

Bemerkenswert ist nun, dass die Apk dieser ungeschriebenen Regel eine Absage erteilt und damit der Ungleichheit in der Beurteilung von Mann und Frau einen Riegel vorschiebt. Denn die Formulierung in Apk 14,4f. wirkt plötzlich gar nicht mehr unverständlich, sondern führt für die Bewertung männlichen und weiblichen Sexualverhaltens gleiche Maßstäbe ein: »Jungfrau« kann eben auch einen Mann bezeichnen, der noch keinen Geschlechtsverkehr hatte.

5 Kirche

Belege: Corpus Inscriptionum Graecarum IV, 8784b; im Judentum: der Patriarchensohn Josef nach JosAs 8,1, des öfteren Abel und Melchisedek (z. B. Pelagia-Legende 27,1 Usener). Dazu gehörte nach der Auslegung der Alten Kirche allerdings Johannes der Evangelist, den man ja auch für den Verfasser der Apk hielt. Auch im monarchianischen Prolog wird er *virgo* genannt (I, 485–487; Gilbertus Porretanus). Es kann gut sein und ist sogar wahrscheinlich, dass sich diese Tradition von der Jungfräulichkeit des Johannes eben auf Apk 14,4 stützt.

Mithin bedeutet Apk 14,4: Zur den 144.000 gehören Männer, die sich (vor der Ehe) nie mit Frauen eingelassen haben und Frauen, die, weil sie sich vor der Ehe nie mit anderen Männern eingelassen haben, dadurch für keinen Mann zur Ursache der Unreinheit werden könnten.

Die oben zitierten Regeln für Frauen gelten nach Lev und Dtn für Priesterehen. Sie sind aber auch Voraussetzung der Scheidungsverbote für die Ehe nach den synoptischen Evangelien (vgl. dazu K. Berger: Kommentar zum Neuen Testament, zu Mt 5,32). Aufgrund der Nähe Jesu und des Paulus zu den Pharisäern überrascht es nicht, dass für Jünger Jesu und für Jesus und Paulus selbst priesterliche bzw. levitische Regeln gelten. Denn Pharisäer sind Laien, die nach priesterlichen Regeln leben.

Das Priesterliche wird in Apk häufig formuliert. Man wäre im ökumenischen Dialog weiter, wenn man diesen Rückgriff auf priesterliche Traditionen beachtete und nicht das »allgemeine Priestertum« aller Christen, das nach Apk und 1 Petr gilt, regelmäßig gegen »geweihte Älteste« (Presbyterat) (so müsste man die orthodoxen und katholischen Priester als Neutestamentler nennen) ausspielte. Dann würde auch klar, dass der Presbyterat (semantisch kommt das deutsche Wort Priester von diesem Wort) nichts mit dem Priestertum/Königtum der Christen nach Apk und 1 Petr zu tun hat. Wenn es sich de facto um geweihte Älteste handelt, kann man auch nicht Eheregeln für Priester nach Lev und Dtn auf christliche Priester übertragen und man kann darauf auch nicht den kanonischen Zölibat gründen. Diese Regeln gelten vielmehr für alle. Daher noch einmal: Jungfräulichkeit nach Apk 14 gilt nicht für den Zölibat (sie ist v. a. aus der Lebenspraxis Jesu zu begründen).

Fazit: Mit der Forderung gleicher »Integrität« für Männer und Frauen ist die Apk in ihrer Zeit (!) geradezu revolutionär. Sie zeigt damit einmal, wie disziplinierend priesterliches Reinheitsdenken wirken kann.

Zu den Fragen gehört auch, ob in Apk 14,4f. denn gar nichts über Frauen vorkommt, obwohl zweimal von Jungfrauen die Rede ist. Antwort: Die Ansicht, die Apk 14,4f. vertritt, steht in Übereinstimmung mit den Grundlagen für das Verbot der Ehescheidung bei Jesus, Paulus und anderswo im frühen Christentum. Durch die Einführung gleicher Spielregeln für Männer und Frauen (auch wenn sie je nach Geschlecht anders formuliert sind), steht sie in markanter Weise gegen die damals allgemein übliche libertinäre Praxis.

Vgl. dazu Alexander von Bremen (Minorita) (130): casta ecclesiae membra [keusche Glieder der Kirche]. Blasius Viegas, Komm., 714–740 widmet den »Jungfrauen« einen eigenen Abschnitt im Endgeschehen: Sie werden auf dem Berg Zion mit dem Lamm erscheinen, denn in der Kirche haben sie einen erhabenen Platz *(sublimen locum)*. Ihre Stimmen sind wie Donner. Die Jungfräulichkeit ist eine eigene Art von Martyrium. Dass sie dem Lamm nachfolgen, sagt ein Abschnitt im Ordinarium der Feste heiliger Jugfrauen: Quocumque pergis, virgines / Sequuntur atque laudibus / post te canentes cursitant / hymnosque dulces personant. Viegas beruft sich auch auf Augustinus, Liber de sancta virginitate § 27.

Ambrosius Autpertus
Ambrosius Autpertus widmet dem Thema Jungfräulichkeit in seinem Kommentar einen besonderen Exkurs (529–534). Er zitiert breit Augustinus, De Virginitate (529–531) und nimmt aus Apk 14,3 die Nachfolge des Lammes auf. Von der Jungfräulichkeit gelte: Wer es fassen kann, der fasse es (vgl. ähnlich zu den Eunuchen Mt 19,11). Sodann gibt es das Ideal der Jungfräulichkeit nicht nur für die *feminae virgines* [weibliche Jungfrauen], sondern auch für die *masculae virgines* [männliche Jungfrauen] (534 f.). Das gilt, wie gesehen, für das Griechische wie für das Lateinische.

Kulturelle Bedeutung
»Jungfrau« ist eine gebräuchliche Metapher für Distanz und Uneinnehmbarkeit. So wurde die Zeustochter Athene nicht deshalb Schutzgöttin für die Stadt Athen, weil sie etwa kinderreich gewesen wäre (das passt nicht zu einer Jungfrau), sondern weil eine Jungfrau unnahbar und uneinnehmbar ist. Genau dieses Phänomen umschreibt aber die kulturelle Situation von ethnischen bzw. religiösen Minderheiten im Orient bis auf den heutigen Tag. Die Jungfrau steht daher für alle Lebensvollzüge, die das Beharren auf kultureller Identität garantieren.

5.7.4 Jezebel

Apk 2,20 nennt die Frau *Jezebel* (Isebel) in einem anderen Kontext, nämlich dem über weibliche Prophetie. Denn im Umkreis des Johannes ist weibliche Prophetie Heidentum und eine Art Hexerei. Mit der Stellung der Frau in Kirche und Gesellschaft hat das daher nichts zu tun. Das gilt auch dann, wenn die Alte Kirche die in der Apk »leere« Skulptur der Jezebel mit den Inhalten speziell gnostisierender Häresien füllt.

Warum also darf es weibliche christliche Prophetie für Johannes nicht geben, obwohl Paulus und Lukas sie kennen? Die Antwort, Johannes »habe eben etwas gegen Frauen«, käme zwar vielen Verächtern der Apk gelegen, wäre aber doch in ihrer Naivität indiskutabel, vor allem angesichts von Apk 12 und der »Braut« des Lammes, d.h. der Kirche. Denn mit der zentralen Stellung dieser Metaphern steht der Prophet Johannes im frühen Christentum einzigartig da. Vielleicht liegt gerade hier der Schlüssel zur Beantwortung der eingangs gestellten Frage.

Irgendwelche Aussagen gegen Ehe und Familie, gegen Frauen und Kinder wird man dem Propheten Johannes beim besten Willen nicht nachweisen können. Eine Prophetin dagegen betrifft den Bereich religiöser Verkündigung. Da ist Johannes für das Modell »Apollo plus Pythia« oder »Gott und Sibylle« nicht zu gewinnen. Es könnte ja wie bei Jesus sein, und Johannes gehörte dann neben bei Paulus (in einigen Zügen) zu den geistig-theologischen Erben Jesu. Die Metaphern Braut, Bräutigam, Hochzeit und Mutter sind bei Jesus durch sein Selbstverständnis »absorbiert«: Er ist selbst der Bräutigam, das Gottesvolk ist die Braut, die Hochzeit ist die Parusie und – so würde Johannes ergänzen – die Mutter ist das Himmlische Jerusalem. Die durch den Messias vollzogene eheliche Verbindung von Gott und Mensch kommt erst noch, in der Parusie. Sie ereignet sich eben deshalb gerade nicht in der Inspiration von Prophetinnen. Zu behaupten, das geschehe jetzt schon (in Gestalt von Prophetinnen), bedeutet den Verzicht auf eben das, was Johannes unter Eschatologie versteht: Die Ehe kommt erst noch. – Nichts gegen Birgitta von Schweden, aber wer ihre Traktate liest, in denen sie die *sponsa* ist, wird sogleich bemerken, dass ihr Offenbarungskonzept in deutlicher Spannung zur Apk steht. Im Übrigen gilt hier: Spannungen sind normal und dürfen sein, sofern sie die Einheit der Kirche nicht zerstören und die Botschaft dadurch undeutlich machen. Zwischen der Apk um 69 nC. und der hl. Birgitta von Schweden († 1373) liegen Zeiten und Welten.

Das afamiliäre Ethos Jesu, das er (vgl. Mk 10,28–30; Lk 14,26) auch auf die Jünger ausdehnt, ist geradezu die Gegenprobe zu dem hier Behaupteten. Jesus mutet seine »theologische Aversion gegen die irdische Familie aus eschatologischen Gründen« auch seinen Jüngern zu. Aber dieser Zölibat hat nichts zu tun mit der Jungfräulichkeit von Apk 14,4.

Wirkungsgeschichte: Um die Wirkungsgeschichte des Abschnitts Apk 2,20 ist es schlecht bestellt, und es finden sich im Lauf der Jahrhunderte nur spärliche Zeugnisse. Gemeinsam ist ihnen oftmals, dass sie nur Produkte einer durch das Stichwort »Hurerei« inspirierten sexuellen Phantasie sind. Von den Götzenopfern dagegen spricht kein Mensch mehr. Der arabische Kommentar des Bulus al-Bushi (s. u.) gibt keine sexuelle Konnotation der Sünde der Jezebel an.

Haimo von Halberstadt (von Auxerre) († 865)

Zu Apk 2,20: Mater ipsa fornicationum Iezabel notatur. Sicut enim omnes electi unam vitam ducentes unum corpus Christi faciunt, sic omnes reprobi unum corpus diaboli de se reddunt, sicque fit ut praecedentia membra sequentibus et sequentia praecedentibus inveniantur coniuncta. Unde scriptum est: Vae illis qui in via Cayn abierunt. Fuit haec haec mulier in eadem ecclesia uxor scilicet ipsius angeli quae docebat dei servos edere de idolothytis et fornicari. Ex cuius specie speciali ad genialem totius orbis Iezabel sermo figurate transfertur. Fornicatio vero istius Iezabelis quadriformis intelligitur. Primum videlicet in animo, de qua scriptum est: Qui viderit mulierem ad concupiscendum eam, iam moechatus est eam in corde suo. Deinde etiam cum animi voluntas ad effectum perducitur. Hinc Paulus dicit: Fugite fornicationem. Omne enim peccatum quodcumque fecerit homo, extra corpus est, qui autem fornicatur, in corpus suum peccat. Tertium genus fornicationis est, quando simulacra pro deo colimus. De qua dominus per prophetam contra Ierusalem loquitur, dicens: Moechata est cum ligno et lapide. Quartum vero genus est, quando terrenae divitiae immoderate concupiscuntur et creatura plus quam creator diligitur Notandum vor quod Iezabel prophetam se dicit et idcirco servos Dei seducit Unde bene Iezabel sanguinis flexus aut fluens vel sterquilinium dicitur. Mulieres quippe per singulos menses fluxum sanguinis sustinent, quia cum menstruum tempus advenerit, superabundans sanguis erigitur. Sanguinis autem nomine peccata designantur. Unde David dicit: Libera me de sanguinibus, deus, id est a peccato adulterii et homicidii. Dicitur itaque Iezabel sanguinis fluxus, qua videlicet reprobi malam voluntatem, quam prius concipiunt, mox ut tempus venerit perpetrandae iniquitatis, ad effectum perducunt operationis. [Jezebel wird als Mutter aller Arten von Hurerei bezeichnet. Denn es ist ähnlich wie bei den Erwählten: Sie führen alle dasselbe Leben und bilden so den einen Leib Christi. So bilden auch alle Bösen den einen Leib des Teufels. So sind die vorangehenden Glieder mit den folgenden und die nachfolgenden mit den vorangehenden Gliedern verbunden. Daher steht geschrieben: Wehe denen, die den Weg Kains gegangen sind. Es war diese Frau in der Kirche daselbst die Ehefrau des Repräsentanten der Gemeinde. Und sie lehrte die Diener Gottes, von den Götzenopfern zu essen und Hurerei zu betreiben. Aufgrund dieses besonderen Falls wird Jezebel dann zu einem Inbegriff auf der ganzen Welt. Denn die Hurerei der Jezebel versteht man in vierfachem Sinn: Die erste Hurerei ist die im Herzen. Und darüber steht geschrieben: Wer eine Frau anblickt, um sie zu begehren, der hat mit ihr schon in seinem Herzen die Ehe gebrochen. Die zweite Art von Hurerei ist es, wenn sie durch den Willen zur Ausführung gelangt. Deshalb sagt Paulus: Flieht die Hurerei. Denn jede Sünde, die der Mensch tut, bleibt außerhalb des Leibes, wer aber Hurerei betreibt, sündigt gegen seinen Leib. Die dritte Art von Hurerei ist es, wenn wir Götzenbilder anstelle Gottes verehren. Darüber redet Gott, der Herr, durch den Propheten gegen Jerusalem: Sie hat die Ehe gebrochen mit Holz und Stein. Die vierte Art von Hurerei ist es, wenn man irdische Reichtümer unmäßig begehrt und das Geschöpf mehr liebt als den Schöpfer. Darüber sagt auch Paulus: Und die Habgier, die die Dienstbarkeit gegenüber den Götzen ist. Von dieser Hurerei leben drei jetzt in der Kirche in dieser Welt, das heißt: in der Sehnsucht nach körperlichem Luxus, in der vollbrachten Tat der unzüchtigen Vermischung und in der Gier nach irdischer Glückseligkeit. Aber auch die vierte Art von Unzucht ist noch nicht ganz ausgerottet, sie besteht in der Verehrung von Kultbildern. Zu bemerken ist aber, dass Jezebel sich Prophetin nannte und daher Diener Gottes verführte. Und gerade dieses Tun ahmen viele nach, die den Reichtümern dienen, damit sie nicht allein bleiben, indem sie andere ermahnen. Daher heißt Jezebel Blutfluss oder »die Fließende« oder »Misthaufen«. Denn Frauen erleiden jeden Monat einen Blutfluss, denn wenn die Zeit der Menstruation kommt, fließt das Blut über. Den Namen Blut tragen auch Sünden. Daher sagt David: Befreie mich, Herr, von allem, was blutet, nämlich von der Sünde des Ehebruchs und des Mordes. So wird Jezebel Blutfluss genannt, weil die Frevler den bösen Willen, den sie erst sozusagen empfangen haben, dann bald, wenn die Zeit kommt, das Unrecht durchzusetzen, bis zur vollendeten Tat fortsetzen. Zu Recht wird Jezebel Misthaufen genannt, wie der Prophet sagt: Das Vieh wälzt sich in seinem Mist.

Kommentar: Jezebel wird hier wie keine andere Frau, selbst Eva nicht, zum Inbegriff der Sünde. Das bezieht sich auf die Sexualität sowie auf die Anbetung falscher Götter. Diese doppelte Bedeutung von Ehebruch, die schon bei den Propheten gegeben ist und ihren Ursprung darin hat, dass man das Verhältnis Gottes zu Israel als Ehe betrachtet, ist trotz dieser eigentlich sinnvollen und tiefgründigen Bedeutung zur Hauptursache für die Dämonisierung der Sexualität im Vorfeld von Beichtstühlen geworden und bis heute Merkmal gerade calvinistisch geprägter Kulturbereiche. Und als »Prophetin« ist Jezebel zudem Urbild einer Hexe.

Die Vergehen der Jezebel

> Chronicon anonymum vulgo dictum Pseudo-Dionysianum, ed. I.-B. Chabot, II CSCO. Syr 507/213 OCR 104 [CSCO 121, 24], 8. Jh.: Die Angabe Apk 2,20 wird auf Atalia (Ester), Königin der Juden bezogen: Haec autem permisit ut mulieres fornicarentur manifeste et fornicarentur viri cum uxoribus alienis et non erat qui redargueret eos et omnem impudicitiam Iezabelis et impietatem domus Achabi induxit Hierosolymam. [Zur Zeit Esters] [Atalia erlaubte öffentliche Hurerei von Frauen und von Männern mit fremden Frauen, und niemand wies sie zurecht, und sie führte alle Unzucht der Jezebel und alle Gottlosigkeit des Hauses Ahab in Jerusalem ein.]

Kommentar: Das Stichwort Götzenopferfleisch wird aus Apk 2,20 nicht aufgenommen. In 1 Kön 16 dagegen war dieses (Götzendienst) das mit Jezebel verknüpfte Vergehen. In 2 Kön 9,22 wird nur die *Unzucht deiner Mutter Jezebel* vor ihren Zaubereien genannt. In 9,30 wird nur gesagt, dass sie sich schminke, ihr Haupt schmücke und aus dem Fenster schaue. Es ist leicht erkennbar, wie die Sünde der Jezebel über Apk 2,20 in der Auslegung der Alten Kirche (hier: 6. Jh. nC.) verschärft und allein sexuell verstanden wird. In 2 Kön 9 war dieses nur dezent angedeutet.

Arabischer Kommentar des Bulus al-Bushi (um 1200)

> Then He mentioned that He was angry at him, not on account of his deeds which were evil, but on account of his toleration of evil people without chastisement. These He compared to the wicked Jezebel. If he were to forego chastising them, and allowed Christ's people, the servants of God, to associate with them, they would lead them astray and incline them to their kind of deeds. Therefore, it is incumbent upon all the leaders to preach to their people, to show them the right way and to warn them against associating with those who follow the evil path, just as the apostle admonishes when he says, »Withdraw from every brother whose life is irregular and who does not live according to the instructions which you have received from us.« His statement, »I have given her time to repent« (Rev 2:20) shows the abundance of His mercy and His forbearance to make repentance more accommodating to us. His statement, »If she does not repent« (Rev 2:22) he will punish her and those who follow her, means the wicked nation and those believers who agree with her. He mentions »all the churches« (Rev 2:23), meaning the whole inhabited world.

Calvinistische Auslegung (England/Holland)

> W. Perkins: Een uyt-nemend tractaet vervaetende de lessen, uytlegghende de Openbaringhe Johannis (Übers. ins Altholl. durch V. Meusevoet), Amsterdam 1610, f. 119b–

127a.: Der Traktat spricht von Götzendienst und von Hurerei ganz allgemein. Im Blick auf Apk 2,23 legt er großes Gewicht darauf, dass durch Christus, der durchweg als der Sprecher jedes einzelnen Satzes begriffen wird, alles ans Licht kommt. Denn Christus ist wahrhaft Gott (f. 124a). Die Gegenfront wird stets »Jesabel en haer geselschap« (oder auch: Scholieren, oder auch: naevolghers) genannt. Die »Tiefe Satans« ist die Lehre Jezebels. Merkmal der rechten Lehre ist dagegen an erster Stelle: een onderscheyt te maken tusschen Mensch ende Mensch, tussen Leere ende Lere.

In Apk 2,25 sage Christus: »al ist dat ik Jesabel ghestraft haer op haer Bedde gelaten haer kinderen en hupsgesin aengetaft hebbe, so will ick nochtans geen ander last op leggen dan alleenlic om dat ick u berispe, om dat ghy Jesabel hebt toegelaten« (fol 126b). Jezebel ist eine »boose Vrouwe«. Was die angefeindete »Lehre Jesabels« ist, wird pauschal angedeutet: das, was »Wederdoopers«, Katholiken (Papisten), Juden und Moslems lehren. Damit reiht sich dieser Traktat ein in die antihäretische Auslegung der Apk, die seit der Alten Kirche das Feld beherrscht. Auf den Anspruch der Jezebel als Prophetin geht der Kommentar nicht ein.

Theodor Zahns Lesart von Apk 2,20 und die Folgen
In seinem Kommentar von 1924 (Nachdruck 1986) entscheidet sich Theodor Zahn für die vor allem vom Koine-Text (Textus receptus) bezeugten Lesart »deine Frau« und macht dadurch Jezebel zur Frau des Bischofs von Thyatira. Zahn versteht ja die »Boten der Gemeinde« jeweils als deren Bischof. Er »rekonstruiert« eine schier abenteuerliche Geschichte von Ehebruch, unehelichen Kindern und der Schädigung des bischöflichen Ansehens durch Frau Bischof, die »andere Gemeindeglieder zu gleichartiger Unzucht verleite«. Er schließt mit dem hübschen Satz: »Die ›Emancipation des Weibes‹ und die ›Emancipation des Fleisches‹ haben in diesem Fall wie so manchmal in späteren Zeiten einträchtig zum Schaden der Kirche zusammengewirkt.« Denn »während sie sittlich so tief gesunken ist, fühlt sie sich zur Lehrerin und Befreierin der durch die Autorität des Bischofs und der bisher geltenden kirchlichen Sitte Gebundenen durch ihre prophetische Begabung berufen« (289).

5.7.5 Hochzeit

Bis heute hat in allen Völkern die Hochzeit viel von ihrem mythischen Glanz bewahrt. In der armenischen Liturgie wird entsprechend über weite Strecken hin der Gottesdienst von der Institution der Hochzeit her verstanden. Dass in der Apk nicht Chaos, Gericht und Angst, sondern eine große Hochzeitsfeier Ziel und Gipfel der Weltgeschichte ist, hingeordnet auf das Neue Jerusalem in der erneuerten Schöpfung, ist dies eine seelsorgerliche und theologische Großtat des Propheten Johannes, der eben nicht nur vom Himmel etwas verstand, sondern auch von den Menschen. Dieses »weite Feld« wird hier an zwei Beispielen exemplarisch erläutert, an einem liturgischen und an einem kunstgeschichtlichen. Die 2. Sonntagsvesper ist ein liturgisch hervorragender Ort, und die Illustration in der Lambeth-Apokalypse ist eine besonders interessante Kostbarkeit.

Liturgie

In der 2. Sonntagsvesper des zisterziensischen Breviers von Heiligenkreuz (Hebdomada I) wird im Canticum eine Auslegung von Apk 19,1–7 unter der Überschrift »De nuptiis agni« gegeben:

Alleluja / Salus et gloria et virtus Deo nostro est: quia vera et iusta iudicia sunt eius / Alleluja / Laudem dicite Deo nostro omnes servi eius et qui timetis eum, pusilli et magni / Alleluia / Quoniam regnavit Dominus Deus noster omnipotens, gaudeamus et exsultemus et demus gloriam ei / Alleluia / Quia venerunt nuptiae Agni et uxor praeparavit se [Alleluja / Heil, Ruhm und Macht sind bei unserem Gott. Denn wahr und gerecht sind seine Urteile. / Alleluja / Sagt Lob unserem Gott alle seine Sklaven und die ihr ihn fürchtet, Kleine und Große. / Alleluja / Denn unser Herr, der allmächtige Gott, hat zu regieren begonnen. So wollen wir uns freuen und jubeln und ihm die Ehre geben. / Alleluja / Denn gekommen ist die Hochzeit des Lammes und seine Braut hat sich bereit gemacht.]

Für dieselbe 2. Vesper geben die gregorianischen Quellen folgenden berühmten Hymnus (Niketas von Remesiana, 5.–6. Jh.) an:

Ad cenam Agni providi / stolis salutis candidi / post transitum maris Rubri / Christo canamus principi [zum Mahl des Lammes schreiten wir / mit weißen Kleidern angetan / Christus, dem Sieger singen wir / der uns durchs Rote Meer geführt]. Wie beim *Exsultet* (s.o.) wird hier Ostern und Pascha typologisch gleichgesetzt. Vgl. ebenso Missale Bobbiense, 81, Nr. 269: libertatem nos misericordiae suae munere redonavit.

Hochzeitsmahl: Leipziger Predigt »In adventu Domini«: und quam her als ein bruotegum von sinem brotbette, sin brut waz die heilige christenheit die er ime selber vriete mit siner heiliger mitewist und bestetigete mit sinem heilgen bluote mit siner ufstandunge und sie zu hus leit mitsiner ufvart und nu sitzet zudem ewigen libe in der bruotluft mit ir. owe, wie selich die sin die an der bruotluft geladet sin als sente Johannes spricht. (A. E. Schönbach: Altdeutsche Predigten I, Graz 1886, 146f.)

Zur Lit. vgl. aus der Spätphase der calvinistischen Mystik in Holland: E. Fransen: De kostelijke bruidschat betaald door dem Zone Gods voor zijne uitverkorene bruid tot eeuwige verwondering in heerlijkheid, Rotterdam o.J. (Mitte 19. Jh).

Kunstgeschichte

In der englischen Lambeth-Apokalypse (um 1260) bietet sich auf LXIII ein Bild der himmlischen Hochzeit, das dem in anderen englischen Miniaturen der Hochgotik sehr ähnelt. Der himmlischen Hochzeitsfeier ist eine eigene Miniatur gewidmet. In der Mitte steht ein festlich gedeckter Tisch, auf dem die Goldgefäße Kelch (Weinbecher) und Büchse (Pyxis) besonders hervorstechen, aber auch Backwerk liegt auf dem Tisch, und mindestens an einer Stelle auch ein Ei. Genau in der Mitte das Bildes das Lamm, das Wange an Wange mit einer am Tisch sitzenden menschlichen Figur dasteht, bei der der Betrachter zunächst nicht genau entscheiden kann, ob sie männlich oder weiblich ist. Jedenfalls ist es die »Braut des Lammes«, bartlos und im Mönchsgewand. In Anspielung an Apk 14,4 ist daher wohl ein zölibatärer (jungfräulicher) Mann in Gestalt eines Mönchs gemalt worden. Er ist als »Jungfrau« die »Braut des Lammes«. – Die Kunst zwingt eben hier zu der Entscheidung, einen bartlosen Mann als Frau darzustellen, ein Phänomen, das wir auch etwa beim Abendmahl Leonardo da Vincis (Mailand) beobachten können, wo ebenfalls Johannes als junge Frau dargestellt ist. Das ist eben nicht Maria Magdalena als »Frau Jesu« an seiner Seite, sondern der Lieblingsjünger. Der zärtliche Schmusegestus ist jedenfalls der Aufreger (die Pointe) bei dem Bild. Am Tisch sitzt außerdem ein Paar, ein König, der mit dem Weinbecher in der Hand einer Frau zuprostet. Unter dem Tisch der Tafelrunde links unten ein Blick in die Küche. Der goldene Kelch wird aus einer Amphore gefüllt, unter dem Tisch stehen zwei weitere Amphoren.

5.7.6 Das Hohelied in der Auslegung der Apokalypse

> Lit.: V. I. J. Flint: The commentaries of Honorius Augustodunensis on the Song of Songs, in: RevBen 84 (1974) 196–211.

Bereits im kanonischen Text der Apk spielt das *Canticum Salomonis* eine Rolle, steht doch die Braut im Zentrum der heilsgeschichtlichen Dramatik nach der Apk. In der Auslegung verstärken sich die Verbindungen zwischen Hohelied und Apk. Seit Hippolyt von Rom haben die christlichen Apokalyptiker oder Kommentatoren der Apk oft auch in Personalunion Kommentare zum Hohenlied geschrieben, zum Beispiel Haimo von Halberstadt, Ende des 9. Jh. Radbod von Utrecht und Beda Venerabilis. Diese Neigung reicht mindestens bis hin zu Rupert von Deutz. Die frühmittelalterliche Hochburg der Hohelied-Kommentare lag bei den Zisterzienservätern. Entsprechend häufig zitiert Joachim von Fiore in seiner »Expositio in Apocalypsim« das Hohelied. Durch diese Kommentierung liegt das Schwergewicht der Auslegung auf dem ekklesiologischen oder persönlichen Thema der Brautmystik. Vor allem dadurch gelingt die Anbindung an das theologisch zentrale Thema »Liebe«.

Wir beginnen mit drei unterschiedlichen Auslegungen desselben Textes aus Hld 2,11–13, und zwar der bei Ambrosius Autpertus (730–784), bei Wilhelm von St. Thierry und bei Joachim von Fiore. Beide Letztgenannten sind Zisterzienserväter, beide haben den größten Teil ihres Lebens im 12. Jh. verbracht. Beide erkennen in der Braut des Hohenlieds die *Sponsa Christi* wieder. Joachim betont das Poetische, Wilhelm die Nachfolge nach Apk 14,4.

Hld 2,11–13: *Denn siehe, vorbei ist der Winter, der Regen verschwunden, vergangen. Die Blumen erscheinen am Boden, die Zeit zum Beschneiden der Reben ist da. Das Gurren der Turtel hört man in unserem Lande. Der Feigenbaum treibt seine Frühfrucht und die Semadar-Weinstöcke duften. Auf, auf, meine Frendin, meine Schönste, komm!*

> 1. Ambrosius Autpertus, Hld 2,10–13 (782f.): Das göttliche Wort lädt die Kirche zu frühlingshafter Liebe *(ad amorem verni temporis)* ein, nämlich zur zukünftigen Erneuerung. Denn Winter und Regen sind Zeichen für die Sterblichkeit, daher werden Blumen,

5 Kirche

der Ruf der Taube, Feigenbaum und Weinberg genannt. Denn die Blumen sind die Leiber der auferstehenden Auserwählten, nach dem Altwerden leuchten sie jetzt hell, nach dem Gestank der Fäulnis der Vergänglichkeit duften sie. Die Zeit des Beschneidens bedeutet Trennung von Gut und Böse, der Ruf der Turteltaube ist mit der Stimme des Gottessohnes nach Joh 5,28 zu vergleichen. Und wie der Spatz nach Ps 83,4 sein Nest findet, so deutet sein Zwitschern auf die Seligkeit der künftigen Auferstehung, auf das neue Jubellied *(novae exsultationis canticum)*. Der Feigenbaum weist auf die Früchte der Kirche, die jetzt wie unter der Rinde verborgen sind. Der Duft des Weinbergs weist auf die Auferstehung.

2. Wilhelm von St. Thierry, Auslegung des Hohenliedes (Texte der Zisterzienser-Väter, 3, 181): Zu Hld 2,13 f. (164): Steh auf, eile meine Freundin, meine Braut und komm! Es geschieht, was gesagt wird. Der Bräutigam fordert auf, die Braut führt aus. Der Winter weicht zurück, und es wird eine ruhige Zeit gewährt. Beim Erscheinen des Bräutigams frohlockt die Braut. Es gefällt ihr, vorwärts zu schreiten und seinen Spuren zu folgen, wohin immer er geht (Apk 14,4), er, der eine noch größere Freude verspricht. Sie wird nämlich außerhalb des Hauses geführt, außerhalb der Stadt, das heißt: jenseits der Grenzen der menschlichen Natur, jenseits der Sitten der gemeinsamen Lebensweise, in die verborgenen Geheimnisse des Sohnes, das sind die Felsklüfte. (166) Die Braut saß in sich gekehrt und erwartete die Rückkehr des Bräutigams. Sie hatte das Unterpfand des Geistes. (132) … eine gewisse Süße, die den Liebenden ganz erfasst. Diese Süße wird eher geliebt als gedacht, eher verkostet als erkannt, und sie überkommt für eine Zeit, für eine Stunde den Liebenden, prägt sich dem Sterbenden fest ein, so dass es ihm scheint, dass er schon nicht mehr in der Hoffnung lebt, sondern gleichsam in der Wirklichkeit selbst das, was er vom Wort des Lebens erhofft, durch einen gewissen Beweis der Glaubenserfahrung mit den Augen sieht und mit den Händen berührt. (Vgl. dazu Apk 10,9.10a)

Kommentar: Bei dem Zisterzienser Wilhelm von St. Thierry († 1148) wird die ganze christliche Existenz immer wieder nach den Vorgaben der Apk gezeichnet. Das betrifft die Nachfolge der Jungfräulichen nach Apk 14, die Süßigkeit des Wortes Gottes nach Apk 10, das Warten auf die Wiederkunft des Bräutigams. Der Bezug zu Hld 2 wird durch den kurzen Satz angedeutet *Der Winter weicht zurück*. Der Ordensbruder Joachim wird diesen Absatz im Sinn der Liebeslyrik des 12. Jh. aufgreifen und poetisch ausführen:

3. Joachim von Fiore, Enchiridion super Apocalypsim, Burger 67: Cum ergo plenitudo gentium intrabit ut et Israel generaliter salvus fiat, tunc incipiet apparere puella cui et dicitur: Jam enim hiems transiit, imber abiit et recesit. Flores apparuerunt in terra, tempus putationis advenit et vox turturis audita et in terra nostra; ficus protulit grossos suos, vineae florentes dederunt odorem. Surge, amica mea, sponsa mea, et veni. Bene autem flores apparuerunt quia roseus exercitus sanctorum martyrum in conspectu altissimi praesentabitur ut incipiant et lilia germinare quae nesciunt pati gelu et glaciem, imbrem et procellas ventorum. quia nimis delicata est ad tolerandos labores candida teneraque virginitas. Quia vero civitas illa coelestis quae super solum firmissimum fundata est, duodecim fundamenta et totidem portas habere decribitur, videtur quod in secundo statu statu fundamenta posita sint. [Dann wird die Vielzahl der Völker hineinkommen, damit auch ganz Israel gerettet wird. Dann wird ein Mädchen zu erscheinen beginnen, dem auch diese Worte gelten: Schon ist der Winter vorbei, der Dauerregen hat

sich zurückgezogen und ist verschwunden. Blumen sind im Erdreich aufgesprosst, die Zeit des Beschneidens der Bäume oder der Weinreben ist gekommen, man hört das Gurren der Turteltaube auch auf unserem Land. Der Feigenbaum setzt Knospen an, die blühenden Weinberge geben schon Duft. Steh auf, meine Freundin, meine Braut und komm. Sehr schön aber sind Blumen erschienen, denn das rot schimmernde Heer der heiligen Märtyrer wird vor dem Antlitz des Höchsten erscheinen, damit auch die Lilien anfangen zu sprießen, die weder Kälte noch Eis, weder Regen noch Stürme kennen. Denn als sehr stark gilt die strahlende und zarte Jungfräulichkeit, wenn es darum geht, Mühen zu ertragen. Denn jene Himmelsstadt, die auf sehr stabilem Boden gegründet ist, hat nach der Beschreibung zwölf Fundamente und ebenso viele Tore, und ihre Fundamente sind im zweiten Abschnitt der Heilsgeschichte gelegt worden.]

Kommentar: Das Zitat umfasst Hld 2,11–13, nicht mehr 2,14. Die *Zeit zum Singen* wurde ausgelassen. Die rosaroten Blumen werden auf Märtyrer hin ausgelegt. Ohnehin wird der Leser bei der Lektüre von *flores* in einem Text Joachims von Fiore wohl nicht zufällig an Joachims *fiorelli* (die von ihm gegründeten Klöster seines Zweigs der Zisterzienser) erinnert. Denn zwischen Mönchen und Märtyrern besteht kein tiefer Graben. Der strahlende Frühling wird bei Joachim zu Bild für das Himmlische Jerusalem. Die Freundin und Braut ist das Himmlische Jerusalem. Fruchtbarkeit, Farben und Düfte des Frühlings sind dem guten Boden zu verdanken, auf dem Jerusalem steht. Und die Märtyrer sind die schönste Zierde im Frühling der Welt. Das Frühlingslied des Hld wird nun gewissermaßen der Braut des Lammes gewidmet. Sie ist die geliebte Freundin. Alle Schönheit, die der Frühling bringt, wird ihr zugeschrieben. So wie man der geliebten Frau ein Schmuckstück schenkt und dazu sagt, es passe zu ihrer Schönheit. Denn schöner als sie ist, kann sie nicht werden. Alle Schmuckstücke sind nur kollaterale, also nebenher laufende Hinweise auf das lebendige Geheimnis in ihrer Mitte.

Die Apokalypse in den Hohelied-Kommentaren

Lit.: D. Visser: Apocalypse as utopian expectation. The Apocalypse Commentary of Berengaudus of Ferrières and the Relationship between Exegesis, Liturgy and Iconography, Leiden 1996; L. Brésard, H. Crouzel, M. Borret: Origène. Commentaire sur le Cantique des cantiques I-II, Paris 1991, I, 10–44; E. Ann Matter: The Voice of My Beloved, Philadelphia Univ. of Pennsylvania 1992, 37 f.103–108; B. de Vregille, L. Neyrand ed. Apponii in Canticum canticorum expositio, Turnhout 1986; H. König ed. Apponius. Die Auslegung zum Lied der Lieder, Freiburg 1992, Introduction.

Ambrosius Autpertus bietet zum Anfang der Apk (1,2) (26) eine Sammlung von Hld-Stellen, um die Eigenart der Braut und die Qualität der Liebe des Bräutigams darzustellen.

Hld 1,1 (Ambrosius Autpertus, Komm., 377): (Küsse) Jakob, Typus Christi, küsst Rachel meint Apk 5,5 (Löwe aus Juda).
1,2 (440): »Junge Mädchen schwärmen für dich« meint Apk 11,18 (Kleine und Große).
6,9 (26): »Einzig ist sie, meine Taube, meine fehlerlose, einzig ist sie ihrer Mutter.« Zur

Erläuterung dafür, dass es für die sieben Gemeinden nur den einen Johannes gibt (Apk 2,7).

2,7 (26): »Weckt nicht auf meine Liebe, solange sie schläft« sagt: Es geht um die geliebte Braut.

2,16 (26): »Mein Geliebter ist mein, und ich bin sein« sagt: Gemeint ist unvergleichliche Liebe.

5,2 (26): »Mein Geliebter klopft an. Öffne mir, meine Freundin« bezieht sich auf den geliebten Jünger Johannes, der die Einheit der Glaubenden darstellt (vgl. Apk 3,20).

8,1–2a (32): »Ach, wärst du doch mein Bruder, dann dürfte ich dich ohne weiteres küssen, dich führen in das Haus meiner Mutter« meint: Jesus ist unser Bruder, und die Mutter meint Mutter Kirche (Apk 1,4a).

8,1b (33): »Träfe ich dich auf freier Flur« meint die Heidenchristen, denen sich die Apostel nach Zurückweisung durch die Juden zugewandt haben (weiter Inhalt von Kirchen in Apk 8,1b).

1,15 (65): »Schön bist du, meine Freundin« belegt die Etymologie des Namens »Sardes« (Apk 1,11).

1,2 (67): »Er küsse mich. Deine Liebe ist köstlicher als Wein« erläutert das Sich-Umdrehen, um die Stimme zu sehen (Apk 1,12). Es geht um die *diu dilata desideria* (lange aufgeschobene Erfüllung der Sehnsüchte).

4,5 (72): »Deine beiden Brüste« meinen Altes und Neues Testament (Apk 1,13c »bis an die Brüste mit goldenem Gürtel«).

5,11 (74): »Sein Haupt ist Gold, seine Locken schwarze Dattelrispen« meint die Schilderung des Hauptes des Erscheinenden in Apk 1,14.

1,6 (74): »Schaut mich nicht darum an, dass ich gebräunt bin, da mich die Sonne verbrannt hat« meint: Verachtet mich nicht, weil ich momentan voller Sünden bin (Apk 1,14a Aussehen des Hauptes). – Dieselbe Stelle zu Apk 3,9 f. (172): »Anbeten vor deinen Füßen, ich habe dich geliebt«.

2,2 (126): »Lilie unter Dornen« meint dasselbe wie Paulus (inmitten eines verkehrten Volkes) und Apk 2,12–13a (»Ich weiß, wo du wohnst Thron Satans«).

8,13 (208): »Freunde lauschen, lass mich deine Stimme hören« Apk 4,3 meint die 24 Ältesten, die um den auf Thron Sitzenden herum versammelt sind, um ihm zuzuhören.

8,5 (276): »Wer ist die, die heraufgestiegen ist aus der Wüste?« Vg: in Weiß gekleidet meint Apk 6,1 f. (weißes Pferd).

5,7 (277): »Die Wächter verwundeten mich« meint, dass die Kirche von Pfeilen durchbohrt ist (Apk 6,2 Bogen).

6,10 (337): »Wer ist diese, die da herabschaut wie Morgenrot, schön wie der Mond, rein wie die Sonne, majestätisch gleich den Bannerscharen?« meint Apk 8,12 je ein Drittel von Sonne, Mond und Sternen.

4,11 (344): »Honig von den Lippen, Milch und Honig unter der Zunge« meint in Apk 9,3b das Gegenteil (!) von dem dort beschriebenen Antichrist.

6,8 (440): (Königinnen, Nebenfrauen, junge Frauen ohne Zahl) meint ebenso Apk 1,18.

5,7 (590): »Wächter fanden mich, verletzten mich« von der heilsamen Buße Apk 15,6a

3,6 (688): »umduftet von Myrrhe und Weihrauch« erläutert Apk 18,13a (Duftstoffe), dazu auch Hld 1,2 (689) und Hld 1,2; 4,10 (690).

4,13 (694): Früchte und Hld 2,5 Früchte zu Apk 18,13.

5,17 (719): »Wächter fanden mich und verletzten mich« zu Apk 9 (Einl.) Trennung von der Liebe zur Welt.

4,1 f.: »Haar wie Ziegenherde, Zähne wie Mutterschafe« zu Apk 20,8 Vielzahl, Gewimmel, von den Scharen des Teufels.

2,17 (770): »Tageswind weht gegen Abend, Schatten entfliehen gegen Abend« erläutert Apk 20,11 f. (Ende der Zeiten).

8,13 (798): »Die du in den Gärten wohnst, lass mich deine Stimme hören!« erläutert Apk 21,11b: Im Himmlischen Jerusalem wird der sehnsüchtige Ruf des Bräutigams erfüllt.

2,8 (817): »Er steht hinter unserer Mauer« kommentiert Apk 21,18 (Bau der Mauer) (nicht sichtbar und wie durch eine Mauer verdeckt durch Annahme des Fleisches).

1,5 (821): »Schaut mich nicht so an, weil ich so braun bin« deutet Apk 21,19b–20 (Sardonix, steht für die Kirche in Zeiten der Verfolgung).

3,7 f. (829): »Gerüstete Männer rund um Salomo« erläutern Apk 21,25 (Bewachte Zugänge zur Stadt).

Kommentar: In der Auslegung des Frühlingsgedichtes aus Hld 2 spielt Ambrosius Autpertus am deutlichsten die eschatologische Karte, speziell im Bezug auf Auferstehung und Gericht. Er liest die ganze Apk als Darstellung der Liebe zwischen Bräutigam und Braut, obwohl das Wortfeld Braut/Bräutigam/Hochzeitsmahl/Brautkleid außerhalb von Apk 18–22 gar nicht vorkommt. Durch seine Art der Kommentierung trägt Ambrosius das Thema Hochzeit in die Apk ein und schafft damit eine Einheit des Textes auf dieser metaphorischen Ebene.

Die braune Hautfarbe der Braut (Hld 1,6) interessiert ihn – wie andere Kommentatoren auch – ganz besonders. Sie wird allerdings nur an einer Stelle moralisch gedeutet. Im Übrigen hält sich Ambrosius Autpertus von jeder Moralisierung auch anderer Stellen frei. Die Verwundung durch die Wächter (Hld 5,7) spielt bei ihm eine besondere Rolle. Von den sinnlichen Elementen werden bei Ambrosius besonders die Düfte betont. Das Küssen ist wichtig für ihn. Die Brüste der Braut, die Haare von Braut und Bräutigam sowie die Zähne werden nur kurz erwähnt. Alle Zeitangaben bezieht Ambrosius auf das Weltende bzw. die Neue Schöpfung. Im Übrigen hält er sich streng an die kirchliche Allegorie. Auffällig ist, dass er zu Apk 12 keine Stellen aus Hld heranzieht (das gilt übrigens für den gesamten Bereich der Kap. 9–17, außer einer kurzen Erwähnung von Apk 11,18). Noch einmal: Jede Moralisierung (insbesondere auch zur Sexualmoral) unterbleibt. Das gilt fast durchgehend für die Christologie, Sakramentstheologie und besonders für die Trinität. Die Themen Juden, Römer, Häresien werden durch die Kommentierung aus Hld nicht berührt.

Fazit: Da auch die Monster und Plagen aus Apk 8 für eine Kommentierung durch Hld ungeeignet sind, schält sich nun heraus, dass der recht intensive Zugriff auf Hld bei Ambrosius Autpertus seinen Anlass in dem Thema Braut/Bräutigam in Apk 18–21 hat. Dass dieser Zugriff dann auf die ganze Apk ausgeweitet wird, lässt auf die Absicht des Ambrosius Autpertus schließen, die Szenarien der Apk durch das inhaltlich eher »liebliche« Material des Hld menschenfreundlich und einladend zu gestalten. So hat wohl Ambrosius alle Assoziationen von Angst und Schmerz durch das Thema sexueller Liebe (in sehr sanfter und keuscher Interpretation) heilen wollen.

Der Judenchrist Apponius (um 410) gebraucht in seinem Kommentar zum Hohenlied (ed. Vregille CCSL 19) – gemessen am Umfang des Kommentares – die Apk selten, aber doch verständnisreich.

> Hld 1,1 (Komm. 1, 15) zitiert die Könige aus Apk 19,16 zu Salomo.
> 4,10 (Komm 7, 27) zitiert die vier Lebenden Wesen aus Apk 4,7.
> 5,14 (Komm 8, 50) zitiert die 144.000 aus Apk 14,1 und die Jungfrauen aus Apk 14,4f.
> Hier steht auch das längste Apk-Zitat (Mischzitat aus Apk 7,14 und 14,4f.) bei Apponius: Hi sunt qui venerunt de tribulatione magna et laverunt stolas suas et candidas eas fecerunt in saguine agni et cum mulieribus non sunt polluti virgines permanentes et in ore eorum non est inventum mendacium nec dolus.
> 6,8 (Komm 9, 22) zitiert die Königin der Königinnen, analog zum König der Könige aus Apk 17,14.
> 8,4 (Komm 11, 27) zitiert das nie Dagewesene aus Apk 16,18.
> 8,9 (Komm 12, 41) zitiert das Martyrium von Henoch und Elia aus Apk 11,3–9.
> 8,14 (Komm 12, 83) zitiert das Gebundensein des Teufels aus Apk 20,2 und (Komm 12, 88) das Essen der Buchrolle nach Apk 10; Ez 2 f.

Mutter und Jungfrau
Nur für die Braut des Lammes kennt die Apk eine Hochzeit. Alle anderen weiblichen Gestalten der Apk sind unverheiratete Singles (Jezebel, die Frau von Apk 12,1; die Jungfrauen von Apk 14; die Hure Babylon Apk 17 f.; die Braut des Lammes bis zur Hochzeit, auch also in Apk 22,17). Die hymnischen Lobpreisungen der folgenden Texte setzen die biblischen Informationen zu immer neuen Mustern zusammen. Sie verknüpfen die bekannten Texte zu den Stichworten Braut, Bräutigam, Jungfrau, Mutter, Kirche, Hochzeit, heiraten, Lamm, Schaf, Davids Stamm. Sie machen daraus ein Spiel von Paradoxien, über die der Leser oder Sänger staunen soll. Grundmotiv ist immer wieder *natura mirante*: Etwas Wunderbares, gänzlich Unerwartetes geschieht, über das »die Natur« nur staunen kann. Das ist die Ebene des Wunders, das auf Gott weist.

> Eine Verbindung von Apk 12 und 14 findet sich bei Radbod von Utrecht (Hinweis Visser 75): In translatione sancti Martini episcopi: Sponsa Christi ecclesia et mater et virgo est, generat filios et regenerat in eodem Christo domino deo nostro (Poeta latini aevi carolina, IV I, 163). Kirche als Braut: H. Haack, ed. Ruperti Tuitiensis, Commentaria in Canticum canticorum, Turnhult 1974, Rupertus in Canticum, VIIIff.
> Für den Apokalypse-Kommentator Berengaudus ist eine Kombination von Joh 3,29 (Freund des Bräutigams), Apk 21,9 und Mt 25 (Zehn Jungfrauen) wichtig (PL 17, 946). Denn Joh 3,29 schien immerhin der Verfasser auch der Apk zu sein.
> Von dem Dichter Sicfredus (»De Deo sanctaque ecclesia«) wird ebenso die Verbindung von Hld und Apk in einem merowingischen Hymnus nach PL.S 4, 1485–93 (Hinweis Visser 96) hergestellt: Laudes resonant angelorum coetibus de sponsi agni diffusa per orbibus castum pudorem et alvum virgineum nescit que toro in dilecto con-

nexum; nuptaque Christo angelorum principe de David stirpe nubente sponso virgo coniux permanet. [Das Lob ertönt von der Engelscharen, das dem Bräutigam, dem Lamm, gilt, durch die Welt die keusche Scham und den jungfräulichen Schoß vermählt mit Christus, den Anführer der Engel, der aus Davids Stamm ist, obgleich der Gemahl heiratet, bleibt die Gemahlin Jungfrau.]

Die Braut des Hld wird in diesem Hymnus mit Eva identifiziert, sie wird zur Mutter des Erlösers, sie ist Jungfrau vor und nach der Geburt. In demselben Zusammenhang: Jerusalem mit den zwölf Grundsteinen, aus kostbaren Steinen erbaut, V. 38: tenet dilectum sponsa nec dimittitur hoc est quod Christum amplectit ecclesia; cubat cum agno ovis pudicissima in montem Sion Dei agnum conlaudant. Millena centum quadraginta quattuor albis estolis amicti sunt angeli novum percinunt ante thronum canticum (43). [Die Braut hält den Geliebten fest und wird nicht weggeschickt, denn die Kirche hält Christus umfangen: das keuscheste Lamm liegt mit dem Schaf auf dem Berg Zion, sie loben Gottes Lamm. 144.000 Engel, angetan mit weißen Gewändern, singen vor dem Thron ein neues Lied.]

Sicfredus V. 15: Solis nulla, nulla lunae urbs egebit lampade, Cristum illam namque suo totam lampat lumine.., Templum ipsa nullum habet manu factum civitas, ipse deus huius templum est et agnus unicum (18 f.) [Die Leuchte der Sonne oder des Mondes gibt es in der Stadt nicht, denn Christus erhellt die ganze Stadt mit seinem Licht ... Keinen mit der Hand gefertigten Tempel hat die Stadt, denn Gott selbst und das Lamm sind die einzigen Tempel dieser Stadt.]

Der erste Satz der Revelationes der Birgitta von Schweden lautet (zitiert nach: Revelationes celestes perelectae sponsae christi beatae Birgittae viduae, Venedig ca. 1480, f. XI): Verba domini nostri Iesu Christi ad suam electam sponsam dilectissimam de certificatione suae excellentissimae incarnationis [Worte unseres Herrn Jesus Christus an seine erwählte und sehr geliebte Braut über die Vergewisserung seiner einzigartigen Menschwerdung]. Einige der folgenden Kapitel beginnen: Ego sum regina caeli (Maria). Die Revelationes enthalten auch Texte wie den auf CXII: Verba virginis ad sponsam. (Über die Beziehungen zu verschiedenen Gruppen von Menschen) oder den Dialog auf CXIV: Filius loquitur ad sponsam, oder CXV: Loquebatur sponsa ad virgines dicens: O quam dulcis est dominus deus. Im zweiten Teil der Revelationess wird die Formel Varia loquitur ad sponsam [Christus redet zur Braut über Verschiedenes]; abwechselnd auch: aliter loquitur ad sponsam zur stereotyp wiederholten Kapitelüberschrift. Für Birgitta als *sponsa* gilt Ähnliches wie für die Himmelsfrau von Apk 12 und Maria: die einzelne, individuelle Frau wird zur konkreten Repräsentantin des Gottesvolkes und isofern zur »Braut« schlechthin.

5.8 Heiliger Geist und Kirche in der Apokalypse

Lit.: R. Bauckham: The Role of the Spirit in the Apocalypse, in: Evangelical Quarterly 52 (1980) 66–83.

Die Themen »Frauen«, »Braut«, »Kirche« und »Heiliger Geist« gehören nicht erst wegen Apk 22,17 zusammen. Daher ist das Kapitel »Heiliger Geist« hier zu plazieren. Das wohl bekannteste Stück über den Heiligen Geist in der Apk ist das Rollenspiel am Ende des Buches (22,16 f.): *Jesus sagt: Ich habe meinen Boten, den*

Seher Johannes, gesandt, damit er euch dies alles weitersagt für die Gemeinden. Denn ich bin der Spross aus Davids Geschlecht, ich bin der Morgenstern. Und der Heilige Geist und die Braut des Lammes rufen: Komm! Und jeder, der es hört, soll in den Ruf einstimmen und rufen: Komm! Jeder, der Durst hat, soll kommen, jeder, der trinken will, soll frisches Wasser geschenkt bekommen. Jesus, der dies ausrichten lässt, sagt: *Ja, ich komme bald.* Und wir antworten: *Amen, komm, Jesus, unser Herr!* (22,20)

5.8.1 Anfragen

Im zitierten Text sprechen drei Personen bzw. Personifikationen: Jesus, der Heilige Geist, die Braut (d. h. die Kirche). Geht es um eine mystische Wahrnehmung oder hat der Prophet Johannes sich das ausgedacht? Warum steht dieser Trialog am Ende der Apk? Weil üblicherweise in der Rhetorik das Wichtigste am Schluss steht (man nennt es *peroratio*), muss es Gründe dafür geben, dass Johannes dieses Stück für überaus wichtig hielt. Der Ruf *Veni* [Komm!] ist aus der Liturgie und den Hymnen der Kirche geläufig (allein das Register der Analecta Hymnica nennt schon 95 Texte). Ist dieses hier ein liturgisches Stück bzw. Widerspiegelung eines solchen? Der Heilige Geist steht mit der Gemeinde zusammen. Ist er nicht »im Himmel« bei Jesus, dem Erhöhten? So wird es im Bildtypus »Gnadenstuhl« jedenfalls immer dargestellt. Ist der Heilige Geist nicht »bei Gott«, sondern »bei den Menschen«? Verstärkt er ihr Gebet und Rufen? Und während die Kirche oft betet: Komm, Heiliger Geist (etwa in den Pfingsthymnen), ist es hier Jesus, der um sein Kommen gebeten wird. Der Heilige Geist ist offenbar schon da. Ist er bleibend mit der Kirche verbunden? Offenbar ist auf ihn wirklich Verlass, er ist eine Art Unterpfand für Gottes Hilfe (auch Paulus nennt ihn ja so). Ist die Heilsgewissheit der Christen etwa darin begründet, dass er da ist? Ist nicht seine Gegenwart das bleibend Neue? Was würde sich in Theorie und Praxis des Christentums ändern, wenn die Kirche darauf vertraute? Warum hört man sonst nichts von der Gebetsgemeinschaft zwischen Kirche und Heiligem Geist? Oder ist das in Röm 8,28 f. doch ähnlich? Warum ist das Kommen Jesu hier das wichtigste Gebetsanliegen? Ich habe noch in keinem Gottesdienst davon gehört. Hängt das damit zusammen, dass wir das Kommen Jesu gar nicht wollen, weil es ja auch Gericht bedeuetn würde? Das war für die Leser der Apk offensichtlich anders, was ein Widerspruch zum allgemeinen Image der Apk wäre.

5.8.2 Der Heilige Geist im visionären Anfangsteil

Schon in Apk 1,4 wird eine Entsprechung zwischen den sieben Gemeinden in der Provinz Asia und den sieben Geistern vor dem Thron Gottes gezeichnet: *Johannes [schreibt dieses] den sieben Gemeinden in der Provinz Asia. Gnade sei euch und Frieden von dem, der ist, der war und der kommen wird, und von den sieben*

Geistern, die vor seinem Thron stehen. Die sieben Geister vor Gottes Thron sind mutmaßlich die sieben Erzengel. Es ist nicht aus der Luft gegriffen, wenn man jeweils einen von ihnen als den im Präskript der Gemeindebriefe genannten »Engel der Gemeinde von x« ansieht. Denn im Theologengriechisch sind die Engel bekanntlich auch Geister (griech. πνεύματα). Trifft das zu – Johannes unternimmt jedenfalls keinen Versuch, eine derartige Lesart zu verhindern –, dann ergibt sich eine Hierarchie dieser Gestalt: Gottes Thron – die sieben Erzengel – die sieben Gemeinden, die jeweils durch einen Engel dargestellt sind. Jedenfalls gibt es eine innige Zuordnung von Gemeinde und ihrem jeweiligen Geist/Engel. Kann man sagen, dass der jeweilige Geist »über die Gemeinde gesetzt« ist? Eine Entsprechung hätte das darin, dass Michael »über Israel« gesetzt ist, ähnlich wie derselbe Michael später der »Engel der Deutschen« wurde. Vergleichbar wäre dann auch die Funktion, die der Schutzengel für einzelne Menschen hat. Der Schutzengel behütet und bewahrt, er bringt die Gebete vor Gott und lässt mich vielleicht auch wissen, was Gott will. In dieser Rolle ist er dann wieder mit dem Heiligen Geist vergleichbar, der den Aposteln den Willen Gottes vermittelt (Apg 8,29; 10,19; 11,12; 13,2; 15,8; 19,1; 20,22). Den Gemeinden sagt er, wen sie zum Amtsträger bestellen bzw. aussenden (Apg 13,4; 20,28) sollen (in den Pastoralbriefen 1 Tim 4,1; in Apg 20,22 f.28); er sagt den Gemeinden auch, was sie lassen sollen (so Apg 16,7). An vielen Stellen (z. B. Apg 21,4) ist er eine Art Routenplaner bzw. Routen-Einflüsterer (Navigator).

Kurzum: Der Heilige Geist ist der eigentliche Gemeindeleiter. Für die frühchristlichen Schriften (1 Tim 4,14; Apg; Apk) ist das so selbstverständlich, dass sie gar nicht darstellen müssen oder wollen, wie sich diese Vorgänge im Einzelnen abgespielt haben. Es bleibt daher vorerst offen, ob das durch eine »Stimme« (ohne Subjekt!) geschah (wie offenbar in der Apk), durch eine »Gebetseingebung« oder durch Zeichen, die dann zu deuten waren (wie die späteren *quindecim signa*). In Apg 11,28 ist es immerhin der Prophet Agabus, durch den der Heilige Geist spricht. Auch bei alttestamentlichen Zitaten ist es öfter der Prophet, durch den er Heilige Geist sich meldet (z. B. Apg 28,25). Darf man daraus den Schluss ziehen, dass in der Apk der Heilige Geist eben durch den Propheten Johannes zu den Gemeinden spricht? Nach Apg 13,9 ist Paulus »voll des Heiligen Geistes«, als er den Falschpropheten Barjesus verflucht, ähnlich in Apg 16,18 (Exorzismus).

Wahrscheinlich liegt hier auch der Schlüssel für den bemerkenwerten Tatbestand, dass in der Apk fast keine Namen menschlicher Personen genannt werden: Wenn der Heilige Geist alle relevanten Informationen oder Offenbarungen schenkt, dann sind menschliche Autoritäten überhaupt nicht mehr wichtig. Das ist bis auf wenige Ausnahmen auch so, wenn der Heilige Geist spricht. Nur bei Paulus und Agabus ist das nach Apg anders oder auch, wenn alle Apostel sprechen und sagen: *Dem Heiligen Geist und uns schien es gut.*

Fazit: Die Navigator-Funktion des Heiligen Geistes ist in der Regel anonym, häufig auf die nächsten Missionsorte bezogen. Im Kontrast zur Anonymität der Sprecher ist der dann vom Heiligen Geist bestimmte oder ausgerufene Amtsträger nicht anonym (gewesen). Die Apk hat an dieser urchristlichen Auffassung und Praxis Anteil, etwa am Schluss jedes Gemeindebriefes und in 22,17.

> Diese Praxis ist die bemerkenswerte Kehrseite der Eigenart des Urchristentums als »Religion des Namens« (K. Berger: Die Urchristen, 2004). Dank der Inkarnation hat Gott einen Namen und ein Gesicht bekommen. Im Heiligen Geist ist Gott präsent, aber namenlos. Den Umbruch vom Mittelalter zur Neuzeit kann man etwa an den Glockeninschriften feststellen: Bis 1530 enthalten sie kaum je menschliche Namen (ab 1400 schon den des Gießers). aber im 16. Jh. wird es leider üblich, die Glocke zu bepflastern mit den Namen der Pfarrer, Pfarrfamilie, Kirchenvorständen, Regenten (bis hin zu Hitler im 20. Jh.), auch bis hin zu den Fuhrleuten, die die Glocke gebracht haben. D. h. in der Neuzeit schwindet sehr merklich die Auffassung, dass die Glocke eine eigene, gegenüber menschlichen Allüren unabhängige Rolle als Verkünder(in) spielt. Soviel zum Stichwort anonymes Wirken/Bedeutung der namentlich Genannten.

5.8.3 Die Gemeindebriefe als Worte des Heiligen Geistes

Jeder Gemeindebrief in Apk 2 f. beginnt mit der Selbstvorstellung Jesu Christi und endet mit dem Satz: *Wer Ohren hat zu hören, der höre, was der Heilige Geist den Gemeinden sagt.* Denn Worte Jesu aus der urchristlichen Tradition mag man bei den Synoptikern suchen, in der Apk finden sie sich selten (vgl. dazu K. Berger: Theologiegeschichte des Urchristentums, ²1998). Mit Recht hat man auch im JohEv davon auszugehen, dass die Auffassung von Jesusworten eine andere ist als die in den drei ersten Evangelien. JohEv und Apk gehen davon aus, dass Jesus gepredigt hat, und ohne zu zitieren (!) verwendet auch die Apk Material aus diesem Gut. Ist das wirklich etwas anderes, wenn in Joh 14,26 Jesus sagt *Der Heilige Geist wird euch alles lehren* und wenn in den Gemeindebriefen der Apk der *Heilige Geist den Gemeinden* je und je das Nötige sagt? Dabei ist das Zitieren von Bibelstellen oder Sprüchen Jesu im Wettstreit der Synoptiker eine im 1 Jh. nC. eine neuartige Angelegenheit. JohEv und Apk halten sich eher an die überlieferte Praxis des Judentums, den religiösen Text nicht durch Zitate zu unterbrechen. Denn deren Ursprung liegt nicht in menschlichen Urkunden, sondern im Himmel.

Die Synoptiker folgen klar und eindeutig den hellenistischen Biographien, und die bekannten Verse Lk 1,1–4 geben dieses Verständnis für die Worte Jesu wieder. Ein derartiges Sammeln wäre als »Quelle« etwa für eine Mose- oder Daniel-Apokalypse undenkbar. Das Frühjudentum zitiert nicht, sondern der (oft pseudepigraphe) Seher oder Prophet redet aus eigener Kompetenz und Erfahrung. Das Alte Testament weist insoweit nur wenige Zitate auf, das Frühjudentum setzt diese Art »in sich und für sich kompetenter« Rede fort. Mit Zitieren beginnen erst einige Schriften aus Qumran (sofern sie Kommentarcharakter haben, wie z. B. der Habakuk-Komm.) und Philo von Alexandrien. Noch bei Ps.-Philo, Liber Antiquitatum, ist davon nichts zu bemerken.

Durch ihren jeweiligen Schluss *(Wer Ohren hat, was der Heilige Geist sagt)* geben die Briefe zu erkennen, dass diese Worte Jesu (Anfang: *So spricht*) in Wirklichkeit als Worte des Heiligen Geistes aufgefasst werden. Diese Auffassung aber entspricht, wie schon angedeutet, genau der des JohEv über die Rolle des Parakleten. Denn dieser wird *an alle Worte Jesu erinnern* und *so in alle Wahrheit einführen* (Joh 16,13). Deshalb sind alle Reden Jesu nach dem JohEv eben Reden des Parakleten. Sie sind nach eigenem Selbstverständnis nicht pseudepigraph oder Worte des Evangelisten, sondern Worte des Parakleten (des Heiligen Geistes). So ergibt sich eine sehr ähnliche Auffassung über die jeweiligen Schriftstücke

JohEv: Worte Jesu ∥ Worte des Parakleten → JohEv ist Werk des Parakleten.

Apk: Worte Jesu ∥ Worte des Heiligen Geistes an die Kirchen → Apk 2 f. ist Werk des Heiligen Geistes.

Auch eine alternative Auffassung dazu ist im Neuen Testament belegt: Paulus weiß zwischen Herrenworten und eigenen Worten genau zu unterscheiden (1 Kor 7,10.25). Dabei kommt Paulus insofern mit JohEv und Apk überein, als die Gleichrangigkeit der eigenen Worte mit denen des Herrn darauf beruht, dass auch er *den Heiligen Geist hat* (1 Kor 7,40). Dabei ist der Heilige Geist nicht Lückenbüßer oder unvollkommener Ersatz für Jesus nach Ostern, sondern er ist der »Vollender« (vgl. dazu K. Berger: Der Heilige Geist, Würzburg 2017). Denn der Heilige Geist erfüllt das letzte Stadium der Weltgeschichte mit seiner göttlichen Fülle.

Damit sind die Worte des Propheten Johannes in den Gemeindebriefen der Apk Worte Jesu als Worte des Heiligen Geistes. Sie sind nicht Worte des Johannes. Der gemeinsame Ursprung der neutestamentlichen Schriften über die »Fortsetzung« der Worte Jesu durch den Heiligen Geist liegen im Übrigen in der alttestamentlichen Auffassung darüber, dass der Geist des Propheten Elia auf seinen Schüler Elisa übergeht, in der frühjüdischen Ansicht, dass die charismatische Redegabe Ijobs auf seine Töchter vererbt wird und in der Pfingstgeschichte nach Apg 2, denn nach Apg 2,33 hat Jesus den Geist, den er vom Vater hat, als Erhöhter auf die Jünger ausgeteilt.

5.8.4 Zuordnung von Prophet und Kirche

In einer Volks- oder Stammesreligion, wie sie in Israel herrschte, waren die Erzväter und Könige wie David und Salomo oder eine umfassende Gesetzgebung (wie die des Mose) maßgebliche Autoritäten. Bei den Propheten außer Mose ist es anders, und das gilt besonders für Elia und Elisa. Sie sind von der Konzeption her nicht Autoritäten für das ganze Volk (sie werden es höchstens einmal sein wie Elia), sondern sind Autoritäten in ihrem Jüngerkreis (Prophetenschüler, hebräisch: Prophetensöhne). Ihre Anhängerschaft ist wegen ihres besonderen Lebensstils begrenzt und nicht einfach mit dem Volk identisch. Daher ist auch die Schar der Jünger Jesu nie mit Israel oder irgendeinem Volk deckungsgleich. Die mit der Bekehrung, Nachfolge oder Taufe beginnende besondere Zugehörigkeit zur Person des Propheten bedeutet stets einen Bruch gegenüber der bloßen Abstammung in einer Volksreligion. Auch das Christentum zeigt in seinem Erscheinungsbild bisweilen Spannungen zwischen beiden Modellen.

Offenheit für die jeweilige Situation
Nach unserer These werden die Gemeindebriefe in Apk 2 f. von einem Propheten formuliert. Man kann erkennen, dass diese neue Zuschreibung eine Befreiung von der Alleinherrschaft der Tradition oft schwer zu verstehender Jesusworte ist. Ähnlich werden auch in der Didache die Propheten davon befreit, die vor-formulierten Gebete nur vorzulesen (10, 7: Die Propheten dürfen mit ihren eigenen Worten die Danksagung sprechen); vielmehr dürfen sie als Propheten frei, direkt und passend reagieren. So geschieht es auch in den Gemeindebriefen der Apk. Die naheliegende Frage, welchen Maßstab es denn für die Legitimität der Neuerungen geben soll, beantworten die Briefe mit einer betont anspruchsvollen Christologie mit vielen Metaphern, mit teilweise harscher Kritik und einer martyrologischen Grundlinie. So reagieren die Briefe auf die Situation, sind aber nicht lasch.

Der Geist entflammt die sieben Fackeln (Apk 1,13.20)
Im Rahmen der Siebener-Symbolik von Apk 1 ragt besonders der Menschensohn inmitten der sieben Leuchter nach Apk 1,13.20 heraus (vgl. dazu schon oben S. 175 f.). Man hat schon längst darin ein Bild für die Gesamtkirche gesehen. Durch Apk 1,4b sind die sieben Leuchter mit den sieben Gaben des Heiligen Geistes verknüpft. Die Leuchter als die Repräsentanten der Gerechten/Gemeinden stehen vor Gott, ähnlich wie nach Mt 18,10 die (Schutz-)Engel der Kleinen vor Gott stehen und in sein Antlitz schauen.

Wie ist das Verhältnis zwischen Leuchter und Gemeinde gedacht? Nach Apk 2,5 hat jede Gemeinde einen Leuchter bzw. ist ein Leuchter, den Christus von seinem Platz rücken wird, wenn die Gemeinde versagt: *Wenn du das nicht tust und nicht umkehrst, dann komme ich und stoße deinen Leuchter von seinem Platz.*

> Corpus Orationum, Nr. 263 (Messe zur Adventszeit oder 3. Advent oder 28. 11., belegt seit dem Gelasianum Vetus, 8. Jh.): Corda nostra hoc potiantur desiderio ut a spiritu tuo inflammentur et sicut lampades divino munere satiati ante conspectum venientis Christi filii tui velut clara lumina fulgeamus [Unsere Herzen mögen von dieser Sehnsucht beherrscht werden, dass sie von deinem Geist entfacht werden und wir mögen wie Fackeln von Gottes Gnade gespeist wie strahlende Lichter leuchten vor dem Antlitz Christi deines Sohnes, wenn er kommt].

Der eindrückliche Text bezieht sich auf den Menschensohn, der nach Apk 1,13 inmitten der sieben Leuchter steht. Kaum ein mittelalterlicher Miniaturenmaler lässt sich diese Szene entgehen. Aber dieses Gebet überbietet die Miniaturen noch, indem es von dem ankommenden Menschensohn redet (wie Apk 1,7a). So entsteht das Bild eines Herrschers, der durch ein Spalier von Fackelträgern in sein Haus oder seine Stadt einzieht. Das leuchtende Antlitz des kommenden Christus wird durch die strahlenden Fackeln der sieben Gemeinden eingerahmt. Anders als in Apk 1,13 und in den Miniaturen ist das in diesem Gebet entworfene Bild von Bewegung getragen. Der kommende Christus steht nicht einfach in der Mitte der Leuchter wie eine Monstranz inmitten von Altarkerzen, sondern er kommt, und der Beter sieht geradezu die Fackeln lodern. Zudem steht die Szene von Mt 25,1–13 im Hintergrund (am Magdeburger Dom als Eingangsspalier im Nordportal gestaltet). Überdies wird das Bild von den sieben Fackeln angereichert um das Bild vom Entflammen der Herzen aus dem Schatz der Metaphern für den Heiligen Geist und sein Wirken; in Apk 2,4 steht das Bild der erkalteten Glut in den Herzen. Faszinierend an diesem kurzen Gebetstext ist das Spiel mit der Licht- und Feuer-Metaphorik: das Entflammen der Herzen, der Heilige Geist als Feuer, die Epiphanie des ankommenden Christus, die Fackeln von Apk 1, die Antlitze der Menschen, die das Licht des kommenden Christus widerspiegeln.

Braut (Gemeinde) und Geist (Apk 22,17a)
Braut und Geist sind zwei separate Größen, die nebeneinander und gewissermaßen parallel zu einander einen identischen Ruf äußern: *Komm!* So leisten sie eine Erfüllung der biblischen Zeugenregel von den zwei bis drei Zeugen nach Dtn 19,15.

Ähnlich ist die Zusammenstellung von zwei separaten Instanzen des Rufens/Betens nach Röm 8,28. Hier ist es der einzelne menschliche Beter, der stöhnt und stammelt, während unabhängig davon und parallel dazu der Heilige Geist Gott seine (Für-)Bitten vorträgt. Während ich früher der Meinung war, der Heilige Geist sei eine Art Simultan-Dolmetscher des menschlichen Stammelns, bin ich jetzt der Ansicht, dass an zwei parallele und voneinander unabhängige Aktionen gedacht ist. Der Mensch (in Röm 8 als einzelner, in Apk 22 als Teil der Gemeinde, der Braut, gedacht) stammelt, aber der Geist ist ein selbständiger Anwalt, wenn auch eben des Menschen.

Als himmlischer Fürsprecher ist der Heilige Geist (πνεῦμα) von der Art der anderen himmlischen Pneumata, die für Menschen oder für Israel bittend vor Gott eintreten. Der Heilige Geist hat alle ihre Namen und Funktionen »in sich aufgesogen«.

> Vgl. etwa TestXIIDan 6,2: Nähert euch Gott und dem Engel, der für euch bittet. Denn er ist der Mittler zwischen Gott und den Menschen für den Frieden Israels. So wird er auch stehen gegenüber dem Königreich des Feindes. TestXIILev 5,6: Ich bin der Engel, der bittet für das Geschlecht Israel. (Oft wird diese Funktion von Michael wahrgenommen:

Hen[äth] 68,4: Michael stand vor dem Herrn der Geister und sagt: Ich werde nicht für sie sein unter dem Auge des Herrn, denn der Herr der Geister ist zornig auf sie). BarApk (gr) 11,4: Jetzt eben kommt der Fürst Michael herab, um die Bitten der Menschen entgegenzunehmen.

Auffallend: Während die jüdischen Texte Engel benennen, die mit Namen ausgestattet sind, ist der Heilige Geist nach Röm 8 und Apk ohne Eigennamen. Die Anonymität des Heiligen Geistes ist wahrscheinlich ein Indiz für die sich entwickelnde Trinitätstheologie. Denn Gott ist ohne Namen. Nach dem Verständnis des 1. Jh. spricht der Heilige Geist auf jeden Fall Hebräisch bzw. Aramäisch; das *Komm!* aus seinem Mund würde also *Maranatha* heißen. Daher kommt das Halleluja in Apk 19 und das *Maranatha* in 1 Kor 16. Die Gemeinden/Kirchen sprechen jedenfalls Griechisch. Eine Zweisprachigkeit ist wohl auch die (positive) Kehrseite der Zusammensetzung christlicher Gemeinden aus Juden- und Heidenchristen.

Wenn Paulus (als Judenchrist) betet, dann spricht er Aramäisch, vgl. ActaPauli, Papyrus Heidelbergensis, 68 f.: »Und nachdem er beendet hatte das Gebet, indem er sich unterredet hatte auf Hebräisch mit den Vätern, streckte er aus den Hals, ohne noch weiter so zu sprechen.« Auch Jesus betet aus demselben Grund(!) aramäisch den Anfang von Ps 22,2 (Mk 15,34 par). Doch die Zweisprachigkeit bzw. deren Nachbildung ist kaum der einzige Grund für die theologisch gewichtige Rolle der doppelten Gebetsleistung, vielmehr tritt auf jeden Fall die Zweistöckigkeit der Liturgien in himmlischer und irdischer Szenerie hinzu. Sie ist im Bereich des Judentums ein lange gewohntes Phänomen (vgl. Jes 6 und Hebr 12,22 f.). Sie wird besonders in der koptischen Liturgie bis heute vorausgesetzt.

Dass der Heilige Geist überhaupt zugunsten der Menschen betet, setzt seine Funktion als Anwalt voraus, der aufgrund seines Berufs für andere spricht. Dem Namen nach hat er eine solche Anwaltsfunktion auch im JohEv, denn Paraklet ist der Beistand (auch vor Gericht). Doch im JohEv ist der Paraklet Anwalt der Christen gegenüber der Welt. In Röm 8,28 und in Apk 22,17 ist er offenbar Anwalt für die Menschen bei Gott. Demgegenüber ist im JohEv das Forum, vor dem der Anwalt tätig wird, ein anderes. Ich möchte annehmen, dass der Dualismus Gemeinde – Welt im JohEv weniger ursprünglich ist als die Rolle des Heiligen Geistes als Anwalt vor Gott (der Rolle der Erzväter und Michaels vergleichbar, s. o.). Es könnte sein, dass Paulus seinen heidenchristlichen Lesern gegenüber dort von *unaussprechlicher Sprache* spricht, wo er an Hebräisch denken müsste, so in Röm 8,26 und in 2 Kor 12,4. Das heißt ja nicht, dass Paulus Hebräisch nicht verstanden hat, aber sprechen und korrekt übersetzen konnte er es nicht (?).

Fazit: Der Heilige Geist ist in zweifacher Hinsicht Mittler zwischen Gott und den Menschen. Nach den Gemeindebriefen spricht er durch die Propheten zu den Menschen, nach Apk 22 bittet er Gott für die Menschen in einer Funktion, die andere ausdrücklich als die eines Mittlers bezeichnen. Die Vorstellung eines

Mittlers zwischen Gott und Menschen macht dabei Gott nicht kleiner und ist keine Konkurrenz zu wem auch immer. Der Heilige Geist ist daher von »oben nach unten« und von »unten nach oben« wirksam. Doch bei der letzteren Tätigkeit bringt er nicht die Gebete der Menschen vor Gott, das leisten nach Apk 8,3 f. Engel, vielmehr wird er selbständig als Anwalt für die Menschen tätig.

Die Entsprechung in Apg 15,18
Eine interessante Parallele zu dem Paar »Geist und Braut« in Apk 22,17 ist die offizielle Einleitung des Apostledekrets in Apg 15,28: *Es schien gut dem Heiligen Geist und uns, dass wir uns enthalten.* Denn in Apg 15 werden die beiden Instanzen genannt, die das Apostledekret autoritativ besiegeln. Hans Conzelmann verweist auf die ebenfalls offizielle Einleitungsformel in Josephus, ant. 16, 163: »Es erschien mir und meinem Ratgebergremium (συμβούλιον) gut« (so auch E. Haenchen und W. Bauer, Wb). Conzelmann nennt die Josephusstelle die »offizielle Schreibweise«. Demnach ist der »Heilige Geist« in Apg 15,28 wohl nichts anderes als die »Stimme« eines Gremiums von Propheten. (So weist denn auch Aloysius de San Severino in seinem Komm. zur Apg von 1665, 764 mit *sed etiam per spiritum sanctum prophetia* auf die Gemeindeprophetie.)

Das bedeutet: Die Beschreibung der Liturgie in Apk 22,17 ahmt ein juristisch gültiges Formular nach. Diese Übereinstimmung von Liturgie und Recht ist hier zwar unerwartet, entspricht aber generell dem jüdischen und spätantiken Verständnis von Liturgie. Die juristische Praxis der formelhaften »zwei Instanzen« (eine namntlich bekannte und eine ohne Namen) spiegelt sich in Apk 22,17 in der Nennung der beiden Instanzen.

Ergebnis: Der Heilige Geist ist die Weise, in der Gott in der Welt und bei der Kirche ist. Sein verbaler Charakter (Worte von Gott an die Menschen, fürbittendes Eintreten für die Menschen bei Gott) macht ihn zu einem typisch prophetischen Geist im klassischen Sinn. Nur ausnahmsweise bewirkt er in Apk 11,11 (*Geist des Lebens aus Gott*) die Auferweckung der prophetischen Märtyrer, ist aber auch insofern hier der Geist der Propheten.

5.9 Stein vom Himmel

Wir kehren am Ende noch einmal zum Charakter der Kirche als Neu-Israel, versammelt auf dem Zion, zurück und greifen Apk 14 und die hier verarbeitete Tradition auf, denn die Letztere ist in der Alten Kirche weitaus lebendiger als im Neuen Testament selbst.

Seit dem Propheten Daniel und bis hinein in die Reformationszeit gibt es in der Apokalyptik das Bild des »wunderbaren« Felsens bzw. Steins, auf den das neue Reich (Gottes) bzw. die Kirche gegründet wird. In jedem Fall besteht dieser

Fels aus Menschen oder ist er ein Mensch. Christus als der »Eckstein« oder Petrus als der Fels sind bleibende Relikte dieser apokalyptischen Anschauung. Interessant an diesem Metaphernspiel ist jedenfalls, dass es Aussagen sowohl von Jesus Christus, von Petrus als auch vom neuen, Himmlischen Jerusalem, auf dessen Grundsteinen (!) die Namen der zwölf Apostel stehen, gelten kann. Grundsätzlich verwandt ist die Metaphorik im Judentum und im Mithraskult. In beiden Fällen wird die neue Menschheit ohne biologische Vorgeschichte aus hartem Fels hervorgebracht. Im Judentum heißt dieser Fels Abraham (Jes 1,1 f. *der Fels, aus dem ihr gehauen Abraham und Sara, von denen ihr abstammt*; Mt 3,9: *Gott kann aus Steinen dem Abraham neue Kinder erwecken*), im Mithraskult Mithras (daher die Höhlen im Fels, Urbilder der Mithräen). Die Pointe ist in jedem Fall die gegenüber der vorausgehenden Folge der Generationen der radikale, unvermittelte Neuanfang.

5.9.1 Zum Kirchenbild in Apokalypse-Kommentaren

Dan 2,44 f.: *Zur Zeit jener Könige wird aber der Gott des Himmels ein Reich errichten, das in Ewigkeit nicht untergeht. Du hast ja gesehen, dass ohne Zutun von Menschenhand ein Stein vom Berg losbrach und Eisen, Bronze und Ton, Silber und Gold zermalmte.*

Die spätere Auslegung fügt hinzu: Dieser Stein (πέτρα) ist (1) aus einem Fels der moabitischen Wüste losgebrochen und (2) von dort aus auf den Zion gelangt und (3) ist er ohne Zutun von Menschenhand auch zum Zion geflogen – alle diese wunderbare Vorgänge sind in diesem Licht von Gottes Hand und also vom Himmel her verursacht –, (4) aber wird dann gesagt, dass der Stein auf den Zion geflogen ist und dort der berühmte Stein auf dem Zion wurde. (5) Das Stichwort »moabitisch« weist auf Rut, die Moabiterin und Ahnfrau des Königs David.

> Vgl. dazu den mittelalterlichen Hymnus in Analecta Hymnica vol. 50, 314: Tu agnum regem terrae dominatorem Moabitici de petra deserti ad montem filiae Sion transtulisti. [Du hast das Lamm, den König, den Herrscher der Erde vom Fels der moabitischen Wüste her auf den Berg, die Tochter Zions, hinübergebracht.]

Von hier aus ergibt sich für das Kirchenbild einer Reihe von Texten ein kohärentes Netz einer apokalyptischen Ekklesiologie:
- Die Kirche, die Jesus erwartet, ist *nicht von Menschenhand* (Mk 14,58).
- Jesus ist der Messias und Davidssohn, hat also moabitisches Blut in seinen Adern.
- Zion ist nach Apk 14,1 der »Ort« der Kirche aus Juden und Heiden (»Groß-Israel«).
- So wie der Stein aus dem Fels auf den Zion geflogen ist, ist das Himmlische Jerusalem vom Himmel herabgekommen (Fliegendes kommt vom Himmel).

Und das ist die nicht von Menschenhand gemachte (also zum Himmel reichsunmittelbare) Kirche (Tempel) Jesu.
- Dieser Stein ist der Stein auf dem Zion nach Röm 9,33, und Stein vom Stein ist Petrus, auf den Jesus seine Kirche baut (Mt 16,18).

So gehören also diese Elemente zusammen: himmlischer Neuanfang, Zion, Stein, Davidssohn, nach Dan 2,44 (s. o.) auch Reich Gottes. Der Grundstein ist die Basis, das Himmlische Jerusalem besteht, wie man im Mittelalter sagt, vivis ex lapidibus [aus lebendigen Steinen (Kirchweihhymnus)].

> B. Viegas, Komm. 1606, 722 verbindet in diesem Sinn Jerusalem, Zion und Jesu Wort an Petrus: (Tu es Petrus, et super hanc petram aedificabo ecclesiam meam) O Hierusalem et Sion, cuncti Reges videbunt inclytum tuum, qui de tua stirpe generatus est, qui in te exaltatus patibulo omnes traxit ad se, ita ut gentes videant iustitiam eius, quia cunctorum creator misertus est gentibus et reges gloriam illius, qui glorificatus in cruce est et omnia suo imperio regna subiecit. Denique nequaquam vocabitur ierusalem et sion, sed nomen novum accipiet, quod ei dominus imposuerit dicens ad apostolum Petrum: Tu es Petrus et super hanc petram aedificabo ecclesiam meam. et populus eius nequaquam veteri nomine appellabitur israel, sed novo id est christianum. eritque quasi corona decoris in manu domini et quasi diadema regni in manu Dei. [O Jerusalem, Zion, alle Könige werden sehen deinen berühmten Sohn, der von deinem Stamm gezeugt worden ist, der in dir am Kreuz erhöht alle an sich gezogen hat, damit die Völker seine Gerechtigkeit sehen. Denn der Schöpfer aller Dinge hat sich erbarmt der Völker, und die Könige werden seine Herrlichkeit sehen, der am Kreuz verherrlicht ist und der seiner Herrschaft alle Reiche unterworfen hat. Schließlich wird es nicht mehr Jerusalem und Zion heißen, sondern wird einen neuen Namen empfangen, den der Herr auf ihn gelegt hat, indem er zum Apostel Petrus sagte: Du bist Petrus, und auf diesen Felsen will ich meine Kirche bauen. Und sein Volk wird nicht mehr mit dem alten Namen Israel benannt werden, sondern mit dem neuen, christlichen, und es wird sein wie ein Ehrenkranz in der Hand des Herrn und wie eine Reichskrone in der Hand Gottes.]
>
> Blasius Viegas kommentiert mit diesem Abschnitt Apk 12 in einem Exkurs »De beata Virgine«, speziell unter der Überschrift Propter Sion non tacebo et propter Hierusalem non quiescam, donec egrediatur ut splendor iustus eius et salvator eius ut lampas accendatur. [Über Zion will ich nicht schweigen und wegen Jerusalem keine Ruhe geben, bis glanzvoll sein Gerechter herausgehen und wie eine Leuchte angezündet wird.]

Kommentar: Im Sinn der hier von mir diskutierten Tradition bringt er Zion mit Petrus, dem Fels, zusammen. Mit dem apokalyptischen Topos vom neuen Namen bezieht er sich auf Apk 3,12. Er deutet damit zutreffend, denn der neue Name Zions, des Felsens, ist Petrus. In Apk 3,12 wird ja ausdrücklich vom neuen Namen Jerusalems, der Himmelsstadt, gesprochen, die eben aus dem Himmel herabsteigt. Insofern liefert Viegas eine mögliche Bestätigung der hier vertretenen These und bezieht m. E. völlig zutreffend Apk 3,12 mit ein. Denn Petrus ist der Fels der Kirche, die der neue, nicht von Menschenhand gemachte Tempel »auf dem Zion« ist.

Alexander von Bremen (Minorita), 469: Per montem designatur Christus qui replet magnitudine totum mundum et inter omnes extitit altissimus; super quem iam dicendi fideles aedificantur. De isto monte dicit Daniel: Lapis abscissus de monte sine manibus crevit in montem magnum et implevit universam terram. Civitas dicitur quasi civium unitas (Fratres Minores) Isti omnes Jherusalem vocantur quia ad visionem pacis aeternae iam tendunt. [Mit dem Berg wird Christus bezeichnet, der mit seiner Größe die ganze Welt erfüllt und unter allen der Größte ist. Auf ihm werden die Gläubige Genannten erbaut. Über diesen Berg sagt Daniel: Der Stein hat sich vom Berg getrennt ohne Menschenhand und ist gewachsen zu einem großen Berg und hat die ganze Erde erfüllt. Die »Stadt« wird die Einheit von Bürgern genannt. Sie alle werden Jerusalem genannt, weil sie schon streben zur Vision ewigen Friedens.] In den letzten Sätzen wird Jerusalem gedeutet als »Vision des Friedens« wie im Hymnus *dicta pacis visio*.

Zur weiteren Geschichte von Dan 2,34
Der Stein, der nicht von Menschenhand gebrochen ist, aus dem Himmel herangeflogen kommt und auf dem Zion »messianische Bedeutung« erlangt, spielt wohl in der Vorgeschichte von Apk 14,1 eine Rolle, ebenso in dessen Auslegung bzw. der allgemeineren kirchlichen Tradition. Wir beobachteten bereits, dass in Röm 9 wie in Mt 16,16f. sowie in Mk 14,58 der »Stein auf Zion« eine zentrale christologische und zugleich auch ekklesiologische Rolle spielt.

In der mittelalterlichen Auslegung und Wirkung kommt auch in diesem Punkt Ambrosius Autpertus († 784) besondere Bedeutung zu, Komm., 11: redemptionis nostrae futuram salutem, in lapide absciso de monte sine manibus, qui crevit et factus est mons magnus et implevit universam terram [das zukünftige Heil unserer Erlösung, im Stein, der ohne Menschenhand aus dem Berg herausgeschnitten wurde, der gewachsen ist und ein großer Berg wurde und die ganze Erde erfüllt hat]. – Ebd. 76: pedes corporis Christi, lapis ille, qui abscisus est de monte sine manibus crevitque et factus est mons magnus, atque implevit universam terram, firmius ac robustius eisdem suis auricalcinis pedibus statuam illam percutiat in parte pedum fictili Dan 2,44 (stabit in aeternum) [Füße des Leibes Christi, jener Stein, der aus dem Berg ohne Menschenhand herausgebrochen ist und wuchs und ein großer Berg wurde und die ganze Erde erfüllt hat, der möge stärker und kraftvoller mit seinen Füßen aus Messing jene Statue erschüttern an ihren tönernen Füßen]. – Ebd. 204: (Jes 2,2–5) praeparatus mons domus domini in vertice montium Quis enim alius mons nisi Unigenitus Patris. De quo etiam in Danihele Propheta dicitur: Lapis qui percussit statuam, crevit et factus est mons magnus, et implevit universam terram [bereitet ist der Berg als Haus des Herrn auf der Spitze der Berge, denn wer anders ist der Berg außer dem Eingeborenen des Vaters. Über ihn wird beim Propheten Daniel gesagt: Der Stein, der die Statue zertrümmerte, ist gewachsen und ein großer Berg geworden, und er hat die ganze Erde erfüllt]. – Ebd. 297: (Statua grandis) (Dan 2,31–33a) Videbas ita donec abscisus est lapis de monte sine manibus et percussit statuam Lapis autem qui percussit statuam crevit et factus est mons magnus et implevit universam terram in lapide vero de monte sine manibus absciso nos intelligimus Iesum Christum caeli regnum stabit in aeternum (Dan 2,44). Idem autem lapis et Angelus ab ortu solis ascendens, atque universam terram illustrans et replens, signum Dei vivi habere perhibetur, id est, crucis mysterium, quo videlicet omnes quos gladio linguae superat, in numerum electorum transeuntes consignat. Signum in frontibus eorum, interiorem frontem, quia sanguine agni utrumque postem linimus. [So hast du gesehen, wie der Stein ohne Menschenhand herausgebrochen ist aus dem Berg und die Statue zerschmettert hat. Der Stein aber, der die Statue zerschmetterte, ist gewachsen und ein großer Berg geworden und hat die ganze Erde erfüllt. In dem Stein, der aus dem Berg ohne Menschenhand herausgebrochen wurde, verstehen wir Jesus Christus, das Reich des Himmels wird in Ewigkeit bestehen. Derselbe ist der Stein und der Engel, der vom Osten heraufsteigt die ganze Erde erhellend und erfüllend, er hat, wie man sagt, ein Zeichen des lebendigen Gottes, nämlich das Geheimnis des Kreuzes, durch das er alle, die er mit dem Schwert der Zunge überwindet, mit einem Zeichen versieht, wenn sie in die Zahl seiner Erwählten übergehen. Das Zeichen an ihrer inneren Stirn, weil wir mit dem Blut des Lammes beide Pfosten bestreichen.]

Kommentar: In der frühmittelalterlichen Apokalypse-Auslegung wird der aus Dan 2 bekannte geheimnisvolle Felsbrocken direkt mit Jesus Christus identifiziert. Aber auch Leib Christi und Lamm gehören zu den Stichworten, die man wie gewöhnlich als das Umfeld betrachtet. Bemerkenswert ist, dass diese apokalyptische Deutung unabhängig vom Neuen Testament ihr beachtliches Eigenleben führt.

5.9.2 Theologische Konsequenzen: Zionstheologie

In der Regel ist das theologische Thema Kirche belastet durch die Frage: (persönlicher) Glaube versus Institution. Den hier diskutierten Zusammenhängen ist diese Fragestellung völlig fremd. Auch das Problem steinerner Tempel (in Jerusalem) oder lebendige Steine ist seit der Zerstörung Jerusalems 70 nC. jedenfalls kein christliches Problem mehr. Auch die für das frühe Christentum so wichtige Problemstellung Juden – Heiden ist hier nicht oder nicht mehr aktuell. Jedenfalls ist für die Apk die Hinzunahme der Heiden kein Thema mehr.

Positiv: Auch im Blick auf die Zionstheologie der Psalmen ist der Gottesdienst mit Gesang in der Mitte eine stabile und glaubwürdige Fortsetzung des theologischen Themas Zion im Christentum (vgl. die Abtei Dormitio inklusive deren ökumenische Aktivitäten).

Liturgischer Text: O-Antiphon zur Vesper am 19. Dezember: »O Wurzel Jesse, gesetzt zum Zeichen für die Völker, vor dir verstummen die Mächtigen, zu dir rufen die Völker. Komm, Herr und erlöse uns, zögere nicht länger.«

6 Hammer und nicht Amboss. Stellung und Wirkung der Apk in der Kirchengeschichte

Die Apk steht zunächst und vor allem mitten im Netzwerk frühchristlicher Gemeinden. Obwohl sie über das Ende der Geschichte spricht, wird hier doch auf einzigartige Weise die Weltgeschichte als Rahmen und Bett der Kirchengeschichte verstanden. – Und dann wird sie in der Kirchengeschichte rezipiert und selbst ein Teil der Kirchengeschichte. Darum geht es im zweiten Abschnitt dieses Kapitels.

Universalgeschichte
In keinem anderen Buch des Neuen Testaments steht Rom so sehr im Zentrum des Interesses wie in der Apk. Und das, ohne dass es auch nur ein einziges Mal genannt wäre. Immerhin ist es in der Apg der Zielort der Wege zumindest des Apostels Paulus. Doch das Interesse liegt auf Paulus und den Erfolgen oder Misserfolgen seiner Mission. In der Offenbarung des Johannes aber ist das zerstörte Rom die vorletzte Station der Weltgeschichte. Bei allen Unterschieden ist Rom in den beiden längsten Texten des Neuen Testaments der Zielort aller Wege Gottes und der Apostel. Die universale Perspektive setzt ein mit Apk 10, in der Apostelgeschichte endgültig dann mit Kap. 15, also dem Apostelkonvent und dem Aposteldekret. Letzteres spielt auch in den sog. Gemeindebriefen in Apk 1–3 eine Rolle, und zwar in den Punkten Götzendienst, Götzenopferfleisch und heidnische sexuelle Libertinage. Die Frage war stets: Wie weit ist sexuelle Libertinage bereits ein fragwürdiger Kompromiss mit dem heidnischen Zeitgeist? Und mit der Ablehnung selbst der Prophetie für Frauen ist die Apokalypse wesentlich konservativer als Paulus. Denn man bedenke: Delphi und die heidnischen und auch diasporajüdischen Sibyllen existierten in Sichtweite.

Prophetie
Die Offenbarung des Johannes ist ein prophetisches Buch, der Einfluss Ezechiels lebt auf jeder Seite. Sie ist aber das einzige prophetisch-politische Buch des Neuen Testaments. Zwar ist mit dem Thema Rom das Thema der Apk die Universalgeschichte. Aber wie in der Apostelgeschichte gibt es hier Universalgeschichte nicht im Sinn Hegels, sondern als Kirchengeschichte, die noch stärker als in der Apostelgeschichte mit einer dezidiert jüdisch-prophetischen Brille gesehen wird, heißt doch das Stadium am Ende der Geschichte nicht »Reich Gottes« wie bei Jesus, sondern »neues Jerusalem« als »neue Schöpfung« – eine faszinierende Verbindung von jüdischem Lokalpatriotismus mit der entgrenzten Vision einer neuen Welt. Diese neue Welt ist nun entgegen der Behauptung der Weltkarte Martin

Waldseemüllers von 1507, der Pilgrim Fathers sowie der britischen Apokalyptik nicht Amerika, sondern etwas sehr viel anderes, also etwas ganz Schönes.

Drei Dinge scheinen für unsere heutigen Fragen und Nöte ganz hilfreich: Welcher Art ist diese Vision, welches sind die Folgen für das Verständnis von Kirche und welche Rolle spielen die Märtyrer für diese Kirche?

6.1 Kathedrale des Lichts

Die Vision ist eine himmlische Stadt mit 12 Toren, eine Stadt mit kristallklarem Wasser und einem Hain von Lebensbäumen. Eine Stadt, in der das, was die Menschen in Rom seit 2500 Jahren zur Verzweiflung treibt, nicht besteht, vom Abfallproblem bis zum Tourismus. Der Prophet Johannes schildert in Apk 21 f. allerdings auch nicht die Einwohner dieser Stadt, sie scheint menschenleer. Doch was er schildert, nimmt sich aus wie ein Entwurf des genialen Franzosen Le Corbusier zum Beispiel in der Wallfahrtskirche von Ronchamp: Sie scheint aufgebaut aus großen Würfeln und Säule aus Licht. Dieses Licht ist das Strahlen von Edelsteinen, die bekanntlich außer dem Weinstock als die letzte Erinnerung an das Paradies noch existieren und die am Ende heilsam, therapeutisch also und in makelloser Reinheit von Gott der Welt wieder geschenkt werden. Wir haben bei unserer Übersetzung des Neuen Testament die Farben, das tiefe Leuchten dieser Steine zu rekonstruieren versucht, und das heißt dann so:

> Apk 21,17–21: *Die Stadtmauer ist 144 Ellen (der Engel übernahm das Menschenmaß) hoch und ebenso dick. / Die Stadtmauer ist aus Jaspis erbaut, die Stadt selbst aus glasreinem Gold. / Die Fundamente der Stadtmauer sind von großer Schönheit, denn sie bestehen aus verschiedenfarbenen Edelsteinen. Das erste Fundament ist aus grünlichem Jaspis, das zweite aus blauem Saphir, das dritte aus rotem Chalzedon, das vierte aus hellgrünem Smaragd, / das fünfte aus rotbraunem Sardonyx, das sechste aus gelbrotem Karneol, das siebte aus goldgelbem Chrysolit, das achte aus meergrünem Beryll, das neunte aus gelbglänzendem Topas, das zehnte aus goldgrün schimmerndem Chrysopras, das elfte aus dunkelrotem Hyazinth, das zwölfte aus purpurnem Amethyst. / Die zwölf Tortürme sind zwölf Perlen, jeder Torturm besteht aus einer einzigen Perle, und die Hauptstraße der Stadt ist aus glasreinem Gold.*

Städte machen Leute, so wie andernorts Kleider Leute machen; so heißt es im Perlenlied von dem erlösten Erlöser (Perlenlied 112, 82–85): »Mein prächtiges Kleid, das in herrlichen Farben mit Gold gewirkt war, mit kostbaren Edelsteinen und Perlen verziert, auch mit weißlich-gelben Beryllen, roten Chalzedonen und glasklaren Opalen, verschiedenfarbigen Sardonyxen, kunstvoll gefertigt hoch oben im Königspalast, die Säume mit Diamantspangen befestigt.« Neben das »Städte machen Leute« tritt hier ganz selbstverständlich das »Kleider machen Leute«.

Das Mittelalter kennt eine eigene Edelstein-Theologie, in der das Licht der Steine so etwas wie sakramentale Bedeutung hat (s. o.). Man könnte diese Mystik extrovertiert nennen. Aber überall dort, wo die Mystik das Erbe der biblischen Visionen antritt, wie bei Hildegard von Bingen, werden die visionären Elemente Teile einer hinreißenden theologischen Sprache. Das betrifft besonders Hildegard von Bingen neben Birgitta von Schweden.

Diese Vision über das Ende, den Sinn und das Ziel des Ganzen ist in ihrem Schwerpunkt weder humanitär noch ökonomisch noch ökumenisch, kurzum sie bietet keine universale Bahnhofsmission, sondern wie bei Le Corbusier prägt das Haus aus Licht die Menschen, denn dort, wo keine Träne und keine Verzweiflungsschreie mehr sind, ist alles funkelndes Licht. Jede romanische Basilika, jede gotische Kathedrale ist um dieses Lichtes willen gebaut. Und deshalb ist zu Beginn meines Kommentars zur Apk (BAK V) die romanische Basilika meiner Heimatstadt abgebildet, die nur leider vor 150 Jahren einer preußischen Kaserne weichen musste. Unter den Künstlern bietet Lionel Feininger Ansätze zu dieser Erinnerung der Kathedrale aus Licht. Als sich Konrad Adenauer und Charles de Gaulle 1962 in der Kathedrale von Reims trafen, war eben dieses ein Bild der Vision von Europa, die allenthalben entfallen zu sein scheint. Frieden in einer Kathedrale – für mich der Maßstab glaubwürdiger Politik, ausgerechnet aus der Apokalypse, die für so viele Perversitäten ihren kostbaren Namen hergeben muss.

Apokalypse heißt Offenbarung, Offenlegen des Unsichtbaren und Verborgenen, Offenlegen der verborgenen Dimensionen der Wirklichkeit. Apokalypse ist also nicht Wahrsagerei oder Einladung zu hemmungslosem Allegorisieren. Gewiss, es gibt ein Geheimnis der Erlösung. Aber dieses Geheimnis besteht nicht in der Frage, wer denn nun eigentlich der Antichrist war, ob Hitler oder die Sekretärin von Goebbels. Wahr ist vielmehr auch in der Apokalypse: Das Geheimnis der Erlösung heißt Erinnerung. Erinnerung an Jerusalem, an Zion (wie in Ps 137,1: *Als wir dein gedachten Zion*), an den Untergang Babylons und den Auszug aus Ägypten, an das intakte 12 Stämme-Volk, an die Bundeslade, die zur Zeit der Abfassung der Apokalypse schon jahrhundertelang verschwunden war. Erinnerung an das Paradies, seine Bäume und Flüsse und also auch an die Edelsteine. Diese Erinnerung aber ist wie Baumaterial für Messe und Stundengebet, für ungezählte Orationen und Homilien, bis hinein in die Gebete aus Glockeninschriften.

6.2 Kirche als erweitertes Israel

Das Wichtigste aber, das die Apokalypse heute bietet, ist ihr Kirchenverständnis. Sie lehrt uns, Kirche vor allem von der Zukunft her zu verstehen, also von dem her, was ihre verborgene Substanz ausmacht, von ihrem Sieg her, und daher sind ihre Hymnen die Siegeslieder der Kirche. Kirche ist damit nicht eine amorphe

Sammlung von Gutmenschen, sondern sie ist und wird Gottes Volk aus Judenchristen und Heidenchristen sein, also ein erweitertes Israel. Über die Bedingungen für diese Erweiterung hat nicht ein Theologieprofessor zu befinden, sondern der wiederkommende Herr selbst, wie wir es im Advent singen: Regem venturum dominum venite adoremus [Kommt, lasst uns anbeten den König, der kommt, unseren Herrn].

Regelmäßig zeigen romanische Basiliken in ihren Radleuchtern über der Vierung das Bild dieses Himmlischen Jerusalem, auf das die Kirche hin pilgert. Die Wanderung dieses Gottesvolkes geschieht nicht ins Ungewisse und Ungefähre hinein, und die Kirche ist keine formlose Konsumgenossenschaft. Sage mir, welchen Bauplan von Kirche du in deinem Herzen trägst und ich sage dir, welche Zukunft deine Kirche oder Diözese hat. Kein anderer hat diese Zukunft so genial entworfen wie der Zisterzienserabt Joachim von Fiore. Sein Apk-Komm. harrt seit 1527 der Neuedition und einer Übersetzung.

Die Kirche der Zukunft ist die der Offenbarung des Johannes. Also keine Summe von Seelchen im Nachthemd, keine Mischung aus Kindergarten und Krankenhaus, kein Zauberberg-Sanatorium wie bei Thomas Mann, sondern wie eine Hochzeit im Mai oder Anfang September. Endlich Frieden, endlich keine nächtlichen Schreie. Eine geschwisterliche, musikalische Kirche, denn: Wer singt, wird auferstehen. Die ganze Offenbarung des Johannes ist wie eine Entfaltung der in Apk 1,17f. geschilderten Auferstehung.

Diese Kirche, die jetzige und die künftige, ist Erinnerung an den Zion. Deshalb heißt es: Lauda Sion, salvatorem in hymnis et canticis [Zion, lobe den Erlöser in Hymnen und Liedern]. Kompakt wiedergegeben ist das Kirchenverständnis der Apk in JesVg 16,1: Emitte agnum, domine, dominatorem terrae de petra deserti ad montem filiae sion [Sende das Lamm, Herr, als Herrscher über die Erde vom Wüstenfelsen zum Berg der Tochter Zion].

> Vgl. Analecta Hymnic, vol. 53, 311 (Hermann der Lahme) Nr. 240: Rex regum / Dei agne / leo Iuda magne. – 314: Tu agnum regem / terrae dominatorem / Moabitici / de Petra deserti / ad montem filiae Sion / traduxisti [König der Könige, Gottes Lamm, großer Löwe von Juda, du hast geführt das Lamm, den König, den Herrn über die Erde, vom moabitischen Felsen zum Berg der Tochter Zion] (= Rezeption der Stelle JesVg, vgl. BAK).

Die Auffassung vom Wüstenfelsen kommt aus Dan 2,45 (s.o.). Andererseits liegt hier auch die biblische Grundlage für die Verbindung von Kirche und Stein, die besonders für Mt 16,18 interessant ist. Wenn Christus der Stein ist, auf dem die Kirche ruht, dann ist Petrus als der Fels dessen Abbild. Mit dem Kirchenverständnis Jesu hat das in Mk 14,58 zu tun: Denn der neue Tempel, die neue Kirche, ist nicht von Händen gemacht wie der Stein aus Dan 2,45. Das Neue beginnt mit der österlich-nachösterlichen Erhöhung Jesu als Grundlage seiner Gemeinde. Mit der

Apk hat das deshalb etwas zu tun, weil nach 14,1 der Zion der Ort des neuen Gottesvolkes ist.

Brisant scheint mir diese Ekklesiologie, weil sie durch und durch jüdischen Ursprungs ist. Freilich unterscheidet der Prophet Johannes selbst zwischen Juden ohne die apokalyptische Erwartung, die er Synagoge Satans nennt, also un-apokalyptische angepassten Juden und solchen, die die Erwartung eines neuen Heiligtums auf dem Berg Zion teilen, eben des Himmlischen Jerusalem.

6.3 Ein Buch über Märtyrer

Als einziger Text des Neuen Testaments bietet die Apk eine differenzierte Theologie des Martyriums, und zu den Märtyrern gehören nach Apk 18,24 alle zu Unrecht Ermordeten. Die als Christen Enthaupteten regieren tausend Jahre (eine symbolische Zahl) mit Christus; diese römisch-katholische Deutung des Milleniums ist vom Text her gut möglich. Nach dem auch bei Lukas geltenden Prinzip, dass am Anfang drastisch und leibhaftig geschieht, was immer gilt, deutet das Geschick der beiden Propheten von Apk 11 an, was mit jedem Märtyrer geschieht: Tod und Sieg, d. h. Enthauptung und Triumph im Himmel gehören eng zusammen. Christus ist der Erste der direkt nach seinem Tod Auferweckten. Jedenfalls ist alles, was Märtyrer betrifft, eine Sache noch dieses Äons, nicht erst der Neuen Schöpfung. Aktuell wichtig ist die direkte Abfolge von Martyrium und Triumph und damit die missionarische Funktion der Martyrien.

Doch am Anfang steht die ApkJoh in der urchristlichen theologischen Landschaft. Sie steht in Wahrheit in deren Mitte, nicht am Rand, wie es seit 200 Jahren zu sein scheint. In den Jahrhunderten zuvor, besonders im ersten Jahrtausend der Kirchengeschichte, erging es ihr allerdings besser. Immer aber war sie das wichtigste Buch für die Frage nach der Kirche. Ihre Stellung am Ende des Kanons der Bibel ist wie das Eingangsportal zur Kirchengeschichte. Dass sie in den letzten einhundert Jahren von den Exegeten und Bischöfen miserabel behandelt wurde, dürfte sich bald ändern. Insofern hatte der spätere Bischof von Würzburg, Friedhelm Hofmann, mit der Wahl seines Dissertationsthemas ein gutes Gespür: Zeitgenössische Darstellungen der Apokalypse-Motive im Kirchenbau seit 1945, München – Zürich 1982.

Auch im letzten Drittel des 1. Jh. haben wir es im Westen Kleinasiens mit einem ganzen Blumenstrauß von Theologien zu tun. Unverhältnismäßig nahe stehen der Apk dabei 1 Petr, aber auch einzelne Kapitel aus Gal und Röm (Gal 4, Röm 8 f.; 16) sowie, etwas weiter entfernt, Hebr. Diese Ähnlichkeiten sind m. E. nicht durch literarische Benutzung etwa des Paulus durch insgesamt Spätere zu erklären, sondern durch das Modell intensiven theologischen Austauschs unter Lebenden im Rahmen apostolischer Gastfreundschaft, etwa durch Anhören und Diskutieren der Predigt des jeweils anderen. So entsteht das Modell eines theologischen Netzwerks, das sich nicht unbedingt auf theologische Entwürfe im Ganzen, wohl aber auf partielle Übereinstimmung bezieht. Lange bevor der neutestamentliche Kanon die Einheit der Kirche darstellt und garantiert, wird diese Aufgabe durch christliche Wandermissionare geleistet, die für den innerchristlichen Austausch sorgen.

1 Petr teilt mit der Apokalypse fast alles außer der apokalyptischen Geschichtstheologie. Gemeinsam sind die geographische Orientierung im Nordwesten Kleinasiens, die Erlöserfunktion des Lammes und seines Blutes, das in der Taufe »appliziert« wird, die Ältestenverfassung, königliches Priestertum und heiliges Volk der Christen, die Kirche als Tempel, der nicht von Händen gemacht ist, die Gleichsetzung von Rom mit Babylon, die Diaspora bei gleichzeitiger Ferne vom irdischen Jerusalem; Petrus bzw. die Zwölf sind die anfängliche maßgebliche Autorität. Die Nachfolge Jesu wird metaphorisch verstanden. Beide Schriften sprechen das Verhältnis zur weltlichen Obrigkeit an. Heiligkeit und Reinheit ist für beide das Ziel. Beide vertreten eine grundständige Heiligkeitstheologie, die die Christen als Fremdlinge in der Welt sieht, deren Heimat im Himmel ist.

Überraschend war für mich die Nähe des Gal zur Apk: Das Himmlische Jerusalem ist die Mutter der Christen, die Kirche ist das Israel Gottes. Röm 9,33 spricht von Christus als dem Stein auf Zion, eben jenem Stein, auf dem nach Apk 14 die Kirche aus Juden- und Heidenchristen steht. Auch dieses Kirchenbild teilt Paulus als Zielvorstellung mit der Apokalypse. So wie Paulus die Kirche »Israel Gottes« (Gal 6,16) nennen kann, ist für die Apk das Ziel das Volk der 12 Stämme. Im Vergleich von Röm und Gal mit der Apk bestätigt sich daher das Paulusbild der neueren Forschung: Paulus ist viel jüdischer als gedacht. Dem entspricht auch die Sühnefunktion des Blutes Jesu, die in der Taufe aktualisiert wird. Dass gerade Röm und Gal diese bedeutenden Übereinstimmungen mit der Apk aufweisen, rührt daher, dass der aktuelle Schauplatz und der Zielort gemeinsam sind.

Beeindruckend ist die Nähe zwischen Apk 12,10 und Röm 8,31–39: Niemand ist unter den Himmelsmächten, der die Christen vor Gott verklagt, dafür müssen sie aber auf Erden leiden. Unbestreitbar ist die Nähe zwischen Röm 16,25–27 und Apk 10,7: Das durch die Propheten verkündigte Geheimnis Gottes wird durch die Evangelien vollendet bzw. erfüllt. Der Einheit des Gottesvolks entspricht die Einheit der Offenbarung.

Paulus und die Apk kennen beschneidungsfreie Heidenmission, und gleichzeitig halten beide am Zwölferkreis und am Himmlischen Jerusalem fest. Außerhalb der Evangelien und der Apg sind sie beide die einzigen, für die der Zwölferkreis weiterhin Bedeutung hat. Also ein Judentum, das sich an Propheten und jüdisch geprägter 12 Stämme-Erwartung orientiert, nicht aber an Ritualgeboten und Beschneidung. Seit Paulus und der Apk gilt: Eine christliche Eschatologie ist jüdisch bestimmt oder sie zerfällt ins Bodenlose.

Der Hebr spricht nicht nur vom himmlischen Heiligtum, sondern auch von der himmlischen Kirche der Engel und Menschen, vom Himmlischen Jerusalem

(12,22). Und dem himmlischen Hohenpriester in seiner absoluten Integrität entspricht das Lamm der Apokalypse.

Die Apk setzt die Evangelien nicht voraus, sie bietet aber eine eigenständige Auffassung von Jesus als dem Menschensohn. Diese Auffassung ist darin archaisch, dass der Menschensohn der Apk weder Erdenwirken noch Leiden kennt. Er ist lediglich ein Himmelswesen wie in Dan 7. Insofern bildet die Apk das Bindeglied zwischen Dan 7 und den Evangelien. Das wird den nicht überraschen, der damit rechnet, dass theologische Konzepte ein Eigenleben gegenüber der chronologischen Abfolge der Entstehung der sie bezeugenden Schriften haben können. Dass im Übrigen die Apk aus der Jesusüberlieferung nur einzelne Worte kennt, diese aber nicht als Zitate behandelt und keine Gleichnisse, längeren Reden, Wunder oder Passionsgeschichten enthält, verweist darauf, dass die Evangelientradition hier nur teilweise und vom Hörensagen bekannt war. Neben Kreuz und Auferstehung, Sitzen zur Rechten, Wiederkunft und besonders Diktat an den Propheten Johannes verblasst alles Erdenwirken. Auch mit dem JohEv gibt es nur wenig Gemeinsames. Das alles kommt überein mit einer Datierung der Apokalypse um das Jahr 68/69, jedenfalls vor der Zerstörung Jerusalems und nach dem Brand Roms unter Nero (Apk 18,18).

6.4 Im Netzwerk christlicher Apokalyptik

Bis hin zu Joachim von Fiore († 1202) ist die Wirkungsgeschichte der ApkJoh eingebettet in den Strom weiterhin ungebrochener lebendiger apokalyptischer Tradition, die sich in rund 300 nach der ApkJoh entstandenen neuen Apokalypsen sowie zahlreichen Hymnen niedergeschlagen hat und von der auch die älteren Kommentare randvoll sind, z. B. Tyconius oder Alkuin, Hrabanus Maurus oder die byzantinische Reichapokalyptik (vgl. G. Podskalsky), die jüngst von Julian Petkov in deutscher Übersetzung herausgegebenen altkirchenslavischen Apokalypsen und immer wieder Daniel-, später Antichrist-Apokalypsen.

Die Bedeutung des Hohenlieds (Canticum canticorum) für die Apk wächst im Lauf der Entstehungs- und Auslegungsgeschichte der Apk kontinuierlich. Sie ist schon an vielen Stellen der Apk selbst gegeben, etwa in 12,1. In den deutschen Kirchenliedern »Sag an, wer ist doch diese« und in »Wunderschön prächtige«, mir auch bekannt durch die Wiedergabe von Max Drischner (1891–1971), dem Freund Albert Schweitzers auf der Orgel, herrlich zur Geltung gebracht.

In den offiziellen kirchlichen Liturgien der Ostkirchen in griechischer, armenischer und georgischer Sprache, teilweise im Koptischen und Arabischen, spielt die Apk eine geringere Rolle, am wenigsten in Byzanz und in Georgien. (Vgl. jedoch oben zum arabischen Apk-Kommentar des Bulus al-Bushi aus dem 13. Jh.)

In der römischen Kirche sind die Lesungen aus der Apk auf bestimmte Feste beschränkt: auf den 2. Sonntag im Advent, das Fest der Unschuldigen Kinder, auf die Osterwoche, die Bitttage vor Pfingsten und schließlich Allerheiligen sowie den Kirchweihritus und das Kirchweihfest, das Fest des hl. Erzengels Michael und den Gedenktag Georgs des Drachentöters. Erheblich anders sieht es im ältesten Zisterzienserbrevier (s. o.) und dann vor allem in den nicht-römischen lateinischen Liturgien aus, also der gallikanischen, mozarabischen und altirischen. Anders ist das Bild überall in der Christenheit in der weit verzweigten Literatur apokrypher Apokalypsen, allen voran in 5 und 6 Esra. Der Sitz im Leben dieser Texte war, ähnlich wie in der ApkJoh, eine geschichtstheologische Deutung der geschichtlich jeweils für umwälzend gehaltenen Ereignisse der jeweils jüngeren Vergangenheit. Daneben gibt es aber auch traditionelle Himmelsreisen in das Paradies, in denen dann die Himmelsstadt nach Apk 21 kommentiert wird.

Eine einmalige Rolle spielen Analogien zur Apk auch in der koptischen Kirche (s. o.) bis hin zu Schenute von Atripe (4. Jh.), wo etwa die 24 Ältesten der Apk an einem besonderen Gedenktag gefeiert werden. Unabhängig davon ist die äthiopische Liturgie und kirchliche Kunst intensiv von der Apk beeinflusst. Es gibt auch bereits mittelalterliche äthiopische Bibelkommentare zur Apk, die oftmals rares Gut bewahrt haben.

Eine besondere Rolle spielten in der Wirkungsgeschichte der Apk die Anaphoragebete der Ostkirchen, das *Corpus Praefationum* mit rund 1700 Präfationen, das *Corpus Orationum* mit etwa 10.000 lateinischen Gebeten und schließlich das *Corpus Benedictionum Pontificum*.

Die Illustrationen der Beatus-Apokalypse des Beatus von Liébana sind ein weit verzweigter Bereich des Lebens der Apk, besonders im Spanien und Südfrankreich zwischen dem 9. und 13. Jh. Außerhalb des Liébana-Zyklus stehen ältere Illustrationen, etwa in der Apokalypse von Trier und in den karolingischen Miniaturen, z. B. in der Apokalypse von Valenciennes. Alle diese Zeugnisse erwiesen sich als kostbare Auslegungen und Kommentare zur Apk. So kann man etwa anhand der Miniaturen zu Apk 6 nachverfolgen, wie die Schilderung des 5. Siegels in der Architektur den Anstoß für den Bau von Krypten unter den Altären gegeben hat.

Für die Geschichte der Plastik sind die Westportale romanischer Kirchen zu nennen, in denen regelmäßig das Gericht dargestellt wird, und zwar in bunter Mischung der Angaben aus den neutestamentlichen apokalyptischen Texten.

Zu allen Zeiten war die Apokalypse mithin ein Muster der engen Verbindung von Glaube und Ästhetik. Das reicht von den Miniaturen der Buchmalerei bis zu den Gesängen des Stundengebets, besonders den Hymnen.

Eine Auswertung der Apk durch die Kunst gibt es auch in der Gegenwart, wenn auch außerhalb von Liturgie und Kirche, z. B. in den Stücken der Heavy Metal-Szene. Die Texte sind nicht Bibelzitate, sondern freie Mischung aus apokalyptischen und mystischen Stoffen. Beliebt sind insbesondere die apokalyptischen Reiter. Und in der Rede von den Beton-Engeln wird in Anlehnung an die biblischen Aussagen jede Verkitschung des Engelbildes überwunden. Es gibt hier die »top ten songs about the Apocalypse«.

In den »Anthems (Hymnen) of Apocalypse« etwa wiederholt sich der Satz: »When this world comes to an end tomorrow is too late, live inside the line I am who I am. As the earth crumbles and the sky falls, time will freeze and I will come to see the true beauty of this time.« Gewiss, die Apokalyptik der Heavy Metal-Szene kommt ohne Gott und Christus, ohne Babylon, Jerusalem und Brautmystik aus, aber sie dokumentiert heute den Wert und die Leistung der christlichen Apokalyptik, ja ihre Sprengkraft: Diese hat für 1500 Jahre die wilden Tiere dieses Zoos gezähmt und gebändigt. Sie hat mit kräftigen Akzenten den Depressionen und Ängsten ein hochzeitliches Mahl gegenübergestellt. Sie hat den Betonengeln für eine Weile das zärtliche und freundliche Lächeln der Gestalten des Kölner Malers Stefan Lochner († 1451) gegeben oder des Genter Altars. Die Gregorianik ist die typisch christliche Musik gegenüber der apokalyptischen Angst des Heavy Metal. Die Miniaturen der Tierapokalypsen könnte man als die Großmütter der neuzeitlichen Karikaturen bezeichnen.

So ist das Buch der Sieben Siegel ein Schatzhaus voll von unvorstellbarem Reichtum. Denn wie Horst Kasner († 2011), der Vater von Angela Merkel, oft gesagt hat: Die Kirche des Wortes lebt in der Welt der Bilder.

Auf eine merkwürdig verschleierte Weise, in dieser Hinsicht ähnlich dem *Corpus Iohanneum*, steht die Apk als Teil der Kirchengeschichte mitten in ihr. Ihre Fernwirkung ist dabei weitaus beträchtlicher als ihre unmittelbare Anbindung an konkreteste Geschichte. Daher ist es so schwierig, sie zu datieren (die Diskussion schwankt wischen 65 und 160 nC.). Daher widme ich, bevor ich mich umdie Anbindung an die Gegenwart kümmere, im Folgenden dem spröden Thema der Datierung

6.5 Zur Datierung der Apk

Zur äußerst umstrittenen Frage der Datierung der Apk haben sich im Lauf der Jahre einige neue Argumente eingestellt, und zwar aufgrund neuer Quellen. Ich gehe nach wie vor von einer Datierung der Apk kurz vor 70 nC. aus.

An recht entlegenen Fundorten, im Targum zu den Klageliedern Jeremiae (ed. P. Alexander) und in einer apokryphen Nero-Erzählung, ergeben sich Hinweise darauf, dass schon kurz vor 70 zum Stichwort Megiddo/Harmaggedon mit einer vernichtenden Niederlage, etwa durch die Römer, gerechnet wurde und dass Material zu einer Nero-Legende verarbeitet wurde, das auch in Apk 11 gebraucht wird, was in eine Zeit während oder kurz nach Nero weist.

6.5.1 Targum Threni und Megiddo/Harmageddon

Der Ort Harmaggedon in Apk 16,16 lässt sich biblisch nicht nachweisen. Nach wie vor bleibt aber möglich, ja wahrscheinlich, dass es sich um eine Art Namensvariante zu der Ebene von Megiddo handelt. Für Megiddo lässt sich wahrscheinlich machen, dass der Name (unabhängig davon, wo man ihn lokalisierte) zum Synonym für eine verlustreiche und unglückliche Schlacht wurde.

> Vgl. dazu Sach 12,11: *An jenem Tage wird die Klage in Jerusalem so groß sein wie die Klage von Hadad-Rimmon in der Ebene von Megiddo.* Ebenso 2 Chr 35,22 f.: *(Joschija) hörte nicht auf die Worte Nechos, sondern trat in der Ebene von Megiddo zum Kampf gegen ihn an. Aber die Bogenschützen trafen den König Joschija, der nun seinen Dienern zurief: Bringt mich weg Sie hoben ihn vom Kriegswagen und brachten ihn nach Jerusalem.*
>
> Im Targum Threni (Klagelieder) setzt sich in diesem Sinn die Bedeutung des Ortes Megiddo fort: Klgl 1,18 f. (MT): *(Jerusalem ist unter ihnen, zum Schandfleck geworden.) Meine Mädchen, meine jungen Männer zogen in die Gefangenschaft, meine Priester, meine Ältesten sind in der Stadt verschmachtet, als sie Nahrung suchten, um am Leben zu bleiben.* – Targum Threni 1,18: »King Josiah went (and) drew the sword against Pharao the Lame in the Valley of Megiddo the lament which Jeremiah pronounced over Josiah«; 1,19 »Jerusalem said, when she was delivered into the hands of Nebuchadnezar: I called to my lovers, but they deceived me and turned round to destroy me. (These are the Romans who went up with Titus and wicked Vespasian and built siege-works against Jerusalem.) And my priests and my elders fainted from hunger in the midst of the city, because they sought the sustenance of food for themselves to eat, so that they might preserve their souls.«

Fazit: Gegen Klgl 1,18 f. (MT) setzt sich im Targum Threni die oben aufgezeigte Entwicklung fort. Dazu kommentiert der Herausgeber: »Tg. regards lam[entations] as applying as much to the destruction of the second as to the destruction of the first temple.« Das Targum sehe Rom als westliche Kolonie Babylons. Delikt Israels: Eheliche Untreue mit anderen Göttern.

Nicht unwichtig ist, dass in unmittelbarer Nähe, in Apk 17 f. ebenfalls ein illegales Liebesverhältnis (lovers) Babylons bzw. Roms berichtet wird. Der rätselhafte Zug in Apk 17,16 *(sie werden die Hure hassen, ihr alles wegnehmen, bis sie nackt ist, werden ihr Fleisch fressen und sie im Feuer verbrennen)*, findet sich im Targum Threni von den Liebhabern Jerusalems: Targum Threni 1,19: »Jerusalem said, when she was delivered into the hands of Nebuchadnezar: I called to my lovers, the sons of the nations, with whom I made a covenant that they should help me, but they deceived me and turned round to destroy me (these are the Romans).« Das gehört zu den Details, die zumindest den Verdacht erwecken, dass Apk Züge auf Rom/Babylon anwendet, die zuvor von Jerusalem galten. Das hat eine umgekehrte Entsprechung in Apk 11,8. Was vorher von Rom galt (große Stadt, internationales Publikum, Herrschaft des Tieres, Schaffen von Martyrien, vielleicht auch Petrus und Paulus als die zwei Märtyrer, Paulus erscheint postmortal seinem Mörder), wird nun mit dem Bild des irdischen Jerusalem verschmolzen.

Meine These: »Harmaggedon« verarbeitet »Megiddo«. Die Bedrohung Jerusalems stellt das Targum als Ereignis in Megiddo dar. Vielleicht geht Har-Maggedon gar darauf zurück, dass Megiddo hier zum Berg wird, ähnlich den Sieben Hügeln Roms, die dann in Apk 17,9 (sieben Berge als Vollzahl) eine Rolle spielen. Doch auch Jerusalem liegt auf einem Berg (auch das wäre dann ein Fall der Auswechselbarkeit von Jerusalem und Rom, denn Megiddo liegt stets nahe bei Jerusalem). Aramäisch »Berg« ist *har-*; also könnte wohl Har-Megiddo zu Har-Maggedon geworden sein. Das Targum denkt an das Jahr 70 nC. Auch wenn das in Apk erst zukünftig ist, so ist Megiddo/Harmaggedon doch der ideale Schlachtort. Das Targum ist später als Apk. Denn bei dem Harmagedon der Apk gibt es von Römern keine Spur. Das heißt: Das Targum kennt jedenfalls einen Zusammenhang von Jerusalem, Megiddo und der (einer) Belagerung Jerusalems durch die Römer. Das ist eine Vorbereitung der Szene von Apk 16,16, die sich sonst nirgendwo findet. Das Targum zeigt, dass es gar nicht auf die historisch-geographische Lokalisierung in Jerusalem bzw. den exakten Ort Harmageddons ankommt, sondern dass das Ganze bereits topisch geworden ist, und zwar um das Jahr 70, kurz vorher (Apk) oder kurz danach (Targum). Überdies kennt das Targum auch zumindest indirekt die Verbindung mit Babylon (es setzt die Römer mit Nebukadnezar gleich) und mit illegalen Liebhabern (»lover«, vgl. Apk 17).

Sollten sich unsere vagen Vermutungen über die Austauschbarkeit von Rom und Jerusalem bestätigen, dann wäre das Martyrium Petri et Pauli vor 69 nC. unter Nero doch vielleicht schon ein geheimes Thema der Apk, wie schon J. Munck vermutete. Das Stichwort »Martyrium Pauli« führt uns weiter zu der mit Apk 11 gemeinsamen (Teil-)Gattung (s. o. bei Propheten).

6.5.2 Eine Nerolegende zu Apk 11 (Eine Parallele zu Apk 11,11–13)

Die slavisch erhaltenen Petrus-Legenden sind zum Teil unter dem Titel »Perihodoi Petrou« (Reisen des hl. Petrus) erhalten. Diese waren mit großer Sicherheit ursprünglich griechisch verfasst und sind wegen der gnostisierenden Elemente wohl in das 3. bis 4. Jh. nC. zu datieren. In einem von I. Franko übersetzten Text geht es um eine beachtliche Entsprechung zu Apk 11,11–13. Das Verhältnis dieses slavischen Textes zu Apk 11 ist als gebrochen zu bezeichnen: Ein (das) Kind wird vor Kaiser Nero gebracht. Einer der Umstehenden schlägt dem Kind hinters Ohr.

> »(323) Und sogleich verdorrte sein ganzer Körper, und gleichzeitig erzitterte die ganze Stadt in ihren Grundmauern und die Abgründe der Erde. Und es erhob sich im Volk ein Geschrei: ›Groß ist der christliche Gott!‹ Und gleichzeitig standen die Toten aus dem Grab auf. Und Jesus sagte zu ihnen: Selig seid ihr, dass ihr meinen Ruhm den Ungläubigen gezeigt habt. Geht und ruht in euren Gräbern, bis der Erzengel Michael kommt, euch zur Auferstehung zu wecken.‹ Und zwei Teile der Stadt Rom glaubten an Christus.«

Zur Datierung der Apk

Der Text ist eine Christus-Legende, denn dieser wird hier, analog zu vielen gnostischen Texten, als »das Kind« bezeichnet. Nach dem Geschrei heißt es denn auch: »Und Jesus sagte zu ihnen«. Überdies gibt es folgende Vergleichspunkte:

1. Das Geschehen spielt in Rom. Trotz Apk 11,8 ist Rom der »ideale« oder »theologisch geographische« Ort für Apk 11, »die große Stadt«.
2. Der Kontrahent ist Kaiser Nero. Verschiedene Beobachtungen legen nahe, dass dieses auch für die ApkJoh gilt.
3. Im Mittelpunkt der Szene steht ein Strafwunder. Das gilt auch für Apk 11,5f.
4. Die Szene mit der Ohrfeige entspricht Joh 18,22 (vgl. 19,3b). Die Ohrfeige im Prozessgeschehen ist eine spontane Äußerung von Frechheit und Übermut, die gezielt die Würde des Angeklagten verletzt.
5. Die Abfolge von Handkontakt und Verdorren des Täters findet sich z. B. auch im ProtEvJak, wo Salome Marias Mutterschoß berührt (in lästerlicher Absicht, bzw. weil die sie Wunder nicht glauben will) und daraufhin eine verdorrte Hand hat. In unserer Legende verdorrt der ganze Körper.
6. Auf den Frevel hin reagiert die Erde unter den Mauern der Stadt mit einem Beben. In der Funktion entspricht dies exakt Apk 11,13 *(Und in jener Stunde gab es ein großes Erdbeben, und ein Zehntel der Stadt fiel ein).*
7. Besonders zu beachten ist das Motiv der Totenauferstehung. Sie wird physisch möglich, weil durch das Erdbeben die Gräber freigelegt bzw. nicht mehr fest verschlossen sind. Dazu:
    a) Der Sache nach geht es um einen Vorgang wie in Mt 27,52f. Wo Gott physisch bedrängt wird, ist Erdbeben und Auferstehung die Reaktion. Der Vergleich mit unserem Text hilft, Mt 27,52f. zu verstehen. Dass auf den denkbar größten Frevel hin die Erde bebt und die Toten auferstehen, ist mithin ein Zeichen dafür, dass durch menschliches Unrecht die Welt durcheinandergerät und die Abfolge der Zeiten vertauscht wird.
    b) Während in Mt 27,53 das weitere Geschick der Auferstandenen unerwähnt bleibt, wird es in unserem Text durch den Befehl Jesu geklärt, sich wieder in die Gräber zu legen und zu warten, bis Michael zur allgemeinen Auferstehung der Toten kommt. So wird der Unterschied zwischen dieser vorzeitigen Auferstehung und der endgültigen erkennbar.
    c) Während in Apk 11 die Auferstehung der beiden Zeugen ohne weitere Ereignisse »direkt« auf deren Tod folgt, ist in unserem Text das Erdbeben »zwischengeschaltet«. Diese Abfolge hat ihre eigene Logik: In unserem Text folgen aufeinander Misshandlung – Erdbeben – Auferstehung. Die Logik ist hier: Die Erschütterung durch das Erdbeben ermöglicht die Auferstehung. So könnte es auch nach Mt 27,52f. vorausgesetzt sein, denn auch Mt 27,51f. berichtet: *Und die Erde bebte, und die Felsen wurden gespalten, und die Gräber öffneten sich.*

Fazit: Mt 27 und unser Text bieten eine verständliche, in sich geschlossene Abfolge. Anders in Apk 11: Das Erdbeben wird erst in 11,13 »nachgeliefert«.

Die Abfolge ist: Mord/Martyrium – Auferweckung und Himmelfahrt – Erdbeben und Tod vieler Menschen.

8. Trotz der unterschiedlichen Gestaltung der Legende und Apk 11 ist doch der Schluss gleichartig. Denn nach Apk 11,13b werden die übrigen Menschen *von Furcht erfüllt* und *gaben Gott die Ehre.* Dem entspricht in dem slavischen Text: »Und es erhob sich im Volk ein Geschrei: ›Groß ist der christliche Gott!‹« Dadurch wird die Bekehrung ebenso angedeutet wie darin, dass diese Menschen *Gott die Ehre geben.* Im Übrigen ist der Ruf »Groß ist der christliche Gott« ein christliches Bekenntnis zur Bekehrung, das etwa auch in den griechischen Akten der Xanthippe und Polyxena bezeugt ist und das später der Islam mit dem Ruf »Allah ist groß« übernommen hat.

9. Der Notiz unseres Textes »Zwei Teile der Stadt glaubten an Christus« ist einerseits eine Entsprechung zu Apk 11,13 *Und die übrigen,* also die nicht zu den 7000 Getöteten gehören, andererseits wird Apk mit der dreigeteilten Stadt in 16,19 vielleicht verständlicher: Denn wenn abgesehen von den Umgekommenen zwei Teile an Gott glauben, so setzt das eine Dreiteilung voraus. Apk 16,19 ist zwar von Apk 11 relativ weit entfernt, aber
   a) 16,19 bezieht sich auf die »große Stadt«, die ausdrücklich auch in Apk 11,8a genannt wird.
   b) Unmittelbar vorher wird in Apk 16,18 ebenfalls von einem Erdbeben berichtet. Die Menschen tun daraufhin das Gegenteil von dem, was in 11,13 berichtet wird: Sie geben Gott nicht die Ehre, sondern lästern ihn. Deshalb wird sich die Dreiteilung der Stadt nach 16,19 auf Bekehrte, Nicht- oder Noch-nicht Bekehrte beziehen. Auch dieses Element aus Apk wird durch das hier besprochene slavische Apokryphon erläutert. Das ist aber immer noch etwas völlig anderes als die spätere Auslegung von 16,19 auf Katholiken, Protestanten und Ungläubige etc.

10. Verwandtschaft mit apokalyptischem Material zeigt unsere Schrift auch in der Rede von »Schlüsseln des Abgrunds« (321): »Weißt du denn aber das vom Tag und von der Stunde und die Schlüssel des Himmels und der Erde und des Abgrunds und die 27 Säulen des Erdgrunds und die Umgürtelung des Meeres? Dieses weiß niemand als Gott allein.«

Fazit: Beide Texte berichten über Neros Kampf gegen Gott, der sich als Martyrium bzw. Misshandlung von dessen Boten äußert. In Apk 11 sind dieses die beiden Zeugen, in dem slavischen Text das »Jesuskind«. Dieser Kampf wird v. a. in seinen Folgen greifbar: Auferstehung, Erdbeben mit Todesopfern, Bekehrung des Restes. Zusammen mit Mt 27,51–53 eine eigenartige Gattung: Bekehrungsgeschichten im Kontext von eschatologischen Zeichen (Martyrium, Erdbeben, Auferstehung), die nicht auf einzelne, sondern auf größere Mengen von Bekehrten gemünzt sind. Entsprechend anspruchsvoll sind auch die eingesetzten Mittel des Himmels.

Unser Text ist daher eine von Apk 11 unabhängige Präsentation sehr ähnlichen Materials. Die größte Verschiedenheit ist dadurch eingetreten, dass anstelle der beiden Zeugen von einem (Jesus-) Kind die Rede ist. In den Märtyrern wird Christus selbst getroffen. Und an die Stelle der Enthauptung tritt die Ohrfeige.

Blasius Viegas, Komm., 777 deutet den noch nicht gekommenen König in Apk 17 auf Nero und hält den Antichrist für den wiederkommenden Nero: Neronem in fine mundi a mortuis excitandum ipsumque fore Antichristum. [Nero ist am Ende der Welt von den Toten aufzuerwecken, und er wird der Antichrist sein.]

6.6 Die Apk wird selbst Teil der Kirchengeschichte: Markante Positionen

6.6.1 Radikale Reichtumskritik

Im ältesten Predigthandbuch zur Apk aus der Hand des Bettelmönchs Ps.-Melito (1512) liegt ein Fall durhgehend massiver und kirchenkritischer Reichtumskritik vor. Bis dato gab es das in dieser Schärfe nur in den reichtumskritischen italienischen Bewegungen (seit dem 13. Jh.).

Einführung in das Werk des Ps.-Melito

> Quelle: Sermones super apocalipsim. In apocalipsim sacratissimarum christi et totius militantis ecclesiae revelationum melliflua explanatio. Plurimum omnibus divinum verbum praedicantibus accommoda atque necessaria. adeo ut per ea quae in praesenti libro annotantur per anni circulum et quammaxime in quadragesima et adventu ipsis declamatoribus materia sufficiens atque copiosa reperiatur, habeatur, compleatur. venundantur in vico sancti Jacobi a Johanne Partio sub flore lilii. (Schlussnotiz 483): Impressus sumptibus honesti viri Johannis Petit bibliopole almae universitatis Parisiensis, anno millesimo quingentesimo 1215, kal januarii. Das einzige zugängliche Exemplar wird in der Wiener Staatsbibliothek aufbewahrt. Die Seitenzahlen, die in der Folge angegeben werden, beziehen sich auf die Nummerierung im Digitalisat.

Bereits der Titel gibt an, dass es sich um *Sermones* bzw. *Declamationes*, und zwar für die Prediger besonders in der Fastenzeit und im Advent handelt. Für diese Gattung habe ich bisher bis zum 16. Jh. inklusive keine weiteren Belege gefunden. Es handelt sich damit jedenfalls um eine Frühform der Gattung »Predigthandbuch«. Dem entsprechen auch Hinweise auf die Urheber bzw. Adressaten. Auf 412 findet sich singulär eine Anrede an das Publikum, die Hörer heißen *vos fratres*. Bei der Darstellung von Apk 22 (auf 454) ist die Rede von den *ordines fratrum minorum et praedicatorum* (Franziskaner und Dominikaner) und von ihren Stiftern Franziskus und Dominikus. Der bekannte Grundsatz *bonum est sui diffusivum* [etwas Gutes hat Ausstrahlung], zitiert 469) wird oft mit Bonaventura verbunden, war aber auch bei Dominikanern beliebt. Der Verfasser kennt das Klosterleben von innen. So wird sein Satz verständlich, im Kloster könnte man sowohl die größte geistliche Reife wie auch die schrecklichsten Abgründe kennenlernen (454).

Zwei weitere Fakten können die These stützen, dass es sich um ein Buch aus dem Kreis predigender Bettelorden handelt: Die scharfe Reichtumskritik ist im Rahmen mittelalterlicher Apk-Kommentierungen singulär (vgl. 410.412 f.: Verurteilung der Simonie; 419: gegen die *mercatores*):

> 412–414: Ideo vos fratres ad sepulchra regum aspicite ubi sunt illorum divitiae, ubi ornamenta, ubi anuli, ubi diademata, ubi honoris vanitas, ubi luxuriae, ubi voluptas. certe omnia evanuerunt luce umbra et si in penitenta opprobria et crimina remanserunt, flebunt qui in deliciis vixerunt dicentes: veh, veh, veh. Reddam vicissitudinem cito velociter et sequitur planctus, et negotiatores terrena appetentes flebunt interius et lugebunt exterius super illam Sed numquid tunc negotiatores habebunt merces ad vendendum negotiatores enim, qui in mundo negotiationes fraudulenter faciunt et per fraudes divitias congregant, dolebunt in morte in iudicio, id est in inferno, et non est quod deficientibus terrenis divitiis et deliciis in quibus posuerunt amorem et gloriam suam vel dicebunt se expositos ad tolerandum confusionem et indeficientem ignominiam isti sunt mali mercatores qui dant caelum pro terra ut hypocritae facta pro denario vel alia spiritualia pro temporalibus ut simoniaci vendunt omnia sed tunc non erit qui emat, quia omnibus apparebit ipsorum falsitas et ignominia nuditatis. [Daher, liebe Brüder, schaut auf die Grabmäler der Könige. Dort sind ihre Reichtümer, ihr Schmuck, ihre Ringe, ihre Kronen, dort ist die Nichtigkeit ihrer Ehren, ihre Luxusgüter, ihre Lust. Ganz gewiss ist alles bei Licht zum Schatten geworden, und wenn sie dafür büßen müssen und Schande und ihre Missetaten geblieben sind, dann werden sie, die in Genüssen lebten, sagen: Wehe, Wehe, Wehe. Ich will rasch Veränderung! Und es folgt die Klage, und die Händler, die nach Irdischem strebten, werden innerlich weinen und nach außen hin klagen über sie. Werden dann etwa die Händler Waren haben, um sie zu verkaufen? Denn die Händler machen in der Welt betrügerisch Geschäfte und häufen durch Betrügereien Reichtümer auf, in Tod und Gericht werden sie Schmerz empfinden, das heißt: in der Hölle. Ihre irdischen Reichtümer und Genüsse nehmen ab. Auf die aber hatten sie ihre Liebe gesetzt und an sie ihre Ehre gebunden. Und sie werden sagen, dass sie ausgesetzt sind und nur Chaos ertragen müssen und unablässige Schande. Sie sind die schlechten Händler, die den Himmel um der Erde willen verhökern. Heuchler kaufen und verkaufen alles für ein Geldstück, Geistliches für Weltliches wie die Simonisten. Sie möchten alles verkaufen, aber es wird keiner mehr da sein, der es kaufen will, und für alle wird ihre Falschheit sichtbar werden und ihre nackte Schande.]

Kommentar: In freier Assoziation wird die Klage von Apk 18 ausgeweitet zu einer Kritik des Betriebes, in dem alles käuflich und verkäuflich ist. Da in den Predigerorden auch die Beichte eine große Rolle spielt, wird die Bedeutung des Gewissens *(conscientia)* für die Theologie verständlich. Das Gericht, von dem die Apk spricht, ergeht nämlich nicht nur nach Werken, sondern ebenso nach dem Gewissen. Andererseits wird gegen jede Art von Origenismus festgehalten, dass die

Gerichtsstrafen ewig sein werden (440). Praktisch gewinnen dadurch Intention und *cogitationes* an Gewicht.

In der Anlage ist in der Reihenfolge der einzelnen Kapitel der Apk jeder Abschnitt so aufgebaut: Textzitat eines Abschnittes aus der Apk, theologische Auslegung mit erkennbar moralischer Note bei der Kommentierung symbolischer »Gegenstände« wie z. B. der Tore des Himmlischen Jerusalem. Es folgen Väterzitate, in denen der Verfasser sehr bewandert ist (Augustinus, Gregor der Große, Beda, Isidor, Anselm von Canterbury, Haimo von Auxerre, Hugo von St. Cher, Richard von St. Viktor, Joachim von Fiore, Glossa ordinaria, Bernhard von Clairvaux). Den Schluss bildet jeweils ein ganzes Bündel von Schriftzitaten (besonders: Mt, Lk, Joh, Paulus, Hebr und aus dem Alten Testament v. a. Gen, Ex und die Propheten inklusive Daniel, Sirach [Ecclesiasticus]).

Die zahlreichen Bibelstellen sind auffällig; durchgehend nimmt der Verfasser Bezug auf das JohEv (besonders auf den Prolog). Gegenüber der Apk, aber auch ihren späteren Kommentatoren, zeigt sich eine deutliche Tendenz zur Reihenbildung katechetischen Charakters (1.–7. und 1.–12.). Lebendig wird der Text durch die Aufteilung in Frage und Antwort *(Quaerendum – Responsio)*.

Fazit: Die Predigtentwürfe sind in Latein gehalten. Sie wurden wohl im Kloster vor den Mitbrüdern gehalten. Als solche sind sie Muster und Anregung für Predigten vor dem Volk. Bei der Abwägung Dominikaner/Franziskaner gibt es ein leichtes Übergewicht zugunsten dominikanischen Ursprungs. Der pseudonyme Verfassername Melito stützt sich auf das *mellifluus* im Titel des Buches.

Inhaltlich gibt eine Reihe von Besonderheiten, die diesem Buch einen außergewöhnlichen Wert geben und es in die Reihe der ungehobenen Schätze stellen. Außer den reichtumskritischen Passagen sind folgende Abschnitte besonders lesenswert:

- Wiederholt erwartet der Verfasser eine Freilassung des Teufels nach dem Tausendjährigen Reich. Er verknüpft die Vollendung der Zahl der Auserwählten (Apk 6) mit dem Zweck des Milleniums.
- Er liebt den Titel *rex regum* (z. B. 482).
- Er verschmilzt das irdische Jerusalem Apk 11,8 mit Rom; das ist zumindest nicht abwegig (440).
- Wiederholt liebt er die allegorische Auslegung der zwölf Edelsteine von Apk 21.
- Eindrücklich ist die Schilderung des »Blutes Christi« (428 f.) an den sieben verschiedenen Stationen: Beschneidung, Gethsemane, Dornenkrönung, Geißelung, die Füße bei der Kreuzigung, die Hände bei der Kreuzigung, das Blut bei der Öffnung der Seite.
- Die Abschnitte über Halleluja (422 f.) und über Maria (428).
- Eine völlig neue Auslegung erhält Apk 21 durch die Schilderung paradiesischer Zustände (471): Ibi erit sanitas sine aegritudine, memoria sine oblivione, ratio sine errore, voluntas sine perturbatione, impassibilitas sine corruptione, claritas sine obscuratione, satietas sine esurie, scientia sine haesitatione, gaudium sine tristitia, pax sine timore, desiderii complementum sine intermissione [Gesundheit ohne

Kranksein, Erinnerung ohne Vergessen, Verstand ohne Irrtum, Wille ohne Verwirrung, Leidensunfähigkeit ohne Verdorbenheit, Klarheit ohne Finsternis, Sattsein ohne Hunger, Wissen ohne Zögerlichkeit, Freude ohne Traurigkeit, Frieden ohne Furcht, Erfüllung der Sehnsucht ohne Unterbrechung].

- Ps.-Melito bietet einen eigenen Abschnitt über das »Alleluja« (Apk 19,1.3 f.6) und seine Herkunft aus dem Hebräischen (422 f.).
- Mit anderen teilt Ps.-Melito die Einschätzung von Apk 21,5: Neue Schöpfung bedeutet nicht Änderung der Substanz, sondern Verbesserung wie wenn ein Haus wieder aufgebaut wird.
- Gegenüber der Fehlanzeige zum Thema Antichrist in der Apk wird der Antichrist hier häufiger dargestellt.
- Zu »Heiliger Geist« in Apk 22 wird ein eigener Exkurs geliefert (479).
- Bei der Deutung des Teufels bzw. der Erlösung von ihm greift Ps.-Melito gern auf das Bild der Schuldurkunde (*cyrographum*, aus Kol 2,14) zurück.
- Die Synagoge des Satans aus Apk 2,9; 3,9 ist nach Ps.-Melito nichts anderes als die Gefolgschaft des Antichrists.
- Immer wieder liefert Ps.-Melito Definitionen wie z. B. der *superna civitas* (Himmelsstadt) (461): societas civium supernorum unita fluentissima caritate [Gemeinschaft von Himmelsbürgern, geeint durch überströmende Liebe]. Ähnlich vorher (446): Societas perfecta caritate, nova iustitiae aequitas, amoenitas [eine Gemeinschaft, vollendet in der Liebe, neue, gerechte Gleichheit, Lieblichkeit].
- Es gibt Querverbindungen innerhalb des bekannten Neuen Testaments, z. B. zur Vaterunserbitte *adveniat regnum tuum* (456).
- Ferner: Zu 22,11 s. u. 7.3.; zum Verhältnis Altes/Neues Testament vgl. oben 1.3.1.; zum Thema »Erste Auferstehung« vgl. 3.7

6.6.2 Arabische Kommentare zur Apk

Die Leistung des arabischen Apk-Kommentars von Bulus al-Bushi

Lit: S. N. Talia: Bulus-Bushi's Arabic Commentary on the Apocalypse of St. John: An English Translation and Commentary, Ph.D. dissertation, Catholic University of America, Washington DC 1987. – Ibn Katib-Qaisar (Graf, Geschichte II, 379–387).

Es gibt mehrere christlich-arabische Kommentare zur Apk. Der älteste stammt von Bulus [Paulus] al-Bushi (1170–1250), nach eigenen Angaben am Ende der Handschrift 1298 (1014, Jahr der Märtyrer) von Anba Butrus ibn al-Hahbaz, einem in Äthiopien geweihten Priester, kopiert. Bulus al-Bushi war arabisch sprechender koptischer Bischof. Sein Kommentar ist in einer arabisch-englischen (Übersetzung des Arabischen) Fassung von S. N. Talia (s. o.) ediert und kommentiert worden (vgl. dazu o. S. 20 f.246.292.294.322).

Der Komm. zeigt etliche Gemeinsamkeiten mit den um 1200 bekannten griechischen Apokalypse-Kommentaren. Dazu gehört z. B. die Diskussion darüber, ob in Apk 12 »die Kirche« oder »Maria« gemeint ist. Andererseits ist er häufig trinitarisch ausgerichtet, was man nicht von allen westlichen Kommentaren dieser Zeit sagen kann. Schließlich kennt er Mohammed (Mametios), verwendet aber die vorislamische Bedeutung von *sunnah* (Moral, Gebote), deren Nicht-Einhaltung er in der Kommentierung von Apk 3 den Juden (!) vorwirft. Auch die Figur des »großen Satan« hat der Kommentar mit muslimischen Quellen gemeinsam. Die wichtigsten theologischen Besonderheiten sind einmal seine kirchenhistorische Deutung der Sieben Siegel und zum anderen eine detaillierte Ausarbeitung der in der Apk selbst nur sporadischen Angaben zur Neuen Schöpfung. Von allen zählbaren Serien (Reiter, Weherufe, Posaunen, Siegel) bleiben in diesem Kommentar nur die Siegel übrig. Anderseits werden die Hörner als zählbare Serie entdeckt. Sie beziehen sich auf die sieben Weltalter.

Auslegung der Siegel
Die Siegel der Apk werden auf jeweils tausend Jahre hin ausgelegt, und zwar so, dass das vierte Siegel wegen seiner grünen Farbe auf das Gesetz des Mose bezogen wird. Das fünfte Siegel bedeutet dann die Zeit der Märtyrer vor Christus, das sechste die Zeit der Kreuzigung. D.h. es dominiert eine Auslegung in christlich-kirchengeschichtlicher Hinsicht. Diese Art der Auslegung wird dann auch zu Apk 8,8–12 angewandt: Die Unheilsschläge werden auf die Schismen der Kirche hin ausgelegt. Insgesamt gilt daher für die Auslegung von Apk 6–9: Von den physisch wirksamen Plagen gelten nur die Martyrien, alle anderen Arten von Unheil bedeuten »nur« geistlichen Schaden. Entsprechend wird auch der Falschprophet von Apk 13,11–18 auf Mohammed bezogen. Sogar die Erste Auferstehung nach Apk 20,6 bezieht sich auf die spirituelle Erweckung der Christen, die sie noch im irdischen Leib erleben; allerdings wird der erste Tod nach einem geistlichen Tod angesetzt. Die physische Auferstehung erleben die Christen bei der Wiederkunft Christi.

Schon in der Umdeutng der Sieben Siegel hat Bulus große Freiheit walten lassen. Aus Apk 10–19 nimmt er wenig auf: Der süße bzw. bittere Geschmack der Buchrolle Apk 10 interessiert ihn. Der Verzicht auf weite Partien der Apk bei Bulus fällt besonders für Apk 11 f. auf. Auf den Kontrast Babylon – Himmlisches Jerusalem nimmt er kaum Rücksicht. Erst mit Apk 20 ändert sich der Umgang mit dem zu kommentierenden Buch.

Die Endereignisse ab Apk 20
Die Darstellung der Endereignisse interessiert Bulus besonders, speziell die Neue Schöpfung. Andererseits ist hier auch seine Freiheit gegenüber der Apk-Vorlage besonders groß. Denn Bulus ist bestrebt, die Angaben der Apk mit denen aus anderen neutestamentlichen Autoren, insbesondere mit Paulus, anzureichern bzw. zu ergänzen. So gelangt Bulus zu einer originellen Deutung des Aufhalters nach 2 Thess 2,6 f.: Der Aufhalter ist der Teufel, der nach Apk 20,4 tausend Jahre weggesperrt ist und dadurch das Eintreten des Weltendes aufhält bzw. verzögert. Zu dieser Auffassung kann man nur dann gelangen, wenn man Apk 20 als Kom-

mentar zu 2 Thess 2 betrachtet. Immerhin zeigt sich bei Bulus an solchen Verschränkungen das Interesse an einem einheitlichen biblischen »Fahrplan«.

Die Neue Schöpfung
An einem Sonntag schuf Gott die Welt, und zwar die ganze Welt. Am zweiten Tag (Montag) begann er mit der Differenzierung und schuf die Unterabteilungen der Welt. – An einem Sonntag wird Gott die Welt neu erschaffen. An dem vorangehenden siebten Tag, dem Samstag der Weltwoche, werden die Menschen schlafen. Am Sonntag aber werden (wie an jedem christlichen Sonntag auch) die Christen die Stimme des Menschensohnes hören, und er wird sie dann glorreich auferwecken. Die Freunde Satans dagegen werden unehrenhaft auferweckt. Die Art der Zweiten Auferstehung findet Bulus in Apk 2,17 angedeutet: »And his garment was white, on which a new name will be inscribed« (Rev 2:17). »He did not mean a physical garment but the radiance of the souls and the bodies of the righteous at the general resurrection.« An diesem Sonntag der Neuen Schöpfung wird die Welt insgesamt erneuert, und zwar so, dass der Zustand besser wird.

> Zu Kap. 22: »And since Sunday is the first day of the whole creation and since it is written in the Book of the Law that the first born of every animal is to be consecrated to God, how much the more fitting is it that the first of all things be truly holy and noble. On account of this, God chose Sunday as the first day for resurrection from among the dead. He sanctified it, blessed it and made it holy, for on this day He arose from the dead, on this day He rested from all His works and gave repose in paradise to those who died in times past. To those who remain He gave the promise of the blessed resurrection.«

Für die neue Stadt sind die Apostel die zwölf Fundamentsteine und gleichzeitig die Tore. Was Paulus in Eph 3,18 über die Höhe Breite, Länge und Tiefe der Stadt sagt, wird dort in Erfüllung gehen (Bulus gibt dann auch mit Apk die Maße an). Zugleich gilt nach Eph 2,19f., dass es sich um die Stadt der Heiligen handelt. Denn die Christen sind nicht mehr Fremdlinge und Beisassen, sondern Vollbürger. Nach Hebr 11,13 (Bulus geht auch hier von der paulinischen Verfasserschaft aus) haben die Erzväter diese Stadt von Ferne gesehen und bejubelt. Denn diese Stadt hat Fundamente (Hebr 11,10) wie die neue Himmelsstadt auch (Apk 21,14). Diese ganze Ordnung der Stadt im Himmel hat laut Bulus, und das sagt er ohne Anhalt in Apk, Hebr oder Paulus, der Heilige Geist arrangiert.

Kirchliche Auslegung
Zu den Fundamenten der Himmelstadt geht Bulus auch – exegetisch m. E. völlig zutreffend – auf Mt 16,18 ein und versucht eine Verhältnisbestimmung. Andererseits gelangt er – wohl angeleitet durch seine Auslegung von 1 Kor 3 – zu der erstaunlichen Aussage, Jesus habe Paulus zum Kirchenhaupt bestellt wie auch Petrus und wie Jakobus für die Kirche von Jerusalem. Hier ist bereits kirchenpolitisches Interesse an der Auslegung erkennbar.

Eine konsequent durchgehaltene kirchliche und christlich-dogmatische Auslegung ist durchgehendes Merkmal dieses Kommentars. Das wird bereits zu Beginn der Auslegung erkennbar:

> [1:1–11] »The seven spirits« (Rev 1:4) are the seven hierarchical orders (rutab) of the church, and »the seven churches« (Rev 1:4) are the great cities and their regions, on account of the congregations of the faithful who are there, for every congregation (gam) is called a church.[1:12–16] »The seven lamps« (Rev 1:12) are the illuminating teachings of the churches. »In its midst« (Rev 1:13) signifies the hidden meaning, i.e., the recognition of the glory of the Son of Man. He is called the Son of Man because He became incarnate. His statement, »wearing a breast-plate« (Rev 1:13) indicates His impervious power. »The golden girdle« (Rev 1:13) is His kingdom, which prevails over all. The whiteness of his hair (Rev 1:14) signifies His eternal pre-existence. Indeed, Daniel the prophet saw Him in such a state. [Vgl. zu 3,1.6 ebd.] The Lord commanded the bishop of Sardis saying, »Thus says the One who has the seven spirits of God and the seven stars« (Rev 3:1). The seven spirits mean the orders of the church, and the seven stars mean that He holds all things as was stated above.

Das Verhältnis zu den nichtchristlichen Juden
Für Bulus ist zu Apk 21 f. das Thema Judentum noch einmal naheliegend. Zu Apk 3 hatte er geäußert, die Juden hätten zwar das Gesetz, hielten es aber nicht. Zu Apk. 21 sagt er nun, im »Himmlischen Jerusalem« erfülle sich für Israel die Verheißung des »gelobten Landes«, maßgeblich sind daher für ihn die Stichworte »Freude«, »Lebenswasser« und »Glanz«. Dafür muss Bulus nun eine Neubestimmung dessen leisten, was Israel ist, die auch für Christen passend ist. Israel ist für ihn (und darin folgt er der verbreiteten Etymologie dieses Namens) jeder, der »zu Gott aufschaut«. Seine Anschauung von Kirche lässt der Kommentator zu Apk 22 im Kontrast zu Israel erkennen:

> What a noble glory the kingdom, the land of the eternal promise, has. He called it Jerusalem because the earthly promised land was so named. But she was taken away from them (i.e., the children of Israel) and was conquered by the Gentiles. So the reference to the »land of the promise,« which cannot be taken away from its owners forever, is the land of the promise which God has prepared for all His saints.

Fazit: Der Kommentar des Bulus al-Bushi wirkt sympathisch darin, dass er die anstrengenden Allegorien westlicher Kommentare, die oft genug eher wie Symptome der Verlegenheit wirken, nicht kennt. Auch die Erwähnungen des Islam beschränken sich auf das Notwendigste. Seine Bemühungen, Paulus heranzuziehen, sind nie falsch, sie verraten vielmehr exegetisches Gespür. Er hat die Notwendigkeit gesehen, zur »Neuen Schöpfung« etwas mehr zu sagen als die Schrift. Dabei hält sich das Spiel mit Symbolzahlen – vom Wochenschema der sieben Tage abgesehen – in Grenzen. Dass weite Passagen fehlen und dass Politisches nicht vorkommt, wird man dem Verfasser, der als Seelsorger schreibt, kaum ankreiden können.

Von den Sakramenten kennt der Kommentator Taufe und Buße (z. B. zu den Gemeindebriefen, Apk 2,1–7), die Eucharistie deutet er vom Lamm her, und hier ist die Nähe zu den westlichen Kommentatoren des Hohen Mittelalters unübersehbar.

> Zu Apk 2,8–11: The apostles say the Lord has given us baptism in place of circumcision. The apostles say the Lord has given us baptism in place of circumcision. He has given us His body and His blood in place of the flesh of the lamb [zu Apk 22]. – Immerhin werden die beiden Sakramente zusammen genannt, und ihre Deutung ist viel farbiger als neuzeitliche Interpretationen zu sein pflegen. Leider sagt der Kommentator weder etwas zum christlichen Gottesdienst noch zu den Hymnen der Apk.

6.6.3 Sieben Stadien der Kirchengeschichte (Anselm von Havelberg)

> Lit.: Anselm von Havelberg: Anticimenon. Über die eine Kirche von Abel bis zum letzten Erwählten von Ost bis West (Archa Verbi, Subsidia 7), ed. H. J. Sieben, Münster 2010. – A. Dempf: Das dritte Reich. Schicksale einer Idee, in: Hochland 29 (1931/32) 36–48.158–171.

Anselm von Havelberg, Prämonstratenser und Bischof von Havelberg (1099–1158), verfasste das bedeutende Werk »Dialoge« (Anticimenon). Denn es war die Heilige Schrift selbst, deren Siegel laut Anselm das Lamm nach Apk 5,1–7 geöffnet hat.

Diese sieben Siegel deutet Anselm nun in den Kap. 1; 7–13. Er deutet damit »die Schrift«, gibt also den Schlüssel an, nach dem die Schrift zu verstehen ist. Diese Deutung ist geschichtstheologisch. Das lag vom ursprünglichen Sinn und Zweck der Apk nicht weit entfernt. Denn die Neigung zur Serienbildung in der Apk (Siegel, Wehe, Posaunen) reizte die Kommentatoren dazu, die Zwischenräume zwischen den einzelnen Gliedern der Serie zeitlich zu füllen und in der Serie selbst eine unumkehrbare Abfolge mit eschatologischer Zielrichtung zu erblicken. Denn darin liegt die Leistung dieser geschichtssystematischen Entwürfe: Die Einzelereignisse bleiben kontingent, aber sie sind eben begrenzt, nach Maß und Zahl geordnet. Die einzelnen Schiffe, die auf dem Strom der Ereignisse schwimmen, haben einen Zielhafen. Der Eindruck sinnloser und immer nur zerstörerischer Machtvergeudung lässt sich durch die Ereignisreihen abwehren, sorgt doch schon die wiederholte Drei- oder Siebenzahl für den Eindruck, dass im Ganzen ein Sinn liegt. Zwar ist Gott nicht der Alleinurheber, aber er sorgt dafür, dass das Ganze nicht »aus dem Ruder läuft«. So wird etwa die Zahl Sieben, die ja in der Bibel durchaus eine heilige Zahl ist, zum Beweis dessen, dass Geschichte überhaupt etwas mit Gott zu tun hat. Die dadurch mögliche Periodisierung wird zwar nicht als Gottesbeweis verstanden, aber sie schürt den Verdacht in dieser Richtung.

> »Die sieben Siegel sind die sieben aufeinander folgenden Stadien der Kirche von der Ankunft Christi, bis alles am *letzten Tag* vollendet werden und Gott alles in allem sein

wird. So setzt Anselm mit Apk 6,1 f. ein. *(Erstes Siegel)* »Das weiße Pferd ist das erste Stadium der Kirche, strahlend und überaus schön durch den Glanz der Wunder. Alle bewunderten es in jener Neuheit und priesen es. Der jedoch auf dem Pferd saß mit seinem Bogen, ist Christus, der die Kirche leitet und mit dem Bogen der apostolischen Lehre die Stolzen demütigt und niederwirft.« Dazu wird Joh 16,33 zitiert, wo Jesus sagt: *Habt Vertrauen, ich habe die Welt besiegt.* Nach Apg 5,14 wuchs die Kirche dann täglich (1,7).

Das rote Pferd vom *zweiten Siegel* (Apk 6,3 f.) ist »das Blut der Märtyrer, das zum Zeugnis für Christus vergossen wurde, als der Friede von der Erde weggenommen und das große Schwert der Verfolgung in der Kirche gegeben wurde.« Hier werden Stephanus und viele andere genannt. »Doch die Kirche erblühte in der Verfolgung siegreich wie eine Palme, umso mehr, je mehr sie litt.« Dann kommt Anselm auf Apk 12,15: Als der Drache sah, dass die Frau, die er verfolgte, den Mond unter den Füßen hatte und auf ihrem Haupt die Krone mit zwölf Sternen und dass er sie nicht verschlingen konnte, da »kroch er zu der Frau und beschloss, noch einmal einen Kampf zu führen mit den von ihrem Samen noch Übrigen. Doch dann hörte die Verfolgung auf, ein Gesetz zum Frieden der Kirche wurde erlassen.« (1,8)

Das *dritte Siegel* und das dritte, schwarze Pferd (Apk 6,5) bedeutet die »schwarze Lehre der Häretiker«; »in der Hand halten sie eine Waage mit gefälschten Gewichten, sie versprechen beim Disput über den Glauben ein faires Verfahren, doch sie täuschen die Unachtsamen durch das Gewicht eines einzigen, ja des kleinsten Wortes (ὁμοούσιος/ὁμοῖος) und ziehen sie auf die Seite des Irrtums. Zu ihnen gehört Arius (1,9).«

Bei dem *vierten Siegel,* dem fahlen Pferd (Apk 6,7) ging es um die falschen Brüder. »Was ist nämlich in den falschen Brüdern anderes als der seelenmordende, durch seine Heuchelei und Verstellung fahle Tod, dem mit offenen, zum Verschlingen aufgerissenen Rachen die Hölle folgt?« Dieser offene Rachen wird in den Miniaturen der Kommentare stets als ein riesiges offenes Maul eines Tieres dargestellt, das phänotypisch an ein Nilpferd erinnert. Es folgt dann eine ausführliche Schmährede gegen einen Heuchler: »du reitest auf dem fahlen Pferd, dein Name ist Tod«. Dagegen stellt Anselm dann die Gründer der großen Orden oder eben diese Orden selbst (Augustinus, Bernhard, Norbert, Benedikt, die Kamaldulenser, Franziskus, die Tempelritter), unter denen er Norbert von Magdeburg besonders ausführlich schildert (1,10).

Das *fünfte Siegel* (Apk 6,9–11) bezeichnet die Verfolgung der Kirche und die Täuschung durch die Häretiker. Der Altar, unter dem sie rufen, ist Christus (1,11).

Das *sechste Siegel* meint die Zeit des Antichrist mit der Verfolgung nach Mk 13,19. Die Menschen wissen nicht mehr, was sie glauben sollen, denn Christus, die Sonne der Gerechtigkeit, wird erniedrigt und verachtet. Falsche Christusse treten auf (Mt 24,21). Deshalb gilt das Wort von den Frühfeigen nach Apk 6,13. »Obwohl der Feigenbaum im Evangelium die Synagoge bedeutet, bedeutet er hier die ganze Kirche, von der die abfallen werden, die ohne gute Werke sind.« Mit Apk 6,14 ist die große Versuchung gemeint. Nach Lk 21,26 werden die Menschen aus Furcht vor dem Antichrist verschmachten, auf den Anselm diesen Vers bezieht (1,12).

Das *siebte Siegel* (Apk 8,1) ist das siebte Stadium der Kirche, in dem Stillschweigen herrschen wird, weil nach den Trübsalen der Kirche, die in großer Trauer die Kinder Gottes geboren hat, und nach dem Gericht, das bei der Ankunft des Sohnes Gottes stattfinden wird, in einem Moment, in einem Augenblick (1 Kor 15,22) nach der Vollendung von allem das große Stillschweigen der göttlichen Beschauung kommen, das Jubeljahr (Lev 25,10) eingerichtet, der achte Tag der nicht mehr endenden Glückseligkeit gefeiert werden wird. Nach der Entfernung des Schleiers des Gesetzes (2 Kor 3,13 f.) wird den Gläubigen das Allerheiligste geöffnet werden (Apk 11,19a). Vor dem Thron Gottes und des Lammes (Apk 5,8 f.) wird das Hohelied ohne Ende gesungen werden. Ein Feiertag wird ausgerufen werden bis zum Horn des Altares, das heißt: bis zum höchsten Gipfel der Beschauung, dicht gedrängt beziehungsweise in großen Scharen. Die Wahrheit aller Bilder und Heilszeichen, die es von Anfang der Welt an in den verschiedenen Zeiten gegeben hat, wird offenbar werden und das All wird durch ihn und mit ihm vollendet.«

»Doch wenn von einem Stillschweigen von einer halben Stunde die Rede ist, dann wird dadurch angezeigt, glaube ich, dass auch, wenn alle Erwählten Gott in seiner Herrlichkeit schauen, es dennoch keinem Geschöpf zugestanden werden soll, die volle Herrlichkeit der göttlichen Substanz, wie sie an sich ist, in einem umfassenden Wissen beziehungsweise einer umfassenden Schau zu erkennen. Denn Gott ist unbegreiflich, und er wohnt in einem unzugänglichen Licht (1 Tim 6,16). Zu Recht ist also von einer halben und nicht von einer ganzen Stunde die Rede, denn wenn es auch erlaubt wird, zu einer ausreichenden Glückseligkeit zu gelangen, so ist es jedoch niemandem erlaubt, zu einer vollständigen Erkenntnis Gottes selbst, in der die unermessliche Gottheit erfasst wird, zu gelangen.«

»Es kommt also die Herrlichkeit der Tochter des Königs, welche die Kirche ist, von innen aus der Schönheit des Glaubens nach dem Zeugnis eines reinen Gewissens, doch an den goldenen Säumen ist sie gewandet in der Vielfalt.« (Ps 44,14) Die Vielfalt deutet Anselm darauf, dass es verschiedene Orden gibt. »Man solle kein Ärgernis daran nehmen, dass die Kirche nicht immer dieselbe Lebensform hat.« (1,13) Dieser letzte Abschnitt ist der ausführlichste und in mancher Hinsicht auch interessanteste. Denn die Absicht Anselms tritt klar hervor, die Existenz des eigenen Ordens zu rechtfertigen und die Vielfalt der Ordensgründungen als ein ganz natürliches Phänomen zu erklären. Die Gliedeung der Kirchengeschichte in verschiedene Epochen war zweifellos nicht die Absicht des Propheten Johannes, des Autors der Apk. Aber sie ist öfter gelehrt worden, auch bei Rupert von Deutz, einem mutmaßlichen Lehrer Anselms (bis 1117 an der Kathedralschule in Lüttich tätig). Sie wird dann mit speziell trinitarischer Perspektive bei Joachim von Fiore gelehrt werden, der zwar Zeitgenosse Anselms, diesem aber nicht bekannt war. Die meisten Epochen der Kirchengeschichte ordnet Anselm der Verfolgung der Christen oder den »Häresien« zu. Auch das wird vorher und nachher öfter so gehalten.

Aus dem hier Zitierten finde ich die originelle Deutung der halben Stunde von Apk 8,1 und die demütige Zurücknahme der sonst oft vertretenen Lehre von der vollen Gottesanschauung in der ewigen Seligkeit besonders wichtig. Anselm versteht es, die Texte der Apk mit anderen neutestamentlichen Aussagen zu den Endereignissen zu verbinden, speziell mit Paulus und den Evangelien. Dieses Vorgehen verstärkt die Glaubwürdigkeit seiner Deutungen. Die Figur des Antichrist, die es im Singular im Neuen Testament nicht gibt, fügt Anselm gar aus der späteren Apokalyptik ein. 1136 nahm Anselm am Reichstag Kaiser Lothars III. in Goslar teil, der einzige bedeutende Apokalyptiker und Geschichtstheologe, der je dort war. A. Dempf († 1982; mein Lehrer 1962) zitiert ihn öfter in seinem bekannten Werk zur frühmittelalterlichen Staats- und Geschichtstheologie »Sacrum Imperium« (1929).

6.6.4 Katholisch-mittelalterliche Ursprünge der Auffassung, der Papst sei der Antichrist

> Vgl. R. Manselli: L'anticristo mistico. Pietro di Giovanni Olivi, Ubertino da Casale e i papi del loro tempo, in: Collectanea Franciscana 47 (1977) 5–25.

Die Meinung, der Papst bzw. das Papsttum sei der Antichrist, ist Jahrhunderte älter als die Reformation. Sie ist katholischen Ursprungs und in Italien groß geworden, und zwar über Jahrhunderte hin. Ihr Entstehen hängt mit der kirchlichen Finanzpolitik im Allgemeinen und mit dem Kirchenstaat im Besonderen zusammen. Die erstere war mit 32 päpstlichen Steuerarten »habgierig«, der letztere trug zur Verarmung Mittelitaliens bei. Die »Pataria«-Bewegung, die Entstehung der Bettelorden und die in diesem Buch beschriebene Darstellung des Kapitalismus durch das apokalyptische Pärchen von Bulle und Bär (in Italien entwickelt) (s. S. 226 ff.) zeugen davon in der Realgeschichte. Das Armutsideal bei Franz von Assisi und die starke Politisierung dieses Ansatzes bei den Franziskanerspiritualen sind ohne diese Faktoren nicht denkbar.

Anhaltspunkt für die Meinung, der Papst sei der Antichrist, boten daher Apk 17 f. Denn in Apk 17,7 werden die sieben Berge (Hügel) als Sitz der antigöttlichen Macht des Tieres genannt (auch wenn der Name Rom nicht fällt), und in Apk 18 wird die große Stadt als das von Reichtum überquellende Zentrum des Kapitalismus beschrieben.

Der Franziskanerspirituale Ubertino da Casale (1259–1329) hat zuerst die Päpste Bonifatius VIII. und Benedikt XI. als das Erste und das Zweite Tier der Apk nach Apk 13 identifiziert (vgl. B. McGinn: Antichrist, 2000, 164). Clemens III. (1084–1100), den Gegenpapst zu Gregor VII., hatte man schon im 11. Jh. mit satanischen Zügen ausgestattet.

John Wyclif (1330–84) und Jan Hus (1370–1415) haben diese Ansätze nachvollzogen. Martin Luther hat sie lediglich geerbt. Wo im neueren Luthertum die Gleichung Papst gleich Antichrist übernommen wird, steht allerdings nicht mehr die Kritik am päpstlichen Finanzgebaren im Vordergrund (dafür sind die konservativen US-Lutheraner selbst zu reich), sondern der Häresie-Vorwurf. Die Päpste seien die Häretiker, die das Evangelium verraten hätten. Die Meinung, das Böse am Antichrist sei seine Häresie, ist allerdings seit dem frühen Mittelalter bei zahlreichen prominenten katholischen Auslegern verbreitet. Die Apokalypse war je länger desto intensiver zur antihäretischen Streitschrift geworden.

So wechselten im Lauf der Jahrhunderte die in die Apk hineingelesenen Gegner: 2.–10. Jh: Juden und Heiden; 11.–16. Jh.: Häretiker; 10.–17. Jh: Mohammed bzw. Islam; 12.–16. Jh.: Frühkapitalisten; 13.–21. Jh: der Papst in Rom; 16.–21. Jh.: Protestanten bzw. Katholiken.

> Scharf antirömisch redet Birgitta von Schweden in ihren Revelationes, etwa Buch 4, 59: Filius dei loquitur haec verba dicens: O Roma, tu mihi pro multis beneficiis malam

retributionem rependis. Ego sum deus, qui omnia creavi meamque maximam charitatem per corporis mei durissimam mortem manifestavi, quam propria voluntate pro animarum salute sustinui. Tres itaque viae sunt, quibus te adire volui et vere in omnibus eis tu me prodere voluisti. In prima enim via lapidem magnum suspendisti super caput meum, ut me contereret. In secunda via acutam lanceam posuisti, non sineret me ad te procedere, in tertia via mihi foveam fodisti, ut in eam incaute cadens suffocarer (Probleme mit der Eucharistie). Vere habitatores Romae haec omnia mihi faciunt verba et opera mea pro nihilo reputantes, mihique et matri meae et sanctis meis in ioco et serio in laeticia et ira maledicentes (es folgen Worte der hl. Agnes).

Kommentar: Aus meiner Sicht ist die über Jahrhunderte übliche Weise, in der Apk konkrete Gegner (Häretiker oder Herrscher/Politiker) wiederzufinden, Folge hermeneutischer Fehlentscheidungen über die Gattung der Apokalypse. Folgen wir ihrem eigenen Beispiel, so stellen wir fest: Sie nennt kaum je Namen, noch nicht einmal den Namen Roms. Denn sie ist kein deterministisches Wahrsage-Buch, sondern eine prophetische Schrift. Daher greift sie das an, was »immer wieder« zu kommen pflegt, auch wenn es in manchen Phasen besonders himmelschreiend ist. Nur eines ist sicher: Das Ende ist Folge des Tuns. Und ein Name ist bekannt und eindeutig, der König der Könige und Herr der Herren. Und weil dieser Herrschername bekannt ist, kann es keinen anderen erwähnenswerten geben.

Die Apk redet über Geschichte (als einzige Schrift weit und breit) nicht, weil die Einzeltäter erwähnenswert sind, sondern um über die Richtung aufzuklären. Die Apk benennt den Horror und das Böse, das Schreckliche und das Eklige, weil das alles wahr ist. Und die Wirklichkeit Gottes ist genauso wahr. Denn Aufklärung heißt für sie: die Wahrheit nicht verschweigen. Die Apk nennt und bespricht nicht Ideologien (auch in Rom gab es so etwas), sondern fordert schlicht Anerkennung des Einen. Sie diskutiert nicht und schließt nicht Kompromisse, weil der Schöpfer und Richter, den sie verkündet, klar unterscheidet zwischen Leben schenken und Mord, also Leben nehmen.

6.6.5 Apokalypse in der Epoche des Konfessionalismus

> Lit.: H. Schilling: Die Konfessionalisierung von Kirche, Staat und Gesellschaft – Profil, Leistung, Defizite und Perspektiven eines geschichtswissenschaftlichen Paradigmas, in: W. Reinhard, H. Schilling (Hg.): Die katholische Konfessionalisierung, Gütersloh 1995, 1–49(29); ders.: Barockkatholizismus statt Konfessionalisierung?, in: Historische Zeitschrift 291 (2010) 419–429.

(1) Eine der wenigen Illustrationen im Kommentar zur Apokalypse des *Matthias Hoe von Hoenegg* (Leipzig 1611) steht direkt vor Apk 11. Die beiden Propheten sind dargestellt als zwei zeitgenössische humanistische Gelehrte, wie wir sie hauptsächlich aus Darstellungen der Reformatoren kennen. Erkennbar sind sie an der typischen Gelehrtenkappe und an dem bis ein Stück unter die Knie rei-

chenden »Rock«. Rechts von ihnen bleckt ein schrecklicher großer Hund mit den Zähnen. Auf dem Kopf trägt er die päpstliche Tiara, rechts und links vom Haupt wird die priesterliche (päpstliche) Stola erkennbar. Die Szene spielt in einem kirchenähnlichen Gebäude mit stattlichen Säulen. Im Hintergrund sieht man Johannes, wie er aus den Wolken des Himmels einen Messstab empfängt (nach Apk 11,1). Die eindrückliche Botschaft dieses Kupferstichs: Die Reformatoren sind die beiden Propheten, der große böse Hund ist das Papsttum. Die feinsinnige Gelehrtheit der Gottesgelehrten steht gegen die Brutalität der Bestie. Genau in diesem Sinn hat man über Jahrhunderte die Botschaft der Apk verstanden und gedeutet. Die umfassende Gelehrsamkeit des Österreichers Matthias Hoe tat dem keinen Abbruch. Im Gegenteil: In seinem Kommentar diskutiert er sachlich und ausführlich auch Meinungen wie die des Tertullian und des Thomas von Aquin. Auf diese Weise setzt sich die im Bild angedeutete Spannung zwischen feinsinniger Philologie und Brutalität ungewollt fort. Ein merkwürdiges und auf seine Weise tragisches Bild.

(2) Der Heidelberger Neutestamentler *Franciscus Iunius* publizierte 1591 einen Kommentar zur Apokalypse (Apocalypsis S. Ioannis Apostoli et Evangelistae methodica analysi argumentorum notisque brevibus per F.I. B., Heidelberg 1591). Zusammen mit dem zweiten, weit umfangreicheren Kommentar von David Pareus (In Divinam Apocalypsin s. apostoli et evangelistae Johannis Commentarius, Heidelberg 1622), sind dies, soweit ich sehe, die einzigen je in Heidelberg von Protestanten publizierten Apokalypse-Kommentare. Der eben genannte Kommentar von Iunius ist zu erwähnen, weil er einen rigiden calvinistischen Konfessionalismus vertritt, und zwar im Anschluss an Theodor von Beza (1519–1605). Im Vorspann enthält dieser Kommentar eine ausgesprochen klare Gliederung der Apk, die die Gliederungen der rationalistischen Pauluskommentare der Aufklärung des 18. Jh. vorwegnimmt. Er legt die Apk als Deutung der Kirchengeschichte aus. In dieser unterscheidet er a) *certamina*, b) die *victoria* in Christus, dem Haupt, und c) die *gloria aeterna*. Das betrifft nur das Grobraster, in dem dann weitere Unterteilungen (je nach den beteiligten Personen) vorgenommen werden. Zu den besonderen Eigenarten dieses Kommentars gehört, dass die identifizierten Personen jeweils mit bekannteren kurzen Charaktersprüchen, Zitaten oder Sentenzen ausgestattet werden. Zu den schwarzen Figuren der Kirchengeschichte gehören insbesondere Gregor VII. (der Mönch Hildebrand) und Bonifatius VIII. Von Gregor VII. gilt: Der Teufel hat ihn als Instrument gebraucht, als er losgelassen wurde (Apk 20,4). Der Kommentar erreicht schließlich die für diese ganze Epoche der Apokalypse-Auslegung typische Klarsicht (73): Die höllischen Gegner des Christentums sind nicht römische und andere Herrscher mit ihren überzogenen Ansprüchen, sondern die römischen Päpste. Dazu wird der über Bonifatius VIII. gefällte Spruch aktualisiert: Nec Deus es nec homo, quasi neuter es inter utrumque [Weder Gott noch Mensch bist du, sondern dazwischen, keiner von beiden und also beides]. Oder: oraculo mundi moderaris

habenas et merito in terris crederis esse Deus [zu Recht glaubt man, du seiest Gott auf Erden].

Wenn nicht nur ein einzelner Mitchrist, sondern ein christliches Amt inklusive aller, die es je innehatten, als Inbegriff des »metaphysischen Feindes« gesehen wird, dann ist das »unwiderlegbar« und hat gerade deshalb Folgen bis heute. Wurde es doch zum Vehikel der ethisch-moralischen Grundüberzeugung von Gut und Böse, Licht und Finsternis. Man ist stets dankbar, wenn sich dieses Grundmuster anschaulich füllen lässt. Der gotische und dann barocke Prunk der Ausgestaltung des Amtes war die geradezu ersehnte makabre Kehrseite des ach so fragwürdigen Anspruchs. Dabei ist nicht zu vergessen, dass die Gleichsetzung von Papsttum und Antichrist eine Erfindung des Hohen Mittelalters ist, entstanden aus der verzweifelten Situation hoffnungsloser Armut in Italien. Hier bereits zeigte sich, dass metaphysischer Dualismus immer und überall ein gefährliches zweischneidiges Schwert ist. Es kann jeden treffen und vor allem stets auch den, der es führt.

Zu diesem Dualismus gehört in diesem Apokalypse-Kommentar auch ein sehr modern anmutender Zug, der sich dann in der historisch-kritischen Exegese des 20. Jh. wieder findet. Denn die beiden Zeugen, die nach Apk 11,3–11 ermordet waren und dann auferstanden, sind nach Auskunft des Franciscus Iunius natürlich nicht auferstanden, sondern es gilt nur (60):

> Resurgent quodammodo Prophetae Dei non hi quidem in persona sunt ut loquuntur sed in spiritu, id est, virtute et efficacia sui ministerii, quam expressit Ioannes supra vers 5 et 6. Sic enim praedictionem de Elia dictam de Ioanne Baptista intelligendam interpretatur Angelus Luc 1,17. [In gewisser Weise werden die Propheten Gottes auferstehen, nicht so, dass sie persönlich wieder da wären, wie man von ihnen erzählt, sondern »in der Kraft des Heiligen Geistes«, nämlich in der Vollmacht und Wirksamkeit ihres Dienstes, von der Johannes gesprochen hat. Denn so deutet auch der Engel nach Lk 1,17 die Weissagung über Elia, die in Johannes erfüllt ist.]

Kommentar: Lukas sagt über Johannes, er sei *in Geist und Kraft* des Elia aufgetreten. Doch dies nennt keiner der Evangelisten »Auferstehung«, sondern (Wieder-)Kommen, sc. aus der irdisch-himmlischen Verborgenheit des Entrückten, denn Elia war ja noch nicht wirklich tot. Es ist also nicht legitim, diese Wiederkunft mit einer Auferweckung von den Toten zu vergleichen. In Apk 11,11 wird diese Auferweckung denn auch drastisch beschrieben. Weiter F. Iunius: Daher seien die beiden Zeugen von Apk 11 nur *ministri verbi* (sc. wie jeder andere Prädikant auch).

Fazit: In einer rationalistischen Applikation vermeintlich dualistischer Aussagen fördern sich Rationalismus und Dualismus gegenseitig. Zuerst (schon in den Apokalypsen des 1. Jahrtausends) wird der konfessionelle Dualismus exerziert gegen Häretiker (wie z.B. Arianer), gegen Moslems (unter dem Eindruck der Kreuzzüge) und etwas später (13. Jh.) gegen jüngere Häretiker (Waldenser). Die

Anwendung auf Lutheraner war daher nur eine Frage der Zeit. Der »Antichrist« war dann jeweils der Anführer (das Haupt) der gegnerischen Partei. Kaum irgendwo sonst wird der Missbrauch exegetischer Applikation so manifest, werden seine Folgen so unerträglich wie hier. Wie ist dieser Missbrauch zu stoppen? Jedenfalls zunächst einmal durch Enthaltung von Applikation durch kritische Exegese. Als deren besonderes Verdienst könnte eine mögliche Eindämmung konfessionellen Missbrauchs der Exegese gelten.

Die große Zeit der Apokalypse-Kommentare reicht von Ambrosius Autpertus (8. Jh.) über Joachim von Fiore (12. Jh.), Ps.-Bonaventura und Ps.-Melito (1512), Lambertus von Avignon († 1530) bis zu Hoe von Hoenegg († 1645), den völlig vergessenen Jesuiten Ludovicus de Alcazar († 1614) und Gregorius Ferrarius (1656). Angesichts dieser einst epochemachenden Werke sind die Produkte des liberalen Protestantismus um 1900 (Johannes Weiß, Wilhelm Bousset) dünn und ärmlich. Dazu kommt, dass die mittelalterlichen Kommentare von Liturgie und Kunst begleitet waren. Eine ganze Welt ging seitdem verloren. Und die apokalyptischen Ängste (inklusive Rachegefühlen) sanken ins Unermessliche ab.

6.6.6 Peterson revisited

Die katholische Wende in der Apokalypse-Forschung kritisch betrachtet

> Im Folgenden nehme ich Bezug auf diese Werke Erik Petersons: Von den Engeln, in: E. Peterson:Theologische Traktate (Erik Petersons ausgewählte Schriften, hg. B. Nichtweiß), Würzburg 1994, 195–243; ders.: Die Kirche aus Juden und Heiden, ebd., 141–174; ders.: Ekklesia. Studien zum altchristlichen Kirchenbegriff (Erik Petersons ausgewählte Schriften, Sonderband), Würzburg 2010; ders: Offenbarung des Johannes und politisch-theologische Texte (ebd., Bd. 4), Würzburg o. J., darin: Vorlesungen über die Apokalypse des Johannes, Kap. 1,1–13,18 (5–224).

Die Beiträge Erik Petersons (1890–1960) zur Erforschung der Apokalypse sind durchaus als bahnbrechend zu bezeichnen. Denn im Unterschied zu den Themen und Problemen, die jahrhundertelang die Erforschung dieses Buches der Bibel bestimmten, entwickelte Peterson neue Fragen und Perspektiven, die man als die »katholische Wende« bezeichnen kann. Bis dahin hatten Fragen der Identifizierung der Bilder im Vordergrund gestanden, also: Wer ist der End-Widersacher, wer sind die Häupter und wann soll das alles sein oder gewesen sein? Was ist Babylon oder Jerusalem eigentlich? Wer konstituiert die Synagoge Satans? Erik Peterson dagegen leistet folgendes:

1. Peterson entdeckt die Dimension der politischen Öffentlichkeit für das Dargestellte, und zwar nicht nur für die Gegner, wie es bisher geschah, sondern für das in der Apk dargestellte Christliche.
2. Er entdeckt, dass die Hymnen und die symbolischen Gesten und Aktionen der Apk eine Beziehung zur kirchlichen Liturgie der Alten Kirche besitzen.

3. Er bezieht diese Beobachtungen auf das Kirchenverständnis der Apk. Denn die christliche (katholische) Kirche steht mit ihrem Anspruch in direkter und grundsätzlicher, geradezu »metaphysischer« Konkurrenz zum römischen Staat. Dazu wertet Peterson den politischen Gehalt des griechischen Wortes ἐκκλησία aus.
4. Politisch sind die Hymnen der Apk in ihrem akklamatorischen Charakter; politisch ist der Herrscherthron Gottes und des Lammes, der Anspruch auf den Königstitel und das Imperium (Reich), und politisch ist die Konkurrenz zwischen den beiden die Weltgeschichte bestimmenden Großstädten Babylon und Himmlisches Jerusalem.
5. Damit leistet Peterson in doppelter Hinsicht einen Brückenschlag zwischen Apokalypse und seiner eigenen Gegenwart: Was die Kirche betrifft, so hatte Pius XI. 1925 das Fest Christi des Königs eingeführt, das stets als machtvolle und emotional bewegende Demonstration des katholischen Anspruchs auf politischen Einfluss gefeiert wurde (Fahnen und Lieder, nicht zuletzt die Christkönigs-Präfation mit der Rede vom Reich; vgl. Peterson: Offenbarung des Johannes, S. XVIf). Was den Staat betrifft, so war diese Entdeckung des aktuell politischen Charakters des Christentums als wirksames Gegengift gegen Faschismus und Nationalsozialismus geeignet. In Deutschland wurde diese Bewegung zu nicht geringem Teil noch von den alten Kämpfern (und deren Kindern) des Kulturkampfs zwischen preußischem Staat und katholischer Kirche getragen. Soviel zum Kontext der Deutung Petersons.
6. Da das landesherrliche Kirchenregiment auf protestantischer Seite in Deutschland mit dem Ersten Weltkrieg endet, war der katholische Einfluss nun vergleichsweise stark.
7. In den Märtyrern des Dritten Reiches konnten sich die Konfessionen gemeinsam auf neue Weise in der Apk wiederfinden. Die Deutung der Apk durch Peterson bestätigt sich in den Märtyrern gerade dieser Zeit.

Das alles bleibt Petersons Deutung unbestreitbar als Verdienst. Dass die Deutung der Apk in manchen Punkten einseitig, methodisch fragwürdig oder überholt ist, ändert nichts an der Größe. Das hängt auch bereits an der theologischen Qualität der Apk selbst: Sie ist das einzige Buch des Neuen Testaments, in dem eine mögliche politische Konsequenz aus der Lehre Jesu aufleuchtet. Oder: Nur hier wird die Botschaft Jesu in ihrer weltgeschichtlichen Konsequenz dargestellt, nur hier im Neuen Testament erreicht das Evangelium die Ebene einer Geschichtstheologie. Peterson bezieht diese Rolle der Apk vor allem auf »die Liturgie«.

Um in der Sache weiterzukommen, lohnt es sich jedoch, auf einige Probleme hinzuweisen, die differenziertere Antworten nötig machen, als Peterson sie in der Regel geben konnte:
1. Peterson setzt voraus, dass die Feier der Eucharistie als Mahl der Gemeinde bekannt ist. Er kann sich dabei, wie er meint, auf das Hochzeitsmahl des Lammes nach Apk 19 berufen. Wahr ist jedoch, dass das Mahl nach Apk 19

keinen eucharistischen Charakter hat und dass Eucharistie/Messe den angeschriebenen Gemeinden offensichtlich unbekannt ist. Selbst wenn man die Entstehung der Apk auf irgendeinen Zeitpunkt im 2. Jh. nC. setzt, hilft es nichts, wenn man sagt, die Feier der Eucharistie werde sich doch wohl da bereits durchgesetzt haben. Den Gipfel anachronistischer Argumentation erreicht Peterson jedoch, wenn er den Schluss nahelegt, in Apk 1,10 berichte Johannes von einer Vision nach der Sonntagsmesse (Offenbarung des Johannes, 157 f.). Es ist aber doch »gar nicht schlimm«, insbesondere wenn man mit einer Frühdatierung der Apk rechnet (vor 70), wenn die Gemeinden und/oder der Seher Johannes die sonntägliche Eucharistiefeier noch nicht kennen. Sie ist im Neuen Testament doch häufig genug bezeugt.
2. In der christlichen Apokalyptik der folgenden Jahrhunderte ist zwar der Gedanke. dass die Gemeinde(n) Leib Christi seien, erstaunlicherweise gut belegt. Das gilt jedoch eben nicht für die Apk. Ebenso fehlt ihr auch die Vorstellung, die Synagoge Satans sei »Leib Satans«. Peterson denkt hier schlicht anachronistisch. (Vgl. zu beiden Punkten oben Ambrosius Autpertus.)
3. Peterson ist auf jeden Fall tendenziell und/oder partiell von einem tief verwurzelten theologisch-exegetischen Antijudaismus erfüllt. Dieses Erbe v. a. des 19. Jh. verbindet sich mit dem dualistischen Element in der Theologie der Apk, das Peterson freilich zu Recht beobachtet.

Da Peterson über jüdische Apokalyptik offensichtlich nur in engen Grenzen Bescheid wusste, erklären sich von hier aus einige Fehlurteile gerade hinsichtlich der Liturgie in ihrem Verhältnis zum Judentum. Das betrifft zum Beispiel die Meinung Petersons, ein ununterbrochener Gottesdienst im Himmel sei eine christliche Neuerung und dem Judentum unbekannt. Der ununterbrochene Gesang der Engel wird auch im Judentum davon hergeleitet, dass sie die »Schlaflosen« (ἀκοίμητοι) sind, weil sie eben Tag und Nacht und deshalb ohne Unterbrechung singen. Eben daher heißen sie die Wächter(-Engel), weil sie ohne die Unterbrechung des Schlafes auskommen. Belege bietet die Literatur der Henoch-Apokalypsen:

Zum Material: Hen(äth) 39, 12 f.: »Dich preisen die, die nicht schlafen, und sie stehen vor deiner Herrlichkeit und preisen dich: Heilig, heilig, heilig …«; 61, 12: Alle werden ihn preisen, indem sie nicht schlafen in der Himmelshöhe.« In beiden Fällen steht das Nicht-Schlafen im Kontext der Rede vom Gesang der Engel. Hen(slav) 21,2 spricht von den »nicht schweigenden« Gesängen der Engel um Gottes Thron. – Das heißt: Diese Gesänge kennen keine Schweigepausen, die Engel sind *sine fine dicentes*.

Ärgerlich ist die Formulierung Petersons (Engel, 232): »Auch die geschmacklosen Erörterungen in Chullin 91b über den Ruf des Dreimal-Heilig lassen nichts von der Unaufhörlichkeit des Heilig-Rufes vermuten.« Dass Engel einem »Stundenplan« folgen, so Tg Ps.-Jon Gen 32, 16 und das TestAdam(syr), lässt nicht an Unterbrechung des Gesangs, sondern gerade im Gegenteil an die Einteilung in

Klöstern mit »ewiger (!) Anbetung« denken, in denen sich Gruppen abwechseln. Immerhin ist Chullin ein Talmud-Traktat. Und was Peterson für »geschmacklos« hält, ist nach Chullin 91b nur die Unterscheidung zwischen dem Gesang Israels, der jede Stunde angestimmt wird, und dem der Dienstengel, der auch regelmäßig, aber nach Stundenplan verläuft. Das Urteil Petersons ist hier von Unverständnis geprägt und fällt nur auf ihn selbst zurück. Auch Paulus spricht schließlich vom unaufhörlichen Gebet (z.B. 1 Kor 1,4; Phil 1,4; Kol 1,3; 4,12), und er »übertreibt« damit nicht, sondern nach jüdischem Verständnis enthält so jede Zeiteinheit einen Abschnitt des Betens. Denn Zeit ist nach dem Verständnis dieser Kultur nicht ein neutraler Verlauf, sondern ein lebendiger Organismus.

Die Stelle Röm 9,4 *(Denen die Herrlichkeit Gottes gehört)* ist für Peterson offenbar ein Ärgernis. Daher muss er hier (im Zusammenhang mit Apk 4) ein Verbum der Vergangenheit einführen: »So spricht denn auch der heilige Paulus davon, daß die Juden die Glorie Gottes einmal hatten (Röm 9,4)« (209). Das ist nicht der Fall. Ferner insistiert Peterson auf dem (rein) »irdischen« Charakter jüdischer Religion: Dem Judentum sei in der Deutung der Vision von Jes 6 »das Bedürfnis nach einer Transzendierung der prophetischen Vision fremd geblieben« und er legt nach: Das (orthodoxe) Judentum habe »nur eine militärische, aber nicht eigentlich eine hierarchische Gliederung der Engelwelt gekannt« (209). Hier hat nun Peterson eine falsche Alternative an den Text herangetragen: Denn der Dualismus zwischen Militär und Hierarchie mag zwar Ende des 19. und Anfang des 20. Jh. zwischen Berlin und Rom gegolten haben, doch für das Frühjudentum und das frühe Christentum und später noch einmal für Ignatius von Loyola ist eine solche Annahme schlechthin anachronistisch. Denn die Basis für die Metaphorik Engel – Militär ist nicht der sinnlose Gewaltgebrauch, sondern bewegliche, zielgerichtete glanzvolle Ordnung als Vollzug des Gehorsams mit siegreichem Ende. Militär oder Hierarchie ist daher eine denkbar falsche Alternative. Sie gilt auch nicht für die christliche Angelologie. Was im Christentum hinzutritt, ist die Ästhetik. Die militärische Ordnung der Engelhierarchien ist schön. Vielmehr wird sich derjenige, der dem Judentum im Gegensatz zum Christentum (!) einen nur militärischen Charakter der Engelwelt zuschreibt, nur mit Mühe dem Vorwurf des latenten Antijudaismus entziehen können. Ferner ist die Vielzahl der Mächte und Gewalten keine christliche Neuerung im Gegensatz zum Judentum. Es ließe sich auch im frühen Christentum weder ein zwingender noch ein hinreichender, typisch »christlicher« Grund für diese Vermehrung der Mächte finden (208).

Zum Material: Hen(äth) 61, 10: »Und er wird das ganze Heer des Himmels rufen und alle Heiligen in der Höhe und das Heer Gottes und die Kerubim, Serafim und Ofanim und alle Engel der Gewalt und alle Engel der Herrschaften, den Erwählten und die anderen Mächte.« Die Engel der Gewalt sind griech. die ἀρχαί und ἐξουσίαι. – Hen (slav) 21, 1: (Cherubim und Seraphim, Sechsflügelige und Vieläugige: Heilig, heilig,

heilig) 22, 2: »und seinen vieläugigen und vielstimmigen Chor und den Thron des Herrn und den Chorstand der Cherubim rings um ihn und die Heerscharen der Seraphim«.

Allem Anschein nach folgt Peterson auch hier seinem Grundansatz bei der Deutung der Rezeption des Judentums in der Apk: Altes Testament und Judentum haben keinen Sinn für die wahre geistliche Vielfalt und Herrlichkeit des Himmels, man denkt dort militärisch und nicht ästhetisch, irdisch und nicht mystisch, national und nicht universal. Das meiste von diesen Vorurteilen findet sich bereits in der Religionsphänomenologie Hegels. Ein neutraler Beobachter würde sagen, der Verfasser der Apk sei vielleicht insoweit christlich bzw. katholisch, als er den protoneuplatonischen und eben griechischen Ansatz der Spiritualisierung dem Judentum als Errungenschaft vorausgehabe. Doch diese ganze Mystik ist nicht protoneuplatonisch, sondern der Instinkt für den Himmel entspringt hier ganz dem Judentum, das Christentum der Apk ist nicht griechisch, es ist jüdisch und – wie Peterson an einer Stelle andeutet – an der Erhöhung Jesu orientiert. Wenn man das jüdisch formuliert: in seinen Voraussetzungen ein großes Stück Henoch-Tradition. Die Voraussetzungen sind vom Anlass zu unterscheiden: Die Entrückung eines Menschen in den Himmel und zu Gottes Thron ist in der Henochtradition vorgedacht, doch der Anlass ist das Geschick Jesu. Die Aufnahme der christologischen Selbstbezeichnung Menschensohn in der Apk zeigt, wie die Linien hier verlaufen. Mit anderen Worten: Hätte Peterson die Henoch-Tradition näher gekannt und verstanden, dann hätte er die Differenz zum Judentum hier nicht so betonen müssen. Das Verhältnis Judentum – Christentum ist hier nicht der Gegensatz von irdisch-profanem und mystisch-frommem Denken, sondern das Verhältnis ist das von bereitgestellten Kategorien und realem Anlass dazu, diese aufzugreifen und im Sinn des Evangeliums neu zu interpretieren.

Wenn Peterson schließlich behauptet, die Herrlichkeit Gottes würde nun »im Tempel des Leibes Christi, der in den Himmel aufgefahren ist«, geschaut, dann geht er grob fahrlässig nicht nur am Text der Apk, sondern auch der altkirchlichen Apokalyptik vorbei. Denn den Leib Christi im Himmel gibt es dort überhaupt nicht. Wenn es heißt, dass die Bewohner der himmlischen Stadt Gott und das Lamm als Tempel hätten, dann legt nichts die Annahme nahe, diese Immanenz sei die im Leib Christi. Auch ein Satz wie dieser: »Im Lobpreis der heiligen Messe also ist der Ursprung des mystischen Leibes der Kirche zu suchen« (Peterson 225) entspricht leider nicht dem Befund der Apk. Weder ist nach Apk die Kirche in irgendeiner Hinsicht der mystische Leib, noch bedeuten die Hymnen eine mystische Teilhabe, noch haben die Hymnen der Apk einen Bezug zur heiligen Messe; das mag eine spätere und auch sinnvolle Herleitung sein, die Apk zeigt indes nichts davon. Auch die Inanspruchnahme der Hymnen der Apk in den späteren Liturgien hält sich (ausgenommen das Dreimalheilig) in Grenzen. Andererseits ist im Eph, dem klassischen Fundort für Leib Christi-Theologie im Neuen Testament, nichts vom Ursprung dieser Konzeption in Hymnen zu erkennen.

Das Fortleben der Apk in den Liturgien der Christenheit ist sehr differenziert zu sehen. Es betrifft nur Einzelzüge einzelner Liturgien. Der griechischsprachige Osten fällt praktisch aus. Im lateinischen Westen ist die Wirkungsgeschichte der Apk im Stundengebet und in diversen Hymnen ausgeprägt, auch in Lesungen einer Reihe von Festen. Im Allgemeinen muss man jedoch sagen: Weder ist aus der Apk irgendetwas ersichtlich über den Gemeindegottesdienst in den angeschriebenen Gemeinden, noch ist in der Folge ein Einfluss gottesdienstlicher Strukturen der Apk irgendwo ermittelbar. Das betrifft etwa die Hymnen, von denen keine je in einen Gemeindegottesdienst des Westens übernommen wurde, auch nicht das *Sanctus* in der Form, die ihm die Apk gegeben hat. Von einer wie auch immer gearteten Spiegelbildlichkeit zwischen himmlischer und irdischer Liturgie kann für die Apk selbst nicht die Rede sein.

Das ändert sich später, und zwar sowohl im koptischen als auch im byzantinischen Bereich. In der Apk ist überdies nicht sichtbar, wer den Gottesdienst der Gemeinden geleitet hat oder wie er aussah. Auch davon spricht die Apk nicht, »dass die Liturgie, die die Ekklesia auf der Erde feiert, eine Teilnahme am himmlischen Kultus ist, der in der Himmelstadt von den Engeln begangen wird« (Peterson, 198). Für die Apk ist diese Aussage ein Anachronismus, erst später entwickelt sich hier die Teilhabe, selbst in dem *una cum* der Präfationen ist sie eher angedeutet als gedanklich entfaltet.

Alle diese Feststellungen gelten nicht für die Thronszenerie Apk 4. Das Dreimalheilig in Anfangsposition ist jedenfalls allen christlichen Liturgien ab dem 2. Jh. gemeinsam. Hier geht es aber wohl weniger um ein Stück Wirkungsgeschichte der Apk, sondern um diverse Auswirkungen (bis hinein ins *Te Deum*) von wie auch immer gearteten älteren Vorlagen, an der auf ihre Weise auch die Apk Anteil hat. Denn das, was auf Apk 4 folgt, ist von jeder belegten oder vorstellbaren Eucharistiefeier denkbar weit entfernt. Das gilt jedenfalls zumindest bis zur Osternachtsvision Joachims von Fiore. Vielmehr gilt: Die Hymnen der Apk sind in so hohem Maß theozentrisch, dass aus ihnen selbst nichts Politisches hervorgeht, auch keine Opposition gegen irgendein irdisches System von Herrschaft. Ihren politischen Charakter bekommen sie erst durch ihren Kontext in Apk 13–18. Dass die Annahme eines himmlischen Gottesdienstes daher rühre, dass die Christen den Tempel von Jerusalem verlassen haben, um sich dem Tempel im Himmel zu nahen, setzt nicht notwendig eine Datierung nach 70 nC. voraus.

Doch im Übrigen finde ich es bedauerlich, dass in der katholischen Apokalypse-Forschung (sofern diese sich überhaupt aus dem allgemeinen Strom abhebt) nirgends ein bestimmender Einfluss der gewiss großartigen Beiträge Petersons zu sehen ist. Das hängt aber auch damit zusammen, dass die politische Dimension, die Peterson am Herzen liegt, jedenfalls in der sogenannten deutschen christlichen Politik keine Rolle spielt, weil sich niemand getraut.

6.7 Die Apokalypse im 21. Jahrhundert: Leih mir deine Flügel, Engel

Kaiserin Sissi schrieb ihre oben zitierte und besprochene Auslegung zu Apk 12,14 inmitten der erdrückenden Zwänge des k.u.k. Hoflebens und der höfischen Etikette und Einsamkeit. »Ich will hier raus«, »Ich muss hier raus«, dieser Schrei gehört in verschiedensten Situationen zum Grundbestand menschlicher Reaktionen auf Zwänge und Not auch im 21. Jh.

In den ältesten Dokumenten des Christentums finden wir Vergleichbares in der Gattung der sog. Gefängnisvision. Nach Apg und frühen Apostelakten sind Apostel und vergleichbare Boten Gottes in einem lokalen Gefängnis festgesetzt. Nächtens erscheint ihnen ein Engel, der sie auf wunderbare Weise befreit. Allein schon die Apg berichtet dreimal von einer solchen Befreiung durch den Engel: 5,19 (der Engel befreit Petrus); 12,17 (der Engel bzw. der Herr führt Petrus heraus); 16,25 f. (Paulus und Silas werden durch ein »theophanes« Erdbeben befreit). In den apokryphen Apostelakten gehört die nächtliche Befreiung zum Standardrepertoire.

In späteren Jahrhunderten wird der Zielort der Befreiung der Himmelsfrau wichtiger: Etwa bei Ps.-Melito und bei vielen anderen ist der Ort in der Wüste eine poetische Umschreibung des kontemplativen Lebens. Kontemplatives Leben wird als die größtmögliche Befreiung dargestellt (und zumindest ein Exeget des 21. Jh. wird dieses nur unterschreiben können).

Für Ps.-Melito bedeutet, wie oben gezeigt, die Befreiung durch den Engel die Lösung und Erlösung aus den umfassenden Zwängen des Molochs Babylon. Hier bemerken wir, dass es sich gut macht, dass Johannes nicht einfach von Rom spricht, sondern von Babylon. Denn gemeint ist nicht nur die politisch-militärische Machtzentrale und der ökonomische Knotenpunkt am Tiber, sondern ein übergreifendes System von Versklavung und Götzendienst. Auch der Name »Hure Babylon« sollte nicht zu der Meinung verleiten, Johannes wende sich hier gegen sexuelle Libido. Jedenfalls in der Auslegung Ps.-Melitos geht es vielmehr um Käuflichkeit als Welt- und Lebensprinzip. Nach der Apk selbst äußert sich das u. a. im Embargo, dem die Christen unterliegen (13,17). Befreiung im 21. Jh. besteht also zunächst einmal im Werben für eine andere Werteordnung, in der nicht Käuflichkeit das oberste Prinzip ist.

Zum anderen aber zeigt das Beispiel der Kaiserin Sissi, dass eine Befreiung in der Dichtung ihren Anfang nehmen kann. Aus der liturgischen Tradition der Kirche lässt sich hinzufügen, dass das Singen bzw. die Musik (vgl. oben zum Stundengebet und zur Bedeutung der Apk darin in West- und Ostkirche) ein weiterer elementarer Schritt zur Befreiung ist (»Wer singt, wird auferstehen«, mittelalterlicher zisterziensischer Merkspruch). Das alles liegt in der Nachbarschaft der Wüste des kontemplativen Lebens nach Ps.-Melito und vielen anderen.

7 Das definitive Ende

7.1 Alle tot. Totalvernichtung als Gericht

Apk 14,15–20: *Ein weiterer Engel trat aus dem himmlischen Tempel hervor und rief dem, der auf der Wolke thronte, laut zu: »Lass deine Sichel arbeiten, ernte jetzt, jetzt ist es Zeit, denn alles ist reif.« Und der auf der Wolke thronte, schickte Schnitter mit der Sichel zur Erde, und die Ernte der Erde wurde eingebracht. Und ein weiterer Egel mit scharfem Winzermesser trat aus dem himmlischen Tempel hervor. Auch der Engel, der über das Feuer wacht, kam vom Altar her. Mit lauter Stimme rief er dem Engel mit dem scharfen Winzermesser zu: Schicke einen Schnitter mit deinem scharfen Winzermesser, dass er die Trauben am Weinberg der Erde abschneidet, denn ihre Beeren sind reif. Da schickte der Engel einen Schnitter mit einem Winzermesser zur Erde. Der schnitt die Trauben vom Weinstock und warf sie in die große Kelterpresse, das ist der Zorn Gottes. Außerhalb der Stadt wurden die Trauben in die Kelterpresse gestampft. Das heraustretende Traubenblut reichte den Pferden bis an den Zaum, es floss an die 1600 Stadien weit.«*

Apk 15,7: *Und eines der vier Throntiere überreichte den sieben Engeln sieben goldene Schalen, randvoll gefüllt mit dem Zorn Gottes, der nicht vergeht.*

Kommentar: Liturgischer Schluss von Gerichtsankündigungen: (von Gott) qui venturus est iudicare vivos et mortuos et mundum per ignem. Dem entspricht, dass nach Apk 14,18 die Ernte vom Feuerengel vollzogen wird, obwohl Abmähen eigentlich nichts mit Feuer zu tun hat. Aber der Prophet Johannes denkt hier wohl an einen Gerichtsvorgang, in dem die ganze Erde verbrannt wird (wie 2 Petr 3,10.12b). Die Menge des Blutes in 14,20 weist auf Vernichtung aller. Das ist auch die Konsequenz aus dem Bild der Ernte. Denn beim Abmähen eines Feldes gibt es keine Ausnahmen. Ein Zorngericht lässt derartige Ausnahmen nicht zu.

Eine Ansicht dieser Art ist offenbar auch die Voraussetzung für 1 Thess 4,15; 5,6. Paulus nennt hier *die übrigen* als Gesamtheit und setzt damit die pure Hoffnungslosigkeit voraus. In 1 Thess 5,3 spricht er vom Vernichtungsgericht: *Keiner entkommt ihm. Frieden und Sicherheit* nach 5,3 sind eine Illusion. Für Christen soll es nach Paulus einen Ausweg aus dieser Lage geben, aber eben nur für sie, und Paulus kann die Annahme eines allgemeinen Vernichtungsgerichtes für seine Leser voraussetzen. Auch Joh 5,28 setzt voraus, dass alle in den Gräbern sind, in 5,25 heißen sie *die Toten*. Alle sind tot, einige werden zum Leben auferweckt, andere zum endgültigen Tod.

Demnach ist die bei Paulus, in Joh 5 und in Apk 14f. vorausgesetzte Anschauung: Am Ende sind alle tot, und sei es durch Gottes Zorngericht. Ausnahmen sind erst danach möglich, und zwar nur für Christen. Sie bleiben nicht ewig tot.

Nach 1 Thess 4,15 ist das anders: Die Christen sind nicht alle tot, aber nur Christen werden zum Herrn entrückt, insofern ist die Ausnahme hier vorverlagert. Nach katholischer Auffassung (und für Luther) gilt das auch für Maria, wenn auch aus anderem Grund: Sie musste nicht sterben, sondern wurde wie die Christen nach 1 Thess 4,15 entrückt (in ihrem Fall aus besonderem Grund, weil sie ohne Sünde war).

Allerdings bedeutet Verbrennen nicht *reductio ad nihilum*. Weder in 2 Petr 3 noch in Apk 21,2 ist »Neue Schöpfung« Neu-Erschaffung *ex nihilo*. Wie man von der Strategie der »verbrannten Erde« her weiß, bedeutete Verbrennen nicht grundsätzliches Vernichten der Existenz, wohl aber tiefgreifende Zerstörung der nützlichen Ordnung.

In der späteren christlichen Apokalyptik sind Ströme von Blut oft ein Zeichen dafür. dass Gottes gerechtes Gericht eingegriffen hat, so in der Daniel-Diegese 6, 1–3 (»denn vermischt werden wird das Blut im Meer zwölf Stadien weit. Und in den Straßen der Stadt werden die Pferde eingetaucht in Blut ersticken«; weitere Parallelen bei K. Berger: Daniel-Diegese, 75).

Fazit: Nach Apk 14 ist das Sterben aller Zeichen des Zornes Gottes. Biblisch gesehen ist das die Folge davon, dass alle gesündigt haben. Der leibliche Tod bleibt, zumindest als grundlegende Erinnerung daran, dass der Mensch sich von Gott entfernt hat und die Folgen tragen muss. Eine Besserung ist aber in Sicht. Wie schon Apk 12, so stellt auch Apk 14 auf seine Weise »das Ganze« dar. Etwaige positive Aspekte der Ernte muss der Leser daher späteren Kapiteln überlassen.

Ein ähnliches Totalgericht bietet das Szenario nach Apk 19,18.21 (*und das Fleisch aller, das der Freien und der Sklaven, der Kleinen und der Großen*). Apk 14 ist daher nicht die Ausnahme. Auch 2 Petr 3 lässt mit dem Weltbrand keine Ausnahme zu. Unter dem Stichwort »Horror« wurde Apk 19,18 oben schon kommentiert; Johannes hielt es selbst wohl für die größtmögliche Steigerung grausamer Bestrafung, wenn er hier von der Einladung an alle Vögel spricht, alles Lebendige (keine Ausnahme lässt der Text zu!) aufzupicken. Denn nach dieser Maßnahme folgt in Apk 20,1 die Schilderung des Milleniums. Da 19,21 auf 19,20 folgt, ist anzunehmen, dass das Gefressenwerden noch schlimmer ist als lebendig in den brennenden Schwefelsee geworfen zu werden. Vielmehr: »Alle tot« ist der Normalfall. Ähnlich schon HenApk(äth) 62, 2: »Und der Herr der Geister setzte (ihn) auf den Thron seiner Herrlichkeit und die Rede seines Mundes tötet alle Sünder, und alle Frevler werden von seinem Angesicht getilgt.«

Eine andere Eschatologie liegt vor, wenn das Gericht nicht Zerstörung, sondern ein Scheidevorgang ist, in dem die Guten von den Bösen getrennt werden. Am deutlichsten wird das im Gleichnis vom Unkraut unter dem Weizen (Mt

351

13,24–42). Das Unkraut (und nur dieses!) kommt dann ins Feuer, die Gerechten in die Scheune.

7.2 Angedrohte Ersatzvornahme

»Wenn du nicht willst, was ich dir anbiete, dann bekommen andere das, was eigentlich dir zugedacht und für dich war.« Sätze, die dieser Logik entsprechen, gibt es in den Zeugnissen des frühen Christentums öfter. Dass anderen das Heilsangebot gemacht wird, gilt dann, wenn die ursprünglichen Adressaten ablehnen, daher das Wort »Ersatz«. Die neuen Adressaten ersetzen die alten, die wegen Nicht-Wollens ausgefallen sind. Diese Logik findet sich an folgenden Stellen:
- bei Johannes dem Täufer: Erstadressaten: Kinder Abrahams; neue Adressaten: von Gott aus Steinen erweckt neue Kinder Abrahams (Lk 3,8);
- bei Paulus nach Apg: Erstadressaten: Juden in Synagogen; neue Adressaten: Heiden, die dann Heidenchristen werden (Apg 13,46);
- in der Apk nach 3,11: Erstadressaten: die Gemeinde von Philadelphia; neue Adressaten: andere Heiden außerhalb von Philadelphia. *Halte fest an dem, was du hast, damit niemand dich um den Preis für deine Mühen bringt.* Das heißt: Die Erwählung der jeweils Angeredeten ist bedroht. Denn Erwählung ist nicht bleibender Privatbesitz von Menschen, die sich etwas darauf einbilden könnten. Denn Gott schätzt nicht »Erwählte«, die ihren Status aushöhlen, um ihr Eigeninteresse besser verfolgen zu können. Erwählung ist zumindest nachträglich daran gebunden, dass einer Gottes Willen tut.

Die drei genannten Texte variieren das Thema: In Lk 3 geht es um den Adel der Abrahamskindschaft, in Apg um den Konflikt zwischen Diasporasynagoge und umgebenden Heiden, in Apk um das himmlische Erbe, das Ziel des Lebens. In den lukanischen Texten geht es mehr um die »Ehre«, in Apk um das Heilsgut schlechthin. In jedem Fall ist – wenn man der sprachlichen Formulierung glauben darf – eher von Sachgütern die Rede. Doch weil es um Gott geht, steht am Ende nichts anderes auf dem Spiel als seine Liebe. Denn Erwählung (z. B. Abrahamskindschaft) gilt als exklusive Liebeszuwendung, z. B. in den Taufberichten (geliebter Sohn, erwählter Sohn).

Die Voraussetzung ist stets: Das bedrohte Gut gibt es nur einmal, nicht mehrfach. Es ist nicht vielfältig vorhanden, sondern einzig wie Gott selbst. Nun gibt es ursprünglich dafür Vorgesehene, in den lukanischen Texten eindeutig Juden, in der Apk zumindest mehrheitlich Heidenchristen. Nicht ohne Brisanz ist, dass unmittelbar vorher in Apk 3,9 von den sogenannten Juden die Rede war – zusammen mit den lukanischen Belegen ein Hinweis darauf, woher die »angedrohte Ersatzvornahme« stammt.

Symbol dieses Heilsgutes ist nach Apk 3,11 »der Kranz«, »die Krone«, im Ringsymbol ein Zeichen für dauerhafte Zusammengehörigkeit. Wenn dieses Zeichen an andere verschenkt bzw. übertragen wird, so sprengt und zerstört eben diese Neuvergabe die symbolische Bedeutung selbst. Weil es eigentlich dauerhafte Bindung meint, ist dieses Zeichen so kostbar. Deshalb spricht Apk 3,11 nicht abstrakt von »Erwählung«, sondern mit diesem bis heute selbstverständlichen Zeichen. Wenn das Zeichen exklusiver Zuwendung an andere verschenkt zu werden droht, kann es sich nur um das Drama einer Beziehungstragödie handeln. Hinter dem, was nach Apk 3,11 wie schlichte logische Konsequenz aussieht, steckt also tatsächlich das größte persönliche Wagnis beider Partner. So wird erkennbar, warum man das Verhältnis zwischen Gott und Israel, in dem Treue oder Untreue die größte Rolle spielen, seit 2500 Jahren im Hohenlied dargestellt findet.

7.3 Nichts mehr zu machen: Theologie der Endgültigkeit (zu Apk 22,11)

Wir stoßen damit auf eine, soweit ich sehe, noch nie beobachtete neutestamentliche Theologie der Endgültigkeit (»Nichts geht mehr«). Sie besteht darin, dass es zwischen Tat und Gericht keinen Zwischenraum zu Umkehr, Vergebung oder Besserung mehr gibt. Bei folgenden Tatbeständen ist das auch sonst gegeben:

- Sünde wider den Heiligen Geist: unvergebbar (Mk 3,28 f.), denn der Heilige Geist (das ist die positive Kehrseite) ist die letzte und äußerste Selbstgabe Gottes.
- »Heidnische« Vergehen bzw. Abfallen vom Christentum nach Hebr 6,4–6: Wer einmal in der Gabe des Heiligen Geistes die Kräfte des kommenden Äon gespürt hat, kann bei Vergehen mit Rückfall-Charakter dann nicht wieder neu initiiert werden. Ähnlich wie bei der Versiegelung (Apk 7 usw.) verleiht der Heilige Geist Irdischem himmlische Stabilität und Zeitlosigkeit. Deshalb ist auch der Neue Bund des Heiligen Geistes ewig und ebenso die Geisttaufe. Die kirchliche Lehre von diesem »Charakter« ist nur die Fortsetzung dieser neutestamentlichen Endgültigkeitstheologie.
- Mt 16,19; Apk 3,7: Die Vollmacht Petri bzw. Jesu Christi zum Binden und Lösen (beide Male: Schlüssel) ist endgültig und in der Wirkung nicht revidierbar.
- 1 Kor 5,5.13: Die Unzuchtsünde (Verkehr mit der [Stief-, Schwieger- oder leiblichen] Mutter) führt dazu, dass Apostel und Gemeinde den Sünder dem Satan übergeben, der den Sünder sofort physisch zugrunde richtet. Auch hier folgt die Strafe dem Vergehen »auf dem Fuß«. Denn schließlich ist die Gemeinde, die der Sünder besudelt hat, Tempel des Heiligen Geistes.
- Joh 20,23: Das Urteil der Jünger über Vergebung von Sünden ist definitiv. Die Sünden sind vergeben oder eben nicht. Es gibt keinen zweiten Versuch.

7 Das definitive Ende

- Apk 22,11: Den Unbußfertigen erklärt Johannes, dass sie ruhig weiter sündigen sollen. Eine Umkehr kommt nicht mehr in Frage. Weil er schreibt, was der Heilige Geist diktiert, bleibt auch dieses bestehen.

Dazu Dionysius Carthusianus, Komm., 142: Non praeceptive aut hortative sed communicative, praenuntiative et ironice dictum est hoc, tamquam dicat [Das ist nicht Vorschrift oder Mahnung, sondern wurde gesagt als kommunikatives Spiel, auch ironisch (Beispiel von Lehrern, die den Buben, die sie korrigieren wollen, so etwas sagen)]. Dum eos intempestive ludentes inveniunt: Ludite, ludite. Quo audito illi scientes quo animo id dicatur ab incepto desistunt. [Lehrer finden sie zur Unzeit spielend und sagen: Spielt nur, spielt. Wenn die Kinder das hören, merken sie, wie es gemeint ist und geben das Spielen auf]. – B. Viegas, Komm., 832: Unumquemque pro sua libertate posse aut peccatis si malus sit in dies inquinari aut si iustus est, magis per bona opera sanctificari neminemque a Deo prohiberi sed omnes suae permitti libertati. [Die Freiheit eines jeden ist für die definitive Wahl angesprochen zwischen Gerechtigkeit und Ungerechtigkeit. Gott zwingt niemanden, sondern allen ist der Gebrauch ihrer Freiheit erlaubt.] – Eine originelle Deutung von 22,11 gibt Ps.-Melito (1512): Die tausend Jahre werden mit Apk 6,11 und 22,11 verknüpft: Sie dienen der Vollendung der Zahl der Erwählten und entsprechend der Verworfenen. Wenn sie aber der Vollendung dienen, ist ein Überwechseln von der einen zur anderen Seite nicht mehr möglich (vgl. 438). – Zu 22,11 bringt Alulfus von Tournai, Benediktiner des 12. Jh. (Druck Dilsberg 1423), der Gregor des Großen Werke kommentiert, in seiner Expositio super Apocalypsim B. Ioannis Apostoli (PL 9, 1397–1424) einen guten Kommentar: Iusto iudicio augeri culpa permittitur, ut ad feriendum altius cumuletur [Nach richtiger Einschätzung darf die Schuld vermehrt werden, damit sie bis zum Urteilsspruch noch aufgehäuft wird. Denn wenn es jetzt schon Vernichtung des Bösen gäbe – wozu dann noch ein Gericht?] – Anders Ambrosius Autpertus, Komm., 633: Hinweis auf Ps 68,28 und dazu: Adpone iniquitatem super inquitatem ipsorum, et non intrent in tuam iustitiam. F.I. Biturix, Heidelberg 1591 zu 22,11, 134: Erunt qui occasione hac ad malum abutantur et hanc scripturam detorqueant suo ipsorum exitio, ut ait Petrus. Non sunt propterea obtegenda mysteria Dei, quae placuit communicare. Noceant sane aliis: sordescant in se magis ac magis quibus haec scriptura minime arriserit at alii ad iustitiam et sanctimoniam amplius informabuntur. [Es werden Leute kommen, die diese Gelegenheit zum Bösen missbrauchen werden und zu ihrem eigenen Untergang diese Schriftstelle verdrehen, wie Petrus sagt. Deswegen sind die Geheimnisse, die Gott mitteilen wollte, nicht schamhaft zu verbergen.]

Alle genannten Stellen schließen genau das aus, was sonst immer und überall Anliegen des Neuen Testaments ist: Dass alle Menschen jederzeit und immer wieder umkehren sollen und dürfen, weil Gott barmherzig ist. Wieso soll gerade dieses aufgehoben werden? Woher kommt diese Theologie der Definitivität? Das Amt, das sie vollstreckt, ist Teil des Endgerichts. Die Apostel, die das Gericht so vollstrecken, sind wie die Zwölf in Mt 19,28 aufzufassen. Hier bestätigt sich noch einmal die These vom Ursprung des kirchlichen Amtes in der Eschatologie des letzten Stadiums.

Eine phänomenologische Meditation zu Apk 22,11 erbringt folgende Ergebnisse: Für das theologische Gleichgewicht innerhalb der Apk sind Stellen wie 22,11 geradezu notwendig. Denn dieser Satz ist in mehrfacher Hinsicht die Kehrseite der Medaille: Gegenüber der regelmäßigen Forderung nach Umkehr und revolutionärer Veränderung zur Verbesserung der Welt geht es in 22,11 um die Zeit, in der es keine Umkehr mehr gibt, in der alle Maßnahme zu spät ist. Ähnlich wie nach dem ProtEvJac die Schöpfung bei der Geburt des Heilands den Atem anhält, so soll es hier in der Gegenwart der Verkündigung sein. Kehrseite der Medaille ist 22,11 auch gegenüber einer streng zukunftslastigen Lesart dieser Texte: Nicht: Alles ist Zukunft, sondern: Alles ist jetzt schon vorbei. Die Sanduhr ist schon umgedreht.

Apk 22,11 ist eine besondere Ausprägung der Theologie des »Heiligen« in der Apk. Denn hier wird erkennbar, dass das Heilige in scharfem Kontrast zum Unheiligen steht. Dazwischen gibt es keine Vermittlung. Dualismus und die Theologie des Heiligen sind zwei Seiten. Der Dualismus ist mithin in der Apk nicht Selbstzweck, sondern er steht im Dienst der Unterscheidung von Gott und Welt, von Schöpfer und Schöpfung. Apk 22,11 hängt eben deshalb mit diesem Dualismus zusammen, will nicht mehr immer »alles offen ist«. Vielmehr ist es hier, wie wenn ein Fallschirmspringer nach der Luftreise auf dem Boden ankommt. Der Zweck der Reise war dieses Ankommen auf neuem und festem Erdboden. Der Aufschlag ist hart. Und das ist immer so. Wer aus der Luke des Flugzeugs abspringt, kann er nichts mehr ändern.

Diese Beobachtung trifft sich gut mit Andreas von Caesarea (Anfang 7. Jh., zu 22,11, 230): »Das Vorliegende hat er nicht gesagt, um zu Unrecht und Lasterhaftigkeit zu bewegen – das sei ferne, sondern mit Rücksicht darauf, dass die Erkenntnis nicht aufgezwungen werden darf, wie wenn er sagte: Ein jeder tue nach seinen Kräften, ich zwinge nicht den freien Willen. Und damit hat er gezeigt: Auf jede Handlungsweise folgt ihr Ende, wenn ich kommen werde, um einem jeden den Lohn dafür zu geben, was er getan hat.«

Die weitaus gründlichste und geistvollste Untersuchung dieser Stelle widmet in den letzten Jahrhunderten Gregorius Ferrarius in seinem Komm. (Milano 1656, III, 300f.). Die Meinung von Ribera und Viegas, Apk 22,11 ziele auf die Zeit zum Handeln, die noch für die Freiheit gegeben sei, lehnt er ab. Mit L. de Alcazar wendet er sich auch gegen die Ansicht von der ironischen Bedeutung der Stelle. Mit Alcazar findet er hier einen Vergleich: So wie der Schädling immer weiter schadet, so soll umso mehr der Gerechte sehen, dass er immer gerechter wird, und der Heilige, das er immer heiliger wird. Ferrarius betont aber den konstruktiven Sinn: Gott hat Böses und Gutes gezeigt. Der Prophet soll das Buch nicht versiegeln, denn es gilt: Macht das Gute, wenn ihr es so wollt, durch euer Tun wahr. So werdet ihr meine Verheißung (sagt Gott) wahr machen (und die Bösen ebenso). Jeder erhält das, dessen Maß er vollgemacht hat. Jedem werde ich, sagt Gott, ohne Verzug das zuteilen, was er will. Bei den genannten Verhaltensweisen betrifft die erste jeweils die anderen, die zweite den Täter selbst.

S. auch Johannes Geiler von Kaysersberg (um 1500): »Wenn es spricht die geschrift. Der unrain ist / der wird nooch unrayner / also valtt ain sollicher mensch von ainer sünd in die ander. / Aber ain frummer mensch der got mitt gantzem fleyß dienet / der verdient auch ohn unserlaß oewoge salikat. / Also seind die frummen menschen in dem reich des schatten todes. / Aber die verkerrten menschen, die ir tzeyt hier also verzerent / in allem muttwillen / die seind dem oewigen tod fast nahend.« (Bauer 2, 153)

7.4 Der Logos im Weltgericht

Weithin unbekannt ist, dass Jesus ein besonderes Verhältnis zu Blitzen und auch zu Donner hatte. Und das gilt speziell für Jesus, nicht für das Judentum allgemein. Wahrscheinlich am Anfang seines Auftretens hat Jesus eine Teufels-

7 Das definitive Ende

vision: Er sieht den Teufel wie einen Blitz vom Himmel fallen. Plötzlich und von oben nach unten. Damit ist eine klare Zäsur getroffen: Der Teufel wirkt nicht mehr im Himmel, sondern jetzt auf der Erde. Jesus sieht diese Veränderung als Aufleuchten eines Blitzes. Denn der Teufel war ja einmal ein blendend hell strahlender Engel. Dass er als Blitz vom Himmel fällt, ist ein entscheidender »Knick in seiner Karriere«.

Jesus erwartet, dass der Menschensohn, also er selbst, bei seiner Wiederkunft wie ein Blitz aufleuchten wird, ein Blitz, der von Osten nach Westen aufstrahlt. Also nicht wie beim Teufel von oben nach unten, sondern von links nach rechts. Auch das ist ein einschneidendes Ereignis. Denn das Aufleuchten des Menschensohnes geschieht plötzlich und allgemein sichtbar, ein Lichtsignal am Himmel.

So wie beim Teufel ab jetzt (d.h. ab Lk 10,18; Apk 12,9) zwischen seinem Wirken im Himmel und dem auf der Erde strikt unterschieden wird, so bedeutet das Kommen des Menschensohnes das Gericht über Gut und Böse, die strenge Unterscheidung zwischen gerecht und ungerecht. In beiden Fällen schafft der Blitz restlose Klarheit, der von links nach rechts ist Signal für das Gericht, bei dem die einen links, die anderen rechts stehen werden. Und das Signal von oben nach unten sagt eindeutig, wo der Teufel zu finden ist.

In einer altchristlichen Apokalypse heißt es ganz in diesem Sinn: Es kommt der, der das Wort genannt wird, und er wird aufleuchten wie ein Blitz von Osten nach Westen.

> Am Beginn der EsraApk(äth) (ed. Halévy, tr. 178) steht zu lesen: »So hat Gott zu Esra gesprochen. Bemühe dich, zu verstehen und zu bedenken mein Königreich: Wenn ich komme, die Lebenden und die Toten zu richten, an jenem Tag wird der kommen, der »das Wort« heißt. Er ähnelt dem Blitz, der vom Osten ausgeht und der leuchtet bis zum Westen. So wird das Kommen Gottes sein. Dann wird die Sonne sich verfinstern, der Mond wird nicht mehr sein Licht geben, die Sterne des Himmels werden herunterfallen und die Armeen des Himmels werden zittern (flimmern). Raphael wird aus einem großen Horn blasen.«

Der Text ist von großer Bedeutung, da er die einzige bislang aufgefundene Parallele zur Rolle des Logos in Apk 19,13 ist. Denn ganz unvermittelt erfährt hier der Leser, dass der mit den feurigen Augen, den vielen Kronen und dem blutgetränkten Gewand, den er nach dem Kontext für Christus halten muss, »Logos« heißt. Denn aus dem Prolog des JohEv kann der Bibelkundige wissen, dass Jesus Christus der menschgewordene Logos ist. Man könnte das Wort daher im Zusammenhang mit Weisheit, Schöpfung und Präexistenz-Christologie erwarten, aber nicht bei einer Gerichtsschilderung. Bestenfalls durch die Aussagen in Hebr 4,12 (der Logos ist zweischneidig und trennt) wäre eine Analogie nahegelegt. Der Kontext in EsraApk(äth) ist weder christologisch noch an den Synoptikern orientiert; er redet vielmehr nur von Gott und seinem Logos.

Andererseits kennen wir aus den Evangelien den Vergleich der Parusie des Menschensohnes mit dem Blitz in Mt 24,27, Lk 17,24; hier relevant wäre die Mt-

Fassung (von Osten nach Westen). Nur heißt es bei Mt und Lk eben nicht »Logos«, sondern Menschensohn. Ich möchte im Folgenden zeigen, dass diese Stelle aus EsraApk(äth) für das Verstehen zwischen den bisher diskutierten Texten (Hebr 4,12; Apk 19,13; Mt 24,27) und Joh 1 eine Brücke bilden kann.

Metaphern spendend für den apokalyptischen Blitz nach EsraApk(äth) ist der bisweilen über den ganzen Himmel hin sichtbare Blitz. Im technischen Gebrauch des Logos dagegen geht es um seine Funktion bei Unterscheidung (und damit Ordnung). Frage: Hat das etwas mit »Blitz« zu tun? Scheidung (Trennung) ist auch die Funktion des Menschensohnes im Gericht und auch schon vorher (vgl. Mt 10,35). Noch einmal: Hat das etwas mit Blitz zu tun? Zwischen Blitz und Menschensohn könnte das Tertium comparationis die allgemeine Sichtbarkeit sein. Diese ist dagegen bei Logos nicht gegeben. Wie ist daher zu erklären, dass EsraApk(äth) überhaupt vom Logos spricht? Wie ist also die Verbindung von Blitz und Logos? Ich gehe davon aus, dass das Tertium comparationis hier Licht bzw. Erhellung ist: Nach Joh 1,9 ist Licht in sich zu haben die wichtigste Funktion des Logos (vgl. dann »erkennen« 1,10). Da Licht Merkmal des Tages ist, könnte sich so die Funktion des Logos im Rahmen des »Tages des Herrn« erklären. Und das Licht des Logos ist die Voraussetzung für jegliche Unterscheidung (vgl. besonders Hebr 4,12). Unterscheidung ist aber auch das »Wesen« des Gerichts. Der Blitz in den genannten Texten verdankt daher seine Rolle hier der Tatsache, dass er plötzliche und gründliche Erhellung ist. So ist es auch mit dem Tag des Herrn, mit dem Menschensohn (vgl. Joh 8,12 usw. *Ich bin das Licht der Welt*) und generell mit dem Logos (»Licht der Vernunft«). Denn wenn man Dinge nicht unterscheiden kann, braucht man als erstes Licht.

Fazit: Die Rolle des Logos in Apk 19,13 ist im Zusammenhang mit anderen Belegen über Logos, Gericht, Blitz und Licht zu klären. Wegen der Übereinstimmung von Apk 19,11 f. mit Apk 1,14 und 2,17; 3,7 kann man hier von einer christologischen Bedeutung ausgehen. Diese war aber an den vergleichbaren Stellen Hebr 4,12; EsrApk(äth) nicht gegeben. Diese Texte geben vielmehr den weiteren Horizont an, innerhalb dessen dann die christologische Engführung in Joh 1 und Apk 19,11 f. steht.

Ganz nebenbei ergeben sich so auch Hinweise auf das Tun des Menschensohnes. Als Verkündiger des Evangeliums bringt er und ist er Licht von Gott (vgl. besonders Mt 4,16), scheidet zwischen den Menschen mit dem Ruf zur Nachfolge jetzt (Mt 10,35) und wird auch der kommende Richter sein. Man kann sagen: Hier liegt die oft vermisste Gemeinsamkeit zwischen Evangelium und Gericht.

Fazit: In der EsraApk(äth) wird Jesus »Wort« genannt und nicht Menschensohn oder Heiland. Was aber hat das Wort mit dem Blitz zu tun? Für das Verständnis des Judentums viel. Aber auch in unserer Sprache haben wir noch ein Bildwort, wenn wir etwa vom Geistesblitz sprechen. Ein Geistesblitz bringt plötzlich Klarheit, wo vorher nur Unwissenheit, Vertuschen oder Unklarheit war. Das will sagen: Wenn Jesus kommt, ist es wie ein Geistesblitz, wie ein Aufleuchten des

Sinnes aller Dinge, wie wenn die Welt endlich zur Vernunft kommt. Daher sind die verwandten Texte mit dem griechischen Wort λόγος formuliert. Schon in Joh 1 heißt es, dass das Wort (der Logos) Licht war und ist, Licht der Welt. Wenn irgendein Mensch Vernunft hat, dann weil ihm Licht geschenkt ist.

Jesus setzt seine Vorliebe für das Bild des Blitzes fort, indem er zwei seiner Jünger, nämlich Johannes und Jakobus, Donnersöhne nennt. Denn Donner ist nach vorherrschender Wahrnehmung immer die Folge eines Blitzes. Jesus ist wie der Blitz, er schafft als der Logos Klarheit, seine Jünger sind wie Donner. Das Licht bedeutet und Klarheit, unwiderstehlich und nicht mehr zu verheimlichen.

Eine gewisse Analogie zur Rolle des menschgewordenen Logos stellt der endzeitliche Hohepriester nach Hen(slav) 71, 34 ff. dar:

> »(34) Und wiederum im letzten Geschlecht wird ein anderer Melchisedek sein, der Anfang der 12 Priester. Und zuletzt wird er Haupt aller sein, ein großer Hoherpriester, Wort Gottes und Kraft, der große Wunder vollbringt und herrlicher ist als alles Gewesene. (35) Jener Melchisedek wird Priester und König an dem Ort Achuzan sein, das heißt in der Mitte der Erde, wo auch Adam erschaffen wurde – dort wird zuletzt sein Grab sein. (36) Und über diesen Hohenpriester ist zuvor geschrieben, dass auch er dort begraben werden wird, wo die Mitte der Erde ist, wie auch Adam seinen Sohn Abel dort begrub.«

C. Böttrich, dem ich diese Übersetzung verdanke, erklärt den Text kurzerhand für eine christliche Interpolation. Nun ist gar nicht zu bestreiten, dass die Tradition vom Begräbnisort Adams auf Golgota bezogen wurde (Schatzhöhle [syr.]; Kunstgeschichte!), doch der Hohepriester, der Wort Gottes ist und große Wunder tut, der zwar begraben ist, aber nicht aufersteht, das wäre doch für Christen sehr merkwürdig. Mit einem endzeitlichen Hohenpriester rechnet ja auch TestXIILevi. Jesus war nicht Haupt einer Generationenfolge von Hohenpriestern. Vielmehr gehören »Wunder tun« und »Wort Gottes« zusammen, denn das Wunderwirken Jesu ist nach dem JohEv, obwohl es nicht gesagt wird, der Hauptgrund für Jesu Titel »Wort Gottes«, sind doch Wunderworte Schöpfungsworte. Aber um das zu wissen, muss man nicht notwendigerweise an eine Interpolation glauben.

7.5 Ewigkeit

26 der 27 Belege für das Wort »Ewigkeit« (griech. αἰών) in der Apk lauten *in die Ewigkeiten der Ewigkeiten*. Die Ausnahme ist nur Apk 15,3 *(König der Ewigkeit)*. Das Adjektiv »ewig« findet sich nur in 14,6 als Attribut zu »Evangelium«; die Rede vom »ewigen Leben« dagegen ist der Apk unbekannt. Wir fragen danach, weil das Wort »Ewigkeit« nicht nur in der Apk, sondern auch sonst im Neuen Testament seit Jahrhunderten falsch verstanden wird – nicht ohne gravierende Folgen für den »Glauben«.

Das platonisierende Missverständnis
Materielles und Zeitliches ist bei Plato nach gängiger Auffassung unbedingt koexistent. Denn nach Platos »Phaidon« ist nur Materie teilbar und damit auch vergänglich. Unteilbares wie der Geist (das Immaterielle) ist dagegen unabhängig von Raum und Zeit. Deshalb ist Geist per se unvergänglich. Das bedeutet: zeitenthoben. Nach der kirchlichen Interpretation der ersten christlichen Jahrhunderte sind dagegen Gott und die guten und bösen Engel (inklusive Totengeister und Teufel) Geister. Für Gott beruft man sich auf 2 Kor 3 *(Der Kyrios aber ist Pneuma),* für die Engel usw. auf die griechische Bezeichnung πνεύματα (Geister). Auch den biblischen Heiligen Geist betrifft diese Auffassung ganz massiv, denn in der Folge wird er draufhin für eine Art von Geistigkeit oder Bewusstsein oder Mentalität oder Selbstverständnis gehalten.

Da nach der angedeuteten Platon-Lektüre Geistiges nicht zeitlich sein kann, sondern zeitenthoben sein muss, ist es notwendigerweise »ewig«. Diese Ewigkeit versteht man nicht nur als Freiheit von der Materie, sondern als Zusammenfall von Vergangenheit, Gegenwart und Zukunft, d.h. als das absolute »Zugleich«. Demnach »ist« dann alles in einem Augenblick, alles sofort in einem Nu. Das Wort Nu in der deutschen Mystik des Mittelalters bringt besonders diese Aufhebung der Zeit und jeder zeitlichen Erstreckung im Bereich Gottes zum Ausdruck. Auch Luther erliegt diesem Missverständnis. So sagt er, die Todesstunde eines Christen sei zugleich die Stunde der Auferstehung, denn in der Todesstunde berühre der Mensch die Ewigkeit, und damit sei jeder zeitliche Abstand aufgehoben. Schon allein deshalb sei ein Fegefeuer zeitlichen Ausmaßes unvorstellbar und daher unsinnig. Das Nu der Mystik wäre von diesem Standpunkt aus betrachtet eine vorausgehende Anteilhabe an der absoluten Zeitlosigkeit.

Der Gehalt des hebräischen עולם
Das hebräische עולם (olam) wird in der Regel durch die LXX mit αἰών übersetzt; doch es bedeutet alles andere als eine Aufhebung der Zeit oder gar einen Zusammenfall von Vergangenheit, Gegenwart und Zukunft. Der griechische Ausdruck »in die Äonen der Äonen« geht zurück auf das hebräische »ad olam olamim« und darf nicht einfach mit dem platonisierenden Gehalt von »Ewigkeit« als Aufhebung der Zeit »aufgefüllt« werden. Denn es geht um sogenanntes Judengriechisch, das nicht sogleich speziell im Sinn einer einzigen griechischen philosophischen Schule verstanden werden darf. Das wäre eine viel zu weit gehende Interpretation, die das gebotene Textverständnis »übervorteilt«. Vielmehr muss man davon ausgehen, dass εἰς τοὺς αἰῶνας τῶν αἰώνων sich in seiner Bedeutung zunächst nach den Gemeinsamkeiten zwischen dem hebräischen עולם und dem gewöhnlichen griechischen αἰών richten muss. Diese Gemeinsamkeit besteht aber darin, dass αἰών wie עולם eine zeitliche Bedeutung haben, und zwar im Sinn einer langen, unübersehbar sich erstreckenden Dauer. Damit sind beide Wörter, das hebräische wie das griechische nicht Signale für Zeitlosigkeit, sondern für

»lange Zeit«. Zudem haben beide Wörter auch eine räumliche Konnotation, beide können nämlich »Welt« bedeuten und stehen damit einer platonisierenden Weltlosigkeit entgegen.

Fazit: Die beiden in diesem Übersetzungsprozess beteiligten Wörter, das hebräische עולם wie das griechische αἰών haben sowohl eine zeitliche Konnotation wie eine räumlich-materielle. Damit sind beide für einen Platonismus gründlich ungeeignet. Das gilt übrigens dann auch für das in der Übersetzung beider Termini verwendete lateinische *saeculum*, das »Jahrhundert« wie auch »Welt« (z.B. in der Wortprägung Säkularisation enthalten) bedeuten kann.

Die Weltlosigkeit im Sinn von Raum- und Zeitlosigkeit wurde dem Wort αἰών vielmehr zwischen dem 2. und 5. Jh. (z.B. durch Clemens von Alexandrien) untergeschoben, als man vor allem im Bereich des östlichen Mittelmeeres das Christentum bevorzugt als asketische Religion verstand. Dieses Gesamtverständnis brachte man dann im Wort für »Ewigkeit« unter, vor allem weil man nun die Aversion gegen Leiblichkeit (Sinnlichkeit, Sexualität) darin wiedererkennen konnte. Diese asketische Richtung hat das urchristliche Verständnis von Armut in sich aufgenommen und transformiert. Auch das hatte verhängnisvolle Folgen, vor allem im Bereich der Sozialethik (»sechstes Gebot« statt »Besitzverzicht«).

Fazit: Die Wendung »in die Ewigkeiten der Ewigkeiten« kann nicht übersetzt werden im Sinn der Aufhebung von Zeit und Raum, von Leib und Materie. Vielmehr, und das ist jetzt der positive Beitrag des judengriechischen Verständnisses von αἰών, im Sinn der unbegrenzten Lebensdauer, der uneingeschränkten Vitalität (und nicht deren Bekämpfung). Damit behält Askese ihren streng sachbezogenen Sinn; nur ist das Himmelreich keine ewige Fastenzeit. Anders formuliert: Wenn nach Apk 21,4 *kein Tod mehr* in der Neuen Schöpfung sein wird, dann bedeutet das eben nicht Aufhebung der Zeit und ein merkwürdig überforderndes »Alles zugleich«, sondern es ist im Sinn der *theologia negativa* zu verstehen. *Theologia negativa* bedeutet in diesem Fall, und wenn man genau hinhört: Kein Tod, kein Geschrei, keine Angst und Verzweiflung. »Positiv« kann man das Gemeinte noch kaum umschreiben (die Apk tut es, wenn überhaupt, dann mit ihrer Theologie des Lichts); die positive Ausmalung überlässt man gerne der Bescheidenheit des Bittenden. der sich zudem durch den nicht-vorstellbaren Inhalt des Geheimnisses überraschen lässt. In den vergangenen Jahrzehnten ist – nicht zuletzt im Rahmen ökumenischer Lernprozesse – die westliche Theologie geneigt, dem typisch ostkirchlichen Weg der »negativen Theologie« große Weisheit zuzuschreiben.

Fazit: Abgelehnt wird hier ein Verständnis von Ewigkeit im Sinn der Aufhebung von Zeit, Materialität, Körperlichkeit, Sinnlichkeit. Ewigkeit ist nicht Geistigkeit im Sinn der Negation von Materie, Körper und Raum. Ewigkeit ist nicht die Zukunft aller Askese. Dieses Plädoyer hat eine Ewigkeit im Auge, die Vitalität, Lebensgeist, Aufhebung der Grenzen ist und den Rest dem Geheimnis und seinem Potenzial an Überraschung überlässt.

8 Vision einer Leitkultur

Im Bild der Kathedrale
Man verlangt allenthalben eine neue Vision des geeinten Europa, ja für die Weltgemeinschaft überhaupt. In diesem angestrengten Ringen spielt der Gedanke einer Leitkultur eine Rolle, das heißt: die geistigen und emotionalen Fundamente des Zusammenlebens, nämlich Werte, Normen und vor allem Zielvorstellungen. Das wiederum heißt: Die Frage geht auf etwas, das zugleich Heimat, Mutter und Ziel bedeutet.

In dieser Frage war für mich bewegend und am Ende prägend die Begegnung von Konrad Adenauer und Charles de Gaulle in der Kathedrale von Reims 1962. Unter dem über 80 Meter hohen Gewölbe einer der schönsten Kathedralen Frankreichs trafen sich die beiden Politiker, um mit einem Gottesdienst symbolisch den Frieden zu besiegeln, auf den die beiden Völker jahrhundertelang gewartet hatten. Nachdem ich kürzlich meinen Kommentar zur Apokalypse des Johannes (KAK 2017) abgeschlossen hatte, wurde ich immer wieder nach der aktuellen Bedeutung dieses biblischen Buches gefragt: Sie liegt ausweislich von Apk 21 f. in der Darstellung des Ziels der Geschichte in einer Kathedrale aus Licht. Diese ist selbst ein Bild für das Himmlische Jerusalem, das die Hymnen des Mittelalters als *pacis visio* [Vision des Friedens] beschreiben. Etwas einfacher gesagt: Nahezu jede christliche Kirche ist nach Osten gerichtet. Denn die versammelte Gemeinde soll auf den blicken, der wie die aufgehende Sonne vom Osten her wiederkommen wird, auf Christus als den kommenden König und Richter. Die Ausrichtung nach Osten wird in romanischen Domen ergänzt durch die 24türmigen Radleuchter über der Vierung. Tortürme säumen die himmlische Stadt in großer Schönheit und vollkommener Harmonie. Blickt die feiernde Gemeinde zu ihm auf, dann erblickt sie darin, was sie werden soll und in Fragmenten schon ist.

Das Ziel also wäre eine Kathedrale aus Licht, wie sie Apk 21 als den farbigen Glanz verschiedenster Edelsteine darstellt. Ähnlich wie Le Corbusier in der Wallfahrtskirche von Ronchamp die Kirche darstellt, die vom Glanz des Himmels und der heiligen Jungfrau lebt. Bewohner der Himmelsstadt stellt die Apokalypse nicht dar, die Stadt aber ist wie die Form des Gusses, die ihre Gestalt weitergibt. Sage mir, wo du wohnst, und ich sage dir, wer du bist. Die Tore aber sind offen und werden auch nachts nicht verschlossen. So können Menschen aus den Völkern der Erde hinzuströmen, wie es die Propheten im Bild der Völkerwallfahrt beschreiben. Denn die Ausmaße der Stadt entsprechen denen der damals bewohnten Welt rund um das Mittelmeer. Gerade dort, wo Paulus die Mission an den Heidenvölkern verteidigt, im Galaterbrief, ist das Ziel noch immer das Himmlische Jerusalem, unsere Mutter (Gal 4,26). Denn das Ziel der Weltgeschichte ist nicht irgendeine Himmelsstadt, wie es bei den Assyrern das himmlische Babylon war. Vielmehr ist das Ziel der Geschichte das neue Zion. So wie es nach Dan 2,45 vom Himmel herangeflogen, also herabgestiegen war, steigt nach Apk 21,2 das Himmlische Jerusalem auf die Erde herab, herrlich geschmückt wie eine Braut. Das Lamm, also der Messias, wird mit ihr Hochzeit feiern – so wie im Alten Orient jeder neue König seine Zitadelle ehelicht, indem er in sie einzieht. So ist auch Jesus Christus in Jerusalem eingezogen und wurde bei seinem Einzug als der neue David begrüßt. Deshalb werden bei jeder Kirchweihe nach dem Ritus des 1. Jahrtausends Texte wie Apk 21 gelesen. Denn jede neue Kirche ist ein Neu-Zion. Ihrer Substanz nach, also in ihrem innersten Wesenskern, ist es die neue Gemeinde, das neue Gottesvolk aus Juden und Heiden.

So beginne ich mit dem Bild des Radleuchters in romanischen Domen, wende mich dann dem Traum der Stadt aus Licht zu, wie es dem Bild der universalen Kirche nach Apk entspricht, komme dann zu meinen beiden Leuchttürmen Joachim von Fiore († 1202) und Nikolaus von Kues († 1464), bevor ich mit ein paar konkreten Vorschlägen ende.

Die Radleuchter in der Vierung der Dome stehen im Blick des versammelten Volkes. Da das Volk nach Osten blickt, erscheint der Leuchter als Abbild der Sonne. Zugleich ist er immer als Stadt gebaut, mit Toren, Türmen, Mauern und Zinnen. *Civitas solis* wird dann 1602 der Dominikaner Tommaso Campanella seinen utopischen Entwurf nennen (deutsch 1623 als Anhang zu dem Buch »Politik«). Da tobte bereits der Dreißigjährige Krieg in Mitteleuropa. Diese Radleuchter der Romanik als Bilder des Ziels sind nicht eigentlich fromm, sie sind eher so, wie wenn man sagt: Bildet mal alle einen Kreis und fasst euch an den Händen.

Die vom Himmel kommende Stadt lebt vom Glanz der Edelsteine, von ihrem tiefen Leuchten. Das heißt: Sie ist zunächst einmal schön. Denn Gott ist schön, sagt die muslimische Mystik, und die russische Orthodoxie antwortet: Schönheit wird die Welt erlösen (Fjodor Michailowitsch Dostojewski). Apk 21 als der Juwelenschatz der Weltgeschichte, Museen als Bausteine des Friedens.

So ist das Bild der Apokalypse von der Kirche, dem neuen Gottesvolk. In Apk 7, 14 und 21 ist es nach dem Modell konzentrischer Kreise dargestellt: Jesus Christus ist umgeben von den zwölf Aposteln, diese sind umringt von den je zwölftausend Christen aus den zwölf Stämmen Israels, und diese sind umgeben von der unüberschaubaren Schar der Christen aus den Heidenvölkern. Dieses Kirchenbild ist zugleich das Bild von der Vollendung der Geschichte. Daran ist erkennbar und wahr: Erstens ist das Ziel der Weltgeschichte nicht ohne eine grundsätzliche Einbeziehung Israels denkbar, und zweitens ist mit dem Kirchenverständnis Jesu (Mk 14,58) auch die Rolle des Steins/Felsens vorgegeben; so wie etwa im Harz Steinformationen auf dem Gipfel der Berge stehen; auf alttestamentlich heißt das: Zion. In der neutestamentlich-biblischen Konsequenz betrifft dieses sowohl Jesus, Petrus als auch die Zwölf Apostel insgesamt. Die Kirche Jesu Christi ist daher immer eine apostolische. Das Bild vom Stein in der Mitte einer neuen Universalität kennt auch Eph 2. Denn »Einheit« ist im Urchristentum kaum je so betont worden wie hier. Eph nennt das Versöhnung, und auch hier steht das entgrenzte Israel in der Mitte.

Ein Universalismus nicht ohne Israel, so dass die ewig bedrängende Frage nach dem Verhältnis des auserwählten Volkes zu allen anderen Menschen konzentrisch gelöst ist. In der Mitte die 144.000 aus den 12 Stämmen Israels, zusammen mit den Heidenchristen sind sie die Kirche, das Israel Gottes und dann *die zwölf Stämme aus den Heiden.* Die zahlreichen mittelalterlichen Gedichte und Hymnen, die das neue Jerusalem preisen, waren noch vor wenigen Jahrzehnten das geborene Gegenbild zur Welthauptstadt »Germania«. Gemeinsam mit der alten Rom-Ideologie war einst die Erwartung und sogar Planung gewesen, eine einzelne Stadt werde das Zentrum der Welt.

Die Propheten, etwa Daniel, lassen keinen Zweifel daran, dass es auch in Zukunft Stämme, Völker und Sprachen geben wird. Aber das prophetische Bild der Völkerwallfahrt besagt, dass es ein gemeinsames Zentrum geben wird, daher die Völkerwallfahrt nach Jerusalem. Eine Neuauflage dieses prophetischen Entwurfs ist das Himmlische Jerusalem der Offenbarung des Johannes.

Ich denke dabei an die großen Rundfenster romanischer und frühgotischer Kathedralen, die für mich das ansprechendste und überzeugendste Bild vom Sinn des Lebens auf Erden überhaupt sind.

Wir kennen dergleichen aber auch aus dem Neuen Testament: Das ist der universalistische Ansatz im JohEv, in 1 Kor 8,6 und Kol und Eph. Wir sprechen davon, dass in der Menschwerdung Gott »heruntergekommen« sei. Damit meinen wir, dass Gott den Menschen so unvergleichlich nahegekommen ist, wie kein Gott in keiner Religion zuvor.

Wenn man ein Christentum als Leitkultur auf dem Hintergrund der Apk versteht, dann geht es um einen Entwurf der Zukunft der Religionen auf der Basis der Einheit von Altem und Neuem Testament. Der Name »Himmlisches Jerusalem«, dessen Opposition zu Babylon, die Zugehörigkeit des Johannes zu den Propheten, die Orientierung am Gott der Schrift des Alten Testaments, alles das weist diesen Universalismus als eine Fortführung der Erwartungen etwa des Propheten Jesaja aus.

Wenn wir dagegen von Leitkultur, noch dazu von einer religiösen, sprechen, denken wir zumeist marktstrategisch und stellen uns eine Art Wettstreit und Konkurrenzkampf unter den Kulturen und Religionen vor. Dann gilt angeblich der Grundsatz »Der Beste wird siegen«, und entsprechend erklären dann schon Junge und Alte: Unsere Kultur, unsere Religion ist besser. Dann siegt der Beste, Stärkste und Intelligenteste oder Brutalste.

Christlich ist jedoch ein anderes Konzept: Diejenige Kultur und Religion ist als Leitkultur geeignet, die den Menschen am nächsten ist, die ihn in seinen Nöten aufsucht und nicht besserwisserisch dogmatisch dreinredet, sondern die Fragen und Klagen artikuliert und für die Antwort eine Richtung vorgibt, die nicht selbstgemacht ist, sondern abwartet, bis die Wahrheit sich an sich selbst zeigt.

Ich habe dieses Buch gewidmet den trappistischen Märtyrern von Tibhirine in Algerien 1996. Den Trappisten stehe ich als Zisterzienser-Sympathisant geistlich nahe und verdanke ihnen viel. In Algerien waren diese französischen Mitbrüder im Kloster »Maria vom Atlasgebirge« nicht um zu missionieren, sondern in dem Bemühen, gewissermaßen schweigend, aber betend und singend ein glaubwürdiges Zeugnis zu geben und den Menschen medizinisch zu helfen. Vielleicht gerade deshalb hat man sie alle miteinander umgebracht. Ihr Leben und Sterben hat mich sehr berührt, und nicht zuletzt dank dieser Inspiration habe ich den Weg zu den Zisterziensern gesucht.

Mein erster Leuchtturm ist hier der Zisterzienser Joachim von Fiore. Für Joachim ist der Exodus das Grundmuster biblischer Erlösung und die Einheit des Alten und Neuen Testaments. Kürzlich hat Jan Assman (Exodus. Die Revolution der Alten Welt, 2017) dieses oft unterschätzte Modell für alle biblische Theologie wieder in Erinnerung gerufen. Doch damit folgt er nur, mit Sicherheit ohne es zu wissen, dem Zisterzienser Joachim. Denn für diesen ist die Osterkerze in der Osternacht der Schlüssel für die Einheit von Altem und Neuem Testament. Erlösung als Befreiung ist das Programm. Für Joachim ist die Darstellung des Auferstandenen durch die Feuersäule der Osterkerze die Lösung schlechthin. Denn in der Feuersäule wie in der Osterkerze wird Jesus Christus auf dem Weg der Befreiung zeichenhaft dargestellt. Der verklärte Auferstandene geht durch das Dunkel der Welt und des Todes den Christen voran. Er ist das Licht in aller Finsternis. Die ganze Schrift des Alten Testamentes liest der Abt Joachim seit dieser Osternacht von der Mitte der Schrift her. Diese Mitte ist für ihn die Geschichte der Befreiung des Gottesvolkes. Im Werk und im Geschick Jesu Christi ist für ihn dieses Bild konkrete Wirklichkeit geworden. Denn das Volk wird hinter der Feuersäule her in das ersehnte Land der Freiheit geführt. So führt der Auferstandene das neue Gottesvolk in das Himmelreich, zum Himmlischen Jerusalem als der Stadt der Freiheit. Er befreit als Erstgeborener aus den Toten, denn er ist der erste Auferstandene. Die Feuersäule war eine Vorabbildung des wahren und endgültigen Befreiers. So wurde der Exodus, der Auszug aus Ägypten, zum Vorbild und Urbild jeglicher Befreiung. Um diese Mitte herum gruppieren sich für den Abt Joachim alle Texte des Alten und des Neuen Testaments. Exodus/Befreiung ist daher nicht irgendein Motiv neben anderen, sondern das geschichtliche Grundereignis in dieser Kultur und damit der Maßstab für das, was überhaupt darin wichtig ist. Deshalb kann das Lamm nach Apk 5 alle sieben Siegel lösen. Denn alles über das Buch der Bücher wird nun sonnenklar. Exodus wie Auferstehung Jesu werden in ihrer Bezogenheit aufeinander der universale Maßstab von Theologie überhaupt, denn diese ist Kunde von der Befreiung aus allem Dunkel von Schuld, Irrtum und Angst.

Nikolaus von Kues ging jedoch von einem anderen Modell aus. 1453 schrieb er, unmittelbar nachdem Byzanz von den Türken erobert worden war, ein sehr versöhnliches Buch mit dem Titel »Über den Frieden zwischen den Religionen«. Das Programm dieses Buches: Alle größeren Religionen, vom Judentum bis zum Shintoismus, entsenden Vertreter zu einem großen Konzil der Weltreligionen. Sie reden friedlich miteinander und heben je und je die Gemeinsamkeiten zwischen den Religionen hervor. Zu diesen Gemeinsamkeiten gehört etwa der Zusammenhang von Tun und Ergehen, die Einheit und Einzigkeit des Göttlichen oder Heiligen, die Vernünftigkeit Gottes. Alle Religionen spiegeln dieses Gemeinsame wider und bleiben mit- und nebeneinander bestehen.

Welch ein Gegensatz zwischen dem Cusaner und Luther: Gerade im Blick auf die Christologie erklärt der eine, Christentum und Islam stünden sich doch ganz nahe. Während die Nachfolger des anderen sagen: Aber zusammen beten dürft ihr nicht. Versuchen wir einmal, diese beiden Gestalten nebeneinander zu stellen: Nikolausvon Kues und Martin Luther. Welch ein Unterschied innerhalb von rund hundert Jahren: Beide katholische Priester, beide ausgesprochene Reformer (Nikolaus ist der einzige Kardinal, der Kloster Riechenberg je betreten hat), und für beide ist die Christus-Frömmigkeit zentral, beide sind nahe dem mystischen Denken des Mittelalters. Aber Luther ist ein dualistischer Denker, der in Antithesen denkt, der Cusaner ein humanistischer Kardinal, der die Gegensätze, nicht zuletzt die zwischen Ostrom und Westrom, zwischen Islam und Christentum, Katholizismus und Buddhismus, Hinduismus und prophetischer Religion überwinden will. Der eine ist in Wittenberg begraben, der andere im Herzen Roms. Ich finde, man hätte 2017 beide Gestalten, die sich biographisch nur knapp verfehlten, miteinander ins Gespräch bringen sollen, den Bergmannssohn aus Sachsen und den Winzer von der Mosel. Ich finde: So nützlich es ist, Luther zu schätzen, das Friedensdenken des Cusaners täte uns genauso gut. Es ist nicht nur der unkontrollierte, schroff dualistische Wutkopf gegenüber dem geschmeidigen Römling, dessen Latein so schön ist, dass wir davon nur träumen können. Es ist mehr als der Bettelmönch strikter Observanz gegenüber dem weltläufigen Kardinal. Nikolaus hätte gewiss Luther zu einer Flasche Mosel eingeladen, und, wie ich Luther kenne, hätte dieser nicht abgelehnt.

Also warum soll die Leitkultur ausgerechnet christlich sein? Warum ist Assisi der ideale Ort für ein solches Konzil und nicht Salt Lake City oder nicht doch Mekka? Weil dieser Gott sich nicht über die Religionen stellt, um sie eine nach der anderen professoral kritisch zu begutachten und mit Zensuren zu versehen? Weil dieser Gott nicht über den Religionen steht, sondern darunter. Deshalb sagen wir, Gott sei im wahrsten Sinn des Wortes heruntergekommen. Auch mit dem wiederkommenden Christus ist es nichts anderes, als wenn uns als Schluss-

und Spitzenstein eines romanischen Gewölbes ein Menschengesicht anblickt. Schluss mit den Fratzen der Wasserspeier. Das ist nur ein Bild, aber es gehört zum Bildmaterial Jesu. Denn Gott, sagt er, wird sich eine Schürze umbinden und die Treuen bedienen. Ich denke bei diesem Bild immer an die Kellner bei unserem Italiener mit ihren langen, bis beinahe zu den Knöcheln reichenden Schürzen. Denn möglicherweise ist die Einheit dort am stabilsten, wo Gott nicht nur bei den Mächtigen ist, sondern gerade auch auf der Seite der Ohnmächtigen. Wo keiner Gott ideologisch für sich vereinnahmen darf, weil Gott nicht nur oben ist, sondern auch unten. Und es bleibt nicht bei der Schürze. Gott ist nicht nur ein Kellner, sondern er ist auch wie überkochender Grießbrei, sagt Meister Eckhart, der wie im Märchen das Haus unseres Lebens durchdringen will. Nur weil er nicht überall sein kann, hat er die Mutter erfunden. Aber wie wenn Mütter gebären, geht es in dieser Religion des Friedens auch um Blut.

Die große Koalition der Religionen kann sein, weil dieser Gott alle, so wie sie sind, bis aufs Blut liebt. Dabei geht es nicht um eine den Spender schonende Bluttransfusion, sondern um alles. Er erniedrigte sich bis zum Tod am Kreuz. Über dieses namenlose Ärgernis sollten die Großkoalitionäre der Weltreligionen zunächst einmal miteinander reden und miteinander staunen. Gott liegt im Staub. Wer es ihm nachmacht, wird friedensfähig. Das ist nicht superfromm, sondern schlicht logisch.

Den Dienst einer Leitkultur kann nur eine Kultur leisten, die es den Menschen leicht macht, zivilisiert miteinander zu leben, also mit sich selbst, mit den Nachbarn, mit anderen Kulturen und in alledem mit Gott. Wie schwer das ist, sagt niemand so klar wie das Neue Testament. Schwer ist das im wahren und wörtlichen Sinn: mordsschwer. Um dieses Unmögliche zu vollbringen, hat sich Gott dieses Unternehmen sein eigenes Blut kosten lassen, das Blut des menschgewordenen Gottessohnes. Gott ist heruntergekommen in der doppelten Bedeutung des Wortes. Ein unbegreifliches Geheimnis, jenseits der Grenzen aller Philosophie. Aber so unmöglich, so kostbar, so alles Erklärbare überragend ist eine »gelingende Leitkultur«. Sie kann nur der Friede unter Menschen sein. Aus der Erfahrung des letzten Jahrtausends wissen wir, dass Nationalismus nun wirklich das genaue Gegenteil ist. Jeder Nationalismus entsteht aus hartnäckigen Gefühlen der Minderwertigkeit. Gemäß der christlichen Leitkultur besteht dazu allein schon deshalb nicht der geringste Anlass, weil Gott persönlich für uns alles gegeben hat und am Ende sich selbst. Gerade so hat er die Menschen über alle Maßen geadelt, dass zu gefühlter Minderwertigkeit kein Anlass besteht.

So ist das Verhältnis von Martyrium und Wahrheit: nicht der Zeuge ist der Intolerante, sondern der Tyrann, der Märtyrer mordet. Am Ende steht das reine Lamm, das den roten Drachen besiegt hat. Denn am Ende wird das reine, farbenfrohe Neu-Jerusalem das blutige Babylon ablösen, jedes blutige Babylon.

Geeignet als Einheitskultur, das heißt: Dieser Gott selbst hat genau auf das verzichtet, was die Götter zu Göttern macht, die abstoßende, ausstoßende stolze

Hoheit. Und wo immer Menschen meinen, Christentum wäre so oder müsse so sein, da fallen sie zurück in die Steinzeit. Für den Cusaner zeigt sich auf dieser Basis, dass die Gemeinsamkeit stets größer ist als die Verschiedenheit. Die Grundkategorien der Religionen, also Gott, Heiligkeit, Tabu, Gebet und Schuld, sind schon in den vorchristlichen Religionen auf einem Weg von Osten nach Westen. Denn unsere Kategorien von Gebet und Opfer, Hymnus und Wunder, Waschung und Mahl, Schöpfung und Vollendung sind dabei auf einer Wanderung von Osten nach Westen begriffen. Das reicht bis zum Falten der Hände beim Gebet. Alle diese Formen finden sich zunächst im Hinduismus, verbinden sich dann mit dem Judentum und gelangen im Lauf der Geschichte bis nach Nordamerika. In dieser Geschichte der Religionen ist selbst die Erwählung Israels nicht gegen andere Religionen gerichtet, sondern, wie Gen 12 sagt, für sie, nämlich so, dass in Abraham alle Völker der Erde gesegnet werden.

Mein Freund Nikolaus von Kues sieht das Christentum als Leitreligion und -kultur für alle Welt an, weil hier die Einheit der Welt und die Gemeinsamkeit der Völker in den Blick gerät. Nikolaus entdeckt, dass den verschiedenen Religionen der Glaube an den einen heiligen und namenlosen Gott (im 20. Jh. sprach man von einem Urmonotheismus) gemeinsam ist, die in seinen Augen zu bloß rituellen Verschiedenheiten in der einen Religion des Heiligen und der Anbetung werden. Sein Grundsatz heißt: una religio in rituum diversitate [die Religion in der Welt ist eine, mögen auch die liturgischen Ausprägungen verschieden sein], also die *unitas in diversitate*, ebenso das Gottesbild, nach dem Gott die *coincidentia oppositorum* sei, das heißt: Die Gegensätze, die in der Welt auftreten, sind doch eins in Gott.

Welche praktischen religionspolitischen Folgen dieser Ansatz haben kann, das wird deutlich in der Schrift des Nikolaus von Kues »De pace fidei«. Denn bei allen Verschiedenheiten in den »Texten« sind sowohl die Praxis der Liebe als auch wenigstens umrisshaft der Glaube an den einen Gott verbindend. Ich finde das auch, denn dann werden nicht »Lehren« gegeneinander aufgetürmt, sondern, das in der Sprache des 20. Jh. von Rudolf Otto sogenannte »Heilige«. In de Apk steht es allen anderen Hymnen voran, im Abendmahlsgottesdienst ist es aller Anfang, für Otto war das Dreimalheilig schlechthin herzbewegend.

Fazit: Befähigung zur Leitkultur bedeutet: Gott ist nicht nur wie ein Kellner, er liebt uns bis aufs Blut, ist uns damit im Elementarsten nahe. Er wählt den Weg von unten nach oben. Gottes Blut – um dieses Geheimnis kreist der alte Karfreitagshymnus »Preise Zunge« des Venantius Fortunatus († 609): *terra, pontus, astra, mundus quo lavantur flumine* [Blut und Wasser fließt heraus, ein Strom, mit dem Land, Meer, Sterne, die ganze Welt gereinigt werden].

Konkretes
Gerade in diesem Sinn breche ich eine Lanze für die Volksfrömmigkeit. Ich denke an die Sorben in der DDR, für die Volksfrömmigkeit ein Stück Bewahrung der

Identität bedeutet. Volksfrömmigkeit ist etwas grundlegend anderes als Dogmatismus. Dogmatistisch sind Theologen vom 1.–4. Semester (teilweise auch länger). Volksfrömmigkeit ist eine Weise, in der Religionen elementaren Nöten und Freuden der Menschen nahestehen. Unter meinen Büchern befindet sich ein handgemaltes mit einer »neuntägigen Andacht nebst den heiligen Tagzeiten zu Ehren der hl. Jungfrau und Ertz-Märtyrerin Thecla«, Aachen 1759. Das Buch ist gewiss katholisch, aber in erster Linie liest es sich als ein Buch über Nöte der Frauen von der Wiege bis zur Bahre.

Volksfrömmigkeit ist daher etwas sehr viel anderes als Intoleranz. Und umgekehrt gilt wohl auch: Christentum als Leitkultur ist keine Reduktion christlichen Lebens auf einen abstrakten humanistischen Rationalismus. Gerade anhand der Mystik des Nikolaus von Kues kann deutlich werden, dass eine Spiritualität, die im weiten Horizont von Schöpfungstheologie und Eschatologie lebt, in eine Tiefe gelangt, in der Frömmigkeit sich über jede Verwandtschaft und entdeckte Nähe zu anderen freut. Gerade die Entdeckung jüdischer Wurzeln des Christentums hat noch immer zu einer Steigerung der Friedensfähigkeit geführt. Das gilt auf ähnliche Weise auch von der religionsgeschichtlichen Erforschung gerade des Urchristentums überhaupt.

Volksfrömmigkeit bedeutet auch eine besondere Orientierung an Märtyrerblut, natürlich, denn unter den Alltagsdingen ist Blut der größte Aufreger. Deshalb finde ich es bewegend und fromm, die katholische Pfarrkirche nahe dem KZ Bergen-Belsen mit dem Namen benannt zu haben »Sühnekirche zum kostbaren Blut«. Deshalb gehört auch der Kreuzweg zu den Themen der Volksfrömmigkeit. In dem neuen Buch C. Bittlinger, K. Berger: Dieses Kreuz (Freiburg 2018) sind die Kreuzwegstationen von dem evangelischen Partner dargestellt.

Zu den konkreten Folgerungen aus diesem Ansatz gehören die Vertiefung der Kompromissforschung und ein Frühwarnsystem für Entstehung religiöser Konflikte. Und nicht zuletzt, dass man sich bemüht, den Friedensgehalt christlicher Feste zu ermitteln. In den Bereichen »Weisheit« und »Mystik« lässt sich auch aus historischen Gründen manche Brücke schlagen.

Besonders als man 2017 Martin Luther und seine Reformation feierte, dachte ich im oft an ein Konzil nach dem Geschmack des Cusaners zwischen den christlichen Konfessionen und später auch einmal zwischen den Religionen. Der Weg zu einer Einheit auf einem solchen Einheitskonzil: Ein Sechstel schweigen, ein Sechstel beten, ein Sechstel singen, ein Sechstel zuhören, ein Sechstel Praktikum im Krankenhaus, ein Sechstel reden. Das heißt: Einheit nicht durch Zerstörung des Einzelnen, sondern durch Bewahrung, Ergründung und Hochschätzung seiner Tiefenwurzeln in Gott. Nur wenn man den anderen oder die andere Konfession, Religion oder Kultur unter der Voraussetzung betrachtet, dass an Tiefgang keiner dem anderen etwa voraushat, dass wir gemeinsam vor Gott stehen, nur dann ist diese Vision keine luftige Phantasie.

8 Vision einer Leitkultur

Mit der Kathedrale von Reims hat dieses Kapitel begonnen, und damit möchte ich auch schließen, und zwar mit dem versehrten Engel an der Westfassade. »Die steinerne Figur ist zerstückelt, zerstört, vernarbt und verwundet. Die rechte Hand hat er verloren, die Finger der anderen sind verstümmelt. Ein Flügel ist ihm im Laufe der Zeit abhanden gekommen, sein Gesicht ist voller Wunden und Narben. Ein sterbender Engel! Gezeichnet von den Verwüstungen, Zerstörungen und Erosionen der Jahrhunderte. Aber das Erstaunliche an diesem Engel: Er lächelt – allen Verwundungen und Verletzungen zum Trotz. Er lächelt den Beschauer an und er lächelt in die Zeit hinein. Was für ein Signal der Zuversicht, des Trostes und der Ermutigung! … Die Menschen, die diesen Engel aufmerksam betrachten, fangen plötzlich selbst an zu lächeln. Und der eine lächelt dem anderen zu.« (nach F. Hengsbach) Eben dieses ist Leitkultur für Europa und die Welt. Herr Gott, schenke uns eine Epidemie des Lächelns, des Friedens.

Das Lächeln des Engels erweicht mein hartes Herz. Aber immer wieder haben wir vergessen, dass das Lächeln ansteckend sein kann und sein soll. Damit am Ende eine ganze Lichterstadt sein kann, eine Kathedrale mit Säulen wie aus dem Leuchten von Edelsteinen, von meergrünem Beryll, von gelbglänzendem Topas und purpurnem Amethyst. Das ist meine Vision.

Schluss

Bruno von Segni († 1123), Expositio in Apocalypsim, PL 165, 603–736 (734):

Veni, Domine Iesu. Tuum adventum expectamus. Suscipe nos in pace atque angelorum iunge cohorti. Gratia domini nostri Iesu Christi qua gratis ex nullis praecedentibus meritis salvati sumus, sit cum nobis omnibus. Amen. [Komm, Herr Jesus. Wir erwarten deine Ankunft. Nimm uns an in Frieden und verbinde uns mit der Schar deiner Engel. Die Gnade unseres Herrn Jesus Christus, durch die wir gratis, ohne dass unsere Verdienste vorangegangen sind, gerettet sind, diese Gnade sei mit uns allen. Amen.]

Nach dem Apk-Komm. des Anselm von Laon († 1117) Sp. 1576 bedeutet das *gratis* von Apk 21,6: per solam gratiam [durch Gnade allein].

Thesen
1. Die Rache oder Sorge um Gerechtigkeit nicht Gott zu überlassen, ist eine der verheerendsten Folgen des praktischen Atheismus. Eben dieses ist ein Signal für das Verhängnis der Apokalyptik-Vergessenheit. Denn die Verbindung zwischen Gottesbild und Gerechtigkeit ist leider längst aufgelöst.
2. Die Ungeduld über das ausbleibende Ende ist die menschliche Kehrseite der Horror-Darstellungen der Apk.
3. Die Apk hat ein intensives Verhältnis zur sinnlichen Wahrnehmung. Dabei ist Hören wichtiger als Sehen.
4. Die Throntiere (»Lebende Wesen«) umgehen das Bilderverbot.
5. Nach Anleitung von Apk 8 können romanische Dome als neuer Tempel verstanden werden.
6. Die stärkste liturgische Wirkung entfaltet die Apk im Stundengebet, besonders im koptischen und zisterziensischen.
7. Die Apk ist eng verflochten mit dem Netzwerk urchristlicher Theologien in Kleinasien.
8. Apk 11 ist eine Deutung des Geschicks christlicher Märtyrer.
9. Die von Gott geschenkten Flügel sind wirksames Symbol der Befreiung.
10. Wiederholt nennt die Apk sehr archaische frühchristliche Ansätze, die Späteres verstehen lehren: Essen des Wortes Gottes, der Logos im Gericht.
11. Apk 13 und Röm 13 sind trotz aller Gegensätze auch mit Mk 13 durch die Empfehlung der Geduld verbunden.
12. Die Bank-Symbole Bulle und Bär kommen aus der Apk-Deutung der italienischen Frührenaissance.
13. Das Tausendjährige Reich bedeutet wohl die Zeit der Kirche.

14. Die Erste Auferstehung kann auch auf Taufe und Märtyrertod bezogen werden. das ist die erste Hälfte der Ersten Auferstehung). In diesem Sinn ist dann christliche Existenz mit Christus im Himmel nach dem irdischen Tod der Christen die zweite Hälfte der Ersten Auferstehung.
15. Ein »neues Israel« aus Juden und Heiden in der Diaspora ist grundlegend für das Kirchenverständnis von Apk; 1 Petr und Jak.
16. Das »Himmlische Jerusalem« ist im Mittelalter der zentrale Ort christlicher Hoffnung.
17. »Leib Christi« ist eine angemessene Metapher für Kirche nach der mittelalterlichen Deutung der Apk.
18. Dass »nichts mehr geht«, bedeutet nicht Resignation, sondern bezieht sich auf Gottes gerechtes Urteil.
19. Den Papst als Antichrist zu denken ist eine mittelalterliche katholische Erfindung.
20. Die hohe Zeit der Kommentierung der Apk war zwischen 850 und 1600.
21. Aufgrund ihres Kirchenverständnisses kann man auf der Basis der Apk das Konzept einer christlichen Leitkultur entwickeln.
22. Nichts ist weniger konservativ als die apokalyptische Gattung.

Literatur und Quellen

Unter dem Siegel BAK nehme ich im vorliegenden Werk Bezug auf:

Klaus Berger: Die Apokalypse des Johannes. Kommentar, Teilband I: Apk 1–10; Teilband II: Apk 11–22, Freiburg 2017 (durchgehend paginiert, 1530 S.). In diesem Kommentar finden sich ausführliche Literatur- und Quellenverzeichnisse (BAK 5–50); die Auflösung der hier verwendeten Sigel findet sich dort.

In BAK nicht genannte, weitere Quellen

Alexandri Halensis doctoris irrefragabilis eruditissimi commentarii in Apocalypsim, nusquam impressi, Paris 1647.
Andreas von Caesarea, Kommentar zur Apokalypse des Johannes, Wachtendonk 2014
Anselm von Havelberg, Anticimenon, Über die eine Kirche von Abel bis zum letzten Erwählten und von Ost bis West, Münster 2010.
G. Bartz, C. Seidel: Die Apokalypse der Herzöge von Savoyen, Simbach 2011
Beda Venerabilis, Comm. Apc.: PL 93, 129–206.
Biturix: Franciscus Junius Biturix, Apocalypsis s. Ioannis Apostoli et Evangelistae methodica analysi argumentorum notisque brevibus per F.I. B., Heidelberg 1591.
G. Bonner: Saint Bede in the Tradition of Western Apocalyptic Commentary, Newcastle, 1966.
Bruno von Segni: S. Brunonis Astensis episcopi Signiensis Expositio in Apocalypsim: PL 165, 603–736.
Bulus al-Busi's Arabic Commentary in the Apocalypse of John, Ann Arbor 1987 (S. 1–26)
J. F. Burscher, Johannesapokalypse (Handschrift), Leipzig 1767.
F. E. A. Campbell: Die Prosa-Apokalypse der Königsberger Hs. Nr. 831 und die Apokalypse Heinrichs von Hesler, Diss. Greifswald 1911.
F. Dolbeau: L'Association du Cantique des Cantiques et de l'apocalypse en occident, dans les inventaires et manuscrits médiévaux, 361–402.
Eucherius († 449): Liber instructionum in Apocalypsim: PL 50, 312 (vgl. A. Driessen: Meditationes in Apocalypsim, Utrecht 1717/18).
A. Fabo († 1572): Commentarius in Danielem et Apocalypsim .
Ferdinandus de Cordoba († 1486): In Apocalypsim.
Franciscus a Jesu Maria: Commentarii litterales e morales in Apocalypsim divi Iohannis, Lyon 1648–55.
Ps.-Gregorius Magnus: De Testimoniis in Apocalypsim s. Johannis apostoli, PL 79, 1107–1122.
M. Hoffmann: Auslegung der heimlichen Offenbarung Johannis des heyligen Apostels und Evangelisten, 1530.
Honorius Augustodunensis: Comentarii in Apocalypsim: PL 172, 615–642.
P. K. Klein, F. Cinato, F. Laborge: Die Apokalypse von Cambrai. Die hohe Schule der karolingischen Buchmalerei, Luzern 2017.

C. Knorr von Rosenroth: Apokalypse-Kommentar, ed. I. M. Battfarano, Bern u. a. 2004.

F. A. Lampe: Meditationum exegeticarum opera anecdota in apocalypsin Johanneam annotationes, Groningen 1741.

ders.: Commentationis analytico-exegeticae in Apocalypsim Johannis Fragmentum, Helmstedt 1722.

G. Lobrichon: Une nouveauté: les gloses de la Bible, in: Le Moyen âge et la Bible, ed. P. Riché, G. Lobrichon, Paris 1984, 103–111 *(zur glossa ordnaria)*.

F. Löser: Der Apokalypse-Kommentar des Georg Kreckwitz und die Tradition deutschsprachiger Übersetzungen der Johannesapokalypse im Mittelalter, in: Editionsdesiderate zur Frühen Neuzeit. Beiträge zur Tagung der Kommission für die Edition von Texten der Frühen Neuzeit, hg. von H.-G. Roloff (= Chloe. Beiheft zum Daphnis 25 [1997]), S. 637–668.

J. Mayer: Ecclesiastica interpretatio or the expositions upon the seven epistles called Catholicae and the Revelation, London 1627.

F. Maurer: Die religiösen Dichtungen des 11. und 12. Jh., Tübingen 1965.

L. C. Mohlberg: Missale Gothicum (Rerum ecclesiasticaum documenta, Series maior: Fontes V), Rom 1961.

Patherius, Liber de testimoniis in Apocalypsim: PL 79, 1107–22.

F. Paulutius SJ: In Actus et Apocalypsim commentarii, Rom 1619.

J. Schmid: Die griechischen Apokalypse-Kommentare, in: BZ 19 (1931) 228–254.

ders.: Der Apokalypse-Kommentar des Andreas von Kaisarea, München 1956.

ders.: Zur Geschichte des griechischen Apokalypse-Textes, München 1955.

D. M. Solomon: The sentence commentary of Richard Frihare and the Apocalypse Commentary of Hugo of St. Cher, in: ACTP 46 (1976) 367–377.

J. Wyclif: De Christo et suo adversario Antichristo, ed. F. Buddensiek, Gotha 1880.

N. Zegerus: Annotationes super Apocalypsin, in: Scholion in omnes Novi Testamenti libros, Köln 1553.

ders.: Inventorium in Testamento Novo, Antwerpen 1558.

Bibelstellenregister

ALTES TESTAMENT

Gen
1,26 f.	90
2,24	272

Ex
1	88
1,22.26	89
25,31–40	176
25,40	103
27,17–24	176
29,38	223
30,1–10	48, 53 f.
40,4 f.	53
40,5	48 f., 51, 55

Lev
5,8	277
21,12	289
25,10	337

Num
19,9	206
28,3	223

Dtn
19,15	95, 174, 309
32,11	283 f.
32,34 f.	244

Rut
1,4	142

1 Kön
16	294
18,36–38	100

2 Kön
9,22	294
9,30	294

2 Chr
35,22 f.	325

Tob
13,16–18	145
13,22	145

Judit
10,19	145

1 Makk
7,17	147
13,51	150

Ijob
1,10 f.	188
2,4 f.	188

Ps
2,8 f.	223
9,14	214
21,3	147
22,2	310
29,10	24
31,2 f.	147
44,14	338
44,15	145
49,2	142
68,23	230
68,28	354
79,2 f.	147
83,4	298
85,3	147
87,10	147
90,4	34, 239
91,4	283, 286
102,21	137
104	25
113	43
119,11	18
137,1	318
148,4	24

Spr
28,15	226, 231

Hld
1,1	299, 302
1,2	299 f.
1,5	301
1,6	300 f.
1,15	300
2,2	300
2,5	300
2,7	300
2,8	301
2,11–13	297, 299
2,13 f.	298
2,16	300
2,17	301
3,6	300
3,7 f.	301
4,1 f.	301
4,5	300
4,10	300, 302
4,11	300
4,13	300
5,2	300
5,7	300 f.
5,11	300
5,14	302
5,17	300
6,8	302
6,9	299
6,10	300
7,1	156
7,6	156
8,1 f.	300

8,4	302
8,5	300
8,9	302
8,13	300 f.
8,14	302

Weish

5,1.3 f.	98
18,14–20	180

Sir

48	95

Jes

1,1 f.	312
2,2–5	314
9,1	141
11	57
11,2	141
16,1	139, 142, 217, 319
21,11	67
22,22	245, 249, 251
26,1	142
37,22	214
40,31	283 f.
42,6	141
44,22	147
45,7	245
47,1	214
49,6	141
53,3 f.	222
61,10	145

Klgl

1,15	214
1,18 f.	325
2,13	214

Ez

1,15 f.	44
1,26	163
3,3	18
28,13 f.	153
40,3	131
40,20	129

Dan

2,31–33	314
2,34	110, 314 f.
2,44 f.	312–314
2,45	133, 319, 362
7,5	228
7,9	135
7,9–13	163, 251
7,11–13	183
7,13	141
7,25	68, 233
8,10	231

Sach

3,1	78, 188
3,2	188
12,11	325

NEUES TESTAMENT

Mt

3,9	311
4,16	141, 357
5,32	290
10,1	241
10,16	212
10,35	357
13,24–42	352
16,16 f.	314
16,18	142, 151, 193, 241, 249, 313, 319, 334
16,19	245, 247, 249, 251, 279, 353
16,20	241
18,10	308
18,16	250
18,18	245, 247, 249, 251
19,11	291
19,28 f.	193, 240–242, 251, 253, 270, 354
24,21	337
24,27	356 f.
25,1–13	309
27,46	25
27,51–53	94, 327 f.
28,18	165
28,20	242

Mk

3,15	193
3,28 f.	247, 353
6,7	253
6,14–17	98
9,48	72
10,28–30	292
10,29 f.	193
10,35–38	240
10,35–42	119
10,45	251
12,17	168
12,25	199
13,8	234
13,10	68
13,19	337
13,26	141
13,27	234
13,35–37	37
14,27	240
14,58	140, 160, 312, 314, 319, 362
14,61	171–173
14,62	166, 168
14,64a	166
15,34	310
15,37	25
15,39	165
16,14	103
16,15	72

Lk

1,1–4	306
1,17	99, 342
2,35	180
3,8	352
4,6	234

8,33	197	20,23	247, 353	8,34	188
10,1	253	20,24–29	15	9,4	346
10,18	356	21,23	103	9,23	235
11,49	173			9,33	142, 313, 321
13,34	94	**Apg**		11,25–32	68
14,26	292	1,23	127	12,1	194, 223
16,6 f.	188	2,33	307	12,12	235
17,24	356	5,3	247	13	234 f.
18,4–8	77	5,14	337	15,4 f.	234
18,17	147	5,19	349	15,12	57
21,26	337	7,56	166 f., 172	16,25–27	321
21,28	240	7,57	166		
23,42	192	8,29	305	**1 Kor**	
23,43	192	9,4	261	1,4	346
23,46	25	10,19	305	1,22	95
24	41	11,12	305	3,16 f.	249
		11,28	305	4,8	243
Joh		12,17	349	5,3	249 f.
1,1–14	167	13,2	305	5,5	247, 250, 353
1,9 f.	357	13,4	305	6,1–11	193
1,16 f.	168	13,9	305	6,4–8	240
1,18	168	13,46	352	7,10.25	307
1,29	140, 223 f.	15,8	305	7,40	307
1,36	140, 224	15,18	311	8,6	167, 203, 362
2,19	270 f.	15,22	136	11,2–11	272
3,29	302	16,7	305	15,22	337
5,25	350	16,18	305	15,24	192 f.
5,28	191, 298, 350	16,25 f.	349	15,24–26	78
5,31 f.	174	20,4–6	240	15,25a.28	240, 242
5,32	204	20,22	305	15,28b	117
8,12	357	20,28	305		
8,18	174	21,4	305	**2 Kor**	
8,58	173	22	54	1,19 f.	203
9,39–41	247	28,25	305	1,20	202
12,13	150			3,13	338
12,28b–29	27	**Röm**		4,4	91
13,23	83	1,3 f.	243	4,8 f.	198
14,26	306	1,19 f.	75	4,10	126
15,1–3	144	1,25–2,29	73	5,1–10	195
16,13	307	3,25	73	6,4–10	198
16,33	337	4,16 f.	241	11,2	212, 215
17,24	272	5,1 f.	167	12,2	126
18,22	327	6,3–6	209	12,4	310
18,37	204	8,15	41, 158		
19,3	327	8,26	270, 310	**Gal**	
19,27	156	8,28 f.	304, 309 f.	1,12	166
20,22 f.	251	8,31–39	321	1,16	166

4,26	137, 195, 362	1,13	251	1,3	85, 136
6,16	193, 240, 254, 321	2,11	198, 240, 242, 270	1,4	136, 275, 300, 304, 335
		2,12	242, 246		
Eph				1,4–6	144
1,2 f.	275	**Hebr**		1,5	136, 143, 204, 206
2,6	193	1,3	91	1,5b–6	175
2,13	236	4,12	168, 180, 356 f.	1,6	251
2,20	242, 334	4,16	167	1,7	73, 136, 141, 155 f., 165
3,18	334	6,4–6	353		
4,15	275	9,2	176	1,7 f.	165 f., 168, 172 f.
5,26	217	9,4	48	1,8	27, 136, 141, 161, 172
6,17	180	9,20–22	206		
		10,22	206 f.	1,10	26, 41–44, 54, 135, 144, 165, 272, 345
Phil		11,10.13	334		
1,4	346	11,24	220		
3,20	126, 193	12,22	195, 310, 322	1,11	136, 300
		12,24	206	1,12	23, 175 f., 259, 300
Kol					
1,3	346	**Jak**		1,12–18	165, 335
1,15	91, 184	1,1	254	1,13	44, 50, 176, 277, 300, 309, 335
1,18	259, 275				
1,24	36, 261, 278	**1 Petr**		1,13.20	308 f.
2,14	187 f., 332	1,2	206	1,13–16	170, 172
2,15	78	1,18	254	1,14	300, 335, 357
3,1	193 f., 242	2	110	1,14 f.	144, 217
3,1–4	243	2,5	160	1,15	24
3,1–9	199	2,8	142	1,16	176, 178–180, 262
3,3 f.	273				
4,12	346	**2 Petr**		1,17	23, 191, 262, 278, 319
		3,10.12b	350		
1 Thess				1,17–20	145
3,13	141	**1 Joh**		1,18	55, 136, 143, 190 f., 300
4,15	350 f.	1,1–3	15		
5,3	350	1,7	206	1,18 f.	24
5,6	350	2,1	188, 219, 277	1,19	136
		2,18	81	1,20	48, 175, 178, 181, 262, 269
2 Thess		3,2	80		
2,6 f.	67, 70, 245, 333 f.	4,3	267	2,1	48, 175, 177, 269
				2,1–4	145
1 Tim		**Jud**		2,1–7	336
1,2	167	8 f.	166	2,4	19, 309
4,1	305	14	142	2,5	57, 175 f., 308
4,14	305			2,7	136, 156 f., 300
6,16	338	**Apk**		2,8 f.	28
		1,1	72, 166, 203	2,8–10	145, 336
2 Tim		1,1–3	170	2,9	332
1,2	167	1,2	299	2,10	69, 136, 147, 155

Bibelstellenregister

2,11	275	5,5f.	142–144	7,15	136, 209
2,12	44, 179f.	5,6	86, 136, 142, 154,	7,16	136
2,12–14	145, 300		217f., 222, 267,	7,17	218
2,13	86, 204		271, 273	8	21, 48
2,15	34	5,6f.	275	8,1	27, 82, 152f., 300, 337f.
2,17	15, 136, 334, 357	5,7	276	8,1–3	48, 51, 159
2,18–20	275f.	5,8	23, 136, 278, 338	8,1–4	55
2,20	291f., 294f.	5,9	144, 152, 222	8,1–5	53
2,23	73, 295	5,9f.	136	8,3	152, 198
2,25	295	5,10	251	8,3f.	135, 270, 277, 311
2,26	223	5,11	152	8,4	22, 152
2,26–28	246, 272	5,11f.	25	8,5	27, 44, 58, 262
3,1	275, 335	5,11–13	273, 279	8,7	71, 265
3,2f.	31	5,12	143f., 222	8,8–12	333
3,4b	147–149, 151, 154	5,13	136	8,11	18f
3,5	136, 151	6,1	27, 91, 276, 300, 337	8,12	300
3,7	101, 241, 245f., 248f., 353, 357	6,2	300	8,13	16, 27, 286
3,9	46, 300, 332, 352	6,3	91, 265, 337	9,2f.	22
3,11	155, 352f.	6,5	337	9,3	300
3,12	156	6,6	27	9,5f.	71
3,14	202–204, 262, 278	6,7	337	9,7–10	71, 264
		6,9f.	146–148	9,13	26
3,15f.	276f.	6,9–11	58, 337	9,14	265, 270, 279
3,17	251	6,10	26, 77, 147	10	15f., 18, 31
3,20	151, 273, 300	6,10f.	192	10,1	24, 276
3,21	136, 175, 218, 246	6,11	63, 77, 354	10,1–4	25f.
4	61, 92	6,12–17	94	10,2	46, 271
4,1	136, 273	6,13	337	10,3	27, 279
4,2	135	6,15–17	58	10,7	321
4,3	44, 136, 300	6,16	46, 71	10,9	27
4,4	135, 270	7	64	10,9f.	18f., 21, 298
4,5	26f., 263, 275	7,1	265	10,11	68, 102
4,6	262, 271, 286	7,1f.	217	11	93–102
4,7	90f., 228, 302	7,1–3	137	11,1	274f., 341
4,8	89, 136	7,2	35	11,1f.	44, 135
4,8–11	137	7,2f.	154	11,2	63
4,10	147f.	7,4	136	11,3–11	228, 302, 342
4,11	135f.	7,4–8	137	11,4	151
5	39, 41f., 44, 62	7,9	137, 154f., 218, 220, 254, 271	11,5f.	71, 100, 327
5,1	44, 133, 149			11,6	151, 279
5,1f.	218	7,10	26	11,7	265, 276
5,1–5	200–202, 336	7,11f.	269	11,7–12	79, 191
5,2	25	7,13	150, 154, 206	11,8	46, 95f., 184, 187, 325, 327f., 331
5,5	93, 142, 200, 218, 299	7,14	147, 150, 155, 194, 207, 222, 302	11,11	71, 94, 98f., 243, 311, 342

379

Bibelstellenregister

11,11–13	326–329	14,1	136, 139, 142, 147–149f., 154, 302, 312, 314, 320	17,3	44
11,12	26			17,4f.	13
11,13	210, 327f.			17,6f.	255
11,13–19	94			17,7	27, 339
11,15	26, 94	14,1–4	215	17,8	151, 267
11,15–18	271	14,2	26–28, 145	17,9	326
11,17	80	14,3	91, 103, 136, 146–148, 291	17,11	268
11,18	269, 299, 301			17,14	302
11,19	26f., 44, 46, 58, 94, 270, 338	14,4	28, 68, 86, 148f., 154, 157, 189, 199, 213, 290, 292, 296–298	17,15–18	117, 268
				17,16	17, 325
12	33, 65, 182–190			18	38
12,1	11, 24, 35, 94, 182, 262, 279, 282, 302, 322			18,2	26
		14,4f.	136, 147–149, 289f., 302	18,4	26
				18,5	268
12,1–4	214	14,6	155, 358	18,9	22, 28
12,2	282	14,6f.	37, 144	18,13	300
12,3	262	14,8	15	18,18	22, 322
12,3f.	231	14,9	25	18,19	38
12,4	233f., 262, 272	14,10	72	18,21	59, 64
12,4b–5	187f.	14,11	22, 136	18,22f.	22
12,5	223, 272	14,12	235	18,23	289
12,7	28, 78, 143, 152–154f.	14,13	28, 73, 85	18,24	86
		14,14	141	19,1	26, 28, 152
12,7–9	81, 187	14,14–20	94, 350	19,1–7	59, 296, 332
12,9	143, 173, 356	14,15	26, 167f.	19,5	26f.
12,10	26, 79, 145, 153, 184, 188, 234, 321	14,18	26, 350	19,6	26f.
		14,18–20	59, 191	19,7	212
		14,20	71, 350	19,9	85, 216, 274
12,11	187, 190, 222	15,1–4	59	19,11	179, 357
12,13	235	15,2	28	19,11–16	65, 190
12,13f.	186	15,3	358	19,12	261
12,14	11, 45, 182, 187, 283–288, 349	15,6	300	19,13	28, 143, 167, 173, 222, 356f.
		15,7	91–93, 350		
12,15	337	15,8	22	19,14	79, 150, 191
12,17	79f.	16,1	26	19,15	143, 179f., 223
13	234f.	16,3	59	19,16	141, 158, 302
13,1–7	58	16,6b	147, 151	19,18	351
13,2	97, 186, 227f., 230f.	16,10f.	257, 266	19,17	25, 71f.
		16,13	266	19,19	79
13,3	267	16,14–16	59	19,20	72, 186, 228f.
13,7	79f.	16,15	31, 85f.	19,20f.	191, 351
13,8	151	16,16	325f.	20	34
13,9	22	16,17	26f.	20,1	351
13,10	73, 86, 235	16,18	26f., 44, 302, 328	20,2	302
13,11–18	333	16,19	328	20,2f.	241
13,17	86, 349	17,1	93, 266f.	20,2–4	11
13,18	68	17,1–3	255	20,3	193, 241, 245

20,4	86, 94, 96, 154, 164, 191, 196, 238, 251, 333, 341	21,3	26 f.	21,25	301
20,4–6	190, 229, 239–241	21,4	191, 360	22,1	145, 154
		21,5 f.	27, 194, 332	22,1 f.	113, 141
20,6	85, 191, 195, 197, 246, 333	21,6	161, 370	22,2	15, 132
		21,8	22, 119, 252	22,3	147 f., 218
20,7–9	59, 81	21,9	212, 216, 302	22,5	121
		21,9 f.	145	22,6	205
20,8	301	21,10	126, 145	22,7	85, 85
20,9	80	21,10–14	137	22,8	236
20,10	82	21,11	301	22,11	332, 353–355
20,11 f.	301	21,13	156	22,12	248
20,12	137	21,13 f.	145	22,13	161, 173
20,13	73	21,14	242, 334	22,14	85, 150, 154, 206
20,13 f.	186, 191	21,17	128, 131	22,15	248, 252
20,15	186	21,17–21	317	22,16	57, 67, 132, 141, 200, 204 f., 249, 303
21	66, 146	21,18	301		
21,1	93	21,18–21	145 f.		
21,1–8	59	21,19	126	22,17	28, 36, 91, 128, 159, 174, 302 f., 306, 309–311
21,2	140, 143, 145 f., 150, 156 f., 351, 362	21,19 f.	301		
		21,21	145, 281		
		21,22	117, 120, 249	22,18 f.	101
		21,23	121	22,20	158, 161, 304

Klaus Berger
Die Apokalypse des Johannes

Kommentar

2 Bände, gebunden mit Schutzumschlag und Leseband
insgesamt 1.540 Seiten, durchgehend paginiert
2017
ISBN 978-3-451-34779-5

Der Kommentar zur Apokalypse des Johannes vom bekannten Heidelberger Neutestamentler Klaus Berger zeichnet sich dadurch aus, dass er neben der frühjüdischen auch die altkirchliche Apokalyptik konsequent heranzieht, ferner die bildende Kunst und die alten Liturgien als Wirkung der Offenbarung würdigt. Bis zum Beginn der Neuzeit werden die alten Kommentare ausgewertet. So entsteht eine grandiose Vielstimmigkeit über die Jahrhunderte hin, die bis heute niemand zähmen konnte. Die Johannesoffenbarung erscheint als prophetisches Buch, verfasst auf der Höhe urchristlicher Prophetie. Gerade sein Kirchenverständnis ist so genuin judenchristlich, dass es auch scharfe Kritik an andersdenkenden Juden üben kann. Dank seines eigenständigen Jesuszeugnisses ist es zugleich durch und durch christlich.

Zum Autor:
Klaus Berger, geb. 1940, Dr. theol., Professor em. für Neutestamentliche Theologie der Universität Heidelberg, ist einer der bekanntesten deutschen Bibelwissenschaftler, Autor zahlreicher Publikationen.

Erhältlich in jeder Buchhandlung

HERDER